COLUMBO – DER MANN DER VIELEN FRAGEN

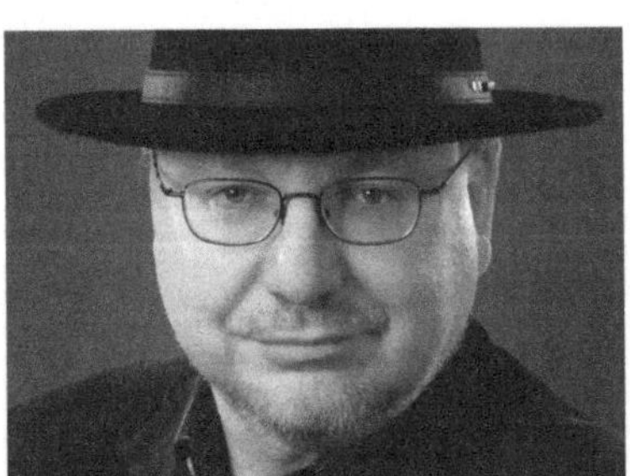

© Maxx Hoenow

Michael Striss, geb. 1962 in Berlin, arbeitete in mehreren Berufen, bis er eine theologische Fachschulausbildung absolvierte und ein Universitätsstudium der Evangelischen Theologie anschloss. Seit vielen Jahren lebt und arbeitet er als evangelischer Pfarrer im Rheinland.

Seine zahlreichen cineastischen Leidenschaften sind zumeist in den 60er und 70er Jahren angesiedelt. Dazu zählen vorrangig das stilbildende italienische Genrekino, aber auch der englische Hammer-Film sowie amerikanische und britische Kultserien jener Zeit. Er ist ebenfalls Autor des Buches »Gnade spricht Gott – Amen mein Colt. Motive, Symbolik und religiöse Bezüge im Italowestern«.

MICHAEL STRISS

COLUMBO – DER MANN DER VIELEN FRAGEN

Analyse und Deutung einer Kultfigur

Aktualisierte und ergänzte Neuausgabe

BÜCHNER-VERLAG
Wissenschaft und Kultur

Besuchen Sie uns im Internet: www.buechner-verlag.de

ISBN (Print) 978-3-96317-176-5
ISBN (ePDF) 978-3-96317-691-3

Kontakt: info@buechner-verlag.de

Satz und Umschlaggestaltung: DeinSatz Marburg
Bildnachweis Umschlag: picture alliance/Keystone; Fotograf: Röhnert
Bildnachweis Innenteil: S. 11 – aus dem Besitz des Autors, S. 208 – https://tvtropes.org/pmwiki/pmwiki.php/Creator/LevinsonAndLink, S. 209–218 – Screenshots des Autors, S. 466 – aus dem Besitz des Autors, S. 480 – Wikimedia-User »Vanderoɪ«, https://commons.wikimedia.org/wiki/File:Peter_Falk_Columbo_monument.JPG, CC-BY SA 3.0.

Druck und Bindung: Totem.com.pl, Inowrocław, Polen

Bibliografische Informationen der Deutschen Nationalbibliothek

Die Deutsche Nationalbibliothek verzeichnet diese Publikation in der Deutschen Nationalbibliografie, detaillierte bibliografische Angaben sind im Internet über http://dnb.de abrufbar.

INHALT

»He asks questions.
He thinks about the answers and asks more questions –
until there's that one last thing he needs to ask to solve the case.«

PETER FALK

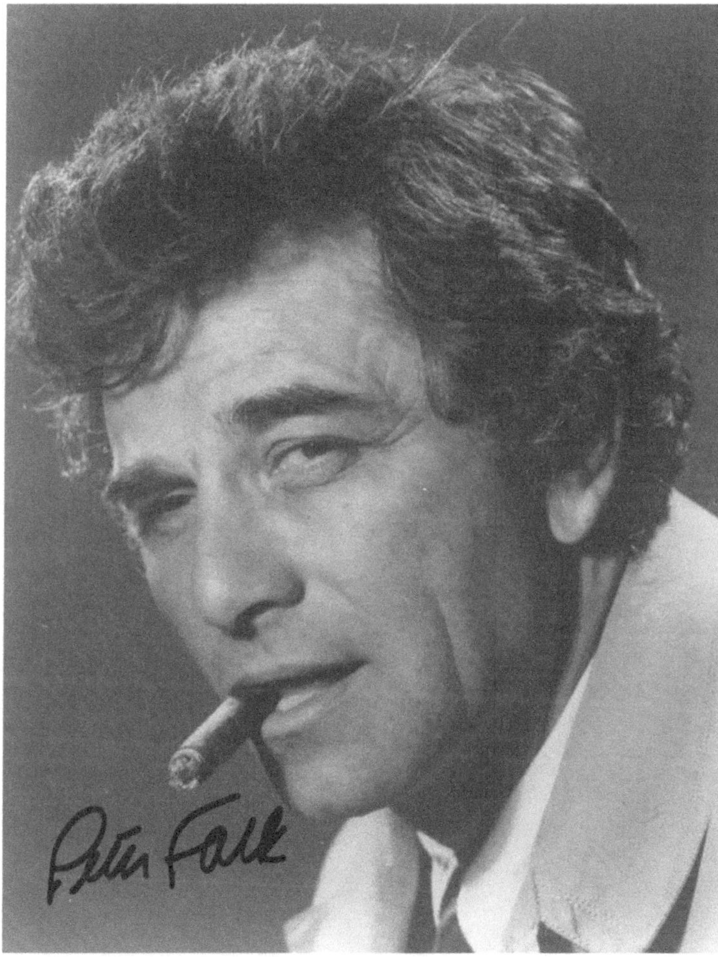

I. ANNÄHERUNG AN EINEN UNBEKANNTEN

»Eine Kunst ist unter unseren Augen entstanden.«
GEORGES SADOUL

Am 20. Februar 1968 wurde in den USA Fernsehgeschichte geschrieben.

An diesem Donnerstagabend erschien auf dem Bildschirm ein kleiner, zunächst unscheinbar wirkender Mann. Er sprach zwei Worte, die er mit einem Satzzeichen abschloss, das für ihn charakteristisch werden sollte: »Dr. Flemming?« Er konnte zu diesem Zeitpunkt noch nicht ahnen, dass damit die Karriere einer Kultfigur begann, die auch nach fünfzig Jahren aktivem Polizeidienst nichts von ihrer einzigartigen Anziehungskraft verloren hat.

Wie wird man zu einer Kultfigur? Was kennzeichnet eine Kultserie? Einen möglichen Beschreibungsversuch hat Martin Compart geliefert: »Von einer Kult-Serie kann man sprechen, wenn die Zuschauer über den reinen Konsum der Erstausstrahlung hinaus dazu angeregt werden, sich mit ihr zu beschäftigen«[1]. Dem ist zweifellos zuzustimmen. Kritisch zu ergänzen ist gleichzeitig die Frage, woher die Motivation zu dieser Beschäftigung rührt. Ist das Interesse echt oder wird es durch Manipulation hervorgerufen? Heutzutage scheint es bereits zu einer festen Marktstrategie geworden zu sein, fast jedes TV-Produkt als »Kult« zu verkaufen. Heike Melba-Fendel, Chefin einer PR-Firma und »Kult-Forscherin«, unterscheidet daher zwischen »unechtem« und »echtem« Kult: »Die echten Kultsendungen entstehen aus Versehen und kommen ohne Marketing aus, die unechten sind durchkonfektioniert und müssen durch gezielte Werbeaktionen hochgejubelt werden«[2]. In diesem Sinne handelt es sich bei »Columbo« um echten Kult. Keiner der Schöpfer war je mit dem Vorsatz angetreten, eine Kultserie produzieren zu wollen. Niemand von ihnen dürfte zu Beginn auch nur annähernd eine Ahnung von dem weltweiten und langanhaltenden Erfolg dieses Produktes gehabt haben. Auch hat kein Marketing je diese Serie gefördert. »Columbo« kam immer ohne die riesige Merchandising-Industrie aus, die heute jedes größere TV-Ereignis begleitet und für Umsätze sorgen soll.

Für arrivierte Filmexperten war das Fernsehen lange Zeit das Schmuddelkind; vornehmlich die Serienproduktionen, denen man als Massenware keinen künstlerischen Wert zugestand. Erst seit wenigen Jahrzehnten zeichnet sich ein Trend zu einer differenzierteren Betrachtungsweise ab. Inzwischen liegt auch eine Reihe von Publikationen zum Phänomen der Kultserien vor, die naturgemäß zunächst im amerikanischen Sprachraum, bald aber auch Deutschland erschienen[3]. Zu der Überblicksliteratur gesellen sich mittlerweile ungezählte Monographien zu einzelnen Serien. Doch auch hier fristete »Columbo« lange ein stiefkindliches Dasein. Über Jahre hinweg galt Mark Dawidziaks »The Columbo Phile« als einzige Publikation zum Thema. 1988 erschienen, blieb seine Pionierarbeit defizitär, da sie sich auf die bis dahin produzierten 45 Episoden der alten Serie beschränkte. In Deutschland erschien 1998 »Columbo« von Armin Block und Stefan Fuchs, 2007 die erste Auflage des vorliegenden Werkes. Wiederum gemessen an vergleichbaren Serien, die eine Flut von Literatur zu allen möglichen Einzelaspekten sowie Biographien sämtlicher Mitwirkenden nach sich zogen, nimmt sich die Bilanz hier dürftig aus. Erst recht steht dies in einem Missverhältnis zu dem Interesse und der weit über den Bildschirm hinausgehenden Bedeutung, die »Columbo« im Laufe vieler Jahre gewonnen hat. Der Inspektor hat sich als ein fester Bestandteil der Medienkultur etabliert. In mehr als 80 Ländern rund um den Erdball ist er nicht nur wohlbekannt, sondern erfreut sich auch einer grenzen- und zeitlosen Beliebtheit. Bestes Beispiel ist Japan, wo der Inspektor wie ein Volksheld verehrt wird. Er ist auf Telefonkarten erschienen (→ Abb. 21) und machte im Fernsehen Werbung für Toyota.

Mark Dawidziak berichtet[4], dass einmal selbst Angehörige eines Inka-Stammes in Ecuador in ungeahnte Begeisterungsstürme ausbrachen, nachdem sie Peter Falk erkannten, der sich zu Dreharbeiten in einem kaum zugänglichen Gebiet fernab jeglicher Zivilisation befand. Im damals noch kommunistischen Rumänien musste die Staatsführung Falk bitten, das Volk im Fernsehen zu beruhigen. Die Menschen verlangten nach immer mehr Episoden und argwöhnten, die Funktionäre würden ihnen diese aus Devisengründen vorenthalten. In der ungarischen Hauptstadt Budapest wurde inzwischen gar ein Denkmal für den Inspektor und seinen vierbeinigen Gefährten errichtet (→ Abb. 22).

So hat es das Phänomen »Columbo« bis heute auf einzigartige Weise fertiggebracht, die Menschen über politische und kulturelle Grenzen hinweg zu verbinden. Auch große Filmkünstler wie Federico Fellini, Claude Chabrol oder Yves Montand gaben sich als Fans zu erkennen. Der bekannte Filmwissenschaftler James Monaco glaubt die Wurzeln von »Columbo« gar in den berühmtesten Vertretern des »film noir« der 40er Jahre zu erkennen[5].

Natürlich stehen auch die Deutschen bei dieser globalen Begeisterung nicht abseits. 1997 war der Inspektor nach einer Umfrage des Forsa-Instituts »beliebtester TV-Kommissar«. Bedenkt man, daß diese Umfrage fast dreißig Jahre nach seinem ersten Bildschirmauftritt durchgeführt wurde, wird deutlich, dass »Columbo« mittlerweile auch Generationen miteinander verbindet. Es dürfte sich zudem um die einzige Serie handeln, die seit vielen Jahren ununterbrochen auf irgendeinem deutschsprachigen Fernsehsender läuft.

Columbo ist allgegenwärtig. Wer in den USA als Komiker etwas werden will, kommt an einer Parodie des Inspektors nicht vorbei. In der »Sesame Street« (Sesamstraße) – selbst längst eine Kultserie – kam lange Zeit ein Schaf namens »Columbo« zu Wort, das den Jüngsten Kriminalgeschichten erzählte. In den 90er Jahren erschien eine Reihe von Columbo-Romanen, geschrieben zumeist von William Harrington, einem Juristen aus Connecticut. Aufgrund seiner einzigartigen Weise psychologischer Gesprächsführung hat der Inspektor Eingang auch in die Psychotherapie gefunden. Der Münchener Verkaufstrainer Joachim Skambraks hingegen ließ sich die »Columbo-Strategie« patentieren und gab ein Lehrbuch zum modernen Verkaufsgespräch heraus[6]. Ein amerikanischer Theologe hat seine Thesen über einen Abschnitt der biblischen Apostelgeschichte im Internet in Form einer Ermittlung durch Columbo dargestellt[7]. In Hamburg machte 1995 eine Rockformation, noch bevor die ersten Töne ihrer Musik erklangen, bereits durch ihren ungewöhnlichen, aber werbewirksamen Namen auf sich aufmerksam: »Mrs. Columbo«. 1997 wurde in Berlin ein Theaterstück des polnischen

Autors Tadeusz Rozewicz aufgeführt, das zwar schon über zwanzig Jahre alt war, in der Neuinszenierung aber durch eine Columbo-Figur ergänzt wurde. In Düsseldorf und München brachte René Heinersdorff 2001 Columbo auf die Bühne des Boulevard-Theaters. Das Bekleidungshaus »Peek & Cloppenburg« schließlich schwärmte in einem seiner Prospekte für einen »Mantel, der auch Columbo begeistern würde«. In den USA wirbt die Tabakmarke »Derk De Vries« auf Zigarrenringen mit dem Konterfei des Inspektors. Schließlich kann man heute auch mit einer Columbo-Software Englisch lernen.

Columbo ist der Mann der vielen Fragen. Nicht allein, dass er selbst stets eine solche auf den Lippen hat – auch sein Erfolg wirft Fragen auf. Angesichts einer so massiven Präsenz des Inspektors in vielen Bereichen des Alltags muss nach den Gründen für diesen Erfolg gefragt werden. Dazu beigetragen haben auch äußere Gegebenheiten. Die Zeit war Ende der 60er Jahre einfach reif für diesen Mann.

In den USA der Nachkriegsjahre hatte sich, beeinflusst nicht zuletzt durch die Säuberungsaktionen der McCarthy-Ära, eine »Law-and-Order«-Mentalität herausgebildet, die klar in gut und böse, Freund und Feind einteilte. Die Krimiserien der 50er und frühen 60er Jahre waren Abbild dieses Denkens. Als typischer Vertreter können Elliott Ness (Robert Stack) und sein Polizeiteam gelten; Menschen, deren Lauterkeit schon aus dem Seriennamen sprach: »The Untouchables« (Chicago 1930 – Die Unbestechlichen, 1959–1963). Sehr bezeichnend für diese Epoche war auch ein Mann, der zu seiner Zeit (1968–1980) bereits schon einen Anachronismus darstellte: Steve McGarrett (Jack Lord) aus »Hawaii Five-0« (Hawaii 5-0). Sowohl bei Ness als auch bei McGarrett handelt es sich um vom Staat berufene, amtliche Vertreter des Gesetzes, denen gerade diese Autorität besonders wichtig ist. Ihr Feind ist klar benennbar, der Graben zu ihm breit. Wo sie selbst stehen, ist die richtige Seite. Beide Figuren zeichnen sich durch betonte Korrektheit aus – bis hin zur Kleidung und McGarretts gepflegtem Haar. Zudem ist ihnen eine auffallende Humorlosigkeit eigen. Ein Lächeln sowohl von Ness als auch von McGarrett dürfte Seltenheitswert besitzen.

Diese Spezies von zwar integren, aber gleichfalls persönlich unnahbaren und unantastbaren (»untouchable«) Helden mit starkem Hang zum Übervater besaß lange Zeit das Monopol für Krimiserien. Es brach erst weg, als ein gesellschaftlicher Umbruch der Wertvorstellungen einsetzte, bei dem all jene Tugenden, für die Ness, McGarrett und Co. einstanden, als überholt abgelehnt wurden. Die Zeit eindimensional gezeichneter Heldenfiguren war zu Ende. Vorbilder, zu denen man aufschauen konnte, waren im Zuge der Entsorgung aller Autoritäten unmodern geworden. Der Augenblick war gekommen für diffizilere Charaktere und Menschen mit gebrochener Biographie – für Anti-Helden.

Inspektor Columbo kann als Prototyp eines solchen Anti-Helden gelten. Im Vergleich mit McGarrett zeigt sich der Kontrast besonders deutlich. Leonard Freeman, der Schöpfer und Produzent von »Hawaii 5-0« beschreibt seinen Helden so: »Wenn er seine Dienstmarke zeigt, wagen die Leute keine Widerrede«[8]. Columbo hingegen verfügt nicht über solche Autorität. Falls er überhaupt die Dienstmarke findet und sich ausweisen kann, erntet er nur ungläubige oder missbilligende Blicke bis hin zu offenem Spott. Sein Haar hat lange keinen Kamm mehr gesehen. Seine Kleidung lässt eher auf einen Clochard als auf einen Beamten schließen. Auch gehen ihm Ordnungssinn und Korrektheit ab. Wo McGarrett mit unverändert strenger Miene am Ende sein berühmtes »Book 'em, Dan-O!« befiehlt, sucht Columbo bei Verhaftungen verzweifelt seinen Spickzettel, um dem Mörder seine Rechte vorlesen zu können.

Es ist der Verdienst von Richard Levinson und William Link, den Autorenvätern von »Columbo«, mit ihrem Inspektor einen der ersten und auch den erfolgreichsten einer neuen Kategorie von Bildschirmermittlern geschaffen zu haben. In der Folgezeit wurde der kauzige Kerl zum Vorbild und zum Motor des Erfolges für eine ganze Reihe von Charakter-Cops, die in seinem Windschatten die Szene betraten. Zumeist waren es Einzelgänger mit Handicaps, Behinderungen oder Angehörige von Minderheiten. Helden, die zuvor noch undenkbar gewesen wären, traten nun auf den Plan. Den glatzköpfigen, lollysaugenden Theo »Kojak« (Einsatz in Manhattan, 1973–1978) könnte man vom Erscheinungsbild her eher für einen Killer der Mafia als für einen Cop halten. Jim Rockford (»The Rockford Files« [Detektiv Rockford – Anruf genügt], 1974–1980) hingegen ist ein Ex-Knacki mit Gehproblemen, der sich vor körperlichen Auseinandersetzungen möglichst drückt. Von einem festen Wohnsitz kann man bei ihm nur bedingt reden. Sam »McCloud« (Ein Sheriff in New York, 1970–1977), ist ein Landei, das in den Sumpf der Großstadt geworfen wird. Der stark übergewichtige Frank »Cannon« (1971–1976) kommt schon beim Gehen ins Schwitzen; erst recht, wenn er jemanden verfolgen will. Bei Harry Orwell (»Harry O«, 1974–1976) handelt es sich um einen Ex-Polizisten, dem im Einsatz in den Rücken geschossen wurde, der daraufhin den Dienst quittieren musste und nun als Frührentner lebt. »Der Chef« Robert T. »Ironside« (1967–1975) ist aus ähnlichen Gründen an den Rollstuhl gebunden, der Detective Mike »Longstreet« (1971–1972) sogar blind. Mit John »Shaft« und Harry »Tenafly« betraten 1973 in zwei Serien auch erstmals schwarze Ermittler die Szene. Auch die Kinder armer osteuropäischer oder italienischer Einwanderer, »Banacek« (1972–1974), »Toma« (1973–1974) und »Baretta« (1975–1978) hatten keine besondere Reputation vorzuweisen.

Unter all diesen wenig vorzeigbaren »Helden« jener Zeit war Columbo der erfolgreichste, weil überzeugendste und originellste. Woran lag das?

Grundsätzlich darf die Einschätzung Martin Comparts gelten, wenn er die Gründe für einen Erfolg bei Spielfilmen und Fernsehserien unterscheidet: »Beim Film erinnert man sich meistens an die Story, den Plot und bestimmte Szenen, während bei Fernsehserien vor allem das Serienkonzept und die Charaktere in Erinnerung bleiben«[9]. Das Konzept von »Columbo« unterschied sich in der Tat sehr von anderen und stellte in mehrfacher Hinsicht ein Novum dar:

Es fehlen die meisten der typischen Versatzstücke einer Krimiserie. Bei »Columbo« gibt es weder Schießereien noch Schlägereien. Bis auf den am Beginn notwendigen Mord werden überhaupt keine Gewalthandlungen gezeigt. Der Inspektor, ein friedfertiger Bürger, der Schusswaffen scheut, beklagt sich einmal: »Warum werden heute keine Filme mehr ohne Gewalt gedreht?« (»Klatsch kann tödlich sein«). »Columbo« kommt auch ohne Actionszenen aus. Verfolgungsjagden gibt es weder zu Fuß noch mit dem Auto (mit welchem auch?). Es besteht dazu keine Notwendigkeit. Hier kann jeder mit jedem ruhig und zivilisiert reden, ohne dass jemand die Flucht ergreifen müsste. Zu allem Überfluss fehlen auch jegliche Sexszenen. Das ist schon deshalb nicht möglich, da Mrs. Columbo nie leiblich anwesend ist. Da sie jedoch trotzdem stets allgegenwärtig zu sein scheint, scheiden anderweitige Verhältnisse für den Inspektor ebenfalls aus. Wie sich für eine Serie mit einem zunächst derart unprätentiös und langweilig anmutenden Konzept überhaupt ein Produzent finden ließ, grenzt an ein Wunder.

Ebenso unterscheidet sich das Hauptanliegen von herkömmlichen Krimihandlungen. Normalerweise funktioniert ein Krimi als »Whodunit«, geht also der Frage nach: »Wer war der Täter?« Die klassische angelsächsische Detektivliteratur von Arthur Conan Doyle bis Agatha Christie dreht sich ganz um diese Frage. Die Suche nach dem Verbrecher steht im Zentrum und ist meist der einzige Spannungslieferant. Bei »Columbo« ist dieses Rätsel von vornherein gelöst. Bis in alle Einzelheiten ist die Mordtat vom Motiv über die Planung bis zur Ausführung zu Beginn der Handlung geschildert worden. Was in jedem anderen Krimi den krönenden Abschluss darstellt, ist in dieser umgekehrten Geschichte (inverted story) längst klar.

Worum geht es dann? Es war das Verdienst Alfred Hitchcocks, zu erkennen, dass es weit spannender sein kann, dem Zuschauer als Voyeur einen Informationsvorsprung vor den Akteuren zu geben, als ihn wie alle anderen im Ungewissen zu lassen. »Columbo« funktioniert nach ähnlichen Gesichtspunkten. Das Geschehen hat bereits stattgefunden. Entgegen allen dramaturgischen Gesetzmäßigkeiten tritt der Protagonist der Serie erst nach 15 bis 20 Minuten überhaupt erstmals in Erscheinung. Er hat nun die Aufgabe, den Wissensvorsprung aufzuholen, den sowohl der Täter als auch die Zuschauer haben. Im Gegensatz zum »Whodunit« nennt William Link daher die Konzeption, die er zusammen mit Richard Levinson entwarf, »How To Prove It« (»Wie ist es zu beweisen?«). Mark Dawidziak hat dies auf den pragmatischen Aspekt der Ermittlung zugespitzt: »Howhegonnacatchhim?«[10] (»Wie kriegt er den Kerl?«).

Folgerichtig ist »Columbo« eine Serie, die stark auf den Dialog hin angelegt ist. Zwischen dem Inspektor und seinem jeweiligen Hauptverdächtigen wächst im Laufe der Zeit eine intensive Beziehung. Es ist ein Katz-und-Maus-Spiel, das sich aufregender als die effektvollsten Actionszenen gestaltet. Auf die genannten Versatzstücke durchschnittlicher Krimis kann deshalb getrost verzichtet werden, da die Spannung mit gänzlich anderen Mitteln aufgebaut und bis zum Finale durchgehalten wird. Das alles geschieht in der Form eines Kammerspiels, so dass auch keine exotischen Schauplätze oder andere aufwendige Außenaufnahmen die Handlung aufwerten müssen. Auf engstem Raum, manchmal gar in klaustrophobisch anmutender Atmosphäre kann sich alles Wesentliche abspielen.

Diese letzte Beobachtung wirft ein Licht auf die Wurzeln des Inspektors und seiner Arbeitsweise. Auch die Handlung des klassischen englischen Detektivromans spielt sich in der Regel auf einem überschaubaren und begrenzten Terrain ab. Hier sind Menschen zusammengeführt worden, unter denen sich ein Mörder befinden muss. An diese Tradition, für die Namen wie Doyle, Christie, Sayers oder auch Chesterton stehen, knüpft »Columbo« bewusst an. Mit diesen Geschichten gemeinsam hat die Serie den Kontext des Oberschichtmilieus, in dem ein einzelner Detektiv allein mit Hilfe seiner grauen Zellen die dunklen Seiten der vornehmen Gesellschaft aufdeckt. Hat Columbo von Sherlock Holmes den denkerischen Genius, so erhielt er von Hercule Poirot wohl ein gewisses Maß an Bauernschläue. Pater Brown hingegen vererbte ihm die Demut, Charlie Chan das bescheidene Auftreten. Allein von Lord Peter Wimsey hat er augenscheinlich nichts bekommen. Zu wünschen gewesen wäre ihm dessen Schneider.

Von diesen Einflüssen abgesehen, stand in erster Linie jedoch ein ganz anderer Berufkollege Pate für die Figur des Inspektors: Porphyrij Petrowitsch, der brummige Untersuchungsrichter aus Fjodor M. Dostojewskis Roman »Schuld und Sühne«.

»Wirst sehen, das ist ein braver Kerl«, lässt der russische Autor seine Hauptfigur beschreiben, »von Manieren freilich etwas plump, aber ein gescheiter Kopf. Ein Skeptiker oder besser noch Zyniker sondergleichen. Im vorigen Jahr hat er die Untersuchungen in einem Raubmord geführt und trotzdem es kaum möglich schien, dem Täter auf die Spur zu kommen, hatte er ihn doch in kurzer Zeit ermittelt. Ich sage dir, der versteht's!«[11].

Auch in diesem Krimi der Weltliteratur weiß man von Beginn an, wer der Mörder ist: Raskolnikow, ein Student, der überzeugt davon ist, die Intelligenz für ein perfektes Verbrechen zu besitzen. In seinem Selbstbewusstsein steht er Columbos Gegnern in nichts nach. Wie auch in der Fernsehserie wird bei Dostojewski der Mord an zwei Frauen in aller Ausführlichkeit dargestellt, ehe der ermittelnde Beamte überhaupt ins Spiel kommt. Dieser Petrowitsch ist gar nicht so ein »braver Kerl«, sondern in erster Linie eine für den Täter sehr undurchsichtige Figur. Er stellt viele merkwürdige Fragen, sucht den Dialog mit seinem Hauptverdächtigen und zeigt sich sehr geschwätzig. Dabei kann er auch recht banal sein und schweift gelegentlich vom Thema ab. Außerdem raucht er. In allem ist Petrowitsch ständig in Lauerstellung, umkreist sein Opfer und wartet mit Engelsgeduld den passenden Moment ab, ihm den Todesstoß zu versetzen.

Die Parallelen zwischen dem Russen und dem Italo-Amerikaner Columbo sind bei genauer Durchsicht des Werkes von Dostojewski unübersehbar. Mit Erfolg wurde bei »Columbo« der Versuch gemacht, einen Serienkrimi auf dem Niveau klassischer Literatur zu produzieren. Wie in keiner vergleichbaren Serie sind deshalb die Autoren von so großer Bedeutung. Ob eine »Columbo«-Episode als gelungen zu betrachten ist, entscheidet nicht die Kameraführung, eine rasante Schnitttechnik oder professionelle Stunts, nicht einmal die Regie, sondern in erster Linie das Drehbuch. Hier werden bis ins Detail liebevoll gezeichnete Charaktere entworfen und deren Kommunikation untereinander zum aufregenden Spannungsmoment. Es gibt Dialoge, die es knistern lassen. Da ist ein intelligenter, nicht selten zudem noch charmanter Mörder. Plumpe Schwarz-Weiß-Malerei wird vermieden. Da sind interessante und originelle Nebenfiguren, die die Handlung bereichern. Und da ist – Inspektor Columbo.

Columbo ist der Mann der vielen Fragen. Nicht nur, dass er viele Fragen stellt und seinem Gegenüber damit gehörig auf den Nerven geht. Seine Person selbst ist es, die noch erheblich mehr Fragen aufwirft. Die vorliegende Untersuchung geht von der Prämisse aus, dass Columbo selbst das größte und faszinierendste Rätsel darstellt, bei dem selbst der raffinierte Kriminalfall in den Hintergrund tritt. Hier ist nicht der Mörder jener berühmte große Unbekannte, sondern der angeblich leicht durchschaubare Inspektor.

Wer sich mit Columbo beschäftigt, stößt auf viele Fragen. Dies steht in einer auffälligen Spannung zu der Tatsache, dass es gleichzeitig keine Serienfigur gibt, von der ein Zuschauer soviel erfährt wie von Columbo. Da er gern und viel redet, erhalten wir von ihm eine Fülle von Hintergrundinformationen über seine eigene Person, seine Hobbys und Vorlieben, über seine Frau, die ungezählte Verwandtschaft und viele andere Dinge. Man sollte also meinen, dieser Mann sei ein offenes Buch. Doch weit gefehlt. Jede einzelne Andeutung macht die Person des Inspektors nur interessanter und mysteriöser – und den Zuschauer neugieriger. Zumal wir niemals völlige Sicherheit darüber haben werden, ob er uns als Zuschauer nicht ebenso an der Nase herumführt wie seine Gegner.

Im Geheimnis um den Inspektor liegt das eigentliche Geheimnis des Erfolges dieser Serie begründet. Die Mordtat ist dem Zuschauer in allen Einzelheiten vertraut. Offen bleiben die weitaus wesentlicheren Fragen: Wie lautet Columbos stets verschwiegener Vorname? Wie sieht die Frau aus, die uns bis hin zu intimsten Details bekannt vorkommt, die aber noch nie jemand sah? Was ist das für ein merkwürdiger Hund, der ebenfalls keinen ordentlichen Namen besitzt? Gibt es tatsächlich eine derart große Verwandtschaft in dieser Familie? Woher rührt die Vielzahl von Macken und Marotten, die an Columbo allenthalben zu beobachten sind? Warum kann dieser Mann sich nicht kleiden oder ein Auto fahren wie jeder normale Mensch? Und überhaupt: Ist dieser Kerl so dämlich, wie er tut? Oder ist das alles nur ein großer Bluff? Was geht in diesem Kopf mit dem zerzausten Haar wirklich vor?

Viele Aspekte der genannten Fragestellungen sind schnell zu immer wiederkehrenden Erfolgsmotiven der Serie geworden. Sachgerecht kann hier von »Kultmotiven« geredet werden, da es diese Detail sind, die »Columbo« zu einer Kultserie ersten Ranges machten. Diese Motive sind es, die im Mittelpunkt der vorliegenden Untersuchung stehen. Es ist ein Versuch ihrer Analyse und Deutung, der belegen will, dass »Columbo« etwas darstellt, was es nach Meinung mancher Kritiker überhaupt nicht geben dürfte: Kunst in Serie.

II. DIE GESCHICHTE EINES MYTHOS

1. Die Väter des Inspektors

»Wir waren keine Kollegen. Wir waren Brüder.«
WILLIAM LINK

Die nach zwei Pilotfilmen erste reguläre Columbo-Episode »Tödliche Trennung« erzählt von einem höchst ungleichen Autorenpaar, das seit Jahren mit Kriminalromanen erfolgreich ist. Als einer der beiden die Zusammenarbeit aufkündigt, kündigt ihm der andere die Freundschaft und lässt den bisher nur geschriebenen Worten die mörderische Tat folgen.

Der so dargestellte Konflikt zweier Menschen, die durch eine gemeinsame Arbeit aneinander gebunden und aufeinander angewiesen sind, erscheint durchaus plausibel. Er ist jedoch nur Fiktion. Die Beziehung zweier Autoren, die im folgenden zu schildern sein wird, erscheint hingegen wie ein Märchen, ist jedoch Realität.

Es ist der erste Schultag in der Elkins Park Junior School in einem Vorort von Philadelphia. Zwei der Schulanfänger gehen aufeinander zu, lernen sich kennen. Sie setzen sich zusammen in die Bank im Klassenzimmer: der hoch aufgeschossene Dick und der eher kleine Bill.

Woher kam diese fast magische Anziehungskraft? Beide Jungen waren Jahrgang 1935. Beide kamen aus ähnlichen familiären Verhältnissen der amerikanischen Mittelschicht. Dicks Vater war in der Autobranche tätig, Bills Vater in der Textilindustrie. Beide Schüler interessierten sich für Radioshows und das Kino. Vor allem aber lasen sie gern und viel. Seit sie die ersten Buchstaben gelernt hatten, verschlangen sie alle einschlägigen Comics. Bald aber war ihre Leidenschaft für eine Gattung entfacht worden, die sie zwei Leben lang nicht mehr loslassen sollte: den Kriminalroman.

Dick und Bill waren Morgenmenschen. Sie nutzten ihre Zeit. Es ist nicht überliefert, wie ordentlich sie ihre Schulaufgaben erledigten. Bekannt ist jedoch, dass sie Krimis im Akkord lasen. Dashiell Hammett, Raymond Chandler, Ellery Queen, John Dickson Carr, Erle Stanley Gardner, Agatha Christie waren ihre Favoriten. Jeder von ihnen las etwa fünf Romane pro Woche und empfahl die seiner Meinung nach guten dem Freund. Bald gab es kaum eine »crime story«, über die sie nicht ein fachmännisches Urteil hätten abgeben können. In diesem stimmten sie meist vollkommen überein.

Allerdings gaben sich die schmökerbesessenen Knaben nicht lange mit dem passiven Konsum ständig neuer Mordgeschichten zufrieden. Sie bewunderten zwar die ideenreichen Autoren, hatten aber gleichwohl den Ehrgeiz, es ihnen gleichzutun.

Es war jedoch eine Zeit, in der ein neues Medium dem gedruckten Wort ernsthafte Konkurrenz zu machen begann: das Fernsehen. Immer mehr Menschen konnten sich eines dieser neuen Geräte leisten. Die über das Land verstreute Bildschirm-Gemeinde wuchs zusehends und schaffte Verbindung. Wer etwas auf sich hielt, saß vor dem Kasten, um mitreden zu können. Dabei steckte das neue Massenmedium noch in den Kinderschuhen, sowohl technisch als auch künstlerisch. Pionierarbeit war gefragt; Menschen mit Visionen, die zu Tele-Visionen werden sollten. Zu jenen, die das amerikanische Fernsehen in den folgenden Jahrzehnten am nachhaltigsten prägten, sollten die beiden Kriminarren Dick und Bill gehören, die mittlerweile zu den Jugendlichen Richard Levinson und William Link heranreiften (→ Abb. 1).

Beide waren inzwischen Absolventen der Cheltenham High School. Mit großer Ausdauer bedrängten sie ihre Eltern, bis diese ihnen ein Aufnahmegerät kauften, da Richards und Williams Interesse zuerst vorrangig Texten und Hörspielen für das Radio galt. Bald kamen Kurzgeschichten hinzu, die von Klassikern wie Edgar Allan Poe oder O. Henry beeinflusst waren. Im Abschlussjahr wurde auf der High School ein von ihnen geschriebenes Musical aufgeführt.

Inzwischen waren beide auch als Studenten an der University of Pennsylvania aufgenommen worden. Ihre Faszination für Kriminalgeschichten brach sich mehr und mehr Bahn. Ihren auf Mord ausgerichteten Gehirnen entsprangen zunehmend komplizierter werdende Überlegungen – wie diese: Was wäre, wenn der berühmteste Strafverteidiger seine Frau ermorden wollte? Wie würde er es anstellen? Er würde sich ganz in die Rolle des berühmtesten Staatsanwaltes und in dessen Methode des Kreuzverhörs hineindenken, um für alle Fälle gewappnet zu sein. Was aber wäre, wenn seine Frau ihrerseits zur selben Zeit ihres ungeliebten Gatten überdrüssig würde?

Die ersten Geschichten der beiden Nachwuchsautoren gerieten dementsprechend verwickelt und wirkten dadurch nicht selten gekünstelt. Mit derlei Begründungen erhielten sie jedenfalls erste eingereichte Manuskripte von Verlegern zurück. »Gute Idee, aber noch nicht ausgereift genug«, lautete einer jener Negativbescheide des renommierten »Ellery Queen's Mystery Magazine«. Die 14-Jährigen erhielten ihn auf ihre Erzählung »The Mystery Writers Of America Case« hin. In dieser Story traten eine Reihe berühmter Krimiautoren wie Christie oder Carr höchstpersönlich auf den Plan, um Verbrechen aufzuklären, an denen sich die Polizei bisher die Zähne ausgebissen hatte.

William Link hat das damalige Dilemma einmal so beschrieben: Ein junger Autor sprühe zwar vor interessanten Ideen, es fehle ihm jedoch an Technik und Professionalität, diese entsprechend umzusetzen. Ein reiferer Autor beherrsche zwar sein Geschäft, müsse dann aber wieder um gute Ideen ringen. Levinson und Link schickten noch häufig ihre Geschichten an Blätter wie »The New Yorker« oder »Saturday Evening Post«, ohne dass eine von ihnen gedruckt worden wäre. Zwei Romanen (»The House Of Cards« und »Queer Street«), in denen sie denselben Detektiv auftreten ließen, erging es nicht besser.

Es war schließlich wiederum das »Ellery Queen's Mystery Magazine«, das endlich die erste Story der beiden Studenten zur Veröffentlichung annahm. Danach sollte es vier Jahre dauern, bis sich dies wiederholte.

Levinson und Link erweiterten in jener Zeit ihren Horizont. Sie lasen Shakespeare, Melville, Hemingway, Faulkner und Fitzgerald, ebenso die Franzosen Sartre und Camus. Sozialdramen weckten ihr Interesse und beeinflussten zahlreiche ihrer späteren Arbeiten.

Im Laufe der Zeit erhielten beide auch kleinere Aufträge. Sie arbeiteten an verschiedenen Zeitschriften mit oder verfassten Filmkritiken für den »Daily Pennsylvanian«. An der Universität gaben sie ein Magazin namens »Highball« heraus und führten wieder einige Musicals auf.

Nach erfolgreichem Universitätsabschluss rief »Uncle Sam« die jungen Männer zur Army. Während Link zwei Jahre Militärdienst absolvierte, durchlief Levinson lediglich ein halbes Jahr eine Reservistenausbildung. Anschließend arbeitete er für einen Fernsehsender in Philadelphia. Er überbrückte damit die Zeit des Wartens auf Link, ohne den er schließlich nur halb so kreativ war. Durch stetigen Briefwechsel blieben sie in Kontakt und träumten von zukünftigen Projekten.

Nachdem das Team wieder komplett war, zog es nach New York. Nun galt es, eine der Metropolen des Showbusiness zu erobern. Ihre Kurzgeschichten erschienen in »Alfred Hitchcock's Mystery Magazine«, im »Playboy« und diversen anderen Magazinen. Erstmals konnten sie auch für das Fernsehen arbeiten: Für die Serie »General Motors Presents« der Canadian Broadcasting Company wurden zwei ihrer Drehbücher angenommen.

Nun ließ auch ihr Debüt im amerikanischen Fernsehen nicht mehr lange auf sich warten. »Chain Of Command« hieß das Südstaatendrama im Soldatenmilieu und war eine Produktion der erfolgreichen »Desilu Prod.«, gegründet und geleitet von dem populären Schauspielerehepaar Lucille Ball und Desi Arnaz. Der Film wurde mit hervorragenden Kritiken als eine der besten Produktionen der Saison 1958/59 bedacht. Der Einstand war gelungen.

Levinson und Link erhielten einen Zweijahresvertrag für den Sender »Four Star Television«. Dazu war es nötig, im Sommer 1959 wieder die Koffer zu packen und nach Kalifornien zu ziehen. Fast im Akkord schrieben sie nun für diverse TV-Serien wie »Richard Diamond, Private Eye«, »Michael Shayne«, »The June Allyson Show«, »The Rogues« (Gauner gegen Gauner) oder die Western-Serie »Johnny Ringo«. Ihre Handschrift tragen auch Episoden solcher international erfolgreicher Serien wie »Dr. Kildare« (mit Richard Chamberlain und Raymond Massey), »Burke's Law« (Amos Burke, mit Gene Barry), »The Man From U.N.C.L.E.« (Solo für O.N.C.E.L., mit Robert Vaughn und David McCallum) und nicht zuletzt des Kult-Hits »The Fugitive« (Auf der Flucht, mit David Janssen und Barry Morse).

Als fruchtbar erwies sich die Zusammenarbeit mit Groß- und Altmeister Alfred Hitchcock, der in diesen Jahren als »Schirmherr« und Moderator zweier Fernsehserien fungierte, die Krimistories vom Feinsten erzählten. Levinson und Link schrieben fünf Drehbücher für die einstündige »Alfred Hitchcock Hour« sowie zwei 30-Minuten-Beiträge für »Alfred Hitchcock Presents« Zwei dieser Stories sollten später noch Folgen haben. So trat in der Episode »Services Rendered« erstmals ein kaltschnäuziger Privatschnüffler namens Joe Mannix auf. Den Namen hatten die Autoren von einem ihrer gemeinsamen Schulkameraden geliehen. Der Charakter aber sollte mit »Mannix« eine eigene Erfolgsserie bei CBS (1967–1975) bekommen, in der die Titelrolle von Mike Connors verkörpert wurde.

Dies war aber nur eine der Serien, für die Levinson und Link als Schöpfer stehen. An ihren unbestreitbar größten Wurf erinnert eine weitere Story für Hitchcock: In »Dear Uncle George« spielte Gene Barry einen Ehemann, der seine bessere Hälfte ermordet. Wenige Jahre später sollte er dies dann noch einmal tun: beim ersten Auftritt von »Columbo«.

Als Serienautoren von Format waren Levinson und Link nun etabliert. Das allein füllte die ideenreichen und vielseitigen Schreiber aber nicht aus. So zog es sie auch immer wieder zum Theater, vorzugsweise nach New York. In dieser Schaffensphase entstand neben anderen auch das wegbereitende Theaterstück, dem ob seiner Bedeutung das nächste Kapitel gewidmet sein wird: »Prescription Murder«. Die Autoren konnten zu jener Zeit noch nicht ahnen, dass die damalige Geburt eines brummigen Detektivs im verwahrlosten Regenmantel der Ausgangspunkt für weltweiten und langanhaltenden Ruhm werden sollte.

Es wäre jedoch ein Trugschluss, zu glauben, Levinson und Link seien seither ganz auf mordende Ehemänner und zerknautschte Cops fixiert gewesen. Das Gegenteil war der Fall. Ihre Innnovationskraft und ihr weiter Horizont wird daran ersichtlich, dass sie sich nun auch verstärkt sozialen und gesellschaftlichen Themen von hohem Anspruch stellten. Das amerikanische Fernsehen verdankt ihnen seit Ende der 60er Jahre zahlreiche herausragende Beiträge. Ihre Drehbücher bürgten für Qualität. Darsteller von Format wurden engagiert; die Regie lag meist in den bewährten Händen eines Lamont Johnson oder David Greene.

So nahmen sie sich der Studentenunruhen an (»The Whole World Is Watching«), erzählten von der Beziehung eines Mädchens aus den Südstaaten zu einem schwarzen Anwalt in New York (»My Sweet Charlie«) oder analysierten die Probleme eines geschiedenen und bisher versteckt homosexuellen Mannes (»That Certain Summer« [Damals im Sommer]). In »The Execution Of Private Slovik« (Die Hinrichtung des Soldaten Slovik) schilderten sie das wahre Schicksal von Eddie Slovik, dem einzigen amerikanischen Soldaten, der seit dem Bürgerkrieg in den USA wegen Desertion hingerichtet wurde. Levinson und Link adaptierten hier erfolgreich einen Roman von William Bedford Huie. Martin Sheen wurde aufgrund seiner Darstellung der Titelrolle für einen Emmy nominiert. »The Gun« behandelte in Episoden das Schicksal eines Revolvers und stellte sich den Fragen nach der Freigabe von Waffen. »The Storyteller« mit Martin Balsam beleuchtete die Auswirkungen von Gewalt im Fernsehen auf das Verhalten von Jugendlichen. In »Crisis At Central High« (Krise in der Central High School) spielte Joanne Woodward eine Lehrerin inmitten der Probleme um die Integration von Schwarzen und Weißen an einer Schule in Arkansas. Auch sie wurde für einen Emmy nominiert. »The Guardian« (Der Wächter) schließlich setzte sich mit der zunehmenden Gewalt in amerikanischen Großstädten und der Arbeit privater Sicherheitsdienste auseinander.

Die genannten Produktionen kamen durchweg sowohl beim Publikum als auch bei der Kritik gut an. Sie bewiesen die Meisterschaft der Autoren, auch ernsthafte Themen packend und dramatisch darstellen zu können. Ihre zuvor als Schöpfer überdurchschnittlicher »crime stories« errungenen Erfolge wurden dadurch nur bestätigt und ergänzt.

Der Einfluss von Levinson und Link blieb jedoch längst nicht mehr nur auf die Ablieferung von Drehbüchern beschränkt. Die meisten ihrer TV-Projekte betreuten sie auch als Produzenten, so dass die fertigen Produkte noch mehr von der ihnen eigenen Handschrift geprägt wurden. Neben »Columbo« und dem bereits erwähnten Marlowe-Verschnitt »Mannix« schufen sie 1972 für CBS die Figur des polnischstämmigen Versicherungsdetektivs »Banacek« (George Peppard). Auf der »Shaft«-Welle, die nun auch Schwarze ins Rampenlicht stellte, schwamm der Privatdetektiv und grundgütige Familienvater Harry »Tenafly«, dagestellt von James McEachin (NBC, 1973–1974). Ebenso begründeten sie »The Adventures Of Ellery Queen« (NBC, 1975–1976), »Blacke's Magic« (NBC, 1986) und »Hard Copy« (CBS, 1987).

Nach »Columbo« hatten sie aber erst ab 1984 wieder einen durchschlagenden Erfolg mit einem ihrer Serien-«Kinder«: »Murder She Wrote« (Mord ist ihr Hobby). Heldin ist eine völlig unspektakuläre ältere Dame namens Jessica Fletcher; eine Hobby-Autorin, die nicht nur Mordfälle in ihre Schreibmaschine tippt, sondern auch ständig – niemand weiß warum – realiter in solche hineingezogen wird. Das Autorengespann verwirklichte dabei eine ihrer ganz frühen Ideen: Was würde passieren, wenn eine Agatha Christie höchst selbst Verbrechen aufklären würde?

Zum Erfolg der Serie trug – ähnlich wie bei »Columbo« – nicht zuletzt auch die vorzügliche Besetzung der Hauptrolle bei. Die gebürtige Londonerin Angela Lansbury war nicht nur seit 1944 durchgehend im internationalen Film und am Broadway beschäftigt, sondern empfahl sich zudem auch durch die Darstellung der Miss Marple in der von Guy Hamilton 1980 gedrehten Christie-Verfilmung »The Mirror Crack'd« (Mord im Spiegel).

Zu den weiteren Erfolgen von Levinson und Link in den 80er Jahren gehörten auch mehrere Verfilmungen ihrer ursprünglich für die Bühne geschriebenen Krimistücke wie »Murder By Natural Cause«, »Rehearsal For Murder« (Eine Probe für den Mörder) oder »Guilty Conscience«. Letzteres war vor allem auf britischen Bühnen ein durchschlagender Erfolg gewesen. Für »Vanishing Act« (Kopflos – Die Frau aus dem Nichts) von David Greene bearbeiteten sie 1986 das Stück »The Trap For A Lonely Man« von Robert Thomas, das zuvor bereits zweimal verfilmt worden war[12].

Für den Broadway schließlich schrieben Levinson und Link das Musical »Merlin«, das 1982 zur Uraufführung gelangte. Diese Auftragsarbeit nahmen sie allerdings erst nach langem Zögern an. Sie waren ungewiss, ob dies ihr Terrain sei. Ein Libretto für ein Musical war in ihren Augen eine unsichere und vor allem undankbare Angelegenheit. Richard Levinson meinte dazu: »Mit einem Musical ist es so: Ist es erfolgreich, so sagt man: trotz des Buches. Wird es ein Flop, wird gesagt: wegen des Buches.« Die Zweifel der Autoren waren jedoch unbegründet. Mit »Merlin« hatten sie einmal mehr Erfolg.

Es sollte ihr letzter gemeinsamer Triumph werden. Am 12. März 1987 starb Richard Levinson, ein Workoholic und Kettenraucher, an Herzversagen in seinem Haus in Brentwood (Californien). Er war gerade 52 Jahre alt.

William Link arbeitete seither allein. Es war ihm ein Anliegen, ab 1989 auch die Neuauflage ihres gemeinsamen Lieblingskindes »Columbo« als Produzent zu betreuen. Die Geschichte seiner ungewöhnlichen Freundschaft mit Levinson verarbeitete er 1991 auf gefühlvoll-humorige Weise in »The Boys« (Wahre Freunde, mit James Woods und John Lithgow als Autoren-Duo). Ab 1994 war Link dann auch verantwortlich für die erfolgreiche Serie »The Cosby Mysteries« (Detektiv Hanks, mit Bill Cosby).

Die Kreativität von Levinson und Link entsprang einer perfekten Teamarbeit. Dies begann mit der Verständigung über eine Idee, verlief über die Strukturierung der Handlung und der präzisen Ausarbeitung der einzelnen Charaktere bis hin zur endgültigen Niederschrift der Skripte. Den Vorteil ihrer Partnerschaft erklärten sie so: »Die Frage, die einen einzelnen Autoren im Innern bewegt, haben wir beide und sprechen sie auch aus.« In schier endlosen Diskussionen durchdachten sie alles bis ins Kleinste, so dass ein fertiges Drehbuch von ihnen kaum jemals Änderungen erfuhr.

Äußerlich schlug sich die Bilanz dieses Gespannes in zwei Emmies, zwei Golden Globes, einem Peabody Award, einem Preis der »Writers Guild of America« und ganzen vier Edgar Allan Poe Awards der Gesellschaft der amerikanischen Kriminalschriftsteller nieder. 1983 wurden beide durch das renommierte »Museum of Broadcast« mit einer vierwöchigen Retrospektive geehrt. Die »New York Times« nannte sie »Mr. Rolls und Mr. Royce des Fernsehens«. Zusammen mit seinem verstorbenen Freund wurde William Link 1995 auch in die »Television Hall of Fame« aufgenommen.

Daneben bleibt am Ende vor allem der Applaus sowohl der Kritiker als auch des millionenfachen Publikums in aller Welt für zwei »mystery kings«, deren Stärke und schöpferisches Potential in erster Linie ihrer aufrichtigen Freundschaft zueinander entsprangen. Dies ist die Botschaft, die durch das Lebenswerk von Richard Levinson und William Link zum Ausdruck kommt.

2. Zeugung und Geburt

»Das Publikum liebte diesen Columbo.
Wir hatten gedacht, diese Rolle sei zweitrangig.«
WILLIAM LINK

Jeden Abend wiederholt sich dasselbe Spiel: Die Vorstellung ist beendet, der Vorhang im Theater fällt. Der Mörder ist überführt und geht seiner gerechten Strafe entgegen. Das Publikum jubelt.

Nun treten die Darsteller auf und verbeugen sich. Die Zuschauer honorieren ihre Leistung. Doch nicht die Hauptperson, der Mörder, erhält den meisten Applaus, obgleich er von einem Weltstar verkörpert wird. Der größte Beifall brandet auf, als der scheinbar unspektakuläre, eher skurrile Cop erscheint. Ein ältlicher, bulliger Kerl, der seine Zigarrenasche überall hin verstreut. Ihn lieben die Leute. Er stiehlt den anderen die Show.

Den Autoren des Stücks gibt das zu denken. Ihre Namen: Richard Levinson und William Link.

Angefangen hatte alles bereits im Jahr 1950, als die beiden eine Kurzgeschichte mit dem Titel »May I Come In?« schrieben. Ein Psychiater ermordet seine Frau und verschafft sich ein wasserdichtes Alibi. Trotzdem wird er von einem unscheinbaren, in Wirklichkeit aber sehr erfahrenen und hartnäckigen Detektiv zur Strecke gebracht. Der Titel (»Darf ich eintreten?«) bezog sich auf die Schlussszene der Erzählung: Es klopft an der Tür, bevor der Inspektor eintritt, um den Überführten zu verhaften. Aus heutiger Sicht mutet dieses Motiv bekannt an, selbst wenn der Cop damals noch nicht »Columbo«, sondern schlicht »Fisher« hieß. Zehn Jahre sollten vergehen, bis »Alfred Hitchcocks Mystery Magazine« im März 1960 diese Story veröffentlichte. Allerdings wurde dabei der Titel in »Dear Corpus Delicti« geändert.

Levinson und Link nahmen die Veröffentlichung zum Anlass, die Geschichte noch einmal aufzugreifen. Sie schrieben ein Skript für eine einstündige Folge der NBC-Serie »The Chevy Mystery Show«. Im Dezember 1961 gesendet, trug sie den Titel »Enough Rope«. Der stämmige Bert Freed (später u. a. in der Serie »Shane« zu sehen) spielte den Lieutenant aus New York, der nun auf den Namen »Columbo« hörte.

Die Episode fiel nicht sonderlich auf. Die Autoren waren unzufrieden mit der Regie und den schlechten, weil ärmlichen Produktionsbedingungen. Es war ein Routineprodukt; eine von unzähligen Serienfolgen nach ähnlichem Muster. Selbst die unmittelbar Beteiligten maßen der Sache kaum Bedeutung bei. »Ich traf Bert Freed vor einigen Jahren auf einer Party«, erzählt William Link, »und erzählte ihm, er sei der erste Columbo-Darsteller gewesen. Er erinnerte sich nicht mehr daran. Für ihn war es einfach irgendeine Polizistenrolle gewesen«.[13]

Die beiden hartnäckigen Autoren aber glaubten weiterhin an die Story und nahmen sich ihrer abermals an. Nun entstand ein Theaterstück, das wiederum einen neuen Titel trug: »Prescription Murder«. Ein Produzent war bald gefunden, und mit ihm eine hochkarätige Besetzung, die angetan war, Aufmerksamkeit zu erregen.

Den mordenden Psychiater Dr. Ray Flemming spielte kein Geringerer als Joseph Cotten. Er war bereits ab 1941 durch die ersten Filme seines engen Freundes Orson Welles zu Weltruhm gelangt (»Citizen Kane«, »The Magnificent Ambersons« [Der Glanz des Hauses Amberson], »Journey Into Fear« [Von Agenten gejagt]). Seine Darstellung des Holly Martins in Carol Reeds Klassiker »The Third Man« (Der dritte Mann) gehört ebenso zu seinen größten Erfolgen wie die Hitchcock-Streifen »Shadow Of A Doubt« (Im Schatten des Zweifels) und »Under Capricorn« (Sklavin des Herzens), William Dieterles »Portrait Of Jenny« (Jenny) und Henry Hathaways »Niagara«.

Agnes Moorehead, ein weiteres Mitglied von Orson Welles' »Mercury Theatre«, übernahm den Part der zu ermordenden Ehefrau. Sie stand in unzähligen Rollen vor der Kamera und auf der Bühne und wurde fünfmal für den »Oscar« nominiert; u. a. für »Der Glanz des Hauses Amberson«, »Johnny Belinda« von Jean Negulesco, und noch im Jahre 1964 für ihre Haushälterin Velma in Robert Aldrichs »Hush Hush… Sweet Charlotte« (Wiegenlied für eine Leiche). Zwischen 1964 und 1972 traf man sie auch regelmäßig im Fernsehen an: In »Bewitched« (Verliebt in eine Hexe) spielte sie die Endora.

Patricia Medina spielte Flemmings Freundin Joan, die ihm bei seiner Mordtat behilflich ist. Auch diese Rolle blieb »in der Familie«, hatte Medina doch kurz zuvor Joseph Cotten geheiratet. Bis dahin hatte die gebürtige Engländerin in vielen Kostümfilmen agiert, meist als schmückendes Beiwerk des Helden.

Wer aber sollte den Inspektor darstellen? Was aus heutiger Sicht als die wichtigste Frage gelten würde, war damals nur eine unter mehreren. Das Stück war in erster Linie auf die Figur des Psychiaters ausgerichtet. Gleichwohl hatten Levinson und Link durchaus ihre Vorstellungen. Ein großer, bulliger Kerl sollte es sein, ein älterer Jahrgang mit brummigem Wesen.

Die Idealbesetzung fand sich in Thomas Mitchell, dem Lieblingsschauspieler der Regisseure John Ford und Frank Capra.[14] Mitchell war bereits 66 Jahre alt und seit Mitte der 30er Jahre ein gefragter Charakterdarsteller. Nicht wenige Klassiker Hollywoods hat er veredelt, so u. a. »The Hurricane« (... und dann kam der Orkan, Oscarnominierung), »Gone With The Wind« (Vom Winde verweht), »Stagecoach« (Höllenfahrt nach Santa Fe, Oscar), oder »High Noon« (12 Uhr mittags). Mitchell brachte alles mit, was den Autoren für den Charakter des Cops wichtig war. Er hatte die richtige Statur, einen Blick wie eine Bulldogge, war ebenso aggressiv, versprühte aber – neben der Zigarrenasche – auf der Bühne auch eine gehörige Portion irischen Charmes seiner elterlichen Herkunft.

Mit diesem Ensemble von Profis gingen die beiden Neulinge Levinson und Link nun auf Tournee. Die Zusammenarbeit gestaltete sich schwierig. Cotten pflegte seine Starallüren, Moorehead gebärdete sich bei den Proben besonders streng und penibel. Mitchell schließlich hatte ein gebrochenes Verhältnis zu Autoren: »In meinem Theater sitzen Drehbuchschreiber in der letzten Reihe!« Vor allem weigerte er sich, vom einmal gelernten Text abzugehen. Levinson und Link hatten inzwischen – ihrer Meinung nach – Schwächen im dritten Akt ausgemacht, drängten aber vergebens auf Änderung. Erst Jahre später konnten sie diese vornehmen. Gleichwohl wurde das Stück ein voller Erfolg. Die Premiere fand im »Carran Theatre« in San Francisco statt und bildete den Auftakt zu einer 25 Wochen dauernden Tournee durch alle wichtigen Städte in den USA und Kanada. Überall wurde vor ausverkauften Häusern gespielt.

Schon bei den Proben hatte sich herausgestellt, was bei den Reaktionen des Publikums überdeutlich wurde: Der Part des Inspektors wurde zur dominierenden Rolle. Die auffällige Erscheinung des ältlichen Cops, seine Kleidung und skurrilen Manieren sowie die eigentümlich-raffinierte Art seiner Ermittlungen bei gleichzeitiger äußerlicher Unbedarftheit gaben der Gestalt eine unverwechselbare Note. Man spürte: Hier war ein Original geschaffen worden, kein Polizist von der Stange. Ein Mensch jenseits der zur Genüge bekannten Superbullen. Nicht schön, dafür sperrig. Jemand mit Schwächen, aber in seinem Job unübertroffen. Eine raue Schale mit sensiblem und geheimnisvollem Kern. Dieser Cop war etwas Besonderes. Das Publikum merkte es.

Der Erfolg der Tournee machte den Beteiligten deutlich: Der Stoff musste noch einmal verfilmt werden, diesmal aber richtig. Mit einer umgeschriebenen Fassung suchten Levinson und Link den Schauspieler Norman Lloyd, der mittlerweile als Produzent arbeitete, für ein TV-Projekt zu gewinnen. Der aber erkannte das Potential des Buches nicht. Großes Interesse hingegen zeigte Don Siegel. Der Regisseur machte sich für die Realisierung stark. Da er jedoch selbst gerade an einem Spielfilm arbeitete, empfahl er statt seiner Richard Irving.

Irving hatte zwar nicht den internationalen Namen Siegels, galt aber in den USA seit langem als erfahrener Produzent und Regisseur. Er war u. a. an der Produktion von Erfolgsserien wie »Wagon Train«, »The Virginian« (Die Leute von der Shiloh Ranch) und »McCloud« (Ein Sheriff in New York) maßgeblich beteiligt.[15] Dieser Mann erwies sich für Levinson und Link als ausgesprochener Glücksfall. Nach den vorhergegangenen schlechten Erfahrungen war hier ein Regisseur, der ihre Begabung anerkannte, ihre Meinung sehr ernst nahm und hervorragend im Team arbeiten konnte. Er richtete sich stets nach den Vorstellungen der beiden Autoren. Einzig in seiner gleichzeitigen Funktion als Produzent richtete er eine Bitte um Änderung an sie: Der Schauplatz sollte von New York nach Los Angeles verlegt werden, um vor Ort drehen zu können und so die Produktionskosten zu senken. Levinson und Link hatten nichts dagegen. So waren also finanzielle Gründe ausschlaggebend für den Umstand, dass Columbo seither für das Los Angeles Police Departement arbeitet.

Ein Team war bald zusammengestellt. Die Dreharbeiten hätten beginnen können, wäre da nicht noch eine offene Frage (»just one more thing«) gewesen, die nun nicht mehr nur eine unter vielen war: Wer sollte eigentlich die Hauptrolle spielen?

3. Der in den Mantel passt

»Fragen Sie mich nicht, warum –
wir waren fixiert auf einen älteren Schauspieler.«
WILLIAM LINK

Den Verantwortlichen für »Prescription Murder« war mittlerweile völlig klar, dass die Wahl des Hauptdarstellers in besonderem Maße über Erfolg oder Misserfolg mitentscheiden würde. Der Lieutenant stand im Mittelpunkt des Interesses und damit auch der Suche nach dem passenden Schauspieler.

Die nächstliegende Lösung war nicht mehr zu realisieren: Thomas Mitchell war im Dezember 1962, bald nach der »Columbo«-Tournee, im Alter von 67 Jahren verstorben. Wer konnte in seine Fußstapfen treten?

Da gab es einen jungen Schauspieler, der sein Interesse bekundete. Er hieß Peter Falk und war noch keine zehn Jahre im Filmgeschäft. Ihm fehlte der große Name; doch immerhin hatte er bereits zwei Oscar-Nominierungen erhalten und einen Emmy gewonnen. Falk hatte, da er mit Levinson und Link bekannt war, von dem Projekt gehört und das Drehbuch gelesen. Es gefiel ihm. Er war auch der Meinung, dass ihm die Rolle des Inspektors liegen würde; hatte er doch ähnliche Charaktere bereits verkörpert: Sein Anwalt Daniel O'Brien aus der Serie »The Trials Of O'Brien« war auch von der schlampigen Art, gleichzeitig aber clever und intelligent, wenn es um seinen Job ging. Eine ähnliche Figur war auch der Lt. Bixbee in der Komödie »Penelope« gewesen[16].

Levinson und Link waren von Falks Qualitäten durchaus überzeugt. Als Columbo-Darsteller lehnten sie ihn jedoch ab. Für sie war die von ihnen geschaffene Kunstfigur ein älteres und dadurch erfahreneres Semester. Der 40-jährige Falk war ihnen einfach zu jung.

Zudem hatten die Autoren einen eigenen Wunschkandidaten: keinen geringeren als Bing Crosby. Crosby war bereits 66 und seit Jahrzehnten schon nicht mehr darauf angewiesen, zur Sicherung seines Lebensunterhalts vor eine Kamera treten zu müssen. Er konnte alle nur denkbaren Erfolge vorweisen: Als Sänger und Entertainer weltberühmt, hatte er mit »White Christmas« die über viele Jahrzehnte hinweg meistverkaufteste Schallplatte aller Zeiten besungen. Seit 1930 hatte er in weit über hundert

Spielfilmen mitgewirkt. Für »Going My Way« (Der Weg zum Glück) erhielt er 1944 den Oscar. Zwei weitere Male war er nominiert gewesen. Crosby hatte eigene Radio- und Fernsehshows und mittlerweile auch Erfolge als Produzent. Was sollte er mehr wollen?

Auf jeden Fall stand ihm der Sinn nicht nach einem Film, von dem es inzwischen hieß, er könne sich – Erfolg vorausgesetzt – eventuell zu einer Serie ausweiten. Ein dauerhaftes Engagement kam für ihn nicht mehr in Frage, weil er nur noch für eine regelmäßige Beschäftigung zu haben war: Golf. Er lehnte das Angebot mit der Begründung ab, die Dreharbeiten würden ihm die Zeit für das geliebte Rasenspiel rauben. 1977 starb er in Madrid – beim Golf.

Zweite Wahl der Autoren war mit Lee J. Cobb jemand, der zehn Jahre jünger als Crosby, aber ein großartiger Darsteller von schwierigen Charakterrollen war. Unter den vielen seiner erinnerungswürdigen Auftritte waren zwei oscar-nominierte in »On The Waterfront« (Die Faust im Nacken, 1954) und »The Brothers Karamazov« (Die Brüder Karamasow, 1958). Unvergessen bleibt auch sein Part in »Twelve Angry Men« (Die zwölf Geschworenen, 1957). Dabei spielte er viel lieber Theater und hatte als Willy Loman in Arthur Millers »Death Of A Salesman« (Der Tod eines Handlungsreisenden) schon seit 1949 Maßstäbe gesetzt. Die TV-Rolle des »Columbo« wollte er nicht haben; war er doch gerade erst aus der erfolgreichen Serie »Die Leute von der Shiloh Ranch« ausgestiegen, weil ihm die Drehbücher zu dünn erschienen. Zudem war er bereits für andere Projekte verpflichtet.

Nach zwei Absagen war nun guter Rat teuer. Schließlich war es Regisseur Richard Irving, der Peter Falk erneut ins Spiel brachte und favorisierte. Levinson und Link gaben ihren Widerstand auf – und haben diese Entscheidung seitdem nie bereuen müssen.

EXKURS: Wer war Peter Falk?

»Mr. Falk, für den gleichen Preis kann ich auch einen Schauspieler kriegen, der auf beiden Augen sehen kann.«
HARRY COHN

Wollte man Wim Wenders und Peter Handke Glauben schenken, so war es ein leibhaftiger Engel gewesen, der nach unendlich langer, zweifellos vorbildlicher Dienstausübung Mitte der 50er Jahre beschloss, ein Mensch zu werden und fortan als Schauspieler namens »Peter Falk« weiterzuleben. Die Wirklichkeit hingegen ist naturgemäß profaner.

Am 16. September 1927 wurde der Familie Falk in Manhattan der Sohn Peter Michael geboren. Seine Eltern waren jüdische Einwanderer: Madeline Falk war Russin, ihr Mann Michael Pole. Ihre Vorfahren hatten zudem auch ungarisches und tschechisches Blut in sich gehabt. Es ist also nicht mehr als eine Legende, dass Peter Falk wie sein alter ego irgendwelche italienischen Anteile besäße.

Die ersten sechs Jahre wuchs der Junge in der Bronx auf, ehe die Familie nach Ossining zog, einem Vorort New Yorks direkt am Hudson River. Die Falks leiteten hier ein Textilgeschäft, mit dem sie sich auch in den Jahren der wirtschaftlichen Depression über Wasser halten konnten.

Nachdem Peter mit drei Jahren in den Kindergarten gekommen war, machte ein Erzieher an ihm eine folgenschwere Entdeckung. Der Junge hatte Mühe beim Sehen. Ärzte diagnostizierten daraufhin einen Tumor im rechten Auge. Es musste entfernt werden. So kam der Junge ins Krankenhaus, wurde narkotisiert und wachte mit nur noch einem Auge auf. Dieses traumatische Erlebnis des Dreijährigen hat ihn zeitlebens geprägt.

Peter bekam ein Glasauge, das er oft zerkratzte. Erst die modernere Technik ermöglichte es, dass er später eines aus Plastik erhielt, das erheblich einfacher zu handhaben war. Es war zunächst schwer für ihn, sich mit der neuen Situation abzufinden. Ständig hatte er Angst, darauf angesprochen zu werden.

Der Sport mit seinen Freunden half Peter. Er war in mehreren Schulmannschaften und spielte dort Baseball und Basketball. Durch seine Behinderung war er kein guter Werfer, dafür aber schnell und wieselflink.

Häufig spielten die Schüler gegen eine Auswahl der berühmt-berüchtigten Strafanstalt Sing Sing, die sich in Ossining befand. Beim Sport lernte er, dass sein Glasauge nun zu ihm gehörte. Er konnte sogar darüber scherzen. Einmal hatte ein Schiedsrichter eine für Peter offensichtliche Fehlentscheidung getroffen. Verärgert lief er zum Unparteiischen, nahm sein Auge heraus und hielt es ihm hin: »Versuchen Sie es doch damit mal!«

An der Ossining High School wurde auch Theater gespielt. Beinahe zufällig kam Peter Falk dazu, als er in einer Aufführung kurzfristig für einen erkrankten Mitschüler einspringen sollte. Aufmerken lässt die Rolle, die er zu spielen hatte: einen Detektiv, der erst im 3. Akt (!) aufzutreten hatte. Allerdings kam ihm damals nie in den Sinn, einmal Schauspieler werden zu wollen. »Ich dachte, Schauspieler seien eine seltene Spezies«, erklärte er später. »Ich meinte, alle Schauspieler seien Europäer, weil ich dort, wo ich herkam, nie einem begegnet bin.«

Im Sommer 1945 kam Falk an das Hamilton College in Clinton im Norden New Yorks. Dort gefiel es ihm nicht sonderlich. Es gab vor allem keine Mädchen. So blieb nur einen Monat und meldete sich noch in den letzten Kriegstagen zur Armee. Allerdings fiel er bei der Tauglichkeitsuntersuchung durch. Beim Sehtest hatte er gemogelt, indem er zweimal mit seinem intakten Auge zu lesen versuchte. Der Schwindel flog auf.

Dafür aber nahm ihn drei Monate später die Handelsmarine, wenn auch nur zum Kombüsendienst. Kaum auf dem Schiff angekommen, fragte ihn in der Kajüte einer der Seeleute, was denn einen so jungen Kerl zur Handelsmarine getrieben hätte. Falk machte sich einen Spaß und antwortete, er hätte einige körperliche Probleme. Er hatte zu jener Zeit schon eine Brücke über den Vorderzähnen, die er aus dem Mund nahm und auf den Tisch legte. Dann nahm er das Glasauge heraus und tat es dazu. Als er sich nun noch herunterbeugte, ein Bein umfasste und versuchte, daran zu drehen, erbleichte der Seemann und meinte, er würde umgehend an Deck benötigt.

Anderthalb Jahre fuhr Peter auf Schiffen nach Europa und Südamerika. Als Teil der Mannschaft war er akzeptiert, und niemanden interessierte die Anzahl seiner Augen. »Irgendwann ist es normal, und du kannst darüber lachen«, sagte er später. »Wenn mich heute jemand fragt, welches Auge das falsche ist, muss ich überlegen.«

Nach dieser Zeit ging Falk zurück an das Hamilton College und blieb nun zwei Jahre dort. Einen dazwischen liegenden Sommer verbrachte er zusätzlich an der Universität von Wisconsin. Nach erfolgreichem Abschluss wechselte er auf die New School for Social Research in New York City. Dort erwarb er 1951 einen Master-Grad in Literatur und Politikwissenschaft. Probleme bekam er, als er einer Studentenvereinigung beitreten wollte. Man verweigerte ihm die Aufnahme aufgrund seiner jüdischen Abstammung.

Zwischenzeitlich reiste er mehrere Monate durch Europa. Von Paris aus kam er nach Jugoslawien, wo er beim Eisenbahnbau arbeitete und kurzzeitig sogar einmal verhaftet wurde, nachdem seine fremde Währung in einem Restaurant nicht akzeptiert worden war.

Zurückgekehrt in die USA, trieb es ihn wiederum auf die Schulbank. Auf der Syracuse University erwarb er einen Master-Grad der Verwaltungswissenschaften. Nach einer erfolglosen Bewerbung bei der CIA fand er eine Anstellung als Wirtschaftsprüfer in Hartford, wo er im Dienst des Staates Connecticut arbeitete.

An der Universität hatte er 1953 ein Mädchen kennen gelernt: Alyce Mayo, eine angehende Modezeichnerin. Fünf Jahre später heirateten die beiden und adoptierten nach einiger Zeit zwei Mädchen, Catherine (geb. 1961) und Jaqueline (geb. 1962). Catherine machte vor Jahren mehrfach Schlagzeilen. 1989 verklagte sie ihren Vater auf Unterhaltszahlungen. Dann absolvierte sie in Los Angeles eine Ausbildung zur Privatdetektivin und eröffnete ein Ermittlungsbüro mit dem Namen »Ms. Columbo«.

Allein der Schreibtisch machte den Verwaltungsbeamten Falk auf Dauer nicht glücklich. Er erinnerte sich daran, welche Freude ihm das Theaterspielen auf dem College bereitet hatte. Nach langen Überlegungen wagte er es und wurde Mitglied bei einer Hartforder Amateur-Theatergruppe, die sich »The Mark Twain Masquers« nannte. In unterschiedlichen Stücken sammelte er erste Bühnenerfahrungen. Währenddessen kam ihm zu Ohren, dass es in Westport eine neue Klasse für professionelle Schauspieler gab, die von der bekannten französischen Schauspiellehrerin Eva LaGalienne geleitet wurde. Falk reizte es sehr, bei ihr aufgenommen zu werden. Doch Westport lag immerhin zwei Autostunden entfernt. Aber für seinen neuen Traum konnte er Opfer bringen.

Die Gruppe traf sich in Westport an jedem Mittwoch. Also ging

Falk zu seinem Chef und schlug ihm einen Handel vor: Er wollte auf den ihm zustehenden Urlaub verzichten, wenn er jeden Mittwoch früher gehen könnte. Der Chef überlegte nicht lange und gab ihm grünes Licht.

Leider kam er trotz allem häufig mit Verspätung dort an, was nicht nur am starken Verkehr, sondern auch an seinem alten, klapprigen Auto lag (gewisse Ähnlichkeiten mit fiktiven Personen sind rein zufällig!). Der gestrengen Lehrerin fiel dies auf. »Warum kommen Sie immer zu spät, junger Mann?«, fragte sie ihn eines Tages. Als er antwortete, er müsse jedes Mal aus Hartford anreisen, stutzte Eva LaGalienne. »Hartford? Da gibt es doch gar kein Theater. Wo sind Sie denn engagiert?« So musste Falk ihr beichten, dass er noch kein Berufsschauspieler sei. Darauf musterte ihn die Dame noch einmal und sagte: »Na, dann sollen Sie einer werden!«

Diese Begebenheit motivierte Falk derart, dass er am nächsten Tag seinen Job kündigte. Einige Monate stürzte er sich vollständig in die Theaterarbeit und machte zusehends Fortschritte. Er arbeitete auch mit den Lehrern Sanford Meisner und Jack Landau. Schließlich erhielt er ein Empfehlungsschreiben, mit dem er sich einem Agenten der berühmten William Morris Agency vorstellte.

Sein Enthusiasmus erhielt jedoch sofort einen Dämpfer, als ihm der Agent bereits im ersten Gespräch sagte: »Sie werden wohl nie beim Fernsehen oder Film beschäftigt werden können.« Falk wusste nicht, was der Mann meinte. Tatsächlich beurteilte dieser ihn nicht nach seinem Talent, sondern ausschließlich nach seinem fehlenden Auge. Doch ließ sich der Neuling nach allem nicht abschütteln. Außerdem hatte er niemals an eine Filmkarriere gedacht. Er genoss vielmehr die Arbeit auf der Bühne. Ein Theaterschauspieler wollte er werden!

Schließlich konnte ihm der Agent doch eine erste kleine Rolle in einem Off-Broadway-Stück verschaffen. Er sollte den Sganarelle in Molieres »Don Juan« spielen. Neben ihm war mit George Segal ein weiterer Newcomer engagiert. Die beiden verstanden sich gut. Ansonsten aber war die Arbeit eine einzige Katastrophe. Die Darsteller mussten hart arbeiten für wenig Geld. Ein Regisseur warf das Handtuch, der nächste alles bisherige über den Haufen. Ein Don Juan wurde gefeuert, der nächste kam. Die weniger wichtigen Darsteller aber mussten stets bei jeder Probe anwesend sein. Die ganze Produktion wurde schließlich ein Fiasko und schnell wieder abgesetzt.

Dieses Erlebnis hatte Falk ernüchtert. Aber er gab nicht auf, sondern spielte sich durch eine ganze Reihe von Off-Broadway-Stücken. So fiel er 1956 am Theater »Circle in the Square« erstmals in Eugene O'Neills »The Iceman Cometh« (Der Eismann kommt) in der Rolle des Barkeepers auf. Neben ihm spielten auch Jason Robards und Paul Andor. Im gleichen Jahr debütierte er am Broadway in »Saint Joan« (Die heilige Johanna). Danach spielte er in Stücken wie »Diary Of A Scoundrel«, »The Lady's Not For Burning« und »Bonds Of Interest«.

1958 nahm Falk an einem Eignungstest der Columbia teil. Dabei hatte er auch ein Gespräch mit dem berühmt-berüchtigten Gründer und Chef Harry Cohn, in der Fachwelt wohl nicht ganz zu Unrecht »Harry the Horror« genannt. Cohn sah den jungen Mann als Behinderten an, der es nie schaffen würde. Falk war so konsterniert, dass er den Test nicht bestand.

Doch bald bewies er, dass er auch ohne solcherart Protektion seinen Weg gehen würde. Ab 1957 war er bereits in kleinen TV-Rollen aufgetreten. Ein Jahr später folgte sein Filmdebüt in »Wind Across The Everglades« (Sumpf unter den Füßen), einem Drama von Nicholas Ray. Falk spielte an der Seite von Burl Ives und dem noch jungen Christopher Plummer. Ein Anfang war getan.

Schon bald sollten alle den bisher unbekannten Neuling kennen lernen. 1960 drehten Burt Balaban und Stuart Rosenberg »Murder Inc.« (Unterwelt), einen Low-Budget-Film im New Yorker Gangstermilieu. Weil das »Budget« in der Tat »low« war und nicht ausreichte, um Darsteller aus Hollywood einzufliegen, der Film aber unbedingt Lokalkolorit benötigte, heuerte man eben irgendwelche ortsansässigen Schauspieler an. So kam Peter Falk an die Rolle des Abe Reles, eines Zigarre rauchenden (!) Killers des Syndikats. Prompt erregte seine Darstellung große Aufmerksamkeit: Er wurde für einen Oscar als bester Nebendarsteller nominiert.

Peter Falk erinnert sich noch heute an die Nacht der Oscar-Verleihung. Mit zitternden Knien fuhren er und seine Frau Alyce im alten VW-Käfer vor. »Habe ich irgendeine Chance?«, fragte er sie immer wieder. »Du kannst froh sein, wenn sie die Nominierung nicht zurückziehen«, gab sie scherzhaft zurück.

Schließlich kam seine Kategorie an die Reihe. Falk hörte eine Stimme: »And the winner is … Peter …« – er schnellte hoch – »… Ustinov!« Erschöpft ließ er sich wieder fallen. Ustinov gewann den Oscar für seine Rolle als Sklavenhändler Batiatus in Stanley Kubricks »Spartacus«.

Trotzdem: Allein die Nominierung brachte Falk in die Schlagzeilen und auch gleich ein neues Filmangebot ein, mit dem er 1961 seinen Vorjahrescoup wiederholen sollte. An der Seite von Bette Davis, Glenn Ford und dem Bühnen-Columbo Thomas Mitchell spielte er in »Pocketful Of Miracles« (Die unteren Zehntausend). Regie führte Altmeister Frank Capra. Das Remake seines 1934 gedrehten Streifens »Lady For A Day« sollte Capras letzte Arbeit werden. Es war das sentimentale Märchen einer armen Obstverkäuferin vom Broadway, zu deren Bekanntenkreis auch der Gangster David, genannte »der Lord« gehört. Dessen rechte Hand »Sonny Boy«, natürlich ein Zigarrenraucher, wurde von Falk verkörpert. Über seine skurrile Erscheinung heißt es im Film: »So was gibt es sonst nur im Panoptikum!« Eine Vorstudie zu Columbo?

Erneut wurde er aufgrund dieses Films für den Nebenrollen-Oscar nominiert; und erneut ging er leer aus. Aber ehe das Jahr 1961 endete, hatte der neue Stern am Himmel doch noch eine Trophäe gewonnen. Für seine Darstellung eines Truckers in »The Price Of Tomatoes«, einer Episode der TV-Serie »Dick Powell Show« (Heute Abend, Dick Powell!), erhielt er den Emmy.

Von nun an musste Falk nicht mehr über Arbeitslosigkeit klagen. Allerdings ging es nicht weiter so rasant bergauf, wie es die Jahre 1960/61 hätten vermuten lassen. Verwunderung löste er aus, als er 1964 in Italien in dem Streifen »Italiani brava gente/Oni sli na vostok« (Sie zogen gen Osten) mitwirkte, der in russischer Koproduktion gedreht wurde. Neben der Filmarbeit war er, der früher immer nur Theaterschauspieler sein wollte, auch weiterhin auf der Bühne zu sehen. 1964 hatte er am Broadway in dem Stück »The Passion Of Joseph D.« Erfolg, in dem er als Stalin auftrat.

Eine wirkliche Hauptrolle aber wurde ihm erst 1965 vom Fernsehen angeboten. In der Serie »The Trials Of O'Brien« spielte er den Anwalt Daniel J. O'Brien; einen äußerlich unscheinbaren Burschen, der sich jedoch im Gerichtssaal als clever und erfolgreich erwies. Letzteres galt für die Serie allerdings nicht. Sie wurde bereits nach einem Jahr wieder abgesetzt.

Diese Serie produzierte Peter Falk auch, nachdem er 1965 eine eigene Produktionsfirma gegründet hatte. Nach seiner Frau nannte er das Unternehmen »Mayo Prod.«.

Nach seinem ersten Auftritt als italo-amerikanischer Inspektor 1968 ahnte Falk noch nicht, dass mit »Columbo« eine Lebensaufgabe auf ihn warten würde. Er spielte weiterhin in Kinofilmen. Häufig war er in amerikanischer Uniform im 2. Weltkrieg zu sehen.

Einen ganz anderen Peter Falk zeigen die Filme, in denen er unter der Regie von John Cassavetes mitwirkte. Cassavetes, mit dem ihn eine lange und enge Freundschaft verband, war stets ein Außenseiter im amerikanischen Film. Als eigenwilliger Künstler ließ er sich kaum in das enge Korsett Hollywoods pressen. Seine Erfahrungen mit dem übermächtigen Studiosystem führten ihn dazu, seine Filme selbst zu finanzieren und zum Teil sogar selbst zu verleihen. Bereits sein Regiedebüt »Shadows« (Schatten) brachte ihm 1959 vier Oscar-Nominierungen und den Kritikerpreis des Festivals von Venedig ein. In den Folgejahren wurde er zu einem führenden Vertreter des »independent cinema« und gründete Ende der 60er Jahre die Firma »Faces International Films«. Um die eigenen Vorhaben bezahlen zu können, diente seine vielfache Mitwirkung in gängigen Produktionen wie den Erfolgen »The Killers« (Der Tod eines Killers, 1964), »The Dirty Dozen« (Das dreckige Dutzend, 1967 – oscar-nominiert) oder »Rosemary's Baby« (Rosemaries Baby, 1968).

Seine eigenen Filme sahen völlig anders aus. Häufig arbeitete er nur mit der Handkamera, ohne festes Drehbuch, und ließ seinen Darstellern viel Raum zur Improvisation. Dadurch ergab es sich fast zwangsläufig, dass er eine bestimmte Schauspielerriege immer wieder um sich scharte. Dazu gehörten seine Frau Gena Rowlands, Ben Gazzara, Seymour Cassel, John Marley, Fred Draper, John Finnegan und – Peter Falk. Dies ist insofern von Bedeutung, als daß die meisten Mitglieder des Cassavetes-Clans später auch in Columbo-Episoden auftraten.

Peter Falk wirkte in vier Filmen von Cassavetes mit, deren Entstehung er häufig sogar finanziell unterstützte. In ihnen wurden stets auf eindrucksvolle Weise Beziehungsgeschichten um Liebe und Freundschaft von Normalbürgern oder gestrandeten Existenzen erzählt. Falk, der im Bewusstsein des Publikums zunehmend mit dem ausgefallenen Original Columbo identifiziert wurde, bot sich hier die Möglichkeit, diesem Image einige ergreifende Studien von Durchschnittsbürgern entgegenzusetzen. In »Husbands« (Ehemänner, 1970) ist er einer von drei Freunden, die der Tod eines vierten so aus der Bahn wirft, dass sie als Aussteiger der Wirklichkeit zu entfliehen suchen. »A Woman Under Influence« (Eine Frau unter Einfluss, 1974) ist ein Psychogramm einer scheiternden Ehe. Falk stellt hier überzeugend den Ehemann dar, der sich der psychischen Erkrankung seiner Frau ausgesetzt sieht und ihr gegenüber mit großer Hilflosigkeit reagiert.

Cassavetes, der hohe Ansprüche an seine Darsteller hatte, war von Falks Talent von Beginn an überzeugt. Bereits 1968 hatten beide in Italien in »Gli intoccabili« (Die Unmoralischen) zusammen vor der Kamera gestanden. Dies wiederholte sich 1976 in Elaine Mays »Mikey and Nicky« (Mikey und Nicky). Unvergessen bleibt auch Cassavetes' Auftritt als Stardirigent in der Columbo-Episode »Etüde in schwarz«. Die beiden Künstler blieben bis zum Tode von Cassavetes 1989 eng verbunden.

Ab Anfang der 70er Jahre war Falk vorrangig mit »Columbo« beschäftigt. Durch die weltweite Verbreitung der Serie und den einsetzenden internationalen Erfolg wurde er sehr populär, gleichzeitig aber auch zunehmend mit dieser Figur identifiziert. Sein alter ego wurde immer mächtiger. Seinen Darsteller störte dies jedoch weniger, fühlte er doch stets eine große Wesensverwandtschaft mit dem Inspektor. Falk war einfach gern Columbo.

Trotzdem machte er immer wieder interessante und häufig auch erfolgreiche Abstecher in andere Gefilde. So gewann er 1972 den Tony für seine Bühnenleistung in Neil Simons Stück »The Prisoner Of Second Avenue«[17].

Einer Rollenfestlegung entzog sich der vielseitige Künstler auch auf der Leinwand immer wieder. Vor allem seine komödiantische Seite – der eigentliche Falk – kam nun häufiger zum Tragen. Er parodierte seine Detektivrollen in »Murder By Death« (Eine Leiche zum Dessert, 1976) und »The Cheap Detective« (Der Schmalspurschnüffler, 1978). Im erstgenannten Streifen stellt er sich als ein Schauspielerdouble vor, das »auch schon Peter Falk als Columbo war«. Ebenso überzeugte er aber auch als Gauner (»The Brink's Job« [Das große Ding bei Brinks], 1978, »Happy New Year«, 1987) oder auch einmal als Manager eines Damen-Catchteams (»All The Marbles« [Kesse Bienen auf der Matte], 1981).

Im Jahre 1977 ließ sich das Ehepaar Falk scheiden. Beide Partner hatten sich seit langem auseinandergelebt. Peter hatte zudem immer wieder Affären gehabt. Bereits im Dezember desselben Jahres heiratete er erneut. Die zweite Mrs. Falk wurde Shera Lynn Danese, 23 Jahre jünger, früheres Model und Ex-Miss Pennsylvania. In den 70er Jahren hatte sie in einigen Fernsehserien mitgespielt. So trat sie auch 1976 erstmals in einer Columbo-Episode auf (»Mord im Bistro«). Seitdem sie zur Familie gehörte, ist sie immer wieder einmal in der Serie aufgetaucht, wobei ihr jeweiliger Part stets wuchs. Danese brachte ebenfalls zwei Töchter mit in die Ehe: Kackie (geb. 1969) und Catherine (geb. 1971). In dieser Beziehung flogen nicht selten die Fetzen. Zwischenzeitlich lebten Falk und Danese für zwei Jahre getrennt, um sich dann aber wieder zu versöhnen.

Mit »Columbo« war Falk bis 1978 zu einer Legende geworden. Er zögerte daher auch nicht, als ihm zehn Jahre später das Angebot gemacht wurde, erneut in den Mantel zu steigen. Viel zu sehr hatte er sich mit der Figur angefreundet und sie geprägt, als dass es ihn nicht gereizt hätte, nach den Jahren der Abstinenz wieder auf dieselbe unnachahmliche Art auf Verbrecherjagd zu gehen.

Die weltweite Popularität als Columbo war es auch, die Peter Falk 1986 ein recht ungewöhnliches Filmangebot bescherte. Wim Wenders konnte ihn für seinen Film »Der Himmel über Berlin« gewinnen, der sowohl von der Kritik als auch vom Publikum hoch gelobt wurde. In poetischen Bildern und Dialogen erzählt der Film die Geschichte zweier Engel, die im noch geteilten Berlin im Dienst für die Menschen stehen. Sie beobachten deren Leben, nehmen an ihren innersten Gedanken und Träumen Anteil. Da verliebt sich einer der Engel in eine Zirkuskünstlerin. Für sie beschließt er, sein transzendentes Dasein aufzugeben und ein endlicher Mensch zu werden.

Neben Bruno Ganz und Otto Sander als Himmelsboten ist der Film stark von der Mitwirkung des berühmten amerikanischen Imports geprägt. Der Filmstar Peter Falk spielt die Rolle des Filmstars Peter Falk, der nach Berlin kommt, um dort einen Film über die Zeit des Nationalsozialismus zu drehen. Es stellt sich heraus, dass auch er ein ehemaliger Engel ist, der dreißig Jahre zuvor beschloss, ein Mensch zu werden. Das Ergebnis dieser Wandlung heißt Peter Falk[18].

Wim Wenders begründete seine ungewöhnliche Besetzung damit, er hätte jemanden haben wollen, den jeder leicht wiedererkennen könne. Ursprünglich hatte er an einen Politiker gedacht – man munkelte, es seien Willy Brandt oder Michail Gorbatschow im Gespräch gewesen. Der Verdacht liegt nahe, dass Wenders in der Politik auf der Suche nach einem Engel nicht fündig geworden ist. Falk hingegen entsprach vollständig den Vorstellungen des Regisseurs. Einem großen Teil der Weltbevölkerung dürfte dieses Gesicht bekannt sein. Wenders definiert einen Engel als einen sehr weisen Menschen, der trotzdem ein Kind geblieben ist. Solches dürfte auf Columbo durchaus zutreffen. »Ich habe ihn genommen, weil mir klar wurde, dass er diese Columbo-Rolle auch schon als ehemaliger Engel gespielt hatte«, erklärte Wenders einmal.

So ist mit Falk auch zugleich Columbo verpflichtet worden; ein Zeichen für die enge Verwobenheit von Person und Werk. Anspielungen auf den Inspektor sind daher keine Seltenheit. »Columbo hatte nie einen Hut, nur einen Mantel«, schimpft Falk mit seiner Kostümbildnerin, die ihm unbedingt eine Kopfbedeckung verpassen will. Während vor dem Filmstudio Kinder »Columbo«-Rufe skandieren, bleiben einige Jugendliche ungläubig, die Falk in dem damals aufgrund der Berliner Mauer noch unwirtlichen Niemandsland am Potsdamer Platz begegnen: »Is' det nich' Columbo?« – »Nee, meinste, der läuft hier inne Pampa 'rum?«

Vor der unvermeidlichen Imbissbude schließlich spricht ihn das Mädchen Marion, das auf der Suche nach ihrem »Engel« ist, mit »Lieutenant« an. Falk hört ihre Nöte und antwortet fachmännisch: »A tough case!«. Columbo-Fans bekommen in Wenders Film also einiges zu sehen – aber auch zu hören, da Falk durchgehend unsynchronisiert mit seiner Originalstimme zu erleben ist.

Nach seinem Erfolg war Falk folgerichtig auch in der Fortsetzung »In weiter Ferne, so nah!« aus dem Jahre 1993 zu sehen, dem aber nicht der Erfolg des Erstlings beschieden war. Auch dieser Film enthält eine selbstironische Columbo-Szene. Falk, der sich wieder selbst spielt, möchte Freunde von ihm auf ein Flughafengelände schmuggeln. So geben sie sich als Filmteam aus und erscheinen plötzlich auf den Überwachungsmonitoren zweier Beamter der Flugsicherheit (Udo Samel und Gerd Wameling). Die beiden erblicken Columbo und fragen sich, warum ihre Bildschirme plötzlich an das Netz des Kabelfernsehen angeschlossen sein sollten. Als Falk dann noch leibhaftig vor ihnen steht, um ihnen zu erklären, er und sein Team würden auf dem Flughafen drehen, reagiert einer der Beamten mit einem typischen Columbo-Zitat: »Wenn ich das meiner Frau erzähle, die glaubt mir kein Wort!«

Auch in den 90er Jahren zog sich Peter Falk noch nicht auf das Altenteil zurück. In nunmehr loser Folge dreht er Columbo-Episoden. Auch in einigen Kinorollen fiel er auf; so als Soap-Opera-Autor Carmichael in »Tune In Tomorrow« (Julia und ihre Liebhaber, 1990) oder als grantiger Großvater in »Roommates« (Familienbande, 1995). In letzterem Film stellt er unter verblüffend gelungener Mithilfe der Maskenbildner einen Mann zwischen dem 78. und 107. (!) Lebensjahr dar.

Im März 1996 widerfuhr ihm eine Ehre der besonderen Art: In Paris wurde Falk mit dem Orden »Chevalier of Arts and Letters« (Ritter der Schönen Künste und Literatur) ausgezeichnet. Die Laudatio hielt Gerard Depardieu, der den Preisträger als »einen der fünfzehn besten Schauspieler der Welt« herausstellte. 1997 wurde Falk in Mailand der italienische Fernsehpreis »Telegatto« verliehen.

Im selben Jahr glänzte er, gerade siebzig geworden, an der Seite von Woody Allen in einer CBS-Fernsehversion von Neil Simons Stück »The Sunshine Boys«, einem Remake des gleichnamigen Kinoerfolges von 1975[19].

Auch auf der Bühne konnte man den Vielseitigen wieder erleben. Im April 1998 fand in New York die Premiere von »Mr. Peter's Connection« statt, einem Stück von Arthur Miller, in dem Falk die Hauptrolle spielte. Ab Mai 2000 trat er im »Geffen Playhouse« in Los Angeles in dem Stück »Defiled« auf.

In der wenigen freien Zeit, die Falk zwischen Dreharbeiten und Theaterengagements blieb, betrieb er zwei Hobbys. Häufig zog es ihn auf den Golfplatz (Handicap 14), wo er auch an US-Prominenten-Golftouren teilnahm. In seinen letzten Jahren entdeckte er zudem immer mehr seine Liebe zur Malerei. Er zeichnete fast ausschließlich in Kohle[20] und vorwiegend Akte. Ein Studio hatte er in seiner Garage eingerichtet, wo er durchaus zwölf Stunden am Stück arbeiten konnte. Erlöse aus Verkäufen seiner Bilder flossen zumeist in Stiftungen für krebskranke Kinder. Damit schloss sich ein Kreis, der mit dem Jungen begann, der einst selbst unter einem Tumor gelitten hatte – mehr aber vielleicht noch unter denen, die ihn deshalb als chancenlos verurteilten, es im Showgeschäft zu etwas zu bringen. Diese Leute hatte Peter Falk Lügen gestraft.

Leider aber litt der Schauspieler in seinen letzten Lebensjahren zunehmend unter der Alzheimer-Krankheit. Ende 2007 wurde sie offiziell bei ihm festgestellt. Mehr und mehr wurde Falks Alltag von einer Demenz überschattet, die ähnliche Züge trug wie die der Filmfigur Grace Wheeler Willis in der Columbo-Episode »Tödliches Comeback«. Sein letzter Filmauftritt sollte eine Gastrolle in der Independent-Produktion »American Cowslip« von Mark David werden. In die Schlagzeilen geriet er nur noch durch entwürdigende Fotos von Boulevard-Journalisten, die ihn in verwirrtem Zustand zeigten. Unter der Vormundschaft und Pflege seiner Frau Shera lebte er von da an noch drei Jahre und verstarb am 23. Juni 2011 im Alter von 83 Jahren im eigenen Bett seines Hauses in Beverly Hills.

4. Einmal ist keinmal

»Ich wußte damals nicht, warum wir ›ja‹ sagten.«
WILLIAM LINK

Donnerstagabend, 20. Februar 1968, NBC: »Prescription Murder« (später in deutsch: »Mord nach Rezept«) geht über den Sender.

Der Film lief ohne besondere Werbung an. Trotzdem erzielte er eine hohe Einschaltquote und kam an jenem Tag in die Top Ten, was für amerikanische Verhältnisse durchaus achtbar ist. Irvings Regie war tadellos. Gene Barry als Mörder überzeugte. Dave Grusins jazziger Score erinnerte an die besten Zeiten des »film noir«.

Entscheidend für den Erfolg war aber jemand anderes. Aufmerken ließ ein kleiner Mann, der scheinbar unscheinbar erst im zweiten Drittel wie aus dem Nichts auftauchte – ohne Vorwarnung, ohne Einführung. Die Zuschauer merkten, dass sie es hier mit einem Polizisten zu tun hatten, der einfach anders war als alle, die sie bisher gesehen hatten.

Der Schauspieler war mit seiner Rolle zu einer Einheit zusammengewachsen. Dabei hatte sich Peter Falk die Rolle erst erarbeiten müssen. Bei den ersten Dreharbeiten hatte er noch versucht, einen besonders »straighten« Cop darzustellen. Erst nach und nach begriff er die ungeheuren Möglichkeiten, die ihm dieser Charakter bot. Er war gewillt, sie zu nutzen und auszubauen. Hatte Thomas Mitchell auf der Bühne den Part noch mit einer besonderen Schroffheit ausgestattet, so kam Falk nun ausgesucht höflich daher und redete die Leute mit »Sir« oder »Ma'am« an. Er nahm die Vorgabe von Levinson und Link ernst, Columbo als unterwürfig scheinenden Beamtentyp zu präsentieren. Damit schärfte er den Kontrast zwischen dem harmlosen äußeren Erscheinungsbild einerseits und der unbeirrten Zielstrebigkeit und Cleverness, mit dem Columbo sein Ziel ansteuert, andererseits.

Schon bei dem ersten »Columbo« wird deutlich, dass Falk größten Anteil am Erfolg der Kunstfigur hatte. Er empfand sofort eine große Übereinstimmung mit dem Cop. Der ihm eigene blinzelnde Blick sowie seine Stimme unterstützten den Erfolg.

Natürlich waren in diesem Erstling längst noch nicht alle späteren Kultmotive entwickelt. Aber ein Anfang war getan. Zigarre und Mantel sind dabei. Auch Mrs. Columbo nebst Verwandtschaft stehen im Drehbuch. Columbo hat seine Probleme mit gewissen Details, sucht seinen Stift und wird von anderen – nach eigenen Aussagen – als »Quälgeist« empfunden.

»Mord nach Rezept« hatte Folgen. Zunächst bot die Universal, die den Film für NBC produziert hatte, Levinson und Link einen festen Vertrag an. Die beiden Autoren überlegten eine Weile und nahmen dann an. Anders war es jedoch, als die Studiogewaltigen einen Plan für eine wöchentliche Serie entwickelten. Levinson und Link hatten solches nie im Sinn gehabt. Columbo hatte seinen Auftritt gehabt. Noch vehementer lehnte Falk das Angebot ab. Er hielt es für unmöglich, dass die Autoren Woche für Woche mit einem Skript aufwarten könnten, das in der Qualität den einmal geweckten Erwartungen und Ansprüchen gerecht werden könnte. Er war in dieser Hinsicht ein gebranntes Kind: »The Trials Of O'Brien« war nach einem Jahr abgesetzt worden, obwohl Falk die Serie für gut befand. Er wollte sich nicht noch einmal auf ein solches Experiment einlassen, sondern wieder für das Kino drehen.

Es war der Universal-Chef Sidney Sheinberg, der nicht locker ließ. Nach einem Jahr wiederholte er sein Angebot, bekam jedoch abermals drei Ablehnungen. Nachdem er eingesehen hatte, dass er auf diese Weise nichts ausrichten würde, ließ Sheinberg ein neues Konzept entwickeln, mit dem er Autoren und Hauptdarsteller endgültig zu gewinnen suchte. Es sollte ein »Mystery-Movie-Programm« eingerichtet werden, in dem »Columbo« in wöchentlichem Wechsel mit zwei weiteren Krimiserien ausgestrahlt werden würde. Auf diese Weise müssten pro Saison (im US-Fernsehen ein Zeitraum zwischen Herbst und nächstem Frühjahr) nur sieben bis acht Episoden gedreht werden, während für einen wöchentlichen Dauerbrenner mindestens 22 Folgen nötig wären.

Falk war der erste, der dem Vorschlag zustimmte. Levinson und Link waren skeptischer, konnten schließlich aber doch überzeugt werden. Um sicher zu gehen, dass es sich bei dem Ersterfolg des zweifellos gewöhnungsbedürftigen Krimihelden nicht nur um eine Eintagsfliege gehandelt hatte, bestand Sheinberg auf einem Pilotfilm. »Mord nach Rezept« lag schließlich bereits drei Jahre zurück und wurde daher nicht als ein solcher angesehen. Das Trio – auch Falk war nunmehr um seine Meinung gefragt – zog einen jungen Autor namens Dean Hargrove hinzu. Auch der zeigte sich zunächst kaum interessiert, wurde aber überzeugt, als man ihm zusagte, gleichzeitig auch die Produktion übernehmen zu können. Levinson und Link lieferten einen Entwurf für die neue Story, zu dem Hargrove dann ein Drehbuch schrieb. Wiederum unter der bewährten Regie von Richard Irving durfte der Inspektor nun zum zweitenmal ermitteln.

»Ransom For A Dead Man« (Lösegeld für einen Toten) hieß das Werk, das am 1. März 1971 Premiere hatte. Lee Grant spielt darin eine Staatsanwältin, die auf kaltblütige Weise ihren Mann ermordet, die Leiche verschwinden lässt und eine Entführung vortäuscht.

Die Kritik war sich in der Bewertung einig, dass dieser Film die Qualität des Erstlings noch übertraf. Hatte es sich dabei noch um die Bearbeitung eines Theaterstücks gehandelt, so bot ein Filmdrehbuch jetzt erheblich größere Möglichkeiten. Columbo muss sich mit arroganten FBI-Beamten herumschlagen, wobei sein Trottel-Image nun endgültig festgeschrieben wurde. Außenaufnahmen ermöglichten es, die Flugangst des Inspektors ins Spiel zu bringen. Die Dialoge mit der Verdächtigen sind noch ausgefeilter.

Wie die Kritiker reagierte auch das Publikum sehr positiv und verhalf dem Pilotfilm zu großem Erfolg. Der ambitionierte, aber gleichzeitig immer vorsichtige Sidney Sheinberg gab daraufhin grünes Licht für eine erste Serienstaffel. Zwischen April und September sollten sechs Folgen gedreht werden. Columbo würde den Bildschirm erobern.

5. Serienweise Erfolge

»Die Leute stellten ihren Tagesablauf um, nur um zu ›Columbo‹ zu Hause zu sein.«
RICHARD LEVINSON

Es irrt sich, wer glaubt, mit dem Startschuss zu den Dreharbeiten seien alle Hindernisse aus dem Weg geräumt gewesen. Der Kampf um »Columbo« begann erst.

Hatten die NBC-Verantwortlichen zunächst jahrelang Levinson, Link und Falk auf Knien gebeten, die Serie zu produzieren, so bekamen sie nun kalte Füße und begannen an dem Konzept herumzunörgeln. Der Mord wird zu Beginn ausführlich gezeigt. Wo bleibt da noch die Spannung bei der Aufklärung? Peter Falk ist doch der Star. Warum tritt er dann so spät erst auf? Die Handlung sei zudem zu einseitig auf eine Person ausgerichtet. Warum hat der Inspektor keine Mitarbeiter? Was soll der Unsinn mit der Ehefrau, die niemand zu Gesicht bekommt? Dann solle Columbo doch lieber Single sein, um wenigstens eine erotische (!) Komponente einbringen zu können. Außerdem bestünde die Handlung aus zu vielen Dialogen, biete keine Action und kein Tempo. Kaum einer der Verantwortlichen schien das Erfolgspotential zu erkennen, das in dem Konzept lag.

Levinson und Link ließen sich jedoch nicht beirren. Sie stritten für die Ideen, an die sie glaubten. Der angestrebte 3-Wochen-Turnus, in dem »Columbo« innerhalb des neuen »NBC Mystery Movie« ausgestrahlt werden sollte, sagte ihnen zu. Nun wollten sie ihren Sendeplatz auch mit einem Qualitätsprodukt belegen. Dann würde man ja sehen!

Zunächst musste ein professionelles und kreatives Team zusammengestellt werden. Levinson und Link waren geborene Autoren, aber noch neu im Produktionsgeschäft. Ein erfahrener Mitstreiter wurde benötigt, den sie in Robert F. O'Neill fanden. Weil ein »Columbo« sowohl aus einer sehr komplexen Handlung als auch vielen Dialogen besteht, war es geraten, zusätzlich zu den verschiedenen Autoren einen »story editor« zu beschäftigen, der vor allem die Skripte wie auch die Endfassungen des gedrehten Materials auf inhaltliche Stimmigkeit zu prüfen hatte. Richard Irving empfahl dafür einen noch jungen Autor namens Steven Bochco. Damals noch ein unbeschriebenes Blatt, wurde er später ein Star und war als Schöpfer diverser Erfolgsserien (z. B. »Hill Street Blues« [Polizeirevier Hill Street], 1981–1987; »NYPD Blue« [New York Cops – NYPD Blue], 1993–2005) aus der amerikanischen TV-Landschaft nicht mehr wegzudenken.

Am wichtigsten jedoch waren die Autoren. Für »Columbo« musste in jeder Episode das (fast) perfekte Verbrechen ersonnen werden, das zudem noch das gesamte erste Drittel füllen sollte. Raffinierte Dialogschlachten sollten entworfen werden; ein verbaler Schlagabtausch, der das Publikum bis zum Schluss fesseln konnte, wo sich anderswo die Helden lautstarke Schusswechsel oder waghalsige Verfolgungsjagden lieferten.

Darum war es nötig, erstklassige Autoren zu finden. Sie mussten sich in das Konzept hineindenken und einfügen können. Der Charakter des Inspektors musste ihnen vertraut werden. Jedes Detail der Serienformel sollten sie kennen, um sie ständig variieren zu können. Dieses Format war so neuartig, dass gestandene Krimiautoren völlig umdenken mussten, die bisher für Serien geschrieben hatten, in deren Mittelpunkt strahlende Helden mit harten Fäusten, Schießereien und Verfolgungsjagden standen. Außerdem mussten sie in die Funktionsweise der »inverted story« eingeführt werden, einem Konzept, das Levinson und Link von dem englischen Schriftsteller Richard Austin Freeman (1862–1943) übernommen hatten. Freeman hatte sich die Frage gestellt, ob es möglich sei, einen Kriminalroman zu schreiben, in dem der Leser von Beginn an in alle

Geheimnisse um den Mord eingeweiht, ja selbst Zeuge wäre. Käme dabei noch genügend Spannung bei der Lösung des Falles durch den Detektiv auf, der dem Wissensvorsprung des Lesers stets nachhinkte? Freeman, der zu Beginn des 20. Jahrhundert lebte, hatte diese Fragen durch seinen Roman »The Singing Bone« (1912) selbst beantwortet, in dem er erfolgreich nach dieser Methode arbeitete.

Alle diese Probleme standen im Raum, als sich Levinson und Link entschlossen, etwa sechzig freiberufliche Autoren einzuladen, um ihnen »Lösegeld für einen Toten« vorzuführen. Die Väter von »Columbo« hofften, möglichst viele Autoren würden sich von ihrer Begeisterung für dieses neuartige Konzept anstecken lassen und von tollen Ideen nur so überquellen.

Doch der Versuch verlief enttäuschend. Von den sechzig waren ganze zwei interessiert. Der erste, der sich zur Mitarbeit bereit fand, war Jackson Gillis. Er hatte schon seit Ende der 50er Jahre »Perry Mason« zu Erfolgen verholfen. Dazu gesellten sich Bochco und natürlich Levinson und Link selbst. Vieles wurde im Team realisiert. Am Anfang stand eine Idee, einer zimmerte daraus einen Grobentwurf, den man schließlich gemeinsam bis ins Detail ausarbeitete. Häufig war es Gillis, der auf das Entscheidende, den »clue« kam; den gewissen Knackpunkt, der den Täter zu Fall bringt, das winzige, übersehene Detail des Mordplans oder die raffinierte Falle des Inspektors, deren Auflösung die Zuschauer bis zum Schluss in Atem halten musste.

Selbstredend war auch der Hauptdarsteller in dieses Team eingebunden. Peter Falk sprach beim Drehbuch mit und legte den Kollegen dar, wie er den Charakter des Inspektors verstand. Er war der Perfektionist unter ihnen. Nur das Beste war ihm gut genug. Unzählige Male bestand er darauf, gedrehte Szenen zu wiederholen. Er legte Wert darauf, für seinen jeweiligen Gegenpart nur erstklassige Schauspieler zu verpflichten.

So kam es dann auch, dass bei »Columbo« nicht nur allseits bekannte TV-Darsteller agieren. Auch große Kino-Stars geben sich die Ehre: Ray Milland, Anne Baxter, Janet Leigh, Ruth Gordon, Richard Basehart, Laurence Harvey, Donald Pleasence, Vera Miles, John Cassavetes, Jose Ferrer, Louis Jourdan, Oskar Werner. Das sprach sich herum. Bald gehörte es zum guten Ton in Hollywood, einmal in dieser Serie gemordet zu haben. Es wurde deutlich, dass die einzelnen Episoden keineswegs Fließbandarbeiten waren, sondern auf dem Niveau und häufig auch mit dem Aufwand kleinerer Kinofilme inszeniert wurden. Bekannte Regisseure trugen zusätzlich dazu bei. Steven Spielberg, der heute als einer der erfolgreichsten Filmemacher überhaupt gilt, inszenierte die erste Serienepisode. Andere folgten ihm: Bernard L. Kowalski (»Krakatoa«, »Macho Callahan«), der frühere Filmkritiker Jonathan Demme (»Melvin and Howard« [Melvin und Howard], »The Silence Of The Lambs« [Das Schweigen der Lämmer], »Philadelphia«), Jack Smight (»The Illustrated Man« [Der Tätowierte], »Airport 1975« [Airport 1975 – Giganten am Himmel], »Midway« [Schlacht um Midway]), der schwedische Schauspieler und Regisseur Alf Kjellin (»Midas Run« [Gestatten, das sind meine Kohlen], »The McMasters«), Boris Sagal (»The Omega Man« [Der Omega-Mann], »Masada«), Ted Post (»Hang 'Em High« [Hängt ihn höher], »Magnum Force« [Calahan], »Go Tell The Spartans« [Die letzte Schlacht]) und nicht zuletzt Sam Wanamaker (»Catlow« [Catlow – Leben ums Verrecken], »Sindbad And The Eye Of The Tiger« [Sindbad und das Auge des Tigers]), der deutschen Zuschauern vor allem durch seine Rolle als Moses Weiss in »Holocaust« in Erinnerung ist.

Peter Falk tat alles, um Qualität zu produzieren und diese auch zu halten. Seine Darstellerkollegen lobten seine hohe Professionalität und fürsorgliche Kollegialität. Anders die Studiobosse: Falk legte sich ständig mit ihnen an. Er meinte, auf dem Niveau des Kinos drehen zu müssen, und weigerte sich, die im Fernsehen notwendigen Kompromisse zu machen. Natürlich ging es dabei stets um Geld. Das Budget wurde ständig überschritten. Die Dreharbeiten dauerten zu lange. Vorgesehen waren pro Folge maximal zwölf Tage; bald waren es vierzehn. Falk rieb sich und andere auf. Wenn es sein musste, stritt er sogar mit den Freunden Levinson und Link.

Unter großen Mühen waren zum September 1971 sieben statt der ursprünglich geplanten sechs Folgen abgedreht. Das lag daran, dass Falk zu Beginn versprochen worden war, er dürfe selbst einmal Regie führen. Nachdem sich die Dreharbeiten jedoch dem Ende neigten, weit und breit aber keine Regiearbeit in Sicht war, bestand Falk darauf. So wurde zusätzlich »Ein Denkmal für die Ewigkeit« gedreht[21].

Am 15. September 1971 lief »Columbo« als Eröffnungsbeitrag des neuen »NBC Wednesday Mystery Movie«. Zwar war zuerst »Death Lends A Hand« (Mord mit der linken Hand) gedreht worden, doch lief zum Auftakt Spielbergs »Murder By The Book« (Tödliche Trennung), da diese Episode als gelungener galt. Im Wechsel mit dem Inspektor ermittelten zwei weitere Cops. In »McMillan & Wife« spielte kein Geringerer als Rock Hudson den Polizeiinspektor Stewart McMillan aus San Francisco. In »McCloud« (Ein Sheriff in New York) hatte sich der als Cowboy ausstaffierte Sam McCloud (Dennis Weaver) aus New Mexico in die Weltmetropole am Hudson River verirrt, wo er mit hinterwäldlerischer Bauernschläue seine Fälle löste. Beide Serien hielten mit »Columbo« dieser neuen Sendeform die Treue, bis das »NBC Mystery Movie« im September 1977 eingestellt wurde.

Die Verantwortlichen von NBC hatten aufgrund ihrer zahlreichen Bedenken im Vorfeld »Columbo« als die schwächste der drei an den Start gehenden Serien eingeschätzt. Sie hatten sich kräftig geirrt. »Columbo« wurde ein voller Erfolg. Die Kritiker überschlugen sich mit Lob. Der Inspektor war in aller Munde und avancierte schon bald zur Kultfigur. Komiker wie Johnny Carson brachten ihr Publikum mit Columbo-Parodien zum Lachen. Die originelle Gestalt bot sich dafür geradezu an. Allabendlich füllte sich das Theater, an dem Peter Falk unmittelbar nach Ende der Dreharbeiten mit der Aufführung von »The Prisoner Of Second Avenue« begonnen hatte, größtenteils mit Columbo-Fans. Überall herrschte Aufregung um den merkwürdigen Mann im Mantel. Dazu kamen Anfang 1972 bereits Gerüchte, es würde keine zweite Serienstaffel geben. Derartige Enten wurden auch später immer wieder verbreitet – sei es aus Gründen der Publicity, sei es im Interesse des Hauptdarstellers, um seine Gage in die Höhe zu treiben. Denn sofort reagierte das Fernsehvolk mit heller Empörung.

Bereits »Tödliche Trennung« hatte als erste Episode begeistert. Sie gilt vielen als die beste. Andere Folgen der ersten Staffel stehen ihr aber kaum nach, vor allem »Zigarren für den Chef«. Erste Früchte trugen diese Erfolge bereits im Mai 1972, als die National Academy of Television Arts and Sciences ihre jährlichen Emmys vergab. Drei davon gingen an »Columbo«: Falk wurde als bester Hauptdarsteller in einer Serie ausgezeichnet, Levinson und Link als beste Autoren und Edward M. Abroms für den besten Schnitt. Für den Emmy als beste Serie war »Columbo« zumindest nominiert. Bemerkenswert ist auch, dass in der Sparte »Autoren« mit Levinson, Link, Bochco und Gillis ausschließlich »Columbo«-Mitarbeiter nominiert waren.

Natürlich ging es nun erst recht mit den Dreharbeiten zu einer zweiten Staffel weiter. Levinson und Link allerdings zogen sich aus der aktiven Mitarbeit zurück, da sie andere TV-Projekte verwirklichen wollten. Sie waren nun mehr denn je etabliert, so dass ihnen alle Türen offen standen. Im Hintergrund standen sie selbstverständlich weiterhin mit Rat und Tat zur Verfügung.

Produzent wurde nun Dean Hargrove, der schon bei »Lösegeld für einen Toten« mitgearbeitet hatte. Er genoss das volle Vertrauen von Peter Falk, der sonst allen Produzenten und Studiobossen gegenüber zugeknöpft war. Doch hatte ihm der Erfolg recht gegeben. NBC stellte mehr Geld und Zeit zur Verfügung. Zudem wurde der beste Prime-Time-Sendeplatz bereitgestellt: Das »Wednesday Mystery Movie« wurde zum »Sunday Mystery Movie«. Zu den drei bisherigen Serien kam als vierte »Hec Ramsey« hinzu, eine Western-Krimi-Mischung mit Richard Boone in der Titelrolle. Das Mittwochsprogramm blieb gleichwohl bestehen, war allerdings nicht so erfolgreich wie sein großer Bruder. Hier setzte sich die bunte Mischung nun aus Richard Widmark (»Madigan«), George Peppard (»Banacek«) und James Farentino (»Cool Million«) zusammen. Auch die Konkurrenz hatte inzwischen die Vorteile eines solchen rotierenden Krimi-Konzeptes erkannt. So gab es ab 1972 auch ein »ABC Mystery Wheel«, das aber in der Zuschauergunst dem Original nicht gewachsen war.

Wie das Geld die Meinung ändern kann, zeigte sich an einem neuen Problem. Hatte NBC noch vor einem Jahr größte Zweifel daran gehegt, dass der Inspektor mit seinem Gerede ein 90-Minuten-Programm füllen könnte, so drängten sie nun auf 120 Minuten[22]. Ihre Rechnung war so einfach wie unüberlegt: War »Columbo« mit 90 Minuten ein Volltreffer, so würde er es mit 120 Minuten noch mehr sein. Das bedeutete mehr Werbezeiten, damit mehr Einnahmen. Schließlich würde davon auch mehr für die Produktion zur Verfügung gestellt werden können.

Falk und die anderen Beteiligten waren skeptisch. Für sie war es bisher schon schwer genug, die Qualität zu halten. Trotzdem wurden jetzt auch einige längere Folgen gedreht. Bei einigen merkt der kritische

Zuschauer, wie sie künstlich aufgebläht worden sind. Andere hingegen haben auch hinzugewonnen, da es gerade die kleinen, aber feinen Details sind, die für Fans so wichtig sind – selbst wenn sie nicht unmittelbar zur Handlung beitragen.

Die zweite Staffel förderte so acht solide Episoden zutage, unter denen zweifellos »Etüde in Schwarz« als die gelungenste gelten kann. Der Erfolg war noch größer als im Vorjahr. Der Inspektor hatte sich zum »Straßenfeger« entwickelt und einte die Nation vor dem Bildschirm. Er füllte die Titelseiten der »New York Times«, »TV Guide« und anderer großer Blätter. Der Humorist Art Buchwald schrieb eine vielgelesene Kolumne zum gerade aktuellen Watergate-Skandal: Columbo wird zu Präsident Nixon ins Weiße Haus geschickt, um dort die Ordnung wiederherzustellen[23]. Intellektuelle Kreise lieferten sich heiße Redeschlachten im Streit um die gesellschaftspolitische Bedeutung dieses Cops. Jeder wollte mitreden.

Die dritte Staffel ging Dean Hargrove gemeinsam mit Roland Kibbee an, einem alten Freund, den er als »executive producer« anstellte. Schwierigkeiten machte es hingegen noch immer, qualifizierte Autoren zu finden. Schließlich war es Steven Bochco, der einen seiner Pokerfreunde empfahl: Peter S. Fischer. Diese Wahl sollte sich als außerordentlicher Glücksfall erweisen. Fischer gab der Serie in den Folgejahren die entscheidenden Impulse. Er liebte die Figur des Inspektors nicht nur, er verstand auch das Gesamtkonzept wie außer ihm kaum jemand. Zweifellos stammen die besten Drehbücher aus seiner Feder. Dabei hatte er als damals noch junges Talent sein erstes Columbo-Skript nur aus Spaß an der Freude verfasst und es Bochco gezeigt. Fischer hatte ein außergewöhnliches Gespür für überraschende »clues« und Finten des Inspektors.

So konnte »Columbo« in dieser Staffel wieder mit acht Episoden an den Start gehen; darunter so hervorragende wie »Wein ist dicker als Blut«, »Stirb für mich« und »Meine Tote – Deine Tote«. Der Mai 1974 bescherte dem Team nun endlich auch den Emmy für die beste Serie.

Nach M. Dawidziak war die vierte Staffel ein »leichter Schritt zurück bezüglich Quantität und Qualität«[24]. Dies trifft wohl nur auf Ersteres zu. Tatsächlich wurden nur noch sechs Folgen produziert. Peter Falk war der Meinung, acht Episoden seien zuviel, wollte man das bisherige hohe qualitative Level halten. Er bekam jetzt immer mehr Kontrolle über das

Projekt. De facto war er der Produzent. Richard Levinson bezeichnete ihn als den »Hüter der Serie«[25]. Peinlich genau achtete Falk darauf, dass der Charakter gewahrt blieb und nicht verändert wurde. Schließlich verstand er ihn besser als jeder andere. Allerdings waren nicht alle Mitarbeiter von seinem Führungsstil begeistert. So äußerte sich Kameramann Harry Wolf: »Peter Falk ist ein sehr selbstbewusster Schauspieler. Er wollte immer nur tun, was er für richtig hielt, ganz gleich, was das für andere bedeutete. Das machte es sehr schwierig für den Regisseur und den Produzenten. Nach einigen Columbo-Folgen hatte Peter Falk die Kontrolle über die gesamte Show übernommen: Er bestimmte den Regisseur und den Produzenten. Also, ich sage immer: Wenn man einem Schauspieler soviel Autorität, soviel Einfluss gibt, ist das nicht gut. Das ist, als würde man einen Insassen einer Irrenanstalt zu ihrem Direktor machen«[26].

Der Erfolg gab Falk jedoch in vielem recht. Die Geldgeber wussten mittlerweile um seinen Wert und honorierten dies. Hatte Falk bis zur dritten Serienstaffel 100.000 Dollars pro Folge kassiert, so waren es ab der vierten bereits 132.000. Während der sechsten Staffel erhielt er mit 300.000 Dollars die bis dato höchste TV-Gage überhaupt, die in der siebten Staffel noch auf 500.000 anwuchs.

Man kann nicht sagen, dass diese Staffel in ihrer Qualität gelitten hätte. Ihr sind so ausgezeichnete Folgen zu verdanken wie »Der Schlaf, der nie endet« (mit einem der besten »clues« überhaupt), »Traumschiff des Todes«, »Momentaufnahme für die Ewigkeit« und schließlich »Des Teufels Korporal«. Hier macht sich bemerkbar, dass tatsächlich mehr Geld zur Verfügung stand. Das Team hatte mehr Zeit zum Drehen, im Schnitt 22 Tage. Auf Falks betreiben hin war Peter S. Fischer nun »story editor« und überwachte mit genauem Augenmaß die Logik und Stringenz der Handlungsstränge.

Als die neue Spielzeit begann, hatte »Hec Ramsey« als Mitstreiter im »Mystery Movie« ausgedient und wurde in den Ruhestand geschickt. Für ihn kam »Amy Prentiss« (Jessica Walter), eine Polizeichefin aus San Francisco, die ihren Posten aber nur für eine Saison behielt. Noch konnte sich das Publikum mit einer weiblichen Vorgesetzten nicht anfreunden.

Auch der Konkurrent CBS war inzwischen nicht untätig geblieben und schickte ab September 1975 zur selben Sendezeit einen ebenbürtigen Rivalen gegen das »NBC Mystery Movie« ins Feld: »Kojak« (Einsatz in

Manhattan), den griechischstämmigen Cop (Telly Savalas), der als Lolly-Lutscher ebenso wie der Zigarrenraucher Columbo mit oralen Vorlieben ausgestattet war. Den direkten Vergleich mit dem Kahlkopf konnte der Inspektor für sich entscheiden; die anderen Serien des NBC-Programms hatten allerdings das Nachsehen gegenüber »Kojak«.

Wiederum bescherte der Monat Mai der Serie auch 1975 wieder Emmys: Peter Falk erhielt ihn als Hauptdarsteller zum zweiten Mal. Hinzu kam Patrick McGoohan. Er wurde für die beste Einzelleistung als Nebendarsteller in einer Episode für seinen Colonel Rumford in »Des Teufels Korporal« geehrt.

Mit Beginn der fünften Staffel stieg der sich verdient gemachte Dean Hargrove aus der Serie aus und nahm Roland Kibbee gleich mit. Beide wollten sich weiterhin im Team anderen Projekten widmen. Für sie kam Everett Chambers, der das volle Vertrauen von Peter Falk genoss. Peter S. Fischer fungierte fortan als »executive story consultant«. Da er zudem noch Levinsons und Links »Ellery Queen« produzierte, teilte er sich den Job bei »Columbo« mit William Driskill.

Die Sendezeit des »NBC Mystery Movie« wurde um eine halbe Stunde nach hinten, also auf 21.00 Uhr verlegt. Den Einschaltquoten tat dies keinen Abbruch. Zu den vertrauten Cops Columbo, McCloud und McMillan kam – welch einfallsreiche Namenswahl – ein dritter »Mc«: Tony Curtis ermittelte fortan als »McCoy«.

Die sechs »Columbo«-Episoden der fünften Staffel sind von recht unterschiedlicher Qualität. Dabei reicht die Spannbreite von Glanzstücken wie »Wenn der Schein trügt« bis zu »Der alte Mann und der Tod« zweifellos dem bis dato Tiefpunkt der Serie.

Peter Falk erhielt im Mai 1976 seinen dritten »Columbo«-Emmy. Trotzdem war unverkennbar, dass der Erfolg des »Mystery Movie« rückläufig war. Die üblichen Gerüchte machten sich breit: Universal wolle das Budget kürzen, »Columbo« solle eingestellt werden. Selbst Falk teilte der Presse mit, er wolle den Mantel an den Nagel hängen und wieder vermehrt Filmangebote annehmen. Böse Zungen hielten auch das nur für ein geschicktes Manöver, um erneut seine Gage in die Höhe zu treiben. Wenn das »Mystery Movie« überleben sollte, musste wenigstens »Columbo« als beliebtester Aktivposten erhalten werden. Also ging es in die nächste Runde.

Einigkeit herrscht darüber, dass es sich bei der sechsten Staffel um die schwächste überhaupt handelt. Zudem ist es die mit den wenigsten Episoden: Nur drei wurden gedreht. Zu Everett Chambers hatte sich als Produzent zusätzlich Richard Alan Simmons gesellt. Seit den Tagen der »Trials Of O'Brien«, für die er auch verantwortlich zeichnete, war er mit Falk befreundet. Ebenso war er als Autor begabt und hat später noch manchen Glanzpunkt setzen können. Nur eben nicht in dieser Staffel.

Es sollte für das »NBC Mystery Movie« die letzte Saison sein. Die Anfangszeiten wechselten ständig, das Konzept löste sich auf. Für »McCoy« kam ein erfolgreicher Krimi auf den Bildschirm: »Quincy M. E.« (Quincy). Der sympathische Gerichtsmediziner, dargestellt von Emmy-Preisträger Jack Klugman (»The Odd Couple« [Männerwirtschaft]) kam beim Publikum so gut an, dass er im Januar 1977 aus dem dahinsiechenden Programm genommen und auf einen attraktiveren wöchentlichen Sendeplatz verlegt wurde. Für den Rest der Saison kam dafür Art Carney als Rabbi David Small in »Lanigan's Rabbi«, einer Serie nach den auch in Deutschland bekannten Romanen von Harry Kemelman.

Im September 1977 war das »NBC Mystery Movie« Geschichte. Sollte dies auch das Aus für den zuletzt eher schwächelnden Inspektor Columbo bedeuten?

Es war eine Zeit, in der viele der zuvor bejubelten Charakter-Cops ihre Dienstmarken abgaben. Banacek hatte es bereits 1974 getan, Mannix ein Jahr darauf. Nun gingen auch Cannon, McCloud, McMillan, Baretta und schließlich Kojak in den Ruhestand. Allein Jim Rockford bewohnte noch bis 1980 seinen Wohnwagen. Vor allem waren es die Sit-Coms, die in Mode gekommen waren und den Markt eroberten. Es wäre zu vermuten gewesen, dass im Zuge dieser Entwicklung auch Columbo den Mantel endgültig an den Nagel hängen würde.

Doch mehr als alle seine Kollegen war er zu einer Legende geworden, die selbst die NBC-Gewaltigen nicht sang- und klanglos sterben lassen wollten. Sie gaben zu verstehen, dass sie von nun an sogar den nötigen Etat selbst aufbringen würden, nachdem Universal sich zurückziehen wollte. Da die bisherige Sendeform nicht mehr existierte, ging man daran, »Columbo«-Episoden in loser Folge als »specials« ins Programm zu nehmen.

Es ist vor allem Richard Alan Simmons zu verdanken, dass die aus diesen Folgen bestehende siebte Staffel noch einmal mit einigen Höhepunkten aufwarten konnte. Großen Wert legte er auf die plausible Begründung der Mordmotive. Die Beziehung des Inspektors zum Täter wurde ausgebaut. Von beiden Kontrahenten konnte man mehr an Hintergrund-Informationen erfahren. So erklärt sich, warum diese abschließende Staffel unter ihren fünf Episoden noch einmal mehrere Glanzpunkte zu bieten hat: »Alter schützt vor Morden nicht« mit der eindrucksvollen Ruth Gordon, »Mord á la carte« und vor allem »Mord per Telefon«.

Am 13. Mai 1978 war mit »Waffen des Bösen« schließlich das Ende gekommen. Die Serie, die zuletzt ohnehin nur noch sporadisch gesendet worden war, lief ohne großes Aufsehen einfach aus. Lange genug zuvor war dies vorauszusehen gewesen. NBC wollte das Ende; ebenso aber war auch Peter Falk der Sache überdrüssig geworden. Die Arbeit hatte ihn ausgelaugt, zumal er als Hauptperson von allen Beteiligten die meiste Zeit am Set hatte verbringen müssen. Mit Beginn seines sechsten Lebensjahrzehnts gedachte er, der die vergangenen sieben Jahre ständig auf Hochtouren zu laufen hatte, endlich einmal einen Gang herunterzuschalten.

6. Im Ruhestand: Unruhe

»Diese Frau ist eine Hochstaplerin!«
RICHARD LEVINSON

Es ist nicht so, dass irgendeiner der an »Columbo« Beteiligten an der Absetzung der Serie verzweifelt wäre oder deshalb den Gang zum Arbeitsamt hätte antreten müssen. Peter Falk jedenfalls konnte sich über mangelnde Angebote nicht beklagen. Er spielte am Theater und im Film. Abgesehen von den ambitionierten Filmen seines Freundes Cassavetes gab es für ihn jedoch nur wenige wirklich große Auftritte im Kino. An mangelndem Talent lag das gewiss nicht. Wer Falks Darstellungen des

Inspektors studiert, muss unbedingt das schauspielerische Vermögen erkennen, mit dem es ihm gelang, dieser Figur in ihren bis ins Detail strukturierten Wesenszügen in ihrer ganzen Widersprüchlichkeit glaubhafte Gestalt zu verleihen. War es vielleicht gerade diese starke Identifikation mit dieser Kunstfigur, die häufig bei Serienstars zu beobachtende Behaftung auf ein bestimmtes Image, die Produzenten den Mut nahm, diesem Über-Ich noch einmal einen anderen großen Part für Falk entgegenzusetzen? Im Film ist es dazu nicht gekommen; eher noch auf der Bühne konnte sich Falk bewähren. Unabhängig davon gilt, dass es auch für Peter Falk durchaus ein Leben nach »Columbo« gab, er überschaubare Erfolge zu verzeichnen hatte und im Geschäft blieb.

Richard Levinson und William Link hatten sich bekanntlich schon längere Zeit von ihrem Lieblingskind verabschiedet und produzierten vorrangig Sozialdramen und Krimis nach ihren Drehbüchern. Dean Hargrove und Roland Kibbee hoben eine Reihe von Serien aus der Taufe, darunter die den »Waltons« ähnliche Familienserie »The Family Holvak« mit Glenn Ford. Hargrove wurde danach Spezialist für Gerichtssäle mit »The New Adventures Of Perry Mason« (Perry Mason) und »Matlock«. Besonderen Erfolg hatte Steven Bochco mit einer ganzen Reihe von ihm kreierter Serien: »The Invisible Man« (1975), »Hill Street Blues« (Polizeirevier Hill Street, 1981), »Bay City Blues« (1983), »L.A. Law« (1986), »Hooperman« (1987), »Doogie Howser, M.D.« (1989), »N.Y.P.D. Blue« (New York Cops – NYPD Blue, 1993) und »Murder One« (Murder One – Die andere Wahrheit, 1996). Peter S. Fischer hingegen produzierte die nur ein Jahr laufende Serie »Richie Brockelman, Privat Eye« (1976), danach Levinsons und Links »Ellery Queen« (1976). 1978 kreierte er »The Eddie Capra Mysteries«, 1981 »Darkroom«, und hatte schließlich ab 1984 großen Anteil am Erfolg von »Murder She Wrote« (Mord ist ihr Hobby).

So hätten sie glücklich leben können bis an ihr Ende. Die Story eines außergewöhnlichen Polizisten hätte einen harmonischen Abschluss gefunden. Dem aber war nicht so. Der Ruhestand wurde Columbo vergällt.

Wie so häufig gebar die Geldgier eine Idee, die jedoch in einem Fiasko enden sollte. Noch immer besaß Universal die Rechte an »Columbo«. Da ersonn NBC-Präsident Fred Silverman einen Plan: Er wollte mit Columbos Namen Kasse machen, ohne aber Falk dessen hohe Gagen zahlen zu müssen. Was lag also näher als ein »spin-off«, eine Ablegerserie? Der Grundgedanke: Würden die Zuschauer nicht gern endlich jene Person leibhaftig sehen wollen, die der Inspektor ihnen all die Jahre vorenthalten hatte und die sie nur vom Hörensagen kannten?

Binnen kurzer Zeit legte Silverman ein Konzept für eine Krimiserie vor. Hauptperson war Kate Columbo, Ehefrau eines gewissen Inspektors und Mutter einer siebenjährigen Tochter. Der ewigen Hausarbeit überdrüssig, arbeitet sie als Journalistin für ein Provinzblatt im kalifonischen San Fernando. Dabei kommen ihr – wie sollte es auch anders sein – reihenweise Kriminalfälle unter. Vom Ehemann sollte zwar oft die Rede sein, er selbst aber nie in Erscheinung treten. Silverman erschien das Ganze sehr originell, so dass er glaubte, daraus eine Erfolgsstory schreiben zu können.

Levinson und Link ergriff das blanke Entsetzen, als sie von den Plänen erfuhren; hatten sie doch jahrelang alles daran gesetzt, Mrs. Columbo als eines der letzten Mysterien unserer Zeit vor dem Zugriff der Öffentlichkeit zu bewahren. Zudem besaß Silverman noch die Instinktlosigkeit, Levinson, Link und Fischer zu bitten, die Serie zu produzieren. Alle lehnten entrüstet ab. Nachdem Silverman aber darauf beharrte, die Serie notfalls auch ohne sie realisieren zu wollen, versuchten Levinson und Link mit einigen Vorschlägen zumindest schadensbegrenzend auf das Konzept einzuwirken. So schlugen sie für die Hauptrolle zunächst Maureen Stapleton vor, die große Theater- und Filmschauspielerin und spätere Oscar-Preisträgerin (1981 für »Reds« [Rote]).

Silverman lehnte dies ab. Stapleton war ihm mit 54 Jahren zu alt! Er suchte eine junge und gutaussehende Darstellerin. Levinson und Link trieb es zur Verzweiflung. Sie brachten Zohra Lampert ins Gespräch, die kurz zuvor einen Emmy für ihre Mitwirkung in einer »Kojak«-Episode« erhalten hatte. Auch dieser Vorschlag scheiterte. Levinson und Link gaben resigniert auf.

Schließlich war es Kate Mulgrew, die den Verantwortlichen als ideale Besetzung erschien. Seit 1995 ist sie zwar durch ihre Rolle als Capt. Kathryn Janeway in »Star Trek: Voyager« (Star Trek: Raumschiff Voyager) weltbekannt; damals jedoch hatte sie erst in zwei unbedeutenden Serien mitgewirkt. Nun sollten es drei werden.

Im Februar 1979 startete die Serie. Wie eigentlich vorauszusehen war, kam Mrs. Columbo als flottes Girl nicht an. Columbo-Fans reagierten entsetzt über das Sakrileg. »Viewers hate Kate« beschreibt Mark Dawidziak treffend die Reaktionen des Publikums[27].

Auch handwerklich konnten die Episoden nicht überzeugen. Wie unausgegoren das Konzept war, zeigen die vielfachen Änderungen, die nach jedem neuen Misserfolg vorgenommen wurden. Nachdem offenkundig eine Verbindung zwischen der recht farblosen Journalistin und einer Ikone der TV-Geschichte nur Missfallen erregte, ersannen die Autoren die Scheidung der beiden. Kate nahm ihren Mädchennamen Callahan wieder an. In einem weiteren Schritt strich man nun alle Bezüge, die überhaupt auf Columbo deuteten! Vom »Weekly Advertiser«, für den Kate arbeitete, wechselte sie zum nicht weniger bedeutungslosen Blatt »Valley Advocate«. Zudem wurden mit den jeweiligen Änderungen auch ständig neue Titel erdacht. So brachte es die Serie in ihrem kurzen Leben zwischen Februar und Dezember 1979 auf nicht weniger als vier Titel: »Mrs. Columbo«, »Kate Columbo«, »Kate The Detective« und »Kate Loves A Mystery«.

Auch anfänglich noch in Umlauf gebrachte Gerüchte, Peter Falk würde in der Serie als Gast auftreten, halfen nichts. Dieser dachte nicht im Traum daran, sondern hatte das Unternehmen schon im Vorfeld verurteilt. Andere Darsteller waren nicht so zimperlich. So hatten die Columbo-geschulten Robert Culp und Donald Pleasence ihre Auftritte, ebenso Rene Auberjonois (bekannt als Odo aus »Star Trek: Deep Space Nine«) oder Edie Adams. Don Stroud war als Sgt. Mike Varrick dazu verurteilt, der Amateurschnüfflerin als polizeilicher Beistand zu dienen.

Was eine Anfechtung für jeden Columbo-Fan war[28], hatte nach zehn Monaten bereits ein Ende gefunden. Die deutschen Fernsehzuschauer hatten bisher das Glück, von dieser Serie verschont zu bleiben.

Ende der 70er Jahre begann CBS damit, »Columbo« im Nachtprogramm zu wiederholen. Wiederum fand der Inspektor großen Anklang. Allerdings gab es auch hierbei einen Wermutstropfen. Das Programmschema sah zwei Episoden pro Abend vor. Dazu wurden alle Folgen gekürzt und damit völlig verstümmelt. Die originellen Kultmotive, wichtige Dialoge und »clues« waren plötzlich der Schere zum Opfer gefallen. Von einer ursprünglich 90 Minuten langen Folge blieben höchstens noch 70 Minuten übrig.

Verständlicherweise musste auch dies die Väter des Inspektors verärgern. M. Dawidziak hat dazu eine Begebenheit überliefert, die ihm Richard Levinson erzählte[29]. Dieser hielt zusammen mit Link ein Seminar am Museum of Broadcast, als sich ihm eine Teilnehmerin als Cutterin vorstellte, die an der Verstümmelung mitgearbeitet hatte. »Ich habe nur meinen Job getan«, gab sie zu ihrer Entschuldigung an. »Ja«, antwortete Levinson, »das sagte Eichmann auch!«

Schließlich aber gab es doch noch einen Lichtblick. MCA Television besaß inzwischen die Rechte an der Serie und verkaufte sie in der Folgezeit an verschiedene TV-Stationen. Viele davon zeigten nun wieder »Columbo« in der Originalversion. Die Wiederholungen waren stets für hohe Einschaltquoten gut. Der Mann im Mantel war alles andere als vergessen.

7. Wieder im Dienst

»Ich war bereit.«
PETER FALK

An Versuchen, den Inspektor erneut in Dienst zu nehmen, hat es nie gefehlt. NBC begann bereits 1979, vorsichtige Verhandlungen zur Wiederbelebung der Serie zu führen. Sie scheiterten stets an dem Katalog von Forderungen, die Peter Falk hinsichtlich des seiner Meinung nach benötigten Budgets aufstellte. Sicherlich trieben ihn nicht unbedingt eigensüchtige Motive; hatten ihm doch die zurückliegenden Jahre ein genügendes Einkommen eingebracht. In erster Linie lag dem Perfektionisten daran, einen größtmöglichen Qualitätsstandard zu halten, für den der finanzielle Rahmen zwar keine Garantie, aber eine notwendige Voraussetzung war. Auch CBS meldete 1984 Interesse an, jedoch ebenso ohne ein Ergebnis zu erzielen. Schließlich war es 1988 William Link, der im Schulterschluss mit Universal den Sender ABC für ein neues Programm zu gewinnen suchte. Geplant wurde erneut ein Paket mit wöchentlich wechselnden Krimiserien, unter denen ein neuer »Columbo« das Zugpferd werden sollte. Link stieß im Alleingang vor. Richard Levinson hatte diesbezüglich keine Ambitionen. Für ihn war »Columbo« eine gute Zeit gewesen, nun aber Geschichte. Peter S. Fischer hingegen war nicht abgeneigt, wieder in das Geschäft einzusteigen. Link überzeugte schließlich auch Falk, dass dies eine lohnende Sache wäre; was nicht schwer war, da der Darsteller die ganzen Jahre über eine innere Bereitschaft dazu verspürt hatte. Zwar war Falk noch immer am Theater und im Film beschäftigt, aber gerade seine Filme waren in der Regel nicht die großen Erfolge. Das Fernsehvolk wollte ihn als Inspektor sehen.

Im Mai 1988 konnte der ABC-Präsident Brandon Stoddard mitteilen, dass Peter Falk wieder den Mantel überziehen würde. Bestärkt wurden die Entscheidungsträger durch die Tatsache, dass zu jener Zeit auch andere revitalisierte Veteranen wie Kojak und Perry Mason im Fernsehen großen Erfolg hatten.

William Link übernahm die Funktion des »executive producers« für das gesamte neue »ABC Mystery Movie«. Produzent von »Columbo« wurde der altbewährte Richard Alan Simmons, »executive« nun Peter Falk selbst. Mit Daryl Duke, Alan J. Levi, E.W. Swackhamer und Vincent McEveety wurde durchweg versierte TV-Regisseure rekrutiert. Autoren wurden neben Fischer Routiniers wie Jeffrey Bloom oder der seit den 60er Jahren in vielen TV-Serien beschäftigte William Read Woodfield. Experten wie Steven Bochco und Jackson Gillis steuerten ebenfalls für die neue Serie Drehbücher bei. Allerdings hätten gerade die Autoren beinahe den geplanten Start verhindert; waren sie doch Mitte 1988 in einen landesweiten Streik getreten. Als dieser im August beendet war, musste alles sehr schnell gehen. So war es bis zum Schluss fraglich, ob die Termine tatsächlich eingehalten werden würden; zumal man sich darauf geeinigt hatte, für die neue Serie grundsätzlich nur noch 2-Stunden-Folgen zu drehen.

Doch es gelang: Am Montag, dem 6. Februar lief um 21 Uhr das »ABC Mystery Movie« mit »Tödliche Tricks« an. Von nun an wechselte sich der Inspektor mit zwei anderen Serienhelden ab. Burt Reynolds spielte »B.L. Stryker«, einen pensionierten New Yorker Detektiv, den es als Privatschnüffler ins sonnige Palm Beach verschlagen hatte. Oscar-Preisträger Louis Gossett jr. (»An Officer And Gentleman« [Ein Offizier und

Gentleman]) reiste als Anthropologie-Professor »Gideon Oliver« in der Weltgeschichte herum und stieß dabei ständig auf irgendwelche Kriminalfälle, die unbedingt einer Lösung durch ihn harrten. Später wurden die beiden von »Christine Cromwell« (alias Jaclyn Smith) und den neuen »Kojak« abgelöst.

Columbos Rückkehr war alles andere als ein medienträchtiger Paukenschlag. Unspektakulär, ja fast zögerlich betrat der Inspektor wieder die Szenerie. Lag es an dem eher ungünstigen Sendetermin am Montag, dass viele Zuschauer die Wiederkehr erst gar nicht bemerkten? Peter Falk berichtete später, dass er noch viele Anfragen von Fans nach dem Termin für seine Rückkehr erhielt, nachdem die Serie längst angelaufen war. Das änderte sich jedoch spätestens, nachdem »Columbo« 1990 wieder einmal im Zentrum einer Emmy-Verleihung stand. Falk selbst konnte seiner umfangreichen Trophäensammlung eine weitere Statue hinzufügen. Zum zweiten Mal wurde Patrick McGoohan für die beste Einzelleistung in einer Episode ausgezeichnet – für seine Rolle als Anwalt Oscar Finch in »Mord nach Termin«. Falk würdigte in Interviews mehrfach den wertvollen Beitrag und die gute Zusammenarbeit mit seinem Freund McGoohan, die bis zu »Das Aschenpuzzle«, einer der letzten Episoden, unvermindert anhielt.

»Columbo« erwies sich von nun an als der gewohnte Erfolgsgarant. Wurden zunächst wieder ganze Staffeln von vier bis sechs Episoden gedreht, so machte sich der Inspektor ab 1991 etwas rarer und trat nur noch in vereinzelten Specials auf. Peter S. Fischer war auch in diesen Zeiten der führende kreative Kopf. William Link hingegen hatte sich bereits nach Ende der ersten Staffel wieder zurückgezogen. Später verurteilte er Episoden wie »Bluthochzeit« oder »Zwei Leichen und Columbo in der Lederjacke« als das, was sie waren: katastrophale Fehlwege. Gleichwohl wurde mit »Tödliche Liebe« 1992 eine Episode für den Golden Globe nominiert.

Auch 1994 feierte die Serie Triumphe. Peter Falk erhielt den nunmehr vierten Emmy als Inspektor. Faye Dunaway glänzte als charmante Lauren Staton in »Ein Toter in der Heizdecke« und wurde für die beste Einzelleistung prämiert. Auch diese Episode war für den Golden Globe nominiert worden.

Falk war über all die Jahre der Figur nicht müde geworden, die sein Leben veränderte; und dies sicher nicht nur, weil sein Salär von 1 Mio.

Dollar 1988 bis zuletzt auf 1,8 Mio. anstieg. Zum 25. Jahrestag der Serie wurde 1996 »Keine Spur ist sicher« gedreht. Mit den zwei letzten Folgen schließlich hatte der Inspektor auch den Sprung ins neue Jahrtausend geschafft.

Die Neuauflage eines alten Erfolges wird natürlich am Original gemessen. Die Kriterien zur qualitativen Bewertung waren bei »Columbo« entsprechend hoch. Konkret stellte sich die Frage: Konnten die neuen Episoden mit den alten mithalten? Waren das Konzept und die Hauptfigur wiederzuerkennen? Handelte es sich aber gleichzeitig auch um etwas Neues, Innovatives, oder nur um einen müden Aufguss des Altbekannten?

Grundsätzlich wird man feststellen dürfen, dass der neue Inspektor der alte geblieben war. Gelegentlich aber wird das auch anders gesehen. So kommen Ch. Haderer und W. Bachschwöll bezüglich möglicher Alterserscheinungen zu dem Schluss: »Wenn man den agilen Detective aus den 70er Jahren vor Augen hat, (...) hält man den ›neuen‹ Columbo auf den ersten Blick für einen entfernten Verwandten«[30]. Dieses Urteil ist schon aus dem Grunde unzutreffend, da Columbo nie »agil« in dem Sinne war, wie es für normale Krimihelden Voraussetzung ist. Wenn heute alte Schauspieler die Action-Rollen ihrer Jugend zu wiederholen suchten, so würde dies in der Tat unglaubwürdig wirken. »Columbo« aber war nie eine Actionserie. Der Inspektor rannte nie einem Verdächtigen hinterher, um ihn zu verhaften. Das ließ seine Kondition schon damals nicht zu (man vergleiche nur seine Laufversuche in »Geld, Macht und Muskeln«). Er benötigte nie die für eine Autoverfolgungsjagd nötige Energie. Er musste nie schneller als ein Gegner die Waffe aus dem Halfter ziehen. Kurzum: Seine physische Konstitution war von je her eine Katastrophe. Das Drehbuch kannte auch keine Szenen, für die der Hauptdarsteller eine Heer von Stuntdoubles benötigt hätte. Schließlich darf nicht vergessen werden, dass dieser Charakter bereits vom Ursprung her von seinen Schöpfern als ein älterer Mann konzipiert worden war.

Wer also nach zehn Jahren Abstinenz den ersten Auftritt des Inspektors in »Tödliche Tricks« verfolgte, konnte beruhigt aufatmen. Die Kontinuität war gewahrt worden. Columbo war derselbe geblieben, mit den vertrauten Marotten, denselben Manierismen, auch demselben wachen Geist, wenn es um das Wesentliche – den Mord – ging. Selbstverständlich war das Haar grauer geworden. Zum Lesen holte er schon einmal die Brille hervor. Das ist stimmig.

Wie die alte Serie besteht natürlich auch die neue aus Folgen ganz unterschiedlicher Qualität. Mit »Ruhe sanft, Mrs. Columbo!« dürfte Peter S. Fischer den ultimativen »Columbo» geschrieben haben. Dabei verband er eine besonders originelle Story mit einer Reihe der wichtigsten Kultmotive der Serie, die er in einem furiosen Finale exzessiv auf die Spitze treibt. Auf hohem Niveau bewegt sich auch »Ein Toter in der Heizdecke« nach einem Drehbuch von Peter Falk. Der Inspektor geht hier eine bis an die Grenze zur Selbstoffenbarung gehende persönliche Beziehung mit der Täterin ein, um am Ende schließlich doch zu seiner Unnahbarkeit zurückzukehren. Sehenswert ist ebenso »Luzifers Schüler«, dessen heimliches Thema der Generationenwechsel ist, der seit den alten Staffeln erfolgt ist und auch gänzlich andere Täterpersönlichkeiten hervorbrachte.

Neben diesen Sternstunden stehen so unausgegorene Folgen wie »Niemand stirbt zweimal« oder »Ein Spatz in der Hand«, langweilige wie »Selbstbildnis eines Mörders« oder schließlich völlig artfremde wie die Ed-McBain-Verfilmungen »Bluthochzeit« und »Zwei Leichen und Columbo in der Lederjacke«.

Ein auffälliger Unterschied zur alten Serie ist die Tatsache, dass auf der Besetzungsliste die wirklich großen Namen fehlen. Hier machen sich zehn Jahre bemerkbar. Ausnahmen bleiben in den neuen Folgen die exzellente Faye Dunaway oder auch Patrick McGoohan. Ansonsten setzte man auf eine neue Generation von Darstellern, die kurzzeitig in Mode waren (James Read durch »North And South« [Fackeln im Sturm]) oder gerade in anderen Serien Erfolge verzeichneten (Robert Foxworth mit »Falcon Crest«). Die wichtige Rolle von Columbos Gegnern, vor allem ihre Ebenbürtigkeit, leidet häufig darunter.

Vermutlich um diesen Mangel zu kompensieren, berief man häufig prominente Darsteller als »special guest«, die aus der zweiten Reihe heraus agierten. Beste Beispiele sind Robert Culp in »Luzifers Schüler« und Rod Steiger in »Seltsame Bettgenossen«. Ferner wären auch Anthony Zerbe, Arthur Hill, Steven Hill, David Huddelston, Ian McShane, Roscoe Lee Browne, Donald Moffat, Steve Forrest oder Burt Young zu nennen.

Ungeachtet dieser kritischen Anmerkungen darf abschließend das Fazit gezogen werden, dass es kein Fehler war, den Inspektor nach langen

Jahren zu reaktivieren. Die neue Serie knüpfte an, wo die alte aufgehört hatte. Ein Großteil der Episoden bewegt sich auf durchaus hohem Niveau. Mit Sicherheit wurden durch sie auch Columbo-Fans einer neuen Generation hinzugewonnen und eine Renaissance der alten Episoden begünstigt.

8. Vom Lieutenant zum Inspektor: Der deutsche Columbo

> *»Man wird also gut daran tun, amerikanische Serials nicht nach den von deutschen Fernsehredakteuren hergestellten Schnittmustern zu beurteilen.«*
>
> MANFRED DURZAK

Der große Erfolg des kleinen Inspektors ist ein weltumspannendes Phänomen. So machte sein Siegeszug auch vor den Deutschen nicht halt. Bis dahin hatte deutsche Wesensart ihren Ausdruck auf dem Bildschirm vor allem in autoritären Vätergestalten wie dem »Kommissar« Erik Ode gefunden. Dieser war zu Beginn der 70er Jahre bruchlos durch den ebenso tugendhaft-korrekten und ordnungsliebenden »Derrick« Horst Tappert ersetzt worden. Bezeichnende Verbindung zwischen beiden war der seinem Nachnamen Ehre machende Harry Klein (Fritz Wepper), der beiden Charakteren treu als Sohnesfigur und Befehlsempfänger zur Seite stand. Seine seltenen Versuche, sich zur Pubertät durchzuringen, scheiterten stets an der übermächtigen Gestalt seines jeweiligen Vaters. So war die Welt des deutschen TV-Krimis eine wohlgeordnete, in der man wusste, wer gut und wer böse war; klar in ihren Handlungsmustern und Abläufen. Nicht umsonst bedeutete es eine geradezu revolutionäre Umwälzung, als sich 1981 im »Tatort« mit dem auch fäkalsprachlich kommunizierenden Proleten Horst Schimanski (Götz George) ein deutscher Staatsdiener präsentierte, dessen Parka-Jacke mindestens ebenso speckig war wie der Mantel seines amerikanischen Kollegen.

»Columbo« hat diese Entwicklung zweifellos begünstigt. Andererseits fand der unorthodoxe Cop bei seinem Entree in deutsche Wohnzimmer schon vorbereiteten Boden vor. Die neue Schlampigkeit des Inspektors passte zu der 68er Revolution der Unordnung. So konnte man den »underdog« auch schnell zum Symbol des Kampfes gegen das Establishment hochstilisieren. Unabhängig von solchen zeitgeschichtlichen Gegebenheiten muss eine Fernsehserie aber schon ganz eigene, überzeugende Qualitäten mitbringen, um sich über einen derart langen Zeitraum der Gunst mehrerer Generationen zu erfreuen. So kürte eine Forsa-Umfrage noch 1997 Columbo zum beliebtesten TV-Ermittler Deutschlands. Derrick und Matula (»Ein Fall für zwei«) folgten weit abgeschlagen. Zudem wurde ermittelt, dass nicht weniger als 77% aller Deutschen wissen, wer Columbo ist. Damit dürfte er noch vor vielen Spitzenpolitikern liegen, die ohnehin selten auf eine ähnlich lange Haltbarkeitsdauer verweisen können.

Der Beginn des columbianischen Zeitalters in der Bundesrepublik kann auf den 11. Oktober 1969 datiert werden. Bereits acht Monate nach der Uraufführung in den USA lief in der ARD »Mord nach Rezept«. Ebenso verhielt es sich mit »Lösegeld für einen Toten«. Dieser eigentliche Pilotfilm wurde am 17. Mai 1973 in der ARD ausgestrahlt. Start der Serie war dann allerdings erst am 27. Februar 1975. Die ARD-Einkäufer hatten zunächst abgewartet, wie »Columbo« in seinem Heimatland ankommen würde. Nach dem großen Erfolg erwarb man nun gleich zwei Staffeln. So kam es, dass die erste in Deutschland gezeigte reguläre Serienepisode bereits aus der zweiten Staffel stammt. Es handelte sich dabei um »Zwei Leben an einem Faden«.

Von nun an lief »Columbo« 14täglich am Donnerstag um 21.20 Uhr in der ARD. Bis zum 18. September 1975 wurden so 13 Episoden gezeigt. Bereits am 20. November desselben Jahres war der Inspektor erneut präsent und löste bis zum 26. Februar 1976 immer donnerstags (jetzt um 21.00 Uhr) sechs schwierige Fälle. Er tat dies unter reger Anteilnahme einer ständig wachsenden Fan-Gemeinde. Selbstverständlich wurden aufgrund des enormen Erfolges auch die weiteren Serienstaffeln regelmäßig aufgekauft und komplett gezeigt.

»Komplett« bezieht sich hier allerdings lediglich auf die Anzahl der Episoden, nicht aber auf die Originallängen. Als ein dunkles Kapitel deutscher Fernsehgeschichte müssen die zahlreichen Kürzungen gewertet werden, durch die instinktlose Redakteure einmal mehr auch diese Serie verstümmelten. So waren Episoden zu sehen, die häufig nicht länger als 60 Minuten liefen. Bekanntlich waren solche Kürzungen auch in den USA vorgekommen – allerdings nur bei einigen nächtlichen Wiederholungen, nachdem die Folgen zumindest ihre Uraufführung in Originallänge erlebt hatte. In Deutschland hingegen konnten die Zuschauer bei den meisten Folgen lange Zeit nicht sicher sein, jemals die vollständige Fassung geboten bekommen zu haben. Stattdessen sah man häufig nur – so M. Durzak – »das im deutschen Fernsehen hergestellte Abfallprodukt«. Mit Recht verurteilt er die »Rücksichtslosigkeit, mit der von vornherein jeder ästhetische Formanspruch eines Serials als nicht existent vorausgesetzt wird«[31].

Diese Praxis sollte sich erst Anfang der 90er Jahre ändern. Inzwischen war »Columbo« in zahlreichen Wiederholungen präsent gewesen, so in den verschiedenen dritten Programmen und im vorabendlichen Regionalprogramm. Auch das österreichische Fernsehen ORF hatte den Inspektor importiert. Die ARD zeigte besondere Folgen auch einzeln in ihren Spielfilmprogrammen ab 20.15 oder nach 23.00 Uhr (z. B. »Wein ist dicker als Blut«, »Schwanengesang«, »Momentaufnahme für die Ewigkeit« sowie die beiden Pilotfilme). Inzwischen hatten sich neben den öffentlich-rechtlichen Sendeanstalten binnen weniger Jahre zahlreiche Privatsender etabliert, die gern zu günstigen Konditionen abgelegte Ware von ARD und ZDF aufkauften. Dazu gehörte auch RTL. Der Sender übernahm unter der geschäftstüchtigen Führung von Helmut Thoma von der ARD eine ganze Reihe von Serien zur Weiterverwertung. Darunter befand sich auch »Columbo«. Die ARD-Verantwortlichen hatten mit dem Inspektor viele Jahre lang gute Quoten einfahren können. Sie glaubten jetzt aber offensichtlich, die Serie sei endgültig ausgereizt und man könne Columbo keine D-Mark mehr aus der Manteltasche ziehen. Bei RTL hingegen witterte man immer noch ein Erfolgspotential. Gleichzeitig hatte sich der Sender ab 1991 auch die deutschen Exklusivrechte an den neuen Staffeln gesichert.

Waren die ersten vier der neuen Episoden zunächst nur auf Video erschienen, begann RTL ab dem 30. April 1991 mit der TV-Ausstrahlung. Durch den sofort einsetzenden Erfolg motiviert, nahm sich der Sender nun auch der vorhandenen Archivware an und erwarb sich damit in der

Folgezeit nicht unerhebliche Verdienste um die Serie. Die alten Folgen wurden in ihrer Originallänge wiederhergestellt. Teilweise mussten sie dafür neu synchronisiert werden. Von den Zuschauern wurde dieses Bemühen honoriert. Hohe Einschaltquoten waren garantiert, wenn RTL oder Super RTL zum x-ten Mal »Columbo« zeigten. 4 Mio. Zuschauer und damit ein Marktanteil von 14 % wie im Juli 1998 waren kein Einzelfall.

In der langen Geschichte, die »Columbo« mit Deutschland verbindet, hat es der Inspektor auf nicht weniger als fünf Synchronstimmen gebracht. In den beiden Pilotfilmen hört man Uwe Friedrichsen, Fernsehzuschauern u. a. als Zollamtsrat Zaluskowski in der Serie »Schwarz – Rot – Gold« bekannt.

Am häufigsten wird der Inspektor wohl immer mit der ruhigen Stimme von Klaus Schwarzkopf identifiziert werden. Als die Serie anlief und die Verantwortlichen von einer Hamburger Synchronfirma zu einer Münchner wechselte, verzichtete man aus Kostengründen auf Friedrichsen und bot Schwarzkopf den Job an. Der Berliner Schauspieler trat in den 70er Jahren in mehreren Simmel-Verfilmungen auf und erreichte durch seinen Kommissar Finke im »Tatort« größere Beliebtheit. In seinen letzten Lebensjahren war er u. a. in Bernhard Wickis »Die Grünstein-Variante« zu sehen oder bereicherte als »Gleisdreieck« das Wartezimmer der »Praxis Bülowbogen«. Für Schwarzkopf war »Columbo« die erste Synchronarbeit überhaupt.

Als Teile der neuen Serie zunächst für eine Videofassung bearbeitet wurden, legte man auf Schwarzkopf offensichtlich keinen Wert. Der Inspektor stellte seine Fragen nun durch den Hamburger Schauspieler Hans Sievers. Erst RTL besann sich wieder auf die Qualitäten Schwarzkopfs. Dessen Arbeit fand jedoch 1991 ein jähes Ende, als der Schauspieler an Aids starb.

Umgehend war nun eine neue Stimme nötig. So wurde Claus Biederstaedt engagiert; seit 1952 im Film beschäftigt und Darsteller in Erfolgen wie »Drei Männer im Schnee«, »Charleys Tante« oder »Nachtschwester Ingeborg«. Bald aber gab es mit ihm Probleme. Nicht ganz klar ist, ob tatsächlich terminliche Gründe die Weiterarbeit Biederstaedts hinderten, oder ob seine Honorarvorstellungen die seiner Auftraggeber überstiegen.

So trat schließlich Horst Sachtleben an das Mikro. Er verfügte über eine recht eigentümlich näselnde Stimme, die dem Original angeblich am nächsten kam, jedoch insgesamt ungewohnt und häufig auch unpassend klingt. Sachtleben war zuvor seit Jahrzehnten in viele kleineren Fernsehrollen aufgetreten. Dass die meisten der vorgenannten Sprecher auch über eine gehörige Portion Krimi-Erfahrung als Schauspieler verfügen, zeigt eine interessante Konstellation: So war der letzte von ihnen (Sachtleben) einst im ersten »Derrick«, der erste (Friedrichsen) wiederum 1998 im letzten Fall des Münchner Oberinspektors zu sehen.

Die deutsche Synchronisation hat in einem Punkt für Verwirrung gesorgt. Der »Lieutenant«, der auch in den deutschen Versionen der Pilotfilme noch so hieß, ist in der Serie plötzlich zu dem seither bekannten »Inspektor« mutiert. Hierbei handelt es sich aber keineswegs um unterschiedliche Dienstränge, wie die Redakteure der im Bastei-Verlag erschienenen Columbo-Romane Glauben machen wollen. Da in diesen Erzählungen selbstverständlich vom »Lieutenant« die Rede ist, erklären sie den an den »Inspektor« gewöhnten deutschen Kunden in ihren Klappentexten, der Inspektor sei inzwischen zum Lieutenant befördert worden. Zeit seines Lebens aber ist Columbo stets Lieutenant geblieben.

Grund für diese Wortwahl dürfte kaum eine grundsätzliche Abneigung der Synchronverantwortlichen gegenüber militärisch anmutenden Diensträngen gewesen sein. Schließlich hieß ein bekannter New Yorker Cop auch in Deutschland ganz selbstverständlich »Lt. Theo Kojak«. Vielleicht ist der »Inspektor« am ehesten dem Umstand geschuldet, dass Columbos Erscheinung selbst so völlig unmilitärisch wirkt.

Mit dem großen Erfolg von »Columbo« in Deutschland ist das Phänomen verbunden, dass sich einheimische Krimi-Konkurrenz häufig den Vergleich mit dem Inspektor gefallen lassen musste. Dabei hat es sich eingebürgert, dass der Begriff »Columbo« synomym für »höchste Qualität« gebraucht wird. Daher wird in der Werbung für neue Serien gern die Nähe zu dem amerikanischen Quoten-Hit gesucht. So wurde seinerzeit Ottfried Fischers »Der Bulle von Tölz« als »bayerischer Columbo« angepriesen. Kurzzeitig trat die Österreicherin Doris Schretzmayer mit der Serie »Die Neue« als »Alpen-Columbo« an.

Allerdings kann man sich in Deutschland auch rühmen, ein echtes

Plagiat des großen Vorbildes auf den Markt geworfen zu haben. Es handelt sich um die 1996 von SAT 1 produzierte Serie »Ein Mord für Quandt«.

Hauptkommissar Quandt aus Berlin ist ein Individualist. In knallbunter Jacke mit einem ebensolchen Schal fährt der junge Beamte, den man für einen Gymnasiasten halten könnte, auf einem Motorroller durch die Gegend. Von anderen Kollegen wird auch er manchmal nicht erkannt. Die Mörder halten ihn für einen Polizei-Azubi und nehmen ihn nicht ernst. Wirkt Columbo durch seine Kleidung und seine Marotten harmlos, so unterschätzt man Quandt aufgrund seiner Jugend. Schon an der Wohnungstür der Verdächtigen muss er sich rechtfertigen: »Na ja, die Verbrecher werden schließlich auch immer jünger.« Auch Quandt stellt eine Fülle merkwürdiger Fragen, schweift aber ebenso gern ab, da sein Interesse auch der jeweiligen Wohnungseinrichtung und den Kunstgegenständen gilt. Wie Columbo stellt auch er seine Fragen angeblich nur aus »reiner Routine« und weil sein Chef (»ein gewiefter Kriminalist«) ihm im Nacken sitze. Verdächtigungen trägt er deshalb auch selten als eigene Überzeugungen vor, sondern verkauft sie als mehr oder minder abstruse Theorien eben jenes Vorgesetzten – den weder Zuschauer noch Mörder je zu Gesicht bekommen.

Auch »Ein Mord für Quandt« ist eine »inverted story«. Zunächst ist die Tat in allen Einzelheiten zu verfolgen, bevor der Kommissar im zweiten Drittel erstmals die Szene betritt. Auch er findet stets das verborgene Detail, das den todsicheren Plan zunichte macht, oder lässt die Täter in seine Fallen laufen. Statt wie Columbo bei »Barney's« zu essen, sucht er nach getaner Arbeit den Tankstellenpächter Paul auf, mit dem er fachsimpelt.

Nicht nur, dass damit fast alle Erfolgsformeln von »Columbo« abgekupfert wurden – darüber hinaus weisen viele Handlungsstränge mehr als deutliche Parallelen auf. So ist der komplizierte Tathergang der Episode »Das falsche Kaliber« eine exakte Kopie von Jack Cassidys Mord in »Tödliche Trennung«. Die Folge »Geld ist geil«, in dessen Zentrum ein Mord steht, der als Entführung getarnt wird, bedient sich verschiedener Sujets von »Lösegeld für einen Toten« über »Blumen des Bösen« bis hin zu »Momentaufnahme für die Ewigkeit«. In »Das Kind« finden sich drei Elemente, die auf die ungenierte Verwertung der Falk-Story von »Ein Toter in der Heizdecke« hinweisen: 1. Zur Vertuschung der Todeszeit wird die Leiche mit einem Heizstrahler warmgehalten. 2. Eine Mutter und ihre Tochter sind Verschworene bei diesem Mord. 3. Der Verdacht wird auf einen möglichen Einbrecher gelenkt. Die Mörderin aus der Folge »Die Hellseherin« wurde durch »Black Lady« inspiriert und verkleidet sich wie einst Lindsay Crouse in einer öffentlichen Toilette, um von dort aus ungehindert zum Tatort und zurück gelangen zu können. Wie in »Luzifers Schüler« soll die Mafia verdächtigt werden, da auch hier das Opfer im Bereich des Enthüllungsjournalismus tätig war. Die Episode »Die Schlinge« schließlich, für die immerhin ein renommierter Autor wie Karl-Heinz Willschrei verantwortlich zeichnet, ist ein Duplikat von »Alter schützt vor Morden nicht«: Eine reiche ältere Dame hält den Verlobten ihrer Tochter für schuldig an deren Tod, setzt ihn als Alleinerben ein und ermordet ihn, nachdem sie ihn heimlich zu sich bestellt hat.

Die Liste der Übereinstimmungen ließe sich fortführen. Die Macher von »Ein Mord für Quandt« kupfern eifrig ab, entwickeln kaum eigene Ideen. Ein Lichtblick aber ist Hauptdarsteller Martin Armknecht. Einst das personifizierte Böse in der »Lindenstraße« – gegen den selbst Else Kling wie eine Bilderbuch-Oma wirkte – merkt man ihm die Freude an, mit spitzbübischem Charme dem großen Vorbild nacheifern zu können. Was ihm und der ganzen Serie aber vor allem fehlt, sind die Mysterien, die Columbo umgeben. Quandts Charakter bleibt trotz Verstellung durchschaubar. Wenn die Mörder ihn nicht erkennen, zeigt das nur ihr fehlendes Format. Dem Zuschauer stellt sich nie die Frage, ob Quandt so ist oder nur so tut. Die Handlung ist dementsprechend vorhersagbar.

Vor Jahren fand »Columbo« in Deutschland dahin zurück, wo er einst das Licht der Öffentlichkeit erblickt hatte: auf die Bühne. Das Theaterstück von Levinson und Link wurde als »Mord auf Rezept« von Februar bis April 2000 am Düsseldorfer »Theater an der Kö« aufgeführt. Die Inszenierung besorgte René Heinersdorff nach einer Übersetzung des Stückes durch den Berliner Boulevard-König Wolfgang Spier. Als Dr. Flemming wurde Günther Schramm besetzt, der einstige Kriminalassistent (»Der Kommissar«) und Showmaster (»Alles oder nichts«, »Erkennen Sie die Melodie?«). In der Hauptrolle erschien Volker Brandt, der neben seiner Synchronarbeit (für Michael Douglas) vor allem durch diverse TV-Rollen (z. B. Dr. Schübel in der »Schwarzwaldklinik«) bekannt ist. Brandt tritt als Columbo untypisch in einem nagelneuen, sauberen Mantel auf, den er kurz zuvor in einem der Nobelgeschäfte in unmittelbarer Umgebung des Theaters erstanden haben könnte. Er ist sichtlich darum bemüht, dem großen Vorbild nachzueifern, verliert sich jedoch zu häufig in übertriebene Albernheiten, die den Inspektor zur Karikatur werden lassen. Trotz allem aber gebührt den Mitwirkenden dieser insgesamt unterhaltsamen Inszenierung der Verdienst, die Ursprünge des Inspektors erstmals im deutschsprachigen Raum bekannt gemacht zu haben.

Heinersdorff versuchte es im Folgejahr mit diesem Stück noch einmal – diesmal in München und mit Ilja Richter (»Disco«) in der Rolle des Dr. Flemming.

Das amerikanische Original ist jedoch bis heute unerreicht. Der Grund für den unvermindert anhaltenden Erfolg von »Columbo« liegt nicht nur in dem hervorragenden Darsteller, sondern vor allem in dem ausgeklügelten Konzept, das aus einer Vielzahl von Motiven besteht, von denen jedes einzelne längst Teil des »Kultes« geworden ist. Es ist daher lohnend, sich im folgenden auf eine Entdeckungsreise zu begeben, um diese Kultmotive aufzuspüren.

III. DIE PERSON

1. Der Name

»Wie lautet Ihr Vorname?«
»Inspektor.«
EIN TOTER IN DER HEIZDECKE

Die erste Regel im Konzept von »Columbo« lautet: Der Vorname[32] des Inspektors bleibt unbekannt. Um sich über Absicht und Wirkung dieser – zunächst banal klingenden – Grundentscheidung klar zu werden, ist es nötig, über die Bedeutung eines Namens nachzudenken.

Namen sind alles andere als »Schall und Rauch«. Ein Name bezeichnet ein Original, eine unverwechselbare Persönlichkeit. Den Namen eines Menschen zu kennen, schafft eine Beziehung zu ihm. So ist es verständlich, dass Bauern ihren Tieren, sofern sie zur Schlachtung aufgezogen werden, keine Namen geben. Wer hat schon gern »Hans« oder »Grete« (heute eher »Kevin« oder »Denise«) auf dem Mittagstisch? Der Name würde aus ihnen ein Gegenüber machen, mehr als nur ein Stück Fleisch. Auch Strafgefangene wurden in früheren Zeiten und in totalitären Systemen ganz bewusst als Namenlose geführt und versanken so in der Beziehungslosigkeit. Wer nur eine Nummer ist, der wird seiner Persönlichkeit beraubt. Namen geben Menschen ein Gesicht und stellen Beziehungen zu anderen her. Man kann sie ansprechen. Man kann sie aber auch haftbar machen.

Nicht zu greifen hingegen ist der Mensch, dessen Namen wir nicht kennen. Der Mann ohne Namen, der namenlose Rächer zahlreicher Western – ihn umgibt eine unheimliche Aura der Bedrohlichkeit. Mit dem

Namen bleiben auch seine Biographie und damit die Beweggründe seines Handelns im Dunkel. Der polizeilich gesuchte »unbekannte Täter« ist ungleich schwerer dingfest zu machen als sein identifizierter Kollege.

Das Fremde fördert Ängste und Unsicherheit. Der unbekannte Name und die mit ihm einhergehende Furcht und Ohnmacht spielen die Schlüsselrolle im Märchen vom »Rumpelstilzchen«. Die Hauptgestalt, ein unsympathischer Gnom, kann kaum für sich in Anspruch nehmen, seine Macht über Menschen etwa aus einer physischen Überlegenheit heraus zu ziehen oder aufgrund eines überragenden Verstandes. Seine Macht liegt in seiner Anonymität, die er gezielt einsetzt: »Ach wie gut, dass niemand weiß, dass ich Rumpelstilzchen heiß'!« Dadurch wirkt er unheimlich. Die ungeklärte Identität verhindert geeignete Abwehrmaßnahmen gegen sein Treiben. Erst mit der Aufdeckung seines Geheimnisses ist seine Macht augenblicklich gebrochen. Mehr bedarf es nicht. Rumpelstilzchen wird an das Licht der Öffentlichkeit gezerrt. Nun wird offenbar, dass er nichts weiter ist als ein lächerlicher Zwerg.

Wer dagegen seinen Namen bereitwillig offenbart, legt damit gleichzeitig ein Stück seiner Persönlichkeit offen. Er ist nun deutlicher erkennbar. So ist es kein Wunder, dass das biblische Volk Israel der Selbstoffenbarung des Gottesnamens an Mose (2. Buch Mose, Kap. 3, Verse 13 und 14) allergrößte Bedeutung beimaß. Mose erhält von Gott den Auftrag, sein Volk aus der Unterdrückung durch die Ägypter herauszuführen. Diese schier übermenschliche Aufgabe kann er nur angehen, indem er sich der Autorität des Auftraggebers versichert. Dann erst kann er seinen Feinden im Namen des Gottes entgegentreten, der ihm seinen Namen offenbart hat. Gott bleibt dadurch keine anonyme und abstrakte Größe, sondern wird als Person erkennbar, die eine Beziehung zu den Menschen stiften will.

Diese Aspekte sollten berücksichtigt werden, wenn über den unbekannten Vornamen Columbos nachgedacht wird. Seine Bedeutung gewinnt dieser Tatbestand im Verhältnis des Inspektors zum Täter. Columbo erscheint aus dem Nichts und fällt als Fremdkörper in die Welt der Tatverdächtigen ein. Er ist ein Nobody. Seine Personalakte bleibt geheim. Man hätte dem Namen auf die Spur kommen können aufgrund eines Kugelschreibers, den Mrs. Columbo ihrem Gatten schenkte. Sie hatte seinen Namen eingravieren lassen. Bezeichnenderweise ist ihm ausgerechnet dieses wertvolle Stück abhanden gekommen (»Lösegeld für einen Toten«).

Der Inspektor bleibt trotz seiner scheinbaren Harmlosigkeit eine unbekannte und schwer einzuschätzende Größe. Die Täter verunsichert dieser Umstand. Es ist ihnen unmöglich, »das Kind beim Namen zu nennen«. »Wer mögen Sie sein?«, fragt Elliott Markham in »Ein Denkmal für die Ewigkeit«. Es wird ihm bewusst, dass eine größere Kenntnis der Person seines Widersachers für ihn überlebenswichtig sein könnte. »Wen kennt man schon wirklich?«, gibt Columbo seinerseits dem fragenden Ken Franklin in »Tödliche Trennung« zurück. Er spielt das Geheimnis um seine Person herunter. Damit jedoch erreicht er jedoch eher das Gegenteil und schafft Unsicherheit, denn intelligenten Mördern – mit denen er es in der Regel immer zu tun hat – ist seine Bedeutung bald zum Bewusstsein gekommen.

Zieht man dies in Betracht, so ist es alles andere als bedeutungslos, wenn in zwei Episoden nach Columbos Vornamen gefragt wird. Somit gehören diese Szenen zu den spannendsten überhaupt, trotzdem sie vordergründig nicht zum Fortgang der Handlung beitragen. Col. Rumford in »Des Teufels Korporal« sieht sich bereits massiv durch die Ermittlungen des Inspektors gestört, als er ihn wie beiläufig fragt: »Haben Sie einen Vornamen?«. Es ist eine geschlossene Frage, die Columbo die Möglichkeit lässt, problemlos zu antworten, ohne sich zu entblößen: »Ja, habe ich. Meine Frau ist die einzige, die ihn benutzt.«

Die Frage des Täters nach dem Namen des Widersachers wurzelt in seinem Wissen um eigene Schuld und der Angst vor deren Aufdeckung. Dass dem so ist, wird in einem Gegenbeispiel deutlich. Grace Willis Wheeler, der ehemalige Filmstar aus der Episode »Tödliches Comeback« ist geistig desorientiert und damit unzurechnungsfähig. Sie hat kein Schuldbewusstsein. Bezeichnend ist, dass sie sich nicht einmal den Namen »Columbo« merken kann. Der Inspektor ist für sie nicht übermäßig interessant; geschweige dass er für sie eine Bedrohung darstellte. Die Angst vor Columbo als der unbekannten Größe innerhalb eines in der Regel perfekten Plans ist also gebunden und verursacht durch das Wissen der Täter um ihr Verbrechen und die drohenden Konsequenzen.

War bei Col. Rumford vorrangig die Unberechenbarkeit des Unbekannten die Triebfeder seiner Frage nach dem Namen, so ist es bei

Lauren Staton in »Ein Toter in der Heizdecke« zweifellos ein Beziehungsaspekt, der sie fragen lässt. Sie wähnt sich zu diesem Zeitpunkt noch in Sicherheit. Ihr Interesse an Columbo ist eher privater Natur. Der bis dahin bereits erreichte Grad der Vertrautheit ermutigt sie schließlich zu der entscheidenden Frage: »Wie lautet Ihr Vorname?« Columbo antwortet ohne Zögern: »Inspektor«. Peter Falk, der hier selbst das Drehbuch schrieb, hatte diese Antwort schon seit Jahren vielen Fans gegeben, die ihm brieflich dieselbe Frage stellten. Der attraktiven Lauren, die sich sichtlich um ihn bemüht, gibt er so mit einem kurzen Wort zu verstehen, dass die persönliche Beziehung zu ihr eine Grenze hat, die zu überschreiten er keinesfalls bereit ist.

Zu große Vertraulichkeit darf nicht von Columbo erwartet werden. In »Ein Spatz in der Hand« sagt er der Witwe Dolores: »Sie können mich ruhig ›Inspektor‹ nennen.« Aus seinem Mund klingt dies schon fast wie ein Angebot, ihn zu duzen.

Die Nichtpreisgabe des Vornamens ist ein fester Bestandteil des Geheimnisses, das Columbo um seine Person aufbaut. So begierig er ist, seinerseits tief in die Persönlichkeit seiner Verdächtigen einzudringen, so unpersönlich wirkt er selbst. Die vielen von ihm eingebrachten Details über sein privates Umfeld stehen dazu nicht im Widerspruch. Sie rufen im Gegenteil das Interesse seines Gegenübers erst wach, da es sich durchweg um Belanglosigkeiten handelt, während Columbo über die entscheidenden Dinge letztlich doch immer schweigt. So bleibt seine Unpersönlichkeit in logischer Konsequenz nicht nur auf ihn selbst beschränkt, sondern schließt sowohl »Hund« (den Basset ohne Namen) als auch Mrs. Columbo mit ein. So kann es zu absurden Sätzen kommen wie in »Klatsch kann tödlich sein«, als Columbo am Telefon seine Frau zu sprechen wünscht: »*Ich* bin's. Ist *sie* da?«

Columbo tut alles, um seine eigenen Namen als unbedeutend darzustellen. In »Wenn der Schein trügt« stellt er sich dem Inhaber eines Fachgeschäftes für Zaubererbedarf vor: »Mein Name ist Columbo.« – »Oh, dann sind sie wohl ›Der Große Columbo‹?«, fragt der Mann zurück. »Nein, wehrt Columbo bescheiden ab, »nur ›Inspektor‹«. Er will nicht zu denen gehören, die »Rang und Namen« haben. Es erleichtert seine Arbeit ungemein.

Levinson und Link war die große Bedeutung dieses Motivs des unbekannten Vornamens bewusst. Aufmerksam wachten sie darüber, dass diese Grundregel nicht verletzt wurde. Es kam vor, dass irgendein Mitarbeiter dem Inspektor plötzlich einen Vornamen verpasste; ein anderer ließ ihn sogar seine Adresse verkünden. Levinson und Link schnitten solche Fehler selbst aus fertigem Material noch heraus.

Trotzdem ging diese Geheimhaltungsstrategie nicht vollständig auf. In nicht weniger als drei Episoden hält Columbo seinen Dienstausweis in die Kamera: in »Mord unter sechs Augen«, »Blutroter Staub« und »Todesschüsse auf dem Anrufbeantworter«. Moderne Videotechnik macht es inzwischen möglich, diese Aufnahmen so zu vergrößern, dass Spekulationen über den Vornamen möglich sind. Im Internet wurden die betreffenden Standbilder veröffentlicht mit der Aufforderung, sich an dem Suchspiel zu beteiligen. Von »Frank« bis »Joseph« reichten die Theorien. Völlig unverständlich bleibt hingegen die Angabe von Harald Keller, der in seinem »Kultserien«-Buch[33] den Inspektor einfach als »Philip« identifiziert.

Alle diese Versuche, dem Inspektor auf die Spur zu kommen, entbehren jeglichen Sinnes. Es bleibt dabei: Der Vorname ist uns unbekannt.

2. Die Personalakte

> *»Wir waren zuhause eine Riesenfamilie. Da ging es zum Essen immer zu wie im Madison Square Garden. Aber wir brachten das beim Kaffee alles wieder in Ordnung.«*
>
> SCHRITTE AUS DEM SCHATTEN

Mehr noch als der Name sagt die individuelle Biographie etwas über das Wesen eines Menschen aus. Wollen wir einen Menschen in seiner Gegenwart verstehen, seine Persönlichkeit und die Beweggründe seines Handelns begreifen, so müssen wir uns mit seiner Vergangenheit beschäftigen. Wodurch ist er in seiner Kindheit geprägt worden? Welche Grundüberzeugungen oder auch persönliche Eigenarten und Vorlieben haben sich entwickelt? Wie kam es, dass der Mensch der wurde, der er heute ist?

In der Regel rufen TV-Helden ein solches Interesse weder hervor, noch wird es durch ihre Persönlichkeit begründet. Wen würde schon interessieren, ob Derrick als Kind vielleicht mit seinem Vater, einem Buchhalter, auf den Fußballplatz ging, und sich später jeden Samstag freihielt, um mit Harry und einem Kasten Bier vor dem Fernseher die Bundesliga zu verfolgen? Was würde es über die Person aussagen, wenn Kojaks Eltern professionelle Sirtaki-Tänzer gewesen und mit sieben Kindern durch die Varietes des mittleren Westens getingelt wären? Niemand interessierte sich dafür. Dazu sind die Charaktere von Serienhelden in der Regel zu eindimensional gezeichnet. Sie tun ihren Job, und sie tun ihn gut. Allein darauf kommt es an. Mehr ist für den Zuschauer nicht erforderlich, um der Handlung folgen zu können. Er soll keinesfalls intellektuell überfordert werden, sondern sich mit geradlinig erzählten Plots entspannen können.

Columbo ist anders und bietet mehr. Er ist ein wirkliches Original. Er fällt aus dem Rahmen und lässt sich nicht wieder hineinzwängen. Zudem ist er geheimnisvoll. Niemand weiß ihn wirklich einzuordnen. Wer ist er?

Vor diesem Hintergrund gewinnen auch noch so geringe Hinweise auf seine Herkunft, sein Leben und seine Vorlieben ein ungeahntes Gewicht. Der Inspektor weiß darum. Er schürt die zunächst bei seinen Widersachern nicht vorhandene Neugier an dem unbedeutend wirkenden Beamten systematisch. Hin und wieder wirft er ihnen einen kleinen Brocken hin, den sie begierig aufschnappen. Doch diese Happen können nicht sättigen, sondern steigern nur den Appetit. Wissen wir als Zuschauer zwar über ihn immerhin mehr als über andere Krimihelden, so ist dieses Wissen doch nie ausreichend. Es verwirrt nur und wirft mehr neue Fragen auf. Was dahinter unausgesprochen bleibt, scheint noch weit interessanter zu sein.

Bei dem Versuch, einige biographische Hintergründe der Person Columbo zu erhellen, wird dies berücksichtigt werden müssen. Ein solches Unterfangen bleibt fragmentarisch. Zudem gesellt sich ein weiteres Problem. Was *über* Columbo zu erfahren ist, stammt allein *von* Columbo. Es basiert ausschließlich auf seinen eigenen Angaben. Keine andere der handelnden Figuren weiß mehr zu berichten. Er arbeitet ohne Partner, und Mrs. Columbo kann bekanntlich nicht befragt werden. Bei Columbos Selbstbekenntnissen kommt es nicht selten zu widersprüchlichen Aussagen. Auch dies ist Teil des Mysteriums, das seine Person umgibt. Niemand weiß je wirklich, ob Columbo über sich aus reiner Gesprächslaune heraus spricht, oder aus blankem Kalkül als Teil einer ausgeklügelten Gesamtstrategie. Alles ist mit Vorsicht zu genießen.

Columbo-Biograph Mark Dawidziak wartet in seinem Buch[34] mit einigen Einzelheiten aus dem Leben des Inspektors auf, deren Quelle – zumindest für Kenner der deutschen Serienbearbeitung – im Dunkel bleiben muss. Danach ist Columbo in New York geboren und erst 1958 nach Los Angeles gekommen. Sollte das zutreffen, so deckte es sich mit Peter Falks Biographie. Zur Polizei sei Columbo nach dem Korea-Krieg gekommen. Sein Lehrmeister auf dem 12. Revier in New York soll der irischstämmige Sgt. Gilhooley gewesen sein.

Verbürgt ist zumindest, dass Columbo aus einer italienischen Großfamilie kommt. Neben einigen spanischen Brocken spricht er daher perfekt italienisch. Er hat fünf Brüder und eine Schwester namens Mary. Zudem erwähnt er einmal (in »Ein Toter in der Heizdecke«) einen Stiefbruder. Ungewiss bleibt, woher dieser stammen sollte, da über weitere eheliche Bindungen seines Vaters oder seiner Mutter nichts bekannt ist.

In der Familie ging es turbulent zu. Auch der Großvater lebte mit im Haus. Er hatte eine Leidenschaft für alte Möbel und machte selbst Wein. Den Enkel ließ er die Trauben stampfen. Columbos Vater trug eine Brille und half stets im Haushalt. Er kochte gern; vor allem, wenn seine Frau in der Schwangerschaft war, was zu gewissen Zeiten jährlich vorkam. Allerdings heißt es auch von ihm, er sei nicht sonderlich reinlich gewesen. Was er aber während der Prohibitionszeit als »Heckschütze auf einem Bierwagen« tat, bleibt Columbos Geheimnis.

Die Familie lebte in bescheidenen Verhältnissen. Die Wohnung war, gemessen an den vielen Familienmitgliedern, recht klein. Der Vater verdiente nur gering. Sein Höchstgehalt betrug 5.000 Dollar pro Jahr. So wurde Columbo von Kindheit an zur Sparsamkeit erzogen. Daher kommt es, dass er stets daran interessiert ist, sich möglichst kostengünstig zu kleiden. Glücklicherweise ist er sich in diesem Punkt mit Mrs. Columbo einig: »Meine Frau ist nicht mehr die Jüngste, aber sie trägt nur Turnschuhe aus der Schulzeit.« Kaum einer der Verwandten ist aus diesen einfachen Verhältnissen herausgekommen. Ein Schwager, der es bis zum Anwalt brachte, gilt als der Stolz der Familie.

Als Kind baute Columbo gern Schiffsmodelle und spielte am Flipper. Der Vater lehrte ihn Poolbillard. Ansonsten trieb er sich mit anderen Kindern auf der Straße herum. Gemeinsam warfen sie Straßenlaternen ein.

Seine Eltern ermöglichten Columbo den Besuch der High School. Sein erstes Mädchen dort hieß Teresa. Ihr schenkte er ein Freundschaftsarmband. Ebenfalls dort traf er aber dann auch jene Frau, die später als »Mrs. Columbo« Geschichte machen sollte. Doch bis zur Hochzeit sollten noch Jahre vergehen. Über den Zeitpunkt der Heirat macht Columbo zwei unterschiedliche Angaben: In »Ruhe sanft, Mrs. Columbo!« (1989) erzählt er Vivian Dimitri, er sei fast dreißig Jahre verheiratet, also etwa seit 1960. In »Tödlicher Jackpot« (1991) dagegen feiern Columbos erst Silberhochzeit, was auf 1966 schließen würde.

Fest steht dagegen, dass Columbo Kriegsteilnehmer in Korea war. Allerdings ist nicht zu sagen, wie aktiv er an der Front war, denn er selbst nennt seinen Dienstrang »K. B. – Küchenbulle«. Die Leidenschaft fürs Kochen hatte ihm sein Vater mitgegeben.

Bis zu Columbos Eintritt bei der Polizei liegen Jahre im Dunkel. Auch über dieses Datum gibt es widersprüchliche Aussagen: In »Momentaufnahme für die Ewigkeit« (1974) erzählt er, er sei 15 Jahre dabei, also seit 1959. Viele Jahre später in »Schleichendes Gift« (1989) ist zu hören, es seien 22 Jahre. Das würde auf 1967 deuten und fiele damit fast mit dem ersten öffentlichen Auftreten des jungen Beamten in »Mord nach Rezept« zusammen. Auch hier bleiben Fragen offen. Bekannt ist nur, dass sein Jahresgehalt 1972 11.000 Dollar betrug. Damit war er alles andere als ein vermögender Mann. An einer Kreuzfahrt können seine Frau und er beispielsweise nur teilnehmen, weil Mrs. Columbo die Reise bei einer Tombola gewonnen hat.

An seinen Vorlieben und Hobbys wird ebenfalls deutlich, dass Columbo weder zu den Reichen noch zu den Intellektuellen gehört, bestenfalls zur Mittelschicht. Er hat die Interessen eines Durchschnittsbürgers und orientiert sich auf kulturellem Gebiet am Geschmack der Masse. Der Inspektor liebt Golf und Football, beides allerdings nur, sofern er es im passiv im Radio oder Fernsehen verfolgen kann. Aktiv betreibt er nur

Sportarten, bei denen es ihm möglich ist, eine übermäßige körperliche Anstrengung zu vermeiden. Im Poolbillard ist er überdurchschnittlich. Regelmäßig geht er mit seiner Frau zum Bowling. Ansonsten sieht er sich im Fernsehen Filmklassiker wie »Scarface« (Narbengesicht, 1932) oder »This Gun For Hire« (Die Narbenhand, 1942) an. Dementsprechend gehören Paul Muni, Edward G. Robinson, James Cagney und Humphrey Bogart zu seinen Lieblingsschauspielern. Ihre Filme waren es, die ihn einst motivierten, in den Polizeidienst zu treten. Neben Gangsterfilmen sieht er aber ebenso gern Western (vor allem mit Gary Cooper) und Tarzan-Filme. Auch Bette Davis schätzt er sehr. Ob er nebenher noch zum Lesen kommt, erscheint fraglich. Zumindest schätzt er seit seiner Kindheit die Werke Mark Twains. Vollends verwirrend schließlich sind die Angaben über seinen Musikgeschmack. Demnach müsste er fast alles gern hören: Klassik, italienische Opern, Strauss-Walzer (»An der schönen blauen Donau«) , gleichfalls aber auch Louis Armstrong und Perry Como. Lediglich moderne Musik wie Rap verursacht ihm körperliche Beschwerden.

Ob dieser Bandbreite erhärtet sich der anfangs geäußerte Verdacht, der Inspektor erzähle jeweils nur das, was ihm gerade ins Konzept passe. Der Zuschauer weiß einzig, dass er nichts weiß. Keine Spur ist sicher. Das Mysterium um Columbo bleibt bestehen. Einmal mehr wird deutlich, dass in dieser Serie nichts so ist, wie es scheint. Niemandem ist zu trauen – am wenigsten dem Titelhelden.

3. Das verkannte Genie

»Einen Inspektor hatte ich mir doch bedeutender vorgestellt.«
»Gott ja, mein ewiges Pech!«
SCHRITTE AUS DEM SCHATTEN

Ein Mensch der unbekannt bleibt, dessen Person ein Geheimnis umgibt, wird in seinem Wesen nicht ergriffen. Die fast unausweichliche Folge: Er wird verkannt und falsch beurteilt. Er bietet nicht genügend Anhaltspunkte, um ihn zu kategorisieren, ihn einzuordnen. Eine solche Fehleinschätzung kann sich in zwei Formen ausprägen. Zum einen kann jener Mensch, weil ihn offensichtlich ein Mysterium umgibt, in seinen Möglichkeiten *überschätzt* werden. Man glorifiziert das Unbekannte und meint, diese Person müsse doch mehr sein, als es den Anschein hat oder als sie selbst zu sein vorgibt. Andererseits kann ein solcher Mensch auch sträflich *unterschätzt* werden. Dies geschieht dann, sofern man nur den Augenschein, das Offensichtliche, nicht aber das darunter Verborgene wahrnimmt und einkalkuliert. Was nicht klar erkennbar ist, existiert dann nicht.

Inspektor Columbos Schicksal ist es zweifellos, zur zweiten Kategorie zu gehören. Einschränkend muss jedoch gesagt werden, dass sich das Bild, das sich seine Umwelt über ihn macht, innerhalb einer Episode immer mehr zur ersten Kategorie hin verändern kann. Doch in der Hauptsache wird er stets und ständig unterschätzt. Verschiedene Faktoren tragen dazu bei.

Der äußere Eindruck spielt in der ersten Begegnung eine wesentliche Rolle. Dieser ist bei Columbo wahrlich niederschmetternd: »Sie sehen nicht aus, als ob Sie von der Polizei wären.« Seine Kleidung lässt ihn als alles andere, nur nicht als Polizeibeamten erscheinen. So hält man ihn abwechselnd für einen Arbeitslosen auf der Suche nach einem Job, z. B. als Nachtwächter, Kellner oder Schauspieler. Als obdachlosen Penner bemitleidet oder verstößt man ihn. Als neugierigen Zuschauer oder Vertreter der Presse versucht man ihn abzuwimmeln. Sonst wird er für einen Dienstboten, Vertreter, Taxifahrer, Blumenboten, Barmixer-Lehrling oder gar für einen Freier oder exzentrischen Millionär gehalten. Grundsätzlich ist alles möglich – nur nicht, dass er *Polizist* sein könnte. Selbst die Kollegen vom Streifendienst sind häufig irritiert. In diesem Zusammenhang gewinnt das meist sehr originell gestaltete Motiv der Ankunft des Inspektors am jeweiligen Tatort seine besondere Bedeutung. Stets will man ihn dort zurückweisen und von seiner Arbeit abhalten. Dies entbehrt nicht einer gewissen Tragik; handelt es sich hierbei doch gerade um seine wahre Bestimmung, von der man ihn fernhalten will. Mr. Fallon, der Chef eines großen Filmstudios in der Episode »Klatsch kann tödlich sein«, bringt dieses Problem auf den Punkt: Nachdem sich Columbo bei dem jungen Mann entschuldigt, weil er Fallon nur für einen Angestellten hielt, gibt dieser zurück: »Kein Problem – ich hätte Sie auch nie für die Rolle eines Inspektors genommen.«

Zwar muss sich Columbo ob seines Äußeren manche boshafte Bemerkung gefallen lassen; andererseits verhilft es ihm zum perfektesten Inkognito, seit Harun Al Raschid in den Straßen Bagdads verkleidet seine Untertanen aushorchte. Die herausragende Rolle seiner Kleidung wird durch ein nettes Gegenbeispiel in der ansonsten verunglückten Episode »Zwei Leichen und Columbo in der Lederjacke« deutlich gemacht. Bisher musste sich Columbo unzählige Folgen lang darum mühen, als Polizist wahr- und ernstgenommen zu werden. Nun aber bekommt er den dienstlichen Auftrag, als Undercover-Agent verdeckt in der Unterwelt zu ermitteln. Er erscheint jetzt nicht mehr im vertrauten Mantel, sondern so, wie seiner Meinung nach ein verdeckter Ermittler gekleidet sein sollte. Plötzlich aber wird er von allen, denen er begegnet, für einen »Bullen« gehalten. Eine verkehrte Welt: Bei dem einzigen Versuch, bewusst inkognito zu bleiben, wird er fortwährend erkannt. Die Normalität ist erst wiederhergestellt, als er auf das altbewährte Outfit zurückgreift.

Ein weiterer Faktor, der eine Fehleinschätzung des Inspektors begünstigt und dazu beiträgt, ihn als unfähig einzustufen, ist seine auffällige psychische Verfassung. Er scheint schwer von Begriff oder mindestens nicht recht bei der Sache zu sein. Oft schaut er verständnislos drein oder schlägt sich an den Kopf, weil er einmal wieder nichts kapiert hat. Hier gleicht er Dostojewskis Helden Petrowitsch: »›Ach‹, rief da Porphyrij und schlug sich vor die Stirn, ›hab' ich das beides schon wieder verwechselt! Es ist doch wirklich zu dumm von mir‹, sagte er, wie wenn er sich entschuldigen wollte«.[35]

Wo die Kollegen am Tatort akribisch nach Spuren suchen, ist Columbo mit Nebensächlichkeiten beschäftigt. Wenn die Spurensicherung ihm Bericht erstattet, hört er kaum zu, sondern ist auf der Suche nach einem Kaffee oder kämpft mit seinem Frühstücksei. In Gesprächen schweift er ständig ab.

Vor allem aber ist er chronisch vergesslich oder verliert etwas. Immer sucht er irgendetwas: nicht in erster Linie einen Mörder, sondern einen Stift. Jeden Morgen gibt ihm seine Frau einen neuen mit[36], der aber wieder abhanden kommt. Hat er einen Stift, fehlt ihm der Notizblock. Natürlich hat er auch nie Streichhölzer dabei. In seiner Schusseligkeit lässt er häufiger fremde Kugelschreiber oder Feuerzeuge mitgehen. Will er jemanden verhaften, fehlt ihm garantiert der Zettel, von dem er dem Betreffenden dessen Rechte vorlesen will – und die der Inspektor auch nach vielen Dienstjahren noch nicht auswendig kennt. Ebenso wenig kann er sich seine eigene Telefonnummer merken. Alles muss er sich notieren.

Columbo macht zudem häufig einen hilf- und orientierungslosen Eindruck. Auf größerem Gelände wie in Krankenhäusern oder Kasernen verirrt er sich stets. Der Umgang mit technischen Geräten stellt ihn vor unüberwindliche Hindernisse. Neueste Polizeitechnik muss er sich von jüngeren Kollegen erklären lassen. Er reagiert übersensibel, wenn er Blut oder Injektionsspritzen sieht oder medizinische Berichte anhört. Die Naivität, mit der er meint, sich diesen Dingen nicht aussetzen zu müssen, lässt ihn weltfremd, verweichlicht und vor allem unprofessionell in seinem Beruf erscheinen.

Augenscheinlich spricht demnach vieles gegen Columbo. So ist es kein Wunder, dass er stets verkannt und unterschätzt wird. Von Beginn an gehörte dieses Motiv zu den wesentlichsten Erfolgsgaranten der Serie. Es durfte in keiner Folge fehlen, da es den eigentlichen Reiz des immer neuen Zweikampfes zwischen Inspektor und Täter ausmacht. Allein der Zuschauer weiß, dass sich hinter der unattraktiven Fassade weit mehr befindet, als der Mörder auch nur ahnt.

Wurde in »Mord nach Rezept« als dem ersten Auftritt Columbos vorrangig versucht, dem Zuschauer die komplizierte Struktur und Widersprüchlichkeit der noch unbekannten Hauptperson zumindest ansatzweise zu vermitteln, so nimmt das Motiv des unterschätzten Cops bereits im zweiten Fall »Lösegeld für einen Toten« breiten Raum ein. Es gewinnt hier seinen Reiz nicht nur durch das Katz-und-Maus-Spiel mit der Staatsanwältin Leslie Williams. Es gibt außerdem noch ein Kompetenzgerangel zwischen Columbo und dem FBI, das in der Sache ebenfalls ermittelt. Die Bundesbeamten geben sich recht arrogant und legen Columbo Steine in den Weg. In »Tod am Strand« sind es CIA-Angestellte, die den Inspektor spöttisch einen »Lokalmatadoren« nennen. Auch die britisch-steifen Kriminalisten von Scotland Yard in »Alter schützt vor Torheit nicht« rümpfen über den merkwürdigen Kollegen aus Übersee die Nase und hoffen inständig, er möge bei ihnen noch etwas lernen.

Überhaupt fühlt sich grundsätzlich jeder berufen, über Columbo ein Urteil abzugeben. Seine Person wirkt derart provozierend, dass man sich herausgefordert fühlt, zu ihr Stellung nehmen zu müssen. Selten sind es relativ freundliche Aussagen wie die von Jarvis Goodland in »Blumen des Bösen»: »Sie sind zu durchschauen, aber fabelhaft!» Häufiger wird recht spöttisch über Columbo geurteilt, so von Ken Franklin, dem »Mrs.-Melville»- Krimiautor in »Tödliche Trennung»: »Wie lange sind Sie schon Inspektor, Inspektor? Mrs. Melville wäre längst weiter.» Der arrogante Kunstkritiker Dale Kingston in »Mord in Pastell» kann noch deutlicher werden: »Mein Gott, Columbo, was sind Sie doch für ein Anfänger!« Wissenschaftler hingegen urteilen weniger emotionsgeladen, aber nicht minder falsch; so Dr. Cahill in »Teuflische Intelligenz«: »Sie haben einen einfach berechenbaren Verstand, mit dem Sie nur schwer klar denken können.« Dasselbe drückt Patrick Kinsley in »Keine Spur ist sicher« umgangssprachlicher aus: »Der hat nicht alle Tassen im Schrank!«

Je harmloser Columbo wirkt, desto sicherer fühlen sich die Täter; umso derber werden schließlich auch die Späße auf seine Kosten. Im bisher größten Ausmaß ist die Herabwürdigung des Inspektors in »Luzifers Schüler« mitzuerleben. Hier sind es vor allem die zwei noch halbwüchsigen, aber umso respektloseren Täter, die Columbo für den »absoluten Heuler« halten, sich über ihn kaputtlachen und überlegen, ob er das Ergebnis einer inzestuösen Verbindung sei. Damit noch nicht genug, hat man den bösen Buben noch einen einflussreichen Vater an die Seite gestellt – wer könnte dafür prädestinierter sein als Robert Culp? –, der den Inspektor pausenlos zur Schnecke macht. Überhaupt sind es oft diese einflussreichen Nebenpersonen, die Freunde oder Verwandten der Täter, deren Verhalten Columbo gegenüber von kühler Herablassung oder offen zur Schau getragener Verachtung gekennzeichnet ist, während die Mörder selbst in ihren Äußerungen emotional viel stärker beteiligt sind. In ihrem Fehlurteil über die vermeintliche Unfähigkeit dieses Beamten aber sind alle gleich.

Columbo ist anders. Wie anders, wird niemand je vollständig ergründen. Es bleibt eine der Fragen, die seine Person stellt – ein Teil des Mysteriums. Zumindest aber ist er anders als all jene glauben, die ihn für minderbemittelt halten. Im Police Departement jedenfalls gilt er als »bester Mann«, »fähigster Mann«, gar als »Legende der Mordkommission«. Wie passt das zusammen?

Es ist jene merkwürdige Ambivalenz in seinem Wesen, die es zusammenpassen lässt. Was Columbos Widersacher zunächst belustigt und in Sicherheit wiegt, führt zunehmend auch zu großer Verunsicherung. Der Inspektor erscheint als Volltrottel. Ein Idiot aber ist unberechenbar. In jedem Augenblick kann mit ihm etwas Unvorhergesehenes passieren. So trifft der Radiomoderator Fielding Chase in »Todessschüsse auf dem Anrufbeantworter« eine Feststellung, die diese Ambivalenz aufzeigt: »Sie kommen immer zum Schluss noch mit etwas heraus. Haben Sie Probleme mit ihrem Gedächtnis?« Was also eigentlich als Handicap Columbos benannt wird, bringt im Grunde nur seinen Widersacher durcheinander.

Zunehmend wird offenbar: Mag Columbo noch so vergesslich sein, was seine persönlichen Verhältnisse angeht – die Details seiner Mordfälle vergisst er nicht, oder holt sie irgendwann aus den hintersten Windungen seines Gehirns hervor. »Sie sind gar nicht so vergesslich, wie Ihre Frau behauptet«, muss Dr. Flemming in »Mord nach Rezept« feststellen. »Manches bleibt haften, manches nicht«, gibt Columbo bescheiden zurück. Ist also sein Privatleben noch so ungeordnet – in seinem Beruf ist er Vollprofi. Er mag den Tücken des alltäglichen Lebens vielfach hilflos ausgesetzt sein – gleichzeitig aber verblüfft er, wenn er in Ermangelung polizeitechnischen Instrumentariums improvisieren muss. So stellt er Fingerabdrücke mit Hilfe normalen Graphitstaubs eines Bleistiftes sicher (»Traumschiff des Todes«). Hat ihm ein Kollege erst einmal die Funktionsweise eines Geigerzählers erklärt, löst Columbo mit Hilfe dieses Gerätes sogar den Mordfall (»Blumen des Bösen«).

Columbo ist der Typ des zerstreuten Professors, ein »entrückter

Kopfarbeiter«[37]. Ein Mensch, der seine Umwelt vergisst, wenn er auf einen Fall konzentriert ist. Sein ganzes Denken ist dann auf ein Ziel hin ausgerichtet. Nichts kann ihn ablenken. Darin liegt das Geheimnis seiner Effizienz. Der Zuschauer bekommt eine Ahnung davon, wenn er Columbo beim Nachdenken beobachtet: Er kratzt sich am Kopf. Er hat die Arme vor der Brust verschränkt, eine Hand – womöglich mit Zigarre – am Kinn oder an der Stirn. Oder er steht oder läuft herum, leicht nach vorn gebeugt, die linke Hand auf dem Rücken, die Zigarre in der rechten. Dann arbeitet es in ihm. Er ist dann in eine andere Welt versunken, in die ihm niemand folgen kann. Es kann kaum zufällig sein, dass Porphirij Petrowitsch wiederum ganz genauso geschildert wird: »Dabei ging er schon lange nicht mehr, sondern rannte in der Stube umher, mit der linken Hand auf dem Rücken, während er mit der rechten Hand in der Luft herumfuchtelte und allerhand Gesten machte, die zu den Worten, die er sprach, in abscheulichem Missklang standen«.[38]

Haben sich die Dinge geklärt, kann sich Columbo umdrehen und gehen. Zum Abschied hebt er den Arm. Der Täter bleibt nicht selten mit dem unsicheren Gefühl zurück, etwas Entscheidendes nicht mitbekommen zu haben. Das kann Ängste schüren.

So blitzt unter aller liebevoll gezeichneten Unzulänglichkeit des Inspektors für kurze Augenblicke immer wieder das Genie durch. Wer dies wahrnimmt, kann hinter den zahlreichen Marotten eine kluge und gewitzte Persönlichkeit entdecken. Der selbst hochbegabte Oliver Brandt in »Todessymphonie« kann daher bei Columbo durchaus einen sehr hohen Intelligenzquotienten ausmachen.

Hinzu kommen weitere Eigenschaften, die so gar nicht in das Bild von einem beschränkten Beamten passen wollen. Columbo ist außerordentlich hartnäckig in seinen Nachforschungen: »Der bringt es fertig und sucht im Alten Testament nach Fehlern.« Er steckt seine Nase überall hinein. Seine Fragen sind bohrend. Er lässt nicht locker. Auch noch nachts oder im Urlaub beschäftigen ihn seine kleinen Details, genauso wie seinen russischen Kollegen: »Ich muss immer die Dinge eine Weile mit mir herumtragen, ehe ich sie verarbeiten kann.«[39] Ganz gegen den äußeren Augenschein muss schließlich auch ein Psychologe vom Schlage eines Dr. Eric Mason in »Mord per Telefon« anerkennend feststellen:

»Sie sind ein Perfektionist!« Unglaublich, aber wahr: Columbo ist einer – wenn auch nur in seinem Beruf.

Überhaupt sind es vor allem die Psychologen und Psychiater unter seinen Gegnern, die Columbo am genauesten analysieren, wenn auch ihre Einsicht für sie selbst stets zu spät kommt. Die Episoden mit dieser Berufsgruppe gehören daher zweifellos zu den interessantesten. Die Analysen der Psychologen lassen keinen nur eindimensionalen Charakter erkennen, sondern vielmehr einen facettenreichen Menschen, dessen Widersprüchlichkeit zur Waffe wird. Bereits im ersten Fall deutet Dr. Flemming dies so: »Sie sind ein intelligenter Mensch, aber Sie tun so, als wären Sie ein Trottel. Aus ihren Mängeln machen Sie eine Tugend und bringen so die Täter zu Fall.» Der erwähnte Dr. Mason kommt zu einem ganz ähnlichen Ergebnis: »Sie geben sich als Hündchen im Regenmantel, das ganz unbeschwert im Hof herumläuft und überall im Garten Löcher gräbt. In Wirklichkeit legen Sie ein Minenfeld und wackeln mit dem Schwanz.»

Der Inhalt einer »Columbo«-Episode ist im Grunde also die Beschreibung eines Erkenntnisprozesses im Denken derer, die dem Inspektor begegnen. Darin wandelt er sich vom augenscheinlichen Trottel zum überlegenen Gegner. In Verkennung seines wahren Vermögens sind seine Gegner ihm gegenüber immer im Nachteil. Der Grund seines Erfolges liegt nicht zuerst in seiner Zähigkeit und Akribie, sondern in der Tatsache, dass er der wachsenden Erkenntnis seiner Widersacher in diesem Prozess immer einen Schritt voraus ist. Eine Frau vom Fach, die Psychoanalytikerin Dr. Nicholson (»Teuflische Intelligenz«) kann diesen Umstand auf den Punkt bringen: »Columbo weiß mehr über die Menschen hier, als wir wahrhaben wollen.«

So paaren sich hier der Genius mit der Unzulänglichkeit. Wie wir das eine bewundern, dürfen wir aber auch dem anderen gegenüber Milde walten lassen. Denn für Columbo gilt, was der österreichische Politiker Joseph von Ligne schon vor zweihundert Jahren bekannte: »Ich liebe die zerstreuten Menschen. Zerstreutheit ist ein Zeichen von Gedanken, von Güte. Die dummen und bösartigen Menschen sind immer geistesgegenwärtig.«

4. Die physische Konstitution

»Ich bin nicht gerade in Form.«
GELD, MACHT UND MUSKELN

Zu den Faktoren, die dazu beitragen, Columbo als einen schwächlichen und unfähigen Charakter erscheinen zu lassen, gehört zweifellos auch seine körperliche Verfassung. Sein desolater Gesundheitszustand ist ein Kapitel für sich und soll dementsprechend auch als solches behandelt werden.

Der Inspektor ist alles andere als einer der gängigen TV-Superhelden. Den obligatorischen Körpereinsatz jener Muskelmänner darf man von ihm auch nicht ansatzweise erwarten. Er beherrscht keine Kampfsportart, um seine Gegner zu überwinden. Er könnte nicht einmal einem flüchtenden Rentner nachlaufen, um ihn zu stellen. Eher würde Columbo ärztliche Atteste beibringen, die ihn davon freistellten. Im Grunde genommen ist er ein körperliches Wrack.

Sein größtes Problem dürfte sein Kreislauf sein. Er hat einen zu niedrigen Blutdruck. Aus diesem Grund braucht er am Morgen als erstes einen Kaffee. »Bevor ich keinen Kaffee getrunken habe, bin ich zwar da, aber ich bin nicht ganz da.« Bedingt durch diese Kreislaufschwäche leidet er leicht unter Schwindelgefühlen und Übelkeit. Leider gerät er häufig in Situationen, die diese Beschwerden auslösen und die demzufolge für ihn angstbesetzt sind. Da ihm in Flugzeugen übel wird, hat er eine Flugangst entwickelt. Nicht anders ergeht es ihm in Aufzügen. Höhenangst beherrscht ihn. Die Seekrankheit ist sein Begleiter, ob auf einer Yacht oder einfach nur im Wasserbett.

Diese Kreislaufbeschwerden sind Columbo lästig: »Mir wird immer schwindelig. Es wäre doch peinlich, wenn ich im Dienst umkippen würde.« Die Gesundheit ist für ihn nicht per se ein hohes Gut, sondern vor allem eine Voraussetzung für seine beruflichen Tätigkeit. Das größte Unglück wäre es für ihn, aufgrund körperlicher Gebrechen nicht mehr arbeiten zu können.

Eine diesbezügliche Gefahr naht auch aus einer weiteren Richtung: Von Zeit zu Zeit verspürt Columbo Herzschmerzen, die sich durch Stiche in der Brust bemerkbar machen. Das ist alles andere als verwunderlich, dürfte er doch als der klassische potentielle Herzinfarktpatient gelten: Er ernährt sich sehr einseitig und ungesund, raucht dafür zuviel und hat zu wenig Bewegung. Seine Versuche, Diät zu halten, sind von kurzer Dauer. Vielmehr führen gelegentliche Essanfälle unweigerlich zu Magenverstimmungen. Manchmal findet er auch in seinem Alkoholkonsum nicht die Grenze.

Ein typisches Symptom derartiger Herz-Kreislauf-Erkrankungen ist auch die häufige Übermüdung. Columbo selbst bringt dies jedoch nicht in einen ursächlichen Zusammenhang. Er braucht eigenen Angaben zufolge täglich mindestens acht Stunden Schlaf, um fit zu sein. Dies gelingt nicht immer. Oft ist die Nacht für ihn unruhig und kurz. Manchmal stört ihn seine Frau; meist aber sind es die Gedanken über seinen aktuellen Fall, die ihn beschäftigen und selbst nachts noch aus dem Tiefschlaf hochschrecken lassen. So ist es kein Wunder, dass er am Tatort oft völlig zerschlagen und übernächtigt erscheint.

Durch seine ungesunde Ernährung nimmt Columbo zuwenig Vitamine zu sich. Seine natürlichen Abwehrkräfte sind entsprechend gering, so dass er regelmäßig von Erkältungskrankheiten heimgesucht wird. Als Vorboten verspürt er ein Halskratzen, bevor sich Husten, Schnupfen und Heiserkeit einstellen. Manches Niesen hat jedoch auch andere Ursachen. Columbo ist Allergiker, vor allem gegenüber den verschiedensten Arten von Pollen und Blütenstaub.

Ab und zu nimmt er mit Aspirin eine Selbstmedikation vor. Er scheut nämlich unter allen Umständen den Gang zum Arzt. Jedem ist seine Wehleidigkeit bekannt. Vor allem Zahnärzte sind ihm ein Gräuel, aber gerade deren Dienste muss er häufig in Anspruch nehmen.

Die Episode »Geld, Macht und Muskeln« (deren deutscher Titel gleich drei Bereiche benennt, in denen es Columbo mangelt) verdeutlicht in besonderer Weise, dass er weder Kondition noch Kraft besitzt. Vergeblich versucht er, auch nur ein Stück neben dem durchtrainierten Fitness-Apostel Milo Janus her zu joggen. Eine Hantelstange bringt er gerade bis zu den Knien hoch. Seine körperliche Unzulänglichkeit will er jedoch nicht wahrhaben. Dafür setzt bei ihm der für solche Patienten typische Verdrängungsmechanismus ein, der sich bis zu irrealen Wunschvorstellungen steigert, als er in Janus' Fitness-Center mit dem Training beginnt und von einer Olympia-Teilnahme träumt.

Der Inspektor ist völlig ungelenkig, hat Rückenprobleme und treibt keinerlei regelmäßigen Sport. Er kann nicht einmal schwimmen und kennt Wasser daher nur aus der Badewanne, in der er gern – weil inaktiv – herumsitzt. Trotz oder gerade aufgrund mangelnder Bewegung kommt er schnell ins Schwitzen und transpiriert dann außerordentlich stark. Das geht bei ihm bis in die Zehenspitzen: Er rühmt sich zwar, keine Plattfüße – die Berufskrankheit vieler Polizisten – zu haben. Dafür kann er aber Schweißfüße vorweisen.

Über das Glasauge, die Behinderung, die Columbos alter ego Falk von Haus aus mitbringt, wird bis zur 66. Episode kein Wort verloren. Erst in »Keine Spur ist sicher» bringt er es selbst zur Sprache. Er bittet den Gerichtspsychologen Patrick Kinsley, ihn bei seinen Ermittlungen zu unterstützen und begründet dies so: »Drei Augen sehen mehr als eines.«

Über eventuelle psychosomatische Ursachen der mannigfaltigen gesundheitlichen Probleme Columbos lässt sich nur spekulieren. Als er in »Mord in eigener Regie» gezwungen ist, nach einem vermutlichen Schleudertrauma eine Halskrause zu tragen, denkt er über mögliche Zusammenhänge mit seiner Arbeit nach: »Ich bekomme immer einen Krampf im Nacken, wenn ich Fragen stelle.« Demnach müsste er eigentlich permanent krampfgeschüttelt herumlaufen. Vielmehr wird es so sein, dass es gerade seine Arbeit ist, die ihn hindert, sich seinen Leiden völlig hinzugeben. Sie ist das einzig Aufbauende. Träfe dagegen die alte Weisheit »Mens sana in corpore sana« zu, wäre Columbo niemals in der Lage, auch nur einen seiner komplizierten Fälle erfolgreich zu lösen.

Als abschließendes Ergebnis der Diagnose muss festgehalten werden, dass Columbos physische Konstitution kaum geeignet erscheint, seinen Gegnern Angst zu machen. Sie verstärkt nur das Bild der vermeintlichen Unfähigkeit. Der Zuschauer darf froh sein, dass der Inspektor in diesem Zustand überhaupt noch Dienst tut und sich nicht längst mit einer Berufsunfähigkeitsrente auf sein Altenteil zurückgezogen hat. Die Frage bleibt: Wie kommt dieser Mann überhaupt noch morgens auf die Beine? Es muss an Mrs. Columbo liegen, die gern die Rolle der Krankenschwester einnimmt und ihren Mann umsorgt. Ihre mütterliche Fürsorge, gepaart mit einer diakonischen Ader, verbindet sich mit dem schwächlich-kränkelnden Wesen ihres Mannes zu einer wunderbar harmonischen Zweckgemeinschaft.

IV. DAS ÖFFENTLICHE AUFTRETEN

1. Die Ankunft am Tatort

»Officer, vielleicht sollten Sie diesen Mann festnehmen. Er weigert sich, das Gelände zu verlassen.«
»Dieser Mann ist Inspektor Columbo, Sir! Er leitet hier die Untersuchungen.«

DES TEUFELS KORPORAL

Manche der persönliche Eigenheiten des Inspektors wären zu verkraften und fielen kaum ins Gewicht, wäre Columbo nicht aufgrund seiner beruflichen Stellung und seines Amtes eine Person des öffentlichen Lebens und Interesses. So aber wird das ganze Ausmaß seiner Skurrilität erst dadurch auffällig, dass er aus der Anonymität der Masse heraus an die Öffentlichkeit und damit auch in Kontakt mit anderen Menschen tritt.

In diesen Situationen wird deutlich, dass die Persönlichkeit des Inspektors und der Kontext, in dem er sich aus beruflichen Gründen zu bewegen hat, zwei inkompatible Größen sind. Wo auch immer er auftritt – er wirkt stets fehl am Platze. Der falsche Mann am falschen Ort. Die Ursache dafür ist vor allem, dass er zu den Personen und dem Milieu, dem er begegnet, keine natürlichen Beziehungen hat. Allein dienstliche Verpflichtungen bringen ihn in Kontakt mit einer ihm fremden Welt, die ihm sonst verschlossen bliebe. Natürliche und persönliche Bindungen hat er in einem völlig anderen gesellschaftlichen und sozialen Umfeld; etwa in Barney's Restaurant oder innerhalb der – noch nie gezeigten – wöchentlichen Bowlingrunde.

Nicht selten bringt Columbo sein Unverständnis zum Ausdruck, sobald er einen Einblick in die Lebens- und Gedankenwelt der ihm begegnenden Menschen gewonnen hat. Er selbst hat keine Affinität zu dieser anderen Welt. Das Tor zu ihr öffnet sich für ihn nicht aufgrund einer imposanten Erscheinung oder eines berühmten Namens. Nicht aufgrund eines gewandten und weltmännischen Auftretens findet er Einlass, sondern einzig durch die Legitimation seines Dienstausweises. Es ist daher kein Wunder, dass viele der von ihm Heimgesuchten zunächst lange, kritische Blicke auf Columbos Marke werfen; will doch die Gestalt so wenig zu dem passen, was der Ausweis behauptet.

Das beste Anschauungsmaterial, um die dargelegten Zusammenhänge zu belegen, bieten häufig die Szenen der Ankunft des Inspektors am jeweiligen Tatort. Bekanntlich tritt Columbo nach etwa zwanzig Minuten überhaupt erstmals in Erscheinung[40]. Diese Zeit brauchen die Mörder, um ihre Untaten zu planen und zu realisieren. Das dann folgende Entree hat seit Beginn der zweiten Serienstaffel eine besondere Aufwertung erfahren. Die Szenen sind höchst originell erdacht, haben Witz und sind liebevoll umgesetzt; obwohl sie für den logischen und stringenten Handlungsablauf normalerweise nichts austragen und daher keineswegs zwingend notwendig wären. Es handelt sich also bei der Ankunftsszene um ein Kultmotiv par excellence, da sie ein eigenständiges und unverwechselbares Element ausschließlich dieser TV-Serie ist.

Auch in diesen Sequenzen wird Columbo wieder verkannt. Am häufigsten geschieht das durch seine Kollegen, die Streifenpolizisten. Sie sind in der Regel zuerst am Tatort und haben diesen abzusichern. Unliebsame Zuschauer müssen ferngehalten und die Arbeit der Spurensicherung ermöglicht werden. Am schwierigsten gestaltet sich dies naturgemäß dort, wo der Tatort ein freies Gelände ist. Absperrungen müssen errichtet werden.

In diesen Fällen ist es zuerst das Auto des Inspektors, das Argwohn erregt. Die Beamten erwarten vielleicht einen Dienstwagen. Stattdessen nähert sich – oft mit Getöse – der alte, zerbeulte Peugeot. Columbo wird darauf aufmerksam gemacht, dass der Bereich gesperrt sei. Er solle sich schleunigst entfernen. Trifft es sich, dass der Tatort zudem noch ein Schrottplatz ist (besonders originell in »Momentaufnahme für die Ewigkeit«), so wird dem Inspektor mit kritischem Blick auf seinen Wagen erklärt: »Hier wird schon seit Monaten nichts mehr angekauft.« Hat Columbo bereits geparkt, wird er angewiesen, den Platz wieder zu räumen, da er für die Polizei reserviert sei (→ Abb. 2). In diesen Fällen muss er große Beschwörungskünste aufbringen, die Uniformierten zu überzeugen, *er* sei die Polizei.

Experten spekulierten darüber, warum der Inspektor den Streifenpolizisten nicht bekannt ist. Schließlich geht ihm ein sehr guter, schon legendärer Ruf voraus. Vielleicht hindert aber gerade die Vorstellung von einem erfolgreichen Kriminalisten daran, zu glauben, es könne sich bei dem Kerl in dem Autowrack um eben diesen handeln. Den meisten Beamten wird er nie über den Weg gelaufen sein, da er sich nur ungern auf dem Revier aufhält und dementsprechend selten dort anzutreffen ist.

Wie sehr Columbo den Erwartungen an den cleveren Detective Hohn spricht, zeigt sich besonders in der Episode »Alter schützt vor Torheit nicht«. Am Londoner Flughafen ist man – so wird jedenfalls geglaubt – auf ihn vorbereitet. Die Beamten sind angewiesen, einen Mann in Empfang zu nehmen, von dem sie bestimmte Vorstellungen haben: Er soll ein »hohes Tier« sein, ein »in den Staaten sehr berühmter Polizeiinspektor«, der einen Arbeitsbesuch bei Scotland Yard mache. Vergeblich hält man nach einer solchen Person Ausschau. Niemand entspricht der Beschreibung. Ist er nicht angekommen? Unterdessen wird erst einmal ein verdächtiges Subjekt im Knittermantel festgenommen, das sich bei der Gepäckabfertigung an fremden Koffern zu schaffen machte und so für Aufregung unter den Passagieren sorgte.

So wirkt die Erstbegegnung mit Columbo selbst dann – oder aber dann erst recht – wie ein Kulturschock, wenn er erwartet wird. Genauso aber verstört die Begegnung mit ihm, wenn niemand mit ihm rechnet, wenn er also völlig überraschend über Menschen hereinbricht. So in besonderer Weise in »Waffen des Bösen«: Der Mörder Joe Devlin versucht gerade, einigen Mitwissern die Angst vor Entdeckung zu nehmen. Er beschwichtigt sie, es gäbe definitiv keine nachvollziehbare Verbindung zwischen Täter und Opfer. Just in diesem Moment steht Columbo in der Tür. Ein zunächst völlig belangloser Hinweis hat ihn zur richtigen Adresse geführt, ohne dass ihm dies zu diesem Zeitpunkt schon bewusst wäre.

In der Neuauflage der Serie ab 1989 hat das Motiv der Ankunft merklich an Bedeutung verloren. Mittlerweile war es wohl kaum noch glaubhaft zu machen, dass die »Legende der Mordkommission« irgendeinem in Los Angeles beheimateten Polizeibeamten unbekannt sein könnte. Bezeichnend für die neue Zeit ist die Ankunftsszene der ersten Episode »Tödliche Tricks«: Der am Ort des Geschehens wachende Streifenpolizist weiß sehr wohl, wen er vor sich hat. Columbo seinerseits spricht den jungen Mann mit Namen an und erkundigt sich nach dessen Familienzuwachs, von dem er offensichtlich gehört hat.

Damit ist nicht gesagt, dass es nunmehr keine Besonderheiten dieser Szene gäbe oder sie ganz gestrichen sei. Ein weiterer Aspekt hatte diese Sequenzen von Beginn an mitbestimmt. Columbo erscheint nämlich nicht einfach am Tatort wie jeder andere Bulle und ist dann auch wirklich da. Zu den beschriebenen äußerlichen Hürden, an den Ort des Geschehens überhaupt vorzudringen, gesellt sich die Beobachtung, dass der Inspektor meist auch mental kaum in der Lage ist, seine Arbeit aufzunehmen. Bedeutende Dinge geschehen – Columbo sucht währenddessen einen Stift oder ein Streichholz. Scheinbar geistesabwesend und ziellos läuft er inmitten einer großen Schar von Experten der Spurensicherung herum. Die Kollegen sind eifrig bei der Arbeit, spulen professionell ihr routinemäßiges Programm ab. Der Kontrast zwischen den zielsicher agierenden Mitarbeitern und dem offenbar konfus umherirrenden Mann im schäbigen Mantel muss den Eindruck verstärken, dieser gehöre nicht hierher. So empfinden nicht wenige der Täter, sofern sie anwesend sind. Sie müssen erst darüber aufgeklärt werden, dass es sich bei dem merkwürdigen Individuum nicht um einen Eindringling, sondern um den Leiter der Untersuchungen handelt[41].

Der Grund für die Desorientierung Columbos ist denkbar simpel: Er ist verstimmt darüber, zur Unzeit, häufig nachts, am frühen Morgen oder gar sonntags gerufen zu werden. Mörder halten sich selten an geregelte Arbeitszeiten der Polizei. Columbo hat häufig schlecht geschlafen. Womöglich ist auch sein labiler Kreislauf eine Ursache dafür, dass er in solchen Situationen nur schwer in Gang kommt. Er hat dann schlechte Laune. Den Ausführungen der Kollegen kann er kaum folgen oder will dies auch gar nicht. Sein vordringliches Interesse gilt einem starken Kaffee. Oft hat er nicht gefrühstückt. Trotzdem untersucht er den Tatort sehr genau – allerdings nicht in erster Linie nach Hinweisen auf den Mörder, sondern ob Orangensaft im Kühlschrank steht, ein Aschenbecher vorhanden ist oder ein Salzstreuer für das mitgebrachte hartgekochte Ei (→ Abb. 3). Wird er sonntags gerufen, hört er lieber die Ergebnisse vom Football im Radio als die der Untersuchung seiner Kollegen. Muss er nachts erscheinen, bietet er äußerlich ein noch indisponierteres Bild als sonst; bis dahin, dass er lediglich den Mantel über seinen Pyjama gezogen hat.

Angesichts dieser widrigen Umstände mutet es wie ein Wunder an, dass Columbo bei der Erstbesichtigung des Tatorts trotz allem noch soweit den Überblick behält, dass ihm entscheidende Dinge auffallen oder er sogar Spuren entdeckt, die von den Kollegen übersehen wurden. Dies ist ein weiteres Indiz für die These von der absoluten Widersprüchlichkeit der Person des Inspektors, in der Genie und Wahnsinn, rasche Auffassungsgabe und geistige Abwesenheit, beruflicher Ehrgeiz und körperliche Lethargie aufeinandertreffen und sich zu einem höchst komplexen, einzigartigen und nie völlig zu durchschauenden Ganzen verbinden – eben zu Columbo.

2. Die Servilität

»Sie haben eine Art, die manchem schmeichelt – bei mir zieht das nicht!«

KLATSCH KANN TÖDLICH SEIN

Krimihelden sind harte Burschen und bleiben niemandem etwas schuldig. Wird ihnen die Faust geboten, so schlagen sie zurück. Werden sie verbal attackiert, haben sie stets noch den besseren, den cooleren Spruch auf den Lippen. Darauf – so wird suggeriert – gründet sich ihr Erfolg. Es gewinnen diejenigen, die sich am besten durchsetzen können.

Columbo bewegt sich glücklicherweise in einem Milieu, in dem Gewalt nicht die vorherrschende Art der Auseinandersetzung ist. Auch darin unterscheidet er sich von vielen anderen Krimiserien. Die Mordszene zeigt meist die einzige Gewalthandlung; und selbst diese erscheint als *ul-*

tima ratio, wenn alle Möglichkeiten einer friedlichen und verbalen Konfliktlösung als gescheitert betrachtet werden. Es ist eine zivilisierte Welt, hinter deren Fassade zwar nicht weniger zwischenmenschliche Probleme als anderswo sichtbar werden, die aber zumindest eine Anzahl von subtileren Mitteln kennt, den Gegner zur Strecke zu bringen.

Solche Mittel beherrscht in der Regel auch ein Polizeiinspektor. Er hat das Recht und die Autorität eines großen Apparates hinter sich. Seine Befugnisse gehen über die einer Privatperson weit hinaus. Selbstbewusst kann er seinen »Opfern« gegenübertreten, sie auch bedrängen oder verbal attackieren. Verdächtige sollen so eingeschüchtert werden, bis sie Fehler begehen oder ihren Widerstand aufgeben.

Bei Columbo ist wieder einmal alles anders. Sein Auftreten macht ihn ebenso wenig zur Respektsperson wie sein Aufzug. Er tritt seiner Umwelt betont devot gegenüber. Selbstbewusstsein lässt er kaum erkennen. Seine Verdächtigen sind Menschen, die ihm augenscheinlich in vielen Dingen überlegen sind. Sie kommen aus einer höheren sozialen Schicht als der Inspektor, verfügen über Macht und Einfluss. Sie sind welt- und redegewandt. Es ist Menschen, denen man sich besser nicht in den Weg stellt; die es gewohnt sind, dass andere ihnen unterwürfig begegnen.

Columbo fügt sich in diese Rolle. Fast kriecherisch nähert er sich den Berühmtheiten des öffentlichen Lebens. Er schmeichelt ihnen und zeigt sich beeindruckt von ihrer tatsächlichen oder vorgeblichen Lebensleistung. Auszeichnungen und Ehrendoktorwürden flößen ihm Ehrfurcht ein. Demütig gibt er seiner Freude darüber Ausdruck, diese Persönlichkeiten kennen zu lernen: »Es ist mir eine Ehre!« Wenn nicht bereits seine Frau jene Politiker, Filmstars und sonstige VIPs glühend bewundert, so gibt er sich selbst als langjähriger Verehrer zu erkennen. Spleenige Eigenschaften dieser Leute nimmt er zwar gelegentlich zur Kenntnis, aber nie missbilligend, sondern eher aus der Position dessen heraus, dem es am intellektuellen Verständnis dafür mangelt.

Dementsprechend behutsam geht er mit seinen Verdächtigen um. Kein lautes oder gar einschüchterndes Wort kommt über seine Lippen. Es gibt innerhalb der gesamten Serie lediglich zwei Ausnahmen, in denen er die Stimme erhebt und drohend wird: In »Zwei Leben an einem Faden« schlägt er mit der Faust auf den Tisch des Mörders Dr. Mayfield, weil es um das Leben des von diesem operierten Dr. Hiedeman geht, das es noch zu retten gilt. In »Geld, Macht und Muskeln« wird er wütend, als er den Fitness-Apostel Milo Janus öffentlich des Mordes bezichtigt. Hier ist sein Ausbruch wahrscheinlich auch dadurch bedingt, dass dessen gesunde Lebensweise Columbo gehörig gegen den Strich geht und ihm den Mörder vollends unsympathisch macht. Ansonsten ist der Inspektor stets freundlich zu seinen Verdächtigen, und darauf bedacht, sie nicht mehr als unbedingt nötig mit seiner unwürdigen Erscheinung zu belästigen.

Der bestehende Eindruck eines minderbemittelten Schwächlings bei seinen Gegnern wird durch Columbos Servilität zweifellos noch verstärkt. Er scheint für sie alles andere als eine Gefahr zu sein. Mit ihm kann man alles machen. Er wehrt sich nicht. So vergeht kaum eine Episode, in der Columbo nicht hart angegangen wird. Man macht sich über ihn lustig, beleidigt ihn, kritisiert sein Vorgehen, zweifelt stark an seiner Kompetenz. Er selbst antwortet darauf nichts. Widerspruchslos lässt er sich zur Schnecke machen. Bald glaubt jeder, sich ihm gegenüber grob benehmen zu können. Selbst einfaches Dienstpersonal schreckt davor nicht zurück; so die unnachahmliche Mrs. Peck in »Doppelter Schlag«, die den Inspektor eine ganze Episode hindurch auf das Gröbste beschimpft.

Columbo nimmt auch die unsäglichsten Verbalinjurien demütig hin. Er rechtfertigt sich nicht. Im Gegenteil: Meist steht ihm das Schuldbewusstsein ins Gesicht geschrieben. So vermittelt er keineswegs das Bild eines Märtyrers, eines leidenden Gerechten, sondern vielmehr den Eindruck, die Vorwürfe gegen ihn seien durchaus berechtigt, er sei sich seiner Unzulänglichkeit bewusst und habe Strafe verdient. Seine Körperhaltung in diesen Situationen ist die des Büßers: Die Schultern hängen, der gebeugte Oberkörper lässt ihn noch kleiner werden. In dieser Hinsicht symbolhaft ist auch Columbos Erstbegegnung mit Col. Brailie in »Tödliche Kriegsspiele«: Auf Spurensuche in einem Waldgelände robbt der Inspektor auf dem Boden bis vor die Füße des arroganten Militärs.

Als Folge vieler Zurechtweisungen ist Columbo ständig dabei, sich für irgendetwas – im Grunde genommen für seine Existenz – zu entschuldigen. In »Mord in der Botschaft« ist er sogar ohne längere Diskussion bereit, schriftlich bei dem höchst unsympathischen Araber Hassan Salah Abbitte für seine Aufdringlichkeit zu leisten und den Brief auch persönlich zu übergeben.

Auch seinen Status als Amtsperson kehrt der Inspektor nie heraus.

Eher entschuldigt er sich für seinen Beruf. Ebenso wenig hört man aus seinem Munde etwas über seine Kompetenz und die Erfolge seiner Arbeit. Er versucht im Gegenteil, sich bedeckt zu halten. »Wir wissen noch gar nichts«, lautet eine häufige Antwort auf die Frage nach Fortschritten bei den Ermittlungen. Weil er seine Stellung nicht ausnutzt, wirkt auch der Stilbruch so eklatant, den Columbo in der unsäglichen Episode »Zwei Leichen und Columbo in der Lederjacke« begeht: Der Inspektor sitzt in seinem Büro, schreit im Verhör den Delinquenten an und läßt den coolen Bullen heraushängen. Solches Getue kann man in jeder Billigserie sehen – bei Columbo aber ist es höchst unpassend und wirkt nur lächerlich.

Columbos Wesen heißt Bescheidenheit. Sie ist gepaart mit einem Schuss Masochismus. Beides ist nicht nur vorgetäuscht, wie man auf den ersten Blick vermuten könnte. Auch Mrs. Columbo wirft ihrem Mann häufig mangelnden Ehrgeiz vor. In dreißig Dienstjahren hat er sich nie um eine Beförderung bemüht. Lob will er nicht hören. »Ich tue nur meine Arbeit«, sagt er dann und senkt verschämt den Blick. Seinen Anteil an der Lösung eines Falles versucht er gering zu halten: »Ich helfe hier nur vorübergehend aus« (»Traumschiff des Todes«). Bezeichnet ihn sein Vorgesetzter als »Legende der Mordkommission«, gerät er ernsthaft ins Grübeln, warum er dies gesagt haben könnte. Er hält sich wahrlich nicht für einen Überflieger, sondern ist sich seiner Unzulänglichkeiten bewusst. Bereits bei seinem ersten Fall gibt er der Überzeugung Ausdruck, dass er eigentlich einer Psychotherapie bedürfte. Ehrfurchtsvoll sieht er dagegen nicht nur zu den Tätern, sondern ebenso zu seinen Kollegen von FBI und CIA auf. Auch seine blassen Mitarbeiter lobt er pausenlos. Dankbar nimmt er jede ihm gebotene Hilfe an. Jeder scheint intelligenter oder begabter zu sein als er. »Wenn ich Ihre Begabung hätte«, sagt er dem Hellseher Elliott Blake in »Tödliche Tricks«, »so würde ich einen prima Detektiv abgeben.« Offenherzig bekennt er, dass er bei Krimis nie auf die Lösung kommt.

Trotz allem dürfte der geübte »Columbo«-Zuschauer bei vielen Äußerungen des Inspektors Misstrauen und Zweifel hegen. Die übertriebene Servilität mag ihm unecht erscheinen – vor allem angesichts der beruflichen Erfolgsbilanz Columbos, die ihresgleichen sucht. Seine Schmeicheleien und das fast masochistische Verlangen, sich selbst Asche auf das Haupt zu streuen, erscheinen als Teil eines klug kalkulierten

Katz-und-Maus-Spiels. Trotz dieses nicht zu leugnenden Eindrucks soll an dieser Stelle die These aufrecht erhalten werden, dass Columbo in seinem Wesen tatsächlich so ist. Inwiefern diese ihm eigenen Charakterzüge schließlich auch zu einer Waffe werden können, ist eine andere Frage, die zu einem späteren Zeitpunkt behandelt werden wird.

3. Das Interesse am Banalen

»Die Seife im Badezimmer, die aussieht
wie kleine Apfelsinen –
wenn man ein Stück benutzt hat
und legt es zurück:
Wie verhindert man, dass es
mit den anderen zusammenklebt?«
»Das ist wirklich ein Problem!«
»Das habe ich mir gedacht.«
LÖSEGELD FÜR EINEN TOTEN

Columbos Geschäft heißt Mord. Es ist alles andere als eine Lappalie. Der Inspektor hat es immer mit Kapitalverbrechen zu tun. Sein ganzes Streben sollte daher darauf gerichtet sein, die Täter zu ermitteln, um sie der Justiz zuzuführen, um weiteren Schaden zu verhindern und somit die Rechtsordnung wiederherzustellen. Eine große Aufgabe!

Ohne Zweifel tut Columbo dies auch. Er verbeißt sich in jeden Fall und lässt nicht locker, bis er sein Ziel erreicht hat. Er liebt seinen Beruf. Trotzdem, so wurde schon festgestellt, ist er nicht durchgängig so bei der Sache, wie es angesichts der Aufgabe zu erwarten wäre. Häufig mischen sich auch triviale Nebensächlichkeiten in sein sonst so konzentriertes Denken.

Der Pilotfilm »Lösegeld für einen Toten« markierte bereits den Beginn für ein höchst originelles Motiv, das sich fortan durch die Serie ziehen sollte. Das Problem mit den kleinen Seifenstückchen im Bad erscheint als eine solche Nichtigkeit angesichts der Tatsache, dass am selben Ort vor kurzem eine Entführung stattgefunden haben soll. Allein daraufhin sollte also der Tatort untersucht werden. Schließlich geht es um ein Menschenleben. Columbo indessen hat nur Augen und Ohren für höchst unwichtige Banalitäten, die mit dem Fall auch nicht das Geringste zu tun haben.

Auch in anderen Episoden scheint die Interessenslage des Inspektors verschoben zu sein. In »Mord á la carte« jagt er nicht in erster Linie dem Mörder Paul Gerárd nach, sondern einem Rezept für eine ganz bestimmte Zwiebelsoße, deren Veröffentlichung im Radio er verpasste. Der Hobbykoch Columbo verdrängt zeitweilig den Inspektor. Man gewinnt den Eindruck, als wolle er dem Täter, einem Gourmet-Kritiker, in erster Linie jene Zubereitungsmethode entlocken und nur nebenbei ein Geständnis seiner Schuld.

Mit dem kaltschnäuzigen Radiomoderator Fielding Chase hat es Columbo in »Todesschüsse auf dem Anrufbeantworter« zu tun. Auch hier beschränkt sich der Inspektor nicht ausschließlich auf die Aufklärung des Mordes. Ebenso beschäftigen ihn Überlegungen, ob er sich ein Handy zulegen sollte. Chase, der Erfahrungen im Umgang mit solchen Geräten besitzt, dient nicht nur als Objekt kriminalistischer Ermittlungen, sondern ebenso als Gesprächspartner bei der Klärung der nicht aus der Luft gegriffenen Frage, ob Handys Krebs verursachen können.

Überhaupt geht es innerhalb dieser Kategorie der Banalitäten zumeist um geplante Neuanschaffungen und um die Frage, wo man diese möglichst preisgünstig tätigen könne. Columbos hinlänglich bekannte Sparsamkeit dürfte der Grund für derartige Fragen sein. Persönliche Interessen vermischen sich mit dienstlichen. Fragen Kommissare sonst im allgemeinen ihre Verdächtigen nach ihrem Alibi, so interessiert sich Columbo dafür, wie hoch ihr Jahreseinkommen ist, wie viel Steuern sie zahlen und was ihre Inneneinrichtung gekostet hat. Ein anderes Mal ist er auf der Suche nach einem preiswerten Urlaubsort für sich und seine Frau. In auffallendem Gegensatz zu seiner äußeren Erscheinung steht sein Interesse für Kleidung. Seine Befragungen von Verdächtigen beziehen sich häufig auf die Kosten von Schuhen, Oberhemden oder Sakkos. Unmöglich macht er sich durch Dialoge, in denen offensichtlich wird, dass die Gesprächspartner in völlig gegensätzlichen Welten leben. So fragt

Columbo den TV-Moderator Wade Anders in »Der erste und der letzte Mord« nach dem Preis für dessen Oberhemd. »200 Dollar«, antwortet der Gefragte. Es sei aus Italien. Nicht ohne Stolz verweist der Inspektor nun auf sein eigenes Hemd, das ebenfalls weitgereist sei. »Trotzdem kostet es nur 19,95 Dollar. Ist aus Korea!« Ähnlich skurril geht es in »Wenn der Eismann kommt« zu. Hier jagt Columbo die ganze Zeit statt dem Mörder einem neuen Paar Schuhe hinterher, das ihm schließlich nach dem Kauf doch nicht passt. »Was haben Ihre Schuhe gekostet?«, fragt er den Anwalt des Mordopfers. »Sechzig Dollar.« – »Sie wissen nicht zufällig, wo ich solche bekomme für – sagen wir mal – 16 oder 17 Dollar?« In »Alter schützt vor Morden nicht« ist ihm weniger wichtig, ob die Schuhe des Ermordeten zu den von der Spurensicherung gefundenen Fußspuren gehören, sondern vielmehr, ob sie ihm nicht vielleicht selbst passen könnten.

Ebenso kann die Suche nach einem geeigneten Geschenk für Mrs. Columbo zum Geburts- oder Hochzeitstag die Suche nach dem Mörder zeitweilig in den Hintergrund drängen. Columbos Interesse gilt dann vor allem Damenhandtaschen, Pyjamas (sog. »Bettjäckchen«), Dessous oder Schmuck. Wohl am eindrücklichsten ausgeführt ist dieses Motiv der Geschenksuche in der Episode »Tödliche Liebe«. Von Beginn an ist Columbo auf der Jagd nach einem preiswerten Radiorecorder, da sich einer seiner ungezählten Neffen ein solches Gerät zum Geburtstag wünscht. Bereits vor der Begehung des Tatortes holt er bei einem der anwesenden Schaulustigen Erkundigungen über Preise und günstige Bezugsquellen ein. Auch am Ort des Verbrechens zieht ein Recorder seine Aufmerksamkeit mehr auf sich als eine Leiche, die er schließlich alle Tage sieht. Selbst seine gefürchtete Fragetechnik, bei der ihm am Schluss immer noch etwas Entscheidendes einfällt, stellt er diesmal in den Dienst dieser belanglosen Privatangelegenheit, indem er den verdächtigen Anwalt drängt, ihm doch jenes Gerät zu verkaufen. So ist es schließlich nur konsequent, dass diese Episode noch nicht abgeschlossen ist, nachdem der Mörder überführt ist. Das wirkliche Ende der Geschichte ist erst mit dem Abspann gegeben, in welchem Columbo im offenen Wagen durch die Gegend fährt – zu lauter Musik aus einem (wo und für wie viel auch immer) endlich erstandenen Radiorecorder.

Es kann allerdings in Ausnahmefällen auch vorkommen, dass jene zunächst scheinbare Nebensächlichkeit dem Inspektor später auch bezüglich seines Falles auf die richtige Fährte bringt. Dann wird auch die Banalität zur Hauptsache; so wie bei seinem auffälligen Interesse an italienischem Käse in »Mord nach Termin«. In einem Stück davon finden sich schließlich eindeutig auf den Mörder hinweisende Bissspuren. Im allgemeinen aber ist dieses Motiv gerade deshalb kultverdächtig, weil es eben nichts zur stringenten Krimihandlung beiträgt.

Wie schon im vorangegangenen Kapitel stellt sich auch hier die Frage: Ist das nicht alles nur Berechnung? Oder nehmen diese Banalitäten tatsächlich einen solchen Raum in Columbos Denken ein? Soll die Beschäftigung mit derlei Nebensächlichkeiten, fast bis hin zur scheinbaren Verzettelung, nicht eher die Verdächtigen verwirren und verunsichern? All das soll andernorts noch untersucht werden. Zunächst einmal gilt es festzuhalten, dass sich Columbos Interesse nie nur auf die ganz offensichtlich zum Mordfall gehörenden Fakten beschränkt. Er trägt keine Scheuklappen, sondern ist stets wissbegierig. Überall wittert er Rätsel, die es zu lösen gilt. Deshalb ist ihm nichts zu trivial, als dass er sich nicht darüber auch noch den Kopf zerbrechen könnte. Zunächst geschieht das noch gänzlich ohne Hintergedanken. Wie auch sonst könnte man eine nun wirklich völlig ohne Zusammenhang gestellte Frage deuten wie diese: »Was kostet ein Lama?« Das ist wahrlich ein Problem!

4. Die Tücken des Objekts

»Ich muss auch in jedes Fettnäpfchen treten.«
TÖDLICHE TRENNUNG

Auch der wohlmeinende Beobachter kommt nach allem Bisherigen nicht mehr an der Tatsache vorbei, dass der Inspektor eine höchst auffällige Gestalt ist. Sein öffentlichen Erscheinungsbild – und nur das ist bekannt – ist alles andere als positiv. Es irrt aber, wer glauben sollte, damit sei nun genug gesagt und die Liste seiner Unzulänglichkeiten könne endlich abgeschlossen werden. Noch darf die Barmherzigkeit nicht über die nüchterne Objektivität siegen. Es muss erst noch eine weitere Schwäche aufgedeckt werden: Columbo ist ein Tollpatsch.

Deutlich wurde bereits, dass er ein unübertroffener Meister darin ist, verbal in jeden Fettnapf zu treten. Daneben aber bietet ihm der ganz normale Alltag ebenso eine Fülle von konkret-gegenständlichen Tücken und Hindernissen, die dem ohnehin längst gewonnenen Eindruck nur noch mehr Nahrung geben, Columbo sei ein unintelligenter, hilfloser und weltfremder Trottel.

In diese Kategorie fallen zunächst jene Auftritte, in denen sich der Inspektor in bester Slapstick-Manier als wirklicher Elefant im Porzellanladen erweist. Mit Sicherheit muss er eine gute Berufshaftpflichtversicherung haben, um für Sachschäden aufzukommen, die er anrichtet. So ist das Mobiliar der Wohnungen von Verdächtigen ein bevorzugtes Angriffsziel. Antiquitäten, antike Vasen oder kunstvoll gearbeitete, jahrhundertealte Stühle sind besonders gefährdet. Mit Vorliebe richtet er auch Schäden an Kleidungsstücken an, indem er auf lange Kleider oder Schleppen orientalischer Trachten tritt. »Sie verwandeln alles in ein Chaos«, lautet die kurze, aber treffende Beschreibung für sein Auftreten. Die Frau, die so urteilte, hat die Folgen am eigenen Leib erfahren müssen: Es ist die bisher unbescholtene Haushälterin Mrs. Peck in »Doppelter Schlag«, die von Columbo so weit getrieben wird, dass sie sogar Morddrohungen gegen ihn ausstößt. Nicht ohne Grund – schließlich verschmutzt der ungebetene Gast nicht nur ihr gesamtes Refugium, sondern setzt zu allem Überfluss mit seinen zwei linken Händen auch den heißgeliebten Fernseher außer Betrieb.

Nach Fettnäpfen muss Columbo nie lange suchen. Sie bieten sich ihm überall. In einer Gemäldegalerie hält er einen an der Wand befindlichen Ventilator für ein modernes Gemälde und brüskiert damit die kunstverständigen Besitzerinnen. In Dessousgeschäften fällt mehrfach sein lüsterner Blick auf. Oft führen ihn seine Ermittlungen auch in das Milieu von Film und Fernsehen. Dabei vergeht keine dieser Episoden, ohne dass der Eindringling nicht mindestens einmal irgendwelche Dreharbeiten stört. Entweder läuft er einfach durchs Bild oder wirft Requisiten um.

Als bevorzugtes Gebiet für unsensible Auftritte, durch die es zu Peinlichkeiten kommt, muss zweifellos Columbos Verhalten bei Beerdigungen angesehen werden. Zunächst fällt er durch Zuspätkommen negativ auf, verbreitet dann aber auch noch große Unruhe. Entweder läuft er herum und fotografiert auffällig oder belästigt die Gäste am Grab mit ominösen Zetteln, die er durch die Reihen gibt. Nicht minder pietätlos ist es, wenn er während der Ansprache oder selbst noch während eines Gebetes die Trauernden von der Seite anspricht. Bei keiner sonstigen Gelegenheit wird sein mangelndes Taktgefühl so drastisch offenkundig. Von der makabren Inszenierung der Beerdigung seiner eigenen Frau wollen wir gar nicht erst reden.

Unüberwindliche Hindernisse, die gleichfalls zu peinlichen Situationen führen können, stellen sich dem Inspektor auch in Dingen des alltäglichen Lebens. Dass ihm die Steuererklärung ein Buch mit sieben Siegeln ist, mögen viele Zuschauer noch nachvollziehen können. Unverständlicher hingegen sind seine Probleme mit der Handhabung einfacher Feuerzeuge, Schlüssel oder Fotoapparate. Simple Schranktüren können zum Verhängnis werden, sofern man meint, das Zimmer durch sie verlassen zu können. Regelmäßig unterliegt Columbo auch dem Eigensinn von Kaffeeautomaten. Schwerwiegende Folgen hat dies dann, wenn ein solches Gerät in seiner Freigiebigkeit nicht mehr gebremst werden kann, der Inspektor aber niemanden über die Havarie informiert, sondern sich unauffällig davonstiehlt.

Columbo ist daher auch recht konservativ, was den Gebrauch neuerer technischer Errungenschaften angeht. »Komplizierte Erfindungen machen mich nervös.« Das gilt sowohl im beruflichen als auch im privaten Bereich. Moderne kriminaltechnische Möglichkeiten sind ihm unbekannt. Er muss sie sich von jüngeren, aber polizeiakademisch ausgebildeten Mitarbeitern erklären lassen. Ebenso stellen ihn kompliziertere Telefoneinrichtungen oder Fax-Geräte vor Probleme. Auch einen Videorecorder weiß er nicht zu bedienen. Insgesamt muss man feststellen, dass Columbo seiner Zeit hinterherläuft: »Wir waren die Letzten in der Straße, die eine elektronische Garagenöffnung bekamen.«

Diese und viele andere Belege zeigen eine weitere Facette im Wesen des Inspektors, die sich mühelos in das bisher herausgearbeitete Gesamtbild einfügt. Es ist das eines Außenseiters, der fast völlig in die Welt seiner Arbeit abgetaucht ist. Seine geistige Abwesenheit ist Ursache für die

Unachtsamkeit, mit der er häufigen Schaden anrichtet. Es bleibt ihm auch keine Muße, neben dem Mörder auch noch den Fortgang technischer Entwicklungen des beginnenden digitalen Zeitalters zu verfolgen. Im Grunde ist Columbo ein Anachronismus und ein Hinterwäldler. Dass diese Defizite dennoch nicht zu einem Handicap in seinem Beruf ausarten, liegt allein daran, dass er sich dort mit zeitlosen Gegebenheiten beschäftigt. Mögen die Mordwerkzeuge über die Jahrtausende immer modernisiert worden sein – die Abgründe der menschlichen Seele, die Motive, die Beziehungsgeflechte und Konflikte, die sich schließlich in Gewalt entladen, haben sich seit Kain und Abel nicht verändert. Und man mag über Columbo sagen, was man will – *darin* kennt er sich nun wirklich aus.

5. Die Eßgewohnheiten

»Dies ist Salm auf Toast
mit Kaviar und saurer Sahne!«
»Haben Sie nicht ein einfaches Käsebrot?«
ZWEI LEBEN AN EINEM FADEN

Leider sah man den Inspektor nie in trauter Runde mit seiner Frau am heimischen Frühstückstisch. Kein Sterblicher erfuhr je, was bei Columbos abends serviert wurde, wenn unser Held nach getaner Arbeit nach Hause kam. Über seine Ernährung erfahren wir demnach nur dann etwas, wenn er auswärts speist – was allerdings recht häufig geschieht. Insofern gehören selbstverständlich auch die Eßgewohnheiten des Inspektors in das Kapitel, das sich mit seinem öffentlichen Auftreten beschäftigt. Wer sich entsprechender Szenen erinnert, wird dem zustimmen, dass es sich hierbei in der Tat meist um wahrhaft denkwürdige Auftritte handelt.

»Man ist, was man isst.« Ließ sich dieses Wort Ludwig Feuerbachs je verifizieren, dann durch die Person Columbos. Er isst, was er ist. Es unterscheiden ihn auch hier seine Vorlieben stark von den Reichen und

Berühmten, mit denen er beruflich zu tun hat. Als einen Gourmet kann man ihn beim besten Willen nicht bezeichnen. In noblen Restaurants, zu denen er sich ohnehin nur durch seinen Dienstausweis überhaupt Zutritt verschaffen kann, wirkt er deplaziert. Das beginnt natürlich mit seiner Garderobe, die jedem Ober Tränen in die Augen treibt. Es setzt sich aber fort, sobald es um die Bestellung geht. Was ihm dort meist in französischer Zunge angeboten wird, bleibt ihm ein Rätsel – in diesem Fall jedoch eines, das er nicht zu lösen gewillt ist. Sein Grundsatz ist nämlich, nichts zu essen oder zu trinken, was er selbst nicht aussprechen kann. Statt der verheißenen kulinarischen Hochgenüsse bestellt er dann »irgendwas auf Toast« oder erkundigt sich nach typischen Fast-Food-Gerichten. Verständlicherweise erwirbt er sich dadurch keine Freunde unter dem Personal, das etwas auf sich hält.

Sein Organismus scheint teure und daher ungewohnte Speisen nicht zu vertragen. So verdarb er sich einmal den Magen an Muscheln. Zum Glück konnte ihn Mrs. Columbo kurieren, indem sie ihm eine fette Hühnersuppe mit Linsen (!) kredenzte. Auch vor teurem Kaviar schreckt er zurück, vor allem, wenn er den Einkaufspreis erfährt. So geschehen in »Ein gründlich motivierter Mord«, als ihm auf einem Empfang mitgeteilt wird, der Kaviar koste 80 Dollar pro Glas: »Bedeutet das, ich habe gerade 15 Dollar im Mund?«

Columbos eigener Speiseplan sieht völlig anders aus. Morgens isst er gern einen dreilagigen Toast: Marmelade, Erdnussbutter und Rosinen. Leider muss er oft ohne Frühstück aus dem Haus, obwohl ihm dieses nach eigenem Bekunden heilig ist. Sein einziger Trost ist dann das mitgebrachte gekochte Ei, das er nebst dazugehörendem Salzstreuer nach längerem Suchen aus den Tiefen seiner speckigen Manteltaschen zutage fördert. Dazu benötigt er morgens eine Unmenge an Kaffee. Er trinkt ihn schwarz, mit der Begründung, er müsse etwas Diät halten. Allerdings verwendet er dieses Argument beim Tee nie. Hier nimmt er nicht unter drei Stücken Zucker. Wird Columbo morgens an einen Tatort gerufen, an dem er partout keinen Kaffee bekommen kann, ist Orangensaft nur ein unbefriedigender Ersatz. Überhaupt hält er wenig von Obst. Manchmal isst er eine Banane oder Weintrauben. Äpfel allerdings verspeist er ganz mit Gehäuse.

Da er abends eher weniger zu sich nimmt, dürfte das Mittagessen seine Hauptmahlzeit sein. In einschlägigen Lokalen ist er bekannt und pflegt die Konversation mit den Inhabern. Es sind sehr einfache Restaurants oder Imbissstuben, in denen er endlich einmal nicht aus dem Rahmen fällt. Sie entsprechen einem Milieu, in dem er sich wohl fühlt. Seit der Episode »Ein Toter in der Heizdecke« besucht er ausschließlich »Barney's Beanery«. Mit Barney, dem Besitzer, ist er inzwischen recht vertraut und bezieht ihn häufig in seine Überlegungen bezüglich des aktuellen Falles mit ein.

Der Inspektor ist in den Lokalen, in denen er privat verkehrt, ein gerngesehener, weil leicht zufrieden zu stellender Gast. Er benötigt keine Speisekarte. Die Wahl des Essens bereitet ihm kein Kopfzerbrechen, da er nur ein Hauptgericht kennt: Chili. Dazu isst er Cracker und bestellt zusätzlich jede Menge scharfer Soßen und Senf. Dass er sich damit sehr einseitig ernährt, kommt ihm nicht in den Sinn. Schließlich wechselt er seiner Meinung nach täglich das Gericht: Hatte er am Vortag Chili *mit* Bohnen, so gibt es heute Chili *ohne* Bohnen, um sich dann morgen wieder an Chili *mit* Bohnen erfreuen zu können.

Bleibt ihm einmal nicht die Zeit für Chili, so tut es auch ein Hotdog, ein Hamburger oder ein Steak mit Pommes. Darüber hinaus ist er aber auch Fischgerichten zugeneigt (»alles, was aus dem Meer kommt«) und liebt den Käse aus der Heimat seiner Vorfahren. Zwischendurch isst er auch gern ein Eis. In Getränken ist er nicht wählerisch: Bier, Rotwein, Bourbon, Eistee, Milchshake – er nimmt, was ihm angeboten wird.

Bekanntlich hat Columbo von seinem Vater ein Faible fürs Kochen geerbt. Mit geübter Hand kann er schnell ein Omelette herrichten, wie er in »Tödliche Trennung« unter Beweis stellt. Doch auch ein komplettes Menü aus erlesenen Zutaten bereitet ihm ausgesprochene Freude; vor allem, wenn er Experten an seiner Seite hat wie den ewig grinsenden Fernsehkoch Dexter Paris (»Doppelter Schlag«) oder den fiesen Gourmet-Kritiker Paul Gerárd (»Mord á la carte«). Letztgenannte Episode verdient in diesem Rahmen besondere Erwähnung, ist sie doch im Ganzen eine kulinarische tour dé force, eine Schlemmerorgie ohnegleichen. Da es sich bei dem Mordopfer um einen Restaurantbesitzer handelt, und dessen Berufskollegen alle an der Aufklärung der Untat interessiert sind, werden dem Inspektor pausenlos die ausgesuchtesten Köstlichkeiten serviert, um ihn bei Kräften zu halten. Die Devise lautet: »Solange Sie an dem Fall arbeiten, werden Sie nie Hunger leiden.« So sitzt Columbo bereits an einer Suppe, ehe er die Ermittlungen überhaupt aufgenommen hat. Die weitere Speisenfolge dieser Episode sieht folgendermaßen aus:

- Entenaspik mit Schinken, Trüffeln und Pistazien
- Champignons mit Krebsfleisch gefüllt
- Fischplatte mit Lachs, Kaviar und anderen Meeresfrüchten
- gedünstete Muscheln
- japanisches Sashimi
- Kuchen
- Kalbsfleischmenü.

Noch nicht mitgerechnet sind hierbei die ungezählten Gänge auf dem großen Festbankett anlässlich der Verleihung des Gastronomie- Kritikerpreises. Hier wird so schnell nacheinander aufgetischt, dass dem Betrachter schwindelig werden kann. Columbo kennt solche Probleme nicht – ein »kleiner Bissen« passt immer noch hinein.

Nach »Ruhe sanft, Mrs. Columbo! » ist eigentlich nur eine Speise denkbar, mit der Columbo so schlechte Erfahrungen gemacht hat, dass er darum einen Bogen machen dürfte: Lemon-Marmelade.

6. Das fröhliche Pfeifen

»Ich bin der einzige Italiener, der nicht singen kann.«
WEIN IST DICKER ALS BLUT

»Singe, wem Gesang gegeben!«, forderte bereits der Dichter Ludwig Uhland. Den Inspektor dürfte er damit wohl kaum gemeint haben. Nach der bisher schonungslosen Aufdeckung seiner zahlreichen Mängel gilt es zuletzt noch festzustellen: Auch der Gesang ist ihm nicht gegeben. Columbo ist sich dessen wohl bewusst und verzichtet in aller Regel darauf, die Menschen, die er bereits durch seine Reden verwirrt oder erzürnt, zusätzlich noch mit lausigen Gesangsdarbietungen zu traktieren. Lediglich im geschlossenen Wagen macht er gelegentlich eine Ausnahme: In »Mord in eigener Regie« trällert er lauthals Klassiker wie »Swing Low, Sweet Chariot«, »Yankee Doodle Dandy« sowie »My Darling Clementine«. Das Schicksal bestraft ihn darauf prompt mit einem Verkehrsunfall.

Der findige Inspektor hat jedoch eine Alternative gefunden, um seine Gefühlsregungen äußern zu können. Wenn er gut gelaunt ist, pfeift er vor sich hin. Sein Repertoire ist allerdings beschränkt und umfasst nur eine Melodie. Es ist das alte, im angelsächsischen Raum bekannte und weit verbreitete Kinderlied »This Old Man Came Rolling Home«. Es stammt aus dem England des beginnenden 20. Jahrhundert, gehörte zum Repertoire bekannter Folk-Sänger wie Pete Seeger und erlebte 1958 noch einmal einen Popularitätsschub, als es in dem Film »The Inn Of The Sixth Happiness (Die Herberge zur 7. Glücksseligkeit) von Ingrid Bergman und einer großen Kinderschar gesungen wurde.

Erstmals von Columbo zu hören war es in »Wein ist dicker als Blut«, nachdem er dort gerade kurz zuvor sein mangelndes Gesangstalent bekannt hatte. Einige Zeit später wartet er am Telefon auf sein Gegenüber. Dabei erklingen nun jene einfachen Töne, die fortan sein Markenzeichen werden sollten. Bereits in der darauffolgenden Episode war das Liedchen wieder dabei und hat Columbo seither nicht mehr verlassen.

Dieses Pfeifen war keine Idee irgendeines Autors gewesen. Peter Falk gibt an, es sei während der Dreharbeiten spontan über ihn gekommen. In ihrer Einfachheit erscheint die Melodie tatsächlich passend zum Gesamtbild Columbos, bietet also eine akustische Illustration dessen, was der Zuschauer zu sehen bekommt, wenn der Interpret angeschlurft kommt.

Ein Jahr nach der Premiere dieses Liedes verwandte es Peter Falk sogar in einem völlig anderen Kontext. In John Cassavetes' Familiendrama »A Woman Under The Influence« (Eine Frau unter Einfluss), in dem er den Vater spielte, pfiff er »This Old Man« zusammen mit seinen drei Kindern.

Sehr passend wird die Melodie in der Szene des bereits erwähnten großen Banketts in »Mord á la carte« verwendet. Mit dem Rhythmus eines Marsches versehen, zieht unter den Klängen von »This Old Man« ein wahres Regiment von Kellnern einer Parade gleich durch den Festsaal.

Ihr Ziel ist natürlich Columbos Tisch; bewaffnet sind sie mit opulenten Platten erlesener Speisen. Produzent Richard Alan Simmons hatte sich an dieser Stelle zwar zunächst den bekannten »Colonel Bogey March« gewünscht, konnte schließlich aber doch davon überzeugt werden, dass zu Columbo nun einmal »This Old Man« gehört.

Zu Recht hat Mark Dawidziak die Melodie als »inoffiziellen Titelsong«[42] bezeichnet. Immer häufiger wurde sie in die Filmscore eingearbeitet und erklang dann auch regelmäßig im Abspann jeder Folge.

Gibt man dem anfangs zitierten Dichterwort recht, nach dem die Frage des Gesangs abhängig gemacht werden sollte von den jeweiligen Fähigkeiten des Sängers, so ist mit Sicherheit das Pfeifen eher die für Columbo angebrachte Ausdrucksform. Es entspricht ihm. Nicht, weil er etwa eine Pfeife wäre, wie man vielleicht nach der bisherigen Lektüre vermuten könnte. Vielmehr deshalb, weil Columbo trotz aller Macken ein wirklich pfiffiger Kerl ist. Darauf wird noch zurückzukommen sein. Doch zunächst soll der Blick erst einmal auf die weiteren unverzichtbaren Mitwirkenden der Serie gerichtet werden. Denn »Columbo« besteht längst nicht nur aus Columbo.

V. DIE WEITEREN MITWIRKENDEN

1. Die starken Gegner

»In meinem Beruf lerne ich viele interessante Menschen kennen.«
EIN GRÜNDLICH MOTIVIERTER TOD

Will man etwas besonders deutlich machen, so muss man Kontraste aufzeigen. Kontraste verweisen auf Unterschiede und ermöglichen Vergleiche. Ein Mensch, eine Verhaltensweise oder eine Äußerung, die für sich genommen weder besonders auffällig noch bemerkenswert erscheinen, gewinnen an Aufmerksamkeit, wenn sie auf Gegensätze treffen. Im Kontrast zu diesen heben sie sich ungleich deutlicher ab.

Aus diesem Grund ist bei »Columbo« die Figur des Mörders von besonderer Bedeutung. Einen Großteil ihrer Faszination und Spannung zieht die Serie aus dem Umstand, dass der Inspektor sich stets einem ebenbürtigen Widerpart gegenübersieht. In vielen Krimiserien sind diese Charaktere austauschbar. Nicht so bei »Columbo«. Die Menschen, die hier auftreten, haben ein Gesicht, eine Persönlichkeit und eine Biographie. Sie haben Charakter – selbst wenn es ein schlechter sein sollte. Doch sind sie nie nur schwarz-weiß gezeichnet, sondern offenbaren meist ein vielschichtiges Wesen.

Vor allem stellen sie sich im Unterschied zu Columbo völlig anders dar. Sie sind prominent oder bekleiden höchste Positionen in Wirtschaft oder Politik. Sie sind häufig eitel und selbstgefällig. Gleichzeitig zeichnen sie sich auch durch Noblesse und Stil aus und sind kulturell gebildet.

Ihren Erfolg und Aufstieg haben sich diese Menschen hart und verbissen erkämpft. Sie sind willens, dafür auch weiterhin alles zu tun. Besitzstände sind zu wahren und auszubauen. Hindernisse auf ihrem Weg gilt es zu beseitigen. Dieselbe Energie und Professionalität, die sie nach oben brachte, befähigt sie auch, Morde zu planen und durchzuführen. Sie wollen sich mit nichts weniger zufrieden geben als mit dem perfekten Verbrechen. Nichts überlassen sie dem Zufall. Schließlich handelt es sich um Menschen, die auch sonst gewohnt sind, alle Fäden in der Hand zu haben.

Die Täter bilden einen starken Gegenpol zum verlotterten Columbo und stehen ihm in ihrer Bedeutung für den Handlungsablauf in nichts nach. Sie ermöglichen erst den erbitterten Zweikampf, der sich nun entspinnt. Beide Gegner schenken sich nichts. Da in dieser Serie kein übermächtiger Bulle gezeigt wird, dessen Erfolg stets nur eine Frage der Zeit ist, ist der Handlungsverlauf längst nicht so schematisiert wie gewöhnlich. Alles erscheint viel offener, zumal Columbo immer die schlechteren Karten hat. Seine Gegner besitzen Intelligenz und Scharfsinn. Sie begehen kaum einmal einen offensichtlichen Fehler, scheinen die Lage stets zu beherrschen. Hinzu kommt, dass sie Machtpositionen bekleiden und ihre Beziehungen spielen lassen können. Es ist ein ungleicher Kampf: dem hochgerüsteten Goliath steht ein kleiner, ungekämmter David gegenüber, der bekanntlich noch nicht einmal seine Dienst-Schleuder trägt.

Die Autoren haben der Bedeutung der Täterrolle von Beginn an Rechnung getragen. So gehören die ersten zwanzig Minuten jeder Episode ausschließlich dem Mörder. Er verkörpert die Hauptrolle und bekommt einen großen Auftritt. Von Columbo ist weit und breit noch keine Spur. Der Zuschauer erfährt Details aus dem Privatleben dieser Menschen. Ihre inneren Konflikte werden offenbar.

So ist es kein Wunder, dass bereits nach den ersten Erfolgen ein Umstand eintrat, der für amerikanische TV-Verhältnisse einmalig sein dürfte: Bekannte Darsteller rissen sich um die Rollen. War bisher ein Gastauftritt in einer Serie für Hollywoods Filmschauspieler ein Zeichen dafür, dass ihr Stern im Sinken begriffen war, so drängten sich die Stars nun förmlich darum, sich einmal mit Columbo im Ring messen zu können. Manchmal bedeutete es für sie sogar einen Popularitätsschub. Die Produktionsbedingungen waren zudem ideal und boten weit mehr Möglichkeiten, als es im Fernsehen sonst die Regel war. Es waren außerordentlich dankbare Rollen. »Schurken sind immer herrlich zu spielen«, schwärmte beispielsweise Roddy McDowall (»Zigarren für den Chef«), »aber diese waren besonders hervorragende Rollen.« Robert Conrad erklärte seine Mitwirkung in »Geld, Macht und Muskeln« so: »Ich habe nicht viele Gastrollen gespielt. Normalerweise bin ich bei dem, was ich tue, der Star. Aber ich habe für ›Columbo‹ eine Ausnahme gemacht. Ich war wirklich erfreut, in einer Prestige-Show mit qualifizierten Leuten arbeiten zu können«[43]. So trugen über die Jahre hinweg auch die ausgezeichneten Schauspielerleistungen in diesen Rollen maßgeblich zum Erfolg der Serie bei. Das Böse begegnete dem Zuschauer hier auf hohem Niveau.

Leider lässt sich das von den neuen Folgen ab 1988 nicht mehr uneingeschränkt behaupten. Eine neue Schauspielergeneration hatte mittlerweile viele der Veteranen abgelöst. So kommt bei einigen Episoden unweigerlich Wehmut auf, während man sich fragt, wo die ursprünglichen Charaktere mit ihrem Charme, ihrer Noblesse und Kultiviertheit, ja manchmal auch mit ihrem Witz geblieben sind.

Es gibt einige Darsteller, die den Charakter des »Columbo«-Mörders derart geprägt haben, dass ihr Name unlösbar mit dieser Serie verbunden bleibt, obwohl sie jeweils nur in wenigen Episoden mitwirkten. Sie haben gewissermaßen Archetypen geschaffen, die für andere Maßstäbe setzten.

Robert Culp (*16.08.1930; †24.03.2010) darf als der arroganteste unter allen Gegnern des Inspektors gelten. Er ist der selbstsichere und selbstgefällige Managertyp, der keinerlei Widerspruch duldet. Gewiss hat er keinen einzigen Freund, denn er ist ein unbeschreiblicher Zyniker, der stets mit einem bitterbösen, verkniffenen Blick (der durch den vorgeschobenen Unterkiefer noch verstärkt wird) durchs Leben läuft. Könnten diese Blicke töten, gingen die Leute von Salven getroffen reihenweise zu Boden. Ein Lächeln ist ihm nie abzuringen. Dazu ist er viel zu verbissen.

Der von Culp verkörperte Charakter hält sich für den Allergrößten: Als Privatdetektiv Brimmer (»Mord mit der linken Hand«, → Abb. 13) fühlt er sich dem Inspektor haushoch überlegen, da er im selben Metier arbeitet. Sein Football-Manager Hanlon (»Wenn der Eismann kommt«) ist ein fieser Ehrgeizling, der sich anmaßt, gottgleich über Leben und Tod bestimmen zu können, nur weil ein anderer nicht mit derselben kalten Präzision eines Uhrwerkes arbeitet wie er. Schließlich ist da noch der Werbefachmann Capple (»Ein gründlich motivierter Tod«), der übersteigerten Wert auf die Anrede mit seinem Doktortitel legt und betont, er sei »nicht wie die meisten Menschen«. Eine schöne Reminiszenz an jene Glanzlichter vergangener Tage stellt Culps nochmaliger Auftritt 1991 in »Luzifers Schüler« dar. Hier ist er nicht mehr der Mörder, spielt aber nichtsdestoweniger mit ungebremstem Hochmut den Vater eines der jugendlichen Täter. Letzterer wird ganz offensichtlich auch durch die Herrschsucht seines omnipotenten Erzeugers zum Mord getrieben.

In seiner gesamten, ausgesprochen erfolgreichen Film- und Fernsehkarriere seit Beginn der 60er Jahre dürfte Culp selten wieder solche eindrucksvollen Widerlinge gespielt haben.

Jack Cassidy (* 5.3.1927; † 12.12.1976) ist ein Clown, eine wahre Frohnatur. Darin unterscheidet er sich von Culp: Während diesem das Böse bereits an seinem verkniffenen Mund abzulesen ist, trägt jener stets ein breites und gewinnendes Lächeln auf dem Gesicht. Der Schein überdeckt bei ihm den wahren Charakter. Cassidy ist der typische Täuscher; ein großer Blender, ein Schaumschläger, Windhund und Scharlatan. Sein Geschäft ist es, falsche Tatsachen vorzuspiegeln. »Wenn der Schein trügt« heißt daher sehr treffend der deutsche Titel seiner zweifellos besten Episode. Die Rolle des Illusionisten Santini, hinter dessen Maske sich ein Nazi-Verbrecher verbirgt, ist ihm wie auf den Leib geschrieben. Aber auch in seinen beiden weiteren Auftritten lebt er von Illusionen, mit denen er seiner Umwelt etwas vorgaukelt. Sein Ken Franklin in »Tödliche Trennung« (→ Abb. 14) ist ein Angeber, der sich mit fremden Federn schmückt. Finanziell lebt er sehr gut von der Lüge, er sei ein begnadeter Schriftsteller. In »Schreib oder stirb« wiederum stellt er sich als Verleger Greenleaf stockbetrunken und tischt dem Inspektor wirklich hanebüchene Geschichten auf. Mit der Bemerkung »Ich bin nie ein Lügner gewesen«, setzt er schließlich allem die Krone auf. Cassidys Charakter setzt auf die Frechheit, die angeblich immer siegt, und lebt allein vom schönen Schein. Dementsprechend stark muss er sich bemühen, diesen aufrecht zu erhalten.

Cassidy selbst holte die Realität im Dezember 1976 auf besonders tragische Weise ein: Er verbrannte in seiner Wohnung, nachdem er während des Rauchens im Bett eingeschlafen war.

Robert Vaughn (* 22.11.1932; † 11.11.2016) gehört ebenfalls zu den typischen »Columbo«-Mördern, obgleich er nur in zwei Episoden mitwirkte, von denen er wiederum nur einmal tatsächlich auch der Täter war.

Dieser Schauspieler hat ein so typisches Image, das ihn für Aufgaben bei »Columbo« geradezu prädestinierte. Charakteristisch für ihn ist die Rolle des Mächtigen. Häufig war er im Film als Spitzenpolitiker zu erleben. Amerikanische Präsidenten scheinen ihm auf den Leib geschrieben zu sein. So war er im Fernsehen Harry S. Truman und Woodrow Wilson, auf der Bühne Franklin D. Roosevelt. Ansonsten tat es auch ein Präsidentenberater, Lokalpolitiker oder ranghoher Militär. Macht und Einfluss braucht Vaughn weder vortäuschen oder sich erkämpfen – er hat sie. Er muss seinen Status lediglich erhalten und greift dazu schon einmal zu recht skrupellosen Mitteln. Eine seiner typischen Rollen, die ihn zweifellos auch für »Columbo« empfahl, war die des ehrgeizigen Politikers Walter Chalmers in Peter Yates' Erfolgsfilm »Bullitt« von 1968. Statt Peter Falk setzt er hier mit seinem Einfluss Steve McQueen als Polizisten unter gehörigen Druck. In »Columbo« war Vaughn zwar nicht als Politiker zu sehen, konnte aber seinen ganzen Nimbus als machthungriger und einflussreicher Karrierist in die Waagschale werfen. Gelungen ist daher sein Auftritt als reicher, selbstsicherer Autohändler in »Traumschiff des Todes« (→ Abb. 15). Als Verschwendung von Talent muss hingegen sein Gast-Trauer-Spiel als Leiter eines Schiffsbaukonzerns in »Der alte Mann und der Tod« gewertet werden, was jedoch nicht am Darsteller, sondern an den Irritationen und der Konzeptionslosigkeit des Drehbuchs liegt.

Patrick McGoohan (* 19.03.1928; † 13.01.2009) ist schließlich als vierter Typ zu nennen. Er ist unter allen bisher Genannten der ruhigste Vertreter; wohl deshalb, weil er sich stets als Herr der Lage wähnt. Mehrfach als ausgezeichneter Kriegsheld vorgestellt, geht er streng strategisch vor und überlässt nichts dem Zufall. Seine Überheblichkeit gegenüber dem Inspektor äußert sich weniger als bei Culp und Vaughn in einer hochnäsigen Art. Vielmehr tritt er betont autoritär auf und erwartet selbstverständlichen Gehorsam. Als Col. Rumford in » Des Teufels Korporal« (→ Abb. 16) bietet er seine wohl beste Leistung. Hier wie auch als CIA-Agent Brenner (»Tod am Strand«) und als Staranwalt Finch (»Mord nach Termin«) – immer hat er seine jetzige Stellung durch Ehrgeiz und Leistung im wahrsten Sinne des Wortes »erkämpft«. Bis ins Innerste ist er davon überzeugt, dass diese ihm zukommt. Deshalb soll alles so bleiben, wie es ist. Dieser Typus ist konservativ bis ins Mark und schwört auf Werte, die es zu verteidigen gilt – notfalls durch Mord.

McGoohan wurde für seine Gastrollen in »Columbo« gleich zweimal mit dem »Emmy« belohnt. Zusammen mit seinem letzten Auftritt in »Das Aschenpuzzle«, wo er den Leichenbestatter Prince verkörperte, ist er mit vier Mörderrollen alleiniger Spitzenreiter aller Gastverbrecher. Außerdem führte er mehrfach Regie. Zu den Drehbüchern der jeweiligen Episoden trug er immer wieder maßgebliche Ideen bei.

Diese Bilanz wäre nicht zustande gekommen, hätte sich nicht zwischen McGoohan und Falk eine über die Arbeit hinaus gehende Freundschaft entwickelt. Falk war 1973 durch seinen Produzenten Everett Chambers auf den Schauspielerkollegen aufmerksam geworden. Bis dahin hatte er von ihm noch nie gehört, obwohl McGoohan bereits seit Mitte der 50er Jahre im Filmgeschäft erfolgreich gewesen war; dies allerdings vorwiegend in Großbritannien, wo der gebürtige New Yorker auch aufwuchs. In den 60er Jahren avancierte er vor allem durch die beiden Kultserien »Secret Agent« (Geheimagent John Drake) und »The Prisoner« (Nummer Sechs) zum Fernsehstar.

Beide Schauspieler lernten sich erst auf dem Flug zum Drehort für »Des Teufels Korporal« kennen. Schnell war zwischen ihnen eine Vertrautheit entstanden. Falk spürte, dass McGoohan ein Profi war, der das Gespür besaß, sich in den Charakter und die Möglichkeiten dieser außergewöhnlichen Serie einzufühlen. Einen solchen Partner brauchte er. Nachdem gerade diese Episode 1974 besonders erfolgreich gewesen war, bat Falk seinen Co-Star ein Jahr darauf bereits erneut, bei einer Episode mitzuwirken und gleichzeitig auch Regie zu führen.

Zur Statistik: Die 69 Folgen forderten insgesamt 88 Todesopfer. Hinzu kommen sechs bereits in der Vergangenheit ermordete Personen, deren Fälle von Columbo im Zuge der aktuellen Ermittlungen mit aufgeklärt wurden. Mit 41% fiel die größte Zahl einem Tod durch Erschießen zum Opfer. 17% wurden erschlagen. Die weiteren Todesursachen sind vielfältig und zeugen vom Ideenreichtum der Täter bzw. Drehbuchautoren: Menschen starben durch Explosionen, Flugzeugabstürze, Stromstöße oder Genickbruch. Sie wurden erwürgt, ertränkt, überfahren, vergast oder vergiftet, von Hunden zerrissen, von einem Stier zertreten oder gar durch eine Guillotine geköpft.

Verantwortlich für diese Untaten waren 74 Personen sowie sechs Helfershelfer. Auffällig dabei ist im Unterschied zu gängigen Serien die relativ beachtliche Frauenquote unter den Tätern. Sie beträgt immerhin 17% und dürfte damit der Wirklichkeit sehr nahe kommen[44]. Die Damen geben sich in dieser Hinsicht recht emanzipiert und müssen sich hinter ihren männlichen Kollegen keineswegs verstecken. Unter ihnen befinden sich immerhin so herausragende Vertreterinnen wie Nora Chandler (Anne Baxter), Abigail Mitchell (Ruth Gordon), Vivian Dimitri (Helen Shaver) und Lauren Staton (Faye Dunaway). Gemordet wird auch in allen Altersklassen. Kriminelle Energie entwickeln sowohl Schüler (→ Abb. 18) als auch über 80-jährige Damen (→ Abb. 17), die man normalerweise jenseits von gut und böse wähnt.

Zu den Voraussetzungen der Serie gehört, dass die Täter aus höheren Kreisen stammen. Mord kommt hier also nicht auch, sondern hier vor allem in den besten Familien vor. Erst der bedeutende soziale – und wie irrtümlich gemeint wird, auch intellektuelle – Unterschied zwischen den Mitgliedern der High Society und dem Proleten-Inspektor macht den Zweikampf so interessant. Außerdem ist ein hohes Maß an Intelligenz nötig, einen Mord zu planen und durchzuführen, der es würdig ist, dass sich Columbo darum kümmert. Dazu ist nicht jeder fähig. Menschen mit niederem Bildungsabschluss haben daher in der Serie keine Chance. Dafür kann sie mit neun promovierten Akademikern aufwarten. Columbo musste es mit Geistesriesen aufnehmen wie Dr. Marshall Cahill (José Ferrer), Harold Van Wyck (Oskar Werner), Oliver Brandt (Theodore Bikel) und Dr. Eric Mason (Nicol Williamson), deren IQ jenseits der Schallgrenze liegen. In diese Kategorie fallen auch Psychologen und Psychiater, die sich stets für besonders berufen halten, Columbo Paroli zu bieten. Allerdings versagen auch ihre Schulbuchweisheiten regelmäßig, wenn es darum geht, ihr Gegenüber analysieren zu wollen.

Aber auch wer einfach nur prominent ist, darf bei »Columbo« morden. Während normale Menschen – damals noch – Briefmarken sammelten, werden von dieser Klientel vorrangig Oscars, Emmys, Pulitzer-Preise und goldene Schallplatten gehortet. Schriftsteller, Schauspieler, Regisseure, Sänger, Komponisten, Produzenten, Maler, Showgrößen und Profisportler gehören für den Inspektor zum alltäglichen Umgang. Auch Wirtschaftsbosse sind zugelassen. Politiker, Diplomaten und Militärs sind ebenso qualifiziert. Kurzum: Wer sich gesellschaftlich als erfolgreich erwiesen hat, dem kann auch zugetraut werden, dass er mit

Überlegung und gleichzeitig originell zu morden versteht. Nicht von ungefähr bezogen die Autoren Richard Levinson und William Link von Beginn an ihre Anregungen zur Gestaltung dieser Charaktere aus den einschlägigen Blättern der Regenbogenpresse. Nur wer darin vorkam, war auch ihnen gut genug.

Manchmal hat es der Inspektor auch mit Leuten zu tun, die im weitesten Sinne seiner eigenen Zunft zuzurechnen sind. In diese Kategorie fallen mehrere Anwälte, ein Polizeichef, ein Geheimdienstler, ein Privatdetektiv sowie ein Mitarbeiter der Spurensicherung. Für jene Gruppe von Zuschauern, die regelmäßig mit Penetranz ein Höchstmaß an Realitätsnähe einfordern, stellte sich bezüglich dieses Personenkreises bald ein Problem: Warum funktioniert das übliche Versteckspiel des Inspektors selbst bei denen so erfolgreich, von denen angenommen werden muss, dass ihnen aufgrund der eigenen beruflichen Tätigkeit dieser Inspektor längst bekannt sei? Was ist mit Columbos Ruf, seinen Erfolgen? Müssten sie diesen Leuten nicht zu Ohren gekommen sein und die inneren Warnleuchten angehen lassen? Nichts dergleichen aber geschieht. Sie lassen sich wie alle anderen auch täuschen und an der Nase herumführen. Die bisherige Arbeit des Inspektors ist vor allem den Anwälten völlig unbekannt; interessanterweise im völligen Gegensatz zum Mafia-Boss Fortelli in »Seltsame Bettgenossen«. Dieser ist sehr wohl über Columbo im Bilde und begegnet ihm mit entsprechendem Respekt.

Auch den amerikanischen Columbo-Experten Mark Dawidziak hat dieses Problem beschäftigt. Sein Erklärungsversuch hilft jedoch nur wenig weiter: Columbo sei ja aus New York ins sonnige Kalifornien versetzt worden. Dabei bleibt unberücksichtigt, dass er seine beruflichen Triumphe gerade in Los Angeles erlebte, wo er bereits mehrere Jahrzehnte die Aufklärungsquote für Mordfälle erheblich verbessert haben dürfte. Dies könnte doch in Juristen- und Polizeikreisen kaum verborgen geblieben sein.

Man sollte das Problem jedoch nicht überbewerten, handelt es sich doch hier nicht um »reality TV«. Alfred Hitchcock sagte einmal: »Ein Kritiker, der mir etwas von Wahrscheinlichkeit erzählt, hat keine Phantasie.«

Doch letztlich hatten offensichtlich auch die Autoren das Problem erkannt. In »Keine Spur ist sicher« wird es immerhin so gelöst, dass der bei der Polizei arbeitende Mörder seinerseits erst kurze Zeit in Los Angeles ansässig ist und aus diesem Grund Columbo für ihn ein noch unbeschriebenes Blatt ist.

Während sich über die Relevanz dieses Problems durchaus streiten lässt, dürfte eine andere Auffälligkeit von größerer Bedeutung sein: Bei den Mördern handelt es sich stets um weiße Amerikaner. Ausnahmen bilden allein der mexikanische Stierkämpfer Luis Montoya (Ricardo Montalban) in »Blutroter Staub« sowie der arabische Diplomat Hassan Salah (Hector Elizondo) in »Mord in der Botschaft«[45]. Sie fallen schon deshalb nicht ins Gewicht, weil beide Ausländer sind. Vertreter der sog. Minderheiten unter den US-Amerikanern wurde, wenn es um intelligenten Mord geht, die Gleichberechtigung verwehrt. Unweigerlich drängt sich der Verdacht auf, als wären Afroamerikaner, Indianer, Puertoricaner oder Asiaten für zu dumm gehalten worden, um dem Publikum als ebenbürtige Gegner des Inspektors präsentiert zu werden.

Richard Levinson hat einen solchen Vorwurf weit von sich gewiesen. Zumindest seien schwarze Schauspieler wie Sammy Davis jr. oder James Earl Jones für »Columbo« im Gespräch gewesen. Diese Auskunft kann jedoch nicht befriedigen. Tatsache bleibt doch, dass nicht ein einziges dieser Projekte verwirklicht worden ist. Das muss als ein Defizit festgestellt werden. Es erhärtet den Verdacht, dass zumindest in den Köpfen vieler weißer Amerikaner damals noch nicht alle ihrer Bürger gleich waren.

Allerdings kann eine Darstellung eines »Columbo«-Mörder auch völlig anders bewertet werden. So kam es wegen der bereits erwähnten Episode »Mord in der Botschaft« zu heftigen Protesten seitens pro-arabischer Organisationen in den USA. Man hielt den Täter, einen reaktionären Diplomaten eines fiktiven arabischen Staates in seiner Bösartigkeit für überzeichnet[46]. Was also von den einen als ein Akt der Gleichbehandlung anderer Rassen angesehen werden kann, deuten andere als Diskriminierung. Letzteres könnte jedoch ernsthaft nur dann unterstellt werden, wenn eine bestimmte Menschengruppe überproportional in diesen Rollen anzutreffen wäre bzw. der Charakter des »bad guy« mit der Zugehörigkeit zu eben jener Gruppierung oder Rasse ursächlich verknüpft würde. Davon kann aber keine Rede sein. Es hätte der Serie sicher gut getan, mehr Farbe in die Besetzung dieser Täterrollen zu bringen.

Ohne Mörder wäre Columbo arbeitslos. Sein Leben wäre eintönig.

Es würde daraus bestehen, dass er seiner Frau zuhause auf den Wecker fiele oder den ganzen Tag mit »Hund« den Strand auf und ab laufen müsste. Im besten Falle könnte er noch Strafzettel für Falschparker ausstellen. Ein grausames Schicksal!

Daher gebührt allen seinen Gegnern ungeachtet ihrer zu verurteilenden Taten aufrichtiger Dank. Sie sind es, die den ansonsten trägen Körper des Inspektors auf Touren bringen und seinen Geist beflügeln. Sie fordern ihn zu Höchstleistungen heraus, von denen sonst nie jemand etwas erfahren würde. Was wäre Columbo, wenn es sie nicht gäbe?

EXKURS: Amerikanischer Inspektor und deutsche Soziologen

»Ich mag meine Arbeit. Sie deprimiert mich gar nicht. Die Welt ist nicht voller Mörder. Auch die Mörder, mit denen ich zusammenkomme, mag ich – manchmal. Ich respektiere sie. Nicht das, was sie getan haben. Aber das, was an ihnen intelligent ist oder komisch oder einfach nett.«

ALTER SCHÜTZT VOR MORDEN NICHT

»Columbo« ist mehr als nur eine Fernsehserie. Der Mann im Regenmantel war ein gesellschaftliches Ereignis. Seine originelle und geheimnisvolle Persönlichkeit bot von Beginn an viel Stoff für Spekulationen. Vor allem seine Gefechte mit den Reichen und Schönen der amerikanischen Oberschicht riefen immer wieder nach einer Deutung. Man erfreute sich daran, wie es endlich einmal denen ans Leder ging, die nach Meinung der Masse sonst ein sorgenfreies Leben auf Kosten anderer führten. Ehe er sich versah, mutierte dieser Kriminalbeamte zum Robin Hood, zum Rächer der Enterbten und zu einer Identitätsfigur für alle Sozialneider, die sich vom Leben betrogen sahen. »Columbo wurde plötzlich als Held des Proletariats gefeiert«, beschreibt Richard Levinson das merkwürdige

Phänomen. »Die Leute sahen eine große philosophische Botschaft. Der einzige Grund aber, warum wir ihn gegen die Reichen antreten ließen, war um des Gegensatzes willen, nicht um irgendetwas anderes darzustellen«[47].

Nur weil er sich vielleicht so kleidet, ist Columbo doch alles andere als ein linker Sozialrevolutionär. Levinson und Link jedenfalls lag es fern, mit ihrer Serie das »Kapital« von Karl Marx verfilmen zu wollen. Ihr Augenmerk galt vielmehr dem immer wieder faszinierende Kampf Davids gegen Goliath; dem Sieg des scheinbar Schwächeren über die Mächtigen, die ungleich besser gerüstet sind. Dieser Kampf ist so alt wie die Menschheit selbst und hat zunächst einmal gar nichts gemein mit den Vorstellungen politischer Ideologien.

Columbo hat keine höheren Ambitionen als die, seine Arbeit so gut wie möglich zu tun. Das hält er für wichtig. Gerade damit aber wurde er für manche Soziologen – vorrangig in Deutschland – zum Stein des Anstoßes. Sie sahen in dem Inspektor keinen Revolutionär, sondern vielmehr einen systemstabilisierenden Faktor.[48]

Die Beschäftigung der Soziologie mit Charakteren wie Columbo kommt nicht von ungefähr. Schließlich bestimmen die Massenmedien heute das menschliche Zusammenleben maßgeblich. Sie wirken meinungsbildend und haben großen Einfluss bei der Vermittlung bestimmter Werte. Die Reichweite der von ihnen transportierten Botschaften ist in den vergangenen Jahrzehnten, vor allem durch die Digitalisierung, stetig gewachsen. Medien dringen in jedes Haus und jedes Wohnzimmer. Sie können Meinungen und Stimmungen nachhaltig beeinflussen und auch manipulieren. So werden heutzutage nicht nur gesellschaftliche Werte mit Hilfe der Medien installiert oder auch abgeschafft, sondern genauso Wahlen gewonnen oder verloren.

Es ist also durchaus verständlich, dass sich längst auch die Mediensoziologie als Teilbereich dieser Gesellschaftswissenschaft etabliert hat. Da das Fernsehen in seiner Verbreitung und Wirksamkeit zur Zeit von »Columbo« noch das bedeutendste Massenmedium darstellte (inzwischen ist es vom Internet überholt worden), nahmen sich die Wissenschaftler auch dessen Inhalten an und untersuchten sie. Zu den bevorzugten Sezierobjekten zählten amerikanische Fernsehserien. Aufgrund ihrer besonders großen Verbreitung und ihres Erfolges rund um den Globus hatten sie einen entsprechenden Einfluss. Man denke nur an das Ende der 70er und den Anfang der 80er Jahre, als mit »Dallas« und »Dynasty« (Der Denver-Clan) die Gigantomanie des US-Fernsehens einen Höhepunkt erreichte. Doch auch bereits zuvor hatten amerikanische Serien wie kaum andere TV-Produkte Eingang in die Wohn- und Kinderzimmer aller Kontinente gefunden. Das waren außer der Weltraum-Saga »Star Trek« (Raumschiff Enterprise) vor allem Western wie »Gunsmoke« (Rauchende Colts), »Bonanza« und »The Virginian/The Men From Shiloh« (Die Leute von der Shiloh-Ranch) sowie Krimiserien wie »Perry Mason«, »The Fugitive« (Auf der Flucht), »Mission Impossible« (Kobra, übernehmen Sie!), »Hawaii Five-0« (Hawaii 5-0), »Kojak« (Einsatz in Manhattan), »The Rockford Files« (Detektiv Rockford: Anruf genügt) – und eben auch »Columbo«.

Der Inspektor und der Soziologe haben offensichtlich eines gemeinsam: Beide suchen nach Schuldigen. Darin erschöpft sich allerdings bereits ihre Affinität. Wo nämlich Columbo als Täter ein Individuum ermittelt und dingfest macht, ist es für den herkömmlichen Soziologen zweifelsfrei die Gesellschaft, die an allem schuld ist. Der Inspektor als ein höchst eigenwilliger Mensch, das sich kaum in ein Schema pressen lässt, wird in der Regel von den Soziologen sehr kritisch betrachtet. Negativ zahlt sich für ihn zusätzlich die Tatsache aus, dass er aus den USA kommt. Das macht ihn verdächtig, die Werte des »American way of life« zu vermitteln, die unter deutschen Intellektuellen ohnehin diskreditiert sind.

Ein typisches Beispiel für diese Betrachtungsweise bietet Bernd Nagel in seinen »Anmerkungen über Fernsehserien am Beispiel von ›Columbo‹«. Dort bezeichnet er den in der Eingangssequenz jeder Episode dargestellten Mord euphemistisch als »nichtkonformes Verhalten«[49]. Das darauffolgende Geschehen beschreibt er so: »Im Verlauf der Handlung werden diese Konflikte scheinbar gelöst, indem sie solange transformiert werden, bis am Ende der Metamorphose das normabweichende Verhalten der Individuen in einer kranken Psyche gründet oder überhaupt nur ein Missverständnis war«[50]. Zwar schränkt Nagel ein, der Begriff der »kranken Psyche« sei »nicht im begrenzten neurologisch- psychiatrischen Sinne zu verstehen«[51], er bemängelt jedoch eine Reduzierung der Schuldfrage auf das Individuum. Nagel vermisst Hinweise auf die »wirklichen« Verursacher: die krankhafte kapitalistische Gesellschaft und ihre korrumpierte Oberschicht, die einzig bestrebt sei, die bestehenden Eigentumsverhältnisse zu verteidigen. Daher wirft er den Autoren von »Columbo« Geschichtslosigkeit vor. Die Handlung sei »von ihrer historischen Entstehung und Entwicklung isoliert«[52], die wahren Schuldigen blieben ungenannt. Daraus wiederum resultiert der weitere Vorwurf, der sich auf ein »Prinzip der Fatalisierung«[53] bezieht: Da die herrschenden Verhältnisse als Erklärungsursache für den Mord ausfielen, sei das Handeln der Akteure in unangemessener Weise ins Schicksalhafte verklärt worden.

Hinter dieser Kritik steht eine idealistische bzw. marxistische Anthropologie, nach der der Mensch an sich gut ist und nur das Opfer der herrschenden politischen Umstände wird. Wer jedoch den Menschen in dieser Weise nur als Spielball von äußeren Umständen deutet, nimmt ihm seine Persönlichkeit und beraubt ihn seiner Individualität. So wird den Tätern die Freiheit abgesprochen, sich für oder gegen das Verbrechen zu entscheiden. Sie haben diese Wahlmöglichkeit dann nicht, wenn ihnen nur aufgrund ihrer Zugehörigkeit zu einer bestimmten sozialen Schicht eine gewisse Affinität zu Mord unterstellt wird, weil sie ja ihre Herrschaft zu sichern hätten. Gleichzeitig werden sie damit auch aus ihrer persönlichen Verantwortung für ihre Tat entlassen. Der Einzelne ist nur Opfer, Täter ist das System. So wird den handelnden Personen letztlich ihr eigener Wille und damit ein wichtiger Teil der Persönlichkeit genommen oder zumindest nur sehr eingeschränkt zugestanden.

Das Bild von einer Marionette an den Fäden irgendwelcher äußerer Kräfte kann jedoch nicht das letzte Wort über den Menschen sein. Das christliche Menschenbild, von dem das Abendland seit zwei Jahrtausenden geprägt ist, sieht den Menschen als ein Geschöpf Gottes, dem grundsätzlich die Freiheit gegeben ist, sich zwischen Gut und Böse zu entscheiden. Gleichzeitig wird hierbei aber sehr realistisch und nüchtern mit seinem Scheitern und seinem Schuldigwerden gerechnet. Ursache dafür ist seine Abkehr von Gott und von dessen für den Menschen vorgesehenen guten Lebensordnung. Dazu gehört auch, dass der Mensch immer wieder versuchen wird – beschrieben bereits im 3. Kapitel der Bibel –, die Verantwortung für sein Handeln anderen anzulasten. Die oben erläuterte Position ist ein modernes Beispiel dafür.

Dem nichtsahnenden Inspektor wird damit der Vorwurf gemacht, sich in den Dienst einer Ideologie zu stellen, die lediglich auf die Stabilisierung der herrschenden Machtverhältnisse abzielt. Zur Begründung wird darauf verwiesen, dass Columbo selbst den Status Quo eines bestehenden sozialen Gefälles akzeptiert und sich keineswegs berufen fühlt, ihn zu ändern. Die Welt der Macht und des Reichtums, die ihm in seinem Dienst begegne, sei ihm fremd. Es liege ihm fern, selbst zu dieser Oberschicht gehören zu wollen, da er hinter ihrer attraktiven Fassade häufig auch die Schattenseiten wahrnehme: Korruption, Gier und Machtstreben. Er sei vielmehr mit dem zufrieden, was er habe. Dies sei die vermittelte Botschaft: Gib dich zufrieden und sei stille!

Die angebliche Trägheit der als ausgebeutet angesehenen Masse, ihr mangelndes Klassenbewusstsein, mit dem sie sich in ihr Schicksal ergebe – all dies ist solchen Kritikern ein Dorn im Auge. Doch was ist im Grundsatz schlecht daran, dass Columbo sein Chili dem Kaviar vorzieht? Warum sollte er seine liebevolle Beziehung zu seinem verbeulten Wagen beenden, um sich fortan vom Streben nach einer Luxuskarosse beherrschen zu lassen? Der tragische Irrtum jener Gleichmacher-Ideologien ist es, zu meinen, es wollten unbedingt alle Menschen gleich sein; es seien nur die ihnen vorenthaltenen Möglichkeiten, die sie hindern, es auch zu werden. Aus diesem Gedanken heraus sind Millionen Menschen im vergangenen Jahrhundert Opfer einer Zwangsbeglückung geworden, die sich nur mit Gewalt und Terror und gegen den Willen der Betroffenen selbst durchsetzen ließ.

Eine freiheitliche Gesellschaft hingegen achtet das Individuum mit seinen je eigenen und unterschiedlichen Wünschen, Träumen und Wertvorstellungen. Wenn Freiheit auch und gerade die Freiheit des Andersdenkenden bedeutet (nach Rosa Luxemburg), so bedeutet sie ganz konkret auch, einen speckigen Regenmantel dem feinen Zwirn vorziehen zu dürfen. Insofern ist gerade Columbo nichts weniger als ein gut funktionierendes Rad in einem konservativ-reaktionären Getriebe. Er ist der wahre Nonkonformist. Er ist ein freies Individuum und behandelt die Menschen um sich herum ebenso. Ihm ist ein realistisches und damit auch humanes Menschenbild eigen. Der Mensch ist ein fehlbares Wesen, unabhängig von der Gesellschaft, in der er lebt. Als Inspektor fragt er daher nicht nach irgendwelchen globalen Ursachen für ein Verbrechen, sondern unterstellt vielmehr dem Individuum auch individuelle Motive für einen Mord und behaftet sie darauf. Sich selbst bewahrt er damit auch vor einem pauschalen Aburteilen seiner Gegner. Er kann durchaus differenzieren. Der Mensch wird nicht auf diese eine Tat reduziert. Häufig genug würdigt Columbo auch dessen gesamte Lebensleistung. Nicht anders ist es zu erklären, dass er zu den Tätern ganz unterschiedliche Beziehungen aufbaut. Darunter sind Menschen, die er durchaus schätzt, ja bewundert und als liebenswürdig empfindet: so die Schriftstellerin Abigail Mitchell oder Lauren Staton, eine wirkliche Dame. Für ihre Motive, die sie zum Mord trieben, bringt er sogar Verständnis auf. Den Weingutbesitzer Adrian Carsini bewundert er, weil dieser es noch vermag, wahre Leidenschaft zu entwickeln. Ebenso kann er dem Country-Barden Tommy Brown die Achtung nicht versagen: »Ein Mann, der so singen kann wie Sie, kann nicht durch und durch schlecht sein.« Es ist gerade Columbos Stärke, den Menschen nicht nur eindimensional zu betrachten, sondern nach der je originalen Persönlichkeit zu suchen. Erst durch diese Betrachtungsweise kann er beispielsweise die Unzurechnungsfähigkeit der kranken Schauspielerin Grace Willis Wheeler in »Tödliches Comeback« erkennen.

Wie aus seiner Sympathie, so macht der Inspektor auch aus seiner Antipathie keinen Hehl. Sie trifft Menschen, deren Charakter wirklich verdorben erscheint. Dazu gehören der arrogante Kunstkritiker Dale Kingston oder der von Ehrgeiz zerfressene Chirurg Dr. Barry Mayfield. Zuwider sind ihm Menschen wie der Polizeichef Mark Halperin, der die Wertmaßstäbe, für die er einzutreten hat, für sich selbst außer Kraft setzt. Auch dem politischen Reaktionär Hassan Salah kann er nichts Gutes abgewinnen. Am wenigsten aber liegen ihm wohl charakterlose Typen vom Schlage des Gourmet-Kritikers Paul Gérard, die auf Kosten anderer leben und sich dazu eine aalglatte Fassade zugelegt haben. In der Schlussszene von »Mord á la carte« wird diese Antipathie, die übrigens beiderseitig im selben Maße besteht, auch verbal sehr eindrucksvoll dokumentiert.

Bernd Nagel beschreibt den typischen Zuschauer einer solchen Serie als jemanden, der sich aus der Handlung und der angebotenen Konfliktlösung Hilfestellung für die Bewältigung eigener Probleme erhofft. Da aber bei »Columbo« das gesellschaftlich etablierte Normensystem in keiner Weise hinterfragt werde, bleibe am Ende nur »die permanente Frustration des Zuschauers«[54] übrig. Abgesehen davon, dass die so klischeehaft beschriebene Klientel der Serie kaum allein aus einer Masse von Unterdrückten und Entrechteten (oder solchen, die sich dafür halten) bestehen dürfte, tritt in dieser Kritik wiederum deutlich ein ideologisiertes Weltbild hervor. Das sog. »konforme Verhalten« wird in Misskredit gebracht, da es die bestehenden Verhältnisse stabilisiere. Niemand spricht davon, dass es sich bei den bagatellisierten Tatbeständen um blanken Mord handelt. Dies wird verschleiert oder aber – dies wäre noch bedenklicher – bewusst in Kauf genommen und als Möglichkeit akzeptiert.

In dieselbe Richtung lässt sich ein Votum des Frankfurter Soziologen Dieter Prokop deuten. Das »konforme Verhalten« ist bei ihm durch den Begriff der »Ordnung« beschrieben, die in Serien wie »Columbo« stets bedroht, aber schließlich wiederhergestellt werde. Demzufolge solle der Zuschauer belehrt werden, »sich der Kosten der Normabweichung bewusst zu werden«[55]. Was also in einem etwas weniger intellektuellen Vokabular schlicht als die Devise »Verbrechen zahlt sich nicht aus« bezeichnet werden kann, erscheint hier kritikwürdig. Da jene »Ordnung« per se immer nur den Herrschenden diene, wird ihre Rechtmäßigkeit und Schutzwürdigkeit deutlich in Frage gestellt. Solchem Denken liegt eine nicht zu unterschätzende Gefahr inne: Galt bisher das Gebot »Du sollst nicht morden« noch als allgemein anerkannter Grundsatz nicht nur der Bibel, sondern auch des Naturrechts, so verkommt es nun zu einer bloßen »Norm«, deren Geltung relativ wird, da Normen willkürlich setzbar sind und somit auch einem Wandel unterliegen.

Vorerst aber ist Mord noch strafbar. Solange darf davon ausgegangen werden, dass Kriminalinspektoren auch in Zukunft noch gebraucht werden. Die Gesellschaft, in der ihre Tätigkeit überflüssig sein wird, ist auf dieser Erde nicht zu verwirklichen. Um dies zu erkennen, ist ein realistisches Menschenbild vonnöten; ein idealistisches hingegen wird immer wieder Versuche hervorbringen, eine neue Welt zu schaffen. Es sind Versuche, die in totalitärer Gewaltherrschaft enden müssen, weil die Menschen dieselben bleiben. Das Optimum stellt wohl das freie Individuum dar, wie es sich so deutlich in Inspektor Columbo manifestiert: selbst fehlerhaft und eigenwillig, aber seinem Gegenüber dasselbe zugestehend und dessen Persönlichkeit respektierend.

2. Die unsichtbare Ehefrau

»Da ist ein Inspektor Columbo,
der erzählt was von der Mordkommission –
und dass er 'ne Frau hat.«

DER ERSTE UND DER LETZTE MORD

Sie ist omnipräsent. Niemand sah sie je und doch ist sie immer dabei: Mrs. Columbo. Über sie ist mehr bekannt als über ihren Mann.

Das hat seinen Grund schlicht darin, dass Columbo von ihr erzählt. Durch seine Worte erweckt sie zum Leben. Ein performatives Geschehen: Indem er über sie spricht, wird sie lebendig. Weil er von ihr redet, ist sie.

Durch die Art der Erzählungen wird Mrs. Columbo dem Zuschauer stetig vertrauter, so dass er sie bald selbst zu kennen glaubt. Das fällt umso leichter, da Columbo seine Frau sehr menschlich darstellt. Er glorifiziert sie nicht, so dass sie als imaginäres Fabelwesen erscheinen würde. Stattdessen wird sie in den kleinen Dingen des Alltags porträtiert, die mehr über sie aussagen als jede Laudatio. Zudem vermittelt diese Art der Rede viel über die Beziehung zweier Menschen. Was immer ihr Mann über sie sagt – immer schwingt in seinen Worten ein großes Gefühl von Liebe, Vertrautheit und auch Fürsorge mit. Es ist eine manchmal sogar symbiotisch zu nennende Verbindung: »Wenn sie glücklich ist, bin ich es auch.« Daher stört es bald überhaupt nicht mehr, dass stets nur eine Hälfte dieses erfolgreichen Ehegespannes zu erleben ist. Der andere Teil ist immer nahe. So wissen wir fast alles über sie – außer ihrem Vornamen natürlich. Das ist selbstredend.

Der Inspektor kennt seine Frau bereits aus ihrer gemeinsamen Zeit auf der High School. Seitdem ist viel Zeit vergangen, in der ihre Beziehung gereift ist. Wie dies nun einmal so ist, hat sich hier und da auch Routine eingeschlichen. Aber ihre Ehe ist nie erstarrt. Mr. und Mrs. Columbo lieben sich noch immer; und der Inspektor ist das Sprachrohr dieser Liebe, indem er seine Gefühle für sie stets und ständig verbalisiert – vor allem ungefragt.

Wie sieht Mrs. Columbo aus? Niemand weiß das. Nicht allein, dass sie bisher nie persönlich in Erscheinung trat – es gibt von ihr nicht einmal ein einziges Foto! Sie selbst hat Minderwertigkeitskomplexe und meint, nicht fotogen genug zu sein. Ihr Mann beschreibt sie als »athletischen Typ«. Sie hingegen empfindet sich als zu dick. Gern würde sie einige Pfunde loswerden, zumal sie im Hinblick auf ihre Figur leicht zu Depressionen neigt. Eine ganze Palette regelmäßiger sportlicher Aktivitäten, Gymnastik sowie Diätkuren haben ihr nicht weiterhelfen können. Höchstwahrscheinlich ist sie von ihrem Körperbau einfach kräftiger veranlagt. Ihren Mann stört das nicht im geringsten. Im Gegenteil: Er gibt gern zu, dass ihn ein paar Pfunde mehr besonders reizen.

Mrs. Columbo trägt schwarze Haare, die sie häufig nach oben gebunden hat. Damit erschöpft sich das Wissen über ihre äußerliche Erscheinung. Nur eines dürfte als sicher gelten: Sie sieht gewiss nicht aus wie Kate Mulgrew!

Columbos wohnen in einem kleinen Reihenhaus. Obwohl Mrs. Columbo höchstwahrscheinlich nicht berufstätig ist, hat sie tagsüber viel zu tun. Sie ist ehrenamtlich in ihrer Kirchengemeinde engagiert. Für einige Stunden in der Woche hat sie eine ambulante Krankenpflege übernommen. Zudem gibt es in der Verwandtschaft immer irgendwelche Nichten und Neffen, auf die sie aufzupassen hat. Schließlich fordert auch der familieneigene Vierbeiner mehrmals am Tag sein Recht, Gassi zu gehen.

Der Haushalt ist hingegen nicht unbedingt ihre Domäne. Hier wird sie zum Glück von ihrem Mann nach Kräften unterstützt, der bekanntlich mit großer Leidenschaft am Herd steht. Er muss daher auch sämtliche Lebensmittel einkaufen. Häufig ruft ihn Mrs. Columbo während seines Dienstes an und gibt ihm die Einkaufsliste durch. Columbo tut dies gern; weiß er doch, dass seine Frau dafür andere finanzielle Dinge regelt, die ihm schwerfallen. So ergänzen sich beide sehr harmonisch. Mrs. Columbo füllt die Steuererklärung aus und achtet peinlich genau darauf, dass etwaige Schulden und Kredite pünktlich zurückgezahlt werden.

Neben diesen Aufgaben kann sie auch noch eine ganze Reihe von Hobbys pflegen. Sie ist sehr kunstinteressiert und malt nach Zahlen. Sie besucht Museen. Sie liebt jede Art von Musik: Klassik, Oper, Country und Rock. Sie mag Beethoven, Mozart und Chopin. Puccinis »Madame Butterfly« ist ihre Lieblingsoper. Sie singt und tanzt auch selbst. Ebenso versucht sie sich am Klavierspiel, was offensichtlich aber nicht zu ihren ausgeprägtesten Stärken zählt. Hin und wieder geht sie auch mit ihrem Mann ins Kino. »Citizen Kane« von Orson Welles ist ihr Lieblingsfilm.

Alte Bette-Davis-Streifen sieht sie ebenfalls gern, vornehmlich im Nachtprogramm. Auch ein literarisches Interesse ist ihr nicht abzusprechen. Am liebsten liest sie die Ergüsse der einschlägigen Regenbogenpresse. Krimis liegen ihr weniger, ausgenommen vielleicht die Bestseller von Abigail Mitchell. Dabei frustriert es sie sehr, dass sie als Täter immer auf die Falschen tippt. Daher mag sie auch keine Krimis im Fernsehen, versäumt aber dafür keine Folgen der verschiedenen »soap operas«. Kreuzworträtsel bereiten ihr ebenfalls Freude. Auch für Blumen (vor allem afrikanische Veilchen) hat sie eine besondere Vorliebe. Im eigenen Garten bewirtschaftet sie ein Blumenbeet. Der Erfolg dieser gärtnerischen Bemühungen hält sich allerdings in engen Grenzen, da sie für Blumen nur ein »totes Händchen« hat.

Neben den genannten Tätigkeiten, die sich vorrangig auf den häuslichen Bereich beschränken, sucht sie auch auswärts Abwechslung und Geselligkeit. Ganz verrückt ist sie auf Partys, hat sich dort aber nicht immer im Griff. In ihrer Ausgelassenheit kann sie schnell so laut werden, dass es selbst ihrem Mann peinlich ist, der ihr doch sonst vieles nachsieht. Dafür schätzt er umso mehr ihren Drang nach Weiterbildung, den sie regelmäßig mit Abendkursen der Volkshochschule befriedigt. Dort hat sie u. a. erfolgreich einen Kurs in Buchführung absolviert und sich auch PC-Kenntnisse angeeignet. Belegt ist außerdem der Donnerstagabend. Dann geht sie mit ihrem Mann und einigen Freunden zusammen zum Bowling. Manchmal bekommt sie davon nicht genug und tut dasselbe nochmals am Sonntag; dann allerdings ohne den Inspektor, der auch einmal sein Ruhe braucht. Denn sie ist beim Bowling etwas kompliziert: Sie fängt jedes Mal an zu weinen, wenn sie verliert.

Eigentlich müsste der Tag mindestens 48 Stunden haben, um ein solches Pensum zu schaffen. Niemand kann definitiv sagen, ob Columbos Angaben in diesen Dingen auch wirklich immer den Tatsachen entsprechen. Bekanntlich sind seine Äußerungen, vor allem gegenüber seinen Verdächtigen, stets mit Vorsicht zu genießen. Doch was soll der arme Zuschauer tun? Er verfügt über keine anderen Quellen, aus denen er schöpfen könnte.

Das Interesse an Mrs. Columbo wird in den Drehbüchern systematisch geschürt. Der Zuschauer wird konditioniert, mehr über sie erfahren zu wollen. Und je mehr das Interesse an dieser Frau steigt, desto mehr lassen sich die Autoren einfallen, um den Zuschauer mit diesem Objekt der Begierde zum Narren zu halten. Bereits mehrfach gab es Situationen, in denen man sich Mrs. Columbo bereits sehr nahe glaubte. In »Traumschiff des Todes« nimmt sie gemeinsam mit ihrem Mann an einer Kreuzfahrt teil, die sie in einer Tombola gewonnen hat. Doch selbst auf dem abgeschlossenen Terrain eines Schiffes auf hoher See gleitet Mrs. Columbo dem Zuschauer immer wieder durch die Finger. Selbst ihr Mann irrt manchmal durch alle Decks, um sie zu finden. Ähnlich verhält es sich während eines Urlaubs des Paares in Mexiko (»Blutroter Staub«). Ehe sie irgendjemand zu Gesicht bekommt, muss sie bereits allein wieder abreisen. Bei diversen Einladungen, die die beiden erhalten, ist es ebenso. Am Ende taucht der Inspektor doch allein auf, weil seine Frau aus den unterschiedlichsten Gründen unpässlich sei. So versäumt sie selbst die Hochzeit ihres Neffen in »Bluthochzeit«, weil sie ihre Mutter pflegen muss. Hat es Columbo dann doch endlich einmal geschafft, sie zu einer Gesellschaft mitzubringen, kann er sie trotzdem niemandem vorstellen: »Wahrscheinlich ist sie auf dem Klo.« Das Nachsehen hat in jedem Fall immer der frustrierte Zuschauer.

Mit »Ruhe sanft, Mrs. Columbo! » setzte ihr folgerichtig Autor Peter S. Fischer ein Denkmal ganz besonderer Art. In dieser Episode wird der Kult um die geheimnisvoll-unsichtbare Dame auf die Spitze getrieben. Alles dreht sich in dieser Folge nur um sie – trotzdem ist sie nirgendwo zu erblicken. Was seit Tom Sawyer keinem Menschen mehr gelang, ist ihr ohne Schwierigkeiten möglich: Sie liegt nicht einmal bei ihrer eigenen Beerdigung dort, wo sie hingehört. Angeblich wird auch die gemeinsame Wohnung der Columbos ausgiebig gezeigt. Sogar auf einem Foto soll sie zu sehen sein (→ Abb. 4). Am Ende stellt sich alles einmal mehr als Lug und Trug heraus.

»Ich muss mit meiner Frau reden. Ich rede immer mit meiner Frau. Genaugenommen reden wir gar nicht über den Fall, sondern über alles Mögliche. Das macht mir den Kopf frei.« Mrs. Columbo ist für ihren Mann Mitarbeiterin, Supervisorin und Seelsorgerin. In vielen Fällen kommt er nur mit ihrer Hilfe zum Erfolg. Er diskutiert und reflektiert mit ihr seine Arbeit. Vornehmlich nachts, wenn normale Eheleute sich gänzlich anderen Beschäftigungen hingeben, vertraut sich der Inspektor seiner besseren Hälfte mit seinen Problemen an, die ihn ohnehin keinen

Schlaf finden lassen. Wie er selbst sagt, weiß sie immer auf alles eine Antwort. Mehr noch: Es ist fast so, dass »Mrs. Columbo Antworten zu erahnen scheint auf Fragen, die Columbo selbst noch nicht gestellt hat«[56]. Sie hat dann irgendwelche zunächst banal erscheinende Eingebungen, die Columbo bezüglich seines aktuellen Falles deutet und anwendet. Sie ist der Motor seines Lebens und seiner Arbeit – was im Grunde identisch ist.

Umso schlimmer ist es, dass gerade diese Arbeit des Inspektors dazu beiträgt, regelmäßig die Traumwelten seiner Frau zum Einsturz zu bringen. Es liegt eine Tragik darin, dass Mrs. Columbo häufig zu den größten Bewunderern jener Menschen gehört, die ihr Mann hinter Gitter bringt. Obwohl sie nicht kochen kann, sieht sie sich immer Dexter Paris' Kochstudio im Fernsehen an. Ebenso verhält es sich mit den Fitness-Programmen von Milo Janus und der Fahndungssendung von Wade Anders. Sie ist selbstredend ein großer Fan der Schauspieler Grace Wheeler Willis und Ned Diamond sowie von »Inspektor Lucerne« alias Ward Fowler. Sie ist vernarrt in die Romanergüsse von Abigail Mitchell und Teresa Goren. Natürlich besitzt sie alle Platten des Country-Stars Tommy Brown. Geht es schließlich um Politik, gehört ihr Herz und ihre Stimme allein Senator Nelson Hayward.

Alle diese und noch mehr Prominente, zu denen Mrs. Columbo mit naiver Einfalt in Ehrfurcht und Bewunderung aufblickte, werden vom Inspektor als Verbrecher entlarvt. Die Erfolge und Lebensleistungen dieser Leute stellen sich anschließend in einem ganz neuen Licht dar. Ihre gesellschaftlichen Positionen offenbaren sich nicht selten als das Ergebnis unlauterer Machenschaften.

Kann man den psychischen Schaden ermessen, der dieser armen Frau dadurch immer wieder zugefügt wird? Columbo demontiert sämtliche Idole und Vorbilder, an die seine Frau je glaubte. Es kann angesichts dessen nur ein sehr schwacher Trost sein, dass der Inspektor für sie stets ein Autogramm der betreffenden Berühmtheit beschaffen kann; selbst wenn diese Devotionalien zweifellos in ihrem Wert steigen dürften, nachdem die Prominenten gezwungen sind, von der öffentlichen Bühne abzutreten.

Der Filmwissenschaftler Georg Seeßlen hat Mrs. Columbo als »eine Art ebenso ferner wie weiser Muttergottheit, eine jüdische Mome oder italienische Mamma«[57] beschrieben. Mag Letzteres auf sie passen, so trifft doch der Begriff der Gottheit kaum. Mrs. Columbo mag (zumindest für den sehnsüchtig Ausschau haltenden Betrachter) zwar nicht sichtbar sein, ist aber auch nicht in einer transzendenten Ferne zu suchen. Sie ist alles andere als eine Ikone. Ihr Mann liebt sie, aber er betet sie nicht an. Wie er selbst ist sie ein Mensch sowohl mit Stärken als auch nicht wenigen Schwächen. Columbo liebt sie so, wie sie ist. Weil dies geklärt ist, kann Columbo zwar liebevoll, aber ebenso nüchtern und unbefangen darüber sprechen, was an ihr schwierig und spannungsvoll ist:

Mrs. Columbo redet zuviel. »Könntest du mal zwei Sekunden nichts sagen«, bittet ihr Mann sie in liebevollem Ton, als er mit ihr telefoniert. Nachdem sie der Bitte offensichtlich nicht nachkommt, beendet Columbo das Gespräch unverändert liebevoll: »Ich muss jetzt auflegen, Schätzchen. Wenn du trotzdem weiterreden willst, tue dir keinen Zwang an« (»Geld, Macht und Muskeln«).

Leider hat Mrs. Columbo auch einen gewissen Hang zur Kaufsucht, in dem sie hin und wieder gebremst werden muss. Peinlich für den Gesetzeshüter Columbo ist vor allem ihre Angewohnheit, in Restaurants Aschenbecher mitgehen zu lassen. Zuhause stört sie mit ihrer Trockenhaube seinen Fernsehempfang, vor allem während wichtiger Football-Spiele. Andererseits macht sie sich aber nichts daraus, auch nachts den Fernseher einzuschalten, obwohl ihr bekannt sein müsste, dass ihr Mann auf seine acht Stunden Nachtschlaf angewiesen ist.

Manchmal nörgelt Mrs. Columbo auch an ihrem Mann herum. Sie sähe es lieber, wenn er statt der stinkenden Zigarren Pfeife rauchen würde; und sei es nur der Gardinen wegen. Außerdem hält sie ihn für zu misstrauisch und bemängelt seinen wenigen Ehrgeiz, wenn es um die berufliche Karriere geht. Es stört sie ebenfalls seine chronische Vergesslichkeit. Anderseits sorgt sie sich aber auch sehr um ihren Mann. Mit großer Geduld hält sie jeden Morgen einen neuen Stift für ihn bereit, damit er diesen im Laufe des Tages verlieren kann.

Nun bleibt noch eine Frage zu klären: Haben Columbos eigentlich Kinder? In den frühen Folgen werden dazu einige wenige Hinweise gegeben, die allerdings kaum zufriedenstellen können. In »Wenn der Eismann kommt« ärgert sich Mrs. Columbo darüber, dass besagter Eisverkäufer immer genau vor dem Mittagessen an der Straße hält und mit seinen Angeboten den Kindern den Appetit verderbe. Hier lässt sich noch darüber spekulieren, ob damit nicht ihre zahlreichen Nichten und Neffen gemeint sein könnten, die sich häufiger in ihrer Obhut befinden. Unzweideutig hingegen ist Columbos Äußerung in » Wein ist dicker als Blut«, als er seine Frau entschuldigen muss, die einmal mehr verhindert ist, einer Einladung zum Essen nachzukommen: »Wir haben keinen Babysitter gefunden.« Ist das nur eine Schutzbehauptung? In »Teuflische Intelligenz« hört man immerhin, dass Mrs. Columbo »mit den Kindern« bei ihrer Mutter in Fresno sei.

Dem wahren Fan dürften solche Äußerungen von je her suspekt gewesen sein, zumal Columbos Äußerungen bekanntlich immer einer kritischen Rückfrage bedürfen. Zu diesem Paar passen einfach keine eigenen Kinder. Beide Partner sind Individualisten, die eigentlich nie zuhause sind. Nur eine Hausfrau ohne Kinder ist zudem imstande, so vielen ehrenamtlichen Tätigkeiten nachzugehen, wie es Mrs. Columbo die Woche über tut.

So harrte diese wesentliche Frage bis zur 53. Episode »Ruhe sanft, Mrs. Columbo!« einer definitiven Klärung. Hier lässt Autor Peter S. Fischer als einer, der es wirklich wissen muss, den Inspektor nun unmissverständlich erklären: »Leider waren uns keine Kinder beschieden.« Woher sollten diese auch kommen, wenn die Ehepartner nachts im Bett ihre Zeit beispielsweise damit verbringen, aus Zeitungen Buchstaben auszuschneiden, um Erpresserbriefe zu rekonstruieren? Belassen wir es daher bei dieser Auskunft.

Vieles ist von Mrs. Columbo bekannt. Auf ihr persönliches Erscheinen warteten die Zuschauer jedoch vergeblich. Skeptiker haben daher lange schon die Frage aufgeworfen, ob es sie denn überhaupt gäbe. Vielleicht sei sie ja nur eine Erfindung des Inspektors; eine Illusion, ein Teil seiner perfiden, aber wirkungsvollen Strategie, seine Widersacher durch das ewige Geschwätz über sie irre zu machen.

Solche Überlegungen dürften typisches Produkt eines weitverbreiteten, aber destruktiven Rationalismus der Neuzeit sein. Es wird nur geglaubt, was unmittelbar vor Augen ist. Dieses Denken entbehrt jeder Phantasie und macht arm. Wer nun aber meint, sich gleichsam zum Anwalt von Mrs. Columbo aufschwingen zu müssen, auch wenn dies in bester Absicht geschieht, ist diesem Denken bereits selbst verfallen. So werden den Skeptikern von anderer Seite »Beweise« entgegengehalten:

In »Traumschiff des Todes« ist Mrs. Columbo vom Kapitän des Schiffes gesehen worden, wie dieser selbst bekundet. In »Tod am Strand« wurde das Ehepaar sogar vom Geheimdienst abgehört.[58]

All das ist unwichtig. Bekanntlich gibt es eine ganze Reihe von Dingen zwischen Himmel und Erde, von denen unsere Schulbuchweisheit nicht zu träumen wagt. Mrs. Columbo gehört zweifellos dazu. Sie ist wesentlicher und unverzichtbarer Bestandteil der Serie. Der Inspektor ist von ihr in einer besonderen Weise geprägt. Ohne sie wäre er nur ein halber Mensch. Weil sie aber in ihm lebt, ist sie.

3. Die große Verwandtschaft

»Ist Sticken Ihr Hobby, Inspektor?«
»Oh nein, Ma'am. Mein Neffe stickt aus Leidenschaft. Scheinbar muss es beruhigend auf ihn wirken – vor seinen Gewichtheberwettbewerben.«

WAFFEN DES BÖSEN

Hat Columbo auch keine eigenen Kinder, so ist er trotzdem oft von Kindern umgeben. Es kann kein Zweifel darüber geben, dass er ein Familienmensch ist. In einer typischen italienischen Großfamilie aufgewachsen, ist er von den dort geltenden sozialen Verhaltensweisen geprägt. Mittlerweile sind seine Eltern verstorben, doch haben Columbos Geschwister die Tradition der Familie fortgeführt und für reichlichen Nachwuchs gesorgt. Die Zahl der Nichten und Neffen ist unüberschaubar. Hinzu kommen diverse Schwägerinnen und Schwäger. Der Inspektor und seine Frau sind in diesen Clan integriert. Man besucht sich ständig. Immer ist irgendetwas los, sei es eine Geburtstagsfeier oder eine Hochzeit.

Auch diese verwandtschaftlichen Beziehungen finden ihren Niederschlag in Columbos Erzählungen. So ist der Inspektor durchaus in der Lage, für jede mögliche Gelegenheit und Lebenssituation irgendeinen Verwandten aus dem Hut zu zaubern, mit dem sich das Geschehen kommentieren lässt. Der Autor von »Das Aschenpuzzle«, Jeffrey Hatcher, fühlte sich allerdings dazu berufen, manche Angaben zur Verwandtschaft als Schwindel des Inspektors bloßzustellen. In dieser Episode gibt Columbo dem Täter zu verstehen, er sei von einem seiner Cousins auf eine heiße Spur gebracht worden. Der Zuschauer weiß aber, dass die besagte Information von einem völlig Fremden kam.

Ungeachtet dieses Versuchs einer Entmythologisierung soll hier eine systematische Zusammenstellung des weitverzweigten Stammbaums unternommen werden. Dies fällt natürlich schwer, da Columbo – wie sollte es anders sein – nur selten Namen nennt. Die Rekonstruktion dieser Familienverhältnisse muss daher Fragment bleiben.

Columbo hat fünf Brüder und eine Schwester. Erwähnt wird zusätzlich ein Stiefbruder, bei dem jedoch offen bleibt, aus welcher Verbindung dieser stammen sollte. Von einer weiteren Ehe eines Elternteils ist nichts bekannt.

Namentlich genannt wird unter den Brüdern nur Sal (Salvatore). Er verführte seinen höchstwahrscheinlich jüngeren Bruder zum Rauchen und ist damit zumindest mitverantwortlich dafür, dass Columbo heute mit seinen billig stinkenden Zigarren Anstoß erregt.

Die einzige Schwester hieß Mary. Sie und ihr Mann Dan Parma sind bereits verstorben. Zumindest bei Mary muss der Tod im Laufe der Serie eingetreten sein, da ihr Bruder in seinem ersten Fall noch ihre moderne Wohnungseinrichtung erwähnt. Zurück blieb aus dieser Ehe ein Sohn namens Andy Parma, der auch Polizist geworden ist. Seine Frau ist Melissa, die in »Bluthochzeit« das Opfer einer Entführung wurde.

Columbo hat mindestens zwei Onkel. Einer von ihnen hat ein bewegtes Leben hinter sich. Er arbeitete als Immobilienmakler, Schulbusfahrer und wurde schließlich stolzer Besitzer einer eigenen Ranch. Er besitzt mehrere Cadillacs und verschickt goldgeprägte Weihnachtskarten. Ein zweiter Onkel hat es zum Allgemeinmediziner gebracht. Um einen möglicherweise weiteren Onkel könnte es sich bei jenem handeln, der Mitglied bei den Freimaurern war und dort Dudelsack spielte. Es spricht einiges dafür, dass er nicht mit einem der vorgenannten identisch ist, da er wohl nicht mehr am Leben ist. Auffällig ist, dass es offensichtlich alle zu mehr gebracht haben als Columbos Eltern, die oft Mühe hatten, ihre Familie durchzubringen.

Von diesen Geschwistern der Eltern stammen zahlreiche Cousins des Inspektors ab. Da ist Ralph, ein selbstgefälliger Schwätzer, der mit seiner Perfektion in allen Dingen Columbo gehörig gegen den Strich geht. Es gibt einen Vito, der bereits viele Jahre verheiratet ist. Dominic hingegen ist ein Fan von Radiosendungen und besitzt ein Handy (zu jener Zeit noch eine Besonderheit). Ansonsten aber hat er nach Columbos Angaben nicht viel vom Leben. Einem weiteren Cousin erging es jedoch noch schlimmer: Er wurde überfahren – und dies, obwohl er stets gesund gelebt hatte! Ein anderer namenloser Cousin hat erst kürzlich geheiratet. Es kann sich also nicht um Vito, möglicherweise aber um Ralph oder Dominic handeln. Ebenso ungeklärt bleibt die Identität jenes Cousins aus Albany, der eine starke Brille trägt und begeisterter Schachspieler ist. Schließlich gibt es noch einen Cousin väterlicherseits, der als Taxifahrer arbeitet und im Bowling ein As ist.

Auch Mrs. Columbo hat eine stattliche Verwandtschaft aufzuweisen. Ihre Eltern leben noch. Zunächst wohnten sie in Fresno, müssen dann aber nach Chicago gezogen sein. Die Mutter versuchte sich im hohen Alter noch im Skateboardfahren, wobei ihr leider Blessuren nicht erspart blieben. Der Vater ist ein großer Westernfan. Das Ehepaar muss außer der späteren Mrs. Columbo noch mindestens ein weiteres Kind haben. Schließen lässt sich dies aus der Existenz zweier Cousins. Einer besitzt eine Autowerkstatt in Valley. Der andere ist ein Spieler; offensichtlich aber ein erfolgloser, da er gezwungen ist, sich als Parkplatzwächter durchzuschlagen.

Schwierig zu rekonstruieren ist auch die Zahl der Geschwister von Mrs. Columbo. Fest steht, dass sie eine Schwester Ruth hat. Sie ist verheiratet, hat mehrere Kinder und möchte am liebsten in ein Haus am Strand ziehen. Bei Ruths Mann könnte es sich um den mehrfach zitierten »Schwager George« handeln. Er ist begeisterter Angler und dementsprechend auch ein Frühaufsteher. Gern traktiert er die Familie mit seinen Urlaubsdias. Wie »Ruth und die Kinder« ist auch George häufiger Gast bei Columbos, wo er – wie in »Klatsch kann tödlich sein« – auch schon einmal ans Telefon geht.

Allerdings kann nicht sicher davon ausgegangen werden, dass Ruth und George zusammengehören. Es müssen neben Ruth noch weitere Schwestern existieren, von denen noch niemand gehört hat. Das ergibt sich aus der Tatsache, dass Columbo insgesamt mindestens drei seiner Schwäger erwähnt. Einer stellt als Anwalt den »Stolz der Familie« dar, ein anderer arbeitet als Kellner, der dritte ist bei der Nationalgarde. Mrs. Columbo müsste demnach also wenigstens drei Schwestern haben; dies wiederum nur unter der Voraussetzung, dass sich unter den erwähnten Schwägern des Inspektors nicht auch Dan Parma befindet, der Mann seiner Schwester Mary. Welcher von ihnen nun George ist, bleibt ebenso ungewiss wie die Identität desjenigen Schwagers, der Rückenprobleme hat, oder dessen, der schon zwanzig Jahre verheiratet ist. Diese Beispiele dürften deutlich machen, wie schwierig sich die Zuordnung der Familienmitglieder gestaltet.

Zu den Schwestern von Mrs. Columbo gesellt sich außerdem noch ein Bruder. Er ist ein begeisterter Hobbyfotograf und träumt davon, sich einmal eine eigene Dunkelkammer einzurichten. Probleme hat er mit seiner Frau, die Alkoholikerin ist.

Es bleibt das Heer der Nichten und Neffen. Nur zwei von ihnen werden namentlich erwähnt. Da ist Ruths Tochter Marilyn, die geschieden wurde und jetzt in zweiter Ehe mit einem Polizisten verheiratet ist. Dieser hat seinerseits nicht weniger als sechs Kinder mit in die Ehe gebracht. Daneben gibt es die Nichte Janet, die erst vierzehn Jahre alt ist.

Weiterhin werden ausschließlich Neffen erwähnt, diese aber in großer Zahl: Einer trägt Kontaktlinsen, ein anderer ist Dermatologe und Experte in Pflanzengiften. Ein dritter ist mit einer Ungarin verheiratet. Ein Neffe möchte gern Buchhalter werden, der andere möchte in die Filmbranche. Letzterer ist fünfzehn, ein Fan von Francis Ford Coppola und verkaufte seine Stereoanlage, um von nun an Super-8-Filme zu drehen. Ein Allroundtalent scheint jener Neffe zu sein, der in so unterschiedlichen Disziplinen wie Handarbeiten und Gewichtheben zuhause ist und in beiden bereits Preise errungen hat. Ein Neffe stellt in seiner Freizeit Schlachten des amerikanischen Bürgerkrieges mit Zinnfiguren nach, während ein anderer mit Chemiebaukästen experimentiert. Den nächsten zieht es mehr hinaus in die Natur. Er engagiert sich bei den Pfadfindern. Ein Letzter schließlich wünscht sich nichts mehr als einen Radiorecorder, um die Songs der von ihm geliebten Pop-Sängerin Marcy

Edwards hören zu können, die in »Tödliche Liebe« das Schicksal berühmter Kollegen wie Jimi Hendrix oder Janis Joplin teilte, indem sie frühzeitig das Zeitliche segnete.

Ist nun alles geklärt? Mitnichten. Die Aufzählung ist einmal mehr ein Beleg dafür, dass Columbo zwar viel redet, letztlich aber wenig Konkretes sagt. Vielmehr verwirrt er, wirft mehr Fragen auf, als er zu beantworten bereit ist. Durch seine vagen Andeutungen weckt und verstärkt er das Interesse, mehr von dieser außergewöhnlichen Familie zu erfahren.

Doch es wird dem Zuschauer verwehrt bleiben, dieses Beziehungsgeflecht tatsächlich durchschauen zu können. Zu vieles bleibt offen. Zum Beispiel: Wer um alles in der Welt sind »Harry, Ethel, Norman, Eugene und die Zwillinge«?

4. Der lethargische Vierbeiner

> *»Wir sagen nur ›hey‹ oder ›Hund‹ oder pfeifen. Das ist egal. Wenn er nicht will, kommt er sowieso nicht.«*
>
> TEUFLISCHE INTELLIGENZ

Die bisherige Rekonstruktion eines Stammbaums des schier unübersehbaren Columbo-Clans bedarf unbedingt einer Vervollständigung. Es geht um jenes Familienmitglied, das sich unter einem Stammbaum wohl nur einen Ort vorstellen könnte, um das Beinchen zu heben. Es gilt den legendären Basset angemessen zu würdigen. Mit den anderen Hauptpersonen, die nur nach ihrer verwandtschaftlichen Beziehung genannt werden, hat er gemeinsam, dass er nur unter seiner Gattungsbezeichnung bekannt ist. Ein persönlicher Name sollte auch ihm nicht beschieden sein. In einer Hinsicht jedoch ist der Vierbeiner anderen gegenüber privilegiert: Er ist wirklich in ganzer Schönheit zu sehen – und das so häufig, dass er nach Peter Falk die meisten Auftritte aller an der Serie beteiligten Darsteller aufzuweisen hat.

Die Existenz dieses Bassets kam auf kuriose Weise zustande. Verantwortlich dafür war eines der zahlreichen Probleme, welche die Produzenten von NBC anfangs mit der Serie hatten. Die erste »Columbo«-Staffel war kaum angelaufen, als sie bereits ängstlich grübelten, wie der sich abzeichnende Erfolg erhalten oder noch ausgebaut werden könnte. So trat man an Richard Levinson und William Link mit dem nachdrücklichen Wunsch heran, dem Inspektor als einen der üblichen »sidekicks« einen Mitarbeiter zur Seite zu stellen. Dieser sollte neben Columbo als zweite Hauptperson dauerhaft etabliert werden. Natürlich sollte dieser Mitarbeiter jung und gutaussehend sein, um vor allem das weibliche Publikum noch mehr an die Serie zu binden. Der Inspektor selbst wurde solchen Ansprüchen verständlicherweise nicht gänzlich gerecht.

Die beiden Väter Columbos waren von diesem Ansinnen alles andere als erbaut. »Columbo« lebte von Columbo. Das schien ihnen völlig ausreichend. Eine zweite Hauptperson hätte den positiven Eindruck nur mindern können. Bekanntlich sitzen aber die Geldgeber meist an einem längeren Hebel. Levinson und Link, ratlos und auch des ewigen Streits um ihre Konzeption müde, besprachen die Angelegenheit mit Steven Bochco, der mit dem Drehbuch zur ersten Folge der zweiten Staffel betraut worden war. Während der Beratung des kreativen Trios sprach schließlich Richard Levinson den folgenschweren Satz: »Lasst uns ihm einen Hund geben!«

Auch Nick Colasanto, der Regisseur der Episode »Etüde in Schwarz« war von der Idee angetan. Mit dem Hund an Columbos Seite konnte er sich vorstellen, die Folge auf die neunzig Minuten auszudehnen, die ihm vom Studio erstmals auferlegt worden waren. Als aber Peter Falk davon hörte, war er überhaupt nicht begeistert.

Sicher lag seine Ablehnung nicht an dem Tier. Schließlich besaßen er und seine zweite Frau zuletzt selbst neun (!) Hunde, die sogar mit ihnen im Schlafzimmer übernachten durften. Falk war es aber damals einfach zuviel, was dem Inspektor mittlerweile alles zugedacht worden war: Da war der Mantel, die Zigarre und die Ehefrau. Kurz zuvor erst war ihm ein altes Auto aufgeschwatzt worden. Und nun noch ein Hund! Das reichte! Er sagte dem Regisseur ein klares »Nein«, mit dem sich Colasanto augenscheinlich zufrieden gab.

Einige Tage später allerdings wurde der Regisseur noch einmal bei Peter Falk vorstellig: »Darf ich dir einen Hund zeigen?« Da lag er nun:

eine unbewegliche Masse, träge, sabbernd, desinteressiert. »Das soll der Hund sein, den du meinst?«, fragte Falk und nickte. »Du hast recht. Das ist Columbos Hund.« So kam der Inspektor auf den Hund.

Dem Hundefreund Falk bereitete die Arbeit mit dem Basset große Freude. Dieser war ebenso hässlich wie entzückend und schaute sein Herrchen stets mit treuen Augen an. Allerdings lebte der Hund nur noch zwei Jahre und starb 1973. Nun musste er durch ein jüngeres Tier ersetzt werden. Das Problem war jedoch, dass der neue Darsteller zu jung war. So berichtet Peter Falk, der als ein sehr disziplinierter Arbeiter stets pünktlich am Set erschien, dass er fortan eine Ewigkeit warten musste, bis sein »Kollege« aus der Maske kam. Dort hatte man ihn älter geschminkt. Doch der Inspektor hatte sich mittlerweile sehr an seinen vierbeinigen Begleiter gewöhnt, auch wenn dieser im Laufe der Jahrzehnte noch mehrfach wechselte.

Bereits die Einführungsszene für den neuen Serienhelden in »Etüde in Schwarz« ist außerordentlich gut gelungen. Columbo befindet sich in einer Arztpraxis. Seine Leidensmiene verheißt nichts Gutes, während der Doktor eine Spritze aufzieht. Alles deutet darauf hin, dass es dem Inspektor ans Leder gehen soll. Erst jetzt zeigt die Kamera einen Behandlungstisch, auf dem der tatsächliche Patient liegt (→ Abb. 5). Columbo hat ihn im Tierheim aufgelesen. Sein Alter ist unbekannt, ebenso natürlich auch der Name. Columbo fragt den Arzt um Rat. Dieser empfiehlt als gebildeter Lateiner den Namen »Fido« (»Ich vertraue dir«). Auch so intelligente Wortschöpfungen wie »Klops« oder »Mamfi« (im Original »Jet« und »Munch«) sind im Gespräch. Den Basset aber scheint nichts davon anzusprechen. Ebenso wenig reagiert er auf »Beethoven«. Ahnte er damals vielleicht schon, dass zwanzig Jahre später ein Bernhardiner mit diesem Namen auf der Leinwand Furore machen sollte (»Beethoven« [Ein Hund namens Beethoven])? Columbo möchte ihn gern nach irgendeiner hervorstechenden Eigenschaft benennen. Doch gerade daran mangelt es offensichtlich dem Tier, dessen Wesen sich allein auf Schlafen und Sabbern zu reduzieren scheint. So ist es bis auf den heutigen Tag bei dem einfallslosen, aber gerade deshalb passenden »Hund« geblieben.

Auch später musste der Inspektor mit seinem Schützling noch häufiger den Tierarzt Dr. Benson (Michael Fox) aufsuchen. Aufgrund der Tieflage seines trägen Körpers neigt der Basset zum Zeckenbefall. Selbst wegen Liebeskummer wurde der Doktor schon konsultiert. »Hund« hatte sich in eine Cockerspanieldame aus der Nachbarschaft verliebt, die jedoch umgezogen war. Nun ist er vollends der Lethargie verfallen, rührt kein Glied mehr und beißt sogar. Kurzzeitig erwägt Columbo sogar, ihm ein Poster einer Hündin aufzuhängen, verwirft den Plan aber schnell wieder: »Er ist zwar dumm, aber so dumm auch wieder nicht.«

Wenn »Hund« einmal nicht schläft, geht er seinen Neigungen nach: Er liebt Vanille-Eis oder Hot Dogs (!) ebenso wie das Wühlen im Abfall. Mit Leidenschaft sieht er fern; höchstwahrscheinlich deshalb, weil er sich dabei nicht bewegen muss. Doch geht er auch gern mit Herrchen oder Frauchen (*er* kennt sie!) am Strand oder im Park spazieren. Am liebsten aber hält er sich bei jenen Nachbarn auf, die einige Blocks von Columbos entfernt wohnen. Ihr Pech ist es, einen Swimmingpool im Garten zu haben. Bald hat der fremde Köter dort seine Freude am Baden entdeckt.

Woran es »Hund« am meisten mangelt, ist ganz offensichtlich jegliche Erziehung. Er ist ebenso eingebildet wie eigensinnig. Columbo hat als Pädagoge versagt. Seine Inkonsequenz gegenüber dem Hund wird in »Tödliche Kriegsspiele« offenkundig. Als er den Basset allein im Auto lässt, verabschiedet er sich mit den Worten: »Wenn ich wiederkomme und das Auto ist noch da, gebe ich dir einen Hundeknochen. Ist das Auto weg, bekommst du auch einen – weil ich dich liebe!« So kann der Hund natürlich nichts lernen.

Auch der Versuch, »Hund« durch Spezialisten in einer Hundeschule erziehen zu lassen, schlägt gänzlich fehl. Die entsprechende Szene in »Teuflische Intelligenz« gehört zweifellos zum Besten, was je über den Vierbeiner gedreht wurde. Darin erklärt der Schuldirektor, dass er sich weigere, diesen Zögling noch länger an seinem Institut zu behalten. Seine Disziplinlosigkeit habe ein Ausmaß erreicht, das zu Konsequenzen nötige. Selbst die inständige Bitte Columbos um eine letzte Chance bleibt fruchtlos. Der Direktor begründet seine Maßnahme: »Er demoralisiert die anderen Schüler.«

Genauso scheitert das Vorhaben, das Tier zu einem zuverlässigen Wachhund für Mrs. Columbo ausbilden zu lassen. Als der Inspektor in »Mord per Telefon« einer Hundetrainerin seinen Wunsch unterbreitet, winkt diese angesichts des Schülers resigniert ab: »Bringen Sie Ihrer Frau lieber Karate bei!«

Natürlich muss »Hund« sein Herrchen mitunter auch im Dienst begleiten. Dazu führt Columbo im Auto stets einen Wassernapf mit. Entfernt er sich allein vom Wagen, muss er sich vor dem Hund dafür rechtfertigen.

Auf seine Pflege wird geachtet. Regelmäßig muss »Hund« – ob er will oder nicht – zum Hundefrisör. Gibt es ein Sonderangebot, wird ihm schon einmal eine Kräutertinkturmaske aufgelegt. Dazu erhält er eine Pediküre (Frage: Können Vierbeiner eigentlich auch eine *Mani*küre bekommen?). Alle diese Maßnahmen gefallen »Hund« jedoch nicht sonderlich. Sie sind aber Voraussetzung dafür, dass Columbo seinen Schützling zu einem Hundewettbewerb führen kann, wie in »Selbstbildnis eines Mörders« erstmals geschehen. Dann ist Herrchen auch sehr stolz auf ihn.

Der Hausgenosse der Columbos hat zweifellos Kultstatus. Er reiht sich damit ein in die Gruppe bekannter Filmhunde, die bereits 1905 in England mit dem Collie »Rover« begann. In den 20er Jahren konnten die Hundedarsteller mit »Rin Tin Tin« einen echten Megastar vorweisen, der einen eigenen Diener, Chauffeur und Koch hatte. Nicht weniger Ruhm erntete schließlich »Lassie«, der weltbekannte Collie für die ganze Familie.

Über »Rover» schrieb einst ein Kritiker, er sei der erste Filmschauspieler gewesen, der nicht übertrieben spielte. Gleiches kann auch von »Hund» gesagt werden. Wohl nie zuvor hat ein Hund mit einem derartigen Minimum an Bewegung und Mienenspiel soviel Erfolg gehabt. War »Hund» mit seinem »underplaying» gar ein tierischer Robert Mitchum?

5. Die einflussreichen Freunde

»Ich werde eine ganze Armee von Anwälten einschalten. Dann wird die Karriere eines absolut unbedeutenden Polizisten zu Ende sein!«
TÖDLICHES COMEBACK

Der scheinbar harmlos daherkommende Inspektor hat eine Art, die seine Gegner das Fürchten lehrt. Mit seinen ständigen Fragen, der penetranten Aufdringlichkeit und den versteckten, aber dennoch unüberhörbaren

Verdächtigungen treibt er seine Opfer in die Enge. Er ist ein Jäger, der nur auf den Augenblick zu warten scheint, in dem das Wild seine Deckung verlässt, um zum Gegenangriff auszuholen. Das würde seinen Verdacht nur erhärten.

Es kommt Columbo dabei zugute, dass die Täter durchweg einer gesellschaftlichen Schicht angehören, für die eine solche Opferrolle ungewohnt ist. Das verunsichert sie zusätzlich. Gleichfalls aber sind sie keineswegs bereit, diese Rolle anzunehmen. Sie verfügen über Macht und Einfluss und sind in der Lage, zurückzuschlagen. So ist es keineswegs verwunderlich, dass gegen Columbo schwerste Geschütze aufgefahren werden, wenn es gilt, die eigene Haut zu retten. Druck erzeugt Gegendruck. Den bekommt der Inspektor dann häufig zu spüren.

Solcherart Druck geht in der Regel nicht von dem Betroffenen selbst aus. Er bedient sich vielmehr seiner gesellschaftlichen Verbindungen, die in höchste Etagen der Macht reichen. Freunde und Bekannte werden auf Columbo angesetzt.

Eingeführt wurde dieses Motiv bereits in Columbos erstem Fall »Mord nach Rezept«. Hier naht die Gefahr in Gestalt von Burt Gordon, seines Zeichens Vertreter des Generalstaatsanwaltes – und Intimus des Mörders Dr. Flemming. Zu Beginn tritt er dem damals jungen Lieutenant noch recht gönnerhaft entgegen und deutet ihm an, ein Erfolg in diesem Fall könne seiner Karriere durchaus förderlich sein. Nachdem Columbo allerdings den renommierten Psychiater verdächtigt, die eigene Ehefrau ermordet zu haben, fühlt sich Gordon dazu berufen, dem Inspektor möglichst viele Steine in den Weg zu legen: »Ich werde ihn mir vorknöpfen. Wozu hat man schließlich Freunde?«

Sehr typisch ist der Charakter dieses anmaßenden Kerls mit William Windom (*28.9.1923, †16.08.2012) besetzt, der auf manchmal schmierige Nebenrollentypen abonniert war. Als einer der meistbeschäftigten amerikanischen TV-Schauspieler über einen Zeitraum von vierzig Jahren war er schon in fast jeder nennenswerten Serie dieser Epoche als Gast aufgetreten.

Windom setzte mit dem Part des Burt Gordon einen Maßstab für ein weiteres beliebtes »Columbo«-Motiv. Seitdem haben sich derartige Freundschaften auf vielfältige Weise bewährt. Die Täter sind häufig mit dem Bürgermeister oder dem Polizeipräsidenten per »Du«. Sie kennen einen Richter oder haben »gute Freunde im Rathaus«. Man spielt zusammen Golf oder nimmt andere gesellschaftliche Verpflichtungen gemeinsam wahr. Oft ist es auch einfach der »Anwalt der Familie«, der gegen Columbos Ermittlungen interveniert. Drohungen sind an der Tagesordnung: »Dafür verlieren Sie Ihren Job! Nicht einmal Strafmandate werden Sie noch verteilen dürfen!« (»Bei Einbruch Mord«). Bei Columbos Vorgesetzten werden Beschwerden vorgebracht oder gar eine Klage gegen ihn angestrebt. In »Tod am Strand« setzt der Täter sogar die CIA auf den ahnungslosen Inspektor an.

So fehlt es nie an Helfern, die zur Stelle sind, um einen der ihren vor dem Proleten-Cop zu schützen. Weil Columbo als Eindringling in eine Welt empfunden wird, zu der ihm das Eintrittsrecht abgesprochen wird, fühlen sich die Mitglieder dieser Oberschicht zum Schulterschluss gerufen. Eine Hand wäscht die andere. Dass sie dabei von einem Mörder ausgenutzt werden, käme diesen Leuten nicht in den Sinn. Ihre eigene Eitelkeit macht sie blind. Sie genießen es viel zu sehr, um Hilfe gebeten zu werden, um dann auch ihre Machtposition zu gebrauchen.

Leider taucht dieser Typus in der neuen Serie kaum noch auf. Meist vertrauen die Täter auf ihren eigenen Namen. Eine Ausnahme bildet die dankenswerte Reaktivierung des »Columbo«-Veteranen Robert Culp. Er stellt in »Luzifers Schüler« das von ihm gewohnte arrogante Ekelpaket dar. Hier ist er nicht nur der Vater eines der jugendlichen Täter, sondern gleichzeitig auch ein renommierter Strafverteidiger, Rechtsberater und Mäzen des Colleges, auf dem er seinen missratenen Sprössling unter allen Umständen halten will. Er hält Columbo für den totalen Versager und macht ihm Druck. Wahlweise beschimpft er ihn, versucht ihn massiv einzuschüchtern oder demütigt ihn.

Es ist zwar kaum zu glauben, aber trotzdem wahr: Alle diese Versuche einflussreicher Freunde, gegen Columbo zu intervenieren, laufen ins Leere. Die Polizeibehörde von Los Angeles erweist sich ein ums andere Mal als unbestechlicher Hort des Rechts, der ohne Ansehen der Person urteilt. Columbo hat stets Vorgesetzte, die ihm den Rücken stärken. Einmal mehr drängt sich ein Vergleich zu Peter Yates' Thriller »Bullitt« auf, der im selben Jahr in die Kinos kam, in dem auch Columbo erstmals aktiv wurde. Auch hier liefern sich ein Cop (Steve McQueen) und ein mächtiger Politiker (Robert Vaughn) ein Duell; auch hier gibt es einen loyalen Chef des Polizisten (Simon Oakland), der hinter seinem Mann steht.

Natürlich gibt es auch hier die eine Ausnahme von der Regel. Einmal zeigt die Beschwerde gegen Columbo Wirkung: In »Mord in der Botschaft« hat sich der Inspektor immerhin mit einem arabischen Diplomaten angelegt, der sich mit seinen Klagen direkt an das US-Außenministerium wendet. Dem aufdringlichen Columbo wird die Verletzung ausländischen Hoheitsgebietes vorgeworfen. Daraufhin muss er sich schriftlich entschuldigen. In dieser Situation verhält er sich sehr kooperativ. Er bietet sich sogar an, das Schreiben persönlich dem Geschädigten zu überbringen. Das ist aber auch kein Wunder: Schließlich wird es ihm dadurch wieder möglich, das zu tun, was er am liebsten tut und wofür sie ihn am meisten hassen: dem Verdächtigen ganz nahe auf den Leib rücken.

Außerdem ist Columbo durchaus in der Lage, mit den gleichen Waffen zurückzuschlagen. In dem König des betreffenden Landes findet er, was sich sonst nur die Gegenseite leisten kann: einen sehr einflussreichen Freund!

6. Die überflüssigen Mitarbeiter

> *»Wir wissen noch gar nichts. Das Dezernat hat noch nichts. Das ist offiziell.*
> *Aber ich schon. Das ist inoffiziell.«*
>
> STIRB FÜR MICH

Die dominierende Persönlichkeit des Inspektors lässt oft vergessen, dass er Mitarbeiter einer Polizeibehörde ist. In diesen institutionellen Rahmen scheint so gar nicht zu passen. Fast ist man geneigt zu glauben, dieser eigenwillige Kerl sei eine Art Privatschnüffler, der auf eigene Rechnung arbeitet. Die Dramaturgie der Serie ist voll und ganz auf diesen einen Charakter ausgerichtet, und sie tut gut daran. Es war daher eine weise Entscheidung der Autoren, auch gegen den Druck der Produzenten Columbo keinen ständigen Partner zur Seite zu stellen.

Trotzdem agiert Columbo nicht im luftleeren Raum. Immer wieder treten auch andere Polizisten auf. Das ist jedoch kein Widerspruch, denn diese Beamten haben hier eine völlig andere Funktion als die des typischen »sidekicks«, wie ihn beispielsweise Steve Heller für Lt. Mike

Stone (»Streets Of San Francisco« [Die Straßen von San Francisco]) oder Crocker für Kojak darstellten.

Zunächst einmal schaffen Columbos Kollegen ein Bewusstsein dafür, dass der Lieutenant mit der Dienstmarkennummer 436 ein Vertreter des Los Angeles Police Departement (L. A. P. D.) ist; allerdings keiner, der sich so einfach eingliedern ließe. Aus jedem Pulk von Polizisten sticht er hervor. Erst im Kontrast zu den anderen Gesetzeshütern wird Columbos Profil geschärft. Dies ist die einzige Funktion, der die Kollegen ihre Daseinsberechtigung im Film verdanken: An ihnen wird deutlich, wie sehr sich der eigensinnige Individualist Columbo von der Maschinerie eines ansonsten wohlgeordneten Polizeiapparates abhebt.

Man stelle sich vor: Am Tatort eines Mordes sind viele Beamten bei der Arbeit. Sie tun dies gewissenhaft und professionell. Bei den »Jungs vom Labor«, wie Columbo sie liebevoll nennt, sitzt jeder Handgriff. Sie sind korrekt gekleidet und stellen korrekte Fragen. Inmitten dieses geordneten Gefüges wirkt Columbo wie ein Rhinozeros in einer Herde friedlich grasender Zebras. Meist unausgeschlafen und ungekämmt stürzt er in das Geschehen. Für die Berichte der Kollegen hat er kaum ein Ohr, sondern ist mit sich selbst oder anderen Nebensächlichkeiten beschäftigt. Ihm ist es dort auch viel zu laut.

Die erste Verwunderung: Auch dieser ungepflegte und ungehobelte Kerl, den man normalerweise als Hausierer verdächtigen und vor die Tür jagen würde, ermittelt in behördlichem Auftrag! Der aufdringliche Mann mit den schlechten Manieren repräsentiert tatsächlich die Polizei! Jemand, dessen Manteltaschen bereits ein heilloses Durcheinander bieten, gilt als Hüter der staatlichen Ordnung. Da passt etwas nicht zusammen.

Die zweite Verwunderung folgt auf dem Fuße, wenn dann zu allem Überfluss noch erklärt wird, dass ausgerechnet dieser Kerl die Untersuchungen *leitet*! Das schwarze Schaf ist der Leithammel dieser Herde.

In solcher Weise wirkt Columbo im Regelfall auf die Täter. Aber auch innerhalb des Polizeiapparates ist er ein Fremdkörper. In keiner Serie ist ein Polizist so selten auf dem Revier zu sehen. Levinson und Link hatten von Beginn an die Regel aufgestellt: »Zeige Columbo nie im Büro!« Er sollte stattdessen über die Welt der Reichen und Schönen wie aus dem Nichts hereinbrechen. Ganz durchgehalten wurde diese Regel nicht. Erstmals sieht man ihn in »Wein ist dicker als Blut« an einem

Schreibtisch. Erwartungsgemäß stellt sich heraus, dass es nicht sein eigener ist. Besitzt er überhaupt ein Büro?

Der Inspektor lässt sich nicht in das Getriebe der normalen Polizeiarbeit einordnen. Dass er sich auf dem Revier kaum blicken lässt, hat einen einfachen Grund: »Da passieren so wenig Mordfälle.« Er hasst Büroarbeit und ist ständig im Außendienst.

Wie aber kann sich ein solch unverbesserlicher und kauziger Individualist in einem Apparat halten, in dem Zusammenarbeit und ein gewisser Teamgeist unerlässlich sind? Die Antwort kann nur lauten: Columbo wird toleriert, weil er extrem erfolgreich ist. Seine Vorgesetzten bis hin zum Polizeipräsidenten wissen, was sie an ihm haben. In vielen Jahren hat er sich einen einzigartigen Ruf im Departement erworben, gilt sogar als Legende. Seine Aufklärungsquote legitimiert manche seiner unorthodoxen Methoden. Über viele Unzulänglichkeiten wird daher hinweggesehen. Columbo erweist sich hierin als idealer Vertreter einer Leistungsgesellschaft, in der allein der Erfolg zählt. Solange er ihn vorweisen kann, hat er im Departement einen Narrenschein. Umgekehrt ist er aber gerade deshalb erfolgreich, weil er sich nicht stromlinienförmig anpassen muss, sondern seine Individualität im Beruf ausleben kann. So ist hier die leistungsorientierte Gesellschaft durchaus positiv zu betrachten, wenn das Individuum sich dabei nicht verbiegen muss, sondern Mensch bleiben kann. Columbo gelingt dies ohne Zweifel.

Als wesentliche Funktion der Kollegen wurde die Verdeutlichung eines Gegensatzes konstatiert. Der Kontrast zum Inspektor kommt aber nicht allein in den Umgangsformen oder der Kleidung zum Ausdruck. Ebenso wird hier die intellektuelle Überlegenheit Columbos deutlich. Keiner seiner Mitarbeiter hat je etwas Maßgebliches zur Lösung eines Falles beigetragen. Das Gegenteil ist der Fall: Alle laufen ständig in die Irre. Begierig stürzen sie sich auf die offensichtlichen Spuren, die nicht selten vom Täter selbst gelegt sind. So gehen sie falschen Fährten nach und sind den Mördern nicht im mindesten gewachsen. Ihre Unzulänglichkeit bedarf der Korrektur durch das überragende Genie des Inspektors. Ohne ihn sind sie nichts. Es kommt sogar vor, dass sich Columbo für sie entschuldigen muss. Über die Beamten Albinsky und Kramer bemerkt er: »Unser junger Kollege ist noch nicht lange dabei, und der andere übt noch ein bisschen« (»Der alte Mann und der Tod«).

Erscheinen die Polizisten um ihn herum auch mehr oder minder hilflos, so ist das Verhalten Columbos doch nie das eines Oberlehrers. Wie sich sein persönlicher Wesenszug der Bescheidenheit und des wenig ausgeprägten Selbstbewusstseins gegenüber den Tätern in fast schon peinlicher Servilität äußert, so ist sein Umgang mit seinen Mitarbeitern von Kooperation und anerkennendem Lob geprägt. Selbst dort, wo es ihnen an jeglichem Durchblick mangelt, gibt er ihnen noch das Gefühl, den Fall nur durch ihre Mithilfe gelöst zu haben. Er tut dies nicht aus Kalkül, sondern ist tatsächlich davon überzeugt. Sich selbst hält er nie für besonders wichtig. Seine Defizite stehen ihm ständig vor Augen, so dass ihn mancher Erfolg in seiner Arbeit ehrlich überrascht. Wenn ihn sein Chef gar als »Legende der Mordkommission« bezeichnet, grübelt er ernsthaft nach: »Ich frage mich, warum er das gesagt hat« (»Blumen des Bösen«).

Glaubt Columbo auch an die Fähigkeiten seiner Leute, so sieht die Realität doch gänzlich anders aus. Sie fungieren lediglich als Stichwortgeber und sind dazu da, Columbo Feuer zu geben. Keiner von ihnen hat während der langen Laufzeit der Serie eine eigenständige Persönlichkeit entfalten können. Sie sind unbedeutend, austauschbar und gesichtslos. Das lässt sich belegen. Bestes Beispiel dafür ist die Figur des *Sgt. Burke*. Dieser Beamte ist eine Art »Alan Smithee« der Polizei: Es kann sich jeder dahinter verbergen. Unter diesem Namen treten ausgerechnet in vier aufeinanderfolgenden Episoden wechselweise zwei verschiedene Darsteller auf. In »Todessymphonie« erscheint Todd Martin als Burke; in »Alter schützt vor Morden nicht« ist es Jerome Guardino. Darauf folgt in »Mord á la carte« wieder Martin, gefolgt von Guardino in »Mord in eigener Regie«. Letztgenannter verkörpert den Burke in der neuen Serie noch einmal in »Die vergessene Tote«. Gesteigert wird die Verwirrung noch dadurch, dass eben jener Jerome Guardino bereits in der früheren Folge »Tödliches Comeback« als ein gänzlich anderer Polizist namens »Harris« auftrat. Doch auch damit noch nicht genug: In »Black Lady« erscheint schließlich Stewart J. Zully als Sgt. Burke Nr. 3! Auch Zully war in der vorhergehenden Episode schon einmal in einer Chargenrolle aufgetreten.

Man könnte nun annehmen, es handle sich bei allen diesen Fällen um die schlampige Arbeit des Besetzungsbüros. Es könnte jedoch auch sein, dass dahinter Methode steckt. Die völlige Austauschbarkeit jener Randfiguren wird so dokumentiert. Eine gesichtslose Masse lässt den

Charakterkopf Columbo um vieles stärker hervortreten. Nur darum geht es. Das gesamte Interesse des Zuschauers wird auf den Inspektor fokussiert und dort gehalten. Nichts in der Dramaturgie soll von der Zentralfigur ablenken, die ihrerseits so ausgeklügelt ist, dass sie bis zum Schluss fasziniert und fesselt. So liegt der ganze Erfolg der Serie einzig in einem polizeilichen Ein-Mann-Unternehmen. Damit sich daran nichts ändert, sind sämtliche anderen Beamten zu Statisten degradiert.

Einige wenige haben es trotz alledem geschafft, ein kleines Stück aus der völligen Anonymität herauszutreten. Als Erster muss hier *Sgt. George Kramer* genannt werden. Allein die Tatsache, dass auch sein Vorname bekannt ist, hebt ihn aus der Masse heraus. Vor allem aber ist er bisher am häufigsten neben Columbo als Polizist aufgetreten, begleitete ihn in sieben Fällen.

Dargestellt wurde Kramer von Bruce Kirby (*24.04.1928), einem italienischstämmigen Schauspieler aus New York. Kirby war seit Beginn der 70er Jahre in vielen Fernsehrollen zu sehen (z. B. in der Serie »Shannon«), aber auch in kleinen Filmparts wie in »The Muppet Movie« (Muppet Movie), »Sweet Dreams«, »Stand By Me« (Stand by me – Das Geheimnis eines Sommers) und zusammen mit Peter Falk in »Happy New Year«. Der von ihm dargestellte Sgt. Kramer erweist sich als der ideale Gegenpart für Columbo (→ Abb. 19). Er sieht nur die Spuren, die ihm überdeutlich vor Augen stehen. Dahinter zu schauen vermag er nicht. Dementsprechend fremd bleiben ihm die Schlussfolgerungen seines Chefs. Manchmal schämt er sich sogar für dessen Auftreten. Verstanden hat er ihn bis zuletzt nicht.

Für wie unbedeutend selbst diese inzwischen bekannte Figur angesehen wird, zeigt sich an zwei Punkten: In »Wer zuletzt lacht …« ist Kirby nicht einmal in den »credits« genannt. In »Seltsame Bettgenossen« ist der von ihm dargestellte Charakter kurzerhand in »Sgt. Phil Brindle« unbenannt.

Außer als Kramer ist Bruce Kirby auch in anderen Chargenrollen in Erscheinung getreten. In »Ein Hauch von Mord« ist er ein Laborant, in »Mord in eigener Regie« hat er als Fernsehmonteur mit Columbos Apparat zu tun.

Ein weiterer nennenswerter Charakter unter den Polizeibeamten ist *Sgt. Wilson*. Zwar trat er lediglich in zwei Episoden auf, wirkte dabei aber recht originell. Mit ihm wurde zudem in besonderer Weise eine Kontrastfigur zu Columbo gezeichnet. Wilson ist nämlich ein junger Mann, der geradewegs von der Polizeiakademie kommt und nun voller Tatendrang steckt, sich endlich in der Praxis bewähren zu können. Wie wohl die meisten frischgebackenen Hochschulabsolventen ist auch er davon überzeugt, sein erworbenes Theoriewissen befähige ihn dazu. Davon kann natürlich keine Rede sein, wenn einem der Polizeialltag ausgerechnet in Gestalt von Inspektor Columbo begegnet. Ihm wird Wilson in »Blumen des Bösen« zugeteilt. Columbo ist davon selbst überrascht. Nichts liegt ihm ferner als der Gedanke, der Neuling solle bei ihm in die Lehre gehen. Vielmehr geht er davon aus, *er selbst* solle von Wilson in moderner Polizeitechnik unterwiesen werden, von der er naturgemäß keine Ahnung hat.

Wilson ist jedenfalls zunächst sehr davon angetan, bei einem Inspektor assistieren zu können, dem ein bedeutender Ruf vorauseilt. Zunehmend aber bröckelt das Idealbild, das sich der überkorrekte Neuling von Columbo gemacht hatte. Bald wittert er Morgenluft und verfolgt in einer penetrant wichtigtuerischen Art seine eigenen Spuren. Ausgerechnet dem Täter deutet er im Vertrauen an, dass er von den Methoden seines Chefs wenig hält und selbst ganz anders arbeitet. Natürlich erntet er für eine solche Einstellung uneingeschränktes Lob. So aber kann Wilson nicht gewinnen, sondern steht am Ende als der Blamierte da. Bezeichnenderweise löst Columbo den Fall aufgrund von technischen Kenntnissen, die er von Wilson gelernt hat. Es wird dabei deutlich, dass bloßes Wissen noch keinen Mordfall löst, sondern Intuition und Menschenkenntnis nötig sind. Solches kann man nicht auf Polizeischulen lernen.

Nach 25 Episoden taucht Sgt. Wilson unvermittelt in »Wenn der Schein trügt« erneut auf. Statt in der Lehre des Altmeisters zu bleiben, hat er inzwischen so wesentliche Dinge wie einen Schreibmaschinenkurs absolviert. Noch immer läuft er falschen Spuren nach – und dem Inspektor, dem er dessen nagelneuen Regenmantel hinterher trägt, den Columbo partout loswerden will.

Als Wilson bietet Bob Dishy (*12.01.1934) zweimal eine gute Darstellung. Dishy war in vielen Filmrollen zu sehen, u. a. in »Lovers And Other Strangers« (Liebhaber und andere Fremde), »I Wonder Who's Killing Her Now?« oder »Don Juan DeMarco«[59].

Auch Sgt. Wilson ist wiederum nur Beiwerk, das der Herausstellung seines Chefs dient. Darüber hinaus hat niemand einen weiteren Gedanken an diese Figur verschwendet. Das zeigt sich an der Tatsache, dass er unter verschiedenen Vornamen auftritt: Aus »Frederic Wilson« wird später »John J. Wilson«.

John Finnegan (* 18.08.1926; † 29.07.2012) ist der Schauspieler, der – noch vor Bruce Kirby – neben Peter Falk die meisten Auftritte in »Columbo«-Episoden aufzuweisen hat. Er soll hier genannt werden, auch wenn unter seinen elf Rollen lediglich vier Polizisten zu finden sind. In »Ein Hauch von Mord« ist er als unbedeutender Sergeant kaum zu sehen. Gleiches gilt für den Lt. Dryer in »Meine Tote – Deine Tote«. Einen größeren Part spielt er in »Wer zuletzt lacht … » und »Tödliche Liebe« als Polizeichef Quentin Corbett. Im ersten Fall wird dieser Vorgesetzte Columbos allerdings nicht unter einem Personennamen geführt. Ansonsten ist Finnegans Repertoire groß und reicht vom Müllmann über einen Schiffsmaat bis zum Regieassistenten. Nachdem Columbo für seine Chili-Exzesse in »Barney's Beanery« ein Stammrestaurant gefunden hatte, trat Finnegan auch zweimal als Gastwirt Barney in Erscheinung (in »Ein Toter in der Heizdecke« und »Keine Spur ist sicher«). In beiden Fällen beschränkt sich seine Funktion keineswegs nur auf die Bereitstellung von Columbos Leibgericht. Gleichzeitig fungiert er auch als eine Art Seelsorger oder Supervisor, mit dem der Inspektor den Fortgang seiner Ermittlungen bis hin zu privaten Verwicklungen in den Fall bespricht.

Finnegans Zusammenarbeit mit Peter Falk erstreckte sich nicht nur auf »Columbo«. Mit ihm stand er auch in »A Woman Under The Influence« (Eine Frau unter Einfluß), »Opening Nights« (Premiere), »The In-Laws« (Zwei in Teufels Küche) sowie in »Big Trouble« (Sterben … und leben lassen) vor der Kamera. Finnegan gehört auch zum Cassavetes-Clan, auf den man bei »Columbo« immer wieder trifft. Weitere Rollen hatte er in den Cassavetes-Filmen »The Killing Of A Chinese Bookie« (Die Ermordung eines chinesischen Buchmachers) und »Gloria«; ebenso in Levinsons und Links Produktion »Rehearsal For Murder« (Eine Probe für den Mörder). Unter den bekannteren Filmen von Finnegan finden sich Mini-Rollen in »Capone«, »JFK«, »Last Action Hero« und »Mars Attacks!«. Auffällig ist, dass er auch hier am häufigsten als Polizist oder als Gastwirt anzutreffen ist.

Auch andere mehrfach in »Columbo«-Episoden aufgetretene Schauspieler haben Polizisten dargestellt. Bill Zuckert trat zweimal als Columbos Vorgesetzter auf – allerdings auch hier unter verschiedenen Namen: als »Capt. Sampson« und »Capt. August«. Ebenso verhält es sich mit dem von Robert Karnes verkörperten älteren und gutmütigen Polizisten, der einmal »Grover«, ein amderes Mal »Vernon« heißt. In der neuen Serie hatte sich den Beamten auch der Gerichtsmediziner George angeschlossen, der bisher dreimal von Steven Gilborn gespielt wurde. Zuletzt wurde Columbo zweimal von Sgt. Degarmo alias Richard Riehle begleitet.

Wenig erfreulich ist die Tatsache, dass es unter den Polizeibeamten auch zwei schwarze Schafe gab, die in die Rubrik »Täter« fallen. In »Meine Tote – Deine Tote« ist es sogar ein Commissioner, dem Columbo so gefährlich wird, dass er ihn kurzerhand zum Einbruchsdezernat versetzt, um ihn von dem Fall fernzuhalten. In »Keine Spur ist sicher« ist es ein Mitarbeiter der Spurensicherung, der den Mord beging. Hier liegt der Reiz in der unmittelbaren Zusammenarbeit von Inspektor und Mörder, bei der Columbo immer unmittelbar auf die von seinem Partner ausgelegten falschen Spuren reagieren muss.

Die weiteren Polizisten sind Legion. Da gibt es die Lieutenants Ferguson, Flaherty und Schulz sowie eine Unmenge von Sergeants namens Albinsky, Benning, Brady, Brown, Douglas, Goodman, Hoffman, Johnson, Miller, Lefkowitz, Rivers, Rodriguez, Schiffer und viele andere. Hinzu kommen zwei ausländische Kollegen, denen Columbo in ihren Heimatländern unter die Arme greift: in England Chief Superintendent William Durk und in Mexiko Commandante Emilio Sanchez. Für sie alle und weitere Ungenannte gilt ebenso, dass sie nur eine Funktion haben: Sie sollen deutlich machen, dass sie allesamt keine Rolle spielen. Und diese Rolle spielen sie wirklich gut!

VI. DIE REQUISITEN

1. Die Kleidung

»Sein Schneider gehört verbrannt!«
LUZIFERS SCHÜLER

Es heißt, »Columbo« sei in der amerikanischen TV-Geschichte die Serie mit dem minimalsten Kostenaufwand gewesen, was die Kostüme betrifft. Dies scheint durchaus glaubwürdig und dürfte zumindest für die Ausstattung des Inspektors zutreffen. Columbo trägt immer dasselbe: den Mantel, den schlecht sitzenden Anzug und ein altes Paar brauner Schuhe. Alle diese Kleidungsstücke gehören dem Hauptdarsteller selbst. Bevor sie zu heute unbezahlbaren Reliquien wurden, hätte sie außer ihm wohl auch niemand freiwillig tragen wollen.

Was für Superman sein Cape, ist für Columbo der Mantel. Unzählige Male musste Peter Falk darüber Auskunft geben, wie er zu jenem Trenchcoat kam, der fortan sein hervorstechendstes Markenzeichen werden sollte. 1967 befand sich Falk zu Dreharbeiten in New York. Eines Tages war er in der Stadt unterwegs, als es stark zu regnen begann. Kurzentschlossen betrat er einen Laden in der 57th Avenue und kaufte für ganze 30 Dollar den billigsten Regenmantel, der im Angebot war. Mit ihm erschien er dann am Drehort.

Das Drehbuch zu »Mord nach Rezept« sah vor, dass Columbo einen Mantel tragen sollte. Bereits das Theaterstück von Levinson und Link hatte dieses Requisit enthalten. So war auch Thomas Mitchell auf der Bühne in einem Mantel erschienen. Dabei hatte es sich allerdings um einen schweren Überzieher gehandelt, der den ohnehin kräftig gebauten

Schauspieler noch bulliger und furchteinflößender erscheinen ließ. Für den Columbo, wie ihn sich Peter Falk vorstellte, kam ein solches Stück nicht in Frage. Aber nur mit Mühe konnte er die beiden Autoren davon überzeugen, dass sein alter Trenchcoat für den schmächtigen und sonst unauffälligen Inspektor genau das Richtige sei. Ein zusätzlicher Gag war mit dieser Wahl vorprogrammiert: Schließlich spielt die Serie im sonnigen Kalifornien, wo es ausgesprochen selten regnet. Die Benutzung eines Trenchcoats ist also an sich widersinnig. Gegen jede Vernunft läuft der Inspektor unabhängig von jeder Witterung damit herum. Während aller bisherigen Folgen regnete es nur ein einziges Mal: In »Todessymphonie« hätte er den Mantel erstmals wirklich gebraucht. Ausgerechnet in diesem Moment aber liegt das gute Stück zuhause, da Mrs. Columbo an ihm ein neues Fleckenmittel ausprobiert.

Damit ist bereits der Zustand dieses Lumpens angesprochen. Flecken aller Art gehören zu Columbos Mantel wie die Beulen zu seinem Wagen. Hatten die Kostümbildner schon sonst nicht viel am Inspektor zu tun, mussten sie sich doch seines Mantels annehmen. Unter Zuhilfenahme von verschiedenem Schmutz, Öl und Farben wurde er auf alt getrimmt. Er konnte nicht schäbig genug aussehen.

Nachdem das gute Stück für die neue Serie beim besten Willen nicht mehr zu verwenden war, ließ man in Kanada eine exakte Kopie maßschneidern. Der neue Mantel wurde nun chemisch behandelt und professionell zerknittert und sah anschließend aus wie der alte. Inzwischen hatte sich auch das zerknitterte Gesicht seines Trägers dem Trenchcoat angeglichen.

Den Originalmantel verwahrte Peter Falk bei sich zuhause. »Ich passe gut auf ihn auf«, witzelte er auf häufige Nachfragen hin. »Ich stelle ihm jeden Abend eine Schale Milch hin.« Treusorgende Fans schickten dem Meister ebenfalls reihenweise Trenchcoats. Zudem existierten am Set auch immer mehrere Ersatzstücke, die jedoch nie zum Einsatz kamen. Einer dieser Mäntel wurde 1974 in Bridgeport (Connecticut) für 1.000 Dollar versteigert.

Bereits vom ersten Fall an ist Columbo also im Besitz des Mantels. Hier trägt er ihn allerdings meist noch über dem Arm. In der dritten Episode »Tödliche Trennung« ist er erstmals Gesprächsgegenstand: »Mein Mantel ist zu dünn für diese Jahreszeit«, klagt der Inspektor.

Trotzdem hängt er an diesem Stück. Schließlich bietet der Mantel auch sehr praktische Möglichkeiten: In den unergründlichen Tiefen seiner Taschen verstaut Columbo alles, was er zum täglichen (Über-)Leben benötigt: Zigarren, Notizblock, hartgekochte Eier, den Salzstreuer und sogar die Thermoskanne mit Kaffee. Natürlich finden auch Streichhölzer und Stift ihren Platz, nur halten sie sich bekanntlich dort nicht lange. Sieht Columbo keine Möglichkeit, sich seiner Zigarrenasche zu entledigen, kann es vorkommen, dass auch diese den unschicklichen Weg in die Manteltasche nimmt. Eine weitere praktische Verwendungsmöglichkeit zeigt sich dann, wenn es eine Leiche abzudecken gilt. Auch hierzu musste der Mantel schon herhalten.

Niemand könnte Columbo dazu bewegen, sich von dem vergammelten Fetzen zu trennen. Hartnäckig weigert er sich in der grandiosen Szene in der Armenküche (»Momentaufnahme für die Ewigkeit«), sich aus dem Kleiderfundus einen neuen auszusuchen. Dieser wäre unter Garantie in einem besseren Zustand gewesen. Auch seine Frau hatte irgendwann genug: In »Wenn der Schein trügt« hat sie ihrem Mann kurzerhand einen neuen Mantel gekauft und ihn dazu verdonnert, ihn auch zu tragen. Columbo sieht darin äußerst fremdartig aus und bewegt sich auffallend steif (→ Abb. 7). Mit allen Mitteln versucht er, ihn loszuwerden. Am Ende hat er den alten wieder an und ist merklich erleichtert. In dem neuen war es ihm unmöglich geworden, auch nur einen klaren Gedanken zu fassen.

Columbos übriges Outfit steht dem Mantel in nichts nach. Der Anzug sitzt miserabel und hat eine unmögliche Farbe. Im Fundus gab es für Peter Falk nur Anzüge in blau und weiß. Das gefiel ihm nicht. Er ließ einen davon bräunlich färben und belästigte seither mit diesem erdfarbenen Teil seine Umwelt. Mrs. Columbo ist verständlicherweise auch der Anzug ein Dorn im Auge. »Sie möchte ihn reinigen lassen und dann verbrennen«, erklärt der Inspektor. Es ist ihr nicht gelungen.

Nur bei wenigen Gelegenheiten kann der Zuschauer Columbo einmal im schwarzen Anzug mit Fliege bewundern. Dazu gehört auch jene denkwürdige »Beerdigung« seiner Frau in »Ruhe sanft, Mrs. Columbo!«. Elegant im Smoking erscheint er einmal auf dem Polizeiball. Darunter allerdings sind ständig seine Hosenträger zu sehen.

Dazu trägt der Inspektor meist weiße Oberhemden, die er angeblich täglich wechselt. Sie stammen aus irgendwelchen Discount-Märkten und im Ursprung aus Korea. Auch Krawatten gehören dazu, obwohl er sie überhaupt nicht mag. Er ist nicht in der Lage, sie ordentlich zu binden: Das schmale Ende ist meist länger als das breite. Manchmal hängt die Krawatte auch in der Suppe. Attraktive Damen schenken ihm hin und wieder einen neuen Schlips. Dann versucht er, auch diese nicht erbetenen Gaben schnellstmöglich wieder loszuwerden. Anregungen, sich doch einmal gänzlich neu einzukleiden, schlägt er in den Wind.

Die abgetretenen braunen Schuhe vervollständigen das unansehnliche Bild. Für den gepflegten Rasen eines Golfplatzes sind sie jedenfalls zu schäbig. Stolz präsentiert er einmal ein Paar neue Treter, die er für ganze 16,95 Dollar erstanden hat.

Das Outfit des Inspektors entspricht voll und ganz seinem Träger. Sie ist keineswegs Verkleidung, wie manche der Mitwirkenden immer wieder vermuten. Columbo heißt weder »Toma«, noch hat er sich ein Beispiel an dem orientalischen Kalifen Harun al Raschid genommen, der »undercover« seine Untertanen aushorchte. Versucht er dies einmal – wie in der gleichnamigen Episode – , so zieht er sich völlig anders an und wird auch prompt erstmalig als »Bulle« erkannt!

Richard Levinson hat einmal im Vergleich mit Kojak den Unterschied der beiden so definiert: »Columbo war der schäbige Kerl in einer eleganten Umgebung. Kojak dagegen war der elegante Mann in einer schäbigen Umgebung.«

Columbo hat eben ganz andere Interessen als seine Kleidung. Auch ist ihm jegliche Eitelkeit fremd. In »Mord unter sechs Augen« bemerkt er deshalb einer Dame gegenüber auch recht verständnislos: »All das Getue um die Kleidung! Alles sehr selbstgefällig, oder?« – »Tja, Inspektor«, bekommt er zur Antwort, »es gibt eben auch Männer, die wollen nicht aussehen wie ein ungemachtes Bett!« Was wollen uns diese Worte sagen?

2. Die Zigarre

»Verbrennen Sie hier alte Lumpen, oder ist jemand gestorben?«
TODESSSCHÜSSE AUF DEM ANRUFBEANTWORTER

»Gotta Match?« heißt im amerikanischen Original einer der am häufigsten gesprochenen Sätze des Inspektors. Columbo hat einen immensen Verbrauch an Zigarren, allerdings nie Streichhölzer zur Hand.

Niemand weiß mehr, wer eigentlich auf die Idee kam, Columbo die Zigarre zu verpassen. Auf jeden Fall kam Peter Falk dieser Wesenszug seines alter ego sehr entgegen. Schließlich war er selbst über sechzig Jahren leidenschaftlicher Zigarrenraucher gewesen. Seine weit über neunzig Jahre alt gewordene Großmutter frönte demselben Laster ein Dreivierteljahrhundert lang.

Wie Falk zum Rauchen kam, ist ungewiss. Bei Columbo ist es klar: Sein älterer Bruder Sal verleitete ihn zum Nikotin. Seither ist der Inspektor von der oralen Fixierung nicht mehr weggekommen. Darin allerdings trifft er sich mit seinem New Yorker Kollegen Theo Kojak, der jedoch nach der Nikotinentwöhnung auf Lollis spezialisiert ist. Auch der Welt berühmtester Detektiv, Sherlock Holmes, zählt zu den Rauchern. Im Vergleich mit Columbo wird der gravierende Unterschied zwischen stilvoller Eleganz und proletenhafter Schäbigkeit deutlich: Während Holmes das Pfeiferauchen zu einer Kunstform erhob, geht die Qualmerei seines amerikanischen Kollegen mit einer ganzen Reihe von schauderhaften Unsitten einher. Columbo raucht das billigste Kraut, das einen entsprechend unangenehmen Gestank verbreitet. Zigarrenabschneider lehnt er vehement ab. Stattdessen beißt er das Ende der Zigarre ab. Er weiß nie, wohin er mit der Asche soll. Auf diese Weise hat er durch einen brennenden Papierkorb einmal beinahe ein Großfeuer ausgelöst. Mit alledem macht er sich natürlich keine Freunde. Dutzende von Sekretärinnen, Vorzimmerdamen und Hausfrauen hat er schon verärgert. »Dieser Duft ist hier deplatziert«, bekommt er oft zu hören. Auch steigert die ewige Qualmerei die ohnehin schon existierenden Aversionen der Täter gegen den Ermittler und legt ihre Nerven zusätzlich blank. Anders gesagt: Columbo stinkt den Leuten gewaltig.

Schon sein erster Auftritt zeigt den Inspektor mit brennender Zigarre. Der Täter Dr. Flemming hält sie wie vieles andere ebenso für ein Mittel zum Zweck. Will also Columbo seine Gegner mittels des Einsatzes einer C-Waffe zur Strecke bringen oder zumindest ihre Wahrnehmungsfähigkeit vernebeln? Einen plausiblen Grund für seine Leidenschaft liefert der englische Millionär Sir Henry Matthews in »Wer zuletzt lacht...«: »Zigarrenraucher sind die brillantesten Denker.« (→ Abb. 8) Sein Zusatz ist jedoch auf Columbo nicht anwendbar: »Je besser die Zigarren, umso besser das Denkvermögen.« Die Diskrepanz zwischen Columbos Geist und seinen übelriechenden Rauchschwaden ist offensichtlich. Vielleicht ist dies der Grund, warum er hin und wieder Zigarren von gänzlich anderer Qualität angeboten bekommt. Schließlich ermittelt Columbo unter Menschen, die ihre Rauchwaren manchmal direkt aus Kuba geliefert bekommen, während er selbst die seinen aus dem Supermarkt um die Ecke bezieht. Daher lässt er sich bei derartigen Verlockungen nicht zweimal bitten. Er denkt auch nicht über die Möglichkeit eines Bestechungsversuches nach. Lieber greift er zweimal zu.

Sein Arzt warnt den Kettenraucher dringend, das Herz würde dies nicht ewig mitmachen. Mehrfach versucht Columbo deshalb, sich das Rauchen abzugewöhnen. Einmal kaut er auf einer kalten Zigarre herum. Als ihn ein Kollege fragt, ob er für diese Methode des Abgewöhnens nicht eine billigere Sorte verwenden könne (gibt es die?), antwortet Columbo lapidar: »Ich will meinen Lebensstandard nicht verschlechtern.« Immer wieder nimmt er sich vor: »Irgendwann höre ich auf. Nur nicht heute.«

Auch seine Frau würde es gern sehen, wenn ihr Mann das Laster aufgeben oder zumindest auf Pfeife umsteigen würde. Ihr Motiv ist allerdings nicht das naheliegendste, sondern befremdet eher: Der Rauch schade ihren Zimmerpflanzen. Weil Columbo aber um seine Grenzen weiß, kommt Pfeiferauchen für ihn keinesfalls in Frage. Dazu müsste er zuviel Zeug mit sich herumschleppen und würde sicher die Hälfte davon verlieren. Schließlich hat er jetzt schon große Probleme mit fehlenden Streichhölzern, Stiften und Notizblöcken. Alles weitere wäre nur eine zusätzliche Überforderung für den unverbesserlichen Chaoten.

Zigarren spielen in zwei Mordfällen sogar eine Hauptrolle. In »Zigarren für den Chef« dienen sie als Mordwaffe, da sie zuvor mit Dynamit präpariert wurden. Auch nimmt in dieser Episode einmal niemand an

Columbos Duftmarken Anstoß. In »Keine Spur ist sicher« soll mit Zigarrenresten der Tatverdacht auf einen Raucher gelenkt werden. Natürlich spielt Columbo dieses Spiel nicht mit. Vielleicht ist er voreingenommen, liegt am Ende jedoch wie immer richtig: Der Mörder war ein Nichtraucher.

In der letzten Episode der Anfangsstaffel, »Ein Denkmal für die Ewigkeit«, wirft Columbo in der Schlusssequenz eine Zigarre unangezündet fort und tritt ab. Diese Szene hatte Symbolcharakter: Niemand wusste zu jenem Zeitpunkt, ob es für die Serie eine zweite Staffel geben würde. Erst als sich der Erfolg einstellte, konnte der Inspektor wieder beruhigt eine neue Zigarre hervorsuchen und irgendjemanden nerven: »Gotta Match?«

3. Das Auto

»Inspektor, Sie haben keine Sicherheitsgurte!«
»Oh, ein neues Gesetz?«
»Seit vierzehn Monaten!«
MOMENTAUFNAHME FÜR DIE EWIGKEIT

Von einer Liebesbeziehung der besonderen Art soll nun die Rede sein. »Mein Baby« nennt Columbo ebenso zärtlich wie euphemistisch jenes Autowrack, mit dem er sich 35 Jahre mehr schlecht als recht fortbewegte.

Für Peter Falk gestaltete sich der Beginn dieser wunderbaren Freundschaft nicht ohne Probleme. Genauso wie auf den späteren Vorschlag, einen Hund in die Familie aufzunehmen, reagierte der Schauspieler bereits zuvor ablehnend auf die Idee mit dem Auto. Als »running gags« standen schon die Ehefrau, der Mantel und die Zigarre im Drehbuch. Während der Dreharbeiten zu »Mord mit der linken Hand« verlangten die Autoren Levinson und Link nun zu allem Überfluss auch noch, dass der Inspektor einen möglichst »abgefahrenen« Wagen fahren sollte. In dieser Episode kommt Columbo auf die Lösung des Falles, als er sich beim Straßenverkehrsamt einem Sehtest unterziehen soll. Also musste er auch motorisiert sein.

Falk konnte sich keinen Wagen vorstellen, der zum Image Columbos passen könnte. William Link war es, der ihn schließlich dazu überredete, sich mit ihm zumindest einmal im Fuhrpark der Universal-Studios umzuschauen. Über fünfzig Modelle standen dort zur Auswahl. Alles waren schnelle und schnittige Modelle, die jeden Actionfilm bereichern konnten. Von ihnen wollte Falk nichts wissen. »Lass uns gehen, ich finde nichts« winkte er ab. Schließlich aber entdeckte er in einer Ecke einen unscheinbaren Kleinwagen, von dem es hieß, er führe überhaupt nicht mehr und hätte nicht einmal mehr einen Motor. Falk sagte: »Den nehmen wir!« So gesehen war es dann doch noch die Liebe auf den ersten Blick.

Bei dem seither in vielen Episoden zu bewundernden Kultobjekt handelt es sich um einen silberfarbenen Peugeot Modell 403 Convertible ED4. Die 403er Baureihe dieses französischen Fahrzeugs wurde im Zeitraum von 1955 – 1966 in nicht weniger als 51 Variationen gebaut. Diese unterschieden sich vor allem durch ihre Motorgröße und die Art ihres Aufbaus.

Columbo fährt ein Modell der C-Serie (Cabriolet), die nur bis 1961 produziert wurde. Er selbst gibt das Baujahr mit 1950 an. Tatsächlich stammt der Zweitürer aus dem Jahr 1960. Er verfügt über 58 PS und hat eine angegebene Höchstgeschwindigkeit von 140 km/h. Von diesem speziellen Modell sollen lediglich 504 gebaut worden sein.[60] Columbo wiederum verweist darauf, dass in den USA nur noch drei Stück existieren sollen.

Zu einer aufgeregten Suche gestaltete sich daher die Jagd nach dem seltenen Stück, als man 1988 die neue Serie starten wollte. Das Auto durfte darin natürlich nicht fehlen. Zunächst war man davon ausgegangen, es stünde noch im Fundus der Universal. Es stellte sich jedoch heraus, dass es zwischenzeitlich verkauft worden war. So war man drauf und dran, dem Inspektor einen neuen Wagen zu geben. Dazu wurde eine Szene geschrieben, in der Columbo mit einem Neuwagen unterwegs ist, dabei aber einen Verkehrsunfall verursacht. Ab diesem Zeitpunkt würde er dann wieder ein verbeultes Auto fahren. Alles wäre beim Alten.

Inzwischen meldeten sich aber mehrere Leute, die behaupteten, den Original-Peugeot gekauft zu haben. In alten Unterlagen des Studios fand man eine Notiz der Seriennummer, so dass diese Behauptungen überprüft werden konnten. Schließlich fand sich das gute Stück in Findlay, Ohio wieder. Ein Ehepaar namens Jim und Connie Delaney hatten den Wagen auf eine Anzeige hin gekauft, ohne seine wahre Identität zu kennen. Zum Glück hatten die Käufer nicht den Ehrgeiz besessen, seine zahlreichen Mängel beheben zu wollen. Sie stellten der Universal den Wagen kostenlos zur Verfügung. Während der Dreharbeiten wurde er behutsam per LKW zu den Orten der Handlung transportiert. Zuviel mochte man ihm doch nicht mehr zumuten. Später war er auch für Besucher der Studios zu besichtigen.

Betrachtet man ein Auto als Statussymbol, so sagt dies über Columbo einiges aus. Dieser Wagen entspricht vielleicht nicht seiner beruflichen Position, wohl aber seiner Persönlichkeit. Wie er selbst, wie Mrs. Columbo und der Hund, so hat auch das Auto seine Macken und wird gerade dadurch unverwechselbar. Es ist kein Auto von der Stange, sondern besitzt eine persönliche Note. Mit seinen über 100.000 gefahrenen Meilen hat es eine Geschichte. Es strahlt zudem jene Trägheit und Behäbigkeit aus, die auch seinem Besitzer eigen ist. Für rasante Verfolgungsjagden steht es jedenfalls nicht zur Verfügung.

Die Liste der Defizite des Wagens mit der Zulassungsnummer »044 APD« (in der neuen Serie: »448-DBZ«) ist außerordentlich lang. Am auffälligsten sind seine diversen Beulen, deren größte sich in der Fahrertür befindet. Merkwürdig auch, dass sich die Türen weit über einen Winkel von 90 Grad hinaus öffnen lassen – wenn dies überhaupt möglich ist, da vor allem die Beifahrertür häufig klemmt. Das rechte Blinklicht ist ständig defekt. Peter Falk fand diesen Umstand zunächst albern und monierte, so führe niemand herum. Als er daraufhin selbst an seinem privaten Jaguar ein solches defektes Licht entdeckte, gab er sich zufrieden. Ebenso häufig sind auch das Fernlicht, die Batterie und die gesamte Lichtmaschine defekt. Eine Reparatur dürfte sich schwierig gestalten, da die Motorhaube klemmt. Auch verliert der Wagen Bremsflüssigkeit. Die häufigen Startschwierigkeiten lassen auf Probleme mit dem Anlasser schließen. Die Scheibenwischer kratzen nur noch über das Glas, da die Wischerblätter längst Geschichte sind.

Im Inneren des Wagens sieht es nicht viel besser aus. Die Sitze sind zerschlissen. Der Rückspiegel ist lose und bleibt nie in Position. Bis auf ein Radio fehlen sämtliche Extras. Inzwischen Vorschrift gewordene Sicherheitsgurte sind nicht nachgerüstet worden. Das Verdeck ist ziemlich verrottet. Aus diesem Grund ist Columbo bisher auch nur selten mit offenem Verdeck gesehen worden. In »Der alte Mann und der Tod« drängelt sich eine so große Anzahl von Polizeibeamten in die Rostlaube, dass es gar nicht mit geschlossenem Verdeck ginge. In »Tödliche Liebe« lässt der Inspektor bei lauter Rockmusik seine Haarpracht im Wind wehen.

Passend zu dem Gefährt ist auch der Fahrstil seines Halters. Mit einer naiven Unbekümmertheit nimmt er am Straßenverkehr teil. Bisweilen wäre es angebracht, einmal einen kritischen Blick auf seinen Führerschein zu werfen – wenn Columbo ihn denn fände. Der Fahrlehrer in »Momentaufnahme für die Ewigkeit« ist jedenfalls schockiert und würde ihn am liebsten einziehen lassen. Quietschend oder mit lautem Getöse bewegt sich das Gefährt voran. Ohne den Verkehr zu beachten, ordnet sich Columbo ein. Gelegentlich nimmt er beim Abbiegen entgegenkommenden Fahrzeugen die Vorfahrt. Unvermittelt scharf steigt er auf die Bremse und gefährdet so den nachfolgenden Verkehr. Er ist auch nicht in der Lage, die Polizeisirene auf dem Dach zu befestigen. Auch das unterscheidet ihn radikal vom Kollegen Kojak, der solche Übung mit unnachahmlicher Lässigkeit bereits im Vorspann demonstriert.

In der Pannenstatistik nimmt dieser Wagen die »pole position« ein. Das hindert Columbo aber keineswegs daran, den Ersatzreifen sicher zuhause aufzubewahren. Auch Unfälle gehören zu seinem Alltag. In »Blutroter Staub« fährt Columbo während seines Urlaubs in Mexiko dem vorausfahrenden Wagen auf (mit ca. 5 km/h!) und muss sich dann mit aufgebrachten Südländern auseinandersetzen. In »Mord in eigener Regie« hat er einen Zusammenprall mit einem Streifenwagen, dessen Insassen ihn zuvor über den Polizeifunk einen »Sonntagsfahrer« schimpften. Hierbei erleidet er ein Schleudertrauma und kann fortan seiner Wehleidigkeit Ausdruck geben. Auch in »Bei Einbruch Mord« fährt er auf ein Polizeifahrzeug auf. In »Luzifers Schüler« rammt er die Mauer eines Parkhauses. Unangenehm ist schließlich auch die Kollision mit dem Mercedes des TV-Stars Wade Anders in »Der erste und der letzte Mord«. Die Aufregung des Geschädigten über ein paar Kratzer bleibt dem Verkehrsrowdy Columbo unverständlich.

Der Peugeot wirkt auf die Umwelt provozierend und fordert zur Stellungnahme heraus. Unzählige Male legt man dem Inspektor nahe, sich einen neuen Wagen anzuschaffen. Gründe dafür leuchten dem Inspektor jedoch beim besten Willen nicht ein. Er verweist dann darauf, dass er ohnehin noch einen Zweitwagen hat, den seine Frau fährt. Angeblich soll dieser noch älter sein. Sollte das einmal zugetroffen haben, muss er diesen Wagen später gewechselt haben. In »Luzifers Schüler« jedenfalls ist das Auto von Mrs. Columbo Teil der Handlung und wird auch gezeigt. Es handelt sich um einen grünen, zweitürigen Ford Baujahr 1976.

Auf viele Leute wirkt Columbos Oldtimer befremdlich. Ein Monteur weigert sich strikt, Hand an ihn zu legen: »Es hat alles seine Grenzen.« Als Columbo auf das Gelände eines Filmstudios fährt, weist ihn der Pförtner an: »Die Stuntwagen kommen ganz nach hinten.« Oft kommen auch die Streifenpolizisten am Tatort nicht mit dem sich ihnen bietenden Anblick zurecht. Einen Inspektor erwarten sie selbstredend in einem schnittigen Dienstwagen. So gibt das laute Gefährt Anlass zu Missverständnissen. Genial ist hier die Szene in »Momentaufnahme für die Ewigkeit«, in der ein Schrottplatz der Tatort ist. Bevor Columbo auf das Gelände kommt, hat er zuvor ein großes Schild passiert mit der Aufschrift »We buy junk cars« (Wir kaufen Schrottwagen). Der Officer, der ihn empfängt, deutet den Peugeot falsch: Er will Columbo zurückschicken: Hier werde schon lange nichts mehr angekauft.

Für Columbo sind solche Reaktionen auf seinen Wagen völlig unverständlich. Er liebt ihn. Sein oft gebrauchter Wahlspruch lautet: »You take care of your car, it'll take care of you!« (Sei gut zu deinem Auto, dann ist es auch gut zu dir!). Allerdings zieht er daraus keinerlei Konsequenzen. Irgendwelche Reparaturen lehnt er ab. Auch eine neue Lackierung schiebt er hinaus. Nur der Dreck scheint die Einzelteile noch zusammenzuhalten. Selbst die einfache Reinigung der Frontscheibe hält er für unnötig, da er ja noch durchsehen könne.

Es ist Columbo keineswegs peinlich, mit einem solchen Wrack herumzufahren. Er bekennt im Gegenteil sehr stolz: »Ich fahre einen ausländischen Wagen.« Im Vergleich mit einem blitzblanken neuen Jaguar betont er, sein Wagen sei auch ein »Klassiker«. Mehrfach treibt er sich in Autosalons herum, ohne jemals auf den Gedanken zu kommen, fremdzugehen. Selbst das sicherlich vorteilhafte Angebot eines Händlers, ihm dafür 80 (!) Dollar zu zahlen, lehnt er kategorisch ab.

Columbos Nibelungentreue hat etwas Rührendes. Sie entspricht seiner bescheidenden Art, die nicht nach höheren und vollkommenen Dingen strebt. So liebt er alles, das wie er selbst unvollkommen und mit Ecken und Kanten behaftet ist. Alles Perfekte ist ihm ein Gräuel. Wie beispielsweise der perfekte Mord.

4. Die Schusswaffen

»Wenn ich am Ufer stehe,
treffe ich noch nicht mal das Wasser.«
TOD AM STRAND

Zuletzt muss ein Requisit genannt werden, das im Gegensatz zu den vorgenannten relativ selten Verwendung findet, aber gerade aufgrund dieses Umstands seine Bedeutung erhält. Ginge es nach Columbo, so könnte gut und gern gänzlich darauf verzichtet werden. In »Traumschiff des Todes« gibt er klar und deutlich zu erkennen: »Ich hasse Waffen!«[61]

Außenstehende mag dieses Votum eines Polizisten überraschen. So ist Columbos Umwelt in mehreren Episoden sehr verwundert darüber, dass der Inspektor keine Dienstwaffe trägt. Für einen Beamten der Polizei von Los Angeles dürfte dies einzigartig sein.

Weniger überraschend ist diese Tatsache für Zuschauer, die mit dem Inspektor und seinem Charakter vertraut sind. Eine Schusswaffe passt wirklich nicht zu ihm. Columbo mit seinem Understatement und seiner Servilität sind Machtgelüste fremd, wie sie sich im Besitz von Waffen ausdrücken. Er hat es nicht nötig, auf diese Art seine Potenz steigern zu müssen. Seine Arbeitsweise verzichtet grundsätzlich auf alle Mittel äußerlicher Gewalt. Zwangsmaßnahmen wie Hausdurchsuchungen oder andere richterliche Maßnahmen sind nicht seine Sache. Er bedroht niemanden und schüchtert keinen ein. Er brüllt nicht herum und nötigt niemanden. Stattdessen erscheint er in der Rolle des Märtyrers, der Hohn und Spott auf sich nimmt, und der durch sein offenes, fast naives Auftreten entwaffnender sein kann als eine hochgerüstete Armee.

Aus einem weiteren Grund ist eine Schusswaffe nichts für Columbo. Schließlich handelt es sich dabei um einen technischen Gegenstand, dessen Handhabung ein nicht geringes Maß an Kenntnis und Beherrschung voraussetzt. Wie schon mehrfach deutlich wurde, hat der Inspektor mit seinen zwei linken Händen mit solchen Dingen grundsätzlich kein Geschick. Auch beim Schießen hat er also mit den Tücken des Objekts zu kämpfen.

In »Playback« wird deutlich, dass er nicht einmal in der Lage ist, die Dienstwaffe zu entsichern. Zusätzlich steht ihm seine Sensibilität im Wege: Beim Abfeuern in einen Behälter mit Sand hält er sich mit der verbleibenden Hand ein Ohr zu (→ Abb. 10). Derartig laute Geräusche kann er nicht vertragen. Sie dürften auf ihn geradezu obszön wirken.

Es kommt Columbo zugute, dass seine Gegner kultiviert sind und nicht von der Sorte, die nach Gangstermanier ständig um sich feuert. Nur einmal (»Todesschüsse auf dem Anrufbeantworter«) versucht ein Täter, sich die ihm bekannte Waffenlosigkeit des Inspektors zunutze zu machen und ihn zu erschießen. In jeder anderen Serie würde an dieser Stelle ein Duell folgen, in dem der Gute um Sekundenbruchteile früher zieht. Nicht so bei Columbo. Weil er selbst nicht auf Aggression setzt, verfängt sie auch bei ihm nicht. Statt Drohgebärden bevorzugt er bescheidende Gesten. Hier drückt er nicht auf den Abzug, sondern einfach auf eine Hupe, auf deren Signal hin seine Kollegen herbeieilen, deren Anwesenheit er sich zuvor vergewissert hat. Mit einer Waffe würde er nie ein Ziel treffen. Seine Stärke liegt darin, dass er mit seiner Einschätzung der Lage und der Vorausberechnung der Schritte seiner Gegner viel sicherer und effektiver ins Schwarze trifft.

Seinen Vorgesetzten ist Columbos Verhalten ein Dorn im Auge. Es verstößt gegen sämtliche Dienstvorschriften, dass ein Inspektor ohne Waffe herumläuft. Sie liegt entweder in seinem Schreibtisch auf dem Revier oder gar zuhause, wo er sie garantiert nicht wiederfindet. Er wird über sein Fehlverhalten mehrfach belehrt, ohne dass dies in irgendeiner Weise fruchtet. In seinen Manteltaschen ist für alles Mögliche und Unmögliche Platz, nur nicht für einen Revolver. Mit einem Schulterhalfter würde er höchstwahrscheinlich überhaupt nicht umgehen können.

Ob der Sinnlosigkeit sämtlicher Appelle drücken die Vorgesetzten in der Regel beide Augen zu. Zu einer Konfrontation kommt es allerdings in der Episode »Tödliches Comeback«. Übereifrige Schreibstubenhengste auf dem Revier sind dahintergekommen, dass der Inspektor mindestens zehn Jahre lang (!) nicht mehr auf dem Schießstand war. Laut Dienstvorschrift ist er verpflichtet, sich zweimal pro Jahr im Gebrauch der Dienstwaffe zu üben. Nun greift man zum allerletzten Druckmittel und droht Columbo mit der Suspendierung vom Dienst. Darauf möchte er es doch nicht ankommen lassen. So überredet er einen Kollegen mit vielen Worten und fünf Dollar, in betrügerischer Weise für ihn die aufgezwungene Schießübung zu übernehmen. Bei ihm selbst würde wohl die Gefahr bestehen, schon aufgrund der von ihm erzielten Ergebnisse eine Suspendierung zu riskieren.

Columbo hat es bis zum Schluss nicht mehr gelernt. Er brauchte es aber auch nicht. Die Waffen, mit denen er seine Mörder zur Strecke brachte, waren gänzlich andere, aber von mindestens ebenso durchschlagendem Kaliber wie eine 45er.

VII. DIE WAFFEN DES INSPEKTORS

Vorbemerkung: Die Strategie des Porphyrij Petrowitsch

»Nehmen wir mal den Fall an«, schwatzte Porphyrij weiter, »ich hielte in einem Prozesse, den ich zu führen habe, jemanden für den Missetäter oder hätte ihn im Verdacht, das Verbrechen begangen zu haben. Sie studieren doch Jura, nicht wahr?« – »Ja, ich war Student der Rechtswissenschaft«, antwortete Raskolnikow. – »Nun, dann gestatten Sie mir, Ihnen mit einem kleinen Wink an die Hand zu gehen; aber Sie dürfen nicht meinen, ich wolle mich erdreisten, Sie gescheit zu machen. Wie könnte ich das einem Manne, wie Sie sind, gegenüber, der so kluge Aufsätze über Verbrechen und Verbrecher abzufassen weiß und sie im Druck erscheinen lässt! Nein, bloß einen Fall will ich Ihnen erzählen, als Beispiel sozusagen. Also ich halte jemand für den, der das Verbrechen verübt hat. Warum sollte ich, selbst wenn ich Beweise gegen ihn in der Hand hätte, eher die Hand an ihn legen, als es tatsächlich notwendig ist? Es gibt Verbrecher, die man sofort festnehmen muss; aber es gibt auch Verbrecher, die man ruhig herumlaufen lassen darf.« Er sah Raskolnikow an. »Warum lachen sie?« fragte er; aber Raskolnikow dachte gar nicht daran zu lachen, sondern saß da, die Lippen aufeinandergepresst, und ließ den grimmigen Blick nicht von ihm. »Sie wollen wohl sagen: Ja, und die Beweise? Freilich, Beweise haben zumeist ihre zwei Seiten, und jeder Untersuchungsrichter ist auch bloß ein Mensch; und man möchte doch jede Untersuchung bis aufs Tüpfelchen genau führen. Wer aber bekommt einen Beweis in die Hände, bei dem alles genau stimmt? Und wenn ich ganz fest überzeugt bin, der und der ist der Verbrecher, und ich stecke ihn zu geschwind ein, gebe ich dann nicht das eigentliche Mittel, ihn zu überführen, aus der Hand? Und inwiefern? Weil ich ihn in eine genau begrenzte Lage bringe, ihm gewissermaßen den Besitz seiner Seelenruhe wiedergebe, ihm eine feste Stütze leihe. Da muss ihm ja klar werden, dass ihm die Möglichkeit winkt, sich vor mir zu verkriechen wie eine Schildkröte unter ihrer Kruste. Lasse ich ihm dagegen noch die Freiheit – wobei aber dafür gesorgt werden muss, dass er fortwährend die Meinung behält oder doch den Argwohn nicht los wird, dass man ihn auf Schritt und Tritt beobachte, dass man alles über ihn wisse, dass man Verdacht auf ihn habe – dann verliert er, wie Sie mir ganz bestimmt glauben dürfen, zuletzt alle Ruhe, alles Vertrauen zu sich, kommt ganz von selbst, macht am Ende gar eine Dummheit und belastet sich so schwer, dass es keines weiteren Beweises gegen ihn bedarf. Und das ist einem natürlich allemal recht lieb. Sie werden also begreifen, dass es dem Untersuchungsrichter vor allen Dingen darauf ankommt, zu ermitteln, zu welcher Kategorie der Mensch gehört, wider den man Verdacht geschöpft hat. Und weiter vergessen Sie nicht, dass auch die Nerven ein wichtiges Kapitel für uns sind – sind doch jetzt fast alle Menschen nervös, überreizt und mithin wenig widerstandsfähig. Aber diese Nervosität ist für uns Richter die wahre Fundgrube. Was kann es mir also schaden, dass ›er‹ frei umhergeht? Ich weiß ja, er entwischt mir nicht. Wohin soll er denn geraten? Über die Grenze fliehen? Das kann wohl ein Pole, nicht aber ›er‹, denn ich beobachte ihn ja und habe für den Fall einer Flucht meine Maßnahmen getroffen. Sie meinen, nach dem inneren Russland? Aber dort hausen ja die echten Bauern, und ein Mensch von moderner Bildung lebt lieber als Einsiedler, statt unter russischen Bauern. Doch nicht darum, weil er nicht weiß, wohin, wird er nicht fliehen, sondern weil er mir in psychologischer Hinsicht nicht entfliehen *kann.* Wie gefällt Ihnen dieser Gedanke? Ist er nicht originell? Selbst wenn ›er‹ wüsste, wohin, so wird er nicht fliehen kraft eines einfachen Naturgesetzes! Sie haben doch schon oft einen Nachtfalter um ein brennendes Licht flattern sehen? Nun, genau so wird auch ›er‹ mich umflattern, denn ich bin sein einziges Licht noch! Die Lichter, die er sonst hatte, sind alle verlöscht, der Freiheit gewinnt er keine Freude mehr ab; er versinkt in Grübelei, verwickelt sich mit sich selbst in die schlimmsten Widersprüche und ängstigt sich vor sich selbst zu Tode! Ich brauche ihm, wie gesagt, nur die richtige Zeit zu lassen, und er liefert mir den mathematischsten aller Beweise ganz von selbst in die Hände. Der Kreis, den er um mich beschreibt, zieht sich immer enger zusammen, bis er schließlich ins Zentrum, das heißt, mir in die Zähne fällt. Ich schnappe nun selbstverständlich zu und verschlucke ihn – mit Haut und Haar. O, das ist eine Wonne dann! Meinen Sie nicht auch? Hahaha!«[62]

1. Die endlose Fragerei

»Wenn Ihnen schlecht wird bei den Fragen, lassen Sie es mich wissen.«

BEI EINBRUCH MORD

Auf den ersten Blick nimmt man Columbo kaum zur Kenntnis. Auf den zweiten Blick fällt er durch sein äußerliches Benehmen auf. Erst auf den dritten Blick kann es sein, dass man sich über ihn zu ärgern beginnt.

Dabei handelt es sich möglicherweise um den Moment, in dem der Inspektor erstmals den Mund öffnet. Es mag sein, dass dabei – neben einem Gähnen – zunächst nur Belanglosigkeiten herauskommen. Der geschulte Zuschauer aber weiß: Damit beginnt ein Duell der verbalen Art, das spannender ist als jede Schießerei.

Columbos bevorzugter Gesprächsbeitrag ist die Frage. Er ist ein wandelndes Fragezeichen. Nichts ist so banal, dass es nicht erfragt und ihm auf den Grund gegangen werden müsste. Der Fragende gleicht einem Schwamm, der jede nur verfügbare Information begierig aufsaugt und speichert. Er kann davon nicht genug bekommen. Dinge, die alle Kollegen als gänzlich irrelevant abtun würden, sind für Columbo unbezahlbare Schätze, die er an sich zu bringen versucht. Er will einfach alles wissen.

Columbo *muss* fragen. Er ist süchtig nach Antworten. Sie sind für ihn eine Droge, ohne die er nicht leben kann. Nachts schreckt er aus dem Schlaf auf und hat eine plötzlich eine Antwort gefunden; oder zumindest eine neue Frage als Voraussetzung für eine neue Antwort. Selbst im Urlaub hat er keine Ruhe, sondern ist mit irgendwelchen Fällen beschäftigt, die ihm Rätsel aufgeben. Darin ist er ein »workoholic«, der nirgends wirklich abschalten kann. Nur seine Arbeit befriedigt seine Sucht.

Zu dieser nötigen Befriedigung können einfache Antworten nicht genügen. Naheliegende Antworten gleichen einem harmlosen Schlafmittel und können Columbo nicht beeindrucken, der die harte Droge braucht. Sie werden zudem in der Regel immer von den Tätern in Umlauf gesetzt und sind gerade geeignet, um Leute wie Sgt. Kramer zu benebeln. Der Inspektor selbst ist ein Süchtiger, der nicht auf minderwertigen Stoff hereinfällt. Von einem nüchtern-realistischen Menschenbild ausgehend weiß er, dass die Wahrheit diffiziler ist, als ihm vorgegaukelt wird. So werden aus den ihm angebotenen einfachen Antworten nur neue Fragen geboren. Es ist ein Kreislauf, der für seine Gegner zu einem Nervenkrieg wird, da der Inspektor nie zufrieden zu stellen ist. Er bohrt immer tiefer.

Das ist der Hintergrund für Columbos wohl berühmteste Sentenz: »There's just one more thing ...«. Deutschen Zuschauern kommt sie vor allem in der Form »Ich hätte da noch eine Frage ...« zu Ohren. Beginnt der Inspektor auf diese Weise einen Satz, ziehen dunkle Gewitterwolken auf und das Unheil nimmt seinen Lauf.

Der tatsächliche Ursprung dieser Formulierung ist allerdings viel weniger tiefschürfend, sondern eher banal. Als Richard Levinson und William Link ihr Stück »May I Come In« schrieben – bekanntlich die Urfassung des ersten Columbo-Falles –, war es am Ende schlichtweg zu kurz geraten. Der Detektiv hatte bereits seinen letzten Abgang gehabt. Was sollte jetzt noch kommen? Die Autoren verspürten keine Lust, die Schlussszene oder gar das gesamte Stück noch einmal umzuschreiben. So ließen sie ihren Protagonisten einfach noch einmal zur Tür hereinkommen und sagen: »Ich hätte da noch eine Frage ...«. Auf diese Weise schufen Levinson und Link eines der später wichtigsten Kultmotive der Serie völlig unbeabsichtigt.

Wie schon in dem Stück spielen auch in den Episoden immer wieder Türen eine wichtige Rolle. Sie markieren einerseits die Nahtstelle zwischen zwei Welten, die unterschiedlicher nicht sein können: auf der einen Seite das biedere und kleinbürgerliche Milieu des Inspektors, jenseits davon die glitzernde und aufregende Welt der Reichen, Schönen und Mächtigen. Nicht ohne Grund steht Columbo häufig geduckt vor ehrfurchteinflößenden Portalen und säubert sich erst einmal die Fingernägel oder seine staubigen Schuhe (am Hosenbein!), bevor er überhaupt zu klingeln wagt. Er tut dies im Bewusstsein, nun eine besonders hohe Schwelle zu überschreiten.

Vor allem aber im Zusammenhang mit Columbos nervender Fragetechnik sind Türen von Bedeutung. Es verheißt für die Bewohner eines Hauses bereits nichts Gutes, wenn es draußen klingelt. Im nächsten Moment werden sie sich einem Ansturm von Fragen ausgesetzt sehen. Im Falle des Mörders wird dieser Schwall die Menge seiner bereits vorgefertigten Antworten bei weitem übertreffen.

So richtig perfide geht es jedoch erst zur Sache, wenn Columbo wieder geht. Der von ihm malträtierte Gesprächspartner glaubt nun, den lästigen Besucher endlich los zu sein und atmet auf. Doch weit gefehlt!

Columbo kann jetzt auf zwei Arten zu Werke gehen. Die abgemilderte Version verläuft so: Schon mit der Hand am Türgriff, dreht er sich noch einmal um und schlägt sich an die Stirn: »Da war doch noch eine Sache…«. Die weitaus gemeinere Form sieht so aus, dass der Inspektor bereits den Raum verlassen hat, und sein Opfer endlich die mühsam aufrechterhaltene Selbstbeherrschung fallen lässt. Da aber steht Columbo schon erneut im Türrahmen. Das Spiel beginnt von vorn. Niemand kann je sicher sein, dass der Inspektor tatsächlich verschwunden ist. Das Gegenteil ist der Fall: Verlässt er den Raum, muss man ständig gewärtig sein, dass er zurückkommt.

Dieses Motiv entwickelte sich zu einem außerordentlich beliebten »running gag« und wurde dementsprechend immer wieder gern eingesetzt. Auf die kaum überbietbare Spitze treibt es der lästige Frager in »Die vergessene Tote«. Nach einem Gespräch mit dem Filmregisseur Alex Bradey kommt Columbo nicht nur einmal, sondern sogar zweimal wieder, um seine gefährlichen Verbalsalven abzufeuern.

Als Täter ist man verständlicherweise von dieser Taktik ausgesprochen genervt. »Sie kommen immer zum Schluss noch mit etwas heraus«, ärgert sich der Radiomoderator Fielding Chase in »Todesschüsse auf dem Anrufbeantworter«. Nie ist man vor unangenehmen Fragen sicher. Irgendwann liegen schließlich die Nerven blank: »Es macht Ihnen anscheinend Spaß, anderen Leuten mit dummen Fragen die Zeit zu stehlen?«

Die Nerverei hat durchaus Methode, wie ein nochmaliger Blick in Dostojewskis Klassiker zeigt: »Wer wüsste als Angeklagter nicht, und wär's der dümmste Bauer, dass man (…) als Richter immer erst wie die Katze um den heißen Brei herumgeht, durch weit hergeholte Fragen den Menschen, den man verhören will, mürbe zu machen, um ihn dann mit dem Beil eins vor die Schläfe zu hauen.«[63]

Columbo sieht dies als persönliche Unart durchaus auch selbstkritisch. »Ich bin ein komischer Kauz«, erklärt er gleich zu Beginn seiner Laufbahn einmal in »Lösegeld für einen Toten«. »Es gibt Dinge, die mich stören. Meine Frau sagt immer zu mir: ›Du gehst mir damit auf die Nerven!‹« Wenn dies schon dem liebenden Eheweib so geht, wie viel mehr muss diese Art seine Gegner fertigmachen!

Der Inspektor hat in dieser Beziehung einmal mehr aus einer persönlichen Not eine berufliche Tugend gemacht. Der Eindruck ist nicht von der Hand zu weisen, dieser Mann fürchte nur eines im Leben: dass ihm einmal die Fragen ausgehen könnten. Doch selbst für diesen Fall hätte er vorgesorgt und stets einige Standards parat: »Gotta Match?« oder »Do you have a pencil?«

2. Das Zweckbündnis

»Ich hoffe doch, dass ich Ihnen geholfen habe?«
»Oh, mehr als Sie wissen.«
TÖDLICHE TRENNUNG

Vielfach wurde bereits deutlich, dass Columbo nicht einfach nur eine Fernsehfigur, sondern in seiner Wirkung ein weit über den Bildschirm hinausgehendes Phänomen darstellt. Besonders kurios ist der Umstand, dass er sogar Eingang in die Psychologie gefunden hat. So beruft sich auch die in der Psychotherapie angewandte Technik des »Neurolinguistischen Programmierens« (NLP) auf den Inspektor. Die von dem Sprachwissenschaftler John Grinder und dem Psychologen Richard Bandler entwickelte Methode widmet sich im besonderen dem Zusammenhang von verbaler Sprache und Körpersprache. Im Angebot des NLP findet sich eine nach dem Inspektor benannte »Columbo-Technik«. Es geht dabei darum, dass ein Therapeut im Gespräch mit einem Klienten seine eigene Person in starkem Maße zurücknimmt. Dem Gegenüber soll möglichst viel Raum gegeben werden, um selbst agieren und Problemlösungen finden zu können. Gezielt vorgetragene Interventionen des Therapeuten sollen vermieden werden, die den Eindruck vermitteln könnten, hier wüsste jemand alles besser. Stattdessen soll das Selbstbewusstsein des Klienten gestärkt und er als aktiver Bündnispartner für die Bewältigung seiner Probleme gewonnen werden. Der Therapeut arbeitet daher sowohl gestisch als auch sprachlich mit bewusst eingesetztem Understatement und zögerlich-unsicher vorgetragenen Lösungsangeboten: »Ich habe dazu eine Idee, aber ich weiß nicht, ob das so gut ist ...«. Der Klient wird so herausgefordert, diese Möglichkeit selbst gedanklich durchzuspielen und sie sich erst dann – im positiven Fall – anzueignen. Er bekommt damit das Gefühl vermittelt, den entscheidenden Durchbruch selbst erreicht zu haben. Man kann es auch so formulieren: Da er selbst um Rat gebeten wird, ist sein Ego geschmeichelt. Er meint, sich selbst geholfen zu haben, während er in Wirklichkeit auf eine sehr zielgerichtete Form der Beeinflussung reagiert hat.

Die Seriosität einer solchen Methode sei dahingestellt. Richtig ist aber zweifellos, dass Columbo ein Meister dieser Technik ist; einer, der sein psychologisches Handwerk perfekt beherrscht und im Kampf gegen das Verbrechen konsequent einsetzt. »Sie gäben einen blendenden Therapeuten ab«, urteilt daher nicht ohne Grund Dr. Joan Allenby in »Black Lady«. Sie muss es wissen, gilt sie doch selbst als eine Koryphäe auf diesem Gebiet.

Columbo ist jemand, der die Kommunikation sucht. Er besitzt ein offenes Wesen und hat keinerlei Scheu, auf Menschen zuzugehen. Diese Kontaktaufnahme geschieht zunächst in einer deutlich positiven Weise. Columbo zeigt ein Interesse am Menschen, das keineswegs geheuchelt ist. Er ist damit ein seltener Vogel in einer egozentrisch orientierten Welt. Es fällt ihm umso leichter, da er in seiner Bescheidenheit der eigenen Person keinen übersteigerten Wert beimisst. Daher bleibt ihm viel Raum, sein Gegenüber wahrzunehmen und zu studieren. Ihn interessieren alle Lebensumstände, der Beruf, die Hobbys und sonstigen Leidenschaften. Dabei kommt ihm zugute, dass er es nie mit dem »Mann von der Straße«

zu tun hat, sondern seine Klientel durchweg aus interessanten und originellen Persönlichkeiten besteht. So absorbiert er mit wahrer Begeisterung ihre gesamte Lebensart, kommt mit der Zeit ihrem wahren Charakter auf die Spur und erkennt so manchen Wolf im Schafspelz. Schließlich vermag er sich ganz in sie hineinzuversetzen, lernt die Motive ihrer Taten kennen und kann in letzter Konsequenz auch ihre weiteren Schritte berechnen.

Mit dem Analytiker Columbo tritt aber gleichzeitig auch der »Therapeut« zutage. Er weiß, dass er mit einem psychologischen Gutachten allein keinem Richter einen Mörder präsentieren kann. Mit Hilfe seiner gesammelten Beobachtungen versucht er daher, seine Gegenspieler gezielt psychologisch zu beeinflussen. Er verleitet sie dazu, etwas zu äußern, was sie nie hätten sagen wollen, oder Handlungen zu begehen, die sie normalerweise nie begangen hätten.

Dazu baut der Inspektor zunächst eine positive Beziehung auf. Er möchte Vertrauen gewinnen und ist daher auch bereit, seinerseits einen Vertrauensvorschuss zu geben. Darum tritt er seinem Klienten nicht als Amtsperson gegenüber, sondern als Mensch; zumal als ein Mensch, der mit seiner Arbeit überfordert zu sein scheint und sich nach einem Vertrauten und Ratgeber sehnt. »Es ist gut, jemanden zu haben, mit dem man sich einfach mal austauschen kann.« So spricht er – wer kann sich dem entziehen?

Eine derartige Äußerung des Inspektors enthält eine ganze Reihe von deutlichen Botschaften. Der Kommunikationswissenschaftler Friedemann Schulz von Thun[64] hat vier verschiedene Aspekte einer Mitteilung herausgearbeitet. Er unterscheidet:

- den *Sachaspekt:* worüber ich informiere.
- den *Beziehungsaspekt:* was ich vom Gesprächspartner halte und wie wir zueinander stehen.
- den *Selbstoffenbarungsaspekt:* was ich von mir selbst kundgebe.
- den *Appellaspekt:* wozu ich den Gesprächspartner veranlassen möchte.

Demnach kann Columbos o. g. Äußerung, dem mutmaßlichen Täter gegenüber gemacht, so gedeutet werden:

- Ich bin froh, jemanden zu haben, mit dem ich reden kann (*Sachaspekt*).
- Ich halte Sie für sehr kompetent und möchte gern mit Ihnen eine vertrauensvolle Beziehung aufbauen (*Beziehungsaspekt*).
- Ich fühle mich mit diesem Fall ziemlich überfordert (*Selbstoffenbarungsaspekt*).
- Ich möchte daher, dass Sie mir dabei helfen (*Appellaspekt*).

Alle diese Botschaften kann ein einziger, oft scheinbar belanglos dahingesagter Satz Columbos beinhalten. An diesem Beispiel lässt sich ermessen, welche Fülle an unterschwellig wirkenden Aussagen der vorgeblich hilflose Cop im Laufe der Zeit von sich geben dürfte. Als ein solcher nämlich stellt sich Columbo dar. Zwar ist er ganz offiziell mit der Ermittlung zu einem Mordfall betraut, scheint damit jedoch hoffnungslos überfordert zu sein. Aus seinen Worten und Gesten spricht unüberhörbar die Hilflosigkeit. Offensichtlich ist er darauf angewiesen, daß ihm jemand unter die Arme greift. »Ich bin dankbar für jede Hilfe«, gibt er zerknirscht zu und kratzt sich dabei am Kopf.

Die dem Inspektor innewohnende Bescheidenheit, die sich bekanntlich oft in penetranter Servilität äußert, wird in diesem Moment ganz bewusst eingesetzt. Columbo weckt durch sein Verhalten den Beschützerinstinkt. Dem Menschen muss geholfen werden! Wem läge es näher, diese Aufgabe zu übernehmen, als dem Täter selbst? Schließlich bewegen diesen sehr eigennützige Motive. Niemand sonst hat ein derart begründetes Interesse daran, an den Ermittlungen teilzuhaben. Dem Täter bieten sich damit glänzende Möglichkeiten, die Bearbeitung des Falles in eine für ihn vorteilhafte Richtung zu lenken. Diese Chance lässt sich niemand entgehen, zumal Columbo permanent dazu einlädt. Er schmeichelt dem Ego seiner Verdächtigen und lobt ihre Intelligenz. »Manchmal frage ich mich, was ich ohne euch machen würde«, sagt er zu den beiden jungen Schnöseln in »Luzifers Schüler«. Die Psychologie kennt für diese perfide Art der Schmeichelei den Begriff des »Lobbing«: eine Manipulation durch übertriebenes Lob. So macht Columbo den Täter nach und nach zu seinem Vertrauten und geht mit ihm eine scheinbare Allianz ein. Er schließt einen Pakt mit dem Teufel; ein reines Zweckbündnis, in welchem er den Bock zum Gärtner macht.

Was verspricht sich Columbo von dieser doch recht unorthodoxen Vorgehensweise? Die Vorteile dieser genialen Strategie liegen auf der Hand. In der Regel kommen die Mordfälle einem perfekten Verbrechen nahe und sind kaum zu lösen, wenn nicht der Täter einen Fehler macht. Dazu muss er verleitet werden. So stärkt Columbo zunächst die Selbstsicherheit seines Gegners. Hatte dieser bisher noch leise Zweifel, ob er mit seinem exakt durchdachten Plan auch wirklich durchkommen würde, so werden diese durch die vermeintliche Inkompetenz des ermittelnden Beamten vollends zerstreut. Eine Last fällt ab und er wiegt sich in Sicherheit. Nur zu gern fällt er auf den Schwindel herein.

Im Stadium der Sicherheit aber ist der Leichtsinn nicht mehr weit. Der Täter wird unvorsichtig. Er verlässt seinen Schutzraum, gibt seine Deckung preis. In seiner Hybris lässt er sich für die Rolle des weisen Ratgebers vereinnahmen, die Columbo ihm aufdrängt. Unbekümmerter denn je geht er auf dessen Fragestellungen ein; hört er sie doch jetzt nicht mehr nur misstrauisch wie ein Verdächtiger, sondern gleichzeitig als Vertrauensperson des Inspektors.

Damit ist die Zeit reif, dass Columbo seinem Delinquenten wohlüberlegte Köder vorwirft. Er informiert über den Stand der Ermittlungen in einer Weise, die in der Tat einem Verdächtigen gegenüber unangebracht erscheint. Das geschieht teils sehr offen, teils vermeintlich unabsichtlich und nebenbei. Die beliebteste Methode besteht darin, sich im Hause des Verdächtigen anrufen zu lassen: »Ich habe im Büro gesagt, daß ich bei Ihnen zu erreichen sei.« In diesen Gesprächen lässt sich für den Täter manches aufschnappen. Dabei gibt Columbo nicht nur Anteil an den kriminaltechnischen Befunden, sondern ebenso an seinen eigenen Theorien: »Ich bin dafür, immer gleich alles zu sagen.« In diesen Mitteilungen dominiert aber meist der Appellaspekt. Der Täter soll auf das Gehörte reagieren. Oft wird er auch sehr direkt um eine Beurteilung gebeten: »Darf ich Ihren Verstand in Anspruch nehmen?« Columbo gibt vor, mit seinen eigenen Überlegungen nicht weiterzukommen und zeigt größtes Interesse daran, die Meinung eines »Außenstehenden« zu erfahren. »Ich komme nicht vom Fleck«, sagt er zu dem Verdächtigen Kinsley in »Keine Spur ist sicher«. »Sagen *Sie* was!«

Seine eigenen Beobachtungen zu dem Fall bringt Columbo hingegen möglichst unkommentiert vor. Eine Deutung überlässt er gern anderen. So geschieht es dann auch: Wie schnell werden ihm Interpretationsangebote gemacht! Der großen Versuchung kann niemand widerstehen. Der Täter wird von einem Feuereifer gepackt, die meist der Wahrheit recht nahe kommenden Vermutungen des Inspektors zu zerstreuen. Dazu müssen immer neue Theorien herhalten. Ein typisches Beispiel ist bereits in »Mord nach Rezept« zu erleben. Hier brüstet sich Dr. Flemming sogar mit seinem überlegenen Scharfsinn: »Was Columbo auch vorbringt – ich habe eine Antwort parat.« Mit eben dieser Haltung ist er bereits ins Netz gegangen. Keiner macht sich bei Columbo derart verdächtig wie jemand, der auf alle Fragen eine Antwort weiß. Der permanente Zwang, von sich selbst ablenken zu müssen, verführt den Täter immer wieder dazu, alles erklären zu wollen. Als der Inspektor dem Pferdezüchter McVeigh in »Seltsame Bettgenossen« von einigen Ungereimtheiten erzählt, versucht dieser abzuwiegeln: »Dafür kann es eine Menge Erklärungen geben.« Columbo: »Ich bin ganz Ohr.« Er ist an den Schlussfolgerungen seiner Gesprächspartner sehr interessiert; muss er sich doch fragen, aus welchen Motiven ihm stets die haarsträubendsten Theorien aufgetischt werden. Dafür kann es nur einen Grund geben: Dieser Mensch hat selbst etwas zu verbergen. Unverdächtig wäre nur jemand, der einmal achselzuckend keine Antwort zur Hand hätte. So ergeht es Columbo einmal bei dem Verleger Greenleaf in »Schreib oder stirb«, den er fragt: »Sie wissen auch keine Antwort?« – »Ich kann Ihnen nicht eine bieten.« – »Das trifft mich hart.« Während dieser Kandidat jedoch bereits überführt ist, verfängt Columbos sonst so sichere Strategie bei dem Chirurgen Dr. Mayfield in »Zwei Leben an einem Faden« überhaupt nicht. Er ist ein unfreundlicher und mürrischer Kerl, der darauf insistiert, daß er von kriminalistischen Dingen keine Ahnung hat. Damit ist er die Ausnahme von der Regel.

Im Normalfall ist es die maßlose Eitelkeit, die dazu verleitet, den offensichtlich unwissenden Polizisten mit väterlichen Ratschlägen zu beglücken. In zunehmendem Maße genießen die Täter ihre Rolle und steigern sich in sie hinein. In welch krankhaftem Maße mancher von ihnen von seinem übersteigerten Ego beherrscht wird, lässt sich dann erkennen, wenn selbst ein bereits überführter Mörder noch den Triumph des Erfolges für sich zu beanspruchen sucht. »Ohne meine Methode hätten Sie den Fall nie gelöst«, beharrt Dr. Kepple in »Ein gründlich motivierter

Tod«. »Das ist richtig«, kann Columbo gelassen zugeben. »Wenn es eine Belohnung gäbe, würde ich Ihren Anspruch befürworten.«

Genau darum geht es bei Columbos Strategie: Er will zur Mithilfe und Unterstützung seiner Arbeit anleiten. Mit bewundernswerter Tüchtigkeit kommen alle stets diesem Ansinnen nach. Fast flehentlich wird der Inspektor oft gebeten: »Sie halten mich doch auf dem Laufenden?« Natürlich tut er das. Soviel Engagement muss doch gewürdigt werden: »Wenn ich den Täter habe, erfahren Sie es als Erster.«

3. Die oratio interrupta

»Tut mir leid, dass ich vom Thema abgekommen bin.«
TÖDLICHER JACKPOT

Kapitalverbrechen sind in unserer Welt nichts Absonderliches mehr. Das bedeutet nicht, dass es sie in früheren Zeiten weniger gab. Heute sind sie uns nur durch die Medien in ungleich stärkerem Maße auf den Leib gerückt. Auf allen Sendekanälen sind Mord und Totschlag mitzuerleben – seien sie fiktiv oder als »reality TV«. Ein gewisser Abstumpfungseffekt ist damit vorprogrammiert. Das Interesse hält sich in Grenzen. Schnell geht man wieder zur Tagesordnung über. Der Gedanke, dass es auch die eigene Person hätte treffen können, ist unangenehm und fördert die Tendenz zur Verdrängung.

Es dürfte also eher auffällig wirken, sobald jemand ein besonderes Interesse an einem Verbrechen und dem Gang seiner Aufklärung erkennen lässt. Für Columbo ist dies bekanntlich bereits ein wichtiger Anhaltspunkt. Er sucht stets die Interessenslage seiner Verdächtigen zu erkunden. Schon manchen Kandidaten dürfte er von seiner Liste wohl allein deshalb gestrichen haben, weil dieser offensichtlich keine große Anteilnahme bekundete.

Wie bereits deutlich wurde, hat der Inspektor seine Techniken, um die persönliche Betroffenheit in den Fall involvierter Personen auf den

Prüfstand zu stellen. Immer beschäftigt ihn die Frage, ob Neugier, Interesse und Kooperationsbereitschaft vielleicht existentieller Natur sind, weil es bei dem Betroffenen um die nackte Haut geht.

Um in seinem Verdacht sicherzugehen, wendet er eine weitere Strategie an. Er berichtet über wichtige Fakten seiner bisherigen Ermittlungsarbeit, um urplötzlich abzulenken und sich auf ein völlig abseitiges Thema zu konzentrieren. Ein klassisches Beispiel findet sich in der Episode »Mord mit der linken Hand«. Columbo erzählt: »Das Opfer hatte einen Schnitt auf der linken Wange ... Ist das Ihr Feuerzeug?« Er greift zu besagtem Raucherutensil, um sich nun seelenruhig die Zigarre anzuzünden. Den Rauch hervorstoßend, nuschelt er: »Wovon war gerade die Rede?«

Dieses Verhalten mutet an sich zunächst völlig belanglos an. Allenfalls könnte es die Vergesslichkeit des merkwürdigen Beamten unterstreichen. Bedeutsam für Columbo ist aber die Reaktion seines Gegenübers. Der Täter dürfte in der Regel hundertprozentig sagen können, wovon gerade die Rede war. Gleich einem Examenskandidaten, für den viel auf dem Spiel steht, kann er die Worte des Inspektors wiedergeben. Unverkennbar ist dabei das leidenschaftliche Interesse am Gesprächsgegenstand. Viel zu groß ist die innerliche Anspannung des Täters, als dass ihm auch nur ein Wort entgangen wäre. Columbo kann sich dadurch in seinem Verdacht bestätigt fühlen.

Anlässe, um vom Thema abzuschweifen, bieten sich genug. Natürlich ist es in erster Linie das Feuerzeug, das für eine derartige »oratio interrupta« (ein unterbrochenes Gespräch) herhalten muss. Manchmal funktioniert es nicht auf Anhieb. Der Inspektor kommt wieder einmal nicht mit der Technik zurecht. Die Kunstpause verlängert sich dadurch und erhöht die Spannung. Häufig sind es die bereits ausführlich behandelten Banalitäten, die Columbo plötzlich in den Blick kommen und seine Aufmerksamkeit fesseln. Über die Kosten irgendwelcher Kleidungsstücke kann er sich immer wieder neu wundern. In diesen Augenblicken platzt der Täter schier vor Ungeduld, während Columbo ihn am ausgestreckten Arm verhungern lässt. »Kommen Sie endlich zur Sache!«, wird er deshalb in ärgerlichem Ton gemahnt.

Findet sich einmal kein äußerer Anlass für Columbos abrupt unterbrochene Sätze, so kann als ultima ratio immer noch seine schon sprichwörtliche Schusseligkeit herhalten. Dann schlägt er sich vor den Kopf und fragt einfach: »Wovon sprachen wir gerade?« Auf die richtige Antwort muss er nicht lange warten: »Sie sprachen von …«. Hier ist jemand in auffälligen Maße darum bemüht, den Gesprächsfaden nicht verloren gehen zu lassen. Jeder andere wäre froh, von Columbos aufdringlicher Art verschont zu bleiben. Der Täter aber übernimmt, sobald der Inspektor sich zu verzetteln scheint, sogar die Initiative: »Sie wollten doch etwas fragen?«

So setzt Columbo immer wieder nach demselben Muster gezielte »Unterbrecher«: Thema angeschnitten – abgelenkt – nachgefragt. Er spielt mit dem Nervenkostüm seiner Gegner, die sich so selbstsicher geben. Während sich ihre Anspannung steigert, lässt Columbo sie zappeln.

Es kann vorkommen, dass er diese Art selbst dann noch beibehält, wenn für ihn bereits alles geklärt ist. In »Mord á la carte« präsentiert er dem unsympathischen Paul Gérard die Ergebnisse seiner Ermittlungen während der gemeinsamen Zubereitung eines Abendessens. Gegenüber den drängenden Nachfragen des in die Enge getriebenen Mörders bleibt er gelassen. »Eins nach dem anderen«, wehrt er ab, weil er gerade mit dem Fleisch in der Pfanne und dem zu putzenden Gemüse beschäftigt ist.

Columbo kann dabei stets einen Vorteil für sich einsetzen: Er arbeitet mit der Seelenruhe eines reinen Gewissens – und merkt bei der Art und Weise seiner Befragung sehr schnell, wem dieser Luxus nicht mehr vergönnt ist.

4. Die Bagatellisierung

> *»Da sind ein paar Dinge, die mir nicht klar sind; nichts Wichtiges, aber es wäre mir lieber, wenn sie mir klar würden.«*
>
> MORD UNTER SECHS AUGEN

Es sind jene berühmt-berüchtigten Kleinigkeiten, die Columbo am meisten zu schaffen machen. Dabei liegt doch in den meisten seiner Fälle die Lösung von Beginn an klar auf der Hand. So sehen es jedenfalls die Kollegen und fahren bequem damit. Sie machen sich keine Vorstellung davon, was den Inspektor bewegt und aufwühlt. Er besitzt wache Augen und Ohren für Details, Nuancen und Zwischentöne. Da hat er am Tatort irgendetwas Winziges gefunden, was jedem anderen egal wäre. Oder er schnappt in einem Gespräch eine belanglose Bemerkung auf, die ihn nicht loslässt. Etwas fehlt nach Columbos Dafürhalten immer zum Abschluss des Falles. Nur eine Kleinigkeit, wirklich nur eine winzige Kleinigkeit.

Der Inspektor aber hasst aus schlechter Erfahrung heraus diese Details. Sie lassen ihn nämlich nachts keinen Schlaf finden. Durch sie verliert er seinen Appetit. Kleinigkeiten schlagen ihm auf den ansonsten robusten Magen. Stundenlang muss er sich dann irgendwelche Ton- oder Videobänder anschauen, um einen winzigen Hinweis zu finden. Wie ein gehetztes Tier sucht er nach der Lösung. Diese ergibt sich dann auch meist aus einer ganzen Sammlung akribisch zusammengetragener Kleinigkeiten.

Der Mordverdächtige bemerkt nichts von der aufgewühlten Innenwelt des Inspektors. Es wird ihm systematisch das Gegenteil suggeriert: Eigentlich geht es um nichts. Hier liegt ein zwar bedauernswerter, aber doch ein Routinefall vor, der auch nur als solcher behandelt wird. Der Inspektor zeigt häufig kein gesteigertes Interesse, ist gedanklich mit völlig anderen Dingen beschäftigt und spielt die Angelegenheit herunter.

So sind alle seine Fragen immer nur »Routinefragen«. Er muss sie einfach stellen. Es sind nicht mehr als »Hintergrundinformationen«, die er nach eigenen Aussagen »ganz automatisch« zusammenträgt. Kein Grund, um darüber viele Worte zu verlieren. Columbo wiegelt ab, wertet ab, bagatellisiert.

Vor allem scheint ihm daran gelegen zu sein, die Leute nicht mehr als unbedingt nötig zu belästigen. Schließlich fühlt er sich ihnen verbunden und steht auf ihrer Seite. Darum findet er es albern, ständig hochangesehene Persönlichkeiten, die ungleich bedeutendere Dinge zu bedenken haben, mit seinem »Routinekram« behelligen zu müssen.

Es ist angeblich nur einer daran schuld, dass Columbo den Leuten immer wieder auf die Nerven gehen muss: sein Vorgesetzter! Des Inspektors größtes Problem bei jedem Fall lautet: »Was soll ich nur in meinen

Bericht schreiben?« Allein der Polizeibericht muss als Alibi herhalten, um Dinge zu erfragen, die Columbo selbst angeblich völlig unwichtig erscheinen. Der Legende nach sitzen ihm irgendwelche Vorgesetzten im Nacken, die alles ganz genau wissen wollen. Einmal nennt er seinen Chef einen »pingeligen Kerl«, ein andermal einen »Pedanten«. Er schiebt dessen Übereifer darauf, dass dieser noch sehr jung und unerfahren sei. So schimpft Columbo pausenlos über den »Papierkram«, den er zu erledigen habe, den er doch aber von seinem ganzen Wesen her verabscheue.

In Wirklichkeit ist der so negativ gezeichnete »Chef« doch nur das alter ego des Inspektors selbst. Columbo selbst ist derjenige, der alles ganz genau wissen will. Andererseits ist ihm aber auch daran gelegen, den vermuteten Täter in Sicherheit zu wiegen und dessen mögliche Zuneigung nicht aufs Spiel zu setzen. Daher ist es angebracht, die Ernsthaftigkeit und Verbissenheit, die Columbo eigen ist, tunlichst zu verbergen. Neben dem Unbedarften spielt er dann eben zusätzlich noch den Unbeteiligten; einen, der viel lieber den anderen, den ganz offensichtlichen Spuren nachgehen würde, anstatt mit haarsträubenden Vermutungen oder gar Verdächtigungen harmlosen Menschen auf den Wecker zu fallen. Auch mit dieser Strategie hat er häufig Erfolg. Es kann vorkommen, dass er sogar Mitleid erweckt. Der Sänger Tommy Brown in »Schwanengesang« jedenfalls hat für die angeblich missliche Lage eines untergebenen Beamten Verständnis: »Ich weiß, dass Sie es hassen, diese dummen Fragen zu stellen.«

Wiederum weckt Columbo durch diese Strategie die Neugier seiner Opfer – in demselben Maße, wie er seine eigene herunterspielt. Seine Standardformulierungen hören sich so an: »Eigentlich ist es ja nicht wichtig, aber eine Kleinigkeit macht mir noch zu schaffen …« Oder: »Eines müssen Sie mir noch erklären« (Spannung!) – »aber das eilt nicht.« Er deutet gar rücksichtsvoll an, die Sache verschieben zu wollen: »Ich will Sie jetzt nicht mit Fragen behelligen.« Natürlich will er das. Columbo weiß ganz genau, dass ein Vertagen für ihn nur eine weitere schlaflose Nacht nach sich ziehen würde. Ist sein Gesprächspartner jedoch der, für den er ihn hält, wird dieser es nicht soweit kommen lassen. Wenn es sich um den Mörder handelt, so wird er ein ebensolches Interesse daran haben, die Angelegenheit sofort zu klären.

Darum weiß auch Porphyrij Petrowitsch, der mit derselben Methode arbeitet und ebensolche Reaktionen bei seinen Opfern hervorruft: »Ich kann mir nicht helfen, sondern muss noch eine Frage an Sie richten. Es betrifft nur einen nebensächlichen Gedanken, den ich nicht gern wieder vergäße …« – »Bitte, sagen Sie doch, was Sie bedrückt«, erwiderte Raskolnikow ernst und blieb gespannt ihm gegenüber stehen. – »Hm«, machte Porphyrij, »ich weiß nicht so recht, wie ich mich ausdrücken soll …«[65]

Durch diese Art spannungsvoller Neugier machen sich viele auch sonst abgeklärte Menschen verdächtig. Das bekommt auch der Verleger Riley Greenleaf in »Schreib oder stirb« zu spüren, den Columbo in typischer Manier auflaufen lässt: »Ich will Sie jetzt nicht länger aufhalten. Sie haben Gäste zuhause.« – »Jetzt haben Sie mich neugierig gemacht.« – »Ach, neugierig sind Sie doch!«

Zuviel Neugier hat schon manchem geschadet. Columbo verträgt das nicht. Er will allein das Monopol für Neugier behalten. Bei jeder anderen Person wirkt sie nur verräterisch – zumal es sich doch immer nur um unwichtige, winzige Kleinigkeiten handelt!

5. Der entscheidende Fallstrick

»Wenn du alles glaubst, was dir ein Cop erzählt, bist du ein verdammter Idiot!«

EIN TOTER IN DER HEIZDECKE

Die Mörder der »Columbo«-Episoden haben eines gemeinsam: Alle glauben das perfekte Verbrechen begangen zu haben. Ihre Tat wurde minutiös geplant, nichts dem Zufall überlassen. Ihr Alibi ist wasserdicht. Mit kaltblütiger Überlegung haben sie Spuren hinterlassen, die in bestimmte Richtungen deuten – nur nicht auf sie selbst. Die so oft zur Schau gestellte Selbstsicherheit der Täter gründet sich zu einem Großteil auf ihre feste Überzeugung, auch wirklich keinen Fehler begangen zu haben.

Zu den besten Episoden gehören jene, in denen es sich tatsächlich so verhält. Columbo weiß zwar auch hier, wer den Mord begangen hat, kann aber nichts beweisen. Nirgendwo lässt sich eine wirklich belastende Spur finden. Keine der »Kleinigkeiten«, auf die es sonst oft ankommt, hat der Inspektor am Tatort entdeckt. Auch das obligatorische Verbalduell hat den souveränen Gegner zu keiner unvorsichtigen Bemerkung verleitet. Neben den Fällen, in denen letztlich akribische Suche des Inspektors nach Beweismitteln zum Erfolg führt, bleiben daher einige, in denen er mit konventionellen Mitteln nicht mehr weiterkommt – falls man im Zusammenhang mit Columbo überhaupt diesen Begriff gebrauchen darf.

Doch selbst dann ist dieser findige Mensch noch nicht am Ende seines Lateins. Wenn der Mörder bei seiner Tat keinen Fehler beging, so erscheint es nur logisch, ihn im Nachhinein zu einem solchen zu veranlassen. Dafür braucht der Inspektor seinen gesamten Scharfsinn und Ideenreichtum. Schließlich gilt es nun, einem besonders intelligenten Menschen eine Falle zu stellen.

Dazu aber hat Columbo bereits kräftig vorgearbeitet und unabdingbare Voraussetzungen dafür geschaffen, dass ein solcher Plan gelingen könnte: Er steht mit dem Verdächtigen in laufendem Kontakt und hat zu ihm ein möglichst gutes Verhältnis aufgebaut. Eine Vertrauensbasis hat sich entwickelt, durch die das natürliche Misstrauen des Täters gegenüber den polizeilichen Ermittlungen zumindest partiell abgeschwächt wurde. Columbo hat sich geöffnet und bezieht sein Gegenüber in seine Überlegungen ein. So ist der Täter stets über den aktuellen Stand der Untersuchung informiert. Zumindest glaubt er das. Hier aber ist der Ansatzpunkt für eine Falle: Columbo erzählt zwar gern und viel, aber nicht alles entspricht der Wahrheit.

Hatte zuvor der Mörder mit faulen Tricks gearbeitet, so erweist sich Columbo nun auf demselben Gebiet als ebenbürtig. Wurde seitens des Täters alles daran gesetzt, um den von ihm arrangierten Anschein als die Realität auszugeben, lässt sich der Inspektor jetzt auf dieses Spiel ein und macht selbst einen entscheidenden Zug.

In diesen Fällen ist es nun wirklich so, wie man es schon immer vermutete: Nichts von dem, was Columbo tut und sagt, ist so, wie es scheint. Der Täter wird mit falschen Informationen versorgt, die ihn, der bisher selbst alle Vorgaben machte, nun zu einer Reaktion zwingen. Es handelt sich um angebliche Fakten, die keine bloße Beobachterposition mehr zulassen. Jetzt muss gehandelt werden. Genau dies aber ist beabsichtigt.

Verdacht schöpft dabei niemand. Schließlich ist allgemein bekannt, dass Columbo sein Herz auf der Zunge trägt. Abermals nutzt der gewiefte Cop dazu auch die Möglichkeit, im Beisein des Verdächtigen als Ohrenzeugen Telefongespräche mit seiner Dienststelle zu führen. Meist hat sich eine neue Spur ergeben, der es nachzugehen gilt. Seinen »Bündnispartner« weiht der Inspektor wie selbstverständlich ein. Dann kann er sagen: »Ich wünschte, der *Mörder* wüsste das alles!« Dieser Wunsch ist in dem Moment schon in Erfüllung gegangen.

Der Täter versucht nun, sein neu erworbenes Insiderwissen zu seinen Gunsten zu verwenden. Columbo seinerseits setzt auf seine Menschenkenntnis, mit der er vorausberechnet, wie sein Opfer nun reagieren wird.

Bei den Fallen des Inspektors lassen sich mehrere Kategorien erkennen:

Der Täter wird auf seinem eigenen Fachgebiet geschlagen.
In »Ein gründlich motivierter Mord« arbeitet der Werbefachmann Dr. Kepple mit kaum sichtbaren Bildern, die er in Werbespots einfügt und die im Unterbewusstsein gezielt bestimmte Bedürfnisse wachrufen. Columbo, zu dessen größten Stärken es bekanntlich zählt, von seinen Gegnern viel zu lernen, benutzt dieselbe Methode. Er suggeriert so Kepple, er hätte dessen Büro nach der Mordwaffe abgesucht. Darüber erschrocken, will sich Kepple davon überzeugen, dass sich der Revolver noch in seinem Versteck befindet. Dabei wird er von Columbo überrascht, der nun endlich das Beweisstück in Händen hält.

»Man lernt nie aus«, lautet das Credo des Inspektors auch in »Momentaufnahme für die Ewigkeit«. Columbo, bisher des Fotografierens unkundig oder einfach zu ungeschickt, präsentiert dem verdächtigen Paul Galesko ein Foto, auf dem eine Uhr eine für die Rekonstruktion des Tathergangs wesentliche Zeit anzeigt. Das Alibi des Täters wäre damit hinfällig. Galesko, ein hochdekorierter Starfotograf, erkennt sofort, dass das Negativ falsch herum entwickelt worden ist. Er weist darauf hin, doch Columbo besteht darauf, dass alles seine Richtigkeit habe. Natürlich hat er das Foto manipuliert, um Galesko zu einem schweren Fehler zu verleiten: In die Enge getrieben, identifiziert er die Kamera, mit der das Foto gemacht wurde. Dieses Wissen aber konnte allein der Mörder haben.

Columbo eignet sich in solchen Fällen gern soviel wie möglich an Fachwissen an, um anschließend dort anzusetzen, wo der Mörder selbst ein ausgewiesener Experte ist. Auch kalkuliert er die Berufsehre ein, die den Gegner zu Fall bringen kann. So geschieht es in »Wein ist dicker als Blut«. Der professionelle Weinkenner Carsini belastet sich selbst, als er eine Flasche eines teuren Tropfens seiner eigenen Sammlung als verdorben beurteilt. Damit steht fest, dass er die Klimaanlage des Weinkellers längere Zeit abgeschaltet hatte, um seinen Bruder zu töten. Zerknirscht muss Carsini feststellen, dass er wohl einer der ganz wenigen Menschen sei, die in der Lage gewesen wären, dem Inspektor auf diese Art ein Beweismittel liefern zu können. Solches sind Sternstunden der Serie, weil Columbo nicht nur den Mordfall löst, sondern auch die überragende Fähigkeit durchscheinen lässt, sich ihm zuvor fremde Fachgebiete zu erobern und zu seinen Gunsten zu nutzen.

Der Täter verrät sich durch Wissen, das nur der Mörder haben kann. So geschah es bei der bereits erwähnten Identifizierung der Fotokamera in »Momentaufnahme für die Ewigkeit«. Columbo verleitet seine Opfer geschickt dazu, ungewollt etwas preiszugeben, über das kein Außenstehender eine Ahnung haben kann.

In »Zigarren für den Chef« findet das spannende Finale in einer Seilbahn statt. Columbo hat die klaustrophobische Situation natürlich mit Vorbedacht gewählt. Der anwesenden Roger Stanford hat seinen Onkel mit einer in einer Zigarrenkiste versteckten Bombe in die Luft gejagt. Nun eröffnet ihm Columbo, eine Zigarrenkiste sei am Tatort unbeschadet gefunden worden. Selbstverständlich hat er sie dabei und öffnet sie. Der Täter, der sich nun dem Ende nahe wähnt, verfällt in seiner Panik der Raserei, während der Inspektor dem Treiben gelassen zusieht. Hier handelt es sich natürlich nicht um die Kiste mit der Bombe, denn diese hatte längst ihren tödlichen Dienst getan.

Das klassische Beispiel dieser Kategorie liefert »Der Schlaf, der nie endet«. Dabei dürfte es sich um die wohl genialste Falle des Inspektors handeln. Der Psychiater Dr. Collier begegnete am Tatort einem »Zeugen«, der ihn allerdings nicht sah, da er blind ist. Collier wähnt sich daher auch sicher, als Columbo ihm diesen Mann mit dunkler Brille präsentiert, der aussagt, den Mörder gesehen zu haben. Collier weist den Verdacht zurück und darauf hin, dass es sich um einen Blinden handle. Das trifft jedoch keineswegs zu. Vorgestellt wurde ihm der Bruder des Zeugen, der sehr wohl sehen kann. Aber nur der Mörder konnte wissen, dass sich zum fraglichen Zeitpunkt ein Blinder am Tatort befand.

Der Täter platziert nach Columbos Angaben ein Beweisstück.
Diese Art der Falle ist eigentlich recht simpel und doch ausgesprochen effektvoll. Columbo lässt dem Mörder gegenüber erkennen, dass es einen Verdächtigen gebe. Allein ein untrügliches Beweismittel fehle noch. Zielsicher wird der wahre Täter dazu animiert, ein solches Stück an einem speziellen Ort zu deponieren. In »Meine Tote – Deine Tote« lässt Columbo den Mörder aus den eigenen Reihen, Commissioner Halperin, Einblick in die Akte des angeblich Verdächtigen nehmen. In der Wohnung unter der dort angegebenen Adresse versteckt Halperin daraufhin den bei seinem Mord entwendeten Schmuck. Was er nicht weiß: Columbo selbst hat dieses Appartement angemietet, und einzig Halperin erfuhr von ihm die Adresse.

Weil diese Idee so genial ist, fand sie in der neuen Serie noch einmal Verwendung. Hier verstecken die beiden Mords-Studenten Rowe und Redman die Tatwaffe in einem Auto, das nach Columbos Angaben dem Hauptverdächtigen Dominic Doyle gehört. Auch das stellt sich als Finte heraus: Der Inspektor hat den beiden ausgerechnet den Wagen von Mrs. Columbo untergeschoben!

In beiden Fällen trägt dieser Trick maßgeblich zu einem spannenden Finale bei, das Täter wie Zuschauer gleichermaßen überrascht. Erstere sind schockiert, Letztere dürfen sich an Columbos Cleverness erfreuen.

Der Täter sucht und findet selbst das fehlende Beweisstück.
Manchmal macht es sich Columbo sehr bequem. Warum soll er sich mühen und viel Zeit darauf verwenden, den Beweismitteln nachzujagen, wo doch der Täter selbst am besten weiß, wo sie zu finden sind? Also lässt er sich diese Arbeit doch viel lieber abnehmen.

So wird der Sänger Tommy Brown in »Schwanengesang« auf die Suche nach dem ihn belastenden Material geschickt. Viel zu groß, um es gründlich absuchen zu können, ist das Waldgebiet, in dem das Sportflugzeug mit Browns Angehörigen abstürzte. Das Haupt der Familie hatte die Todesmaschine zuvor ungeniert mit dem Fallschirm verlassen. Großspurig kündigt der Inspektor trotz der ihm bewussten Aussichtslosigkeit dieses Unterfangens eine Suche nach verdächtigen Spuren an. Brown sieht sich veranlasst, Columbo zuvorzukommen und seinen damals versteckten Fallschirm zu bergen. Darauf hat der unermüdliche Jäger nur gewartet und folgt ihm schnurstracks ins Unterholz.

Leider bieten sich dem Inspektor derartige Möglichkeiten nur selten. Im Regelfall zeigen sich seine Gegner wenig kooperativ, Beweismittel zurückzulassen. Dann legt Columbo noch härtere Bandagen an.

Der Täter wird durch fingierte Beweismittel zur Aufgabe bewogen. Existieren keine Beweise, muss Columbo eben solche fälschen. So einfach ist das. Dabei kennt er keinerlei Skrupel. Eine Handlungsweise, mit der ein Kriminalbeamter im realen Leben selbst strafrechtliche Konsequenzen auf sich ziehen würde, verschafft Columbo beim Zuschauer nur einen weiteren Sympathiebonus. Schließlich dient es der guten Sache. Der Ideenreichtum des Inspektors kennt auch dabei keine Grenzen.

Dem Privatdetektiv Brimmer in »Mord mit der linken Hand« wird eine winzige Kontaktlinse zum Verhängnis. Columbo lässt ihn wissen, das Mordopfer hätte solche getragen; eine davon werde noch vermisst. Brimmer untersucht daraufhin den Kofferraum seines Wagens, mit dem er die Leiche transportierte. Er wird fündig, stößt auf die Kontaktlinse – und auf einen Schwarm von Polizisten. Wie im Märchen vom Hasen und dem Igel war auch Columbo längst vor Ort, um den Überführten zu kassieren. Was macht es da schon, dass die gefundene Kontaktlinse nicht der getöteten Frau gehörte, sondern eben nur *eine* Kontaktlinse ist?

Eine ebenso winzige Perle ist der Schlüssel zum Erfolg bei der Lösung des Falles »Alter schützt vor Torheit nicht«. Sie gehört zu einer Kette, die während eines Handgemenges mit Todesfolge riss. Die Eigentümer, das Schauspielerehepaar Frame und Stanhope, leugnen ihre Täterschaft. Sie geben erst auf, als sich eine Perle in einem geschlossenen Schirm wiederfindet, der dem Opfer gehörte. Dabei handelt es sich keineswegs um Künstlerpech. Die Lösung ist viel banaler. Man ahnt es bereits: Columbo selbst hat die Perle dort deponiert.

In der unmittelbar darauffolgenden Episode »Klatsch kann tödlich sein« ist es ein besonderer Ring, der die Falle zuschnappen lässt. Columbo präsentiert ihn der Filmdiva Nora Chandler als den Ring ihres vor Jahren angeblich ertrunkenen Mannes. Nora, die ihn auf dem Gewissen hat, ist schockiert und leistet sich in Panik einen Fehler, der ihr das Genick bricht. Dabei hatte sich Columbo den besagten Ring nur geliehen – und hoffentlich anschließend wieder zurückgegeben.

Fingiert ist schließlich auch der »Beweis« im Fall »Schleichendes Gift«. Dort hat der Zahnarzt Wesley Corman sein Opfer umgebracht, indem er in dessen Zahnkrone eine hochwirksame Dosis Digitalis einbrachte. Dreist behauptet Columbo, die üble Tat nachweisen zu können, da sich Digitalis in der Verbindung mit Porzellan blau färbe. Nachdem er dies mit einem simplen Chemiebaukasten demonstriert, gibt der Mörder auf. Natürlich ist die These von der Blaufärbung ausgemachter Humbug.

Der Täter macht sich durch seine Charaktereigenschaften angreifbar. Der Zahnarzt Corman ist ebenso ein Beispiel dafür, wie Columbo die schwachen Seiten seiner Gegner geschickt ausnutzt. Beiläufig hatte Corman ihm gegenüber einmal erwähnt, dass er in Chemie stets eine Niete war. Jeder andere hätte den Taschenspielertrick schnell durchschaut.

Columbo merkt sich solche Dinge. Er lernt den Gegner immer besser kennen und bekommt irgendwann schließlich heraus, wo sich die Achillesferse unter der selbstsicheren Maskerade befindet. Genau an dieser Stelle setzt er dann den Hebel an. Den Fall »Todessymphonie« hätte er anders niemals lösen können. Der Täter Oliver Brandt gehört mit seinem Intelligenzquotienten zur absoluten Weltspitze. So vermeidet er selbstverständlich bei seinem Mord jeden noch so kleinen Fehler. Er ist allein bei seiner übermäßigen Eitelkeit zu packen. In dem elitären Klub von Intelligenzbestien, dem er angehört, ist einer der Konkurrent des anderen. Columbo erklärt Brandt seine bisher noch unvollständige Theorie des Tathergangs und gibt als Urheber dieser Überlegungen ein anderes Mitglied dieser Vereinigung an. Alles kann Brandt ertragen, nur nicht, dass ein anderer als er einen so genialen Plan entwickelt haben sollte. Aufgebracht stellt er den wahren Hergang dar und liefert sich damit ans Messer.

Auch in »Teuflische Intelligenz« hat es Columbo in der Person des Dr. Cahill mit einem hyperintelligenten Menschen zu tun. Doch dieser hat ebenfalls seine schwache Seite. In diesem Fall ist es die übergroße Liebe zu seinem Sohn. Natürlich ist es für Columbo eine leichte Übung, einfach dem Sprössling den Mord anzuhängen und ihn verhaften zu lassen. Er geht davon aus, dass der Vater lieber gestehen werde, als den Sohn zu opfern. Auch in diesem Fall geht seine Rechnung glatt auf.

Als Fallensteller erweist sich Columbo als würdiger Nachfolger jener berühmten Trapper aus der Zeit der Besiedlung des amerikanischen Westens. Im Dschungel der Zivilisation nimmt er Witterung auf, jagt und erlegt schließlich zielsicher sein menschliches Wild. Lediglich einmal hat es jemand versucht, ihn mit ähnlichen Methoden zu schlagen: der clevere Architekt Markham in »Ein Denkmal für die Ewigkeit«. In diesem Fall gibt es gar keine Leiche, da der Mörder sie noch nicht entsorgt hat. Unwissentlicher Helfer dabei soll der Inspektor sein. Markham gibt ihm in bester Columbo-Manier versteckte Hinweise, die vermuten lassen, die Leiche sei in einem Hochhausfundament eingegossen worden. Columbo lässt das Fundament unter großem Aufwand freilegen und blamiert sich maßlos, als er nichts findet. Erst später wird ihm klar, dass er mit seinen eigenen Waffen geschlagen werden soll: Markham veranlasste den Inspektor, ihm auf bequeme Weise ein Zementloch bereitzustellen, in dem er sich im Nachhinein der Leiche zu entledigen sucht. Dort hätte garantiert niemand mehr ein zweites Mal nachgegraben. Nachdem Columbo dieses Spiel rechtzeitig durchschaut hat, erwartet er den Mörder am Ort des Geschehens.

Es zeigt sich, dass die Methoden des findigen Inspektors gern auch von anderen übernommen werden, weil sie so genial durchdacht und effizient sind. Doch einmal mehr gilt: Oft kopiert, nie erreicht. Es kann eben nur einen Columbo geben.

6. Das letzte Wagnis

> *»Ich folge meiner Nase,*
> *und wenn ich Witterung aufnehme,*
> *gibt es wenig, was ich nicht tun würde,*
> *um den Fall zu lösen.«*
>
> LUZIFERS SCHÜLER

Außer den vorgenannten Methoden des Inspektors, seine Gegner endgültig zur Strecke zu bringen, gibt es noch weitere Art, die besondere Beachtung verdient. In einigen Episoden hat Columbos Jagd nur um den Preis Erfolg, dass er sich selbst als Köder anbietet. Dies stellt die höchstvollendete Form der Falle dar, bei der der Inspektor auf volles Risiko spielt und sogar einen Anschlag auf sein Leben in Kauf nimmt.

Zunächst unterscheidet sich seine Vorgehensweise dabei nicht wesentlich von seiner üblichen Strategie. Wie gewohnt kreist der Jäger ständig um die Beute. Er verunsichert den Gegner mit seinen gezielt ausgestreuten Informationen, die nunmehr darauf schließen lassen, dass Columbo Bescheid weiß. Wiederum soll so der Mörder zu einem Schritt veranlasst werden, der ihn zu Fall bringt. Doch in diesen speziellen Situationen hilft dem Mörder auch die Manipulation von Beweismitteln nichts mehr. Ebenso wenig lässt sich der Inspektor noch durch neue Argumente von seinem Verdacht abbringen. Hier gibt es nur noch eine Möglichkeit: Columbo selbst muss mitsamt seinem Wissen für immer verschwinden.

So geschieht es in fünf Episoden. Erstmals versucht in »Mord á la carte« der Gourmet Paul Gérard, Columbo mit einem Glas vergifteten Weines umzubringen. Dieser jedoch hat die Reaktion nicht nur vorausgesehen, sondern selbst provoziert. Er ist auf der Hut und kann mit dem gepanschten Wein nun endlich ein echtes Beweismittel gegen den Giftmischer präsentieren.

Gleich zwei Episoden später kommt es in »Mord per Telefon« zu dem wohl beeindruckendsten Showdown dieser Art. Der Psychologe Dr. Mason hat seine Hunde mit einem bestimmten Kommando darauf abgerichtet, ihm unliebsame Personen zu zerfleischen. Einmal schon hat er damit durchschlagenden Erfolg erzielt. Was liegt also näher, als die bewährte Methode auch bei dem Inspektor anzuwenden, nachdem dieser ihm den Mord auf den Kopf zugesagt hat? Allerdings muss Mason schockiert beobachten, wie die Hunde auf das bislang todbringende Kommando hin bei Columbo mit Liebkosungen reagieren (→ Abb. 11). In harter Arbeit hatte der clevere Cop die Tiere zuvor von einer professionellen Hundetrainerin umerziehen lassen.

Gefährlich geht es auch zu Beginn der neuen Serie in »Tödliche Tricks« zu. Wie der Originaltitel »Columbo Goes To The Guillotine« verrät, soll der Inspektor hier um seinen schlauen Kopf gebracht werden. Bereitwillig legt sich Columbo zu angeblichen Demonstrationszwecken unter das Mordinstrument, als der Parapsychologe Elliott Blake den Hebel zieht (→ Abb. 12). Ein netter Versuch, der auch diesmal erfolglos bleiben muss, zumal Columbos Comeback ja mit dieser Folge gerade erst beginnt. Außerdem hatte er den Mechanismus der Guillotine natürlich zuvor unschädlich gemacht.

Bei diesem und dem vorhergehenden Beispiel stellt sich allerdings die Frage, ob diese Mordversuche vor Gericht als Beweismittel taugen würden, falls der Täter weiterhin leugnen würde. Schließlich ist dabei nie ein Zeuge anwesend, so dass Aussage gegen Aussage stehen würde. Allerdings sind solche Überlegungen von der eher kleinlich-peniblen Art, die auf keinen Fall den Spaß an diesen hervorragenden Szenen schmälern sollten.

Einen Schritt weiter geht es noch in dem Meisterstück »Ruhe sanft, Mrs. Columbo!«. Die Witwe Vivian Dimitri ist von einem pathologischen Hass beseelt, alles was »Columbo« heißt, ausrotten zu wollen. Der Inspektor lässt sie in dem Glauben, mit Mrs. Columbo bereits einen Teilerfolg erzielt zu haben. Danach inszeniert er auf eindrucksvolle Weise sein eigenes Dahinsiechen nach dem Genuss angeblich vergifteter Marmelade. Wie immer ist auch hier alles nur Bluff.

Schließlich bleibt noch der Radiomoderator Fielding Chase in »Todesschüsse auf dem Anrufbeantworter« zu erwähnen. Ihn hat Columbo derart in die Enge getrieben, dass ihn Chase auf offener Straße kurzerhand zu erschießen gedenkt. Auch diesmal aber hat der Inspektor vorgesorgt. Auf sein Kommando hin tauchen seine Leute auf, die nur darauf gewartet haben, den Übeltäter verhaften zu können.

In all diesen Fällen ist Columbo nur noch die Möglichkeit eines gefährlichen Vabanque-Spiels geblieben. Will er den Mord aufklären, steht ihm kein anderes Mittel mehr zur Verfügung, als alles auf eine Karte zu setzen. Er arbeitet dann unter Einsatz seines eigenen Lebens.

Man könnte es ihm als Zynismus auslegen, in welcher Weise er mit der Bösartigkeit seiner Gegner rechnet und sie bewusst ins Kalkül zieht. Doch dürfte hinter seinen Überlegungen die grundsätzliche Einsicht in die Fehlerhaftigkeit und Versuchlichkeit des Menschen stecken. Sein nüchternes Menschenbild lässt ihn auch mit der Möglichkeit rechnen, selbst zum Opfer zu werden, wenn sich der Mörder nicht mehr anders zu retten weiß. Ehe er deshalb von einem Anschlag auf sein Leben überrascht werden kann, kalkuliert er ihn bereits ein und fördert derartige Überlegungen sogar. Systematisch hat er bis zu diesem Zeitpunkt seinen Gegner in die Enge getrieben, so dass der letzte Schritt zur Beseitigung des gefährlich gewordenen Cops nur konsequent und logisch erscheint. Columbo kann in diesen Momenten buchstäblich seinen Kopf darauf verwetten, dass der Mörder so und nicht anders handeln wird.

Deutlich wird das besonders in der erwähnten Szene unter der Guillotine. Zuvor hat er am Gerät die Funktionen vertauscht. Was wäre also gewesen, wenn der Mörder nicht vorgehabt hätte, ihn zu töten? Wäre in der vermeintlich sicheren Stellung des Schalthebels das tödliche Messer heruntergesaust? Oder ging Columbo doch auf Nummer sicher und hat das Gerät gänzlich entschärft?

Auch diese Frage bleibt zuletzt ungeklärt. Schließlich zählt am Schluss nur die Tatsache des Erfolges, und dass Columbo auch beim nächsten Mal wieder auf die Jagd gehen kann.

VIII. MAROTTE ODER METHODE – EINE MÖGLICHE ANTWORT AUF EINE NOCH UNERLEDIGTE FRAGE

»Sie sind ein intelligenter Mensch,
aber Sie tun so, als wären Sie ein Trottel.
Aus Ihren Mängeln machen Sie eine Tugend
und bringen so den Täter zu Fall.«
»Wie Sie die Menschen durchschauen!«

MORD NACH REZEPT

Es ist versucht worden, die Person Columbos in ihrem Wesen zu ergründen und darzustellen. Dem Mann, der Rätseln auf der Spur ist, der selbst aber ein Rätsel darstellt, sollte soweit wie möglich auf die Spur gekommen werden.

Im Zuge dieser Ermittlungen hat sich der Inspektor als ein Mensch mit enormen, manchmal verwirrenden Widersprüchen erwiesen. Er scheint nicht sonderlich intelligent zu sein. Gleichwohl ist sein kriminalistischer Scharfsinn der eines Genies. Er gilt als ausgesprochen vergesslich und schusselig. Betrifft es aber einen seiner Fälle, besitzt er offenbar ein beinahe fotografisches Gedächtnis, das jedes noch so nebensächlich erscheinendes Detail zu speichern vermag. Ständig bewegt er sich in den höheren und oft auch kultivierten Kreisen. Seine äußere Erscheinung ebenso wie seine Manieren stehen allerdings in schärfstem Kontrast dazu. Diese so stark ausgeprägte und fast schon als Karikatur überzeichnete Darstellung einer widersprüchlichen Erscheinung muss den Zuschauer irritieren und mit einer Frage zurücklassen: Ist dieser Kerl wirklich so oder tut er nur so? Ist Columbos ganze Erscheinung eine einzige üble Marotte oder die genialste Methode seit dem trojanischen Pferd, den Gegner zu überlisten? Ist dieses zur Schau getragene skurrile Verhalten tatsächlich echt und macht Columbos Wesen aus oder ist alles ausschließlich Tarnung? Betreibt der Inspektor, von seinen Defiziten redend, reines Understatement, oder ist daran etwas Wahres? Kurz gefragt: Macke oder Masche? Marotte oder Methode?

Wer die ohnehin spärliche Literatur zum Thema rezipiert, muss zu dem Schluss kommen, diese Frage sei längst beantwortet und habe sich daher erledigt. Immer wieder ist dort von einem »vermeintlich schusseligen Inspektor« die Rede, von seinem »pseudoschusseligen Auftreten« oder von »gespielter Schusseligkeit«. Nach allgemeiner Auffassung ist Columbo also »in Wirklichkeit« ein völlig anderer Mensch als der, den er präsentiert. Das würde aber bedeuten, dass alle seine schlechten Manieren, seine Vergesslichkeit und Ungeschicklichkeit, selbst Mantel, Auto und Zigarre allein Mittel zum Zweck wären. Dem »eigentlichen« Columbo wäre dies alles demnach wesensfremd.

Vertreter dieser Auffassung könnten sich durch manche Äußerungen über den Inspektor bestätigt fühlen. Nicht selten nämlich versuchen sich die Täter selbst in der Rolle des Analytikers. So beschreibt die Anwältin Leslie Williams in »Lösegeld für einen Toten«, also noch in der Phase der Einführung der Serienfigur, Columbos Persönlichkeitsprofil folgendermaßen: »Wie Sie hier hereingeschlurft kommen mit Ihren billigen Tricks! Ihre Unterwürfigkeit, die scheinbare Geistesabwesenheit, die netten kleinen Anekdoten über die Familie, die Frau und all das. Lieutenant Columbo, holprig und stolprig und klein, aber ständig an der Kehle seiner Opfer. Ich kann mir vorstellen, dass er in den meisten Fällen auch Erfolg hat.« Sind derartige Äußerungen ein Beweis dafür, dass Columbo alles nur spielt? Oder sind sie vielmehr ein verzweifelter, nicht zwangsläufig den Tatsachen entsprechender Versuch der Täterin, mit den sie verunsichernden Widersprüchen ihres Gegenübers zurechtzukommen?

Ist wirklich alles nur Kalkül? Auch eine Äußerung des für die Serie bedeutsamen Autors Steven Bochcos könnte man in dieser Richtung verstehen: »Columbo sagt nichts zufällig«.[66]

Muss man also dieser verbreiteten Auffassung folgen und tatsächlich davon ausgehen, dass der Columbo, der vorgeführt wird, nichts weiter ist als ein einziger großer Bluff? Man muss nicht. Bei genauerem Hinsehen erweist sich diese These in der Tat als nichts anderes als der Versuch, die beobachteten Widersprüchlichkeiten auf die denkbar einfachste und bequemste Art und Weise aufzulösen. Wer es nicht vermag, wessen Phantasie nicht ausreicht, die an Columbo wahrgenommenen Extreme in der Person eines einzigen Menschen zusammenzubringen, der muss zwangsläufig in einem Schwarz-Weiß-Schema denken. Dann gibt es nur noch ein Entweder-Oder. Da am Ende jedes dieser Mordfälle stets der Triumph eines überragenden Geistes steht, fällt es schwer, sich vorzustellen, dass derselbe Genius gleichzeitig auch mit typisch menschlichen Schwächen durchsetzt sein könnte. Es kommt zu einer Heroisierung, bei der alle Unzulänglichkeiten des Helden getilgt werden müssen. Am einfachsten geschieht das eben, indem man sagt: Alles war nur gespielt.

Selten aber ist die einfachste Lösung auch die richtige. Das kann nicht das Bild sein, das sich nach der bisherigen Analyse ergibt. Die vorliegende Untersuchung kommt zu einem anderen, differenzierteren Schluss. Das dem Zuschauer vermittelte Bild des Inspektors ist weder pauschal als die große Täuschung noch als vollkommen authentisch zu bewerten. Die Wahrheit dürfte wie so oft in der Mitte liegen. Allein deshalb, weil Columbo ein Mensch ist und Menschen nicht nur einseitig festgelegt werden dürfen, gilt es auch in diesem Fall zu differenzieren. Ein Pauschalurteil wie »vermeintlich schusselig« kann dabei keine Hilfe sein.

Diese Untersuchung versuchte bereits in ihrem Aufbau deutlich zu machen, worum es eigentlich geht. Nicht ohne Grund wurden im Kapitel über die Wesenseigenschaften Columbos (IV.) Eigenarten und Verhaltensweisen beschrieben, die teilweise später im Abschnitt über seine Ermittlungsstrategien (VII.) von anderer Seite noch einmal betrachtet wurden. Das bedeutet: Bestimmte Wesensarten und -unarten sind dem Inspektor zweifellos eigen. Sie gehören einfach zu ihm. Er ist so und tut nicht nur so. Gleichwohl sind es dieselben Eigenheiten, die im Kontext der detektivischen Arbeit zu effizienten Waffen Columbos werden können, derer er sich dann durchaus auch sehr bewusst bedient, weil sie den Gegner ärgern, verwirren, entnerven, verunsichern und schließlich zu Fehlern verleiten. Die diesem Kapitel vorangestellte Einschätzung des Psychiater Dr. Flemming in »Mord nach Rezept« – immerhin die erste Beschreibung Columbos überhaupt – dürfte daher zutreffend sein: »Aus Ihren Mängeln« (die realiter existieren!) »machen Sie eine Tugend.«

Konkret heißt das: Selbstverständlich ist Columbo schusselig und vergesslich und dies nicht nur »vermeintlich«. Es ist davon auszugehen, dass er tatsächlich jeden Tag einen neuen Bleistift benötigt und ebenso ständig um Feuer verlegen ist. Dass ihm diese Schwächen willkommene Anlässe für Ablenkungsmanöver sein können, ist die Kehrseite. Ein weiterer positiver Nebeneffekt ist die Tatsache, dass seine Gegner im Kontakt mit diesem konfusen Beamten den Eindruck gewinnen, er sei auch beruflich inkompetent. Ebenso wenig sollte man meinen, Columbo trüge aus Kalkül einen alten, dreckigen Mantel und führe nur deshalb auch ein schrottreifes Auto. All dies gehört zu ihm. Auch seine servile Haltung ist keineswegs nur gespielt, sondern wird von der Selbsteinschätzung des Inspektors genährt, der sich als auch defizitäres Wesen wahrnimmt – nicht ganz zu Unrecht. Der Fehlschluss der Täter besteht darin, über der Beobachtung dieser offen zutage tretenden Schwächen jenen Bereich aus dem Blick zu verlieren, auf den es letztlich allein ankommt und in dem wirklich Columbos Begabung liegt: im Aufklären scheinbar perfekter Verbrechen.

Damit ist der Inspektor ein positives Beispiel für einen Menschen, der im beruflichen Leben zu seiner wahren Bestimmung gefunden hat, weil er nach seinen Gaben eingesetzt ist. Oft geschieht eine Berufswahl unter ganz anderen Gesichtspunkten, wie dem finanziellen oder dem des gesellschaftlichen Ansehens. Columbo hingegen lebt vor, wie erfüllend es sein kann, wenn die Gaben eines Menschen seinen Aufgaben entsprechen. Schließlich erfährt er in dem Milieu seiner Ermittlungen immer wieder, dass Ruhm und Karriere keineswegs Garanten für ein glückliches Leben sein müssen. Es erscheint daher keineswegs verwunderlich, dass er stets betont, wie sehr ihm seine Arbeit gefalle. Die Tatsache, dass sein Aufgabenfeld seinen Gaben entspricht, dürfte der wesentliche Garant seines Erfolges sein. So wird ihm eine berufliche Anerkennung zuteil, die alle seine Macken in den Hintergrund treten lässt. Auf diese Weise kann auch ein Mensch mit offensichtlichen Defiziten – und wer hat diese nicht? – zu einem erfüllten Leben finden.

Es bleibt daher festzuhalten, dass sich die Frage, ob Columbos öffentliches Auftreten authentisch oder ein großangelegtes Täuschungsmanöver ist, nicht damit zu den Akten legen lässt, indem man sich ausschließlich auf eine dieser Alternativen festlegt. Es gibt vielmehr beides. Da sind diejenigen Aspekte seines Verhaltens, die den Gegner täuschen, ohne dass sich Columbo dazu verstellen müsste. Er ist halt so. Andererseits ist auch deutlich geworden, dass der Inspektor ebenso häufig ganz bewusst die kleinen Schwächen in den Dienst der guten Sache stellt, und auch darüber hinaus über ein ganzes Arsenal von Tricks verfügt, den Gegner psychologisch mattzusetzen. Beides ist oft ineinander verwoben und schwerlich zu trennen. So gibt er neben seinem Allerweltsgeschwätz über die Familie oder irgendwelche Belanglosigkeiten – die natürlich auch ihre Wirkung zeigen – auch sehr gezielte Informationen weiter, die allein zweckgebunden sind und den Gegner täuschen sollen. Interpretiert man Steven Bochcos Aussage, Columbo sage nichts Zufälliges, in dem Sinne, dass seine Äußerungen in einem hohen Maße reflektiert seien, so ist dem wohl zuzustimmen. Daraus allerdings zu schließen, sein gesamtes Auftreten sei ein Trugbild, würde zu einem völligen Fehlschluss führen.

In diesem Falle wäre Columbo nicht mehr Columbo. Dann müsste die Frage gestellt werden, wer denn der Mensch hinter der Maskerade sei. Es wäre ein Übermensch, ein Mann ohne Fehl und Tadel, ein aalglatter Superheld – und ein großer Langweiler, weil ohne innere Widersprüche gezeichnet. Mit seinen Schwächen nähme man ihm auch seine Menschlichkeit, seine Seele. Columbo aber ist zu einer Kultfigur geworden, weil sein Charakter so vielschichtig ist. Das macht ihn interessant. Sein jahrzehntelanger Erfolg bei einem Millionenpublikum dürfte darauf beruhen, dass er beides ist: ein Held aufgrund seiner überragenden Fähigkeiten, die ihn aus der Masse hervorheben; ebenso ein Typ wie jeder andere, der in der Nachbarschaft wohnen könnte. Ein Held des Alltags eben und keine unbesiegbare Comicfigur.

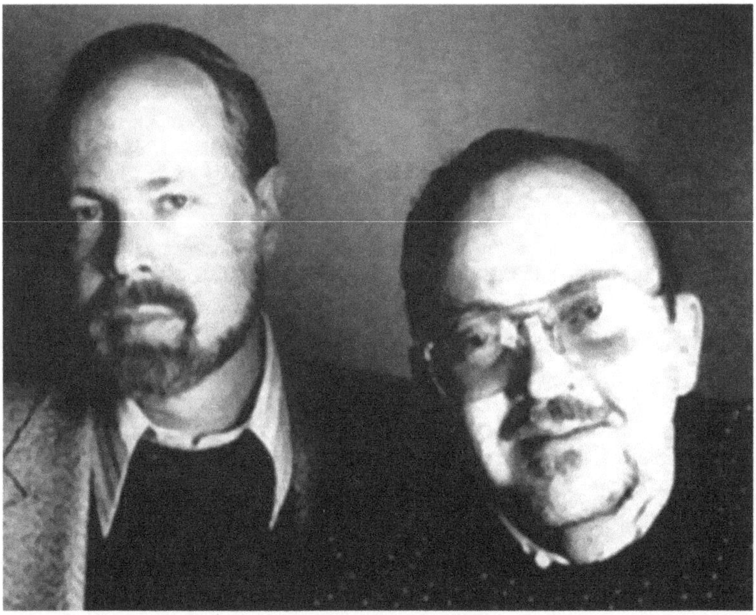

Abbildung 1: Die kreativen Väter: Richard Levinson und William Link

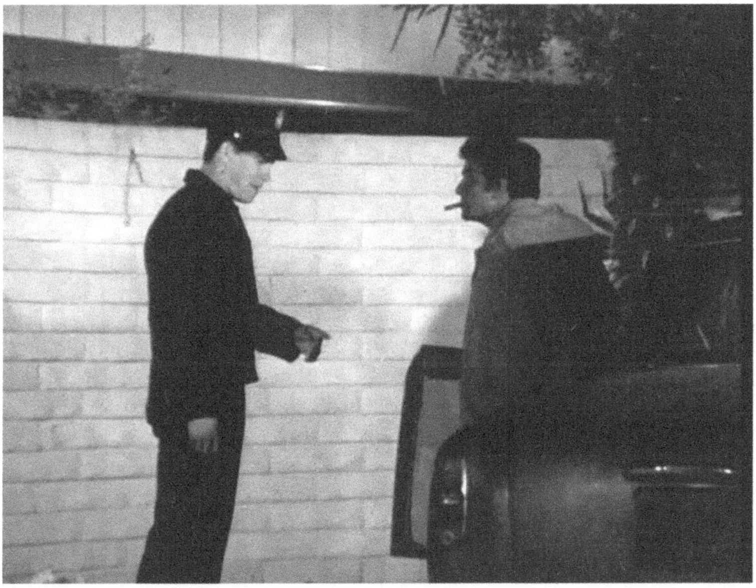

Abbildung 2: »Entschuldigen Sie, hier ist reserviert. Für die Polizei.« (»Mord unter sechs Augen«)

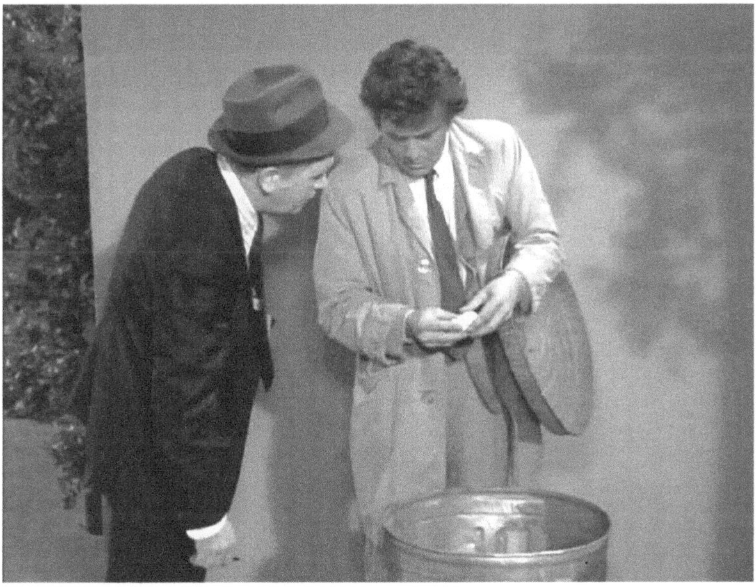

Abbildung 3: »Was suchen Sie, Inspektor?« – »Salz für mein Ei.« (»Ein Hauch von Mord«)

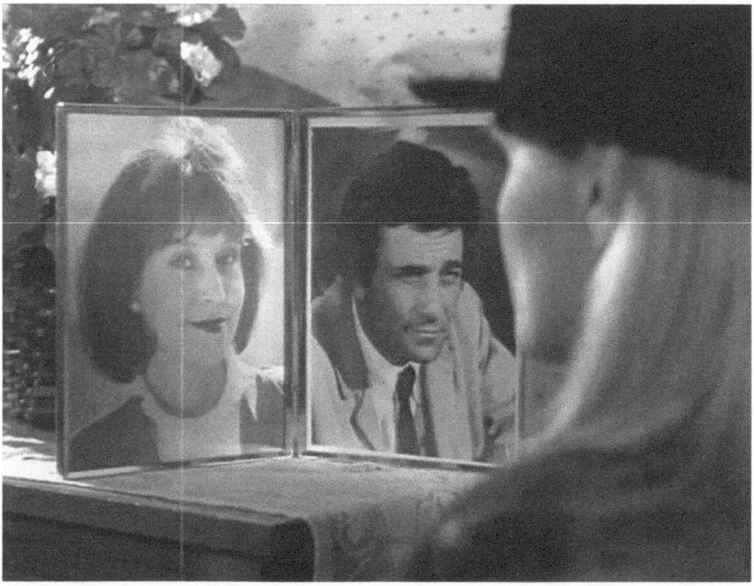

Abbildung 4: »Woher weißt du, dass du auf Fotos blöd aussiehst? Es gibt ja keine von dir!« (»Ruhe sanft, Mrs. Columbo!«)

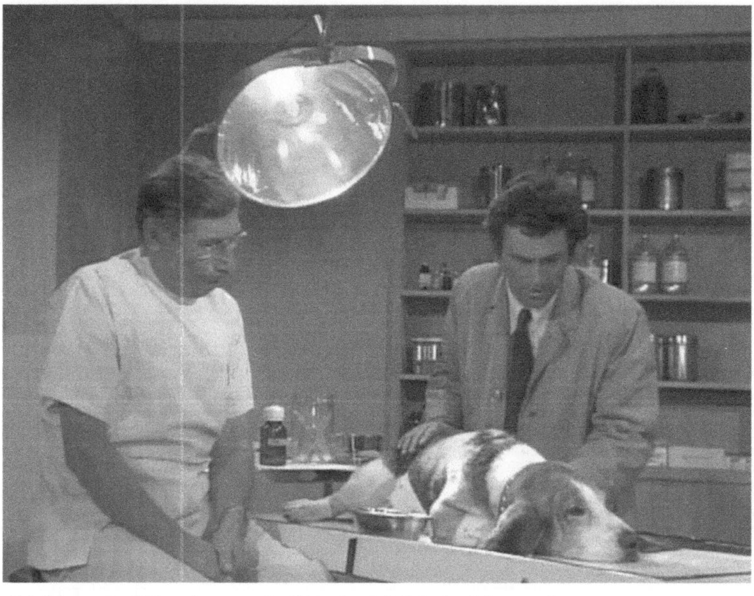

Abbildung 5: »Wie wäre es mit ›Fido‹?« (»Etüde in Schwarz«)

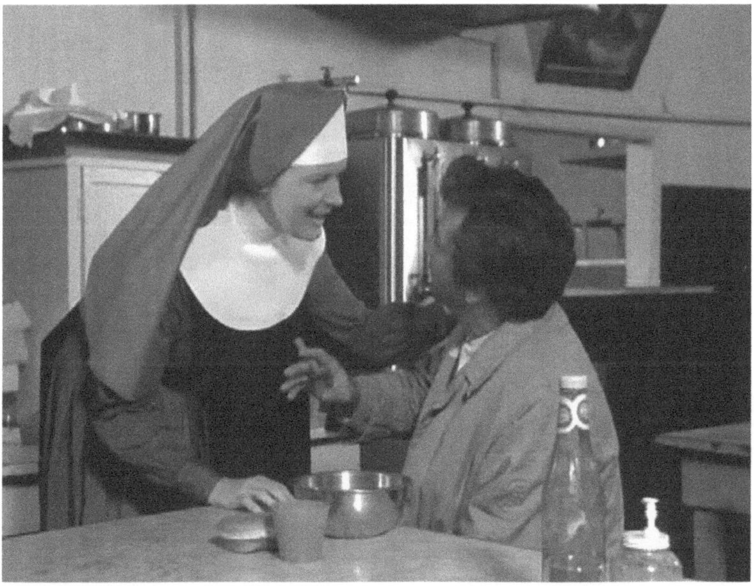

Abbildung 6: »Nehmen Sie teil, Bruder!« (»Momentaufnahme für die Ewigkeit«)

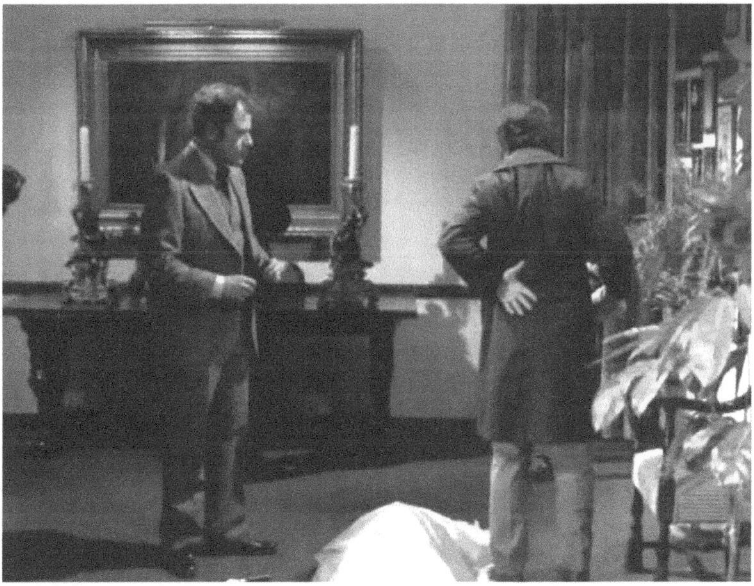

Abbildung 7: »Ein neuer Mantel?« – »Von meiner Frau.« (»Wenn der Schein trügt«)

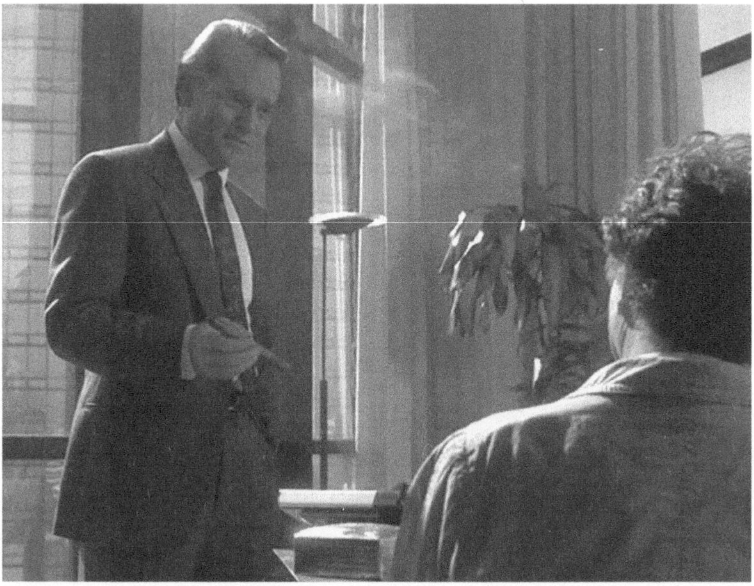

Abbildung 8: »Zigarrenraucher sind die brillantesten Denker.« (»Wer zuletzt lacht…«)

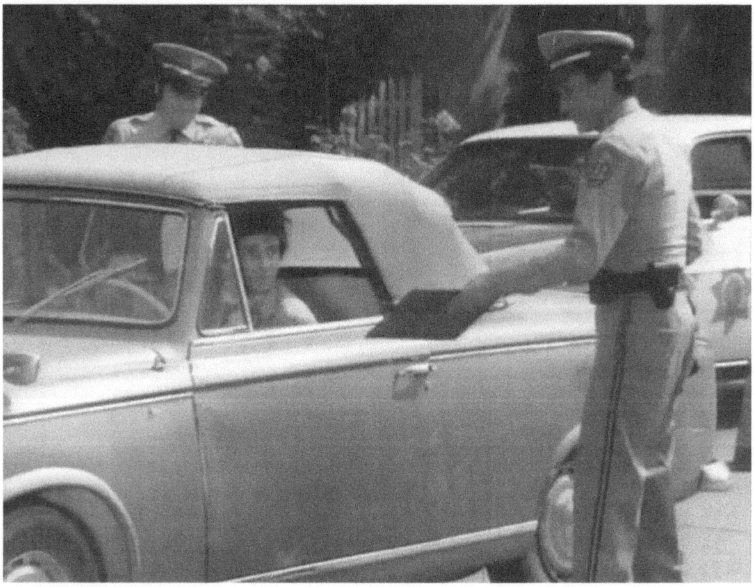

Abbildung 9: »Haben Sie schon mal daran gedacht, sich einen neuen Wagen zu kaufen?« (»Stirb für mich«)

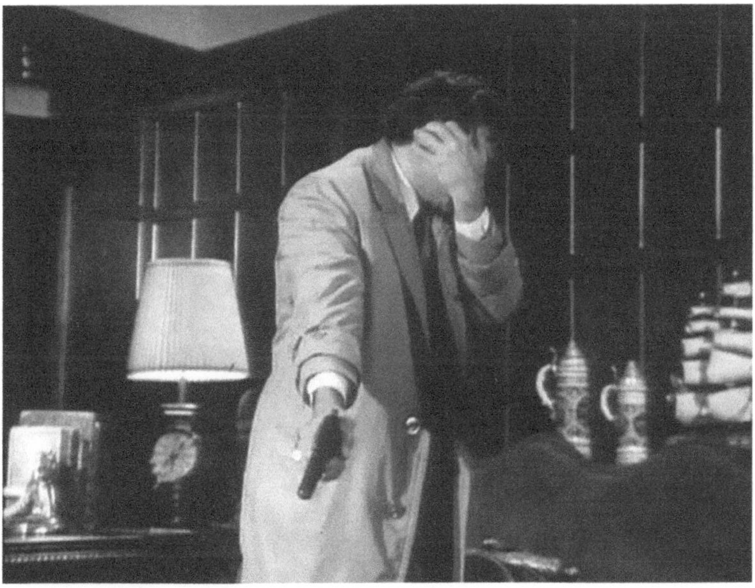

Abbildung 10: »Ich hasse Schusswaffen!« (»Playback«)

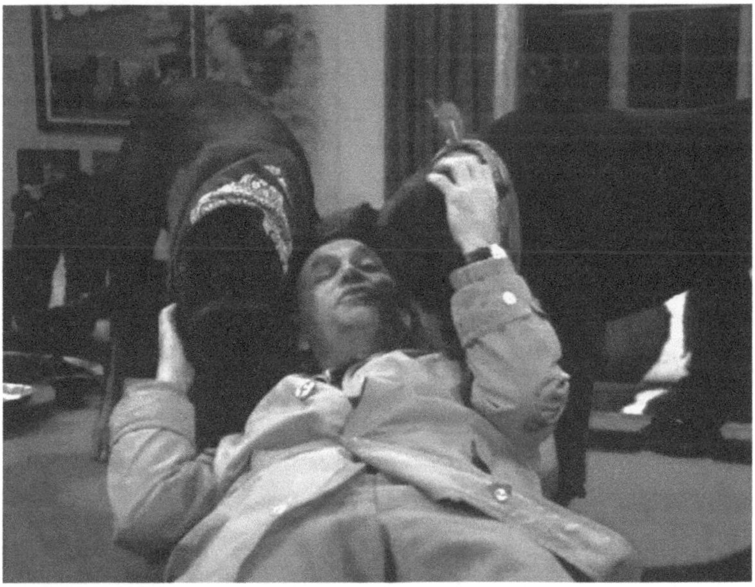

Abbildung 11: »Nur noch ein Küsschen.« (»Mord per Telefon«)

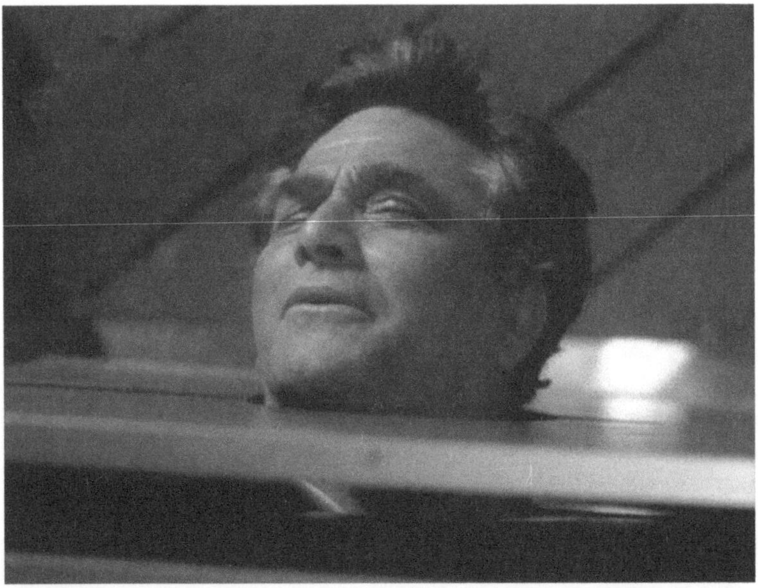

Abbildung 12: »Seien Sie doch so nett und legen den Kragen um meinen Hals!« (»Tödliche Tricks«)

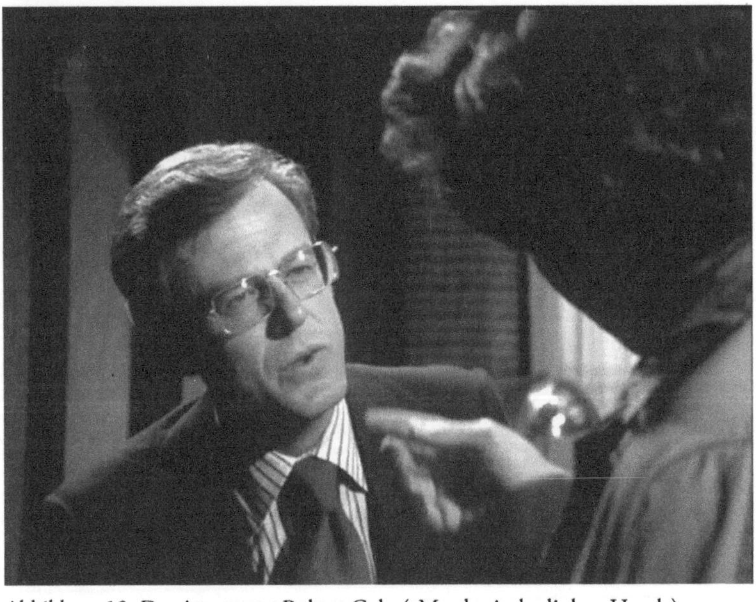

Abbildung 13: Der Arrogante: Robert Culp (»Mord mit der linken Hand«)

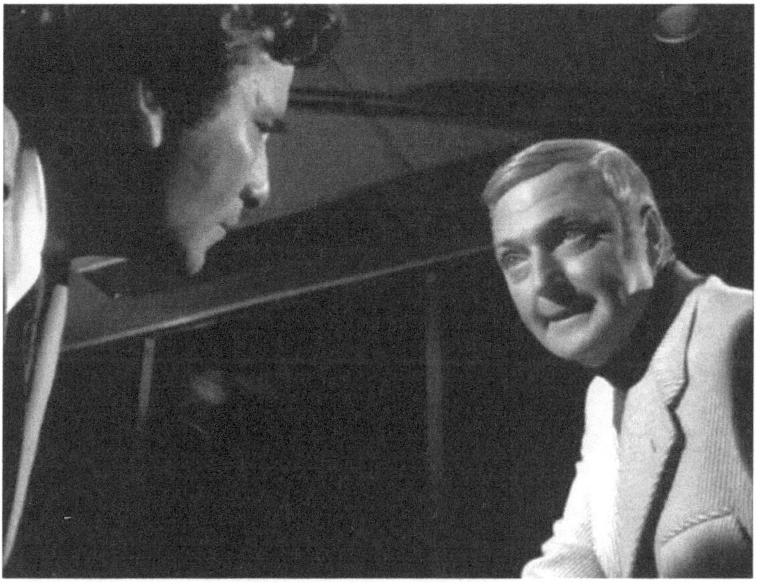

Abbildung 14: Der Blender: Jack Cassidy (»Tödliche Trennung«)

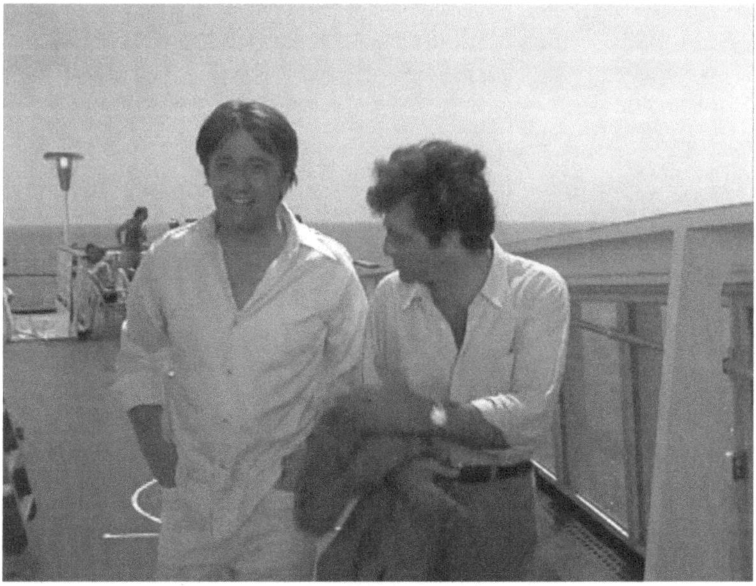

Abbildung 15: Der Selbstsichere: Robert Vaughn (»Traumschiff des Todes«)

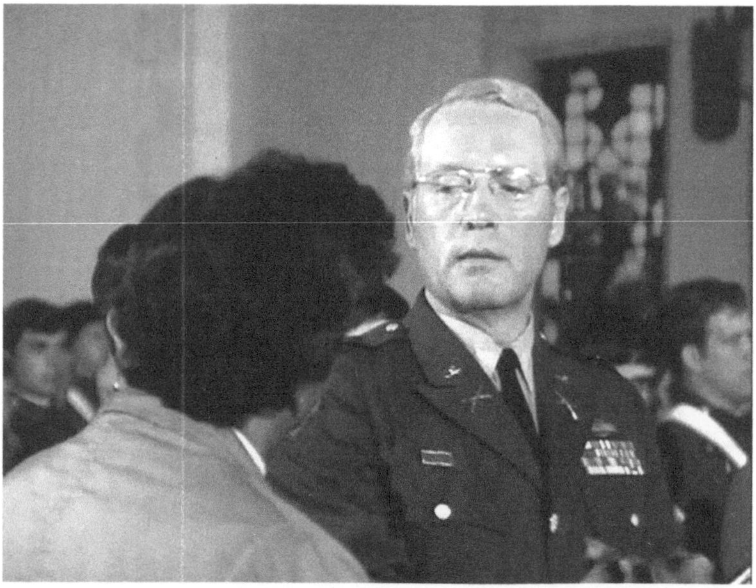

Abbildung 16: Der Autoritäre: Patrick McGoohan (»Des Teufels Korporal«)

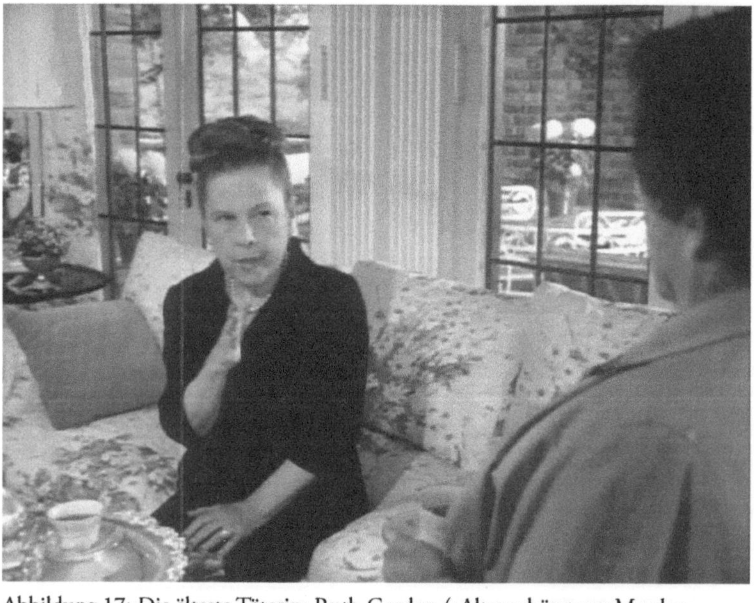

Abbildung 17: Die älteste Täterin: Ruth Gordon (»Alter schützt vor Morden nicht«)

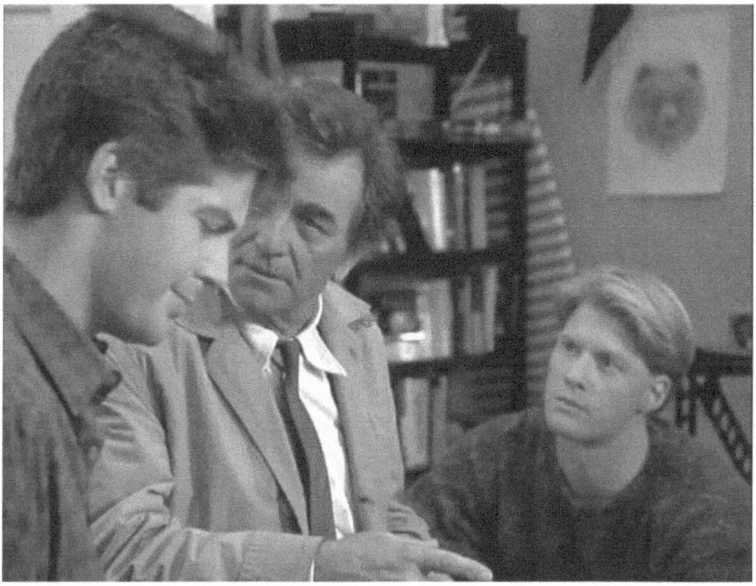

Abbildung 18: Die jüngsten Mörder: Stephen Caffrey und Gary Hershberger (»Luzifers Schüler«)

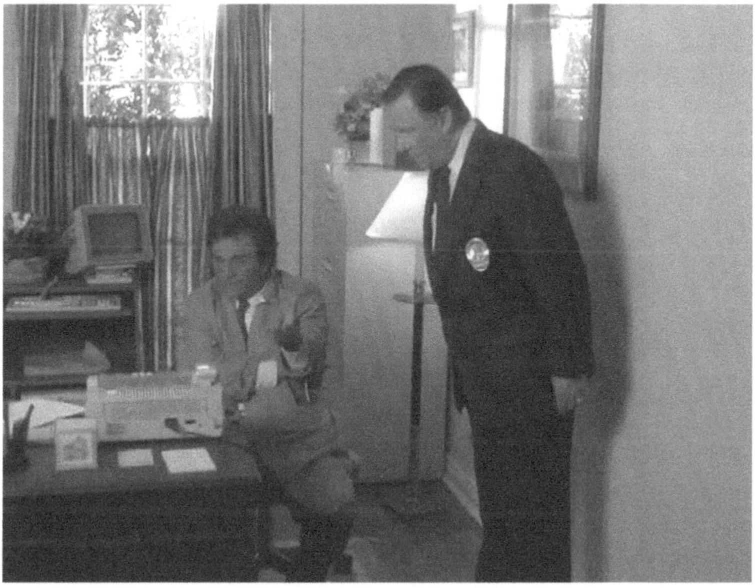

Abbildung 19: Bruce Kirby als Sgt. George Kramer (»Mord nach Termin«)

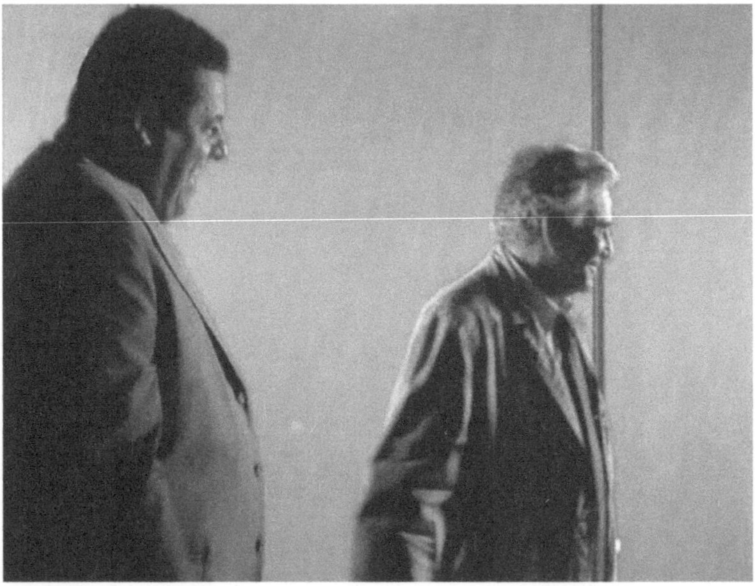

Abbildung 20: »Alles Gute, Inspektor!« – Columbos letzter Abgang (»Die letzte Party«)

IX. DIE AKTEN DES LOS ANGELES POLICE DEPARTEMENT

»Alles ist in strengster Ordnung,
und ich wäre Ihnen dankbar, wenn es so bliebe.« –
»Mir ist klar, wie wichtig es für Menschen ist,
ihre Akten ordentlich und sauber zu halten.«

DES TEUFELS KORPORAL

Der Inspektor hasst Büroarbeit. Ihm geht jeder Sinn für Ordnung, polizeiliche Vorschriften und institutionelle Bürokratie ab. Sein Geschäft ist es, Mörder zu überführen. Er versteht nicht, warum jede seiner Ermittlungen auch eine Fülle von »Schreibkram« mit sich bringen muss. Da sich dies jedoch nicht umgehen lässt, sind in seiner beruflichen Laufbahn 69 Fälle aktenkundig geworden, die es an dieser Stelle zu dokumentieren gilt.

Der vorliegende Episodenführer hat sich allerdings bewusst nicht zum Ziel gesetzt, den Inhalt der einzelnen Folgen möglichst ausführlich nachzuerzählen.[67] Dieses Kapitel versteht sich vielmehr als eine Art »Sehhilfe«, die dazu einladen will, die zuvor dargestellten Kultmotive zu verifizieren. Selbst wenn sich der Autor darum bemüht hat, wird nicht der Anspruch auf Vollständigkeit erhoben, weil davon ausgegangen wird, dass sich in dieser Serie immer neue Entdeckungen machen lassen. Dazu soll an dieser Stelle ausdrücklich ermutigt werden.

Die Darstellung versucht sich an ein Schema zu halten. Nicht immer ist dies durchzuhalten, da die interessierenden Motive in den einzelnen Episoden unterschiedlich vertreten sind. Am Beginn steht die Auflistung des Produktionsstabes (»credits«). Einige der inzwischen international gebräuchlichen Funktionsbezeichnungen bleiben dabei unübersetzt, da sie sich auf das amerikanische Produktionssystem beziehen und sich kaum adäquat mit einem deutschen Begriff beschreiben lassen.

Im Anschluss daran werden kurz die Ausgangssituation und das Mordmotiv benannt. Danach erfährt der Leser Wissenswertes zu diversen Einzelaspekten:

- A das Entree des Inspektors bzw. seine Ankunft am Tatort
- B eine Charakterisierung des Mörders (»Täterprofil«), Columbos Verhältnis zu dieser Person oder zu weiteren Mitwirkenden unter Einbeziehung abschätzender oder abschätziger Wertungen über ihn
- C Widerstände und Interventionen gegen seine Ermittlungen
- D die Familie, der Hund oder eventuelle Mitarbeiter
- E das äußere Erscheinungsbild
- F das Auto und der Fahrstil des Inspektors
- G der Gesundheitszustand und die Ernährungsweise, inklusive der Rauchgewohnheiten
- H die skurrilen Macken, die kleinen Tücken des Alltags sowie die betretenen Fettnäpfe
- I die Banalitäten am Rande
- J schließlich die kleinen Tricks und großen Fallen, mit denen Columbo die Täter zur Strecke bringt.

Den Abschluss bildet eine zwar begründete, gleichwohl aber subjektive Bewertung der Episode innerhalb von vier Kategorien:

- ★★★★ ein Höhepunkt!
- ★★★ sehr empfehlenswert
- ★★ durchschnittlich
- ★ mangelhaft

Der Autor wünscht sich jedoch, jeder Zuschauer möge selbst interessiert beobachten und sich sein eigenes Urteil bilden.

1. MORD NACH REZEPT (Prescription Murder)

Erstausstrahlung: 20.02.1968 (USA), 11.10.1969 (D)

Drehbuch: Richard Levinson, William Link (nach eigenem Stück), Regie: Richard Irving, Produktion: Richard Irving, Associate producer: Jerrold Freedman, Kamera: Ray Rennahan, Schnitt: Richard G. Wray, Ton: James T. Porter, Musik: Dave Grusin, Art director: Russell Kimbell, Set decorator: John McCarthy, James S. Redd, Kostüme: Burton Miller, Make-up: Bud Westmore, Frisuren: Larry Germain, Unit Manager: Edward K. Dodds, Regieassistenz: George Bisk, Color coordinator: Robert Brower, Editorial supervisor: Richard Belding, Musical supervisor: Stanley Wilson.

Darsteller: Gene Barry (Dr. Ray Flemming), Katherine Justice (Joan Hudson), William Windom (Burt Gordon), Nina Foch (Carol Flemming), Virginia Gregg (Miss Petrie, Sprechstundenhilfe), Andrea King (Cynthia Gordon), Susanne Benton (Blonder Partygast), Ena Hartman (Krankenschwester), Sherry Boucher (Stewardess), Anthony James (Tommy).

Der smarte Psychiater Dr. Flemming hat seine nörgelnde Ehefrau Carol satt und würde sie gern durch das Starlet Joan Hudson ersetzen. Er tut dies bereits zur Probe, indem er Joan in die Rolle Carols schlüpfen lässt, die er zuvor erwürgt hat. Dadurch verschafft er sich ein schwer zu widerlegendes Alibi, da er es sich zur Zeit des Mordes angeblich am Strand von Acapulco gut gehen ließ.

B Nicht von ungefähr ist der Täter im ersten Fall ein Psychiater. Es bedurfte schon eines Experten, um den Zuschauer innerhalb von neunzig Minuten mindestens ansatzweise in den diffizilen Charakter Columbos einzuführen, der hier erstmals vor die noch ahnungslosen Zuschauer tritt – wie immer unerwartet und unpassend. Flemming meistert diese Aufgabe und gibt ein beachtenswertes Gutachten über den Inspektor ab. Er schätzt dessen Fähigkeiten realistischer ein als die meisten seiner späteren Nachfolger. Deshalb ist H. Keller zu widersprechen, wenn dieser über Flemming schreibt: »Mit diebischer Freude registrierte er, dass der zerstreute, wie ein Clochard gekleidete Police Lieutenant, den man mit der

Untersuchung betraut hatte, nicht annähernd über das intellektuelle Vermögen verfügte, einen so brillanten Plan wie den seinen zu durchschauen«[68]. Genau das Gegenteil ist der Fall. Gerade dieser Täter leistet sich weniger Fehlurteile als spätere Kollegen, denn seine Figur hat nebenbei noch die dramaturgische Funktion, dem Zuschauer einführende Informationen über Columbo zu geben und damit ein Stück hinter seine Maske zu schauen. »Der ist erst zufrieden, wenn er Steinchen um Steinchen zusammen hat«, bemerkt Flemming. Columbo erweist sich als zäh und beharrlich. »Der Mord war zu perfekt. Das ist ein Staubkorn in seinem Auge. Der bringt es fertig und sucht im Alten Testament nach Fehlern.«

Die wichtigsten Szenen spielen in der Arztpraxis und nehmen den Charakter einer therapeutischen Sitzung an. Columbo: »Würden Sie mich als Patienten annehmen? Irgendetwas stimmt nicht mit mir. Ich habe den Eindruck, ich gehe den Leuten auf den Wecker, mache sie nervös. Meine Frau meint, ich sollte mich untersuchen lassen. Ich bin zu misstrauisch.« Das ist die Selbsteinschätzung. Flemming hingegen diagnostiziert: »Sie sind ein durchtriebener Kobold, der seine Giftpfeile losschießt. Sie stecken voller Tücken. Selbst die Zigarre ist Mittel zum Zweck. Sie sind ein intelligenter Mensch, aber Sie tun so, als wären Sie ein Trottel. Aus Ihren Mängeln machen Sie eine Tugend und bringen so den Täter zu Fall.« Columbos Antwort ist typisch anbiedernd: »Wie Sie die Menschen durchschauen!«

C Als einflussreicher Freund des Täters tritt Burt Gordon auf den Plan. Er ist der Vertreter des Generalstaatsanwalts, der dem noch jungen Beamten gleich zu Beginn erklärt: »Dieser Fall kann die Chance Ihres Lebens sein.« Nachdem er jedoch erfährt, dass Flemming in die Schusslinie des Cops zu geraten droht, verspricht er, seine Beziehungen zu nutzen, um Columbo von dem Fall ablösen zu lassen: »Ich werde ihn mir vorknöpfen. Wozu hat man schließlich Freunde?«

D Allgegenwärtig ist bereits Mrs. Columbo. Mit großer Fürsorge, jedoch ohne Erfolg, sorgt sie für Schreibutensilien. Andere Mängel an ihrem Mann kritisiert sie: »Meine Frau sagt immer, ich hätte einen Kopf wie ein Sieb.« Das Verhalten Flemmings beim Betreten seiner Wohnung, in der er eigentlich seine Frau vermuten müsste, leuchtet Columbo nicht ein: »Wenn ich nach Hause komme, rufe ich gleich ›Schätzchen, wo steckst du?‹« Elegant umgeht er es, einen Namen zu nennen.

Columbo erwähnt auch seine Schwester: Sie besitzt ein modern eingerichtetes Wohnzimmer mit Nierentisch, das offensichtlich nicht seinen Geschmack trifft. Einen Vorgesetzten gibt es auch. Zwar ebenfalls unsichtbar, weigert er sich trotz der Intervention Gordons, Columbo von dem Fall abzuziehen. »Mein Chef schätzt das nicht. Er ist ein intelligenter Mann.«

E Den Mantel trägt Columbo bislang meist noch über dem Arm.

G Dafür tritt er aber gleich mit brennender Zigarre auf. »Meiner Frau wäre es lieber, wenn ich Pfeife rauchen würde, aber da muss man immer soviel Zeug mit sich herumschleppen.« Schlafprobleme kennt er nicht. Zum Thema »Patientencouch« meint er: »Wenn Sie mich in die Horizontale bringen, schlafe ich sofort ein.« Deshalb bleibt er lieber senkrecht und trinkt mit Flemming Bourbon.

H Neben dem Feuerzeug bereitet ihm offenbar auch ein Wohnungsschlüssel Probleme, mit dem er recht hilflos von Flemming angetroffen wird.

I Bei aller Arbeit interessiert sich Columbo auch sehr für Flemmings Urlaubserfahrungen in Acapulco und befragt ihn über die dortigen Angelmöglichkeiten. Er sucht für sich und Mrs. Columbo noch den geeigneten Urlaubsort.

J Die kleinen Tricks sind von Beginn an dabei. »Eigentlich ist es nicht wichtig, aber eine Kleinigkeit macht mir zu schaffen. Es betrifft Ihr Gepäck…«. Der Satz wird unterbrochen von einem Feuerzeug, das nicht funktionieren will. Doch Columbo hat Geduld, bis Flemming voll innerer Unruhe den Faden selbst wieder aufnimmt: »Sie sprachen von meinem Gepäck…«. Auch bei Miss Hudson wiegelt der Inspektor ab: »Nur ein paar Routinefragen.«

Als es darum geht, den Kleinganoven Tommy als angeblichen Mörder zu präsentieren, kommt ein weiteres beliebtes Motiv ins Spiel: Columbo empfängt einen Anruf im Beisein Flemmings, um diesen unauffällig mit gezielten Informationen zu versorgen. Flemming meint, die Oberhand behalten zu können. »Was Columbo auch vorbringt – ich habe eine Antwort parat.« So brüstet er sich und verkennt, dass gerade dieses Verhalten das Misstrauen des Jägers weckt. Flemming liefert diverse Theorien über das Geschehen und sich so fast selbst ans Messer. Columbo: »Jetzt, da *Sie* es *selber* sagen…«. Flemming spürt den Verdacht: »Ich bin nicht der Mörder meiner Frau.« – »Das habe ich doch nie gesagt!«

Trotz aller verbalen Punktgewinne kann Columbo Flemmings Alibi nur knacken, indem er Flemming den Tod seiner Helfershelferin vortäuscht. Doch Flemming zeigt sich keineswegs erschüttert und lässt sich zu der Aussage hinreißen, er habe sie nie geliebt. Dies hört die noch sehr lebendige Joan und erkennt, dass sie nur ausgenutzt worden ist. Nach dieser Offenbarung ist sie zum Geständnis bereit.

★★★ Ein gelungener Einstand für eine neue Serienfigur. Man erkennt bereits im ersten Fall das Potential dieses originellen Charakters. Viele der Motive, die den späteren Columbo-Kult ausmachen sollen, sind bereits angelegt. Die Mordszene weist unübersehbare Ähnlichkeiten zu der aus Hitchcocks »Dial M For Murder« (Bei Anruf Mord) auf: Das Opfer, das am Fenster steht, wird gewürgt, während das Telefon klingelt – nur mit mehr Erfolg. Allein das Finale gerät etwas schwach, in dem sich Flemming zu Worten hinreißen lässt, die seiner sonstigen Vorsicht widersprechen.

Auch Dave Grusins Score trägt zur Atmosphäre dieses Krimis bei. Neben Peter Falk kann Gene Barry überzeugen, der als Flemming gekonnt die Balance hält zwischen der Einschätzung Columbos als einem ihm durchaus ebenbürtigen Gegner und der Überzeugung, ihm letztlich doch überlegen zu sein. Er täuschte sich – wie künftig viele andere auch.

2. LÖSEGELD FÜR EINEN TOTEN (Ransom For A Dead Man)

Erstausstrahlung: 01.03.1971 (USA), 17.05.1973 (D)

Drehbuch: Dean Hargrove (nach einer Erzählung von Richard Levinson und William Link), Regie: Richard Irving, Produktion: Dean Hargrove, Executive producer: Richard Irving, Kamera: Lionel Lindon, Schnitt: Edward M. Abroms, Ton: Robert Bertrand, Musik: Billy Goldenberg, Art director: John J. Lloyd, Set decorator: Bert F. Allan, Kostüme: Burton Miller, Unit Manager: Don Gold, Regieassistenz: George Bisk, Editorial supervisor: Richard Belding.

Darsteller: Lee Grant (Leslie Williams), Harold Gould (Carlson), Patricia Mattick (Margaret Williams), John Fink (Michael Clark), Paul Carr (Hammond), Jed Allan (Phil), Charles Macauley (Richard), Henry Brandt (Anwalt), Jeane Byron (Pat), Richard Roat (Perkins), Norma Connolly (Celia), Harlan Warde (Paul Williams), Bill Walker (Crowell), Timothy Carey (Bert), Judson Morgan (Richter), Richard O'Brien (Priester), Celeste Yarnall (Gloria), Lisa Moore (Nancy), Lois Battle (Kellnerin), Reginald Fenderson (Mechaniker).

Die Staatsanwältin Leslie Williams erschießt ihren Mann, den sie ohnehin nur seines Einflusses wegen geheiratet hatte. Dieser erkannte das mittlerweile selbst und wollte sich scheiden lassen. Nach der Tat täuscht die frischgebackene Witwe eine Entführung ihres Mannes vor. Einziger Schwachpunkt in der Rechnung ist Leslies Stieftochter Margaret, die sofort Verdacht schöpft.

A Bei seiner Ankunft am Haus der Familie Williams hat Columbo ganz andere Sorgen als Mord. Als es klingelt, öffnet Mrs. Williams die Tür. Columbo steht mit dem Rücken zu ihr und beugt sich nach vorn: »Ich habe meinen Kugelschreiber verloren. Mein *Name* (!) ist eingraviert. An sich ist er wertlos. Meine Frau lässt mir wieder einen gravieren.« Könnten wir doch diesen Kugelschreiber finden! Wahrscheinlich aber wären wir enttäuscht, und es würde nur »Columbo« darauf stehen.

B Um den Inspektor in seinem zweiten Fall näher kennenzulernen, ist der Zuschauer wiederum auf dessen Selbstbekenntnisse und die Beobachtungen der Staatsanwältin angewiesen. »Ich bin ein komischer Kauz«, klagt Columbo. »Es gibt Dinge, die mich stören. Ich bin ein Sorgenkind. Meine Frau sagt immer zu mir: ›Du gehst mir auf die Nerven.‹« – »So ungefähr kann ich mir das vorstellen«, stimmt Leslie zu. »Erzählen Sie mehr von sich!« Doch Columbos Andeutungen sind wohldosiert. Viel lieber umschleicht er seine Beute auf eine Weise, die selbst dieser kaltblütigen Frau bald zuviel wird: »Ich hätte Sie fast gern gehabt mit Ihrer schäbigen Art und Weise. Wie Sie hier hereingeschlurft kommen mit Ihren billigen Tricks! Ihre Unterwürfigkeit, die scheinbare Geistesabwesenheit, die netten kleinen Anekdoten über die Familie, die Frau und das alles. Lieutenant Columbo – holprig und stolprig und klein, aber ständig an der Kehle seiner Opfer. Ich kann mir vorstellen, dass er in den meisten Fällen auch Erfolg hat.« Columbo hat es mit einer eiskalt berechnenden Mörderin zu tun. Trotz mancher Schmeichelei steht sein Urteil über sie fest: »Imponierende Frau«, »intelligent« – aber: »kein Gewissen«. Soviel ist klar: Diese Dame mag er nicht.

Mrs. Williams hingegen weiß zum Schluss sehr wohl zwischen zufälligem Erfolg und echter Professionalität zu unterscheiden und dem Sieger die Ehre zu geben: »Sie haben eine sehr glückliche Hand, Lieutenant. Nein, ich gratuliere Ihnen: Sie waren sehr clever.«

C Ärger bekommt Columbo diesmal sogar mit Berufskollegen. Das FBI hat den »Entführungsfall« übernommen und betrachtet den heruntergekommenen Ortspolizisten als lästig. Agent Carlson versteht sich mehr darauf, der Staatsanwältin zu schmeicheln, als zu ermitteln. So droht er Columbo: »Wenn Sie diese Frau belästigen, reiche ich gegen Sie Beschwerde ein!« Doch bald stellt sich der Fall als Mord heraus und fällt damit ganz in Columbos Ressort. Zwar gibt er zwischenzeitlich einmal zu erkennen, ihm sei der Fall entzogen worden, doch das ist blanke Täuschung.

D Mrs. Columbo ist gänzlich anders als die harte Leslie Williams: »Wenn ich in den Händen von Kidnappern wäre«, gibt der Inspektor zu bedenken, »und meine Frau würde nicht fragen, ob es mir gut geht – dann würde ich mich aber wundern!« Trotzdem er seine Frau immer wieder mit Grübeleien nervt, geht sie doch hin und wieder mit ihm zum Football.

Ein unangenehmer Zeitgenosse scheint sein Vetter Ralph zu sein. Er sei klüger als alle und rede besser. »Er ist so perfekt, dafür möchte ich ihn manchmal umbringen.« Der Zuschauer kann nur hoffen, dass dies nie geschehen möge, denn mit diesem Fall würde man Columbo – bei aller Wertschätzung – wohl doch nicht betrauen.

G »Rauchen verboten!« So wird Columbo zurechtgewiesen, bevor er in einen Helikopter steigen muss. »Das Fliegen«, so sagt er, »ist nicht meine liebste Freizeitbeschäftigung.«

In einer eigentümlichen Dialektik wird Columbos Ernährungsweise beschrieben. Zum einen klagt er über Magenprobleme: »Wenn ich über Details nachdenke, dann verliere ich meinen Appetit. Ich kann nichts essen.« In solchen Fällen trinkt er Kräuterbier. Andererseits erfahren wir im Dialog mit einem Wirt erstmals etwas über Columbos Lieblingsspeise: »Lieutenant, Sie haben keine Phantasie. Sie gucken sich zwar immer die Karte an, bestellen dann aber Chili.« Columbo stimmt ihm zu: »Ich werde das Chili nehmen.« – »Ich dachte es mir.« – »Auf diese Weise kann ich keine Enttäuschung erleben.« Übrigens: »Es liegt immer an den Crackern, wenn es schmeckt.«

H Kleine Schwächen des Inspektors werden auch diesmal offenbar. Kugelschreiber werden sowohl zu Beginn als auch zum Schluss gesucht. Feuerzeuge können in seinen Händen einfach nicht funktionieren. Für seine aufdringliche Art muss er sich rechtfertigen: »Ich schnuppere nur so herum.« Als er weit vor einem Termin im Büro der Staatsanwältin herumlungert, bekennt er: »Ich habe eine schreckliche Eigenschaft: Ich komme immer zu früh.« Seine Frau wird zu diesem Punkt allerdings nicht befragt. Überhaupt nicht ins Bild will seine Frage an Mrs. Williams' Mitarbeiter passen: »Wie können Sie für eine Chefin arbeiten?« Columbo – ein Frauenfeind?

Der Umgang mit einfachsten Dingen offenbart Bildungslücken: »Was ist das?« – »Das ist eine Luftbildkarte.« – »Oh, so sieht also eine Luftbildkarte aus.« Typisch ist Columbos Verlegenheit in der Schlussszene im Restaurant: »Das macht 1,10 Dollar.« Der Inspektor, vor sich den geöffneten Geldkoffer: »Glauben Sie, ich kann auch auf Kredit bei Ihnen …?«

I Peinlich berührt Columbos Interesse an Banalitäten. In alle Aufregung und Angst um den vermeintlich Entführten platzt er mit einem Problem, auf das er in der Gästetoilette des Hauses Williams gestoßen ist: »Die Seife im Badezimmer, die aussieht wie kleine Apfelsinen – wenn man ein Stück benutzt und legt es zurück: Wie verhindert man, dass es mit den anderen zusammenklebt?« Mrs. Williams daraufhin: »Das ist wirklich ein Problem.« – »Das habe ich mir gedacht.« Eine herrliche Szene!

J Columbo wendet auch hier wieder aus dem ersten Fall bekannte Tricks an. Natürlich sind es erneut nur »winzige Kleinigkeiten«, nach denen er fragt; selbstverständlich nicht ohne Unterbrechung: »Funktioniert dieses Feuerzeug?« Auch wird die Verdächtige animiert, mit eigenen Thesen die Ermittlungen zu fördern: »Warum hat der Kidnapper den Beutel dagelassen?« – »Menschen handeln in Stresssituationen unlogisch, emotional.« – »Sie haben recht!« Die Täterin weiß auf jede Frage eine Antwort.

Bald hat der Inspektor seine Kandidatin soweit kennengelernt, dass er um ihren schwachen Punkt weiß und ihn nutzen kann. Mrs. Williams ist derart gewissenlos, dass sie gar nicht auf den Gedanken kommt, ihre Stieftochter könne anders sein. Margaret lässt nämlich durchblicken, sie könne sich vorstellen, sich für ihr Schweigen bezahlen zu lassen. Somit taucht das angebliche »Lösegeld« für das Mordopfer wieder auf, mit dem die Mörderin überführt wird. Columbo hatte sich der Mitarbeit Margarets zuvor ebenso versichert wie im vorangegangenen Fall der von Joan Hudson.

★★★ Drei Jahre nach dem ersten Auftritt des Inspektors kam nun der eigentliche Pilotfilm zur Serie. Er wird diesem Anspruch voll gerecht und macht neugierig auf weitere Begegnungen mit dem Unikum. Lee Grant, die im Folgejahr gemeinsam mit Falk in »The Prisoner Of Second Avenue« auf der Bühne stand, wurde für ihre Leistung für den »Emmy« nominiert. Neben ihr ist auch Harold Gould zu erwähnen, dessen Fehde mit dem vermeintlichen Provinzbullen Columbo der Handlung zusätzlichen Reiz verleiht.

Darüber hinaus enthält diese Episode eine liebenswerte Hommage an ein großes Vorbild, vielleicht *den* Gattenmord schlechthin: Margaret verfolgt im Fernsehen »Double Indemnity« (Frau ohne Gewissen), den Klassiker von Billy Wilder.

3. TÖDLICHE TRENNUNG (Murder By The Book)

Erstausstrahlung: 15.09.1971 (USA), 10.04.1975 (D)

Drehbuch: Steven Bochco, Regie: Steven Spielberg, Produktion: Richard Levinson, William Link, Associate producer: Robert F. O'Neill, Kamera: Russell L. Metty, Schnitt: John Kaufman jr., Ton: David H. Moriarty, Musik: Billy Goldenberg, Art director: Arch Bacon, Set decorator: Richard Friedman, Kostüme: Burton Miller, Story editor: Steven Bochco, Unit Manager: Henry Kline, Regieassistenz: Ralph Ferrin, Editorial supervisor: Richard Belding.

Darsteller: Jack Cassidy (Ken Franklin), Martin Milner (James Ferris), Rosemary Forsyth (Joanna Ferris), Barbara Colby (Lili La Sanka), Lynnette Mettey (Gloria jr.), Bernie Kuby (Mike Tucker), Hoke Howell (Sergeant), Marcia Wallace (Frau), Haven Earle Haley (2. Reporter).

Ken Franklin will seinen Partner James Ferris töten. Beide bildeten lange Jahre ein Krimiautorenpaar. Niemand aber weiß, dass allein Ferris schrieb und Franklin lediglich Manager war. Nachdem Ferris beschlossen hat, allein »ernsthafte« Bücher zu schreiben, sieht Franklin seine Existenzgrundlage bedroht und fürchtet zudem, in der Öffentlichkeit bloßgestellt zu werden. Er lockt Ferris in sein Ferienhaus. Dort lässt er ihn seine Frau anrufen, um vorzugeben, er sei noch im Büro. Währenddessen erschießt Franklin den abtrünnigen Freund. Allerdings hat die Ladenbesitzerin Mrs. La Sanka die beiden Männer zusammen gesehen. Auch sie muss deshalb sterben.

B »Wen kennt man schon wirklich?«, fragt Columbo den Täter. Er jedenfalls wird wieder einmal verkannt. Ein Polizist hält ihn für einen Pressevertreter. Gegenüber Franklin tut der Inspektor so, als käme er nicht voran. Damit reizt er sein Gegenüber, denn Franklin ist ein notorischer Besserwisser. »Wie lange sind Sie schon Inspektor, Inspektor? Mrs. Melville wäre längst weiter.« Mrs. Melville, eine »Miss Marple für Arme« und Hauptperson zahlreicher Ferris-Franklin-Krimis, wird zur unsichtbaren Konkurrentin. »Alles komplizierte Fälle in den Büchern«, gibt Columbo zu. »Die könnte ich mir nie ausdenken.«

Gegenüber der Frau des Ermordeten zeigt Columbo eine neue, fast seelsorgerliche Art seines Wesens, als er sie vom Tatort nach Hause bringt und ihr sogar eigenhändig ein Omelette zubereitet.

C Auch der obligatorische Einschüchterungsversuch fehlt nicht: »Ich werde Sie verklagen«, droht Franklin. Da ist es aber schon zu spät.

D Columbo versteht es, der Phantasie des Zuschauers immer neue Nahrung zu geben. Diesmal verrät er: »Meine Frau ist ein athletischer Typ.« Hin und wieder wird sie von den Kochkünsten ihres Mannes beglückt. Dagegen mag sie keine Krimis. Gern würde sie ein solches Ferienhaus wie Franklin besitzen, denn Columbos haben nur eine kleine Wohnung. Doch Franklin holt den Inspektor auf den Boden zurück: »Diese Ferienhäuser liegen doch über Ihrer Preisklasse.«

E Erstmals ist Columbos Kleidung ein Thema. »Mein Mantel ist zu dünn für diese Jahreszeit«, klagt er. Doch wehe, er bekäme einen anderen!

F Im Vorübergehen kommt auch das Auto in den Blick, da diese Episode nach »Mord mit der linken Hand« gedreht wurde, wo der Wagen erstmalig eine Rolle spielte.

G Man mag es kaum glauben: Columbo kann keine lauten und verrauchten (!) Räume ertragen. Dafür steht er gern in der Küche. Für Omelettes verwendet er »bloß Eier, keine Milch«. Aber auch dem einfachen Hot Dog gegenüber ist er nicht abgeneigt. Er kauft ihn gegen Quittung.

I Auch Nichtigkeiten wecken wieder sein Interesse, als er vor einem Lift steht: »Interessant, die Knöpfe sprechen auf Körperwärme an. Man muss sie gar nicht berühren.«

J Franklin erhält von Columbo reichlich Gelegenheit, seine Theorien über das Geschehen vorzutragen (»abgebrühte Berufskiller«) und schenkt Columbo diverse Melville-Krimis als Nachhilfelektüre. »Ich bin dankbar für die wertvolle Hilfe«, dienert Columbo. Franklin benutzt erstmals eine spätere Standardfrage: »Sie halten mich doch auf dem Laufenden?« Nichts tut Columbo lieber als das, sind doch die Gespräche mit Franklin für ihn sehr aufschlussreich.

Erstmals ist es herrlich mit anzusehen, wie sich Columbo an der Neugier seiner Opfer weidet: »Eines müssen Sie mir noch erklären … aber das eilt nicht. Sie möchten jetzt schlafen ....« Keine Frage, dass Franklin spätestens jetzt hellwach ist. Er ist sehr engagiert: »Ich hoffe doch, dass ich Ihnen geholfen habe?« – »Oh, mehr als Sie wissen.«

Eine Falle muss der Inspektor diesmal nicht stellen. Dafür aber ist eine gehörige Menge Spürsinn vonnöten, um das richtige Beweisstück zu finden. Er hält Franklin nicht für so begabt, diesen raffinierten Mord selbst erdacht zu haben. Das bringt ihn auf die richtige Fährte: Der Tathergang findet sich auf einem Notizzettel als Rahmen für einen Kriminalroman wieder. Kurios ist es, dass die Idee schließlich doch vom Mörder selbst stammte: »Die einzige gute, die ich je hatte.«

★★★ Die erste ausgestrahlte reguläre Serienfolge zeugt von dem künstlerischen Talent eines gewissen jungen Mannes namens Steven Spielberg. Gerade mit »Duel« (Duell) auf sich aufmerksam gemacht, verdiente er sich hier noch seine ersten Sporen, bevor er zu einem der erfolgreichsten Filmemacher aller Zeiten aufstieg. Geschickt hat er die Eingangssequenz statt mit Musik nur mit dem Rattern einer Schreibmaschine unterlegt (ähnlich wie die Radiogespräche während des Vorspanns zu »Duell«). Auch Steven Bochco gibt seinen Einstand in der Serie, die er in der Folgezeit maßgeblich prägen sollte. Der Tathergang ist von ihm raffiniert erdacht. In bester Erinnerung bleibt schließlich das vom bedeutenden Kamera-Altmeister Russell Metty häufig in Großaufnahme eingefangene breite und bedrohliche Grinsen Jack Cassidys. Es prädestinierte ihn geradezu, später noch zweimal in Columbos Akten zu erscheinen; darunter in »Schreib oder stirb«, einem thematisch ähnlichen Fall.

Auffällig sind die Anspielungen auf die beiden Schöpfer der Serie, das reale Krimiautorenpaar, deren Anfangsbuchstaben wie bei Ferris und Franklin ebenfalls identisch sind. Jack Cassidy fragte deshalb, als er zum Set kam: »Wen spiele ich eigentlich – Levinson oder Link?« Seiner Verehrerin Lily La Sanka überreicht Franklin ein handsigniertes Exemplar eines Mrs.-Melville-Krimis mit dem bekannten Titel: »Prescription Murder«.

4. MORD MIT DER LINKEN HAND (Death Lends A Hand)

Erstausstrahlung: 06.10.1971 (USA), 04.09.1975 (D)

Drehbuch: Richard Levinson, William Link, Regie: Bernard L. Kowalski, Produktion: Richard Levinson, William Link, Associate producer: Robert F. O'Neill, Kamera: Russell L. Metty, Schnitt: Edward M. Abroms, Ton: David H. Moriarty, Musik: Gil Mellé, Art director: Arch Bacon, Set decorator: Richard Friedman, Kostüme: Burton Miller, Story editor: Steven Bochco, Unit Manager: Henry Kline, Regieassistenz: Jack Barry, Editorial supervisor: Richard Belding.

Darsteller: Robert Culp (Brimmer), Ray Milland (Arthur Kennicutt), Patricia Crowley (Lenore Kennicutt), Brett Halsey (Ken Archer), Eric James (Mr. Denning, Brimmers Mitarbeiter), Don Keefer (Gerichtsmediziner), Len Wayland (Captain am Tatort), Lieux Dressler (Ceil Gentry), Barbara Baldavin (Brimmers Sekretärin).

Der Privatdetektiv Brimmer hat im Auftrag des Pressemoguls Kennicutt dessen jüngere Frau beschattet. Während er dem alten Herrn eine treue Ehefrau bescheinigt, erpresst er Mrs. Kennicutt mit seinem Wissen um ein zurückliegendes Verhältnis mit ihrem Golflehrer. Als diese aber droht, sich ihrem Mann zu offenbaren, kommt es zum Handgemenge, bei dem die Frau stirbt.

A Am Tatort angekommen, sucht Columbo nichts anderes als Feuer. Für seine Mitarbeiter hat er kein Ohr. »Ich wusste, dass Sie nicht zuhören«, meint der Captain resigniert.

B Ausgerechnet Brimmer wird von Kennicutt beauftragt, bei den Ermittlungen mit Columbo zusammenzuarbeiten. Der renommierte Privatschnüffler, einst selbst bei der Polizei, hält sich für den Größten. Aus dem Inspektor wird er nicht schlau. »Die Methoden der Kriminalpolizei scheinen sich erheblich gewandelt zu haben«, meint er zunächst noch recht spöttisch. Andererseits wird ihm Columbo bald so lästig, dass er ihm einen gutdotierten Job in seiner Detektei anbietet, um ihm den Fall entziehen zu können. Auf Schmeicheleien wie »Sie sind ein Mann mit

Kopf« springt der Inspektor allerdings nicht an. Eher macht ihn das verlegen.

C Mächtiger Einfluss wird geltend gemacht: »Sie müssen den Mörder finden! Ich bin kein geduldiger Mensch«, drängt Kennicutt. »Ich telefoniere stündlich mit dem Polizeipräsidium.« Von »Druck« kann hier allerdings nicht die Rede sein, schließlich geht es Kennicutt und Columbo um dieselbe Sache. Außerdem ist der alte Herr dazu viel zu liebenswürdig. Der Polizeipräsident hat im übrigen eine gute Meinung von Columbo. Nicht umsonst!

D »Sie sind sehr aufmerksam«, anerkennt Brimmer. »Meine Frau ist da ganz anderer Ansicht.« Columbo stört sie oft zur Schlafenszeit mit dem Nachttischlicht. Das berufliche Angebot des Privatdetektivs muss der Inspektor erst mit Mrs. Columbo besprechen. »Meine Frau sagt, ich sei nicht ehrgeizig genug.« Höchstwahrscheinlich würde sie die angebotene Verdreifachung seines Gehaltes begrüßen, um sich einige Wünsche erfüllen zu können: »Dieser Teppich ist genau das, was meine Frau sucht. Diese Dichte – da könnte man einen Schuh drin verlieren.«[69]

Eine Schwester von Mrs. Columbo möchte gern in ein Haus am Strand ziehen. Ein Neffe trägt Kontaktlinsen.

E Noch fällt Columbo nicht allzu sehr durch Kleidungsmissstände auf. Bei einem Essen mit Brimmer hängt jedoch seine Krawatte im Essen. Dies geschah bei den Dreharbeiten völlig unabsichtlich, wurde aber gern im Film belassen.

F Der Peugeot hat Premiere! Sofort fällt er negativ auf. Columbo wird von einem Streifenpolizisten angehalten. Der rechte Blinker ist defekt. Außerdem stellt sich heraus, dass die Versicherung des Wagens in der kommenden Woche abläuft. Der Inspektor wird verdonnert, baldmöglichst beim Straßenverkehrsamt vorzusprechen.

Da sich Columbo gerade auf dem Weg zum Tatort befindet, bietet sich der Polizist an, auf seinem Motorrad vorauszufahren. Der Inspektor geht darauf nur zögerlich ein: »Aber nicht zu schnell!«

G Die Einsicht bezüglich einer ungesunden Lebensweise ist vorhanden: »Ich tue zuviel, komme kaum aus dem Büro (?). Ich brauche Bewegung und frische Luft.« Columbo wird auch nie braun in der Sonne.

An der Ernährung ist diesmal nichts auszusetzen: Es gibt Seezungenklößchen. »Schicken Sie mir das Rezept nach Hause, nicht ins Büro.«

H In Kennicutts Haus verwechselt Columbo die Türen und will das Zimmer durch den Schrank verlassen. »Das ist schon vielen passiert«, meint der alte Herr verständnisvoll. Außerdem fällt der Inspektor erstmalig durch den Umstand auf, dass er keine Waffe trägt.

J Um einen bestimmten Ring am Finger Brimmers unauffällig in Augenschein nehmen zu können, ist sich Columbo nicht zu schade, sich des Aberglaubens verspotten zu lassen. »Ich bin ein abergläubischer Vogel. Ich gebe was auf Zeichen, Vorbedeutungen, Astrologie, Chiromantie und was es da alles so gibt.« Seine Erkenntnisse im Handlesen sind eine Karikatur. So meint er über Kennicutt: »Das ist Ihre Schicksalslinie. Da bricht sie ab. Das ist ein Schicksalsschlag. Da oben wird sie weitergeführt.« Über Brimmer: »Eine ausgeprägte Erfolgslinie. Sie kreuzt die Lebenslinie. Solche Menschen stellen etwas ganz Besonderes dar.«

Auch Brimmer wird der Qual abrupt unterbrochener Sätze ausgesetzt. Solch ein Monolog Columbos hört sich dann so an: »Das Opfer hatte einen Schnitt auf der linken Wange… Ist das Ihr Feuerzeug?… Wovon war gerade die Rede?« Natürlich nimmt er auch gern die Mithilfe des »Kollegen« in Anspruch: »Ich kenne da keine Eitelkeiten. Ich freue mich über jede Hilfe.« Wahrheitsgemäß versichert er Brimmer, er werde ihn verständigen, wenn er den Täter habe: »Wenn es soweit ist, erfahren Sie es als Erster.«

Nachdem Columbo weiß, dass das Opfer Kontaktlinsen trug, informiert er Brimmer, dass er auf der Suche nach einer solchen Linse sei. Mrs. Kennicutt müsse sie bei der Tat verloren haben. Nur zu gern teilt er dies mit und meint: »Ich wünschte, der Mörder wüsste das alles!« Als Brimmer daraufhin nachts in eine Autowerkstatt eindringt, dort den Kofferraum seines Wagens untersucht und fündig wird, wartet Columbo schon am Ort, um ihn zu verhaften.

Zum Schluss stellt sich die Frage: Überführung des Täters aufgrund eines unwiderlegbaren Beweismittels oder einer besonders raffinierten Falle? Der Witwer Kennicutt glaubt zunächst noch an glückliche Umstände: »Wenn meine Frau die Kontaktlinse nicht verloren hätte….« Columbo: »Die ist nicht von Ihrer Frau. Wichtig ist nur, dass es *eine* Kontaktlinse ist.« Kennicutt hat noch immer nicht begriffen: »Aber ohne die Panne an seinem Wagen hätten Sie ihn nie erwischt.« Daraufhin erzählt ihm Columbo von Streichen aus seiner Jugendzeit, bei denen er

Autos eine frische Kartoffel in den Auspuff steckte. Er schließt mit einer genialen Pointe: »In der Zeit haben wir Dinger gedreht, die können Sie sich nicht mehr erlauben – genauso wenig wie ich.«

★★★ Schlitzohriger als in der Schlussszene hat sich Columbo selten gezeigt. Die in typischer Levinson-Link-Manier perfekt geplante Falle, die für ein großes Finale sorgt, macht den Reiz dieser Episode aus. Filmtechnische Finessen kommen hinzu: Der Totschlag wird in Zeitlupe gezeigt, das anschließende Geschehen spiegelt sich in Brimmers Brillengläsern wieder. Mit dem finster und humorlos daherkommenden Robert Culp debütierte ein weiterer Dauer-Kontrahent Columbos, vielleicht der beste überhaupt. Auch Altstar Ray Milland zeigt – hier noch als Witwer, einige Episoden später als Täter – , dass seine Auftritte grundsätzlich immer sehenswert sind.

5. MORD UNTER SECHS AUGEN (Dead Weight / dt. Alternativtitel: Ein ehrenwerter General)

Erstausstrahlung: 27.10.1971 (USA), 12.06.1975 (D)

Drehbuch: John T. Dugan, Regie: Jack Smight, Produktion: Everett Chambers, Executive producer: Richard Levinson, William Link, Associate producer: Robert F. O'Neill, Kamera: Russell L. Metty, Schnitt: Richard M. Sprague, Ton: David H. Moriarty, Musik: Gil Mellé, Art director: Arch Bacon, Set decorator: Richard Friedman, Kostüme: Burton Miller, Story editor: Steven Bochco, Unit Manager: Henry Kline, Regieassistenz: Jack Barry, Editorial supervisor: Richard Belding.

Darsteller: Eddie Albert (Major Gen. Martin Hollister), Suzanne Pleshette (Helen Stewart), Kate Reid (Mrs. Walters), John Kerr (Col. Roger Dutton), Val Avery (Harry Barnes), Timothy Carey (Bert, Wirt), Clete

Roberts (TV-Nachrichtensprecher), Ron Castro (Officer Sanchez), Glen Vernon (1. Officer), Jimmy Pelham (2. Officer), Jim Halferty (1. Marinekadett).

Der hochdekorierte General Hollister erschießt in seiner Villa am Meer Colonel Dutton, einen gefährlich gewordenen Mitwisser seiner dunklen finanziellen Machenschaften auf Kosten der U. S. Army. Die Schießerei wird allerdings von Helen Stewart wahrgenommen, die zusammen mit ihrer Mutter zur selben Zeit auf dem Meer segelt. Columbo muss zunächst ohne Leiche ermitteln, während Hollister erfolgreich die Zeugin umgarnt und sie von seiner Unschuld überzeugt.

A Erstmals gibt es eine Version des später klassischen Ankunftsmotivs, dies sogar in Verbindung mit dem Auto. »Entschuldigen Sie, Sir, dieser Platz ist reserviert«, ruft Officer Sanchez, als der Inspektor vor dem Hause Hollister parken will. »Verstehe, in Ordnung«, antwortet Columbo defensiv und kriecht förmlich in den Wagen zurück. »Für wen ist er reserviert?« – »Für die Polizei.« – »Ich denke, wahrscheinlich bin ich der, den Sie meinen.« – Entschuldigung, Sir, ich hatte einen Dienstwagen erwartet.« (→ Abb. 2)

B Hollister entspricht dem Klischeebild eines bornierten und grobschlächtigen Militärs. Obwohl er so daherkommt, macht er immer noch mehr Eindruck als Columbo. Die Mutter der Zeugin Helen scheint dafür einen Blick zu haben. Von Columbo lässt sie sich den Ausweis zeigen und sagt kritisch: »Sie sehen nicht aus, als ob Sie von der Polizei wären.« Völlig anders reagiert sie kurze Zeit später, als Hollister vor ihrer Tür steht: »Ein *Herr* möchte zu dir», flötet sie in Richtung ihrer Tochter.

D Columbo erwähnt erstmals seinen Schwager George, von dem noch häufiger zu hören sein wird. Er ist Angler und seine beste Zeit ist morgens. Außerdem gibt es noch die Nichte Marilyn, die geschieden und in zweiter Ehe mit einem Polizisten verheiratet ist. Durch diese Verbindung ist Columbo bisher zu sechs Großneffen und -nichten gekommen. Nachdem er Helen Stewart von ihr erzählt hat, stellt diese die entscheidende Schlussfrage: »Nur unter uns: Haben Sie *wirklich* eine Nichte?« – Antwort: »Was ist das denn für eine Frage?« Ganz klar: Die des Zuschauers!

E Auch hat Helen Probleme mit Columbos Erscheinung. Dieser

sieht das ganz anders und macht sich über den eitlen Hollister lustig: »All das Getue um die Kleidung, alles sehr selbstgefällig, nicht?« – »Ja, Inspektor«, bekommt er prompt zur Antwort, »es gibt eben Männer, die wollen nicht aussehen wie ein ungemachtes Bett!«

G Was bisher nur vom Fliegen bekannt war, ereignet sich nun auch auf Hollisters Yacht: Columbo wird übel. Hollister ist verwirrt: »Ich verstehe nicht, warum sich ein Mann mit dem Namen Columbo auf einem Schiff nicht wohlfühlt.« – »Ich stamme sicher aus einer Nebenlinie der Familie.« Nichtsdestotrotz verspricht ihm Bert, der Wirt seines Stammlokals – was wohl? Eine Portion Chili.

H Mehrfach fällt der Inspektor unangenehm auf. Ohne Rücksicht durchwühlt er die Militaria-Devotionalien Hollisters, die gerade für eine Ausstellung abgeholt werden. »Das ist alles sorgfältig verpackt, Inspektor!« Er verwendet fremde Feuerzeuge und nennt die Häufung von Orden des Generals einen »Klempnerladen«. Man merkt, dass er selbst es in der Army nur bis zum »Küchenbullen« gebracht hat. Merkwürdig ist auch die Art und Weise, mit der er einen jungen Polizisten beauftragt, Hollisters Schiff in Augenschein zu nehmen: »Durchsuchen Sie das Schiff!« – »Wir haben keinen Durchsuchungsbefehl.« – »Ich frage den General, und wenn er sich weigert, hole ich mir einen. *Inzwischen* durchsuchen Sie das Schiff!«

J Columbo bringt den Verdächtigen sehr offensichtlich auf bestimmte Fährten. Als Hollister sich nach der Identität des Zeugen erkundigt, windet er sich und sagt: »Ich habe nicht gesagt, dass es ein Mann war.« Kleinigkeiten gibt es auch, ein »paar Dinge, die mir nicht klar sind; nichts Wichtiges, aber mir wäre es lieber, wenn sie mir klar würden«. Dazu gehört auch Hollisters liebste Pistole, der berühmte 45er Colt mit Perlmuttgriff. Nach ihm hält Columbo Ausschau, seit er Duttons Leiche fand und feststeht, dass dieser erschossen wurde. Nach Hollisters Angaben wurde ihm die Waffe gestohlen. Die ihm zu Ehren veranstaltete Museumsausstellung zeigt angeblich nur ein Duplikat. Dieses erweist sich aber als die Mordwaffe, die der General nur darum nicht beseitigte, weil er viel zu sehr daran hängt.

★ Diese Episode gehört zweifellos zu den schwächeren. Es kommt kaum Spannung auf, da der grobe Hollister Columbo zu keinem Zeitpunkt ein ebenbürtiger Gegner ist, geschweige denn in einem Verbalduell mithalten könnte. Seine Erklärungen sind dürftig, sein Vorgehen bezüglich der Zeugin äußerst unklug. Eddie Albert, sonst ein Darsteller von Format, erweist sich als Fehlbesetzung. Ein guter »Columbo« lebt von einem überraschenden Ende – hier ist es voraussehbar. Dazu hätte es den Scharfsinn des Inspektors nicht gebraucht. Diesen Fall hätte man getrost Harry Klein übertragen können.

6. MORD IN PASTELL (Suitable For Framing)

Erstausstrahlung: 17.11.1971 (USA), 24.07.1975 (D)

Drehbuch: Jackson Gillis, Regie: Hy Averback, Produktion: Richard Levinson, William Link, Associate producer: Robert F. O'Neill, Kamera: Russell L. Metty, Schnitt: Budd Small, Ton: James R. Alexander, Musik: Billy Goldenberg, Art director: Arch Bacon, Set decorator: Richard Friedman, Kostüme: Burton Miller, Story editor: Steven Bochco, Unit Manager: Henry Kline, Regieassistenz: Gil Mandelik, Editorial supervisor: Richard Belding.

Darsteller: Ross Martin (Dale Kingston), Kim Hunter (Edna Matthews), Don Ameche (Frank Simpson), Rosanna Huffman (Tracy O'Connor), Vic Tayback (Sam Franklin), Joan Shawlee (Mitilda), Barney Philips (Capt. Tyler), Mary Wickes (Tracys Vermieterin), Sandra Gould (Frau), Curt Conway (Mr. Evans, Hausangestellter), Claude Johnson (Polizist), Dennis Rucker (Joe, Parkplatzwächter).

Dale Kingston, ein recht eingebildeter Kunstkritiker, erschießt seinen Onkel. Er wickelt ihn in eine Heizdecke, um eine spätere Todeszeit vorzutäuschen, und verschafft sich dann ein Alibi. Seine Geliebte Tracy hilft ihm dabei, wofür er sie später kurzerhand erschlägt. Der Onkel hatte

Kingston enterbt und seine wertvolle Gemäldesammlung per Testament seiner zwar geschiedenen, aber inzwischen doch wieder mit ihm versöhnten Frau Edna vermacht. Kingston versucht daher mit allen Tricks, Edna als die Mörderin erscheinen zu lassen.

A Ein Zerberus in Gestalt eines Polizisten vor der Haustür verwehrt Columbo wieder einmal den Zutritt: »Moment, hier darf keiner rein!«

B »Was Sie jetzt denken müssen, ist ja ganz klar«, meint Kingston zu Columbo. Nichts ist klar, auch wenn der Kritiker meint, er hätte alle Fäden in der Hand. Der Inspektor wird völlig unterschiedlich eingeschätzt. Als »der freundliche Herr von der Polizei« wird er von einer Galeristin tituliert, während Kingston urteilt: »Mein Gott, Columbo, was sind Sie doch für ein Anfänger!« Er herrscht ihn an: »Tun Sie, wofür der Staat Sie bezahlt!« Die beiden können sich wirklich nicht riechen, zumal Columbo erkennen lässt, dass er nichts von Kunst verstünde. Aber er nutzt auch diesen Fall, um Bildungslücken zu schließen, und kann später sogar über Matisse mitreden.

C Kingston wendet sich an seinen Anwalt, da ihm der Cop lästig wird: »Bald braucht Columbo einen Sündenbock. Wenn wir nur etwas gegen diesen Menschen unternehmen könnten!« Der Jurist meint: »In dem Fall: Übergehen wir ihn doch! Ich habe gute Freunde im Rathaus.« Daraufhin tut Columbo so, als sei ihm der Fall tatsächlich entzogen worden. Seine Mitarbeiter aber wissen es besser: »Über eine Anzeige gegen Sie, Mr. Kingston, muss der Inspektor entscheiden. Es ist *sein* Fall.« Nur gut so!

D Columbo versucht Mrs. Matthews zu beschwichtigen, die sich verdächtigt glaubt: »Beruhigen Sie sich! Sie sollten es so machen wie meine Frau: Wenn die einkaufen geht, vergisst sie sogar, dass ich im Wagen sitze und warte.«

Der Schwiegervater des Inspektors wird als großer Freund von Western beschrieben. Ursache dafür muss seine Vorliebe für Pferde sein.

G Dass Rauchen schadet, erlebt Columbo auch hier. Am Tatort empört sich der Hausangestellte des Ermordeten: »Was unterstehen Sie sich! Mr. Matthews war passionierter Nichtraucher!«

H »Alles mitbekommen, Inspektor?«, fragen seine Mitarbeiter ihn am Tatort; wohl wissend, dass Columbo gedanklich nicht bei der Sache ist. Diesmal benutzt er nicht nur ein fremdes Feuerzeug, sondern steckt es sogar ein und muss darauf hingewiesen werden. Beim Anblick eines Aktmodells versinkt er vor Scham im Trenchcoat, während er hingegen keine Scheu hat, in Kingstons Wohnung in dessen Abwesenheit ein Nickerchen zu machen.

I Während alle anderen Polizisten am Tatort mit der Leiche beschäftigt sind, widmet sich der Inspektor ganz anderen Dingen. Er studiert die noch verbliebenen Gemälde: »Ich verstehe nicht, warum diese Maler ihre Namen immer so undeutlich kritzeln.« Daraufhin Kingston: »Halten Sie dieses Problem im Moment für besonders dringlich?«

J »Ich habe im Büro hinterlassen, dass ich bei Ihnen zu erreichen bin«, verkündet Columbo wieder einmal und lässt den Verdächtigen an polizeiinternen Gesprächen teilhaben. Ein schönes Beispiel für die unterbrochene Rede bietet ein Gespräch mit Kingston, in dem Columbo vom Mord abrupt auf ein anderes Thema kommt: »Ist das ein Kaffeeautomat da hinten?« In äußerst aufdringlicher Weise greift er in die Bildermappe, die Kingston mit sich herumträgt. Daher kann er später, als die bei dem Mord gestohlenen Bilder bei Mrs. Matthews gefunden werden, einfach nach Fingerabdrücken suchen – nicht nach Ednas, nicht nach Kingstons, sondern nach seinen eigenen.

★ Über ein dürftiges Mittelmaß kommt diese Episode nicht hinaus. Ross Martin kann als Kingston nicht überzeugen. Das liegt wohl weniger an ihm als an der Rolle. Columbo soll davon überzeugt werden, dass Mrs. Matthews die Mörderin sei. Gleichzeitig muss Kingston den Eindruck erwecken, als sträube er sich am meisten gegen diesen Verdacht, den er doch ständig ausstreut. Das kann nicht gutgehen. Positiv vermerkt werden darf der Auftritt von Mary Wickes als Vermieterin, die dem ungeduldigen Inspektor anhand eines Fotoalbums ihre gesamte Lebens- und Familiengeschichte zu erzählen versucht. Ein weiterer Lichtblick ist der »clue«, den Täter nicht aufgrund eigener Fingerabdrücke, sondern der des Inspektors zu überführen. Es ist die penetrante Neugier Columbos, die ihm zu dem Beweis verhilft. Die Idee kam Autor Jackson Gillis nach mehreren Konferenzen mit Levinson und Link, bei denen sich das Trio vergeblich den Kopf darüber zerbrochen hatte, wie der Fall am besten zu Ende gebracht werden könnte.

7. SCHRITTE AUS DEM SCHATTEN (Lady In Waiting)

Erstausstrahlung: 15.12.1971 (USA), 21.08.1975 (D)

Drehbuch: Steven Bochco (nach einer Erzählung von Barney Slater und Ted Leighton), Regie: Norman Lloyd, Produktion: Everett Chambers, Executive producer: Richard Levinson, William Link, Associate producer: Robert F. O'Neill, Kamera: Russell L. Metty, Schnitt: Edward M. Abroms, Ton: David H. Moriarty, Musik: Billy Goldenberg, Art director: Arch Bacon, Set decorator: Richard Friedman, Kostüme: Burton Miller, Story editor: Steven Bochco, Unit Manager: Henry Kline, Regieassistenz: Ralph Ferrin, Editorial supervisor: Richard Belding.

Darsteller: Susan Clark (Beth Chadwick), Richard Anderson (Bryce Chadwick), Leslie Nielsen (Peter Hamilton), Jessie Royce Landis (Mrs. Chadwick), Joel Fluellen (Charles), Richard Bull (2. Detective), Garry Walberg (1. Detective), Barbara Rhoades (Hostess), Jon Lormer (Vernehmungsbeamter), Frank Baxter (Fred), Susan Barrister (Kellnerin).

Beth Chadwick leidet unter der Bevormundung durch ihren Bruder, der nicht nur die eigene Firma ohne sie führt, sondern auch ihr Verhältnis mit dem Anwalt Hamilton unterbinden will. Sie erschießt den Bruder und lässt alles so aussehen, als hätte sie ihn irrtümlich für einen Einbrecher gehalten. Auch das Gericht urteilt: ein tragischer Unglücksfall. Nur eine kleine Unvorhergesehenheit in ihrem Plan wird ihr schließlich zum Verhängnis.

B »Einen Inspektor habe ich mir doch bedeutender vorgestellt«, lautet der Spitzensatz dieser Episode. Mrs. Chadwick, die Mutter der Täterin und des Opfers, spricht unverblümt ihre Empfindungen aus. »Gott ja, mein ewiges Pech«, stöhnt Columbo. Die ältere Dame war gerade mit dem Taxi vorgefahren und hatte den Mann im Knittermantel, der vor dem Haus herumlungerte, angewiesen: »Guter Mann, Sie zahlen und bringen die Koffer ins Haus!« Columbo tut dies auch brav, wobei selbst der Taxifahrer verächtlich auf den vermeintlichen Dienstboten herabsieht: »Macht 10,50 Dollar.« – »Ich habe 11 Dollar dabei«, meint Columbo, »und nichts klein. Ach, was soll's! Der Rest ist für Sie!« – »Sind 'n Mann von Welt«, knurrt der Fahrer angesichts des schäbigen Trinkgeldes.

Die Mörderin selbst wirkt zunächst blass, mausert sich jedoch, nachdem sie sich am Ziel ihrer Wünsche glaubt und den Konzern übernimmt. Bei Columbo bemerkt man erstmals einen Hauch von Respekt: Als er Beth verhaftet und sie die Waffe auf ihn richtet, winkt er ab: »Dazu haben wir doch zuviel Format.«

C Als Beth aufgrund der Nachforschungen Columbos langsam nervös wird, herrscht sie ihren Verlobten Peter Hamilton an: »Tu was, du bist doch Rechtsanwalt! Du kannst doch dem Kerl ein Verfahren anhängen!« Dazu kommt es jedoch nicht, da Hamilton zuvor von Columbo ins Vertrauen gezogen wird, der ihm seinen Verdacht glaubwürdig schildern kann.

D Der Inspektor ist in einer Familie aufgewachsen, in der es – typisch italienisch? – oft sehr emotional zuging: »Wir waren zuhause eine Riesenfamilie. Da ging es zum Essen immer zu wie im Madison Square Garden. Aber wir brachten das beim Kaffee alles wieder in Ordnung.«

Mrs. Columbo hält ihrem Mann zwar oft seine ewigen Grübeleien vor, trägt nun aber sogar unwissend zur Lösung des Falles bei: »Meine Frau sagte gestern nacht: Spann doch nicht immer den Karren vors Pferd.« Columbo muss den Tathergang auf umgekehrte Weise rekonstruieren, als er das bisher getan hat.

E Zwischendurch hält sich der Inspektor in einem Schönheitssalon auf – rein dienstlich, versteht sich. »Ich bin nicht als Kunde hier«, versichert er der Dame am Empfang. »Ja, das habe ich mir schon gedacht«, antwortet ihm diese mit kritischem Blick.

G Im Schönheitssalon ist selbstverständlich auch die Zigarre fehl am Platz: »Dieser Duft ist hier deplatziert.« – »Schade, gerade angezündet«, bedauert Columbo und übergibt der Salonchefin das corpus delicti, die es mit spitzen Fingern annimmt. Immerhin wird ihm die Zigarre beim Verlassen des Geschäftes wieder ausgehändigt.

Ansonsten trinkt Columbo in dieser Folge schwarzen Kaffee sowie einen Milchshake mit Schlagsahne, und isst dazu einen Burger. Zwiebelringe sind leider ausgegangen.

H Der Inspektor klagt: »Ich behalte nicht einmal meine eigene Telefonnummer.« Man darf wetten: Stünde diese Nummer in irgendeinem Zusammenhang mit einem Fall, könnte er sie wohl im Schlaf aufsagen.

Erstmals macht er Bekanntschaft mit einem kleinen Hund, den er jedoch respektlos einen »possierlichen Affen« nennt. Er gehört Mrs. Chadwick und kläfft ihn zunächst nur böse an; lässt sich später jedoch sogar von ihm füttern.

J »Reine Routine«, lautet wieder jeder dritte Satz Columbos. Er ermittelt diesmal weiter, obwohl die Todesschützin bereits bekannt ist. »Wenn mir irgendwas im Kopf 'rumgeht, dann hämmert das hier oben so sehr, bis ich mir darüber klargeworden bin.« Ganz schön behämmert!

Gerade diese Hartnäckigkeit führt ihn wieder zum Ziel. Getreu dem Rat seiner Frau versucht er, den Karren nicht vor das Pferd zu spannen. So kommt er auf die Lösung: Hamilton, der während der Tat in der Nähe war, sagte aus, die Schüsse und die Alarmsirene gehört zu haben. Bei einem vermeintlichen Einbruchsversuch hätte zuerst der Alarm Beth wecken müssen, bevor sie schoss. Columbo macht Hamilton auf diesen Unterschied aufmerksam. Dieser erinnert sich dann: erst die Schüsse, dann der Alarm. Beth hatte den Alarm erst eingeschaltet, nachdem sie ihren Bruder getötet hatte.

★★ Die Episode ist insgesamt gelungen. Unglaubwürdig wirkt allerdings die plötzliche Metamorphose der grauen Maus Beth Chadwick zur herrschsüchtigen Konzernchefin. Zudem zeigt sie ob des Todes ihres Bruders keinerlei Trauer oder Schuldbewusstsein, ist im Gegenteil heiter und ausgelassen. Hier machen sich leichte Schwächen im Drehbuch bemerkbar. Zudem besitzt Susan Clark einfach nicht das Charisma vieler anderer Gaststars.

8. ZIGARREN FÜR DEN CHEF (Short Fuse)

Erstausstrahlung: 19.01.1972 (USA), 07.08.1975 (D)

Drehbuch: Jackson Gillis (nach einer Erzählung von Lester und Tina Pine und Jackson Gillis), Regie: Edward M. Abroms, Produktion: Richard Levinson, William Link, Associate producer: Robert F. O'Neill, Kamera: Harry Wolf, Schnitt: John Kaufman jr., Ton: Melvin M. Metcalfe sr., Musik: Gil Mellé, Art director: Arch Bacon, Set decorator: Charles S. Thompson, Kostüme: Burton Miller, Story editor: Steven Bochco, Unit Manager: Henry Kline; Spezielle fotographische Effekte: Albert Whitlock, Regieassistenz: Kevin Donnelly, Editorial supervisor: Richard Belding.

Darsteller: Roddy McDowall (Roger Stanford), Ida Lupino (Doris Buckner), James Gregory (David Buckner), William Windom (Everett Logan), Anne Francis (Betty Bishop; dt.: Valerie), Steve Gravers (Sergeant), Lawrence Cook (Murphy, Fahrer; dt.: Quincy), Rosalind Miles (Nancy), Lew Brown (Farrell), Jason Wingreen (Polizist), Eddie Quillan (Ferguson), Stuart Nisbet (Beamter im Nadelstreifenanzug), Annette Molen (Mädchen), Jim Neumarker (Beamter in Zivil), George Sawaya (Mann).

Roger Stanford, ein pyrotechnisch versierter junger Mann, ansonsten aber das »enfant terrible« seiner Familie, wird von seinem Onkel erpresst. Er soll dem Verkauf des Chemiebetriebes zustimmen, der ihm zu einem Teil gehört. Der böse Junge will aber nicht. Stattdessen präpariert er des Onkels geliebte Zigarren und lässt ihn samt Auto und Chauffeur in die Luft fliegen. Columbo seinerseits macht Stanford gehörig (Zigarren-)Dampf, um ihn zur Strecke zu bringen.

B Selten genug kommt es vor: Hier werden Columbos Qualitäten gerühmt. »Ich habe den Polizeipräsidenten angerufen«, erklärt Mrs. Buckner, die Witwe des Ermordeten. »Er hat mir versprochen, er schickt seinen fähigsten Mann.« Stanford betrachtet den Cop abschätzig: »Ist das wohl wahr?« Der Täter besitzt trotz seines jungen Alters bereits drei

Doktortitel, die er anscheinend im Vorübergehen erworben hat. Er hat nämlich sonst keinen Ehrgeiz und ist recht leichtlebig.

D Ist Columbo bei der Polizei der beste Mann, so stellt ihn seine Frau keineswegs auf einen Thron. »Meine Frau hält mich für den zweitbesten. Schon ewig her, seit sie mich für den besten gehalten hat.« Sollte es etwa bei Columbos kriseln? Eigentlich unvorstellbar.

Diesmal erfährt der Zuschauer auch, dass nur Mrs. Columbo in der Lage ist, die Steuererklärung der Familie auszufüllen. Einer ihrer Brüder hingegen schwärmt für Dunkelkammern, weil er selbst keine besitzt.

F Eine Premiere: Erstmals wird der Eindruck, den Columbos Wagen auf seine Umwelt macht, verbalisiert: »Gehört der antiquarische Schlitten Ihnen?« – »Ja, müsste mal lackiert werden.« Als ob es damit allein getan wäre!

G Ein wahres Fest für Columbo: Zigarren sind das beherrschende Thema! Niemand nimmt diesmal an seiner Qualmerei Anstoß. Er bekommt im Gegenteil sogar echte kubanische geschenkt. Als er sich später allerdings selbst einige einstecken will, wird er ermahnt: »Das ist doch wohl Beweismaterial!« Er seufzt: »Die wären auch zu gut für mich.«

Ein schon bekanntes Handicap macht sich wieder einmal bemerkbar: Nach Flugzeugen und Booten findet der Inspektor nun auch die Fahrt mit einer Seilbahn und den Blick in den Abgrund eher zum Übergeben. Seine herrliche Leidensmiene und sein gestelzter Gang beim Ausstieg bedürfen keines Kommentars.

J Columbo sammelt, um dem Täter auf die Spur zu kommen, erst einmal wieder »Hintergrundinformationen – mache ich ganz automatisch«. Stanford ist von ihm genervt: »Ganz erstaunlich, wie viel Zeit Sie sich nehmen, bevor Sie zur Sache kommen.«

Zum besten, das man je sah, gehört die gestellte Falle. Columbo lässt Stanford glauben, im zerstörten Auto des Onkels hätte sich unbeschadet eine Zigarrenkiste angefunden. Nur der Mörder weiß, dass diese die Bombe enthielt. Columbo gibt sich ahnungslos. Ausgerechnet in der klaustrophobischen Umgebung der fahrenden Seilbahn holt er die Kiste unverhofft hervor und öffnet sie. Stanford hatte den Zünder auf eine Minute eingestellt. Genüsslich kostet es Columbo aus, wie Stanford vor Todesangst die Fassung verliert und sich in wildesten Entgleisungen ergeht: »Halt' endlich deine Schnauze!« So überführt er sich mit seinem

Wissen selbst, während sich Columbo in aller Seelenruhe eine der völlig harmlosen Zigarren anzündet.

★★★ Dies ist eine ausgezeichnete Folge, die vor allem von ihrem grandiosen Finale lebt, in dem Columbo mit seiner unaufhörlichen Plapperei den Delinquenten zur Raserei treibt. Nicht unbeträchtlichen Anteil am Erfolg hat Roddy McDowell, der – obwohl damals erst 43-jährig – deutlich erkennen ließ, dass er sich zu diesem Zeitpunkt bereits über dreißig Jahre routiniert durchs Filmgeschäft schlug. Eine Schar weiterer bekannter Namen in den Nebenrollen vervollständigt den positiven Eindruck.

9. EIN DENKMAL FÜR DIE EWIGKEIT (Blueprint For Murder)

Erstausstrahlung: 09.02.1972 (USA), 10.07.1975 (D)

Drehbuch: Steven Bochco (nach einer Erzählung von William Kelley und Ted Leighton), Regie: Peter Falk, Produktion: Richard Levinson, William Link, Associate producer: Robert F. O'Neill, Kamera: Lloyd Ahern, Schnitt: Robert L. Kimble, Chris Kaeselau, Ton: Roger A. Parish, Musik: Gil Mellé, Art director: Arch Bacon, Set decorator: Charles S. Thompson, Kostüme: Burton Miller, Story editor: Steven Bochco, Unit Manager: Henry Kline, Regieassistenz: William Hole, Editorial supervisor: Richard Belding.

Darsteller: Patrick O'Neal (Eliot Markham), Forrest Tucker (Beau Williamson), Janis Paige (Goldie Williamson), Pamela Austin (Jennifer Williamson), Bettye Ackerman (Miss Sherman), John Fiedler (Dr. Moss), John Finnegan (Carl), Nick Dennis (Wachmann), Robert Gibbons (Büroangestellter), Cliff Carnell (Officer Wilson), Jimmy Joyce (Arbeiter).

Der ehrgeizige Architekt Markham plant einen riesigen Bürokomplex. Dabei rechnet er mit der Finanzkraft des Geschäftsmannes Williamson. Während sich dessen Frau für Markhams Pläne begeistert, erteilt ihm Williamson selbst eine Abfuhr. Klar ist, dass er deshalb sterben muss. Seine Leiche aber darf nicht aufgefunden werden. Vorsorglich hat Williamson nämlich für den Fall seines Todes seiner Frau einen Treuhänder vor die Nase gesetzt. Gilt er aber nur als vermisst, kann Mrs. Williamson über das Vermögen verfügen. Also entwickelt Markham einen raffinierten Plan, die Leiche »todsicher« verschwinden zu lassen. Sogar Columbo ist in diesem Versteckspiel mit eingeplant.

B »Wer mögen Sie sein?«, stellt Markham zu Beginn die alles entscheidende Frage an Columbo. Später kann er sie sich selbst beantworten: »Sie sind ein Blutegel. Sie saugen sich fest. So was kriegt man nur ab, wenn man reinsticht oder tötet.« Markham ist skrupellos, wenn es um Geld geht. Sein Projekt will er unter allen Umständen realisieren.

Ganz anders zu Columbo steht die Exfrau des Verschwundenen, die lebenslustige Goldie. »Sie sind doch mein Freund – wenn ich schon halbnackt vor Ihnen stehe.« Später wird er noch als »reizender Mensch« und »mein Schatz« tituliert und erhält sogar einen Kuss. Ein Novum, dessen Wiederholung 21 Jahre auf sich warten ließ (»Ein Toter in der Heizdecke«).

Auch auf eine freundliche Japanerin trifft der Inspektor. Ihr gegenüber ringt er sich sogar ein freundliches »Sayonara« und eine Verbeugung ab.

D Columbo erzählt einmal mehr von einem Schwager: »Er ist Anwalt. Keine Koryphäe – aber der Stolz der ganzen Familie.« Da kann der Inspektor wohl nicht mithalten.

G Ein Herzspezialist bescheinigt Columbo, er leide unter zu niedrigem Blutdruck. »Treiben Sie Sport?« – »Ich gehe viel zu Fuß.« Seelenruhig versucht der Patient sich im Sprechzimmer eine Zigarre anzuzünden. »Hören Sie auf, diese Dinger zu rauchen! Schrittmacher sind kein Vergnügen!« Die Warnung fährt dem Inspektor derart in die Glieder, dass er in der Schlusssequenz nach kurzem Überlegen die Zigarre unangezündet wegwirft. Diese Szene war durchaus symbolisch gemeint. Es handelte sich um die letzte Episode der ersten Staffel. Niemand wusste zu diesem Zeitpunkt, ob sich Columbo jemals wieder irgendetwas anstecken würde.

H Merkwürdig mutet es an, wie sich Columbo als Liebhaber klassischer Musik zu erkennen gibt, der zwischendurch schon einmal zu dirigieren beginnt. Seine Mitarbeiter nehmen dies schweigend zur Kenntnis. Das ist wohl auch besser so.

J Das polizeiliche Vorgehen wird in diesem Fall unterschwellig vom Täter diktiert. Zwar ist Columbo bald klar: Der Täter muss ein Klassik-Fan sein. Markham ist einer. Doch ohne Leiche gibt es auch keinen Mordfall. Markham seinerseits bedient sich der Mittel des Inspektors, indem er ihn auf eine bestimmte Fährte setzt. In einer Vorlesung an der Universität spricht er über die Einmauerung von Menschen in den Pyramiden: »Heute nähme man das Fundament eines Hochhauses.« Der Mörder will den Columbo dazu bringen, einen bereits gegossenen Pfeiler an Markhams Bau wieder ausgraben zu lassen, um dort nach dem toten Williamson zu suchen. Der Inspektor tut das auch – und blamiert sich maßlos, als nichts gefunden wird. Doch er wäre nicht er selbst, dämmerte es ihm nicht irgendwann, dass Markham ihn nur benutzte. Die Leiche soll erst am nächsten Tag in Zement gegossen werden – im nunmehr freigelegten Loch, das dann wieder zugegossen werden würde. Niemand käme je ein zweites Mal darauf, an derselben Stelle nachzugraben. So wartet Columbo, bis Markham kommt, um sich der menschlichen Beweislast zu entledigen.

★★ Auch wenn Columbo die Idee des Täters »perfekt« und »brillant« findet, kommt diese Episode über ein Mittelmaß nicht hinaus. Viele Kultmotive fehlen völlig, und Patrick O'Neal ist einfach ein blasser Darsteller. Da hilft auch die Regie Peter Falks nicht, der sich darin als Anfänger versuchte.

10. ETÜDE IN SCHWARZ (Etude In Black)

Erstausstrahlung: 17.09.1972 (USA), 04.12.1975 (D)

Drehbuch: Steven Bochco (nach einer Erzählung von Richard Levinson und William Link), Regie: Nicholas Colasanto, Produktion: Dean Hargrove, Associate producer: Edward K. Dodds, Kamera: Harry Wolf, Schnitt: Budd Small, Ton: Edwin S. Hall, Musik: Dick De Benedictis, Art director: Arch Bacon, Set decorator: John McCarthy, Kostüme: Grady Hunt, Executive story consultant: Jackson Gillis, Unit Manager: Henry Kline, Spezielle fotographische Effekte: Albert Whitlock, Regieassistenz: Brad Aronson, Editorial supervisor: Richard Belding, Musical supervisor: Hal Mooney.

Darsteller: John Cassavetes (Alex Benedict), Blythe Danner (Janice Benedict), Myrna Loy (Lizzy Fielding), Anjanette Comer (Jennifer Welles), James Olson (Paul Rifkin), James McEachin (Billy), Don Knight (Mike Alexander), Pat Morita (Benedicts Hausangestellter), Michael Pataki (Sam), Michael Fox (Tierarzt Dr. Benson), Dawn Frame (Audrey), Charles Macauley (Durkee), George Gaynes (Everett), Wallace Chadwell (Regisseur).

Der Stardirigent Alex Benedict wird von seiner heimlichen Geliebten, der Pianistin Jennifer Welles, vor die Wahl gestellt: Entweder lässt er sich scheiden oder sie bringt ihr Verhältnis an die Öffentlichkeit. Für Benedict sind das keine Alternativen. In beiden Fällen stünde er vor dem Nichts, da seine Schwiegermutter gleichzeitig seine Arbeitgeberin ist. Von staatlicher Kulturförderung keine Spur: Mrs. Fielding finanziert das Orchester, dem Benedict seinen Ruhm verdankt. Sie duldet keinen Skandal unter den Angestellten. Darum tötet der Musiker lieber die Geliebte und lässt die Tat als Selbstmord erscheinen.

B Benedict, in der Wohnung der Toten angekommen, nimmt Columbo zunächst überhaupt nicht wahr, sondern wendet sich an einen anwesenden Sergeant. Erst zum Finale muss er bekennen: »Sie sind ein großer Detektiv.« Als Künstler weiß er auch in der Niederlage einen anderen Künstler zu würdigen.

D Der Zuschauer, nach etlichen Episoden längst neugierig auf den Namen von Mrs. Columbo geworden, darf den Atem anhalten, als der Inspektor den Dirigenten um ein Autogramm für sie bittet: Benedict fragt: »Was soll ich schreiben?« Columbo: »Schreiben Sie nur Ihren Namen.«

In der Szene beim Arzt wird Columbo eine Spritze in die Hand gedrückt. Angesichts seiner Leidensmiene muss man annehmen, er sei der Patient. Nun erst schwenkt die Kamera auf denjenigen, der fortan die Familie komplettieren sollte: den Bilderbuch-Basset (→ Abb. 5). Er ist aus dem Tierheim, sein Alter unbekannt. Sofort kommt man zum Wesentlichen: »Fällt Ihnen ein Name ein?«, fragt Columbo den Veterinärmediziner. Der überlegt: »Wie wäre es mit ›Fido‹? Das ist lateinisch und heißt ›Du kannst mir vertrauen‹.« Columbo allerdings vertraut den Qualitäten des Arztes als Namensgeber nicht, sondern rätselt weiter: »Möchtest du gern ›Beethoven‹ heißen?« Da sich der Hund nicht eindeutig dafür ausspricht, wird auch das verworfen[70]. Es folgen Wortungetüme wie »Klops« oder »Mamfi«. In Zukunft wird es bei »Hund« bleiben. Schließlich passt das auch zu »Inspektor«.

Ansonsten wird von dem neuen Familienmitglied noch berichtet, dass er »schläft und sabbert«.

F Was »Hund« recht ist, muss dem alten Peugeot billig sein. Auch das Prachtstück europäischer Automobilkunst kommt zu seinem Recht. »*Das* ist Ihr Auto?«, fragt ein Monteur ungläubig. »Das ist natürlich etwas anderes als der Wagen von Mr. Benedict«, muss sein Besitzer zugeben. »Es gibt gewisse Unterschiede«, bekommt er vorsichtig zur Antwort. »Was würden Sie von einem neuen Wagen halten?« – »Nein, ich habe schon zwei Autos. Das von meiner Frau ist nichts Besonderes (!). Sie fährt damit zum Einkaufen.« Der Monteur weigert sich jedoch, an das Gefährt Hand anzulegen: »Es hat alles seine Grenzen.«

H Der Inspektor zeigt sich leidend: »Ich kann es nicht ertragen. Mord ist abscheulich, aber Selbstmord ist traurig.« Weiter heißt es: »Ich bin der Meinung, jeder sollte so alt wie möglich werden.« Oder nochmals: »Selbstmord ist so was Deprimierendes.« Gleichzeitig ist Columbo aber auch sensibilisiert: »Ich weiß nicht: Immer wenn ich eine Leiche finde, denke ich an Mord.«

Erneut äußert sich Columbo über seinen Musikgeschmack. Bei dem

Maestro kommt er damit aber nicht gut an. »Ich bin ein Fan von Ihnen«, schwärmt er mit gewohnter Servilität. »Sie haben also eine Vorliebe für meine Klavierkonzerte?« – »Nein, ich meine die Platte mit den Strauß-Walzern, die ›Blaue Donau‹.« – »Ja, die hatte ich vergessen«, gibt Benedict zerknirscht zurück.

Dieser Art von Kunstempfinden entspricht auch die gelungene Szene, in der Columbo allein auf einer riesigen Open-Air-Bühne am Flügel sitzt und mit einem Finger in die Tasten hämmert. Als sei das nicht Unglück genug, singt er auch noch vor sich hin. Es ist nur gut, dass kein Publikum anwesend ist. »Na ja«, meint er entschuldigend, »in der Familie konnten wir uns keinen Flügel leisten.«

I Banales ist von Interesse, als sich Columbo und Benedict über die finanziellen Verhältnisse des Dirigenten unterhalten. »Wie viel Steuern zahlen Sie im Jahr?« – »18.000.« Columbo rechnet nach: »4 mal 8, die 32 im Sinn (!) plus 40 und eine Null dranhängen – dann ist Ihr Haus 720.000 Dollar wert? Wie teuer war die Einrichtung? Wie viel verdienen sie im Jahr? Wie viel Angestellte haben Sie?« Schließlich resümiert Columbo: »Mein Gehalt beträgt 11.000 Dollar. Also müsste ich für so ein Haus knapp 91 Jahre arbeiten – ohne etwas zu essen.« Es ist gut, dass in diesem Zusammenhang nicht der Name seines Mathematiklehrers erwähnt wird.

J Bei den Ermittlungen ist der Inspektor aber ganz in seinem Element: ein Thema anschneiden – ablenken – fragen: »Wo waren wir stehengeblieben?« Auch wird der große Maestro in alle Überlegungen einbezogen: »Es ist gut«, freut sich Columbo, »jemanden zu haben, mit dem man sich einfach mal austauschen kann.«

Während dieser Art Geplänkel ist er dem Täter trotzdem immer dicht auf den Fersen. Durch zwei Videobänder gelingt es ihm schließlich zweifelsfrei zu beweisen, dass Benedict am Tatort eine Blume aus seinem Knopfloch verloren hat.

★★★★ Die zweite Serienstaffel beginnt mit einem Paukenschlag: Die neue Episode hat alles, was zu einer ausgezeichneten Folge gehört. Von manchem als »Aufblähung« geschmäht, bekommt die hier erstmals vorgenommene Erweiterung der Spielzeit auf neunzig Minuten dem Ganzen ausgesprochen gut. Kultmotive sind reichlicher vorhanden; zu den altbekannten gesellt sich der Basset, und auch der Wagen rückt mehr in den Mittelpunkt. Falk-Intimus John Cassavetes lässt seine große Darstellungskunst aufblitzen und ist außergewöhnlich präsent. Auch die Kamera setzt interessante Akzente, wenn sie die Blume, das wichtige Beweismittel, durch die Spiegelung einer Sonnenbrille einfängt.

Amüsant am Rande ist der Charakter des Mädchens Audrey, die mit ihrer altklugen Art Columbo die Schamröte ins Gesicht treibt: »Audrey, du hast mich sehr beeindruckt.« – »Meinen Sie körperlich oder geistig?«

11. BLUMEN DES BÖSEN (The Greenhouse Jungle)

Erstausstrahlung: 15.10.1972 (USA), 27.03.1975 (D)

Drehbuch: Jonathan Latimer, Regie: Boris Sagal, Produktion: Dean Hargrove, Associate producer: Edward K. Dodds, Kamera: Harry Wolf, Schnitt: Sam E. Wakman, Ton: Edwin S. Hall, Musik: Oliver Nelson, Art director: Arch Bacon, Set decorator: John McCarthy, Kostüme: Grady Hunt, Executive story consultant: Jackson Gillis, Unit Manager: Henry Kline, Regieassistenz: Foster H. Phinney, Editorial supervisor: Richard Belding, Musical supervisor: Hal Mooney.

Darsteller: Ray Milland (Jarvis Goodland), Bradford Dillman (Tony Goodland), Bob Dishy (Sgt. Frederic Wilson), Sandra Smith (Cathy Goodland), Arlene Martel (Gloria West), William Smith (Ken Nicholas), Robert Karnes (Grover), Milton Frome (Fahrer), Peggy Mondo (Frau), Richard Annis (Officer), Larry Watson (Tontechniker).

Tony Goodland hat zwar Geld, kann aber nicht darüber verfügen. Ein Treuhandfonds setzt ihm Grenzen. Sein Onkel Jarvis hat sich deshalb etwas einfallen lassen: Er täuscht zusammen mit Tony dessen Entführung vor, um das festliegende Vermögen als Lösegeld zu kassieren. Zu spät aber eröffnet der gute Onkel dem Neffen die letzte Phase seines Plans: Tony muß sterben.

A »Hey, Mister, haben Sie mein Zeichen nicht gesehen«, fährt ein Polizist am Tatort den Inspektor an, als dieser mit Mühe sein Auto zum Halten bringt. »Ich bin Polizist«, versucht Columbo vergebens zu erklären. »Gut, Sie sind Polizist. Fahren Sie zurück und parken Sie weiter oben!«

B »Sie sind zu durchschauen, aber fabelhaft«, lautet das Urteil des Mörders über Columbo. Jarvis Goodland ist ein durchtriebener alter Herr ohne Skrupel. Wie so häufig irrt auch er sich in der Einschätzung des Inspektors gewaltig.

»Einer mit zerknautschtem Regenmantel und zerknautschtem Gesicht.« So wird Columbo treffend von Tony Goodlands ehemaliger Sekretärin skizziert.

C In altbekannter Manier droht auch Goodland dem Inspektor: »Ich werde mich bei Ihrem Vorgesetzten beschweren!« Erfolg ist auch diesem Einspruch nicht beschieden.

D »Wenn jemand *meiner* Frau erzählen würde, man hätte meinen Wagen in einer Schlucht gefunden mit einem Einschussloch….« Wir kennen diese Argumentation bereits, mit der Columbo seiner Verwunderung über ein offenbar mangelndes Interesse der Angehörigen Ausdruck gibt. Mrs. Columbo wäre da ganz anders beteiligt. Außerdem hat sie viel Sinn für Blumen; allerdings nur für solche, deren Anschaffung im Rahmen des Familieneinkommens möglich ist.

Erstmals wird Columbo mit Sgt. Frederic Wilson ein junger Mitarbeiter an die Seite gestellt, wie er unterschiedlicher nicht sein kann. Er kommt frisch von der Polizeischule. Seine erste Tat besteht selbstverständlich darin, dem Inspektor Feuer zu geben. Dann macht er eine überkorrekte Meldung zum Tatgeschehen, die er aus einem Notizbuch abliest. »Deckt sich das mit Ihren Gedanken?« Columbo daraufhin: »Ich dachte gerade: Haben Sie einen Namen?« Wilson erklärt, der Vorgesetzte, Capt. Ritchie, habe ihn dem Inspektor zugeteilt, einer »Legende der Mordkommission«. Columbo ist in echter Naivität über diese Aussage verwundert: »Ich frage mich, warum er das gesagt hat.« Schließlich kann er sich es nur so erklären: »Capt. Ritchie wird Sie mir geschickt haben, damit ich moderne Techniken kennenlerne.«

Der Respekt vor der »Legende« macht bei Wilson bald dem Unverständnis über dessen Vorgehensweise Platz. Dem Mörder Goodland, der sich über den Inspektor beschwert, erklärt Wilson altklug: »Die Methoden der einzelnen Beamten sind natürlich sehr verschieden. Und ich muss sagen, die Art, wie der Inspektor die Dinge angeht, unterscheidet sich doch sehr von meiner.« – »Das spricht aber für Sie«, lobt Goodland.

Für Wilsons Berichte interessiert sich Columbo zusehends weniger, schon gar nicht während des Essens. Er überlässt dem Sergeant auch die dessen Ansicht nach nötige Hausdurchsuchung bei der Witwe Goodland. Trotzdem betont er gegenüber dem Besitzer eines Imbissstands: »Das ist Wilson. Ein feiner Kerl, der hat mir bei diesem Fall sehr geholfen.«

G Wieder einmal bestellt Columbo Chili. »Wie wollen Sie Ihr Chili, Inspektor? Mit oder ohne Bohnen?« – »Hatte ich es gestern mit Bohnen? Dann nehme ich es heute ohne Bohnen. Zur Abwechslung.«

H Ein Abhang am Tatort hat seine Tücken: Ganz ohne Stuntdouble unternimmt Columbo einen unfreiwillig rasanten Lauf hinunter, der ihn nicht besonders standfest aussehen lässt.

I Mit dem Orchideenzüchter Goodland versucht Columbo über Blumen zu fachsimpeln. »Meine Frau liebt afrikanische Veilchen.« Er bringt dem Experten sogar eines davon mit, um sich Rat zu holen. »Das ist das miserabelste Exemplar, das ich je gesehen habe«, urteilt der Kenner. »Werfen Sie es auf den Müll!« Wider Erwarten erholt es sich aber in Goodlands Gewächshaus. In der Schlussszene kann es Columbo wie eine Trophäe mit nach Hause nehmen. »Wenn ich das vergesse, bringt meine Frau mich um.«

J »Ich habe die Angewohnheit, auf alles zu achten. Das geht bei mir ganz automatisch«, erklärt Columbo. Neben seinen altbewährten Tricks trifft er in diesem Fall jedoch auf unerwartete Konkurrenz durch neueste kriminaltechnische Errungenschaften, die im Gefolge seines neuen Mitarbeiters daherkommen. So lernt er eine Infrarotkamera kennen, die sich Wilson selbst gekauft hat. Columbos Reaktion: »Sie sind bestimmt Junggeselle.« Als Columbo Abgüsse von Fußspuren anfertigen lassen will, wird er belehrt: »Wir machen heute keine Abgüsse mehr, sondern dreidimensionale Fotoaufnahmen.« Schließlich kann sich Columbo sogar mit dem neumodischen Zeug anfreunden und setzt es gezielt ein. Es ist ein Metalldetektor, mit dem er den entscheidenden Beweis in Gestalt einer

Revolverkugel findet. Wilson mag auf der Polizeischule manche Methoden kennengelernt haben, etwas zu finden – allein Columbo aber hat den Instinkt zu wissen, *wonach* er suchen muss.

★★★ Ihren besonderen Reiz zieht diese Episode aus dem spannungsreichen Verhältnis zwischen theoretisch erlernter Polizeiarbeit und den unorthodoxen Methoden des Inspektors. Bob Dishy gibt als Wilson einen herrlichen Konterpart. Überflüssig zu erwähnen, dass Ray Milland eine gewohnt gute Leistung abgibt. Spätestens seit Hitchcocks »Dial M For Murder« (Bei Anruf Mord) weiß man, dass er immer für eine vordergründig harmlos erscheinende, gleichwohl aber diabolische Täterfigur gut ist.

12. WENN DER EISMANN KOMMT (The Most Crucial Game)

Erstausstrahlung: 05.11.1972 (USA), 13.03.1975 (D)

Drehbuch: John T. Dugan, Regie: Jeremy Paul Kagan, Produktion: Dean Hargrove, Associate producer: Edward K. Dodds, Kamera: Harry Wolf, Schnitt: Terry Williams, Ton: Edwin S. Hall, Musik: Dick De Benedictis, Art director: Arch Bacon, Set decorator: John McCarthy, Kostüme: Grady Hunt, Executive story consultant: Jackson Gillis, Unit Manager: Henry Kline, Regieassistenz: Brad Aronson, Editorial supervisor: Richard Belding, Musical supervisor: Hal Mooney.

Darsteller: Robert Culp (Paul Hanlon), Dean Stockwell (Eric Wagner), Valerie Harper (Eve Babcock), James Gregory (Larry Rizzo), Dean Jagger (Walter Cannell), Susan Howard (Shirley Wagner), Val Avery (Ralph Dobbs), Kathryn Kelly Wiget (Miss Johnson), Richard Stahl (Mr. Fremont), Don Keefer (Gerichtsmediziner), Cliff Carnell (Sgt. Clement), Joe Renteria (Jimmy), Ivan Naranjo (Sgt. Hernandez), das Football-Team der Los Angeles Lakers als »Los Angeles Rockets«.

Der ehrgeizige Footballmanager Paul Hanlon hat es satt, immer auf den unzuverlässigen Playboy Eric Wagner angewiesen zu sein, dem das Team der »Rockets« gehört. Während eines Spiels verlässt er daher in der Verkleidung eines Eismannes sein Stadionbüro und erschlägt Wagner in dessen Swimmingpool mit einem Eisblock. Mit seinem Alibi, die ganze Zeit über im Stadion gewesen zu sein, bekommt Columbo Probleme.

A Im Autoradio hört Columbo am Tatort die Übertragung des Spiels, während die Kollegen der Gerichtsmedizin auf ihn warten. Er sieht überhaupt nicht ein, ausgerechnet am Sonntagnachmittag Dienst tun zu müssen. »Nur noch den nächsten Versuch, dann kann es losgehen«, antwortet er einem drängenden Streifenpolizisten. Aber auch während der Konsultation mit dem Gerichtsmediziner hört er nur mit halbem Ohr hin.

B Von einer Sekretärin wird Columbo für den Boten eines Blumengeschäftes gehalten, und von einer Prostituierten für einen Kunden – nur von niemandem für einen Inspektor. Auch Hanlon ist davon überzeugt, dass von diesem Cop keine Gefahr ausgeht. Er ist bis zum Schluss unnahbar und baut keinerlei Beziehung zu Columbo auf.

D) Sonntags geht Mrs. Columbo zum Bowling, während ihr Mann die neue Hängematte ausprobiert. Nach der Haarwäsche benutzt seine Frau eine Trockenhaube, die allerdings Columbos gleichzeitigen Fernsehempfang stört. Zudem ärgert sie sich über den Eismann, der stets vor dem Essen kommt und damit den Kindern (wessen?) den Appetit verdirbt. »Ich muss mir das dreimal die Woche anhören. Das sind zwölfmal im Monat!« Ebenso stört sie ihren Mann des öfteren während der Footballübertragung, was diesen aber nicht erschüttert. Hanlon dazu: »Ihre Frau hat meine Sympathie.«

Ein weiteres Teil kommt zum Familienpuzzle hinzu: Ein Neffe Columbos ist mit einer Ungarin verheiratet.

H Als er dem Swimmingpool zu nahe kommt, macht sich Columbo überflüssigerweise die Hose und die Schuhe nass. Anschließend läuft er mit einem hochgekrempelten Hosenbein herum.

I Schuhe sind auch der geheime Nebenschauplatz dieser Episode. Sie sind das Einzige, das ihn an dem Anwalt des Opfers interessiert: »Was haben Ihre Schuhe gekostet?« – »60 Dollar.« – »Sie wissen nicht, wo ich solche kriege für 16 oder 17 Dollar?« Ebenso fragt er einen wildfremden

Basketballspieler: »Wo haben Sie diese Schuhe gekauft?« Schließlich aber muss er doch ein neues Paar erstanden haben, das ihn den Rest des Films jämmerlich humpeln lässt. Die Schuhe sind offenbar zu eng. Der Kaufpreis wird verschwiegen.

J Dieser Fall ist nicht einfach, da alles auf einen tragischen Unfall beim Schwimmen hindeutet. Doch Hanlon ist zu abgebrüht, um nicht in Columbos Visier zu geraten. Der Inspektor lässt sich wieder überall anrufen, um die Reaktionen des Verdächtigen zu beobachten. Oder er gibt ihm »beruhigend« zu verstehen: »Ich werde Sie jetzt nicht mit Fragen behelligen«, während Hanlon aufgrund der Unfall-Theorie gar nicht mit dieser Möglichkeit rechnete, behelligt zu werden. Überführen kann ihn Columbo nur mittels der Aufzeichnung eines Telefongesprächs. Die altbekannte Frage, ob es dabei vielleicht ein auffälliges Hintergrundgeräusch gäbe, dreht Columbo einfach um: *Fehlt* ein Geräusch, das aber da sein müsste? Eine glänzende Idee!

★★ Mehr Kultmotive hätten der Episode gut getan. Auch manche Schwäche im Drehbuch ist nicht zu übersehen. Wettgemacht werden diese Defizite durch das »Schuh-Thema« und vor allem die Großaufnahmen von Robert Culp, in denen er auf seine unnachahmliche Art böse Miene zu einem ebensolchen Spiel macht. Positiv fällt auch Val Avery in seinem zweiten Auftritt (nach »Mord unter sechs Augen«) auf. Er darf – zusammen mit Vito Scotti – als König der interessanten Nebenfiguren der Serie gelten.

13. ALTER SCHÜTZT VOR TORHEIT NICHT (Dagger Of The Mind)

Erstausstrahlung: 26.11.1972 (USA), 22.05.1975 (D)

Drehbuch: Jackson Gillis (nach einer Erzählung von Richard Levinson und William Link), Regie: Richard Quine, Produktion: Dean Hargrove, Associate producer: Edward K. Dodds, Kamera: Harry Wolf, Geoffrey Unsworth, Schnitt: Ronald Lavine, Ton: Edwin S. Hall, Musik: Dick De Benedictis, Art director: Arch Bacon, Set decorator: John McCarthy, Kostüme: Grady Hunt, Executive story consultant: Jackson Gillis, Unit Manager: Kenny Williams, Henry Kline, Spezielle fotographische Effekte: Albert Whitlock, Regieassistenz: David M. Dowell, Editorial supervisor: Richard Belding, Musical supervisor: Hal Mooney.

Darsteller: Richard Basehart (Nicholas Frame), Honor Blackman (Lillian Stanhope), John Williams (Sir Roger Haversham), Wilfried Hyde-White (Butler Tanner), Bernard Fox (Det. Chief Superintendent William Durk), Arthur Mallet (Joe Fenwick), John Fraser (Sgt. O'Keefe), Richard Pearson (Dr. Diver, Pathologe), Harvey Jason (Theaterregisseur), Ronald Long (Mr. Jones), Veronica Anderson (Dienstmädchen), Hedley Mattingley (Zollbeamter), John Orchard (Ortspolizist Fatheringham), Peter Church (Polizist), Walker Edmiston (Gärtner), Gerald S. Peters (Inspektor Smythe), Sharon Johansen (Miss Dudley).

In London hat das abgehalfterte Schauspielerehepaar Nicholas Frame und Lillian Stanhope von dem Theaterproduzenten Sir Roger Haversham noch einmal die Chance bekommen, »Macbeth« aufzuführen. Als dem Lord allerdings dämmert, dass die beiden ihn nur ausnutzen wollen, stellt er sie zur Rede. Bei dem Streit wird er getötet. Alles deutet auf einen Unfall hin. So hätte man bei Scotland Yard sicher bald die Akten darüber geschlossen, wäre nicht just zu diesem Zeitpunkt ein gewisser Inspektor aus den USA zu Besuch bei der englischen Polizei.

A Auf dem Londoner Flughafen Heathrow spielt sich eine herrliche Ankunftsszene ab. An der Gepäckabfertigung sprechen zwei Sicherheitsbeamte miteinander: »Scotland Yard ist draußen, die haben Probleme. Irgendein Kerl ist verlorengegangen.« – »Ein Schwerverbrecher?« – »Nein, ein hohes Tier. Sie suchen einen Polizeiinspektor, der in den Staaten sehr berühmt sein soll.« So halten die Beamten Ausschau nach jemandem, der »aussieht wie ein Senator oder Filmstar«. Währenddessen schält sich der dem Zuschauer wohlbekannte Knitterkittel aus dem Gewühl der Passagiere, die am Gepäckband um ihre Habseligkeiten kämpfen. Da er irrtümlich fremde Koffer öffnet und – wie könnte es anders sein – auch seinen Gepäckschein verloren hat, wird der »Langfinger« erst einmal in Gewahrsam genommen. Ausnahmsweise führt er seinen Dienstausweis mit: Es handelt sich um den gesuchten Gast aus Los Angeles.

B Auf korrekt-steife Briten muss Columbo in ganz besonderer Weise befremdlich wirken. »Heißt das, *das* ist er?«, fragt Chief Superintendent Durk seinen Untergebenen ungläubig, als dieser ihm den Gast präsentiert. Auch der distinguierte Butler Tanner ist kaum von dessen Erscheinung überzeugt. Durk erklärt ihm: »Der Inspektor ist einige Tage aus Los Angeles herübergekommen, um die Arbeitsweise von Scotland Yard kennenzulernen.« Tanner: »Dann hoffe ich, dass einiges davon hängenbleibt.« Auch das Täterehepaar kann mit dem Ausländer nichts anfangen. Es sind Amateure, die Sir Roger unabsichtlich töteten und nun vollauf damit beschäftigt sind, die Polizei von sich abzulenken.

D Columbo zeigt für Durk viel Verständnis, als dieser im Dienst von seiner Frau angerufen wird: »Meine Frau ruft auch immer an, damit ich noch irgendwas besorge.« Selbstverständlich war sie es auch, die seinen Koffer für die Reise packte. Die Begegnung mit Tanner erfreut den Inspektor: »Meine Frau wird staunen, dass ich einen richtigen englischen Butler kennengelernt habe.« Im Verhältnis zwischen dem Schauspielerehepaar fallen ihm Unterschiede zu seiner eigenen Ehe auf: »Meine Frau und ich sind uns nie einig, wenn es darum geht, sich zu erinnern, was gestern war. *Sie* beide benutzen sogar fast dieselben Worte.«

Häufiger noch wird Einblick in die Familienverhältnisse gegeben. Columbos Vater »hatte was übrig für Staub«, bemerkt er angesichts der angestaubten Verhältnisse in einem englischen Club. Dass es auch seine Schwiegermutter nicht immer leicht mit Columbo hat, dürfte nicht überraschen: »Der Falz ist das Rückgrat eines Buches«, belehrt er Durk. »Man kann ihn zerbrechen. Ich habe das mal mit dem Kochbuch meiner

Schwiegermutter gemacht, die hätte mich bald erschlagen.« Seine Touristenfotos von der königlichen Garde schießt Columbo vor allem für einen seiner Schwager, von dem er auch die Kamera hat: »Er gehört zur Nationalgarde und denkt, er sei der Größte in seiner Uniform.«

E Zur Kleidung wird nur vermerkt, dass Columbo keine Krawatten mag.

G Unbemerkt macht sich Columbo am irischen Whisky des Opfers zu schaffen. In einem englischen Club (»Ich dachte, Sie meinten einen Fitness-Club«) wird ihm zwar Kulinarisches geboten, doch vergeht ihm sichtlich der Appetit, als sich Durk und der Pathologe Dr. Diver über die Leiche unterhalten und über sein Essen hinweg entsprechende Fotos austauschen.

H Die besten Szenen liefert Columbo ohne Dialog. Geradezu umwerfend, wie er ungewohnt flink mit wehendem Mantel durch London läuft und fotografiert. So agil hat man ihn selten gesehen. Schon im Wagen vom Flughafen aus windet er sich unruhig im Fond. Er ist fasziniert, hier zu sein: »Scotland Yard, Jack the Ripper und so.«

Auffällig ist auch sein Verhalten bei der Totenfeier im Theater, als sich Columbo mit der völlig aufgelösten Lilian Stanhope bekannt macht. Ebenso unvermittelt wie unpassend fragt er: »Wie könnte ich Karten für die Vorstellung bekommen?«

J Da die beiden Täter auf der Suche nach dem einzigen Beweismittel, einem Regenschirm, Columbo stets um eine Nasenlänge voraus sind, muss er wieder einmal zu einem besonders fiesen Trick greifen: Zielbewusst schnippt er eine Perle von Lilians Perlenkette in den nicht ganz geschlossenen Schirm des Lords, der mittlerweile im Wachsfigurenkabinett verewigt worden ist. Dies soll der Beweis sein, dass Sir Roger zum Zeitpunkt der Tat samt Schirm in Lilians Garderobe war. Die Beschuldigten sind fassungslos und gestehen.

★★★ Die Idee von Levinson und Link ist an sich schon genial: Unkonventioneller Schmuddelkommissar trifft kultiviert-steife Briten. Antagonistische Widersprüche tun sich auf, bei denen es schon einer gehörigen Menge Talentlosigkeit aller Beteiligten bedurft hätte, um aus diesem Plot nichts herauszuholen. Columbo lehrt Scotland Yard das Fürchten. Das mit Richard Basehart und Honor Blackman hochkarätig besetzte Täterduo sowie eine ganze Reihe namhafter englischer Charakterdarsteller tragen dazu bei, dass der Zusammenstoß zweier Kulturen ein großer Spaß wurde.

14. KLATSCH KANN TÖDLICH SEIN (Requiem For A Falling Star)

Erstausstrahlung: 21.01.1973 (USA), 22.05.1975 (D)

Drehbuch: Jackson Gillis, Regie: Richard Quine, Produktion: Dean Hargrove, Associate producer: Edward K. Dodds, Kamera: Harry Wolf, Schnitt: Budd Small, Ton: Edwin S. Hall, Musik: Hal Mooney, Art director: Arch Bacon, Set decorator: John McCarthy, Kostüme: Grady Hunt, Executive story consultant: Jackson Gillis, Unit Manager: Henry Kline, Regieassistenz: David M. Dowell, Editorial supervisor: Richard Belding, Musical supervisor: Hal Mooney.

Darsteller: Anne Baxter (Nora Chandler), Mel Ferrer (Jerry Parks), Kevin McCarthy (Dr. Frank Simmons), Frank Converse (Mr. Fallon), Pippa Scott (Jean Davis), Edith Head (Edith Head), Sid Miller (Regisseur), William Bryant (Sgt. Jeffries), John Archer (Paul), Jack Griffin (Studiopförtner), Robert E. Meredith (Joe), Bart Burns (Sgt. Fields).

Nora Chandler, eine alternde Filmlegende, wird von dem Skandalreporter Jerry Parks erpresst. Er besitzt von ihr frisierte Abrechnungen über einen früheren Film-Flop. Nora setzt Parks Auto in Brand, in dem jedoch nicht der Besitzer, sondern Noras langjährige Sekretärin Jean Davis stirbt. Auch Columbo muss zunächst davon ausgehen, dass der Anschlag dem Reporter galt. Doch es gibt da noch ein anderes Problem: den mysteriösen Tod von Noras Ehemann vor 12 Jahren.

A Kein Leichtes ist es für Columbo, auf das Universal-Studiogelände zu gelangen, um Mrs. Chandler zu vernehmen. Der Pförtner hält ihn für jemanden, der einen »Stuntwagen« bringt. Sein Respekt vor dem Star, dem er gleich gegenübertritt, nötigt den Inspektor dazu, sich vor der Tür erst einmal diskret abzuwenden, um sich die Fingernägel zu reinigen.

B Mr. Feldon, einer der Studiobosse, bringt seinen Eindruck in einem Schlüsselsatz auf den Punkt. Als Columbo sich bei ihm entschuldigt, weil er ihn nur für einen Angestellten gehalten habe, revanchiert sich Feldon: »Kein Problem. Ich hätte Sie auch nie für die Rolle eines Inspektors genommen.« Nora Chandler hingegen findet Gefallen an dem Cop. Sie zeigt sich nicht arrogant, so dass Columbo seine gute Meinung, die er stets von ihr hatte, trotz Mord nicht revidieren muss.

C Dr. Frank Simmons, der Besitzer der Studios, hält seine schützende Hand über den Star. Er spielt sich Columbo gegenüber mächtig auf: »Treten Sie ihr nicht zu nahe, oder Sie haben sich vor mir zu verantworten!« Ein anderes Mal kanzelt er den Inspektor ab: »Sie haben eine Art, die manchem schmeichelt. Bei mir zieht das nicht!«

D Kindliche Freude kommt bei Columbo auf, als er Nora bittet, einmal mit seiner Frau am Telefon zu sprechen. Doch was noch niemandem gelang, ist auch hier nicht möglich. Zwei Anläufe nimmt Columbo, um seine Frau zuhause zu erreichen. Stets ist nur Schwager George am anderen Ende der Leitung, der gerade fernsieht oder Bücher von Jerry Parks liest. Mit wahrer Meisterschaft umgeht es Columbo, sowohl seinen Namen als auch den seiner Frau zu nennen. Er meldet sich: »*Ich* bin's. Ist *sie* da?« »Sie« ist wieder einmal beim Shopping, was dem zahlenden Gatten missfällt. Im übrigen hat sie noch weitere Unarten: Sie frönt der Sammelleidenschaft, indem sie in Restaurants Aschenbecher mitgehen lässt. Was tun sich hier für Abgründe auf!

Die große Familie wird zusätzlich um einen Onkel bereichert, der bei den Freimaurern Dudelsack spielte.

E Nora steht bei aller Sympathie der äußeren Erscheinung des Inspektor doch recht skeptisch gegenüber. Sie schenkt ihm eine neue Krawatte, die sie ihm sicherheitshalber sogleich umbindet. Ein besonderer Witz ist es, dass Columbo ausgerechnet unter Mithilfe von Edith Head eingekleidet wird, der Königin unter den Kostümbildnern Hollywoods. Sie und ihre achtköpfige Oscar-Sammlung haben einen Gastauftritt »as herself«[71].

Schließlich erhält Columbo noch einen wahrhaft guten Rat von seiner Gönnerin: »Gehen Sie mit Ihrer Frau einkaufen: einen Anzug, Hosen, Hemden, Socken, Schuhe… und einen neuen Trenchcoat!« Zu deutsch heißt das: alles. Was nicht mehr gezeigt wird, der kundige Zuschauer aber unschwer erahnen kann: Der neuen Krawatte wird kein langer Einsatz beschieden sein.

F »Sie sind spät dran«, mahnt der Studiopförtner, als Columbo vorfährt. »Die Stuntwagen kommen ganz nach hinten.« Er zeigt sich verblüfft, als der Inspektor seine Identität aufklärt: »Dieses Ding ist nicht für die Verfolgungsjagd?« Schließlich fragt er: »Haben Sie schon mal daran gedacht, sich einen neuen Wagen anzuschaffen?« Erneut gibt Columbo zur Antwort: »Ich habe noch einen Zweitwagen. Meine Frau fährt ihn. Nichts besonderes, nur zum Einkaufen und so.« Probleme mit seiner klemmenden Beifahrertür und dem Staub von gefühlten hundert Jahren sieht er offensichtlich nicht.

H Bei einer Handlung, die im Filmgeschäft spielt, ist es unvermeidlich, dass der Inspektor durch seine poltrige Ungeschicklichkeit die Dreharbeiten am Set stört.

J Zu Beginn lässt sich Columbo wieder einmal im Hause der Verdächtigen anrufen, wobei das Gewicht auf dem Terminus »Mordkommission« liegt. Auch fälscht er erneut ein Beweismittel: Er borgt sich einen Ring der Freimaurer, wie ihn auch der tote Gatte der Schauspielerin besaß. Diesen gibt er als im Besitz des Klatschreporters befindlich aus. Er hat längst begriffen, dass der Brandanschlag nicht Parks, sondern der Sekretärin galt. Diese wusste davon, daß Noras Ehemann nicht auf See ertrunken war, sondern im Garten des Hauses in Unfrieden ruht. An diese Stelle führt Mrs. Chandler den Inspektor prompt, nachdem er sie durch den Ring verunsichert hat.

★★★ Vor allem eine interessante Ausgestaltung der Kultmotive macht diese Episode sehenswert. Der Zuschauer ist diesmal nicht von vornherein eingeweiht, sondern durchschaut ebenso wie der Inspektor erst im Verlauf der Handlung, wer denn nun tatsächlich ermordet werden sollte. Dem Spaß um Columbos Telefonanrufe daheim tut das keinen Abbruch. Mit Anne Baxter spielt ein großer Star einen großen Star und bringt so den Hauch einer vergangener Hollywoodepoche zurück.

15. ZWEI LEBEN AN EINEM FADEN (A Stitch In Crime)

Erstausstrahlung: 11.02.1973 (USA), 27.02.1975 (D)

Drehbuch: Shirl Hendryx, Regie: Hy Averback, Produktion: Dean Hargrove, Associate producer: Edward K. Dodds, Kamera: Harry Wolf, Schnitt: Robert L. Kimble, Ton: Edwin S. Hall, Musik: Billy Goldenberg, Art director: Arch Bacon, Set decorator: John McCarthy, Kostüme: Grady Hunt, Executive story consultant: Jackson Gillis, Unit Manager: Henry Kline, Regieassistenz: Foster H. Phinney, Editorial supervisor: Richard Belding, Musical supervisor: Hal Mooney.

Darsteller: Leonard Nimoy (Dr. Barry Mayfield), Will Geer (Dr. Edmund Hiedeman), Anne Francis (Sharon Martin), Nita Talbot (Marsha Dalton), Jared Martin (Harry Alexander), Aneta Corsaut (Schw. Morgan), Victor Flores (Det. Flores), Kenneth Sansom (Paul), Murray MacLeod (Dr. Simpson), Leonard Simon (Dr. Michaelson), Ron Stokes (Tom), Patsy Garrett (Putzfrau).

Die Herzspezialisten Dr. Hiedeman und Dr. Mayfield haben ein neues Medikament entwickelt. Weil Mayfield aber allein die Lorbeeren ernten will, nutzt er eine Herzklappenoperation an seinem Kollegen dazu, ihn unauffällig auszuschalten. Statt permanentem Nähfaden benutzt er bei der Operation solchen, der sich später selbst auflöst. Die OP-Schwester Sharon Martin schöpft jedoch Verdacht und muss deshalb sterben. Keine leichte Sache für Columbo, befindet sich doch das Beweismittel im Körper des Patienten Hiedeman.

A Am Tatort trifft Columbo übernächtigt ein und stört in seiner Verschlafenheit die Kollegen der Spurensicherung. Dann wird ihm die Eisenstange gezeigt, mit der die Krankenschwester erschlagen wurde. Er hält kurz inne, holt aus der Manteltasche sein Frühstücksei heraus und schlägt es an der Tatwaffe auf.

B »Columbo macht einen tüchtigen Eindruck. Wenn es einer aufklären kann, dann er.« Was Mayfield nach dem Mord an der Schwester gegenüber seinem noch ahnungslosen Opfer Hiedeman verlauten lässt, dürfte kaum seine wahre Meinung sein. Er kann den Inspektor nicht ausstehen, was in diesem Fall auf Gegenseitigkeit beruht. Auch Columbo kann dem ehrgeizigen, arroganten und skrupellosen Chirurgen nichts abgewinnen. Mayfield muss am Schluss ehrlichen Herzens und nicht ohne Bedauern bekennen: »Sie sind intelligent, haben Ausdauer und eine rasche Auffassungsgabe.«

D Weil Mrs. Columbo Magenschmerzen hatte, lag ihr Mann die halbe Nacht wach. Wurde sie etwa von Mayfield operiert?

G Bei einer Episode, die im Krankenhausmilieu spielt, verwundert es nicht, dass Columbos gesundheitliche Verfassung besonders ausführlich behandelt wird. Um es kurz zu sagen: Der Inspektor befindet sich in einem jammervollen Zustand. Völlig übermüdet und unrasiert tritt er den Dienst an. Sein Frühstück besteht einzig aus einem hastig heruntergeschlungenen Ei. Zu allem Unglück können die Kollegen ihm nicht einmal mit Kaffee dienen: »Wir arbeiten noch daran.« Stattdessen muss er sich mit Orangensaft begnügen. Die Zigarre schmeckt nicht, weil er noch keinen Kaffee hatte. Selbst im Krankenhaus sucht er einen Kaffeeautomaten vergeblich.

In seiner Not vertraut er sich Dr. Mayfield an: »Ich fühle mich nicht wohl in einem Krankenhaus. Mir wird immer schwindlig. Es wäre doch peinlich, wenn ich im Dienst umkippen würde.«

Auf einer Party des Arztes ist er dann wenigstens wieder soweit in der Lage, etwas zu sich nehmen zu können. Doch mit Köstlichkeiten wie »Salm und Toast mit Kaviar und saurer Sahne« kann er naturgemäß nichts anfangen: »Haben Sie nicht ein einfaches Käsebrot?« Zu allem Überfluss muss er sich noch Tabletten gegen Magenschmerzen erbitten. Schließlich überfällt ihn ein offenbar allergisches Niesen, das er mit einem Hausrezept kuriert: ein Glas Wasser, sieben Schlucke, Luft anhalten und bis vier zählen. Fazit: Es ist einfach nicht sein Tag.

H Mimosenhaft ist Columbo unfähig, sowohl beim Spritzen zuzusehen, als auch sich OP-Bilder zu betrachten. Außerdem klagt er darüber, dass er größte Mühe habe, sich in dem Krankenhaus mit seinen vielen Gängen zurechtzufinden.

J Die so oft erfolgreich praktizierte Methode, den Verdächtigen in seine Überlegungen einzubeziehen und ihn so zu unvorsichtigen Äußerungen zu bewegen, schlägt bei Mayfield insgesamt fehl. Der zeigt sich völlig immun: »Ich verstehe zu wenig davon.« Erst als sich Columbo über die Unterschiede des bei Operationen verwendeten Nähmaterials klar wird, kann er überhaupt aktiv werden. Dabei greift er zu einem Mittel, das seinem Wesen eigentlich völlig fremd ist: Um Mayfield zu einer erneuten Operation Hiedemans zu bewegen, schlägt er wütend auf den Schreibtisch des Chirurgen und droht mit scharfen Worten eine Autopsie an, falls der Patient sterben sollte. Ein solcher Gefühlsausbruch stellt ein Novum dar. Die Situation erfordert allerdings den vollen Einsatz des Inspektors. Schließlich geht es darum, ein Menschenleben zu retten. Nur so wird es Columbo dann auch möglich, schließlich doch noch den falschen Faden als Beweis in die Hände zu bekommen.

★★★ Es ist paradox: Mit großer Freude darf man Columbo auf seinem körperlichen Tiefpunkt erleben. So könnte sich der deutsche Titel durchaus auch auf seinen erbarmungswürdigen Zustand beziehen. Leonard Nimoy dürfte wohl als der kaltschnäuzigste Mörder der gesamten Serie gelten. Er zeigt hier noch weniger Gefühle als sein bekanntermaßen emotionsloses Spitzohr Spock (»Raumschiff Enterprise«). Nimoy bereitete die Zusammenarbeit mit Peter Falk große Freude, obwohl er die Rolle erst nach einigem Zögern angenommen hatte. Da er zu jener Zeit häufig ähnlich gelagerte Gastrollen als Schurke spielte, fürchtete er, demnächst als »Killer des Jahres« ausgezeichnet zu werden.

16. SCHACH DEM MÖRDER (The Most Crucial Game / dt. Alternativtitel: Schachmatt)

Erstausstrahlung: 04.03.1973 (USA), 29.01.1976 (D)

Drehbuch: Jackson Gillis (nach einer Erzählung von Jackson Gillis, Richard Levinson und William Link), Regie: Edward M. Abroms, Produktion: Dean Hargrove, Associate producer: Edward K. Dodds, Kamera: Harry Wolf, Schnitt: Larry Lester, Ton: Edwin S. Hall, Musik: Dick De Benedictis, Art director: Arch Bacon, Set decorator: John McCarthy, Kostüme: Grady Hunt, Executive story consultant: Jackson Gillis, Unit Manager: Kenny Williams, Regieassistenz: David M. Dowell, Editorial supervisor: Richard Belding, Musical supervisor: Hal Mooney, Technischer Berater: Charles Clement.

Darsteller: Laurence Harvey (Emmet Clayton), Jack Kruschen (Tomlin Dudek), Lloyd Bochner (Mazoor Berozski), Heidi Brühl (Linda Robinson), Paul Jenkins (Sgt. Douglas), Michael Fox (Tierarzt Dr. Benson), Oscar Beregi (Restaurantbesitzer), Mathias Reitz (Anton), Drout Miller (1. Reporter), Manuel Depina (2. Reporter), Stuart Nisbet (Dr. Sullivan), Abigail Shelton (Krankenschwester), John Finnegan (Arbeiter).

Schachweltmeister Emmet Clayton hat berechtigte Bedenken, seinen Titel im bevorstehenden Match an seinen zum Comeback antretenden Vorgänger Tomlin Dudek zu verlieren. Sicherer erscheint es ihm, den Kontrahenten für immer zu beseitigen und gleich zu entsorgen: Er stößt den älteren Herrn in einen großen Müllzerkleinerer. Als echtes Handicap erweist sich allerdings seine Behinderung: Clayton ist stocktaub und war während der Tat nicht im Besitz seines Hörgerätes.

B »Was ist Ihr Rang?«, fragt der kommunistisch-stramme russische Schachtrainer Berozski mürrisch. Erst als Columbo glaubhaft machen kann, dass es sich bei dem Sturz Dudeks nicht um einen Unfall handelte, wird er zugänglicher. Ganz anders gezeichnet ist die vielschichtige Person Claytons: Auf dem Gipfel des Ruhmes stehend, wird er doch immer wieder von Alpträumen heimgesucht, in denen ihm der Erfolg genommen wird. Eigentlich ein gebrochener Mann, ist er aber trotzdem ernst zu nehmen, da er sein Verbrechen mit der Überlegung und Präzision eines Schachgenies plant und durchführt.

D Mrs. Columbo ist zu ihrer Mutter gefahren. Gibt es dort Probleme? Ins Spiel gebracht werden außerdem ein Cousin Columbos aus Albany, der eine starke Brille trägt und Clayton-Fan ist, sowie ein Freund und Bowlingpartner namens Harry.

Nach fünf Episoden ohne »Hund« ist endlich erkannt worden, dass ein solcher Hausgenosse mehr Fürsorge benötigt als nur einen einmaligen Auftritt als »special guest«. Er hat sich aufgrund seiner Tieflage Zecken geholt und muss vom Tierarzt unter Narkose behandelt werden. Sein Herrchen macht sich große Sorgen: »Das ist ein seltsames Geräusch. Was ist das?« – »Dieses Geräusch heißt ›Schnarchen‹.« Da zur selben Zeit nicht nur »Hund« auf dem OP-Tisch, sondern gleichfalls der noch lebende, aber schwerverletzte Dudek im Krankenhaus liegt, ergeben sich humorvolle Verwechslungen. Clayton zittert bereits, als Columbo in seinem Beisein die freudige Nachricht erhält: »Er wird wieder gesund!« Das gilt allerdings nur für den Vierbeiner.

Obwohl alles andere als ein »Kommissar Rex«, darf Columbos Freund sogar den Tatort beschnuppern (»Er liebt Abfall«) und bringt den Fall einen entscheidenden Schritt voran. Dem besorgten Inspektor wird von den zuständigen Arbeitern erklärt, dem Tier könne im Müllzerkleinerer nichts passieren. Die Maschine würde sich sofort ausschalten. Die Arbeiter fragen auch nach dem Namen des Vierbeiners. Columbo wehrt ab: »Er mag keinen der Namen, die man ihm geben will.«

H Während eines Simultan-Schachturniers erweist sich Columbo einmal mehr als nervender Störenfried.

Kaum ist Mrs. Columbo aus dem Haus, stellen sich auch dort die Katastrophen ein. Der Ausguss ist verstopft. Das Kühlschranklicht ist defekt und bleibt es auch, da Columbo nicht weiß, wo sich die Sicherungen befinden. Der Hund erkrankt. Der Inspektor ist hilflos.

J Clayton ist wieder einmal ein Kandidat, dem Columbo gehörig schmeicheln kann: »Sie sind der Weltmeister! Es ist mir eine Ehre.« Er lobt Claytons scharfen Verstand in höchsten Tönen und bittet ihn nicht nur um Mithilfe, sondern auch um Schachunterricht. »Ich empfehle Ihnen einen Fernkurs«, bekommt er zur Antwort.

Wieder sind es die »Kleinigkeiten, die mir Sorgen bereiten«. Viele von ihnen setzt der Inspektor zu einem Puzzle zusammen: ein Gebiss, eine Zahnbürste, ein vergessener Kugelschreiber, ein nach Knoblauch riechendes Hemd. Doch formt sich alles erst zu einem vollständigen Bild, als er die Funktionsweise des Müllzerkleinerers kennenlernt: »Wenn etwas in die laufende Maschine fällt, stellt sie sich ab.« Diesen Umstand konnte nur ein Gehörloser übersehen, d. h. in diesem Fall überhört haben.

★★★★ Hier stimmt alles. Der Plot überzeugt. Die Traumsequenzen sind eindrucksvoll inszeniert. Der Schnitt ist hervorragend: Vom »königlichen Brettspiel« wird auf das profanes Dame-Brett übergeblendet, an dem sich Columbo und Dr. Benson versuchen. Welten liegen dazwischen. Interessant ist auch die Idee, zwei Großmeister in einem Restaurant auf einer karierten Tischdecke mit Salzstreuern und anderen Utensilien eine Partie Schach austragen zu lassen. Die Dramatik hält sich bis zum Finale, als sich Columbo und Clayton bei schon abgeschaltetem Müllschlucker immer noch anbrüllen: »Es wäre viel einfacher, wenn ich nicht so schreien müsste!« – »Dann schalten Sie das verdammte Ding doch ab!« Es ist eben nicht einfach, wenn man als Ermittler nur auf taube Ohren stößt.

Mit Laurence Harvey ist ein Star besetzt worden, der – oft verkannt – zweifellos ein noch größerer hätte werden können, wäre er nicht noch im Jahr der Uraufführung dieser Episode im Alter von 45 Jahren gestorben. Er erlag einem Krebsleiden, ebenso wie seine Filmpartnerin Heidi Brühl († 1991). Der Schachkönig Emmet Clayton, den Harvey facettenreich zwischen kühl-überlegter Genialität und neurotischer Angst verkörpert, ist damit ein Stück Vermächtnis geworden.[72]

17. DOPPELTER SCHLAG (Double Shock)

Erstausstrahlung: 25.03.1973 (USA), 20.11.1975 (D)

Drehbuch: Steven Bochco, Peter Allan Fields (nach einer Erzählung von Jackson Gillis, Richard Levinson und William Link), Regie: Robert Butler, Produktion: Dean Hargrove, Associate producer: Edward K. Dodds, Kamera: Harry Wolf, Schnitt: Larry Lester, Ton: Edwin S. Hall, Musik: Dick De Benedictis, Art director: Arch Bacon, Set decorator: John McCarthy, Kostüme: Grady Hunt, Executive story consultant: Jackson Gillis, Unit Manager: Henry Kline, Regieassistenz: Brad Aronson, Editorial supervisor: Richard Belding, Musical supervisor: Hal Mooney.

Darsteller: Martin Landau (Dexter und Norman Paris), Paul Stewart (Clifford Paris), Julie Newmar (Lisa Chambers), Jeanette Nolan (Mrs. Peck), Tim O'Connor (Michael Hathaway), Dabney Coleman (Det. Murray), Kate Hawley (Mrs. Johnson), Michael Richardson (Junger TV-Anwalt), Robert Rothwell (2. Detective), Gregory Morton (Älterer TV-Anwalt), Tony Christina (Stickman).

Weil der alte, aber reiche Clifford Paris eine junge Frau heiraten will, bangt sein Neffe Dexter um sein Erbe. Demnach muss der Onkel noch vor der Hochzeit beseitigt werden. Er stirbt durch einen Stromstoß im Badewasser. Columbo hat sein einziges Auge schnell auf den Täter geworfen, muss jedoch bald irritiert feststellen: Es existiert noch ein Zwillingsbruder!

B Spätestens als Columbo den angeblichen Un- zum Mordfall erklärt, merken die im Dauerstreit liegenden Zwillinge, dass sie es mit einem Profi zu tun haben. Trotzdem fühlen sie sich sicher. Der eine zeigt sich als Karrierist recht abweisend. Der andere, ein Koch mit eigener TV-Sendung, holt den Inspektor als »Durchschnittsmann« vor die Kamera, um ihn dutzendweise Eier aufschlagen zu lassen. Es ist herrlich anzusehen, mit welcher kindlichen Freude Columbo hier bei der Sache ist und sowohl beim Publikum als auch beim Moderator Lachsalven hervorruft.

D Wenig Schmeichelhaftes verrät Columbo über seine Frau. Sie ist zwar ein großer Fan von Dexter Paris' Kochstudio, produziert aber trotz genauer Anweisungen nur kulinarische Katastrophen. Auf die Frage, ob er schon einmal in Las Vegas war, nennt Columbo eine merkwürdige Alternative: »Vor zwei Jahren wären wir fast einmal hingekommen. Aber dann beschloss meine Frau, mit meinem Schwager und meiner Schwägerin lieber in den Zoo zu gehen.«

E Dem kenntnisreichen Zuschauer könnte schwanen, warum Columbo in der TV-Küche Mantel und Jackett ablegt: Könnten die Hygienevorschriften eine Rolle spielen?

G »Man sieht, wie es Ihnen geht«, sagt ein Streifenpolizist nüchtern zu Columbo. Man erfährt, dass Plattfüße zu den Berufskrankheiten von Polizisten zählen. Der Inspektor selbst ist davon allerdings ausgenommen: »Ich habe einen besonders hohen Spann«, verkündet er freudig. Von der

Haushälterin Mrs. Peck wird er mit Diätkeksen und Milch versorgt. Sein Bekenntnis »Ich liebe Diätkekse besonders« klingt aber angesichts seiner sonstigen Ernährungsgewohnheiten eher unglaubwürdig.

H Wohl kaum jemals ist Columbo aufgrund seiner Marotten derart angefeindet worden wie von Mrs. Peck. Sie ist die altjüngferliche Haushälterin des Verblichenen, die keine Arzt- oder Anwaltsserie im Fernsehen verpasst. Weil sie aber vor allem eine Reinlichkeitsfanatikerin ist, muss der Inspektor für sie zwangsläufig reines Gift sein. Bereits bei ihrem ersten Zusammentreffen herrscht sie ihn an: »Sagen Sie mal, stammen Sie aus einem Schweinestall? Machen Sie so was auch zuhause? Doch wohl nicht!« Columbo hatte wieder einmal seine Zigarrenasche fallengelassen. Diese erste Begegnung endet mit einem hysterischen Anfall der Dame: »Schaffen Sie ihn raus!«

Das nächste Mal hinterlässt Columbo besagten Restmüll in einer antiken Silberschale. »Sie sind ein Schmutzfink!« – »Ich habe gedacht, das wäre ein Aschenbecher. Ich habe zuhause einen, der sieht genauso aus.« Columbo sucht die Versöhnung, spricht erstmals offen über seine Schwächen: »Ich bin unordentlich. Das ist eine Sache, die ich nicht unter Kontrolle habe. Ich versuche es seit Jahren.«

Der Burgfriede währt allerdings nicht lange. Mit dem Feingefühl eines Elefanten stellt Columbo fest: »Ich glaube, sie kann mich nicht leiden. Ich spüre so was.« Zu allem Überfluss tritt nach seiner Unsauberkeit auch noch seine Ungeschicklichkeit zutage. »Ich bin kein Experte, was elektrische Geräte angeht«, bekennt er freimütig, wenn es um die Mordwaffe geht. Leider denkt er bei Mrs. Peck nicht an dieses Handicap. »Man braucht etwas Fingerspitzengefühl«, erklärt er, bevor er einen Knopf des von der Haushälterin geliebten Fernsehers abreißt. »Ich weiß, wer das ist«, geifert Mrs. Peck von nun an immer, wenn der Apparat ausfällt. Von der durchaus berechtigten Feststellung »Sie verwandeln alles in ein Chaos!« steigert sich ihre Aggression bis zur unverhohlenen Drohung: »Ich bringe ihn um!« Da sich die Serie allerdings schon auf dem Höhepunkt ihres Erfolges befand, wurde auf die Realisierung dieses Planes im Drehbuch verzichtet. Im Gegenteil: In der Schlussszene ist es rührend anzuschauen, wie Columbo die alte Dame behutsam-zögerlich bei der Hand nimmt.

J Trotz aller Tölpelhaftigkeit bleibt Columbo immerhin noch soviel Spürsinn, um den Mordfall zu lösen. Einer der Brüder muss es getan haben. Während sich die beiden ständig gegenseitig denunzieren, sammelt der Inspektor wie gewohnt kleine Hinweise, die eindeutig belegen: Es können nur mehrere Täter gewesen sein. Unter dieser Voraussetzung sind weitere Beweise nicht mehr nötig. Es gibt nur eine Antwort auf das Rätsel: Die sonst verfeindeten Brüder hatten sich um des schnöden Mammons willen erstmals zu einer gemeinschaftlichen Tat zusammengefunden.

★★★ Der kriegsähnliche Zustand zwischen Columbo und Mrs. Peck wirkt streckenweise fast überzogen. Trotzdem oder gerade deshalb ist diese Episode von großem Unterhaltungswert. Jeanette Nolan hat daran nicht unwesentlichen Anteil. Der stets verlässliche Martin Landau im Doppelpack kann hier einmal zeigen, was ihm sowohl im »Kobra«-Team als auch auf seiner eher drögen »Mondbasis Alpha« meist versagt blieb: sein herrlich sardonisches Grinsen, das den Bildschirm auszufüllen vermag.

18. EIN HAUCH VON MORD (Lovely But Lethal / dt. Alternativtitel: Schön um jeden Preis)

Erstausstrahlung: 23.09.1973 (USA), 10.12.1975 (D)

Drehbuch: Jackson Gillis (nach einer Erzählung von Myrna Bercovici), Regie: Jeannot Szwarc, Produktion: Douglas Benton, Executive producer: Dean Hargrove, Roland Kibbee, Associate producer: Robert F. O'Neill, Kamera: Harry Wolf, Schnitt: Larry Lester, Ton: Terry Kellum, Musik: Dick De Benedictis, Art director: Lloyd S. Papez, Set decorator: George Gaines, Kostüme: Grady Hunt, Executive story consultant: Jackson Gillis, Unit Manager: Kenny Williams, Regieassistenz: Jack Doran, Editorial supervisor: Richard Belding, Musical supervisor: Hal Mooney.

Darsteller: Vera Miles (Viveca Scott), Martin Sheen (Karl Lessing), Vincent Price (David Lang), Sian Barbara Allen (Shirley Blaine), Fred Draper (Dr. Murcheson), Gino Conforti (Ferdy), Colby Chester (Jerry), Bruce Kirby (Chemielaborant), John Finnegan (Sergeant), Richard Stahl (Burton), Marc Hannibal (Mitarbeiter der Spurensicherung), David Toma (Polizist), Layne Matthess (Modefachmann).

Weil in der Kosmetikbranche der Konkurrenzkampf groß ist, muss der Chemiker Karl Lessing sterben. Er drohte seiner Chefin, der attraktiven Viveca Scott, die Formel einer neuentwickelten Anti-Falten-Wundercreme an ihren schärfsten Rivalen zu verkaufen. Am Tatort mit Spuren von Giftsumach in Berührung gekommen, juckt es Columbo fortan buchstäblich in den Fingern, besagte Dame des Mordes zu überführen. Das ist auch dringend geboten, da Miss Scott nebenbei auch noch eine junge Sekretärin in einen Abgrund stürzt.

B »Sie sind ein hartnäckiger Mann«, muss Viveca eingestehen. So ist es auch. Columbo klebt diesmal wie eine Klette an seinem Opfer. Die Kosmetik-Queen unterschätzt ihren Gegner keineswegs. Dafür wird er auf einer Schönheitsfarm für jemanden gehalten, der es nötig hat. Gleich wird er zur Masseuse dirigiert: »Ziehen Sie den Mantel aus und legen Sie sich hin.«

D Weil Mrs. Columbo seit Jahren die Kosmetikprodukte von Viveca Scott benutzt, blickt deren Konterfei den Inspektor jeden Tag im Bad an. »Ich habe das Gefühl, als gehörten Sie zur Familie. So wie das Krümelmonster.« Seine Frau, die im übrigen Probleme mit ihrem Gewicht haben soll, benutzt auch schwarze Augenbrauenstifte – um sich ihre Einkaufsnotizen zu machen. Wieder einmal macht Schwager George von sich reden. Seine Urlaubsdias aus Mexiko bringen Columbo darauf, dass sich der juckende Giftsumach auf einem Objektträger unter einem Mikroskop befunden haben muss. Es kann mittlerweile auch niemanden mehr verwundern, dass der Inspektor einen Neffen hat, der ein Giftspezialist ist.

G Zum wiederholten Male erscheint Columbo mit gekochtem Ei am Tatort. Sein schweifender Blick lässt einen Kollegen vermuten, er suche nach Spuren: »Haben Sie was gefunden?« Der Mann kann ihn unmöglich kennen, denn selbstverständlich hat der Inspektor ganz anderes im Kopf: »Nein, ich will nur frühstücken.« – »Was suchen Sie, Inspektor?« – »Salz für mein Ei. Sonst habe ich immer einen kleinen Streuer in der Manteltasche.« (→ Abb. 3)

Der Kettenraucherin Shirley hält Columbo eine Moralpredigt über die Gefahren dieser Qualmerei. Dabei hat er seine Zigarre in der Hand. Tatsächlich stirbt die junge Frau früher als gedacht: Sie wird ermordet.

Kurzeitig hat der Inspektor einen »Frosch im Hals«. Wovon kann der wohl kommen?

H Columbo stört wieder einmal, diesmal die Aufnahmen von Werbefotos. Beim Anblick nackter Frauen wendet er sich verschämt ab. Ein unvermutetes, aber unterdrücktes Aggressionspotential wird sichtbar, wenn er bekennt: »Ich hatte mal einen Vorgesetzten – in Gedanken war ich immer mit den Händen an seinem Hals.« Viveca reagiert entsprechend: »Also wirklich, Inspektor, Sie gehören ja ins Museum!«

J Es fällt Columbo auf, dass sich seine Verdächtige immer einen Schönheitsfleck auf die Wange malt. Sie tut es mit einem schwarzen Augenbrauenstift, von dem sich auch am Tatort Spuren fanden. Wie er selbst kratzt sich auch Viveca ständig an den Händen. Beide können sie sich diesen Juckreiz einzig am Tatort in der Wohnung des Opfers zugezogen haben. Damit ist alles klar.

★ Der Start der dritten Serienstaffel kann nicht sonderlich überzeugen. Es tauchen nur wenige Kultmotive auf. Gerade mit dem Einbruch des Schmuddel-Cops in eine Welt, in der nur äußere Schönheit zählt, hätten weitere Pointen auf der Hand gelegen. Die Chance wurde nicht genutzt. Außerdem ist die Handlung so voraussehbar wie selten. Auch die Hitchcock-Actrice Vera Miles vermag daran nichts zu ändern. Die einzige Überraschung besteht in dem Umstand, dass es ausnahmsweise einmal nicht Vincent Price ist, der sich mit Blut besudelt.

19. WEIN IST DICKER ALS BLUT (Any Old Port In A Storm)

Erstausstrahlung: 07.10.1973 (USA), 19.04.1975 (D)

Drehbuch: Stanley Ralph Ross (nach einer Erzählung von Larry Cohen), Regie: Leo Penn, Produktion: Robert F. O'Neill, Executive producer: Dean Hargrove, Roland Kibbee, Kamera: Harry Wolf, Schnitt: Budd Small, Larry Lester, Ton: David H. Moriarty, Musik: Dick De Benedictis, Art director: Arch Bacon, Set decorator: John M. Dwyer, Kostüme: Grady Hunt, Unit Manager: Wilbur Mosier, Regieassistenz: Joe Boston, Editorial supervisor: Richard Belding, Musical supervisor: Hal Mooney.

Darsteller: Donald Pleasence (Adrian Carsini), Gary Conway (Enrico »Ric« Carsini), Julie Harris (Karen Fielding), Joyce Jillson (Joan Stacey), Dana Elcar (Frederick Falcon), Vito Scotti (Oberkellner), Robert Donner (Betrunkener), Robert Ellenstein (Hugo Stein), Robert Walden (Billy Fine, Clubbekanntschaft von Miss Stacey), Regis J. Cordic (Lewis), Reid Smith (Andy Stevens), John McCann (Officer), George Gaynes (Franzose), Monty Landis (Steward), Walker Edmiston (Auktionator), Pamela Campbell (Cassie Marlowe).

Die Halbbrüder Carsini sind höchst unterschiedlich. Adrian, dem fanatischen Weinliebhaber, gehört die vom Vater geerbte Kellerei; Enrico, dem Playboy, das Land, das die Trauben hervorbringt. Sein Erbteil möchte Enrico zu Geld machen, um dann routinemäßig Ehefrau Nr. 4 heiraten zu können. Um den Verkauf an die Konkurrenz zu verhindern, sieht sich Adrian gezwungen, den ungeliebten Verwandten erst niederzuschlagen und ihn anschließend in seinem Weinkeller ersticken zu lassen. Anschließend erscheint der Tod als Tauchunfall im Meer.

A Zu diesem Fall kommt Columbo wie die Jungfrau zum Kind. Die Verlobte Enricos gibt auf dem Revier eine Vermisstenanzeige auf. »Wir Italiener müssen zusammenhalten«, meint der Inspektor und verspricht, sich darum zu kümmern. Kurze Zeit später fällt diese Angelegenheit dann tatsächlich in seinen Zuständigkeitsbereich: Es handelt sich um Mord.

Als Zuschauer ist man überrascht, Columbo erstmals auf dem Revier im Büro zu sehen. Ein Tabubruch? Nein, denn es stellt sich heraus: Es ist zwar *ein* Büro, nicht aber *sein* Büro.

B Ein Novum in der »Columbo«-Geschichte: Inspektor und Täter mögen sich. Kein hitziges oder böses Wort fällt zwischen ihnen. Sie gehen freundlich und kultiviert miteinander um. Adrian Carsini ist ein Mann mit einer Leidenschaft, die er verbissen verfolgt – wie Columbo auch. Wie Carsini ist auch Columbo italienischstämmig: »Ich bin der einzige Italiener, der nicht singen kann.« Hält Carsini den Kerl im Trenchcoat zunächst noch für jemanden, der Arbeit sucht, gewinnt Columbo zunehmend seine Hochachtung, weil er sich für das interessiert, was Carsinis Leben ausmacht. Der Inspektor, zuvor noch herrlich ahnungslos (»Ich trinke sonst nie Sachen, die ich nicht aussprechen kann«), wandelt sich nach einem Crashkurs zum Experten, der Weine am Geschmack erkennt. Die gegenseitige Wertschätzung wird in dem grandiosen Finale besonders deutlich. Carsini ist sogar erleichtert über seine Verhaftung, da ihm anderenfalls ein lebenslängliches Ehegefängnis an der Seite seiner Sekretärin drohte. Nun wird er von Columbo getröstet: »Wird schon werden.« Schließlich hat der Inspektor als »letzten Gang« eine Flasche Wein mitgebracht, die beide noch zusammen leeren. »Sie haben schnell gelernt«, sagt der Experte anerkennend über die Auswahl. »Das ist das Netteste, das mir je einer gesagt hat«, antwortet der Laie gerührt und glücklich.

D Erstmals gibt es einen direkten Kontakt zu Mrs. Columbo, allerdings nur am Telefon. Wenigstens ist sie selbst einmal am Apparat, nicht nur irgendein Schwager. »Ein Kopf Salat und zwei Tüten Milch«, lautet ihre unmissverständliche Anweisung.

Man glaubt kaum seinen Ohren zu trauen, was der Inspektor hier von sich preisgibt: Mit Frau und Kind (!) fährt er gern zum Picknick. Mit Kindern wird auch die Abwesenheit der sehnlichst erwarteten Mrs. Columbo bei einem Essen mit Carsini gerechtfertigt: »Wir haben keinen Babysitter gefunden.« Handelt es sich hier um eine Zwecklüge?

Außerdem erfährt man etwas über Columbos Vorfahren. Gänzlich unbeleckt vom Weinanbau scheint er nicht zu sein: »Mein Großvater ließ mich immer die Trauben zerstampfen.« Zudem kam sein Vater während der Prohibitionszeit in Kontakt mit dem Alkohol. »Als Schwarzbrenner?«, will Carsini wissen. »Nein, als Heckschütze auf einem Bierwagen.«

F »Wollen Sie auch so einen haben?«, wird Columbo von einem jungen Streifenpolizisten im Blick auf die noble Sportkarosse Enricos gefragt. »Ich habe ja einen«, antwortet er selbstbewusst. Der Angestellte eines vornehmen Restaurants hat Mühe, besagten Peugeot zu starten. »100.000 Meilen!«, verkündet der stolze Besitzer und gibt dazu erstmals seine häufig zitierte Grundregel weiter: »Sorgst du für dein Auto, so sorgt es auch für dich!«

G In dieser Episode wird zwar viel getrunken, aber umso weniger gequalmt. »Soll ich Ihnen Feuer geben?«, fragt erstmals ein dienstbeflissener junger Kollege, als Columbo mit Zigarre im Mund am Fundort der Leiche erscheint. Ausgerechnet jetzt benötigt er es nicht: »Nein, ich bin dabei, aufzuhören.« – »Warum kauen Sie dann nicht eine billigere Zigarre?« – »Ich will meinen Lebensstandard nicht verschlechtern.« In Gegenwart von Carsini und seinen feucht-fröhlichen Kostbarkeiten ist Rauchen ohnehin verpönt: Die »Bitterkeit des Tabaks« zerstöre jegliches Aroma.

Für ein gutes Essen aber ist der Inspektor immer aufgeschlossen. »Ich hoffe nur, dass meine Frau nicht erfährt, was das Essen kostet.«

H »Was Details betrifft, hapert es bei mir«, sagt Columbo. »Deshalb schreibe ich mir alles auf.« Das aber bringt Probleme mit sich: 1. Er hat keinen Bleistift bei sich, muss ihn sich mehrfach leihen und legt keinen Wert auf die Rückgabe. 2. Das Geschriebene ist kaum lesbar: »Ich hätte Arzt werden sollen.« Wenn der Inspektor von einer Eingebung erfasst ist, vergisst er jegliche Konventionen. Nachdem der teure Sportwagen des Opfers mit offenem Verdeck gefunden wurde, spricht er in einer Bar plötzlich sämtliche Gäste an: »Wissen Sie, ob es letzten Dienstag geregnet hat?« Verständnislosigkeit ist die Antwort. Weil Columbo eigenen Angaben zufolge nicht singen kann, trällert er zum ersten Mal das alte Kinderlied »This Old Man Came Rolling Home«. Es sollte fortan eines seiner skurrilen Markenzeichen werden.

J Carsini wird auf grandiose Weise überlistet. Columbo merkt sehr genau, was seine private Weinsammlung für ihn bedeutet. Sie lagert in jenem Gewölbe, in welchem auch das Mordopfer seine letzten Stunden zubrachte. Allerdings musste Carsini während dieser Zeit die Klimaanlage ausschalten, um den Tod des Bruders sicherzustellen. Unwissentlich hat er damit die teuren Tropfen verdorben. Sie sind oxydiert. Columbo hat aus der Sammlung heimlich eine Flasche mitgehen lassen, die er Carsini kredenzt. Dieser ist bis ins Mark erschüttert, als er konstatieren muss, dass der edle Wein verdorben ist. Damit hat er sich selbst überführt. Die Tragik: »Ich bin wohl einer der wenigen Menschen auf der Welt, die feststellen konnten, dass der Wein überhitzt war.«

★★★★ Diese Episode hat alles, was zu einem Spitzen-«Columbo« gehört: diverse Kultmotive, hervorragend dargestellte Charaktere (z. B. durch Vito Scotti in seinem ersten Aufritt in der Serie) sowie eine ausgezeichnete Idee, den Täter zu überführen. Die Krönung ist die Verpflichtung von Donald Pleasence, dieses immer wieder – selbst in drittklassigen Streifen – faszinierenden Charakterdarstellers. Im Deutschen wie so häufig adäquat unterstützt durch die charakteristische, hohe Stimme von Wolfgang Spier, gibt er eine glänzende Charakterzeichnung eines Mannes ab, der für eine Leidenschaft lebt – und dem man kaum ernsthaft böse sein kann.

20. STIRB FÜR MICH (Candidate For Crime)

Erstausstrahlung: 04.11.1973 (USA), 11.02.1975 (D)

Drehbuch: Irving Pearlberg, Alvin R. Friedman, Roland Kibbee, Dean Hargrove (nach einer Erzählung von Larry Cohen), Regie: Boris Sagal, Produktion: Dean Hargrove, Roland Kibbee, Associate producer: Edward K. Dodds, Kamera: William Cronjager, Schnitt: Robert L. Kimble, Ton: Edwin S. Hall, Musik: Dick De Benedictis, Art director: John W. Corso, Set decorator: William J. McLaughlin, Kostüme: Grady Hunt, Unit Manager: Brad Aronson, Regieassistenz: Walt Gilmore, Editorial supervisor: Richard Belding, Musical supervisor: Hal Mooney.

Darsteller: Jackie Cooper (Nelson Hayward), Ken Swofford (Harry Stone), Joanne Linville (Victoria Hayward), Tisha Sterling (Linda Johnson), Vito Scotti (Mr. Chadwick), Robert Carnes (Sgt. Vernon), Jay Varela (Sgt. Rojas), Regis Cordic (Deputy Commissioner), Sandy Kenyon (Harris), Jack Riley (Regisseur), Mario Gallo (Dr. Perenchio, Zahnarzt), Jude Farese (Verkehrspolizist), Clete Roberts (Nachrichtenmoderator), Angelo Grisanti (1. Detective), Lew Brown (2. Detective), Don Diamond (Larry), James G. Richardson (Shelly), Bill Andes (Wahlkampfmanager), Lucille Meredith (Lucy), Katey Sagal (Sekretärin), Larry Burrell (Nachrichtensprecher).

Nelson Hayward, aussichtsreicher Kandidat für den Senatorenposten, fühlt sich von seinem Wahlkampfmanager Harry Stone gegängelt. Dieser will ihm sein außereheliches Liebesleben verbieten. Hayward erschießt Stone und lässt die Tat als verunglückten Anschlag auf sich selbst erscheinen. Davon verspricht er sich auch zusätzliche Publicity. Vom hartnäckigen Columbo bedrängt, versucht er diese These weiter zu untermauern, wobei ihm ein folgenschwerer Fehler unterläuft.

A Um die Zuschauer zu verwirren, ist Columbo diesmal bereits zu Beginn einige Sekunden zu sehen. Er gehört offensichtlich zu einer ganzen Schwadron von Polizisten, die für den Schutz des hochrangigen Politikers zu sorgen hat. Nach wenigen Sekunden ist er bereits wieder verschwunden, so dass die Handlung ihren gewohnten Verlauf nehmen kann.

Als er sich dann in typischer Weise zum Tatort schleppt, wirkt Columbo recht niedergeschlagen. »Mord ist immer etwas Deprimierendes«, erklärt er einem Streifenpolizisten.

B Haywards erster Eindruck von Columbo ist nicht überwältigend: »Sie sind ein netter Mensch, Columbo, aber ich möchte nicht auf Sie angewiesen sein, wenn ich es mal eilig habe.« In seiner zur Schau gestellten Überlegenheit ist der Politiker dafür prädestiniert, sich bei Columbo verdächtig zu machen, indem er wirklich auf jede Frage eine Antwort weiß. »Vielleicht kann ich Ihnen helfen«, gibt er sich geflissentlich. »Das hoffe ich sehr«, meint der Inspektor. Zunehmend aber schwindet Haywards Selbstsicherheit aufgrund der penetranten Hartnäckigkeit Columbos. Er fühlt den Verdacht, ohne dass er ausgesprochen worden wäre. »Ich muss da was klarstellen: Sie scheinen zu glauben, ich spräche ungern mit Ihnen. Ich spreche mit Ihnen, sooft Sie wollen, über alles.« Das nutzt Columbo reichlich aus.

D Während Columbo im laufenden Wahlkampf nach eigener Aussage noch auf die Erweiterung seines politischen Horizonts wartet, ist Hayward die Stimme von Mrs. Columbo bereits sicher. Sie steht auf den smarten Politiker. Vielleicht erhofft sie sich von ihm einen größeren materiellen Wohlstand, denn bei Columbos wird immer gespart: »Meine Frau ist nicht mehr die jüngste, aber sie trägt noch Turnschuhe aus der Schulzeit.«

Ungewöhnlich viele Polizeibeamte bevölkern in dieser Episode die Szenerie. Am Tatort taucht aufgrund der besonderen Bedeutung des Falles erstmals ein Vorgesetzter Columbos leibhaftig auf. Der Deputy Commissioner nimmt die Berichte der Beamten entgegen und ist darum bemüht, dass Columbo die Untersuchungsergebnisse mitverfolgt. Der jedoch geht völlig desinteressiert seinen eigenen Spuren nach und muss ständig zurückgepfiffen werden: »Wo steckt er schon wieder? Was laufen Sie dauernd weg?« Überheblich erklärt er Columbo: »Wenn man Hayward ermordet hätte, würde ich natürlich selbst ermitteln.« Nur gut, dass er die Finger davon lässt und stattdessen bald wieder die schützende Umgebung seines Schreibtisches aufsucht.

Daneben hat es Columbo mit Sgt. Vernon zu tun, einem älteren und körperlich kompakten Beamten. Der lässt sich allerdings von Hayward übertölpeln und zeigt auch sonst keine besondere Kompetenz. Zumindest aber unterrichtet er stets pflichtgemäß dem auf einem Sofa herumlungernden Inspektor über die Schritte des Politikers.

Letzterem gegenüber beschreibt Columbo einmal den Unterschied zwischen ihm und den anderen Beamten: »Wir wissen noch gar nichts. Das Dezernat hat noch nichts. Das ist offiziell. Aber ich schon. Das ist inoffiziell.«

E »Ziehen Sie eine Aufwertung Ihrer Garderobe in Erwägung?«, fragt Hayward in höflicher Umschreibung. Der Inspektor hat nicht die Absicht: »Hin und wieder überlege ich, ob ich einen neuen Mantel bräuchte. Aber das hat keine Eile, obwohl meine Frau auch meint, ich bräuchte einen neuen.« – »Ja, er wirkt sehr funktionell.«

Schließlich aber besucht Columbo doch den Prominentenschneider Chadwick, über den Hayward sagt, er liebe die Herausforderung. Statt wie erwartet fertige Jacketts zu sehen, werden Columbo nur die Stoffe gezeigt. Freimütig teilt er dem Meister den Anlass mit, zu dem er mit neuer

Bekleidung glänzen möchte: »Der Bowlingverein meiner Frau gibt jedes Jahr einen Abend – für 17,50 Dollar pro Nase.« Man trennt sich jedoch, da Schneider und Kunde wohl nicht zueinander passen: »Ich schlage vor, Sie versuchen es in einem Kaufhaus.«

Die äußere Erscheinung des Inspektors führt auch bei dem Angestellten einer Tankstelle zu Verwirrung. Als sich Columbo als Polizeibeamter zu erkennen gibt, wird er ungläubig gefragt: »Was sind Sie? Verdeckter Ermittler?« – »Nein, nur unterbezahlt.«

F Auch sein liebstes Gefährt erhält keine guten Noten, als Columbo von einer Verkehrsstreife angehalten wird. Die Suche nach einem Führerschein gestaltet sich naturgemäß schwierig. Trotz der Versicherung, der Wagen sei gerade in der Inspektion gewesen, muss zu Protokoll genommen werden: 1. Die Scheibenwischer kratzen ohne Beläge über das Glas. 2. Der rechte Blinker funktioniert nicht. 3. Auch das Fernlicht ist defekt. 4. Der Wagen verliert Bremsflüssigkeit. Auch diesmal wird der Halter gefragt: »Haben Sie schon mal daran gedacht, sich einen neuen Wagen zu kaufen?« – »Den anderen fährt meine Frau«, antwortet Columbo wieder und feixt: »Der ist noch älter. An dem hätten Sie Ihre Freude!« (→ Abb. 9)

G Die Umstände scheinen es unumgänglich gemacht zu haben, dass sich der wehleidige Patient in die Fänge eines Zahnarztes begeben muss. Ein Weisheitszahn soll entfernt werden. Im Behandlungsstuhl sieht man einen zusammengesunkenen Inspektor. Währenddessen sinniert der Dentist, der auch italienischer Abstammung ist, über die Diskriminierung, die seinen Landsleuten angeblich widerführe. Jeder Italiener werde mit der Mafia in Verbindung gebracht. Columbo wird mit dem Rat entlassen: »Legen Sie Ihren italienischen Namen ab und beißen Sie erstmal auf nichts Hartes!«

H Wie immer ist Columbo zwar nie um eine Frage, dafür aber stets um Streichhölzer und Stift verlegen. Seine Aufzeichnungen sind in den unergründlichen Tiefen der Manteltaschen fast verschollen. Er vergisst, was er eigentlich hatte sagen wollen. Zudem gibt er seiner Freude über die Leiche Ausdruck – weil es nicht den Senator getroffen hat, zu dessen Verehrerinnen Mrs. Columbo gehört. Lauthals rufend eilt er dem Leichenwagen hinterher, der den Toten abtransportieren will. Durch die Heckklappe kriecht er ins Innere, um die Armbanduhr des Opfers zu untersuchen.

Im Büro Haywards missbraucht er eines von dessen großen Wahlplakaten, um auf der Rückseite seine Überlegungen zu skizzieren. »Sie haben ja genug davon.«

I Im Gespräch mit dem Verdächtigen kommt Columbo inmitten in der Klärung wichtiger Tatbestände plötzlich auf die Frage: »Was haben Sie für das Jackett bezahlt?« – »200 Dollar.« – »Ohne Hose?« – »Maßgeschneidert.«

J Indiz um Indiz trägt der eifrige Jäger zusammen: Der Motor von Harry Stones Wagen am Tatort ist nicht mehr warm. Er müsste es aber sein, sollte die vermutete Tatzeit stimmen. Die billige Armbanduhr passt nicht zur sonstigen Ausstattung des Toten. Zu einem anonymen Telefonanruf, mit dem der Mord gemeldet wurde, fehlt die nötige Telefonzelle (das Zeitalter des Mobiltelefons war noch nicht angebrochen).

Wie gewohnt besteht Columbos Taktik darin, dem Verdächtigen alle diese Brocken vorzuwerfen: »Ich bin dafür, immer alles gleich zu sagen.« Natürlich lässt er seine Beobachtungen unkommentiert. »Ihre Schlussfolgerung?«, interessiert sich Hayward. »Keine Schlussfolgerung. Ich fand es eigenartig und wollte es erwähnen.« Die Deutung überlässt der schlaue Fuchs mit Vergnügen anderen. Stattdessen liegt er zuletzt nur noch untätig auf einem Sofa in dem Hotel, in dem auch Hayward einquartiert ist. Während alle Kollegen hektisch um die Sicherheit des Kandidaten bemüht sind, hat Columbo seinen Job bereits erledigt. Es genügte, zur rechten Zeit am rechten Ort zu sein, um eine Pistolenkugel aus einer Wand zu entfernen und im Labor ballistisch untersuchen zu lassen, von der Hayward Stunden später behaupten wird, sie sei unmittelbar in diesem Moment auf ihn abgefeuert worden.

★★★★ Gegenüber bekannten Folgen wie der vorangegangenen, die häufige Wiederholungen erlebte, wurde »Stirb für mich« erst spät für Deutschland entdeckt. Ganz zu Unrecht. Sieht man davon ab, dass Jackie Cooper kein Donald Pleasence ist, steht diese Episode anderen Höhepunkten in nichts nach. Die Kultmotive sind besonders liebevoll gezeichnet, allen voran die Bereiche »Kleidung« und »Auto«. Die Handlung ist durchgehend ausgeklügelt und spannend und gipfelt wieder einmal in einem großen Finale. Prädikat: besonders sehenswert!

21. EIN GRÜNDLICH MOTIVIERTER TOD (Double Exposure/dt. Alternativtitel: Ein perfektes Alibi)

Erstausstrahlung: 16.12.1973 (USA), 26.02.1976 (D)

Drehbuch: Stephen J. Cannell, Regie: Richard Quine, Produktion: Dean Hargrove, Roland Kibbee, Associate producer: Edward K. Dodds, Kamera: William J. Cronjager, Schnitt: Ronald LaVine, Ton: Wallace Bearden, Musik: Dick De Benedictis, Art director: John W. Corso, Set decorator: William McLaughlin, Kostüme: Grady Hunt, Unit Manager: Brad Aronson, Regieassistenz: Phillip Cook, Editorial supervisor: Richard Belding, Musical supervisor: Hal Mooney.

Darsteller: Robert Culp (Dr. Bart Kepple), Robert Middleton (Victor Norris), Louise Latham (Mrs. Norris), Arlene Martell (Tanya Baker), Chuck McCann (Roger White), Denny Goldman (Pressefotograf), John Milford (1. Detective), George Wyner (Cutter), Richard Stahl (Beamter der Ballistik), Francis Desales (Patterson), Alma Beltran (Haushälterin), Dennis Robertson (Det. Marley), Harry Hickox (2. Detective), Ann Driscoll (Mrs. Halstead), E.A. Sirianni (Norbert), Manuel Depina (3. Detective), Thomas Bellin (Techniker), Peter Walker (Kommentator), Mary Beth Sikorski (Empfangsdame).

Der Werbefachmann und Motivationsforscher Dr. Bart Kepple sieht sich gezwungen, seinen Arbeitgeber Victor Norris zu erschießen. Dieser drohte die Geschäftsbeziehung aufzulösen, nachdem er von Kepple erpresst wurde. Ort und Zeit der Tat verschaffen dem Mörder ein wasserdichtes Alibi: Der Ort, an dem sich das Opfer gerade befand, erscheint zufällig. Zudem glauben mehrere Personen, Kepple zur Zeit der Tat in einem anderen Raum zu sehen. Dass hier vieles nicht so ist, wie es den Anschein erweckt, dämmert Columbo erst, nachdem er erfährt, dass Kepple es versteht, in Werbefilmen mit unterschwelligen Botschaften zu manipulieren.

B »In meinem Beruf lerne ich viele interessante Menschen kennen«, erklärt Columbo. Doch selten gab es einen derart arroganten und selbstsicheren Täter wie Kepple. »Ich bin keiner der meisten Menschen«, korrigiert er. Mit besonderer Hartnäckigkeit besteht er auf der Anrede mit seinem Titel. Fast überflüssig festzustellen, dass Columbo nichts für diesen Stinkstiefel übrig hat. Er ist vielmehr bestrebt zu zeigen, dass auch er »keiner der meisten Menschen« ist.

So weiß Kepple nie, woran er bei dem »kleinen Kerl mit dem zerknautschten Regenmantel« ist. »Es klingt, als empfänden Sie eine große Leere im Kopf, aber ich glaube nicht, dass er leer ist.« Einmal lobt Kepple die »gute Beobachtungsgabe« des Inspektors und nennt ihn einen »interessanten Mann«. Dann wieder verleitet ihn seine Arroganz zu groben Fehleinschätzungen: »Sie sind doch nicht so auffassungsbegabt, wie ich dachte.« Selbst nachdem er bereits überführt ist, hält er noch an seiner angeblichen Überlegenheit fest: »Ohne meine Methode hätten Sie den Fall nie gelöst.« Columbo antwortet darauf mit einer selten zur Schau getragenen Kälte: »Das ist richtig. Wenn es eine Belohnung gäbe, würde ich Ihren Anspruch befürworten.«

Nebenbei wird einmal mehr der soziale Abstand der Kontrahenten deutlich gemacht: Als Columbo Kepple beim Golfspielen aufsucht, erzählt er ihm, er selbst gehe höchstens kegeln.

D Die größte Dummheit dürfte Kepple auf einem Nebenschauplatz unterlaufen sein. Er war der erste und einzige Mensch, dem Columbo je Fotos seiner Frau zeigen wollte. Sie ist ehrgeizig und verspricht sich eine Chance in einem Hausfrauen-Werbefilm. Leider würdigt Kepple die Bilder keines Blickes.

Mrs. Columbo überlässt das Einkaufen stets ihrem Mann. Was tut sie eigentlich überhaupt? Offensichtlich sieht sie viel fern, tippt jedoch bei TV-Krimis immer auf den falschen Täter.

Ein Onkel des Inspektors hat es im Gegensatz zu Letzterem zu etwas gebracht: vom Immobilienmakler und Fahrer eines Schulbusses zum Besitzer einer Ranch. Nun besitzt er mehrere Cadillacs und verschickt goldgeprägte Weihnachtskarten.

G Wieder einmal kommt Columbo recht zerschlagen zum Tatort. Das hält ihn jedoch nicht davon ab, sofort zum Essen zu greifen, während ihm die Kollegen Bericht erstatten wollen. Ungefragt hält er sich an Kepples teuren Kaviar. »Das Glas kostet 80 Dollar«, wird er belehrt. »Bedeutet das, ich habe gerade 15 Dollar im Mund?«

H Gemessen an sonstigen Katastrophen mutet es harmlos an, dass

Columbo diesmal lediglich das Kabel einer Videoüberwachungsanlage herausreißt. Das reicht auch. Der Fall selbst bietet ihm noch genügend andere Fußangeln.

J Ein derart durchtriebener Kerl wie Kepple erfordert außergewöhnliche Anstrengungen. Schließlich hat der Mörder wirklich alles manipuliert: die Heizung im Vorführraum, den versalzenen Kaviar, die in den Film eingefügten Bilder ebenso wie die durch einen Adapter veränderte Tatwaffe; schließlich auch seine angebliche Anwesenheit auf der Bühne vor etlichen Zuschauern. Bei seinem zweiten Mord – an dem Filmvorführer Roger White – stellt sogar der Inspektor selbst den Entlastungszeugen für das Alibi dar. »Das ist unmöglich zu widerlegen«, triumphiert Kepple.

Selten auch zeigte sich ein Gegner den raffinierten Methoden Columbos gegenüber derart immun. Die devote Masche (»Darf ich Ihren Verstand in Anspruch nehmen?«) verfängt kaum. Auch hofft der Inspektor vergebens, Kepple werde ihn ohne Ortsangabe zum Tatort des zweiten Verbrechens fahren. Der hat längst das Katz-und-Maus-Spiel durchschaut und fragt genau nach dem Weg: »Das war ein netter Versuch.« Es bringt ihn nicht aus der Ruhe, dass ihm der Verdacht auf den Kopf hin zugesagt wird. Columbo ist enttäuscht: »Für einen Moment dachte ich, ich könnte Ihr Spiel stören.« – »Keine Chance.«

Wenn alles nichts hilft, kann der Mörder nur noch mit seinen eigenen Waffen geschlagen werden. Columbo suggeriert Kepple mit unbewussten Bildern, er suche nach der Mordwaffe. Damit veranlasst er ihn, das Versteck selbst aufzusuchen, wo ihn der Jäger schon erwartet.

★★★ Diese Episode lebt von einer durchdachten und spannenden Story ebenso wie von dem diesmal besonders verbissenen Kampf beider Gegner, die hier schon zum dritten Mal gemeinsam in den Ring stiegen. Robert Culp festigte damit seinen Ruf als überzeugender Serien-Killer.

22. SCHREIB ODER STIRB (Publish Or Perish)

Erstausstrahlung: 18.01.1974 (USA), 26.06.1975 (D)

Drehbuch: Peter S. Fischer, Regie: Robert Butler, Produktion: Dean Hargrove, Roland Kibbee, Associate producer: Edward K. Dodds, Kamera: William J. Cronjager, Schnitt: Robert L. Kimble, Ton: Wallace Bearden, Musik: Billy Goldenberg, Art director: John W. Corso, Set decorator: William McLaughlin, Kostüme: Grady Hunt, Unit Manager: Brad Aronson, Regieassistenz: Robert Gilmore, Editorial supervisor: Richard Belding, Musical supervisor: Hal Mooney.

Darsteller: Jack Cassidy (Riley Greenleaf), Mickey Spillane (Alan Mallory), Mariette Hartley (Eileen McRae), John Davis Chandler (Eddie Kane), Jacques Aubuchon (Jeffrey Neal), Gregory Sierra (Lou D'Allessandro), Alan Fudge (David Chase, Anwalt), Paul Shenar (Sgt. Young), Jack Bender (Norman Wolpert, Bote), Ted Gehring (Wachmann), Vern Rowe (Kellner), Lew Palter (Sweeney, Labortechniker), George Brenlin (Schlosser), J. S. Johnson (Palmer), Maurice Marsac (Walter), James Millhollin (männliches Unfallopfer), Maryesther Denver (weibliches Unfallopfer), Davis Roberts (Kramer), Rocky Frier (Parkplatzwächter).

Der Erfolgsautor Alan Mallory will den Verlag wechseln, um endlich Literatur schreiben zu können, wie er sie mag. Sein bisheriger Verleger Riley Greenleaf ist darüber so verärgert, dass er ihn ermorden lässt. Er will die auf Mallory abgeschlossene hohe Lebensversicherung kassieren. Dazu engagiert er den Sprengstoff-Freak Eddie Kane, der den Schriftsteller tötet, während sich Greenleaf ein sicheres Alibi verschafft. Der lästig gewordene Erfüllungsgehilfe Kane wird anschließend von Greenleaf selbst in die Luft gesprengt.

B Es ist fraglich, ob Greenleaf von Beginn an Columbos Hauptverdächtigter ist. Zu perfekt hat der Täter geplant. Dazu gehört auch, dass er sich zunächst selbst belastet. Der benutzte Revolver gehörte ihm ebenso wie ein am Tatort gefundener Schlüssel. Greenleaf selbst gibt an, zur Tatzeit auf einer Zechtour gewesen zu sein und einen Blackout zu haben. Dann ergibt sich aber, dass er zum fraglichen Zeitpunkt »zufällig« in einen Verkehrsunfall verwickelt war. Von nun an fühlt er sich Columbo überlegen. »Ich bin nie ein Lügner gewesen«, beteuert er mit überzeugender Unschuldsmiene. Er glaubt sich perfekt abgesichert zu haben. Den Inspektor nimmt er deshalb kaum ernst.

Nicht besser ergeht es Columbo mit Greenleafs Sekretärin. »In der Redaktion läuft ein merkwürdiger Mann herum«, teilt sie ihrem Chef mit. »Dann rufen Sie die Polizei!« – »Das ist das Merkwürdige: Er sagt, er sei die Polizei!«

C Greenleaf hat einen Anwalt, der dem Inspektor eine Standpauke hält, nachdem das Alibi seines Mandanten offenkundig ist: »Suchen Sie doch erstmal nach Beweisen!«

D Mrs. Columbo hat ihren Mann um den Schlaf gebracht, nachdem sie nachts um 2 Uhr den Wunsch verspürte, einen Bette-Davis-Film zu sehen. »Das ist schon eine tolle Schauspielerin!«

Ein Cousin von Mrs. Columbo besitzt eine Autowerkstatt, auf deren Dienste Greenleaf aber dankend verzichtet.

F »Kriege ich einen Parkschein?«, fragt Columbo den Parkplatzwächter, als er vor einem Nobelrestaurant vorfährt. »Hören Sie, Mister«, erhält er zur Antwort, »an Ihren Wagen erinnere ich mich.«

G Am Tatort beobachtet Columbo genau und hat alle Sinne geschärft: »Hat hier jemand etwas von Kaffee gesagt?« Er benötigt dringend eine Aufmunterung, da ihm Schlaf fehlt. Es macht daher auch nichts, dass der Kaffee bereits kalt ist. »Egal, ich trinke alles.«

In einem vornehmen Restaurant will er auf Spesenrechnung etwas bestellen. »Das ist ja eine Riesenkarte! Von manchem weiß ich gar nicht, wie man es ausspricht.« Schließlich entscheidet er sich doch – der Kenner weiß, wofür: »Lieber etwas Handfestes. Haben Sie Chili? Mit oder ohne Bohnen, das ist egal.« Zur Veredelung dieses Menüs werden natürlich auch Ketchup und Cracker geordert. Bei der Höhe der Rechnung stutzt der Gast allerdings: »6 Dollar! Das muss ein Irrtum sein! Ich hatte Chili und einen Eistee.« – »Oh, das ist mein Fehler«, gibt der Kellner zu und berichtigt: »Ich hatte den Eistee vergessen – 6,75 Dollar.« Columbo ist um eine Erfahrung reicher, die er sogleich an einen Kollegen weitergibt: »Darf ich Ihnen einen Rat geben? Achten sie darauf, wo Sie Chili essen!« – »Zu scharf?« – »Zu teuer!«

H Beim Abhören eines Tonbandes sieht man Columbo, wie er mit aller Kraft das Ohr gegen den Lautsprecher presst. Auch kommt ihm diesmal der Gedanke, ob er nicht selbst ein Buch schreiben sollte, in dem er einige seiner Fälle behandelt. Dazu erzählt er Greenleaf den Fall »Stirb für mich«. Den obligatorischen Stift muss er sich diesmal von einem Kellner leihen.

J Columbo hat keine spontane Eingebung, sondern sammelt Teilchen für Teilchen des mühsamen Puzzles zusammen. Aufmerksam registriert er, dass Greenleaf von den am Unfall beteiligten Personen in der Mehrzahl spricht, obwohl er sich doch angeblich an nichts erinnern kann. Dann geschieht der Durchbruch: Wie kommt ein Schlüssel in den Besitz von Eddie Kane, dessen dazugehöriges Schloss erst nach dem Mord an Mallory auf Columbos Veranlassung hin eingebaut wurde? Damit hält der Inspektor den »Schlüssel« zur Lösung in den Händen. Vollends überführt ist der Mörder, als feststeht, dass Greenleaf Kane dessen angebliches Manuskript untergeschoben hat. Wie sollte Kane vor neun Monaten einen Romanschluss geschrieben haben, der nachweislich erst vor einer Woche erdacht wurde? Es ist viel Kleinarbeit, die Columbo aber schließlich auch zum Erfolg führt.

★★ Ein Autor, der aussteigen will, um anspruchsvolle Literatur schreiben zu können, und Jack Cassidy, dem das missfällt – alles das war in »Tödliche Trennung« schon einmal besser umgesetzt. Peter S. Fischer, vielleicht der beste »Columbo«-Autor, gab hier sein Debüt, dem man anmerkt, dass er noch übte. Cassidy überzeugt wie immer als Unschuldslamm; ebenso sein Faktotum, der ewige »bad guy« John Davis Chandler, der so schön psychopathisch in die Kamera grinsen kann. Der Schriftsteller, der zum Glück nur die Aufgabe hat, zu sterben, wird ausgerechnet von Erfolgsautor Mickey Spillane (»Mike Hammer«) gespielt. Ansonsten fehlen echte Höhepunkte, und auch die Kultmotive sind nur spärlich gesät. Neu für die Serie war die Parallelmontage der Mordszene mit Greenleafs Aufenthalt in der Bar. Die Idee dazu wurde aus der Not heraus geboren, nachdem Fischers Skript ursprünglich zu lang geraten war.

23. TEUFLISCHE INTELLIGENZ (Mind Over Mayhem)

Erstausstrahlung: 10.02.1974 (USA), 17.03.1992 (D)

Drehbuch: Steven Bochco, Dean Hargrove, Roland Kibbee (nach einer Erzählung von Robert Specht), Regie: Alf Kjellin, Produktion: Dean Hargrove, Roland Kibbee, Associate producer: Edward K. Dodds, Kamera: William J. Cronjager, Schnitt: Ronald LaVine, Ton: Wallace Bearden, Musik: Dick De Benedictis, Art director: John W. Corso, Set decorator: William McLaughlin, Kostüme: Grady Hunt, Unit Manager: Brad Aronson, Regieassistenz: Phillip Cook, Editorial supervisor: Richard Belding, Musical supervisor: Hal Mooney, Ausstattung des Roboters: Bill Malone.

Darsteller: José Ferrer (Dr. Marshall Cahill), Lew Ayres (Prof. Howard Nicholson), Robert Walker jr. (Neil Cahill), Jessica Walter (Margaret Nicholson), Lee H. Montgomery (Steve Spelberg), Lou Wagner (Ross), Art Batanides (Murph), Darrell Zwerling (Motel-Manager), Charles Macauley (Farnsworth), John Zaremba (Gerichtsmediziner), William Bryant (Fields), Bert Holland (Whitehead), Ed Fury (Beamter in Zivil), Jefferson Kibbee (Jeff), Dianne Turley (Wissenschaftlerin), William Christopher (Wissenschaftler), Deidre Hall (Empfangsdame), Dennis Robertson (1. Reporter), Luis Moreno (Officer).

Der junge Forscher Neil Cahill soll als »Wissenschaftler des Jahres« ausgezeichnet werden. Das Problem: Die von ihm aufgestellte Theorie über Molekularmaterie hat er von einem inzwischen verstorbenen englischen Forscher gestohlen. Professor Nicholson weiß davon und droht Neils Vater, dem Kybernetiker Dr. Marshall Cahill, den Betrug an die Öffentlichkeit zu bringen. Der Vater will den Sohn schützen und überfährt den alten Professor vor dessen Haus. Alles deutet auf den Raubüberfall eines Drogensüchtigen hin. Da der überragende Denker nichts dem Zufall überlassen hat, fehlen Columbo trotz massivem Verdacht jegliche Beweise. Schließlich hilft ihm nur noch seine Menschenkenntnis.

B Der Täter ist nicht irgendwer: Er leitet das »Kybernetische Institut«, eine »Denkfabrik«. Dieser Ort gilt als »Platz für Genies«. »Wer immer es war«, sinniert Columbo, »war ein kluger Kopf. Und hier laufen viele kluge Köpfe herum.« Cahill gehört nicht zu der üblichen Sorte der vor Arroganz strotzenden Charaktere, wie sie sonst von Leuten wie Robert Culp oder Robert Vaughn dargestellt werden. Er hat es nicht nötig, geistige Überlegenheit zur Schau zu stellen. Er besitzt sie. Es ist gerade die Überzeugung, der Polizei haushoch überlegen zu sein, die ihn dazu bringt, Urteile über Columbo abzugeben, die in ihrer Härte bisherige Einschätzungen weit übertreffen: »Sie haben einfach nicht den Kopf dafür.« Oder: »Sie haben einen einfach berechenbaren Verstand, mit dem Sie nur schwer denken können.« In Cahills Welt ist nicht der Platz für den Gedanken, dieser Proleten-Cop könne ihn überlisten.

Doch dies wird auch anders gesehen. »Columbo weiß mehr über die Menschen hier, als wir wahrhaben wollen.« Dieses Urteil stammt aus dem berufenen Munde der Psychoanalytikerin Dr. Margaret Nicholson, der Witwe des Opfers. So ist es in der Tat: Columbo erkennt, dass ihm reine Logik in diesem hochintelligenten Umfeld nicht weiterhelfen wird. Er kann nur gewinnen, wenn er eine menschliche Schwäche, eine Gefühlsregung für sich nutzen kann, vor der auch ein Genius nicht gefeit ist.

C Der Mörder selbst ist es, der Columbo unter Druck setzen will, als dieser sich zu sehr für seinen Sohn Neil zu interessieren beginnt. Er fordert ihn ultimativ auf, das Institutsgelände zu verlassen. »Wenn nicht, werde ich mich bei ihrem Vorgesetzten beschweren!«

D Eine Hauptrolle spielt der Roboter MM-7, von dessen Vielseitigkeit Columbo fasziniert ist. »Meine Frau könnte so einen gebrauchen.« Derzeit befindet sich Mrs. Columbo mit den Kindern (?) bei ihrer Mutter in Fresno. Dabei benötigte der Inspektor gerade jetzt ihre Hilfe: »Ich muss mit meiner Frau reden. Ich rede immer mit meiner Frau. Genaugenommen reden wir gar nicht über den Fall, sondern über alles Mögliche. Das macht mir den Kopf frei.« Es ist ein Segen, dass die Kommunikation in dieser Ehe immer noch gut zu funktionieren scheint.

Das wichtigste Familienmitglied in dieses Episode ist aber jemand anderes. Das erste Erscheinen Columbos gestaltet sich zu einer ganz hervorragenden Szene. Der Inspektor sitzt im Büro eines Schuldirektors. Der folgende Dialog wird manchen Eltern nur zu bekannt vorkommen: »Ich bin Rektor dieser Akademie seit über zwanzig Jahren, aber nie hatten wir eine solche Situation!« – »Mir ist klar, Sie gaben Ihr Bestes.« – »Wenn ein Schüler versagt, betrachten wir es als unser Versagen.« – »Wir haben das befürchtet. Wir hatten zuhause eine Menge Probleme mit ihm.« Columbo erhebt sich, die Kamera schwenkt um, ins Bild kommt der ungeratene Sprössling der Familie: Es ist natürlich niemand anderes als »Hund«! »Er sitzt zuhause nur rum und schmollt«, beschreibt sein Herrchen die Situation. »Bewegt sich kaum.« Die Bitte, es mit dem Basset noch eine Woche zu versuchen, zumal Mrs. Columbo auswärts sei, muss der Direktor kategorisch ablehnen: »Es tut mir leid. Er demoralisiert die anderen Schüler zu sehr.«

Columbo in seiner Gutmütigkeit kann dem Hausgenossen jedoch nicht ernstlich böse sein, sondern tauscht manche Zärtlichkeit mit ihm aus. Fortan nimmt er ihn im Auto überall hin mit. Dabei muss er sein Tun vor dem Hund mehr als vor jedem Vorgesetzten rechtfertigen: »Ich bleibe nicht lange weg.« – »Ich unterhalte mich doch nur mit diesem Mann.« – »Ich werde jetzt den Tacho kontrollieren.«

»Der sieht nicht aus wie ein Polizeihund«, bemerkt Steve, ein hochbegabtes Kind, das ein eigenes Labor am Institut besitzt. »Hat er einen Namen?« – »Meine Frau und ich konnten uns nicht einigen. Wir sagen nur ›hey‹ oder ›Hund‹ oder pfeifen. Das ist egal. Wenn er nicht will, kommt er sowieso nicht.« Geführt von einem Roboter folgt der Basset jedoch erstaunlich brav.

E Zwar wird die Kleidung des Inspektors diesmal nicht explizit thematisiert, dafür aber kann sich der Zuschauer selbst ein Urteil bilden: Als Columbo die Reste einer zerbrochenen Pfeife vom Boden aufhebt, kommen seine ramponierten Schuhe ins Bild. Jeder weitere Kommentar dazu erübrigt sich.

F Columbo fährt am Institut vor und trifft dort auf einen Mechaniker, zu dessen Aufgaben die Wartung der betriebseigenen Fahrzeuge gehört. »Ich darf nur Wagen vom Institut reparieren«, wehrt er sofort vorbeugend ab.

G In der Qualität der Zigarren wird einmal mehr der Standesunterschied zwischen Columbo und seinen Klienten deutlich: Cahill bezieht die seinen aus Kuba, der Inspektor aus dem Supermarkt.

H Mit einem neuen Spielzeug sorgt der Inspektor für unfreiwillige Komik. Statt dem vertrauten Notizblock benutzt er nun ein Diktiergerät, um mit der Zeit zu gehen. »Ich habe sonst immer alles aufgeschrieben, aber oft den Bleistift verloren.« Cahill lobt die neue Methode mit spöttischem Unterton: »Das halte ich für geradezu genial.« Stellt Columbo das Gerät an, so vernimmt man allerdings zunächst nur Äußerungen wie »Du böser Hund!« Geht es dann endlich zur Sache, hört sich das so an:

Columbos Stimme vom Tonband: »Warum war die Pfeife in der Auffahrt?«

Columbo: »Genau! Warum war die Pfeife in der Auffahrt?« Cahill: »Was vermuten Sie?«

Columbo: »Moment!« Hört das Tonband ab: »Vielleicht wurde das Opfer von einem Wagen getötet.«

Columbo: »Vielleicht wurde das Opfer von einem Wagen getötet.« Bevor der Inspektor geht, stellt er noch einmal an und spricht nun in sehr gewichtigem und etwas grimmigem Ton: »Woher kommen die zusätzlichen Meilen? Hatte noch jemand Zugang zu dem Wagen?« Köstlich!

J Dem detektivischen Scharfblick entgeht auch diesmal nichts. So entdeckt Columbo am Tatort einen winzigen Streichholzrest, der von einem Zigarrenraucher stammen muss. Durch eine Schuhcremespur an der Tür schließt er auf die Körpergröße des Täters. Der Kilometerzähler eines Wagens zeigt ganze drei Meilen mehr an, als im Fahrtenbuch verzeichnet sind. Auf einem dem Opfer gestohlenen Heroinbehälter stand lediglich die chemische Formel, die dem Normalkonsumenten kaum bekannt sein dürfte. Columbo registriert, dass auch der hochentwickelte Roboter MM-7 den Computer bedienen kann, an dem Cahill angeblich zur Tatzeit arbeitete. »Sie sind ein guter Beobachter«, stellt daher auch die Psychologin fest. Auch auffällige Verhaltensweisen des Verdächtigen entgehen dem Inspektor nicht. »Wenn Leute etwas zum ersten Mal tun, werden Polizisten hellhörig.«

Alle gesammelten Indizien ergeben aber noch keinen wirklichen Beweis. »Es ist nur Theorie«, meint Cahill geringschätzig. »Wir Wissenschaftler gehen davon aus: Keine Theorie taugt etwas ohne Beweis.« Columbo kühl: »Das gilt auch für das Institut, an dem ich arbeite.«

Dem Täter ist schließlich nur mit einer typischen Falle beizukommen: Mit eindrucksvollem Polizeiaufgebot erscheint Columbo im Institut, um Cahills Sohn Neil zu verhaften. Dabei tischt er eine von Anfang bis Ende erlogene Geschichte über ein angebliches Liebesverhältnis Neils mit der jungen Witwe des Opfers auf und präsentiert sogar einen

Zeugen, der beide in einem Motel gesehen haben will. In seiner Angst um den Sohn gesteht Cahill schließlich. Columbo hatte dessen einzigen Schwachpunkt ausfindig gemacht und zuvor auf seinem Diktiergerät festgehalten: »Der Vater liebt seinen Sohn.«

★★★ Das Drehbuch der drei »Columbo«-Experten Bochco, Hargrove und Kibbee besticht weniger durch die Krimihandlung als durch eine überdurchschnittliche Anzahl von interessanten Dialogen auf Nebenschauplätzen. Dazu gehört neben der hervorragenden Szene in der Hundeschule auch der »in-joke« mit dem jungen Genie, das auf den Namen »Steve Spelberg« hört. Der Name gleicht also bis fast auf das I-Tüpfelchen dem des als »Wunderkind« apostrophierten jungen Regisseurs, der nicht nur die erste reguläre Serienfolge inszeniert, sondern sich auch zu jener Zeit gerade durch »Duel« (Duell) und »Sugarland Express« erste Meriten erworben hatte. »Es ist besser, wenn ich es Ihnen gleich sage«, offenbart der Junge dem Inspektor, »ich bin ein junges Genie.« – »Das ist gut.« – »Nein, nicht immer. Die Leute halten einen für ein Monster, selbst wenn man sich ganz normal benimmt.« Columbo versteht es jedoch, den außergewöhnlichen Jungen als Kind zu behandeln und gewinnt damit sein Vertrauen.

Steve ist auch der gelungenste Witz dieser Episode zu verdanken: Der Frisörssohn wollte wie alle Kinder einmal Polizist werden. »Warum konntest du es nicht werden«, fragt Columbo naiv. »Ich war zu klug dazu.«

Eine hochkarätige Darstellerriege mit Ferrer, Walker, Ayres, Walter, Zaremba und Hall sorgt zusätzlich für Qualität.

24. SCHWANENGESANG (Swan Song)

Erstausstrahlung: 03.03.1974 (USA), 01.01.1977 (D)

Drehbuch: David Rayfiel (nach einer Erzählung von Stanley Ralph Ross), Regie: Nicholas Colasanto, Produktion: Edward K. Dodds, Executive producer: Dean Hargrove, Roland Kibbee, Kamera: William J. Cronjager, Schnitt: Bob Kagey, Ton: Wallace Bearden, Musik: Dick De Benedictis, Art director: John W. Corso, Set decorator: William McLaughlin, Kostüme: Grady Hunt, Unit Manager: Brad Aronson, Regieassistenz: Phillip Cook, Editorial supervisor: Richard Belding, Musical supervisor: Hal Mooney.

Darsteller: Johnny Cash (Tommy Brown), Ida Lupino (Edna Brown), William McKinney (Luke Basket), Sorrell Booke (J.J. Stringer), John Dehner (Roland Pangborn), Bonnie Van Dyke (Maryann), Janit Baldwin (Tina), Vito Scotti (Mr. Grindell), John Randolph (Colonel), Lucille Meredith (Näherin), Richard Caine (Bennett), Donald Mantooth (Phil), Jefferson Kibbee (Frank), Doug Dirkson (Jeff), Larry Burrell (Fernsehreporter), Mike Edward Lally (Kameramann), Tom McFadden (Polizei-Pilot), Harry Harvey sr. (Manager).

Der Country-Sänger Tommy Brown hat fast alles, was er sich wünscht: Er ist berühmt und von den Groupies begehrt. Seine Platten verkaufen sich hervorragend. Doch von dem Geld sieht er nichts. Seine christlich-missionarisch gesinnte Frau Edna engagiert sich im »Kreuzzug für die verlorenen Seelen« und steckt alles in den Bau eines »Tempels«. Trennen kann er sich nicht ohne weiteres, da Edna den Ex-Sträfling mit ihrem Wissen um seine zurückliegende Affäre mit der damals noch minderjährigen Maryann in der Hand hat. Bei dem Absturz ihres kleinen Privatflugzeugs kommen sowohl Edna als auch Maryann ums Leben. Niemand ahnt, dass Brown sich zuvor mit dem Fallschirm rettete. Ein klarer Fall eines Unfalls, an dem allein Browns Schwager Luke seine Zweifel hat. So tritt die Mordkommission in Gestalt eines gewissen Inspektors auf den Plan.

A Als Columbos Auto rumpelnd zur Absturzstelle fährt, belehrt ihn ein Beamter: »Das Gebiet ist gesperrt.« Der Inspektor kann sich aber ausweisen und begibt sich auf Spurensuche. Dabei erregt er das Missfallen des leitenden Beamten. »Das ist das leidige Problem an solchen Absturzstellen«, äußert er sich gegenüber Journalisten, »neugierige Zuschauer!«

B Columbo und Brown wirken nebeneinander wie David und Goliath. Doch der Sänger ist dem Inspektor nicht unsympathisch. Columbo beginnt sich für Browns Musik zu interessieren und hört bald schon unterschiedliche Arrangements heraus. Seine Begründung: »Ich bin Italiener!« Auch gibt er zwischen ihnen eine Gemeinsamkeit: Beide dienten im selben Krieg. »Sie waren auch in Korea?«, fragt Brown. »Sicher bei der Militärpolizei – M. P.?« – »Nein«, gibt der Gefragte zurück. »Ich war K. B. – Küchenbulle.«

»Haben Sie keine Angst hier oben allein mit einem Mörder«, fragt Brown, nachdem er überführt worden ist. »Nein, Sir«, erwidert Columbo. »Ein Mann, der so singen kann wie Sie, der kann nicht durch und durch schlecht sein.«

D Während Columbo selbst erst dazu wird, ist seine Frau selbstredend schon lange ein großer Fan von Tommy Brown und besitzt alle seine Schallplatten. Mit ihr zusammen besucht der Inspektor auch eines seiner Konzerte. Nebenbei ist Mrs. Columbo aber auch sehr sensibel und nahe am Wasser gebaut. »Sie weint schon, wenn sie beim Bowling verliert.«

Columbos Aussage, in der Familie würde allein seine Frau alles einkaufen, widerspricht gegenteiligen Feststellungen (vgl. »Ein gründlich motivierter Tod«). Es dürfte sich in diesem Fall um eine Zwecklüge handeln, um sich der Angebote des penetrant aufdringlichen Bestattungsunternehmers Grindell zu erwehren.

Der Inspektor bekommt es mit Mr. Pangborn zu tun, der die Kommission zur Untersuchung von Flugzeugabstürzen leitet. Der lässt sogar die Reporter warten, um Columbos Beobachtungen zu erfahren. Von der Kombinationsgabe des Kollegen ist Pangborn beeindruckt: »Ich könnte einen Mann wie Sie in meinem Team gebrauchen.« Das Angebot kann den so Gelobten jedoch nicht reizen – man muss dazu fliegen können!

G Columbos größter Alptraum seit »Lösegeld für einen Toten«: Er muss ein kleines Segelflugzeug besteigen. Natürlich wird ihm auch diesmal wieder übel. An anderer Stelle merkt er zu seiner Höhenangst an:

»Meine Ohren spüre ich schon im Fahrstuhl. Wenn es nach mir ginge, wäre ich lieber noch ein paar Zentimeter kleiner.« Irgendetwas kann mit seinem Kreislauf nicht stimmen.

Erfreut ist er aber, dass es bei Browns Party ausgerechnet Chili gibt. »Ich habe noch nichts gegessen.« Allerdings hat er auch keinen Appetit mehr, nachdem er von der Hauptzutat erfährt: Eichhörnchenfleisch.

H Wie immer ist Columbo auf Bleistiftsuche. Als er Brown auf einem Flughafengelände beschatten will, schleicht er derart auffällig herum – federnden Schrittes und vornübergebeugt –, dass er nicht nur sein Opfer, sondern auch die Zuschauer zum Schmunzeln bringt.

Auch dies erlebt man nicht zum erstenmal: Bei einem Fernsehinterview mit Pangborn läuft Columbo durchs Bild. Die Aufnahme muss unterbrochen werden.

J Diesmal lässt Columbo den Täter glauben, er ermittle keineswegs aus eigenem Antrieb und sei von der Unschuld Browns fest überzeugt. Da der Sänger aber sehr populär sei, legten die Vorgesetzten besonderen Wert auf eine gründliche Untersuchung. »Das hier ist so eine von den Unklarheiten«, stöhnt Columbo deshalb. »Ich weiß nicht, was ich schreiben soll.« Er sucht Brown als Verbündeten zu gewinnen, der ihm hilft, den lästigen Bericht zu schreiben. »Ja, das wird man mir abkaufen«, meint er dann, wenn er etwas gefunden hat. Er scheint dabei so überzeugend zu wirken, dass ihn letztlich sogar sein Opfer bedauert: »Ich weiß, dass Sie es hassen, diese dummen Fragen zu stellen«, sagt Brown mitleidig.

In Wirklichkeit aber bewegen den Inspektor einige Fragen sogar brennend: Warum ist Brown nicht vor dem angekündigten Unwetter geflogen? Warum war sein Sitzgurt offen, die der anderen Passagiere aber nicht? War der Navigationskoffer leer oder enthielt er vielleicht etwas ganz anderes als Kartenmaterial? Wo ist die vermisste Thermosflasche?

Nachdem bekannt wird, dass Brown bei der Army als Fallschirmwart tätig war, will Columbo den offensichtlich im Wald versteckten Schirm finden. »Wer soll da was finden?«, fragt ihn ein Mitarbeiter. Nichts erscheint Columbo einfacher als das: »Der, der es versteckt hat!« Er verleitet den Verdächtigen dazu, selbst nach dem Fallschirm zu suchen, indem er ihn auf die bevorstehende Großaktion zur Suche nach der Thermosflasche hinweist. Doch sieht es zunächst nicht so aus, als würde Brown darauf anspringen. Er fliegt stattdessen nach San Francisco. »Sie können nicht immer gewinnen, Inspektor«, will ein junger Polizist trösten. Damit täuscht er sich gewaltig. Brown kehrt umgehend zurück und kann schließlich nach dem Auffinden des Fallschirms verhaftet werden.

★★★ Auch diese Episode leidet wahrlich nicht unter der Streckung auf neunzig Minuten. Gerade die Szenen auf Nebenschauplätzen machen ihren Reiz aus. Dabei laufen dem Inspektor diesmal gleich drei skurrile Zeitgenossen über den Weg. Ein militärisch steifer Colonel (John Randolph) klärt den Unbedarften über den Unterschied zwischen einer »Fahne« und einer »Flagge« auf. Eine Näherin (Lucille Meredith), deren Mann halb Italiener und halb Skandinavier war, prüft die Sauberkeit der Hände Columbos. Sie hält ihn für einen Inspektor des Finanzamtes oder des Sittendezernats. »Sind Sie manchmal auch so vergesslich?«, fragt sie ihn, worauf er antwortet: »Ich kenne das.« Unübertroffen aber ist wieder einmal Vito Scotti, hier als Bestattungsunternehmer Mr. Grindell. Er überreicht dem Inspektor seine Karte und baut zunächst scheinbar harmlos ein Gespräch auf, an dessen Ende Columbo wirklich um sein Leben fürchten muss. Das hört sich so an:

»Ich bin ein großer Bewunderer der Polizei. Männer wie Sie opfern täglich ihr Leben, um unseres zu retten.«

»Hoffen wir, dass es nicht so oft passiert.«

»Aber es passiert ja! Die Sterbequote der Polizei ist besonders hoch. Haben Sie schon Pläne gemacht, was Ihren Abschied von der Welt betrifft?«

»Ich glaube nicht, dass das zu den Dingen gehört, für die man gern Vorbestellungen macht und Eintrittskarten verkauft.«

Johnny Cash ist natürlich kein Charakterdarsteller. Da er aber im wirklichen Leben ein bedeutender, stets in Schwarz gekleideter Country-Sänger mit christlichem Hintergrund war, wirkt er in der Rolle eines bedeutenden, stets in Schwarz gekleideten Countrysängers mit christlichem Hintergrund durchaus glaubwürdig und stellt somit eine Idealbesetzung dar.

25. MEINE TOTE – DEINE TOTE (A Friend In Deed)

Erstausstrahlung: 05.05.1974 (USA), 14.01.1992 (D)

Drehbuch: Peter S. Fischer, Regie: Ben Gazzara, Produktion: Edward K. Dodds, Executive producer: Dean Hargrove, Roland Kibbee, Kamera: William J. Cronjager, Schnitt: Robert L. Kimble, Ton: Wallace Bearden, Musik: Billy Goldenberg, Dick De Benedictis, Art director: John W. Corso, Set decorator: William McLaughlin, Kostüme: Grady Hunt, Unit Manager: Brad Aronson, Regieassistenz: Phillip Cook, Editorial supervisor: Richard Belding, Musical supervisor: Hal Mooney.

Darsteller: Richard Kiley (Deputy Commissioner Mark Halperin), Michael McGuire (Hugh Caldwell), Rosemary Murphy (Margaret Halperin), Val Avery (Artie Jessup), Eric Christmas (Bruno Wexler), Eleanor Zee (Thelma), John Finnegan (Lt. Dryer), Arlene Martell (Verkäuferin), Victor Campos (Doyle), Joshua Bryant (Dr. MacMurray), John Calvin (Charlie Shoup), Byron Morrow (Amos Lawrence), James V. Christy (Sharkey), Alma Beltran (Mrs. Fernandez), Albert Popwell (Al Como), Ben Marino (Sgt. Ned Randall), Judson Morgan (Charles), Tom Castronova (Polizist) Paul Sorensen (Polizei-Pilot), Bernie Kuby (Nathan Flowers), Mike Lally (2. Barkeeper), Richard Lance (1. Streifenpolizist), Eldon Burke (Fotograf), Jack Krupnick (Chauffeur).

Nachdem Hugh Caldwell im Streit seine Frau getötet hat, wendet er sich um Hilfe an seinen Nachbarn und Freund, den Polizei-Commissioner Mark Halperin. Der verschafft ihm ein Alibi für die Todeszeit und hinterlässt am Tatort Spuren, die auf einen Einbrecher deuten. Das ist nicht nur ein Freundschaftsdienst. Halperin hat ebenfalls vor, sich seiner Frau zu entledigen und verlangt von Caldwell im Gegenzug dieselbe Hilfe. Columbo hat nicht nur zwei Tote am Hals, sondern auch einen drängenden Vorgesetzten im Nacken. Sein Name: Mark Halperin!

B Es ist eine schwierige Ausgangssituation: Dem Inspektor steht mit dem Deputy Commissioner ein hoher Beamter des Departements gegenüber. Damit ist schon das – wirklich einzige – Problem der Story benannt.

Schließlich leben Columbos Fälle davon, dass die jeweiligen Täter keine Ahnung davon haben, welcher Ausbund an Spürsinn, Kombinationsgabe und Hinterlist ihnen in Gestalt jenes verlotterten Polizei-Proleten gegenübertritt. Im Falle von Halperin aber ist kaum verständlich zu machen, dass ihm die Qualitäten und die Erfolgsquote Columbos noch nicht zu Ohren gekommen sein sollten[73]. Zwar wird deutlich, daß Halperin bisher nie unmittelbar mit Columbo zusammengearbeitet hat; doch weiß er wirklich nicht, auf wen er sich einlässt?

Vielleicht stellt dieser Gegner für Halperin auch eine besondere Herausforderung dar. »Niemand kann immer recht haben«, meint er siegessicher. Er vertraut den falschen Spuren, die er tatsächlich raffiniert ausgelegt hat. Für alles gibt es Zeugen. Zeugen bestätigen, dass Caldwell mit seiner Frau telefonierte, als diese längst tot war. Der Commissioner selbst steht als Zeuge dafür ein, dass er einen Einbrecher aus Caldwells Haus kommen sah. Polizisten wiederum sind Zeugen, als Mrs. Halperin von einem Mann in den Swimmingpool geworfen wird. Dabei ist auch sie schon Stunden tot. Doch dies weiß nur das Mörderpaar. Alles passiert praktisch vor den Augen der Öffentlichkeit. An einem Raubmord gibt es keinen Zweifel. Halperin fühlt sich also derart sicher, dass selbst Columbo für ihn keine Gefahr darstellt. Jedenfalls zunächst nicht.

C Druck bekommt Columbo diesmal natürlich aus dem eigenen Lager. Halperin will ihn unter allen Umständen von abseitigen Gedankengängen fernhalten und befiehlt ihm: »Halten Sie sich an den Einbrecher!« Er teilt ihn deshalb dem Einbruchsdezernat zu.

D Mrs. Columbo besucht ihre Schwägerin. Niemand sollte fragen, um welche es sich handelt! Inzwischen hat die Familie längst unüberschaubare Verhältnisse angenommen.

F Als ob der Mordfall selbst nicht schon genug Probleme bereiten würde, lässt nun auch der Peugeot seinen Besitzer ständig im Stich. Zuerst ist es die Batterie, dann die Lichtmaschine, die den Geist aufgeben. Das ist kein Wunder, hat das Gefährt doch schon über 100.000 Meilen auf dem Zähler. Die wichtigste Voraussetzung, um die Schäden beheben zu können, bestünde allerdings darin, die Motorhaube ohne größere Schwierigkeiten öffnen zu können. Das fällt schwer. So muss Columbo nun entweder den Wagen des Commissioners oder einen Dienstwagen benutzen. In den wenigen Augenblicken, in denen der Wagen läuft, fährt der Inspektor entweder mit lautem Getöse eine längere Strecke rückwärts, oder er bekommt sogar ein Angebot eines Autohändlers. Der lobt das Vehikel als »echtes Schmuckstück« und beschließt: »Inspektor, ich gebe Ihnen 80 Dollar für die Kiste.«

H Beim Chefinspektoren-Dinner im vergangenen Jahr fiel Columbo negativ auf, weil er sich betrunken hatte. Wo war seine Frau, ihn zu bremsen? Wahrscheinlich beim Bowling oder beim Volkshochschulkurs.

Zu sehen ist Columbo im Fond des Wagens des Commissioners, wo er auf dem Boden hockt: »Ich habe meine Zigarre verloren.« Nachdem er sie gefunden hat, beauftragt er einen Streifenpolizisten, darüber zu wachen, dass nicht noch ein Brand im Auto ausbricht.

I Während der Inspektor in einem Juweliergeschäft auf den Inhaber warten muss, zeigt er einer Angestellten seine Uhr: »Ein gutes Stück, höchstens fünf Jahre alt.« Er interessiert sich für ein neues Armband. »Wir haben welche«, bekommt er zu hören, »ab 25 Dollar aufwärts.« – »Ich will keine neue Uhr, nur ein Band.« – »Das wäre nur das Band.«

J Selten kam die Spürnase des Inspektors derart zur Geltung wie in diesem Fall. Bei aller Perfektion der Morde stößt Columbo mehr und mehr auf Widersprüche, und zieht Schlussfolgerungen, die in ihrer Logik bestehend sind. Die tote Mrs. Caldwell trug ein neues Nachthemd, obwohl noch eines unter ihrem Kopfkissen lag. Sie selbst kann es nicht aus dem Schrank genommen haben, da dieser keine Fingerabdrücke aufweist. Am selben Tag war geputzt worden. Ihr Mann, der ihre Gepflogenheiten gekannt haben wird, wird es ihr kaum angezogen haben. Also muss eine dritte Person im Haus gewesen sein.

Um 21.30 Uhr hatte sich das Opfer mit einem Liebhaber in der Stadt verabredet. Dieser rief sie an, nachdem sie nicht erschienen war. Wenn Mrs. Caldwell noch lebte, warum ging sie nicht ans Telefon, dafür angeblich aber eine ganze Stunde später, als ihr Mann anrief? Aber auch am Telefon fehlen ihre Fingerabdrücke. War sie längst tot?

Mrs. Halperin, das zweite Opfer, hatte Seife in den Lungen, kann also nicht im Pool ertrunken sein, sondern zuvor in der Badewanne.

Die Beispiele machen deutlich, dass Columbo nicht nur einer Intuition folgt, als er Caldwell und Halperin ins Visier nimmt. Die Indizienkette ist perfekt – aber der überzeugende Beweis fehlt. Will er einen Polizeichef des Mordes überführen, so muss sich der Untergebene schon eine besonders raffinierte Falle einfallen lassen. So lenkt er im Gespräch mit Halperin den Verdacht auf den einschlägig vorbestraften Einbrecher Artie Jessup. Der Commissioner entnimmt der ihm von Columbo gezeigten Akte die Adresse Jessups und deponiert in der angegebenen Wohnung Schmuck der Caldwells. Anschließend ordnet er die Durchsuchung dieser Wohnung an.

Diese Schlussszene gerät zu einem Showdown, der seinesgleichen sucht. Columbo warnt seinen Vorgesetzten noch: »Sie machen einen Fehler.« Es kommt zur Konfrontation, als er Halperin seine Taten auf den Kopf zusagt. »Das kostet Sie Ihren Job, mein Freund«, zischt dieser bösartig und verweist triumphierend auf den gefundenen Schmuck: »Jessup ist überführt!« Jessup aber weiß von nichts: »Ich wohne hier ja nicht mal.« Nun wird Halperin blass, während Columbo seelenruhig erklärt: »*Ich* wohne hier.« Er holt seine Unterwäsche, Socken und die unvermeidlichen Familienfotos aus den Schubladen. »Ich habe diese Wohnung gemietet und Jessups Akte gefälscht. Nur eine Person kannte diese Adresse. Nur eine Person konnte den gestohlenen Schmuck hier verstecken.«

★★★★ Die Grundidee, nach der eine Hand die andere wäscht, erinnert natürlich an die klassische Version von Patricia Highsmith aus dem Jahr 1950, die bereits ein Jahr darauf von Alfred Hitchcock als »Strangers On A Train« (Der Fremde im Zug/Verschwörung im Nachtexpress) erfolgreich verfilmt wurde. Der geniale Peter S. Fischer verband diese Idee mit der Frage: Wie wäre es, wenn Columbos Gegner aus den eigenen Reihen käme und ihm gegenüber sogar noch höhergestellt wäre? Das Ergebnis ist ein sehr gutes Skript, das durch seinen logischen Aufbau besticht und seine Spannung bis zum Schluss durchhält. Alles kulminiert in einem grandiosen Finale, in dem eine Falle zuschnappt, die ihresgleichen sucht. Dieser »clue« ist so perfekt, dass er 16 Jahre später in »Luzifers Schüler« noch einmal Verwendung fand – mit dem gleichen durchschlagenden Erfolg.

Sehen lassen kann sich auch die Besetzung: Richard Kiley gibt einen finsteren Gesellen, den er bekanntlich gut beherrscht, obwohl sich sein Rollenrepertoire längst nicht darin erschöpfte. Die »Columbo«-Standards Val Avery und John Finnegan sowie Falk-Intimus Ben Gazzara als Regisseur sorgten dafür, dass hier eine sehr »familiäre« Episode entstand.

26. GELD, MACHT UND MUSKELN (An Exercise In Fatality)

Erstausstrahlung: 15.09.1974 (USA), 18.02.1992 (D)

Drehbuch: Peter S. Fischer (nach einer Erzählung von Larry Cohen), Regie: Bernard L. Kowalski, Produktion: Edward K. Dodds, Executive producer: Dean Hargrove, Roland Kibbee, Kamera: William J. Cronjager, Schnitt: Bob Kagey, Ton: John Kean, Musik: Dick De Benedictis, Art director: John W. Corso, Set decorator: William McLaughlin, Kostüme: Grady Hunt, Executive story consultant: Peter S. Fischer, Unit Manager: Maurie M. Suess, Regieassistenz: Ray Taylor, Editorial supervisor: Richard Belding, Musical supervisor: Hal Mooney.

Darsteller: Robert Conrad (Milo Janus), Philip Bruns (Gene Stafford), Pat Harrington jr. (Buddy Castle), Gretchen Corbett (Jessica Conroy) Collin Wilcox-Horne (Ruth Stafford), Jude Farese (Al Murphy), Darrell Zwerling (Lewis Lacey), Dennis Robertson (Jerry), Raymond O'Keefe (Sgt. Rickets), Victor Izay (Gerichtsmediziner), Eric Mason (Fred), J. R. Clark (Harry Lassiter), Mel Stevens (Dr. Freeman), Manuel Depina (Fotograf), Kathleen O'Malley (Krankenschwester), Don Nagel (Doberman), Susan Jacoby (Rose).

Milo Janus, Besitzer einer Kette von Fitness-Studios und verschiedener Zulieferbetriebe für Sportausrüstungen, hat Probleme. Gene Stafford, einer seiner Filialleiter, ist Janus' Betrügereien und Devisenvergehen auf der Spur. Janus tötet ihn und täuscht einen Unfall beim Krafttraining vor. Mit Hilfe einer manipulierten Tonbandaufnahme erfindet er einen späteren Telefonanruf Staffords, um sich ein Alibi zu verschaffen. Columbo kommt bei seinen Ermittlungen mehr als einmal ins Schwitzen.

A Gähnend erscheint der Inspektor um 6.30 Uhr in der Frühe am Tatort. In der Hand hält er eine große Thermosflasche. »Interessant«, murmelt er, als ihm ein Mitarbeiter Bericht erstattet, »aber lassen Sie mich erstmal meinen Kaffee trinken. Bevor ich keinen Kaffee getrunken habe, bin ich zwar da, aber ich bin nicht ganz da.«

B Der körperlich schlaffe und instabile Columbo und der durchtrainierte Wellness-Apostel Janus bilden ein sehr gegensätzliches Paar. Wo der Inspektor Informationen möchte, erhält er ständig nur Trainingstipps. Janus betrachtet seinen Gegner aufgrund seiner körperlichen Verfassung mit skeptischem Blick. Es liegt auf der Hand, dass diese beiden sich nicht leiden können.

D Nach »Wein ist dicker als Blut« darf man wieder einen Dialog Columbos mit seiner Frau verfolgen, der abermals für die Zuschauer ein Monolog bleiben muss, da Mrs. Columbo nur am Ende der Telefonleitung zu erahnen ist. In aller Frühe ruft sie am Tatort an, um ihrem Mann den Besuch der Verwandtschaft anzukündigen – »Harry, Ethel, Norman, Eugene und die Zwillinge«. Sie will wissen, was sie kochen soll. »Könntest du mal zwei Sekunden nichts sagen«, verlangt Columbo schier Unmögliches. Er verspricht, die nötigen Zutaten auf dem Heimweg mitzubringen. Liebevoll verabschiedet er sich: »Ich muss jetzt auflegen, Schätzchen. Wenn du trotzdem weiterreden willst, tue dir keinen Zwang an.«

Mrs. Columbo wird wiederholt von einer Krise geschüttelt, geht es doch auch diesmal einem ihrer Idole an den Kragen. Sie verfolgt stets die Fitness-Sendungen von Milo Janus im Fernsehen. »Ihre Show hat meine Ehe gerettet«, meint Columbo. »Meine Frau redet sich immer ein, sie sei zu dick, und wird dadurch immer depressiv. Vor ein paar Monaten fing sie an, regelmäßig Ihre Show zu sehen. Die Übungen macht sie jetzt jeden Tag.« – »Hat es denn etwas genützt?« – »Na ja, ausgesprochen dünn war sie nie, aber das würde ich gar nicht mögen. Ich mag schon Frauen, die ein bisschen … na, lassen wir das.«

Columbos Großvater hatte ein Faible für alte Möbel. Eine Schwägerin hingegen eher eines für den Alkohol, dem sie verfallen ist.

E Wie stets wird Columbo verkannt. Als er in einem Personalbüro Erkundigungen einziehen will, deutet man dies falsch: »Bewerbungen als Nachtwächter Zimmer 502!«

G Es liegt in der Natur dieses Falles, dass das Thema »Gesundheit« einen besonders breiten Raum einnimmt. Im Fitness-Studio probiert Columbo heimlich eine Hantelstange aus, die er aber kaum bis zu den Knien heben kann. Seine physische Unterlegenheit wird deutlich, als er mit wehendem Mantel hinter Janus her joggen muss. »Ich bin nicht gerade in Form«, gibt er atemlos zu. »Die Zigarren, die Sie rauchen, werden

Sie töten«, bekommt er zur Antwort. »Ich bin jetzt schon tot.« – »Sie wollten doch etwas fragen.« – »Sofort, wenn ich wieder Luft holen kann.«

Den Rat, es einmal mit Schwimmen zu versuchen, muss Columbo zurückweisen: »Das würde nicht gutgehen. Ich *kann* nämlich nicht schwimmen.»

Auch die Ernährungsweise des Gesundheitsfreaks kann der Inspektor nicht nachvollziehen. Während seine Frau neuerdings von Sojabohnen und Weizenkeimen lebt, liebt ihr Mann eher Pommes und Steak. »Haben Sie schon gefrühstückt?«, fragt Janus, worauf Columbo ahnungsvoll abwehrt: »Machen Sie sich keine Umstände.« – »Das macht keine Umstände.« Janus drückt dem verdutzten Inspektor ein paar Pillen in die Hand. Der weicht aus: »Ich werde sie als Mittagessen versuchen.« Außerdem reklamiert er: »Mit dem Orangensaft ist etwas nicht in Ordnung.« – »Das ist Karottensaft!«

Schließlich aber glaubt man den Augen nicht trauen zu dürfen: Im blauen Trainingsdress hetzt sich Columbo auf einem Laufband in Janus' Club ab. Er hat auf ein 30-Tage-Sonderangebot hin angebissen und träumt nun bereits davon, sich zur nächsten Olympiade anzumelden.

H »Sie sind ein merkwürdiger Mensch«, konstatiert Janus mit Recht. »Ja«, antwortet Columbo, »das sagt man mir öfters.« So sieht man ihn lang auf dem Boden eines Sportraumes liegen, den er mittels einer geliehenen Lesebrille untersucht. Er läuft herum und kontrolliert die Schuhabsätze aller anwesenden Polizeibeamten. Er leiht sich Bleistifte und bekennt freimütig: »Ich bin recht zerstreut manchmal.« Im Garten von Janus streut er hinterrücks den Sand aus seinen Schuhen in die Beete.

J Janus' Handlanger Buddy Castle bringt es auf den Punkt: »Es macht Ihnen anscheinend Spaß, anderen Leuten mit dummen Fragen die Zeit zu stehlen.« Seine grundsätzliche Skepsis bringt Columbo im Gespräch mit der Witwe des Opfers zum Ausdruck. Auf die Frage, ob er an einen Unfall glaube, meint er: »Ich glaube an den lieben Gott, und der war's bestimmt nicht.«

Um den Verdächtigen zu überführen, werden mehrere bewährte Taktiken angewandt. Da sind die versteckten Anspielungen, um ihn aus der Reserve zu locken. Janus begehrt auf: »Ihre dauernden Anspielungen, ich könnte mehr über Staffords Tod wissen, ärgern mich!« – »Ist das der Eindruck, den Sie haben? Das tut mir leid.« Es folgt der Rekurs auf einen ominösen Vorgesetzten, der Druck ausübe: »Mein Problem ist: Ich habe einen neuen Chef. Ein netter Mensch, aber noch zu jung für den Job. Er ist pedantisch, deswegen muss ich gründlich sein.« Auch wird Columbo nach »Zwei Leben an einem Faden« zum zweitenmal in seiner Laufbahn wirklich zornig und beschuldigt Janus öffentlich des Mordes. Der Müsliesser geht ihm doch gehörig gegen den Strich.

Seine Anschuldigungen kommen nicht von ungefähr. Zuvor hat er mit Akribie eine Beweiskette zusammengestellt. Spuren von braunen Absätzen deuten auf einen Kampf des Opfers mit dem Mörder hin. Vor seinem angeblichen Training hatte Stafford gerade schwer gegessen. Ebenso verdächtig ist der Telefonanruf, den Janus mit dem Opfer geführt haben will. Columbo entdeckt ein Tonband, aus dem der Mörder sich diese Aufzeichnung selbst zusammengeschnitten hat. Er tut dasselbe und lässt so den Toten nochmals anrufen. Ein Meisterstück ist schließlich seine Abhandlung über unterschiedlich gebundene Schnürsenkel, aus denen man ersehen kann, ob sie sich jemand selbst oder ob sie von einem anderen gebunden wurden.

★★★ Die Originalität dieser durchweg unterhaltsamen Folge besteht in dem Duell zwischen Bizeps und Gehirnzellen. Seriendarsteller Robert Conrad gehört nicht zu den besonders charismatischen Schauspielern, braucht hier aber weniger Mienen- als lediglich Muskelspiel zu zeigen. Eine sehenswerte Einlage bietet Columbos Kampf mit einer äußerst bürokratischen Angestellten eines Personalbüros. Er fragt dort nur, wo er eine bestimmte Person im Haus finden könne; woraufhin eine »formlose Anfrage« über Computer gestartet werden muss, die sich als äußerst kompliziert und letztlich ergebnislos herausstellt. Paradoxerweise wird die angebliche Überflüssigkeit einer solchen Szene gerade von jenen moniert[74], die sich anschließend – zu Recht – über Kürzungen und Verstümmelungen der Episoden aufregen.

27. MOMENTAUFNAHME FÜR DIE EWIGKEIT (Negative Reaction)

Erstausstrahlung: 06.10.1974 (USA), 23.12.1978 (D)

Drehbuch: Peter S. Fischer, Regie: Alf Kjellin, Produktion: Everett Chambers, Executive producer: Dean Hargrove, Roland Kibbee, Associate producer: Edward K. Dodds, Kamera: William J. Cronjager, Schnitt: Ronald LaVine, Ton: Robert Miller, Musik: Bernardo Segall, Art director: John W. Corso, Set decorator: William McLaughlin, Kostüme: Grady Hunt, Executive story consultant: Peter S. Fischer, Unit Manager: Ray Taylor, Regieassistenz: Phillip Cook, Editorial supervisor: Richard Belding, Musical supervisor: Hal Mooney.

Darsteller: Dick Van Dyke (Paul Galesko), Antoinette Bower (Frances Galesko), Don Gordon (Alvin Deschler), Joanna Cameron (Lorna McGrath), David Sheiner (Ray), Larry Storch (Mr. Weekly), Joyce Van Patten (Schw. Mary Anita), Michael Strong (Sgt. Hoffman), Vito Scotti (Thomas Dolan), Alice Backes (Mrs. Mayland), Harvey Gold (Harry Lewis), Bill Zuckert (Capt. Sampson), Adrian Ricard (Angestellter der Zulassungsbehörde), Thom Carney (Motel-Manager), Tom Signorelli (Doktor), John Ashton (Calvin MacGruder), Edward Colmans (Pfarrer), Irene Tedrow (Mrs. Charleswort), Mike Santiago (1. Polizist), Edward Cross (2. Polizist).

Der bekannte Fotograf und zweifache Pulitzer-Preisträger Paul Galesko entledigt sich per Mord seiner tyrannischen Ehefrau. Zuvor hat er sie gefesselt fotografiert und sich selbst einen Erpresserbrief geschickt. Damit täuscht er eine Entführung vor, die er dem ahnungslosen Ex-Sträfling Alvin Deschler in die Schuhe schieben will. Auch diesen Sündenbock muß Galesko erschießen – angeblich in Notwehr bei der Geldübergabe. Der Nachlass Deschlers besteht aus einer solch erdrückenden Fülle von Beweisen gegen ihn, dass sie Columbo schon wieder verdächtig vorkommen muss.

A Wenn der Tatort ein verlassener Schrottplatz ist, dem sich der Inspektor mit seinem Peugeot nähert, ist ein besonderer Gag unvermeidlich. »We buy junk cars« (Wir kaufen Schrottwagen) verkündet ein Schild am Eingang. »Zurück, hier ist geschlossen«, verwehrt ein junger Streifenpolizist Columbo die Weiterfahrt. »Es tut mir leid, Mister. Hier wird schon seit Monaten nichts mehr angekauft.«

B Columbo ist wieder einmal begierig, von seinem Gegenüber zu lernen. Er kauft sich eine neue Kamera und lässt sich in einem Foto-Fachgeschäft über Positiv und Negativ belehren. »Man lernt doch nie aus.« Er besucht Fotoausstellungen und kauft sich einen Galesko-Bildband: »Es geschieht nicht jeden Tag, dass ich 24 Dollar für ein Buch ausgebe.«

Trotzdem will zwischen den beiden Kontrahenten keine rechte Sympathie aufkommen. Galesko ist ein schwer zu durchschauender Charakter. Zunächst wird er noch eindrucksvoll als Opfer ehelicher Tyrannei dargestellt: »Frances, ich habe einen Traum«, sagt er zu seiner gefesselten Frau in verbittertem Ton. »Es ruft mich jemand an und sagt mir: ›Es tut mir leid, Ihre Frau ist tot. Ein Unfall.‹ Und dann wache ich auf und weine, weil du noch lebst.« Seine kaltblütige Handlungsweise und vor allem der Mord an dem unbeteiligten Deschler lassen ihn dann aber doch als bösartigen Killer erscheinen. Obwohl der Fall anscheinend klar auf der Hand liegt, streunt Columbo auf Spurensuche weiterhin in der Gegend umher. Verständlich also, dass Galesko irgendwann der Kragen platzt: »Inspektor, Sie sind wie ein kleiner, struppiger Terrier, der an meiner Hose zerrt und einfach nicht loslässt!« – »Ich weiß«, antwortet Columbo, »ich bin eine Plage. Aber ich tue nur meine Arbeit.«

D So also verbringt Columbo die Nächte mit seiner Frau: Sie schneiden kleine Papierschnipsel aus der Zeitung aus und rekonstruieren einen Erpresserbrief.

Es ist die Zeit der Familienfeste: Columbos Cousin hat im Monat zuvor geheiratet. Um Geld zu sparen, war der Inspektor als Fotograf engagiert. Damit wurde aber am falschen Ende gespart. Die Fotos wurden katastrophal. Eine neue Chance soll er demnächst erhalten: »Mein Schwager feiert den 20. Hochzeitstag. Nichts besonderes, aber wir werden uns köstlich amüsieren. Es gibt viel zu essen, und die alten Knaben spielen ein bisschen Boccia.«

In all die familiären Freuden mischt sich jedoch ein Wermutstropfen: »Hund« muss zum Tierarzt. »Er ist verliebt in einen Cockerspaniel von nebenan. Aber die Familie ist umgezogen. Nun will der Hund nichts essen und liegt nur herum. Ich kann das nicht sehen.« Daher fragt er Galesko: »Haben Sie vielleicht ein Foto von einem Cockerspaniel herumliegen? Vielleicht könnte ich es irgendwo aufhängen – so wie ein Pin-up-Girl.«

Mit seinem Chef, Captain Sampson, hat Columbo ein aufschlussreiches Gespräch über die Beweggründe seiner Ermittlungen. »Ich denke, der Fall ist abgeschlossen?« – »Sie kennen mich ja. Ich gehe noch ein paar Dingen nach.« – »Warum verschwenden Sie mit so was Ihre Zeit?« Columbo trotzig: »Weil es mich beschäftigt. Ich konnte nicht mehr schlafen, habe immer daran denken müssen.«

E Wohl kaum jemals ist das Thema der äußerlichen Verwahrlosung Columbos so brillant umgesetzt worden wie in der Szene in der Armenküche einer Missionsstation. Der Inspektor ist – müde und unrasiert – auf der Suche nach dem Alkoholiker Dolan, den er als Zeugen vernehmen will. Freundlich wird er von einer Schwester willkommen geheißen: »Friede sei mit Ihnen! Mein Haus ist Ihr Haus! Sie sind hungrig und müde, das sehe ich Ihnen an.« – »Ich habe tatsächlich letzte Nacht nicht geschlafen«, antwortet Columbo naiv. Seine Erscheinung rührt die Schwester zum Erbarmen: »Dieser Mantel! Ich denke, wir finden nebenan etwas besseres. Nein, kein falscher Stolz unter Freunden!« Die resolute Schwester gibt ihm Columbo keine Möglichkeit der Erklärung, sondern setzt ihn an einen Tisch, wo er einen Eintopf aus einem Blechnapf isst. Dann bringt sie ihm einen Mantel. »Ich weiß das zu schätzen, Ma'am. Wissen Sie, ich trage diesen Mantel seit sieben Jahren …«. – »Oh, Sie armer Mann!« – »Aber er gefällt mir sehr gut.« Endlich kann er seine Identität aufklären. Die Schwester ist aber nur kurz verdutzt und hat gleich eine Erklärung parat: »Oh, Sie meinen, Sie arbeiten in Verkleidung? Wie gerissen von Ihnen, Inspektor! Sie haben sogar mich getäuscht.« (→ Abb. 6)

F Zu Beginn hat Columbo wieder einmal Probleme mit dem Anlasser. Zum Leidwesen des Fahrlehrers Mr. Weekly fährt der Wagen aber wieder, als der Inspektor ihn im Auto mitnimmt. Der marode Zustand des Vehikels und die verkehrsgefährdende Fahrweise seines Besitzers bleiben dem Experten nicht lange verborgen. Zunächst lässt sich die Beifahrertür nicht öffnen. »Ist das auch sicher?«, fragt Weekly argwöhnisch, als er schließlich im vom Tabakrauch geschwängerten Wageninneren sitzt.

»Inspektor, Sie haben keine Sicherheitsgurte!« – »Oh, ein neues Gesetz?« – »Seit vierzehn Monaten!« Columbo kann sich nicht korrekt in den fließenden Verkehr einordnen, schaut weder nach rechts noch nach links und verursacht beinahe einen Unfall. »Sofort rechts ranfahren«, ruft der Fahrlehrer schweißgebadet. Als Columbo ihn fragt, ob er bereit sei, auf dem Revier eine Zeugenaussage aufnehmen zu lassen, bekommt er zur Antwort: »Ja – es sei denn, ich muss mit Ihnen zum Präsidium fahren.«

H Einmal mehr zeigt Columbo seine sensible Seite, als er Galesko im Krankenhaus besucht. Dieser hatte sich selbst eine Fleischwunde im Oberschenkel beigebracht. »Fünfzehn Jahre bin ich bei der Polizei«, sagt er mit gequältem Gesichtsausdruck, »aber ich kann so was immer noch nicht sehen.«

Weniger sensibel, sondern vielmehr recht pietätlos ist er bei der Beerdigung von Mrs. Galesko zu erleben. Dort befleißigt er sich der weitverbreiteten Unsitte, die gottesdienstliche Veranstaltung in Fotos festzuhalten. Dabei läuft er hin und her und stört durch das laute Klicken seines Fotoapparates. Wenig einfühlsam ist es auch, den gerade Verwitweten zu einem Familienfest einzuladen, bei dem er sich »köstlich amüsieren« könne.

In Galeskos Wohnung sucht Columbo vergeblich einen Aschenbecher und lässt daher seine Zigarrenasche in den Tiefen seiner Manteltasche verschwinden.

Trotz seiner neu geweckten Euphorie für das Fotografieren kommt er mit einer Kamera überhaupt nicht zurecht. »Ich weiß noch nicht mal, auf welcher Seite man den Film einlegt.« Dementsprechend sehen seine Ergebnisse aus, die er Galesko vorlegt: Die Köpfe der aufgenommenen Personen sind abgeschnitten. Der Kommentar des Experten: »Die schlechtesten Fotos, die ich je gesehen habe.«

J Der Fall scheint völlig klar: In Deschlers Motelzimmer finden sich genügend Beweismittel. Von hier aus ist der angebliche Erpresseranruf getätigt worden. Selbst auf Fingerabdrücke Deschlers auf dem Brief des Erpressers hat Galesko geachtet. Um seine Glaubwürdigkeit zu erhöhen, schießt sich der Fotograf sogar selbst ins Bein. »Jetzt steht fest, dass Deschler der Entführer war«, meinen denn auch die Kollegen Columbos.

Dessen Ermittlungen fangen hier jedoch erst an. Die Uhr auf dem Foto mit der ermordeten Frau scheint bewusst dort platziert worden zu sein. Ein Ohrenzeuge hat während der tödlichen Begegnung Galeskos mit Deschler einen unerklärlichen zeitlichen Abstand zwischen zwei Schüssen bemerkt. Statt mit einem Mietwagen fuhr Deschler stets mit einem viel teureren Taxi. Zudem deutet alles auf einen Komplizen bei der Tat hin. »So was beschäftigt mich«, gibt Columbo zu verstehen. »Sie kennen das: Manchmal fällt einem ein Filmtitel nicht ein. Ich glaube, ich bin verrückt.«

Zu den besten »Columbo«-Plots gehören jene, bei denen der Mörder auf seinem eigenen Spezialgebiet mit seinen eigenen Methoden und Fähigkeiten geschlagen wird. So geschieht es auch hier mit einer ausgeklügelten Falle: Galesko wird zum Revier bestellt, wo ihm Columbo seine vorgebliche Überzeugung mitteilt, Mrs. Galesko sei um 10 Uhr vormittags entführt worden. Zu der Zeit aber hatte Deschler ein Alibi. Um seine These zu untermauern, hat der Inspektor das Foto, das die gefesselte Frau zeigt, vergrößern lassen. Man sieht die Uhr im Hintergrund auf 10 Uhr stehen. Galesko, der natürlich weiß, dass es bereits 14 Uhr war, weist als erfahrener Fotograf auf Columbos Fehler hin: Das Foto ist falsch herum entwickelt worden. Als Columbo jedoch darauf beharrt, die Aufnahme sei korrekt, gleichzeitig aber auch erklärt, ein Vergleich mit dem Original sei nicht mehr möglich, wittert Galesko einen Trick mit gefälschten Beweismitteln. »Sie brauchen kein anderes Foto zum Vergleich«, ruft er aufgeregt und deutet auf das neben ihm stehende Regal mit einem ganzen Fundus verschiedener Kameras. »Das Negativ auf dem Film genügt!« Er greift eben jenen Apparat heraus, mit dem das Foto tatsächlich aufgenommen wurde. Das konnte er nur wissen, wenn er selbst der Täter war.

★★★★ Peter S. Fischer ist wiederum einen großer Wurf gelungen. Das bereits bekannte Thema »Entführung vorgetäuscht – Opfer ermordet« wurde nach »Lösegeld für einen Toten« und »Blumen des Bösen« zum drittenmal aufgegriffen und hier perfektioniert. Alles stimmt an dieser Folge: die logisch aufgebaute Handlung, die raffinierte Falle als Höhepunkt, vor allem aber die Vielzahl von herrlich ausgespielten Kultmotiven. Dabei steht die Szene in der Armenküche ganz vorn. Joyce Van Patten, hier noch als barmherzige Schwester zu sehen, mutierte zwei Jahre später in »Bei Einbruch Mord« zu einer unbarmherzigen Schwester, die ihren Bruder tötet. Vito Scotti und Larry Storch glänzen als skurrile

Typen, ebenso wie Dick Van Dyke, der mit Erfolg gegen sein Image als »everybody's darling« anspielt.

28. DES TEUFELS KORPORAL (By Dawn's Early Light)

Erstausstrahlung: 27.10.1974 (USA), 25.02.1992 (D)

Drehbuch: Howard Berk, Regie: Harvey Hart, Produktion: Everett Chambers, Executive producer: Dean Hargrove, Roland Kibbee, Associate producer: Edward K. Dodds, Kamera: Jack Priestly, Schnitt: Bob Kagey, Ton: Donald F. Johnson, Musik: Bernardo Segall, Art director: Michael Baugh, Kostüme: Grady Hunt, Executive story consultant: Peter S. Fischer, Unit Manager: Ray Taylor jr., Regieassistenz: G. Warren Smith, Editorial supervisor: Richard Belding, Musical supervisor: Hal Mooney.

Darsteller: Patrick McGoohan (Colonel Lyle C. Rumford), Tom Simcox (William Haynes), Mark Wheeler (Kadett Roy Springer), Burr DeBenning (Capt. Loomis), Karen Lamm (Susan Gerard), Madeleine Thornton-Sherwood (Miss Brady), Bruce Kirby (Sgt. George Kramer), Sidney Armus (Officer Corso), Robert Clotworthy (Jonathan B. Miller), Bruno Kirby (Kadett Morgan).

Colonel Lyle C. Rumford ist Soldat aus Überzeugung. Seit vielen Jahren leitet er mit strenger Hand die Haynes-Militärakademie. William Haynes, der Enkel des Gründers, hält von Rumfords Traditionen nichts. Angesichts sinkender Schülerzahlen will er die Akademie in ein gemischt-geschlechtliches College umwandeln. Bei der jährlichen Parade anlässlich des Gründungstages der Akademie explodiert die alte Kanone, die Haynes abfeuern sollte. Er wird getötet. Rumford hatte das Geschoß mit C4-Sprengstoff manipuliert. Nun kann alles beim alten bleiben. Ärgerlich nur, dass Rumford daneben noch ein anderes Problem beschäftigt: Seine Kadetten betätigen sich als Schnapsbrenner – und das ist gegen die Vorschriften.

A Als Columbo am Tatort eintrifft, sucht er sofort den Rasen um die Kanone herum ab und wird auch fündig. »Hey, Sie, Mister!«, ruft Rumford streng, »übergeben Sie das lieber der Polizei!« – »Genau das werde ich tun«, versichert der Angesprochene. Rumford lässt nicht locker: »Das hier ist Sperrgebiet! Gehen Sie lieber!« Als Columbo nicht auf den Befehl des Colonels reagiert, wendet der sich an Sgt. Kramer: »Officer, vielleicht sollten sie diesen Mann festnehmen. Er weigert sich, das Gelände zu verlassen.« – »Dieser Mann ist Inspektor Columbo, Sir. Er leitet hier die Untersuchungen.«

B Während eine Kompanie Kadetten vor dem Colonel strammsteht, kommt der übermüdete Columbo herangeschlurft: »Ich wollte Sie schon im Büro aufsuchen, Sir, da sah ich, dass sie hier rumkommandieren.« Treffender kann der Zusammenprall zweier Welten nicht artikuliert werden. Rumford ist ein Ausbund an militärischer Korrektheit und Hüter von Sitte und Moral. Bei ihm ist alles reglementiert: Sogar die Nahrungsaufnahme geschieht hier in zackigen Bewegungen. Columbo stellt natürlich den völligen Antityp dar. »Junge Burschen sind so«, lautet sein Urteil über manche Unregelmäßigkeiten unter den Absolventen. Doch in einer Beziehung gleichen sich beide: Wie Columbo ist auch Rumford ein Überzeugungstäter. »Ich musste es tun«, bekennt er zum Schluss. »Ich würde es morgen wieder tun.«

Rumford versucht alles, um den Schnüffler von der Mordtheorie abzubringen, die dieser selbstverständlich sofort aufstellt. »Ich denke, Sie arbeiten zu hart. Nicht alles ist Mord.« – »Ja, zu viele Jahre beim Morddezernat. Man nimmt immer das Schlimmste an.« An anderer Stelle kann Columbo bekennen: »Ich habe mich schon öfter geirrt.« Diese Fälle dürften allerdings nicht verfilmt worden sein.

Der Zuschauer hält vor Spannung den Atem an, wenn mit Rumford zum erstenmal jemand die eine bewegende Frage an den Inspektor richtet: »Haben sie einen Vornamen?« – »Ja, habe ich«, gibt dieser zu. »Meine Frau ist die einzige, die ihn benutzt.«

D Sofern sie ihn nicht gerade mit Namen anredet, um ihn dazu anzuhalten, sich mehr zu bewegen, liest Mrs. Columbo viel. Derzeit befindet sie sich jedoch wieder einmal bei ihrer Mutter in Fresno. Seine Frau war im übrigen nicht der erste Schwarm des einäugigen »italian lover«.

Bereits auf der Highschool hatte er ein Mädchen namens Teresa, der er ein Freundschaftsarmband schenkte, das sie heute noch besitzt.

Erstmals taucht als »sidekick« des Inspektors Sgt. George Kramer auf. Fortan sollte Bruce Kirby in dieser Rolle noch häufiger den Stichwort- oder Feuergeber mimen. In diesem Fall hatte er auch seinen Sohn Bruno dabei, der einen ersten Schritt zu einer eigenen Karriere machte.

F »Sind sie wirklich von der Polizei?«, fragt ein junges Mädchen ungläubig, denn sie hat Columbos Wagen entdeckt. »Das sieht nicht wie ein Polizeiauto aus.«

G Abends pflegt Columbo nur sehr wenig zu essen – kein Wunder bei dem vielen Chili tagsüber. Seine Frau serviert ihm nur Margarine, die ihm nicht schmeckt. Butter wäre ihm lieber. Einmal mehr erhält er eine Zigarre geschenkt. Den Zigarrenabschneider benutzt er aber nur mit Widerwillen. Dasselbe Gefühl hegt die Sekretärin Mrs. Brady für den Qualm, mit dem sie eingenebelt wird.

H Die ganze Episode ist gekennzeichnet von einem unmöglichen Benehmen auf der ganzen Linie, mit dem der Lotterbube vom Dienst den wohlgeordneten Militärbetrieb durcheinander bringt. Er legt sich flach auf den Rasen, um ihn abzusuchen. Ständig bettelt er bei Nichtrauchern um Feuer. Zur Nacht zieht er lediglich das Oberhemd aus und schläft sogar in seiner Anzughose. »Ich hätte gern ein paar frische Socken«, wendet er sich direkt an Rumford. »Größe 10 1/2 oder 11.« Nachts um drei Uhr ruft er ihm wildfremde Leute an, weil ihm gerade eine neue Idee gekommen ist. Vor einer Mädchenschule spricht er halbwüchsige Schülerinnen an: »Ich suche ein Mädchen.«

Ein solcher Flegel wird natürlich auch von der akribischen Mrs. Brady argwöhnisch beobachtet, als er die Akten der Kadetten in Augenschein nimmt: »Alles ist in strengster Ordnung, und ich wäre Ihnen dankbar, wenn es so bliebe.« – »Mir ist klar«, beruhigt sie Columbo, »wie wichtig es für Menschen ist, ihre Akten ordentlich und sauber zu halten.« Der Zuschauer weiß, das der Inspektor nicht zu jenen Menschen gehört.

Eine grobe Frechheit ist auch sein Verhalten während einer gottesdienstlichen Gedenkfeier für den verblichenen Haynes. Hatte er schon in der vorausgegangenen Episode eine Beerdigung gestört, so redet er nun ausgerechnet während eines Gebetes den Colonel neben ihm an, um ihn nach der Zusammensetzung des Kanonengeschosses zu fragen.

Das Akademiegelände stellt Columbo vor schier unüberwindliche Hürden. Wege von einem Haus zum anderen muss er sich wiederholt erklären lassen. Selbst mit einem Lageplan kommt er nicht zurecht. Ständig läuft er hinter den Kadetten her, um sein Ziel zu erfragen.

J Zielstrebiger verlaufen hingegen seine Ermittlungen. Er fragt Rumford nach der Bedeutung eines Stofffetzens, den er gefunden hat. Dabei hat er seine Tricks, um den wenig kooperativen Colonel zur Antwort zu bewegen: »Sicher werde ich hier auf dem Gelände jemanden finden, der das identifizieren kann.« Da gibt Rumford doch lieber selbst Auskunft.

Mittels eines Bauplans findet Columbo heraus, dass die Akademie auch für Mädchen geöffnet werden sollte: Auf der Zeichnung fehlen auf einer Toilette die Pissoirs.

Nebenher löst er noch einen zweiten, den sogenannten »Cidre-Fall«. Dabei handelt es sich um Alkohol, den die Schüler selbst gebraut haben und nachts an einem offenen Fenster gären lassen. Während Rumford fieberhaft danach sucht, hat ihn Columbo längst in Sicherheit gebracht.

Es ist eben diese Flasche, die Columbo aufgrund glücklicher Umstände in die Lage versetzt, den Mörder überführen zu können. Rumford weiß von dem Cidre, kann ihn jedoch nur an einem ganz bestimmten Tag zu einer ganz bestimmten Zeit an einem ganz bestimmten Ort entdeckt haben: am frühen Morgen vor der Explosion, unmittelbar vor der Kanone stehend, die er in diesem Moment manipulierte.

★★★ Columbo in der Kaserne – eine interessante Konstellation, die Stoff für eine Reihe von Gags bietet. Der Zuschauer wundert sich nicht nur über die Schlafgewohnheiten des Inspektors, sondern kann auch schadenfroh miterleben, wie er in aller Frühe unwirsch geweckt wird: »Steh' auf, du Sumpfvogel! Die Nacht ist vorbei!«

Das exzellente Zusammenspiel von Falk und Patrick McGoohan war der Auftakt für eine länger andauernde gemeinsame Arbeit an der Serie, die auch zu einer persönlichen Freundschaft führte. McGoohan, der bis dahin überwiegend durch britische Produktionen bekannt war, hielt den Colonel Rumford für seine wichtigste Rolle in den USA. Außerdem hatte er großen Anteil am Drehbuch dieser Episode. Dass er für seine Leistung 1975 den »Emmy« in der Kategorie »Herausragende Einzeldarstellung als Nebendarsteller in einer Serie« erhielt, wundert nicht – was nicht heißt, dass diesen Preis manche der anderen Mörder zuvor nicht ebenso verdient gehabt hätten.

29. TRAUMSCHIFF DES TODES (Troubled Waters)

Erstausstrahlung: 09.02.1975 (USA), 21.01.1992 (D)

Drehbuch: William Driskill (nach einer Erzählung von Jackson Gillis), Regie: Ben Gazzara, Produktion: Everett Chambers, Executive producer: Dean Hargrove, Roland Kibbee, Associate producer: Edward K. Dodds, Kamera: William J. Cronjager, Schnitt: Robert L. Kimble, Ton: Jerry E. Smith, Musik: Dick De Benedictis, Art director: Michael Baugh, Kostüme: Grady Hunt, Executive story consultant: Peter S. Fischer, Unit Manager: Ray Taylor, Regieassistenz: Kevin Donnelly, Editorial supervisor: Richard Belding, Musical supervisor: Hal Mooney.

Darsteller: Robert Vaughn (Hayden Danziger), Patrick Macnee (Kapitän Gibbon), Bernard Fox (Zahlmeister Preston Watkins), Poupee Bocar (Rosanna Welles), Dean Stockwell (Lloyd Harrington), Jane Greer (Sylvia Danziger), Robert Douglas (Schiffsarzt Dr. Frank Pierce), Susan Damante (Melissa, Krankenschwester), Peter Maloney (Artie Podell, Band-Leader), Curtis Credel (Zauberkünstler).

Während einer Reise auf einem Kreuzfahrtschiff versucht die Sängerin Rosanna Welles den verheirateten Hayden Danziger zu erpressen. Sie droht mit der Offenlegung ihres Verhältnisses mit dem Geschäftsmann, der von seiner Frau finanziell abhängig ist. Danziger tötet Rosanna, während er angeblich auf der Krankenstation liegt. Alle Indizien deuten auf den Musiker Lloyd Harrington. Ein perfekter Mord also – stünde da nicht auch ein Ehepaar namens »Columbo« auf der Passagierliste.

A Nicht erst nach einer Viertelstunde, sondern bereits in der ersten

Szene läuft Columbo aufgeregt zwischen vielen Menschen am Kai herum. Der ungewohnte Auftritt sei ihm gegönnt, befindet er sich doch im Urlaub. Er ist auf der Suche nach seiner besseren Hälfte. Deshalb spricht er den Kapitän und den Zahlmeister an, die ihn jedoch beruhigen. Seine Frau sei schon an Bord. Columbo stellt sich vor, woraufhin ihn der Kapitän mustert: »Inspektor? Ach, Sie sind beim Zoll?«

B Auch die erste Begegnung mit Danziger hat Columbo bereits vor der Tat. Er fragt ihn, ob es an Bord einen Zimmerservice gäbe. Danziger ist ein skrupelloser Geschäftsmann. Ohne Rücksicht auf Gefühle hat er des Geldes wegen eine ältere Frau geheiratet. Columbo gegenüber zeigt er sich überheblich. Deutlich ist ihm anzumerken, dass er ihn als sozial weit unter ihm stehend betrachtet. Er fühlt sich zu jedem Zeitpunkt sicher, muss schließlich aber zumindest über die Hartnäckigkeit des Cops staunen: »Was sind Sie nur für ein Pedant!« – »Ich bleibe an der Sache dran, bis sie abgeschlossen ist«, erklärt der Inspektor. »Das ist meine Natur.« Columbo ist in seinem Element, als könne er sich keine bessere Beschäftigung im Urlaub vorstellen.

D Selten ist der Zuschauer bezüglich der Ehefrau derart genarrt worden. In der abgeschlossenen Atmosphäre eines Schiffes – so glaubt man – müsse sie doch irgendwann einmal auf der Bildfläche erscheinen. Doch nichts dergleichen. Stattdessen sprechen die Ehepartner über das Bordtelefon miteinander – wie die beiden Königskinder, die nicht zueinander kommen konnten. Lediglich beschrieben wird die Dame: »Schwarzes Haar, nach oben gebunden.« Trotzdem sie den Blicken erwartungsvoller Zuschauer weiterhin verborgen bleibt, scheint sie anderen Passagieren aufzufallen. So äußert sich Columbo besorgt, als der Kapitän ihn zu sprechen wünscht: »Es geht aber nicht um meine Frau, oder? Hören Sie, sie amüsiert sich gern …« Offensichtlich fällt sie hin und wieder aus der Rolle. Jedenfalls ist sie »wild auf Cocktailparties«.

Es ist nicht das erste Mal, dass Columbos eine Urlaubsreise unternehmen. Im Jahr zuvor bewohnten sie ein Hotel mit einem Wasserbett, das dem Inspektor gar nicht gut bekam. Die jetzige Kreuzfahrt wäre mit einem Polizistengehalt natürlich nicht zu finanzieren. Mrs. Columbo hat sie bei der Tombola eines Wohltätigkeitsfestes gewonnen.

Ein Schwager Columbos besitzt in Valley eine Autowerkstatt[75].

E Mit einem kritischen Blick auf den Mantel fragt der Kapitän den Inspektor: »Erwarten Sie raues Wetter in den mexikanischen Gewässern?« Auch bei herrlichem Klima wird hartnäckig an dem Kultobjekt festgehalten. Lediglich gegen Ende sieht man Columbo einmal nur mit einem grellen, schwarz-weiß gefleckten Oberhemd bekleidet.

G Seit »Mord unter sechs Augen« ist Columbos Empfindlichkeit auf See bekannt. Selbst auf dem großen Schiff wird er seekrank und muss sich von der Krankenschwester mit Tropfen und Tabletten versorgen lassen. Er meint zwar, sich übergeben zu müssen, doch glücklicherweise kommt es nicht dazu: »Falscher Alarm.«

H Wie so oft macht sich Columbo auch auf dem Schiff lächerlich. »Ihnen wird es nicht aufgefallen sein«, meint er naiv zu Danziger, »aber ich bin zum ersten Mal auf einem Schiff.« – »Nein, ist mir nicht aufgefallen«, gibt dieser mit spöttischem Lächeln zurück. Mit einem Wurfspiel an Deck kommt Columbo gar nicht zurecht. Beim ersten Versuch wirft er einen Ring weit über die Reling ins Meer. Auch seine Untersuchungen am Swimmingpool, bei denen er sich nass macht, sorgen für Heiterkeit unter den Passagieren.

Auf der Krankenstation spricht er mit dem angeblichen Rekonvaleszenten Danziger derart laut, dass er vom Arzt des Zimmers verwiesen wird. Über seine unorthodoxen Ermittlungsmethoden rümpfen der Kapitän und der Zahlmeister zunächst die Nase. Vor allem nehmen sie übel, dass ihr Schiff als »Boot« bezeichnet wird.

Erstmals wird die Abneigung des Inspektors gegen Feuerwaffen thematisiert. Er bittet Danziger, mit dem Revolver in eine große Matratze zu schießen. »Ich hasse Waffen und könnte daneben feuern.«

J Eine kleine Daunenfeder am falschen Ort erregt zunächst Columbos Misstrauen gegen Danziger. Wieder einmal bezieht er den Verdächtigen in die Ermittlungen ein und rückt seine eigene Rolle in den Hintergrund: »Ich helfe nur vorübergehend aus.« Zu Mrs. Danziger sagt er: »Ich untersuche zusammen mit Ihrem Mann den Mordfall.«

Der Inspektor ist insofern im Nachteil, als dass ihm an Bord keinerlei labortechnische Möglichkeiten zur Verfügung stehen. Er muss improvisieren und weiß sich erstaunlich gut zu helfen. Mit Hilfe des Graphitstaubs eines Bleistiftes nimmt er Fingerabdrücke ab und vergleicht sie. Mit einer Stoppuhr läuft er durchs Schiff und nimmt Zeiten. Im

Filter des Swimmingpools findet er Überreste eines Arzneimittels, mit dem Danziger eine Herzattacke vortäuschte.

Um den Autohändler zu überführen, bringt er ihn dazu, die zum Mord verwendeten OP-Handschuhe auftauchen zu lassen. Danziger tut dies in dem Glauben, damit endgültig den Musiker Harrington belasten zu können – nicht wissend, dass das Material dieser besonderen Handschuhe im Inneren den eigenen Fingerabdruck bewahrt.

★★★ Columbos im Urlaub – das ist eine glänzende Idee, die auch gut umgesetzt wird. Noch dazu bewegt sich der Inspektor in geschlossener Gesellschaft, wie sie ein beliebtes Motiv klassischer englischer Kriminalliteratur ist (»closed room mystery«). Das ungewohnte Milieu stellt eine nette Abwechslung dar. Robert Vaughn ist seine Rolle wie auf den Leib geschrieben. Mit Macnee, Fox und Douglas ist eine exzellente Schiffsbesatzung angeheuert worden[76]; Jane Greer und Dean Stockwell vervollständigen das hochkarätige Darstellerensemble.

30. PLAYBACK (Playback)

Erstausstrahlung: 02.03.1975 (USA), 18.09.1975 (D)

Drehbuch: David P. Lewis, Booker T. Bradshaw, Regie: Bernard L. Kowalski, Produktion: Everett Chambers, Executive producer: Dean Hargrove, Roland Kibbee, Associate producer: Edward K. Dodds, Kamera: Richard C. Glouner, Schnitt: Ronald LaVine, Ton: Frank H. Wilkinson, Musik: Bernardo Segall, Art director: Michael Baugh, Set decorator: Jerry Adams, Kostüme: Grady Hunt, Executive story consultant: Peter S. Fischer, Unit Manager: Carter DeHaven jr., Regieassistenz: Kevin Donnelly, Editorial supervisor: Richard Belding, Musical supervisor: Hal Mooney.

Darsteller: Oskar Werner (Harold Van Wyck), Martha Scott (Margaret Midas), Gena Rowlands (Elizabeth Van Wyck), Robert Brown (Arthur Midas), Patricia Barry (Francine), Herb Jefferson jr. (Baxter), Trisha Noble (Marcy), Bart Burns (Thompson), Steven Marlo (Polizist), Joe O'Har (Polizist).

Margaret Midas, Eigentümerin des Konzerns »Midas Electronics«, will ihrem ungeliebten Schwiegersohn Harold Van Wyck die Geschäftsleitung entziehen. Der Elektronik-Freak, der sein gesamtes Haus mit Videokameras und selbsttätig öffnenden Türen ausgestattet hat, gibt ihrer Meinung nach zuviel Geld für derartige Spielereien aus. Hinzu kommt, dass er seine auf den Rollstuhl angewiesene Frau betrügt. Van Wyck erschießt seine Schwiegermutter vor laufender Kamera, wobei er selbst im Hintergrund bleibt. Er speist die Filmaufnahme per Zeitschaltuhr nachträglich in das Überwachungssystem ein. Der diensthabende Wachmann glaubt so Augenzeuge des Mordes zu sein – zu einer Zeit, für die Van Wyck jedoch ein sicheres Alibi hat.

B Der Mörder geht zwar äußerst überlegt vor, verliert Columbo gegenüber aber auch mehrfach die Fassung. Im Gegensatz zu den meisten Gegnern des Inspektors zeigt er Nerven. So gibt Columbo denn auch zu: »Ich weiß, ich bin eine Nervensäge.« Zum Schluss heißt es: »Das wird das letzte Mal sein. Ich werde Sie dann nie wieder belästigen.« Columbo hält Wort, denn er nimmt den Mörder fest.

D Mrs. Columbo liebt Blumen über alles. Außerdem malt sie auch »ein wenig«. Es ist Columbo in keiner Weise peinlich, ausgerechnet einer Galeristin und Kunstexpertin gegenüber dieses »Talent« für »Malen nach Zahlen« hervorzuheben: »Meine Frau kauft diese Leinwände mit den aufgedruckten Nummern. Sie müssen nur die Lücken mit den Farben ausfüllen, die mit den Nummern übereinstimmen.«

Auch »Hund« ist bellenderweise wieder mit von der Partie. »Wenn du nicht brav bist, bringe ich dich ins Tierheim und hole dich nicht wieder ab«, droht ihm Herrchen – ohne Erfolg. Elizabeth Van Wyck ist von dem Tier begeistert: »Er ist hinreißend.« Columbo: »Er ist aber auch eingebildet.« Er fordert ihn auf: »Geh' spielen, such' dir 'ne Katze!«

G Columbo erscheint mit starker Erkältung und weiß sein Niesen theatralisch in Szene zu setzen. Die Zigarre schmeckt aber trotzdem noch. »Marcy, was hast du denn Schreckliches geraucht?«, fragt die Galeristin ihre Angestellte. Die Antwort: »Wir haben einen Kunden mit Zigarre.«

H In dieser Galerie leistet sich Columbo eine höchst amüsante Peinlichkeit. Er lässt sich moderne Bilder erklären (mit sinnigen Titeln wie »Geist eines toten Hundes«), wundert sich über die horrenden Preise und gibt kritische Urteile ab: »Dieses Ding spricht mich überhaupt nicht an.« Schließlich deutet er auf ein »Werk« und moniert: »Das Bild da hat ja überhaupt keinen Titel.« – »Das ist der Ventilator für die Air-Condition.«

Auch mit Schusswaffen gibt es wieder Probleme. Für ein Experiment lässt sich Columbo von einem Officer dessen Dienstwaffe geben. »Ist sie entsichert? Nein? Dann entsichern Sie sie. Ich hasse Waffen!« Allerdings kommt er doch nicht umhin, einen Schuss abzugeben: Er hält die Pistole weit von sich, wendet das Gesicht ab und hält sich mit der verbleibenden Hand ein Ohr zu (→ Abb. 10).

J »Dieser Fall wird einfach zu lösen sein«, meint ein Beamter angesichts der perfekten Überwachungsanlage am Tatort. Der Mord ist aufgezeichnet, wenn auch der Täter im toten Winkel unsichtbar bleibt. Columbo hingegen ist längst nicht alles so klar. Der vermutete Einbrecher, der angeblich durch ein Fenster einstieg, hat keinerlei Spuren hinterlassen. Zweifelsfrei weist der Inspektor nach, dass Elizabeth einen Schuss hörte – allerdings zu einem weit früheren Zeitpunkt. Als ihm schließlich klar wird, dass Van Wyck die Videoaufzeichnung manipuliert hat, findet Columbo nach gewohnt hartnäckiger Suche den Beweis auf dem Film selbst: Im Augenblick der Tat liegt auf dem Schreibtisch noch jene Einladungskarte, mit der sich Van Wyck zur angeblichen Mordzeit bei einer Ausstellungseröffnung auswies.

★★ Die Planung des Mordes ist ausgeklügelt. Ansonsten aber passiert in dieser Episode wenig. Kultmotive sind eher rar gesät. Aufgewertet wird die Folge lediglich durch die gewohnt exzellente Darstellerleistung von Oskar Werner. Der Österreicher war von Peter Falk persönlich gebeten worden, die Rolle zu übernehmen. Auch während der Dreharbeiten musste Falk den exzentrischen Star mehrfach überreden, die Arbeit fortzusetzen, da sich Werner mit den Produzenten zu überwerfen drohte. Es sollte eine der letzten Rollen des genialen Wiener Burgschauspielers sein, der 1984 an einem Herzinfarkt starb.

Auch der Cassavetes-Clan ist wieder vertreten, diesmal durch Gena

Rowlands, die die gelähmte Elizabeth Van Wyck spielt. Die Ehefrau von John Cassavetes hatte mit Peter Falk bereits häufiger zusammen vor der Kamera gestanden.

31. DER SCHLAF, DER NIE ENDET (A Deadly State Of Mind)

Erstausstrahlung: 27.04.1975 (USA), 15.01.1976 (D)

Drehbuch: Peter S. Fischer, Regie: Harvey Hart, Produktion: Everett Chambers, Associate producer: Edward K. Dodds, Kamera: Earl Rath, Schnitt: Ronald LaVine, Ton: Jerry E. Smith, Musik: Bernardo Segall, Art director: Michael Baugh, Set decorator: Jerry Adams, Kostüme: Grady Hunt, Executive story consultant: Peter S. Fischer, Unit Manager: Ray Taylor, Regieassistenz: Kevin Donnelly, Editorial supervisor: Richard Belding, Musical supervisor: Hal Mooney.

Darsteller: George Hamilton (Dr. Marcus Collier), Lesley Ann Warren (Nadia Donner), Stephen Elliott (Karl Donner), Karen Machon (Dr. Anita Borden), Bruce Kirby (Sgt. George Kramer), William Wintersole (Dr. Hunt), Ryan MacDonald (Charles »Chuck« Whelan), Jack Manning (Daniel Morris), Fred Draper (David Morris), Glorie Kaufman (Brenda Sternbeck), Redmond Gleeson (Arnold Sternbeck), Vance Davis (Officer Hendryx), Danny Wells (Gary Keppler), Morris Buchanan (Labormitarbeiter), Kathy Speirs (Krankenhausangestellte).

Der Psychiater Dr. Marcus Collier hat ein Verhältnis mit der von ihm abhängigen Nadia Donner. In einem Streit erschlägt er ihren Ehemann. Der Geliebten schärft er die Erklärung ein, nach der zwei Einbrecher das Paar überfallen haben sollen. Weil jedoch die psychisch labile Frau eine stete Gefahr für Collier darstellt, bringt er sie mittels hypnotischer Suggestion dazu, sich von ihrem Balkon zu stürzen.

B Wo immer ein Psychiater beteiligt ist (vgl. »Mord nach Rezept«), geht es nicht ohne eine psychologische Einschätzung des verhaltensauffälligen Inspektors ab: »Ich bewundere Ihre Täuschungsmanöver«, sagt Collier, »die Art, wie Sie auf etwas zusteuern, ohne es eigentlich zu tun oder zu sagen.« Der intelligente Arzt weiß Columbo durchaus richtig einzuschätzen. Seinem Freund Whelan hingegen mangelt es an dieser Gabe, als Collier ihm den Inspektor vorstellt: »Chuck, da kommt das Gesetz!« – »Ist das ein Witz?«

Weniger witzig ist die kalte und berechnende Skrupellosigkeit, mit der Collier zu Werke geht. Geschah die erste Tat noch im Affekt, so zögert er danach keine Sekunde, sich seiner Geliebten ebenfalls zu entledigen. Das ist wahrlich kein Mann nach Columbos Geschmack.

D Während über Mrs. Columbo keine Silbe verloren wird, begleitet dafür Sgt. Kramer zum zweiten Mal die Ermittlungen. Dabei bekommt er sogar die schriftlichen Notizen seines Chefs ausgehändigt: »Verlieren Sie mein Buch nicht!«

F »Hier ist kein anderes europäisches Auto als meines«, meint Columbo zu Kramer bei der Untersuchung der Reifenspuren vor dem Hause Donner. »Sie fahren ein europäisches Auto?« – »Ja«, antwortet der Besitzer nicht ohne Stolz, »ein französisches!« Es stellt sich heraus, dass europäische Wagen schmalere Reifen als amerikanische haben.

G Columbo macht eine Diät und verkündet: »Ich möchte gern etwas abnehmen.« Seine diesbezüglichen Anstrengungen sind allerdings nicht groß: Er trinkt den Kaffee schwarz und sonst nur noch »Sprudel mit Geschmack«.

H Urkomisch wirkt es, als Columbo nach dem ersten Mord auf der Couch des Opfers sitzt und unter den Klängen klassischer Musik den Hergang des Geschehens zu rekapitulieren versucht. Auf der Hinweistafel eines Krankenhauses findet er sich gar nicht zurecht. Mehrfach fragt er das Personal. Der Fußboden des Hauses ist von verschiedenfarbigen Linien durchzogen. »Folgen Sie der blauen Linie!« Auch dies gelingt nicht, so dass ihm aus einem irrtümlich geöffneten Zimmer ein erschreckter Aufschrei entgegentönt. Ansonsten wirkt der Inspektor streckenweise derart normal, dass es schon wieder auffällig ist.

J Nadia Donner ist kaum die Person, um Columbo hinters Licht zu führen. Sie gerät sofort in Verdacht. Als Collier sie daraufhin hypnotisiert hat, ist er so dreist, noch in Columbos Gegenwart per Telefon den »Selbstmord« auszulösen. Nachzuweisen ist ihm nichts.

Anders sieht es mit der ersten Tat aus. Columbo ist erfreut, als sich ein Zeuge meldet, den Collier beim Verlassen des Hauses beinahe umgefahren hat. Er hat jedoch ein Problem mit dem Mann, das Collier wiederum ruhig schlafen lässt: Der Zeuge ist blind.

Einmal mehr inszeniert Columbo mit großem Geschick eine raffinierte Falle. Er sagt Collier die Tat auf den Kopf zu und wedelt bereits mit dem Haftbefehl in seiner Hand. Er verweist auf den Zeugen Mr. Morris und ruft ihn herein. So tritt ein Mann mit dunkler Sonnenbrille auf, setzt sich, gibt dem Inspektor Feuer und deutet auf Collier als den Mann, der damals aus der Einfahrt kam. Collier wiegt sich in Sicherheit und begeht den tödlichen Fehler: »Kommen Sie, Inspektor, der Mann ist doch blind!« Er reicht Morris eine Zeitschrift und bittet ihn, daraus vorzulesen. Als Morris dies problemlos tut, ist Collier ernsthaft erschüttert. Columbo ruft daraufhin einen zweiten Mann herein. Es ist der Bruder des ersten – und *er* ist blind. Collier konnte den ersten »Zeugen« nur für blind halten, weil er zur Tatzeit einen blinden Mann gesehen hatte. »Der Augenzeuge«, meint Columbo, »sind Sie selbst!«

★★★★ In einer lockeren Runde mit einigen Ärzten wird Columbo gefragt: »Hatten Sie einmal einen besonders interessanten Fall?« Er gibt zur Antwort: »Der interessanteste Fall ist immer der, an dem man gerade arbeitet.« Der vorliegende Fall hätte gute Chancen, den Wettbewerb zu gewinnen. Einmal mehr hat Peter S. Fischer ein ausgezeichnetes Drehbuch abgeliefert. Seine Qualitäten als »Columbo«-Autor sind bereits gewürdigt worden. Die Folge wartet mit dem wohl besten »clue« in der Geschichte dieser Serie auf, der das hochspannende Finale zu einem unvergesslichen Erlebnis werden lässt. Dabei stammt die Idee mit den beiden Brüdern nicht einmal vom Autor. Fischer war sich unschlüssig, wie der Fall enden sollte, als ihm Richard Levinson von der Idee erzählte, die er lange schon im Kopf hatte, aber bisher nie verwenden konnte.

Großen Anteil an der hohen Qualität hat nicht zuletzt George Hamilton, der hier einmal nicht nur Beau, sondern auch böse sein darf. Seine überzeugende Darstellung lässt Dr. Collier zu einem wirklich ebenbürtigen Gegner werden, dem nur noch mit schwerem Geschütz beizukommen ist. Hamilton qualifizierte sich damit für ein Comeback sechzehn Jahre später in »Der erste und der letzte Mord«.

32. TÖDLICHES COMEBACK (Forgotten Lady)

Erstausstrahlung: 14.09.1975 (USA), 10.03.1992 (D)

Drehbuch: William Driskill, Regie: Harvey Hart, Produktion: Everett Chambers, Kamera: Charles Correll, Schnitt: Jamie Caylor, Ton: Jerry E. Smith, Musik: Jeff Alexander, Art director: John W. Corso, Set decorator: Jerry Adams, Kostüme: Burton Miller, Executive story consultant: Peter S. Fischer, William Driskill, Unit Manager: Frank Losee, Regieassistenz: Sam Freedle, Editorial supervisor: Richard Belding, Musical supervisor: Hal Mooney, Choreographie der Tanzszenen: Miriam Melson Meyers.

Darsteller: Janet Leigh (Grace Wheeler Willis), Sam Jaffe (Dr. Henry Willis), John Payne (Ned Diamond), Maurice Evans (Butler Raymond), Ross Elliott (Dr. Lansberg), Robert F. Simon (Dr. Westrum), Army Archerd (Reporter Army Archerd), Linda Scott (Alma), Francine York (Sgt. Lefkowitz), Jerome Guardino (Detective Harris), Danny Wells (Buchverkäufer), Harvey Gold (Henderson, Gerichtsmediziner).

Grace Wheeler Willis war einst ein großer Musical-Star und bildete mit ihrem Partner Ned Diamond ein Traumpaar a lá Ginger Rogers und Fred Astaire. Nun plant sie ein Comeback am Broadway. Ihr Mann, der Arzt Dr. Henry Willis, ist jedoch nicht bereit, die kapriziösen Pläne seiner Frau zu finanzieren. An einem späten Abend lässt sich Grace in ihrem privaten Vorführraum einen ihrer alten Filme zeigen. Während dieser Zeit schleicht sie sich ins Schlafzimmer und erschießt ihren Mann. Alles deutet auf einen Selbstmord hin.

A Da Columbo mitten in der Nacht zum Tatort gerufen wird, zeigt er sich natürlich völlig indisponiert. Er hat unter dem Mantel kaum etwas an und daher auch keine Dienstmarke dabei, keine Uhr und kein Notizbuch. Er schläft – und schnarcht! – im Stehen und bittet daher zuerst um einen Kaffee, den er hastig im Gehen auf der Treppe trinkt.

B Seit »Wein ist dicker als Blut« hat Columbo nicht mehr soviel Respekt und Zuneigung für einen seinen Kontrahenten empfunden. Er verehrt den Star, bemerkt aber auch bald, dass mit der Diva vergangener Tage etwas nicht stimmt. Sie kann sich seinen Namen partout nicht merken und ist auch zeitlich desorientiert. Er findet heraus, dass Grace an einem inoperablen Aneurysma erkrankt ist und ihre Lebenserwartung noch auf maximal zwei Monate geschätzt wird. Aus dieser Erkenntnis zieht er später ungewöhnliche Konsequenzen.

C Ned Diamond, der Partner und Freund, ist zunächst weit davon entfernt, Grace zu verdächtigen. Er sieht nur, dass der aufdringliche Inspektor sie nervös macht, und versucht ihn zu stoppen: »Ich werde eine ganze Armee von Anwälten einschalten! Dann wird die Karriere eines absolut unbedeutenden Polizisten zu Ende sein!«

D Nicht nur die berühmte Schauspielerin, sondern mit ihr ein Heer von Fernsehzuschauern dürfte auf Mrs. Columbo warten, die zusammen mit ihrem Mann zu einer privaten Filmvorführung eingeladen ist. Doch es stellt sich heraus, dass sie just an diesem Abend »unpässlich« ist. Dies, obwohl sie doch eine glühende Verehrerin von Grace Wheeler und Ned Diamond ist: »Meine Frau hat mich in jeden Film von Ihnen geschleppt.« – »Dass man Sie schleppen musste, bedaure ich«. Columbo interessiert sich eben mehr für die klassischen Gangsterfilme und ihre Darsteller: für »This Gun For Hire« (Die Narbenhand, 1942) oder »Scarface« (Narbengesicht, 1932), für Edward G. Robinson, Humphrey Bogart, James Cagney und Paul Muni. »Wegen denen bin ich überhaupt Bulle geworden.«

Mrs. Columbo trägt nicht nur dieselbe Frisur wie Grace, sondern ist auch »eine verdammt gute Tänzerin«. Aus diesem Grund fragt Columbo Diamond um Rat: »Ich dagegen habe zwei linke Füße. Da müsste man doch etwas machen können?« – »Werden Sie Kritiker!«

»Hund« lässt es sich wieder einmal gut gehen. Herrchen kauft ihm ein Eis, mit dem er sich die ganze Schnauze beschmiert. Er verspricht ihm auch einen Hot Dog und einen Spaziergang im Park. Um dies einzulösen, sagt Columbo sogar eine spontane Einladung bei Grace ab. Ein treues Herrchen!

Ein ganzes Rudel von Polizisten ist diesmal im Einsatz. Anstatt aber Verbrecher zu jagen, sind alle auf Columbo angesetzt und drangsalieren ihn. Ein kurioses Drama in drei Akten spielt sich ab:

1. Den Auftakt macht Sgt. Lefkowitz, eine junge und penetrant übereifrige Beamtin der Computerabteilung. Sie spricht Columbo an: »Komisch, ich bin jede Woche mindestens einmal im Morddezernat, habe Sie dort aber noch nicht gesehen.« – »Wissen Sie, ich komme dort selten vorbei«, klärt der Inspektor auf. »Da passieren so wenig Mordfälle.« Schreibtischarbeit ist nicht seine Sache. Ebensowenig seine Dienstwaffe – und da liegt das Problem. Sgt. Lefkowitz ist nun auf den Inspektor aufmerksam geworden: »Mein Computer sagt mir, dass Sie mindestens fünf Jahre nicht mehr auf dem Schießstand waren! Sie wissen, dass Sie verpflichtet sind, zweimal im Jahr den Umgang mit der Waffe zu üben.« – »Ihr Computer muss verrückt sein«, übergeht Columbo die Angelegenheit.

2. Bald darauf erscheint Lt. Flaherty: »Sie sollten diese Woche mal auf dem Revier vorbeischauen. Sie haben nicht nur fünf Jahre, sondern zehn Jahre nicht geschossen. Am besten, Sie kommen gleich mit!« – »Ich habe jetzt einen Termin.« – »Und wenn man Sie suspendiert?« – »Ich habe die Waffe nicht dabei. Sie liegt auf dem Revier.« – »Dafür kann man Sie auch belangen!«

3. Im letzten Akt tritt Captain Scziegel, der Vorgesetzte, auf und erklärt ultimativ: »Morgen um vier gehen Sie zum Übungsschießen, sonst ist die Marke futsch!« Nun allerdings muss der Gescholtene handeln. Da ist es gut, dass er in seinem Kollegen Harris wenigstens noch einen Freund hat. Der lässt sich jedoch auf ein gewagtes Spiel ein. Er erhält Columbos Dienstmarke, fünf (!) Dollar als Belohnung und wird hinaus zum Schießstand geschickt. »Ich treffe doch nicht mal die Scheibe«, erklärt der Inspektor sein fragwürdiges Verhalten.

E Dies ist eine Premiere: Columbo erscheint zum Filmabend mit schwarzem Anzug und schwarzer Fliege – und macht darin gar keine schlechte Figur.

F Der Inspektor spricht davon, dass er wieder einmal eine Autopanne hatte.

G Dem Hausarzt des Verblichenen, Dr. Westrum, bekennt Columbo, dass er hin und wieder unter Schmerzen leide, »als ob in meinem Herzen ein Hammer klopft«. Der Arzt verweist auf Columbos Beruf und vorwurfsvoll auf seine Zigarren. Auch der Butler Raymond zeigt sich von Letzteren wenig angetan und trägt dem Raucher ständig einen großen Aschenbecher hinterher.

Columbo sorgt mit seiner Art mehrfach für Unverständnis. Als der Butler im Garten des Hauses Willis eine Flagge auf Halbmast setzt, fragt der Inspektor: »Geht die nicht höher 'rauf?« Dafür erntet er einen bösen Blick: »Wir hatten einen Todesfall in der Familie!«

Ein andermal will Columbo Grace in ihrem Bemühen bestärken, durch ihre Gesangs- und Tanzarbeit über den Verlust des Gatten hinwegzukommen, indem er von sich erzählt: »Ich gehe zum Beispiel zum Bowling, wenn ich down bin.« Etwas pikiert antwortet Grace: »Es gibt da viele Möglichkeiten.«

Beschwingt tänzelnd läuft der Cop die Treppe des Hauses hinauf. Dann lässt er sich am Baum vor dem Balkon herunter und hängt nun hilflos an einem Ast, bevor er schließlich zu Boden fällt. In Panik gerät er, als ihm in einem Krankenhaus angeboten wird, bei einer Operation zuzuschauen. »Ich falle in Ohnmacht, wenn ich Blut sehe.« Nicht zurecht kommt er mit dem Mechanismus eines Kugelschreibers, den er sich zusammen mit einem Notizbuch von Raymond leiht.

J Diese Episode wartet mit einer Einzigartigkeit auf: Der Inspektor überführt zwar die Mörderin, aber er verhaftet sie nicht.

Bald hat er herausgefunden, dass Grace während des laufenden Films den Vorführraum verließ. In dieser Zeit nämlich riss die Spule des Films, wodurch etwa eine Viertelstunde verging, bis Grace zurückkam und den Schaden beheben konnte. Damit verlängerte sich jedoch die Spielzeit des Films von 105 auf 120 Minuten.[77] Das ist der Beweis für die zeitweilige Abwesenheit der Diva.

Mit der todbringenden Krankheit, unter der Grace leidet, ist auch ein fortschreitender dementieller Abbau verbunden. Sie selbst weiß bereits nicht mehr, dass sie ihren Mann tötete. Ned Diamond, inzwischen von den Tatsachen überzeugt, fasst daher aus Liebe zu Grace einen bewegenden Entschluss: Um ihr einen Schock über ihre Tat und die unwürdige Mordanklage während ihrer letzten Lebenstage zu ersparen, offenbart er sich ihr gegenüber als Täter. Columbo, der es besser weiß, schweigt dazu. Als die beiden Männer allein sind, bemerkt der Inspektor: »Man wird sehr schnell dahinterkommen, dass Ihre Geschichte nicht stimmt.« Diamond ist zuversichtlich: »Das könnte schon ein paar Monate dauern.« Columbo denkt nach und stimmt zu: »Oh ja, möglich.«

★★★ Was von Kritikern bemängelt wird[78], dürfte gerade den Reiz dieser Episode ausmachen: Sie ist keineswegs zu lang geraten, denn eine selten große Ansammlung von Kultmotiven sorgt für Humor und ständige Abwechslung. Zudem besticht die Person der Mörderin, die singulär ist: eine todkranke Frau, die vom Gericht zweifellos für unzurechnungsfähig erklärt würde. Doch dazu kommt es nicht, weil Columbo ein Herz hat.

Die Episode scheint vor allem eine Ode an Janet Leigh zu sein. So gibt es Einspielungen ihres Films »Walking My Baby Back Home«. Ihr dortiger Rollenname »Rosy«[79] taucht mehrfach auf. Was fehlt, ist einzig noch eine Duschszene! Doch es gibt noch weitere Anspielungen: Grace möchte außerdem in einer Neuauflage des Musicals »One Touch Of Venus«[80] auftreten. Während sich bei der Herrschaft also alles um große Musical dreht, amüsieren sich die Dienstboten in der Küche bei der »Johnny Carson Show«.

Unterstützt wird Janet Leigh in diesem Musical-Reigen von zahlreichen Altstars: von dem englischen Shakespeare-Mimen Maurice Evans ebenso wie dem Charakterdarsteller Sam Jaffe, der damals bereits 84 Jahre alt war. Ein Wiedersehen gibt es ebenso mit John Payne, der auch im wirklichen Leben viele Musical-Rollen neben Alice Faye oder Betty Grable spielte, daneben aber auch als eine Art »John Wayne für Arme« in B-Western gehandelt wurde. Als Filmstar Ned Diamond nimmt er in einer Szene die Hybris seines eigenen Berufstandes herrlich auf den Arm: Als der ihm noch unbekannte Columbo mit Notizblock und Stift vor ihm steht, missdeutet er dessen Anliegen. Er reißt ihm beides aus der Hand und verewigt sich auf dem Block ungefragt mit seinem Autogramm.

33. MORD IN DER BOTSCHAFT (A Case Of Immunity)

Erstausstrahlung: 12.10.1975 (USA), 31.03.1992 (D)

Drehbuch: Lou Shaw (nach einer Erzählung von James Menzies), Regie: Ted Post, Produktion: Everett Chambers, Associate producer: Edward K. Dodds, Kamera: Richard C. Glouner, Schnitt: Ronald LaVine, Ton: Jerry E. Smith, Musik: Bernardo Segall, Art director: John W. Corso, Set decorator: Jerry Adams, Kostüme: Burton Miller, Executive story consultant: Peter S. Fischer, Unit Manager: Fred R. Simpson, Regieassistenz: Kevin Donnelly, Editorial supervisor: Richard Belding, Musical supervisor: Hal Mooney.

Darsteller: Hector Elizondo (Hassan Salah), Sal Mineo (Rahmin Habib), Barry Robins (König), Andre Lawrence (Youseff Alafa), Kenneth Tobey (Commissioner), Xenia Gratsos (Zena), Dick Dinman (Kermit Morgan, Beamter des Außenministeriums), George Skaff (Kura), Nate Esformes (Hakim), Bill Zuckert (Capt. August), Bart Braverman (2. Demonstrant), Harvey Gold (Gerichtsmediziner), Jay Varela (Capt. Ortega).

Hassan Salah, den 1. Sekretär der Botschaft des fiktiven arabischen Königreiches Suari[81], bewegen verschiedene Gründe zu einem Mord: Zunächst will er sich des Sicherheitschefs Youseff Alafa als Konkurrenten um die Gunst des jungen Königs entledigen. Indem er ihn erschlägt, gleichzeitig aber auch einen Safe in der Botschaft sprengt und Dokumente verbrennt, will er die Tat einer Gruppe demonstrierender Studenten zuschieben. Der Traditionalist Salah möchte die Protestler in Misskredit bringen, da ihre Ideen von Demokratisierung und einer Öffnung Suaris nach Westen zunehmend Gehör bei dem Staatsoberhaupt finden. Schließlich sind auch noch 600.000 Dollar im Safe, die Salah nebenbei mitgehen lässt. Er bedient sich bei der Tat des ihm hörigen Botschaftsangestellten Rahmin Habib, den er dann ebenfalls beseitigt.

B Salah ist ein skrupelloser Machtmensch. Er fühlt sich der Polizei gegenüber sehr sicher; nicht nur, weil er alles perfekt geplant hat, sondern weil er zudem auch diplomatische Immunität besitzt. Daher nimmt er

Columbo nicht ernst, was sich gleich in einer Fehleinschätzung äußert, als der Inspektor erscheint: »So viele Polizisten – auf einen mehr oder weniger kommt es auch nicht mehr an.« Und ob es auf *den* ankommt!

Ein gutes Verhältnis hingegen hat Columbo zum suarischen König, den er freundlich »in meinem Namen« willkommen heißt. Der Monarch ist an ihm interessiert: »Bestimmt sieht Ihr Alltag ganz anders aus als in diesen Krimiserien.« Ob man in seinem Land »Columbo« im Fernsehen empfängt? Bei einer anderen Begegnung verblüfft der Inspektor den hohen Gast sogar mit einem suarischen Trinkspruch. Salah meint, sich für ihn entschuldigen zu müssen: »Das ist ein einfacher Mann, der die gesellschaftlichen Regeln nicht kennt.« Damit hat er zwar ins Schwarze getroffen, doch den König interessiert das nicht: »Trotzdem mag ich ihn.«

C Erstmals gehen die gegen Columbo ausgesprochenen Drohungen nicht ins Leere. Zu mächtig ist diesmal sein Gegner. Aufgrund seiner Hartnäckigkeit wird der Inspektor in der Botschaft zur »persona non grata« erklärt. Zwei Wachen führen ihn wegen »Verletzung des suarischen Hoheitsgebietes« ab. Ein Wachmann verdächtigt ihn, die Speisen für den König vergiften zu wollen. Eine Beschwerde Salahs ruft höchste Stellen auf den Plan. So erscheint ein Beamter des Außenministeriums auf dem Revier: »Egal, ob Salah schuldig ist oder nicht – wir bemühen uns um gute diplomatische Beziehungen.«

Also wird Columbo dazu verdammt, sich schriftlich zu entschuldigen. Dazu ist er überraschend schnell bereit: »Ich werde das Schreiben sogar selbst hinbringen. Als Zeichen guten Willens.« So kann er seinem Opfer erneut auf den Pelz rücken.

D Zu einer dienstlichen Besprechung erscheint Columbo zu spät: »Ich musste noch was für meine Frau erledigen.«

Man erfährt zudem, dass einer seiner ungezählten Schwager als Kellner arbeitet.

E Wie schon in der vorangegangenen Episode ist Columbo auch diesmal im dunklen Anzug mit Fliege zu erleben. Schließlich handelt es sich um einen königlichen Empfang. Er ist froh, dass er nicht auf seine Frau gehört hat, die ihm eine gestreifte Hose empfahl: »Kein Einziger trägt hier eine gestreifte Hose.« Die Botschaftsangestellte Zena fragt ihn daraufhin: »Sie interessieren sich wohl für Kleidung?« – »Tue ich«, bestätigt Columbo, ohne schamrot zu werden. Zum Beweis zeigt er seine neuen Schuhe vor: »16 Dollar 95.«

G Columbo ist in der privilegierten Position, vom König selbst kulinarische Genüsse angeboten zu bekommen. Was er jedoch im guten Glauben an Spezialitäten dieses fernen Landes vertilgt, sind entweder nur Schnecken aus Frankreich oder stammt vom Bäcker um die Ecke. Auch den alkoholfreien Fruchtpunsch missdeutet er: »Schmeckt für Champagner wirklich komisch.«

H Angesichts der von Salah angehäuften Antiquitäten verrät der Inspektor seinen mangelnden Kunstverstand. Er deutet auf eine alte Vase: »Wir haben ein ganz ähnliches Stück.« – »Inspektor, das ist 3. Jahrhundert, ein Vermögen wert!« Columbo stutzt: »Ich glaube, unsere Vase hat meine Frau auf dem Trödel gekauft.« Er zieht die scharfsinnige Schlussfolgerung: »Wahrscheinlich haben wir eine Kopie.« Bei dem besagten Empfang kommt er dann mit einem chinesischen Botschafterehepaar ins Gespräch und prahlt mit seinem neuerworbenen Wissen: »Diese Vase ist 3. Jahrhundert!«

Denkwürdig ist auch die Begegnung mit den vor der Botschaft demonstrierenden Studenten. »Wo ist Ihr Schild?«, wird er gefragt. »Hab' keins«, antwortet er. Nun bekommt er prompt eines in die Hand gedrückt: »Wir sind dankbar für jeden.« – »Ich bin Bulle«, gibt er zu bedenken. »Kann jedem passieren.« So wird Columbo Teilnehmer der Demo. Zu einem die Aktion sichernden Polizisten sagt ein Student, auf Columbo deutend: »Ein Kollege von Ihnen. Toll, was? Er demonstriert bei uns mit!«

Neben diesen auffälligen Verhaltensweisen hat Columbo noch mit weiteren Widrigkeiten zu kämpfen: Ein defekter Kaffeeautomat macht ihm zu schaffen. Dem Polizeifotografen steht er bei dessen Aufnahmen im Weg. Beinahe wirft er eine der antiken Vasen um. Die allergrößten Probleme bereitet ihm aber Hassan Salahs bis zur Erde reichender Umhang, auf den er zweimal tritt.

J Der Sicherheitschef kann nur von jemandem ermordet worden sein, den er kannte. Der Täter hatte auch Zugang zum Safe, denn die in ihm liegenden Dokumente wurden bereits vor der Sprengung der Tür verbrannt. Hassan Salah ist also schnell im Visier des Inspektors. Auch der Tod des Helfershelfers war ein Mord, obwohl es nicht den Anschein hat.

Das Problem ist kaum, Salah die Morde nachzuweisen. »Sie wären nicht so locker, wenn Sie keine diplomatische Immunität hätten«, meint Columbo, als der Mörder seine Taten frei zugibt. Womit der Botschaftssekretär nicht rechnet: Sein König hat die Offenbarung im Nebenraum mitangehört und droht ihm nun mit strenger Bestrafung in seinem Heimatland. Angesichts dieser wenig erbaulichen Vorstellung läßt Salah alle Arroganz fallen, verzichtet auf jegliche Immunität und fleht Columbo förmlich an, ihn zu verhaften. Columbo hat damit gerechnet und zieht das fertige Geständnis aus der Manteltasche: »Unterschreiben Sie einfach, wo das Kreuz ist. Drei Kopien, wenn's recht ist.«

★★★ Eine amüsante Episode mit einem undiplomatischen Inspektor auf diplomatischem Parkett[82]. Hector Elizondo, ein Star nicht erst seit »Chicago Hope«, sondern schon seit vielen Jahren Allround-Darsteller und Spezialist für fremdrassige Gestalten aller Art, ist hier in seinem Element. Erwähnenswert ist ferner Sal Mineo, der den Komplizen Habib darstellt. Mineo debütierte bereits mit acht Jahren auf der Bühne, war auch als Rock-'n'-Roll-Sänger erfolgreich und wurde zweimal für den Oscar nominiert. Leider wurde sein Schicksal in »Mord in der Botschaft« ein Jahr darauf für ihn bittere Realität: Er wurde ermordet. Die Umstände dieses Falles jedoch blieben bis heute ungeklärt.

34. TOD AM STRAND (Identity Crisis)

Erstausstrahlung: 02.11.1975 (USA), 04.02.1992 (D)

Drehbuch: William Driskill, Regie: Patrick McGoohan, Produktion: Everett Chambers, Kamera: Richard C. Glouner, Schnitt: Ronald LaVine, Ton: Jerry E. Smith, Musik: Bernardo Segall, Art director: John W. Corso, Set decorator: Jerry Adams, Kostüme: Burton Miller, Executive story consultant: Peter S. Fischer, William Driskill, Unit Manager: Frank Losee,

Regieassistenz: Reuben Watt, Editorial supervisor: Richard Belding, Musical supervisor: Hal Mooney.

Darsteller: Patrick McGoohan (Nelson Brenner alias »Colorado« alias »Steinmetz«), Leslie Nielsen (A. J. Henderson alias »Geronimo«), Otis Young (Lawrence Melville), Bruce Kirby (Sgt. George Kramer), Vito Scotti (Salvatore Defonte), Val Avery (Barkeeper Louie), David White (CIA-Chef Phil Corrigan alias »der Direktor«), Barbara Rhoades (Fotografin Joyce), William Mims (Schießbudenbesitzer), Carmen Argenziano (Gerichtsmediziner Cliff Anderson), Cliff Carnell (Don, Besitzer des Foto-Shops), Edward Bach (Geschäftsführer der Winston-Werbeagentur), Paul Gleason (Parsons), Angela May (Ruth, Brenners Sekretärin), Betty McGuire (Della, Defontes Sekretärin), Kelly Flynn (Hotelpage), Alicia Chambers (Mädchen auf dem Rummelplatz).

Nelson Brenner ist nicht nur ein Werbefachmann, sondern eigentlich ein Top-Spion – und leider auch ein Doppelagent. Sein früherer Partner Geronimo erpresst ihn mit diesem Wissen. Brenner erschlägt ihn und will den Verdacht auf den Kleinkriminellen Melville lenken. Für Columbo wird dies ein schwieriger Fall, in dem zusätzlich noch ein geheimnisvoller Unbekannter, ein Mikrofilm und schließlich die CIA eine Rolle spielen.

B Brenner ist kein einfacher Gegner. Als Abwehragent ist er für die gesamte Westküste der USA zuständig. Im Krieg wurde er ausgezeichnet. Er besitzt Orden und Ehrendoktorwürden. Columbo zeigt sich beeindruckt und schmeichelt Brenner: »Wir könnten echt 'n paar Typen wie euch gebrauchen.«

Im konspirativen Spiel großer Mächte wird der Inspektor kaum ernst genommen. Abfällig bezeichnet man ihn als »Lokalmatador«. Für Brenner ist die traurige Gestalt von vornherein indiskutabel. »Ich glaube, Sie sind hier falsch«, meint er, als er Columbo zum ersten Mal sieht. »Sind Sie Mr. Brenner?« – »Ja, aber Sie sind trotzdem falsch.«

Drastischer drückt sich der Gauner Melville aus: »Da gibt es so einen Idioten namens Columbo, der will mir was anhängen.«

C Bald begreift Brenner aber, dass auch Columbo auf seinem Gebiet ein Profi ist. Darum unternimmt er alles, um ihn zu stoppen. »Ich habe wichtige und mächtige Freunde«, droht er, »auch im Police Departement.

Ich möchte nicht, dass Sie mich belästigen!« Wäre Columbo doch nur nicht diese Klette! So muss Brenner noch einen draufsetzen: »Ich habe Freunde im ganzen Land, in der ganzen Welt! Ich glaube, dass Sie Ihre Kompetenzen überschreiten. Übertreiben Sie es nicht!« Schließlich wird sogar die CIA auf Columbo angesetzt. Deren Vertretern tritt er zwar wie gewohnt ehrfurchtsvoll-devot gegenüber; doch vermögen sie seine Spürnase trotzdem nicht zu stoppen.

D Mrs. Columbo achtet peinlich genau darauf, dass ihr Mann Schulden schnell begleicht. Außerdem hat sie großes Interesse an Musik: »Beethoven, und dann der andere mit der Hochzeit von diesem Figaro; auch Rockmusik, wenn die Nichten da sind.« Eines ihrer Lieblingsstücke ist »Madame Butterfly«.

Auch von »Hund« wird berichtet, obwohl er selbst nicht mitspielt. Der Grund für seine Abwesenheit wird sein, dass er neuerdings oft schwimmen geht: »Ein paar Häuser weiter hat einer einen Pool gebaut. Da geht er jeden Morgen hin.«

Als ein weiteres familiäres Gesicht ist wieder Sgt. Kramer dabei, der die unbedeutenderen Ermittlungen übernimmt. In einer Bar erstattet er Columbo seinen Bericht. Der aber hat nur einen Blick für die Bauchtänzerin: »Haben Sie ihre Augen (!) gesehen?«

F »Ist das Ihr Auto?«, fragt Brenner skeptisch. »Ja«, vermeldet Columbo stolz. »Davon laufen nur noch drei. Ich werde übrigens seit gestern verfolgt. Das Inkassobüro kann es ja nicht sein, denn die Karre ist bezahlt.«

Ob er es will oder nicht – hin und wieder muss auch Columbo eine Tankstelle ansteuern. »Geben Sie mir zwei«, bittet er. »Zwei Gallonen?«, fragt der Tankwart zurück, während er noch nach dem Einfüllstutzen sucht. »Nein, für zwei Dollar.« Von übertriebener Autopflege hält er jedoch nichts. Das Angebot des Tankwarts, die Windschutzscheibe zu putzen, lehnt er ab: »Nein, ich kann ja noch durchsehen.«

G Einen Hot Dog verspeist man am besten, während man dabei mit vollem Mund redet. Der Inspektor macht es vor. Auch Weintrauben, Rotwein und einer kubanische Zigarre gegenüber zeigt er sich nicht abgeneigt. Die Zigarre, so meint Brenner, diene Columbo als Mittel gegen seine Nervosität. Zu einem Zigarrenabschneider findet er keinen Zugang: »So was trage ich nicht mit mir herum.«

H Wie immer ist Columbo ohne Waffe unterwegs, was sich herausstellt, als CIA-Agenten ihn abtasten. Einem Schießbudenbesitzer verrät er den Grund: »Wenn ich am Ufer stehe, treffe ich noch nicht mal das Wasser.«

Auch ist wieder einmal zu vermelden, dass er sogar die eigene Telefonnummer vergisst. An der Tankstelle muss er sein gesamtes Kleingeld vom Boden aufsammeln.

J »Ich bin nur ein Polizist und folge dem Faden, wohin er mich gerade führt«, beschreibt der Inspektor seine Arbeit. Der Faden ist diesmal außerordentlich dünn, denn zunächst ist Columbo längere Zeit damit beschäftigt, die Identität des Ermordeten zu ermitteln. Das gab es bisher noch nie, und es ist nicht gerade leicht, da das Opfer unter allen möglichen Namen in Erscheinung trat. Neu ist auch, dass nicht nur Columbo seinen Spuren nachgeht, sondern auch selbst verfolgt wird. Sogar seine Wohnung wird abgehört. Trotz derartiger Schwierigkeiten gelingt es ihm schließlich doch, Brenners vermeintliches Alibi zu widerlegen. Brenner gab an, zur Tatzeit in seinem Büro eine Rede diktiert zu haben. In Wirklichkeit tat er dies jedoch erst am Morgen danach.

Columbo untersucht das entsprechende Tonband. Der clevere Brenner hat aber offensichtlich die Episode »Wenn der Eismann kommt« aufmerksam studiert und vermeidet den Fehler, den der Sportmanager Hanlon dort machte. Auf seinem Band ist sogar eine Standuhr zu hören, die deutlich 11 Uhr schlägt. Trotzdem kann er die Rede erst am folgenden Tag formuliert haben, denn es findet sich darin der Satz: »Die Chinesen können zwar auf die Olympiade verzichten, aber nicht auf unsere Sojabohnen.« Die Nachricht eines drohenden Olympiaboykotts der Asiaten wurde aber zweifelsfrei erst am Morgen veröffentlicht. Am Abend zuvor konnte Brenner davon noch nichts wissen. »Übrigens«, schließt Columbo den Fall ab, »die Chinesen haben ihre Meinung wieder geändert.«

★★ Die beiden Freunde Falk und McGoohan geben sich in ihrem Zusammenspiel wieder großartig. Die eindringliche Szene in Brenners Haus, in der sich beide Gegner umschleichen, gibt davon Zeugnis. Allein die Story will nicht so recht zünden. Das Tonband als Beweis ist nicht neu. Die CIA-Aktivitäten wirken eher unglaubwürdig. Der Regisseur McGoohan hingegen macht seine Sache ausgesprochen gut und hat dem

Schauspieler McGoohan den gewohnt stoischen Ausdruck verordnet, mit dem er jederzeit Herr der Lage zu sein glaubt. Verlierer in diesem Spiel ist nach »Schritte aus dem Schatten« zum zweitenmal Leslie Nielsen. Mit Val Avery und Vito Scotti (der Columbo »multo sympatico« findet) ist auch das Stammpersonal wieder einmal mit Freude bei der Sache.

35. BLUTROTER STAUB (A Matter Of Honor)

Erstausstrahlung: 01.02.1976 (USA), 24.03.1992 (D)

Drehbuch: Brad Radnitz (nach einer Erzählung von Larry Cohen und Brad Radnitz), Regie: Ted Post, Produktion: Everett Chambers, Kamera: Gabriel Torres, Schnitt: Ronald LaVine, Ton: Jerry E. Smith, Musik: Bernardo Segall, Art director: John W. Corso, Set decorator: Raphael Suarez, Kostüme: Rudy Nava Luna, Executive story consultant: Peter S. Fischer, William Driskill, Unit Manager: Frederico Serrano, Regieassistenz: Kevin Donnelly, Editorial supervisor: Richard Belding, Musical supervisor: Hal Mooney.

Darsteller: Ricardo Montalban (Don Luis Montoya), Pedro Armendariz jr. (Commandante Emilio Sanchez), A Martinez (Curro Rangel), Robert Carricart (Hector Rangel), Maria Grimm (Nina Montoya), Jorge Rivero (Jaime, Vorarbeiter), Emilio Fernandez (Miguel Hernandez), Enrique Lucero (Angestellter), Evita Munoz Chachita (Mrs. Sanchez).

Don Luis Montoya, als Stierkämpfer ein mexikanischer Nationalheld, ist seit vielen Jahren für seinen unerschrockenen Mut in der Arena bekannt. Von diesem Ruhm zehrt er. Sein letzter Kampf, bei dem er schwer verletzt wurde, liegt jedoch schon lange zurück. Eines Tages muss er zusammen mit seinem alten Freund Hector Rangel dessen Sohn Curro zu Hilfe eilen, der sich aus jugendlichem Leichtsinn dem gefährlichen Stier Marinaro stellte. Dabei erkennt Hector, dass Montoya von panischer Angst befallen wird. Diese Beobachtung kostet ihn das Leben. Um seine Ehre zu bewahren, lockt Montoya den Zeugen seines Versagens in die Arena, betäubt ihn und lässt Marinaro auf ihn los. Niemand würde je ein Verbrechen dahinter wittern – befände sich nicht gerade das Ehepaar Columbo zum Urlaub in Mexiko.

B Wieder einmal treffen Welten aufeinander. Der stolze Don lebt gänzlich in den Kategorien von Ehre und Mut. Columbo, dem Mann des Understatements, sind solche Begriffe völlig fremd. Auch für die Leidenschaft Montoyas hat er wenig Verständnis: »Wie kann man mit so was seinen Lebensunterhalt verdienen?« Als nüchterner Pragmatiker definiert er die Tötung eines Stiers als Vernichtung eines wertvollen Besitzes, nicht aber als die von Montoya hochstilisierte »matter of honor«. Die beiden Gegner reden aneinander vorbei. »Der Inspektor ist als mein Gast hier«, muss der leitende Beamte den Matador beschwichtigen, »ohne offiziellen Auftrag.« – »Er ist sehr wissbegierig«, stellt Montoya missbilligend fest.

C Der Mexikaner kann drohen: »Ich wende mich an den Gouverneur! Sie werden Ihren Job verlieren!« Das gilt diesmal allerdings dem ermittelnden Commandante Sanchez. Columbo ist ja nur inoffiziell dabei und bietet daher weniger Angriffsfläche.

D Selbstredend muss Mrs. Columbo nach Hause abreisen, bevor der Zuschauer sie erblicken könnte. Sie wird zur Feier des elften Hochzeitstages von Columbos Cousin Vito erwartet.

Erstmals steht dem Inspektor ein Partner zur Seite, der diese Bezeichnung auch verdient: Commandante Emilio Sanchez, verheiratet, zwei Kinder. Er leitet die Untersuchungen. Seinerzeit verfolgte er alle Zeitungsberichte zum Fall »Traumschiff des Todes«, den Columbo während seines letzten Urlaubs glänzend löste. Als der Inspektor Zweifel an der Unfalltheorie äußert, vertraut ihm Sanchez, obwohl weitere Ermittlungen für ihn mit einem Risiko verbunden sind. Der Einfluss Montoyas ist beträchtlich. »Ein Polizist, der leichtfertig seine Pension aufs Spiel setzt, muss ganz schön ›loco‹ sein«, meint er und tut es trotzdem. Im Blick auf diese Art »Verrücktheit« besteht zwischen beiden Polizisten eine Wesensverwandtschaft. Ein freundschaftlicher Händedruck im Schlussbild bringt ihre Verbundenheit zum Ausdruck.

F Beim Thema »Auto« kommt es erstmals zu einer Motiverweiterung, die in späteren Folgen ausgebaut werden wird: der Verkehrsunfall. Der Inspektor kommt mit dem alten Vehikel nicht mehr zurecht. In der überfüllten Innenstadt fährt er dem vorausfahrenden Wagen auf. Zwar versucht er die aufgebrachte Menge mit dem Hinweis auf seine Versicherung zu beschwichtigen, kommt jedoch gegen das typisch südländische Lamento nicht an. Verstehen kann ihn ohnehin niemand. »Ich bin hier langgeschlichen – mit 5 km/h«, rechtfertigt er sich. Ungefragt wird sein Wagen abgeschleppt. Darüber ist er gar nicht glücklich: »Ich muss zurück nach Los Angeles. Außerdem bin ich mit meiner Frau hier.«

H Columbo spricht einen Angestellten der Montoya-Ranch an: »Senor! Du verzeihen – ich Polizei!« – »Ich bin hier Vorarbeiter«, gibt der Angesprochene zurück. »Mit mir müssen Sie nicht reden wie mit 'nem Blöden.« Auch sonst liegt Columbo nicht immer richtig. Den gefährlichen Killerbullen nennt er »ein hübsches Kerlchen«. Gleichwohl läuft er erschrocken davon, als sich ihm ein Jungstier nähert.

J Durch die unfreiwillig gemachte Bekanntschaft mit dem mexikanischen Polizisten kommt Columbo zu diesem Fall wie die Jungfrau zum Kind. »Eigentlich bin ich doch hier im Urlaub, aber ich denke schon wieder wie ein Polizist. Das nennt man: besessen von der Arbeit.« Der Kollege sieht das so: »Wir nennen das ›loco‹ – verrückt.«

Doch die gewissen Kleinigkeiten haben Columbo längst wieder gepackt. Er ist es, der eine Autopsie des Toten empfiehlt, bei der Reste des Betäubungsmittels gefunden werden. Das Motiv des Mörders bleibt ihm lange verborgen. Es wird erst verständlich, nachdem er sich eingehend mit dem Stierkampf auseinandergesetzt und die Tradition und Mentalität des Matadors ergründet hat. Nun lockt er Montoya in die Arena und hetzt den Stier auf ihn. Der Schrecken im Gesicht des einst so Wagemutigen wird jetzt für alle sichtbar.

★★ Columbo in mexikanischem Ambiente – das bedeutet einen Zusammenprall amerikanischer Sorglosigkeit und Pragmatik mit südländischen Traditionen, Leidenschaften und einem besonderen Ehrenkodex. Das Mordmotiv wird daher für Mitteleuropäer nur schwer nachzuvollziehen sein. Auch einen stichhaltigen Beweis gegen Montoya kann Columbo nicht erbringen. Überzeugender ist hingegen das Personal. Die Rolle des stolzen Mexikaners ist wohl keinem so auf den Leib geschrieben wie Altstar Ricardo Montalban. Besonders beindruckend wirkt er in der emotionsgeladenen Schilderung seines letzten Kampfes. Als Miguel ist der große mexikanische Regie-Altmeister Emilio Fernandez zu sehen, der auch häufig mit dem bekannten Vater des Sanchez-Darstellers, Pedro Armendariz sr., arbeitete. Der Drehstab bestand ebenfalls zu einem Großteil aus Mexikanern.

36. WENN DER SCHEIN TRÜGT (Now You See Him)

Erstausstrahlung: 29.02.1976 (USA), 24.05.1980 (D)

Drehbuch: Michael Sloan, Regie: Harvey Hart, Produktion: Everett Chambers, Associate producer: Edward K. Dodds, Kamera: Richard C. Glouner, Schnitt: Jamie Caylor, Ton: Jerry E. Smith, Musik: Bernardo Segall, Art director: John W. Corso, Set decorator: Jerry Adams, Kostüme: Burton Miller, Executive story consultant: Peter S. Fischer, William Driskill, Unit Manager: Fred R. Simpson, Regieassistenz: Sam C. Freedle, Editorial supervisor: Richard Belding, Musical supervisor: Hal Mooney, Zaubersequenzen: Mark J. Wilson.

Darsteller: Jack Cassidy (Stefan Müller alias »Der Große Santini«), Bob Dishy (Sgt. John J. Wilson), Robert Loggia (Harry Blandford), Nehemiah Persoff (Jesse T. Jerome), Cynthia Sikes (Della Santini), Patrick Culliton (Danny Green), George Sperdakos (Thackery), Thayer David (Verkäufer für Zaubererbedarf), Redmond Gleeson (George Thomas, Inspizient), Victor Izay (Mr. Lassiter, Schlosser), Robert Gibbons (Rogers), Michael Payne (Jefferson).

Der bekannte Zauberkünstler Santini soll die Hälfte seiner Einnahmen an den Nachtclubbesitzer Jesse Jerome abtreten. Dieser hat Santini in der Hand, da er um dessen Nazi-Vergangenheit im 3. Reich weiß. Jerome wird von Santini erschossen. Der Illusionist hat jedoch ein »wasserdichtes« Alibi: Er führte zur Tatzeit seinen berühmtesten Trick vor, bei dem er in einer abgeschlossenen Metallkiste in einem gläsernen Wassertank steckte.

B Santini ist ein Star unter den Zauberkünstlern, der mühelos große Hallen wie den Madison Square Garden füllt. Hinter dieser über Jahrzehnte hinweg sorgfältig aufgebauten Maskerade steckt in Wirklichkeit der frühere deutsche Unteroffizier der Waffen-SS Stefan Müller.[83] Der Verbrecher ist aalglatt, abgebrüht in seinem Handeln und ohne Nerven. Er spielt mit Columbo und versteckt sich hinter seinen Zaubertricks, wenn es um seinen Aufenthaltsort während des Mordes geht: »War ich hier? Oder war ich dort?« Erst langsam merkt er, dass der unscheinbare Inspektor ihm ebenbürtig ist: »Ich bin nicht, was ich zu sein scheine. Sie aber auch nicht.« – »Ich mache nur meine Arbeit«, wehrt Columbo ab. »Die Worte eines kleinen Proletariers«, meint Santini. Diese beiden können keine Freunde werden.

Andere Personen missdeuten Columbos Erscheinung gründlich. »Sie müssen von der Arbeitsvermittlung sein«, wird er von Jeromes Partner Blandford angesprochen. »Hier, ziehen Sie das an«, deutet er auf eine Kellnerlivree. In einem Geschäft für Zaubererbedarf stellt er sich vor: »Mein Name ist Columbo.« – »Oh«, sagt der Verkäufer, dann sind Sie ›Der Große Columbo‹?« – »Nein, nur Inspektor.«

D Während nichts Familiäres zu vermelden ist, taucht doch eine bereits bekannte Person wieder auf: Detective Sgt. Wilson, der schon in »Blumen des Bösen« eine nicht gerade kompetente Figur gemacht hatte.[84] »Es ist mir eine Ehre, wieder mit Ihnen zusammenzuarbeiten«, freut er sich. »Ich habe seit unserem letzten Fall viele Erfahrungen gesammelt.« Wen dem nur so wäre! Wilson ist noch immer besonders übereifrig und meint so – in völliger Verkennung der Natur des Inspektors – dem Arbeitsstil Columbos gerecht zu werden: »Der Inspektor ist ein sehr genauer Mann.« Ständig wartet er mit neuen Verdächtigen auf: Erst ist es der Sänger Danny Green, dann Blandford und schließlich der Kellner Thackery. Während einer Zaubervorführung fragt Columbo seinen Adlatus: »Ist Santini schon hinter die Bühne gekommen?« – »Natürlich nicht«, antwortet Wilson entrüstet und mit einem Ausdruck völligen Unverständnisses. »Er ist im Würfel!« Mancher lernt es eben nie.

Dafür ist Wilson stolz, inzwischen auf der Polizeiakademie einen Schreibmaschinenkurs absolviert zu haben. Columbo lobt ihn deshalb: »Sie sind ein Teufelskerl!«

E Der Inspektor bietet bei seinem ersten Auftritt ein recht befremdliches Bild. Des Rätsels Lösung: Mrs. Columbo hat ihm zum Geburtstag einen neuen, dunkelblauen Mantel geschenkt (→ Abb. 7). Ein Streifenpolizist teilt die Verunsicherung der Zuschauer: »Ich habe Sie nicht erkannt, Inspektor. Sie sehen irgendwie anders aus.« – »Ich habe einen neuen Haarschnitt.«

Der Neuerwerbung ist jedoch keine Zukunft beschieden. »Ich kann in diesem Mantel nicht denken«, ruft sein Träger aus und reißt ihn sich vom Leib. Fortan trachtet er danach, das ungeliebte Teil irgendwie loszuwerden. Doch Sgt. Wilson, sonst zu nichts zu gebrauchen, spürt den Mantel immer wieder auf (sogar im Fundbüro) und trägt ihn seinem Chef hinterher. Die Schlüsselszene: Columbo steigt aus dem Auto, lässt »Hund« und Mantel zurück. Den Vierbeiner bittet er: »Wenn jemand versucht, ihn zu klauen – dann guck' weg!«

Schließlich gibt es doch noch ein Happy End, bei dem Columbo das altvertraute Stück wieder trägt. Seine Frau musste den neuen Mantel wohl oder übel zurückbringen.

G Am Tatort erscheint Columbo mit einer Papiertüte, in der sich Hühnchenfleisch befindet. Mit seinen fettigen Fingern kann er niemandem die Hand geben.

J Bei einem Fall, der im Milieu der Magier spielt, ist nichts so, wie es scheint. Alles ist Illusion. So hält sich Santini während seines großen Kunststücks in Wirklichkeit unterhalb der Bühne auf. Einem Kellner gaukelt er seine Anwesenheit in der Garderobe vor. Dabei ist er längst anderswo mit Mord beschäftigt.

Diese Tricks Santinis bereiten Columbo Kopfzerbrechen. »Ich versuche mir etwas zu erklären, was unerklärlich ist«, gibt er zu. »Das hört sich an, als ob Sie über Santini sprechen«, meint Blandford.

So fordert der Inspektor Santini auf der Bühne heraus. Er muss wissen, ob der Magier in der Lage ist, komplizierte Schlösser zu öffnen. Dabei siegt Santinis Eitelkeit über seine Vorsicht, als er es mühelos fertigbringt. Auch hinter einen Zahlentrick kommt der findige Cop. Doch am meisten Mühe bereitet es ihm, ein Motiv für den Mord zu finden.

Schließlich entdeckt er die Farbbandkassette in Jeromes Schreibmaschine, an der das Opfer zuletzt arbeitete. Mit Hilfe des Bandes kann er den Text des letzten Briefes Jeromes rekonstruieren. Er war an die Einwanderungsbehörde gerichtet und offenbarte Santinis dunkle Vergangenheit.

In einem gelungenen Showdown geht Columbo nun selbst unter die Zauberer. Er arbeitet mit denselben Tricks, täuscht ein Gespräch in einem Büro vor, das den durchschauten Mörder, der es mithört, zum Rückzug veranlasst. Doch Columbo erwartet ihn schon. Er zückt einen Brief als Beweisstück, den Santini in Flammen aufgehen lässt. Aber der Inspektor hat noch mehrere davon im Ärmel, die er bühnenreif einen nach dem anderen hervorzaubert. Santini ist erschüttert: »Ich dachte, ich hätte den perfekten Mord begangen.« – »Den gibt es nicht«, widerspricht Columbo. »Das ist nur eine Illusion.«

★★★★ Wer kann die Polizei so überzeugend an der Nase herumführen wie ein professioneller Magier? So war es nur eine Frage der Zeit, bis ein Vertreter dieser Zunft gegen den Inspektor antreten würde. Das Duell zweier solcher Schlitzohren macht diese Episode zu einem reinen Vergnügen. Dabei fällt es nicht einmal ins Gewicht, dass Kultmotive (bis auf die schöne Idee mit dem neuen Mantel) kaum vorkommen. Das gelungene Drehbuch wird mit Darstellern von Format wie Robert Loggia und Nehemiah Persoff gekrönt. Sie werden noch übertroffen von Jack Cassidy in seinem dritten und besten Auftritt. Leider sollte es sein unwiderruflich Letzter werden: Cassidy starb noch im selben Jahr mit 49 Jahren bei einem Brand in seinem Appartement in »Columbos Revier« Los Angeles.

37. DER ALTE MANN UND DER TOD (Last Salute To The Commodore)

Erstausstrahlung: 02.05.1976 (USA), 28.01.1992 (D)

Drehbuch: Jackson Gillis, Regie: Patrick McGoohan, Produktion: Everett Chambers, Kamera: William J. Cronjager, Schnitt: Robert L. Kimble, Ton: Jerry E. Smith, Musik: Bernardo Segall, Art director: Seymour Klate, Set decorator: Joseph J. Stone, Kostüme: Burton Miller, Executive story consultant: Peter S. Fischer, William Driskill, Unit Manager: Ralph Sariego, Regieassistenz: Kevin Donnelly.

Darsteller: Robert Vaughn (Charles Clay), Fred Draper (Swanny Swanson), Diane Baker (Joanna Clay), Wilfried Hyde-White (Anwalt Kittering), John Dehner (Commodore Otis Swanson), Dennis Dugan (Theodore »Mac« Albinsky), Bruce Kirby (Sgt. George Kramer), Joshua Bryant (Wayne Taylor), Susan Foster (Lisa King), Rod McCary (Fähnrich O'Connor), John Finnegan (Schiffsmaat Murray), Joseph Roman (Vorarbeiter Fred), Hanna Hertelendy (Frau), Jerry Crews (Wachmann), Fred Porter (Matrose), Jimmy Joyce (Graphologe), Tom Williams (Barkeeper).

Der alte Werftbesitzer Otis Swanson will seine Firma verkaufen. Das geht einigen seiner Familienmitglieder gegen den Strich. Er wird in seinem Strandhaus erschlagen. Sein Schwiegersohn Charles Clay fährt die Leiche in einem Boot hinaus aufs Meer und wirft sie über Bord. Für Columbo verdichten sich die Verdachtsmomente gegen Clay, als auch dieser plötzlich ermordet wird. Inspektor wie Zuschauer müssen völlig umdenken.

B Charles Clay ist der typische Verdächtige und soll es ganz offensichtlich auch sein. Es stellt sich aber heraus, dass er den Commodore nur beiseite geschafft hat, um seine alkoholkranke Frau Joanna zu schützen, die er verantwortlich für die Tat hält. Nach Clays Tod stehen auf einmal eine ganze Reihe von Verdächtigen zur Auswahl.

D Nach getaner Arbeit will sich Columbo mit seiner Frau im Yachtclub treffen. Dorthin rudert er mit einem kleinen Kahn, während er gut gelaunt »This Old Man« pfeift.

Wieder ist Sgt. Kramer an Columbos Seite. Seine Aufgabe beschränkt sich diesmal darauf, den Chef vom Rauchen abzuhalten, da dieser davon spricht, die Zigarren aufgeben zu wollen. Zusätzlich ist ihnen der junge Beamte Theodore Albinsky, genannt »Mac«, zugeteilt. Kramer und Mac versuchen sich an Inkompetenz gegenseitig zu übertreffen, was Columbo zu der Stellungnahme veranlasst: »Unser junger Kollege ist noch nicht lange dabei, und der andere übt noch.« Kramer sieht sich nicht einmal in der Lage, eine von ihm hochgehaltene Stehlampe eigenverantwortlich wieder abzusetzen.

F Mit vier Insassen wird der kleine Peugeot völlig überbeansprucht. Zum Fahrer wird Mac verdonnert. Der Fahrzeughalter gibt dafür einen absurden Grund an: »Sie brauchen etwas Fahrpraxis, falls wir mal jemanden verfolgen müssen.«

G Mrs. Columbo drängt ihren Mann, das Rauchen aufzugeben; doch nicht etwa, weil es ihm schade, sondern weil der Rauch ihren Pflanzen nicht bekomme. Columbo ist guter Vorsätze, hält sie aber nicht lange durch: »Irgendwann höre ich auf. Nur nicht heute.«

Er merkt zudem an, dass er in der Nacht mindestens acht Stunden Schlaf benötige. Zur Entspannung versucht er es mit Transzendentaler Meditation (TM). Die junge Lisa King leitet ihn dabei an. Es stellt sich aber heraus, dass er viel zu ungelenkig und verkrampft ist, um die angemessene Sitzposition einzunehmen. Sein Fazit: »Ich glaube, ich bin unfähig, mich zu entspannen.«

I Während seine Mitarbeiter vor einem Haus auf Columbo warten, hat dieser nur Augen für den Strand dahinter. »Einen großen Teich haben Sie da hinter dem Haus«, bemerkt er.

J Nachdem Columbo genügend weiß, versammelt er alle Verdächtigen, um ihnen den Hergang des Verbrechens zu schildern. Dabei hält er jedem der Anwesenden die in seiner Hand verborgene Uhr des Commodore ans Ohr und lässt sie das Ticken hören. Alle geben dazu irgendwelche belanglosen Kommentare ab; so auch Swanny Swanson, der Neffe des Ermordeten. Er sagt: »Nicht zu glauben«, und meint dies auch so. Nur der Mörder aber konnte wissen, dass die Uhr bei der Tat zu Bruch ging. Swanny versprach sich das Erbe des alten Mannes, sofern dessen Tochter Joanna, die er zu belasten suchte, als Mörderin verurteilt worden wäre.

★ Wäre dieses Machwerk doch nie gedreht worden! Ohne Zweifel ist es – nicht nur von »Columbo«-Puristen – als völlig missglückt anzusehen. Zwei, die es eigentlich besser können, Autor Jackson Gillis und Regisseur Patrick McGoohan, versuchen hier etwas Neues abseits der Norm zu schaffen. Dabei sind zwei Filme mit unterschiedlichen Erzählmustern entstanden, die nicht zusammenpassen. Zunächst beginnt die Episode als gewohnter Fall – obwohl der geübte Zuschauer bereits misstrauisch wird, weil die Tat explizit nicht gezeigt wird. Nachdem aber Robert Vaughn als Bilderbuch-Verdächtiger ebenfalls hin- und damit ausscheidet, weiß der Zuschauer plötzlich ebenso wenig wie der Inspektor. Ab jetzt verläuft die Handlung als ein typisches »Whodunit« im Stil von Agatha Christie – bis hin zur Schlussszene, in der Columbo als verunglückte Hercule-Poirot-Karikatur alle Verdächtigen um sich schart, um sie mit seinem Wissen zu beglücken. Das ist nicht originell, sondern lediglich ein ärgerlicher Stilbruch. Auch kann Swannys Geschwätz kaum zu einem Beweis seiner Schuld hochstilisiert werden.

Das komödiantische Element ist maßlos überzogen. Das zeigt sich, als Columbo aus seinem offenen Wagen heraus zur »Attacke« ruft oder Mac besonders umständlich zwei Offiziere der Küstenwache vorstellt. Die Polizisten erscheinen viel trotteliger als je zuvor und werden von Columbo auch so vorgeführt. Die blasse Gestalt des Mac – eine zusätzliche Idee des Regisseurs – ist neben Kramer völlig überflüssig und trägt zur Handlung nichts bei.

Diese im Seefahrtsmilieu spielende Episode ist eine Art »Titanic«, die auch mehrere prominente Passagiere wie Vaughn, Dehner, Hyde-White und Baker nicht am Sinken hindern können. Ein solider Mord von der Hand Robert Vaughns wäre schöner gewesen.

38. MORD IM BISRTO (Fade In To Murder)

Erstausstrahlung: 10.10.1976 (USA), 07.04.1992 (D)

Drehbuch: Lou Shaw, Peter S. Feibleman (nach einer Erzählung von Henry Garson), Regie: Bernard L. Kowalski, Produktion: Everett Chambers, Associate producer: Joseph D'Agosta, Kamera: Milton R. Krasner, Schnitt: Ronald LaVine, Ton: Jerry E. Smith, Musik: Bernardo Segall, Art director: Michael Baugh, Set decorator: Peg Cummings, Kostüme: George R. Whittaker, Executive story consultant: William Driskill, Unit Manager: Robert Anderson, Regieassistenz: Mark Sandrich jr., Soundeffekt-Schnitt: Brian Courcier, Musik-Schnitt: Robert Mayer.

Darsteller: William Shatner (Ward Fowler alias »Inspektor Lucerne«), Lola Albright (Claire Daley) Alan Manson (Sid Daley), Bert Remsen (Mark Davis), Walter Koenig (Sgt. Johnson), Danny Dayton (Regisseur), Timothy Agoglia Carey (Tony, Ladenbesitzer), John Finnegan (Regieassistent), Victor Izay (Conroy), Shera Danese (Molly), Jimmy Joyce (Kameramann), Frank Emmett Baxter (Walter Gray), Fred Draper (Joseph, Partner von Inspektor Lucerne).

Der Schauspieler Ward Fowler, Star der Krimiserie »Inspector Lucerne«, steht unter dem Druck seiner Produzentin Claire Daley. Sie lässt sich ihr Wissen um Fowlers Vergangenheit als Deserteur während des Koreakrieges gut bezahlen. Doch der Erpresste hat genug davon. Er inszeniert einen Raubüberfall in dem von Claire häufig besuchten Bistro und erschießt sie dabei. Columbo hat jedoch seine kleinen Anfragen an den Hergang und lässt sich auf ein Duell mit dem »Kollegen« ein.

A »Na, was haben wir denn heute«, fragt der Inspektor in aufgeräumter Stimmung, als er zum Tatort kommt. Eine sehr untypische Haltung!

B Ward Fowler hat sich aufgrund des Erfolges seiner Fernsehserie so stark mit der Figur des Inspektors Lucerne identifiziert, dass er der festen Überzeugung ist, es mit der Polizei aufnehmen zu können. Dem entspricht sein unbekümmertes Auftreten gegenüber Columbo. Es schmeichelt seiner Eitelkeit, seine Fähigkeiten als Ermittler unter Beweis stellen zu können. So schlüpft er in Gesprächen mit Columbo immer wieder in die Rolle des Lucerne, um als »advocatus diaboli« seinem anderen Ich, Ward Fowler, auf den Zahn zu fühlen: »Er könnte es gewesen sein.« Konfrontiert ihn Columbo mit neuen Erkenntnissen über Fowler, so antwortet ihm Lucerne: »Davon hat er mir nie etwas erzählt.«

Columbo nimmt die Schizophrenie in Fowlers überheblichem Wesen nur zu gern für seine Zwecke in Anspruch. Er hofiert ihn entsprechend: »Ich würde mich geehrt fühlen, wenn Inspektor Lucerne mir hilft.« Über den Scharfsinn seines Gegners äußert er sich beeindruckt: »Kein Wunder, dass Sie mehr Verbrechen aufklären als ich.«

Im Laufe der Zeit erkennt Fowler aber, dass der echte Inspektor ihm gewachsen ist. »Wir beide würden ein gutes Team abgeben.« – »So wie Sherlock Holmes und Dr. Watson?«, fragt Columbo bescheiden. »Eher wie Sherlock Holmes und Sherlock Holmes.« Letztlich aber ist es weniger Fowler als vielmehr der Ehrgeiz und die Eitelkeit Inspektor Lucernes, die der gespaltenen Persönlichkeit den Hals brechen.

D Selbstverständlich verpassen Mrs. Columbo und ihr Mann keine Folge der Serie Fowlers.

E Der Fernsehinspektor darf sogar mit Kreide einen Kreis auf Columbos Mantel zeichnen. Allerdings wird er zur Vorsicht gemahnt: »Nicht zu fest, sonst geht das gute Stück kaputt!«

F Über den hohen Preis für einen Videorecorder (damals durchaus noch eine Novität) ist Columbo erstaunt: »Dafür bekäme ich ja einen neuen Wagen! Nicht etwa, dass ich einen bräuchte….«

H In Fowlers Wohnwagen am Set kann es Columbo nicht lassen, Hut und Handschuhe der berühmten Fernsehfigur anzuziehen, um damit herumzustolzieren. Wie immer, wenn er an einen Drehort kommt, stört er auch diesmal die Filmaufnahmen, indem er in der Dekoration herumschleicht und Requisiten umwirft. In Fowlers Appartement hat er größte Probleme, die gesicherte Wohnungstür zu öffnen.

J »Wenn ich etwas hasse, dann diese Details«, schimpft Columbo. Diese helfen ihm diesmal aber recht schnell auf die Sprünge. Die Eintrittslöcher der tödlichen Kugel im Körper und im Kleid des Opfers verraten ihm, dass hier vorsätzlich getötet wurde. Auch das Alibi, das der Mörder mit Hilfe seines ahnungslosen Freundes Mark Davis konstruiert, hat keinen Bestand: Das gemeinsam im Fernsehen angeschaute Baseballspiel war in Wirklichkeit nur eine Videoaufzeichnung. Den letzten Beweis liefert die Tatwaffe, die aus dem Fundus des Filmstudios stammt: Sie ist zwar von Fingerabdrücken gereinigt; nicht aber die in ihr befindlichen Platzpatronen, die Fowler für den Mord auswechseln musste.

★ Die Idee ist gut: Der Fernsehdetektiv tritt gegen einen Fernsehdetektiv an. Fowler ist wie Falk »Emmy«-Preisträger. Umso mehr aber hätte man aus dieser Konstellation machen können. Kultmotive sind spärlich gesät, aber auch der Kriminalfall ist wenig spannend. Der Täter benimmt sich durch seine schizophrene Masche oft recht albern und kann als ernstzunehmender Gegner nicht überzeugen. William »Kirk« Shatner ist fehlbesetzt, da er kaum einen wirklichen Schurken darzustellen vermag. Er bleibt aber ebenso in seinem Bemühen blass, dem Mörder sympathische Züge zu verleihen. Trotzdem wurde er 1993 für die ungleich bessere Episode »Todesschüsse auf dem Anrufbeantworter« erneut verpflichtet.

Von seiner Enterprise-Crew hat Shatner Walter Koenig alias Pavel Chekov mitgebracht. Dessen Statisten-Auftritt als Sgt. Johnson macht aber deutlich, dass er auf der Kommandobrücke eher benötigt wurde als im Police Departement. Als Molly ist erstmals bei »Columbo« Shera Danese zu sehen, die bald darauf den Hauptdarsteller heiratete.

39. BEI EINBRUCH MORD (Old Fashioned Murder)

Erstausstrahlung: 28.11.1976 (USA), 14.04.1992 (D)

Drehbuch: Peter S. Feibleman (nach einer Erzählung von Lawrence Vail), Regie: Rotiert Douglas, Produktion: Everett Chambers, Associate producer: Joseph D'Agosta, Kamera: Irving I. Lippman, Schnitt: Stanley Frazen, Ton: Jerry E. Smith, Musik: Dick De Benedictis, Art director: Michael Baugh, Set decorator: Peg Cummings, Kostüme: George R.

Whittaker, Executive story consultant: William Driskill, Unit Manager: Robert Anderson, Regieassistenz: Charles Walker, Soundeffekt-Schnitt: Brian Courcier, Musik-Schnitt: James D. Young.

Darsteller: Joyce Van Patten (Ruth Lytton), Celeste Holm (Phyllis Brandt), Jeannie Berlin (Janie Brandt), Tim O'Connor (Edward Lytton), Jess Osuna (Dr. Tim Schaeffer), Peter S. Feibleman (Milton Schaeffer), Jon Miller (Sgt. Miller), Anthony Holland (Mr. Darryl, Frisör), Lucy Saroyan (Elise), Gary Krawford (Uhrenverkäufer), Eloise Hardt (Dienstmädchen Cathy), Morris Buchanan (2. Detective), Giles Douglas (Polizeifotograf).

Für Ruth Lytton ist das im Familienbesitz befindliche Museum der einzige Lebenssinn. Als ihr Bruder Edward es wegen Unrentabilität verkaufen will, hat er sein Todesurteil gesprochen. Ruth stiftet den vorbestraften Milton Schaeffer zu einem Einbruch an, bei dem sie sowohl ihn als auch ihren Bruder erschießt. Alles deutet darauf hin, dass sich beide gegenseitig töteten.

B Ganz im Gegensatz zur übrigen Familie reagiert Ruth sehr abgeklärt auf Columbos Ermittlungen. Sie hat in ihrem Leben schon viel Schmerz ertragen müssen. Ihr Verlobter wurde ihr einst von der eigenen Schwester ausgespannt. So ist sie einsam und »old fashioned« (altmodisch) geworden. Columbo gegenüber zeigt sie sich kooperativ und stößt ihn fast mit der Nase auf die Wahrheit. »Sie sollten bei der Polizei anfangen«, lobt er sie. Allerdings muss sie bald merken, dass Columbo ein unbequemer Mensch ist: »Es ist wohl eine Vorliebe von Ihnen, Fallen zu stellen?« Richtig beobachtet!

Den anderen Familienmitgliedern ist Columbo ein Grauen. Ruths exaltierte Schwester Phyllis fällt bei seinem Anblick regelmäßig in Ohnmacht. Das Dienstmädchen lässt vor Schreck einen Teller fallen. Der Inspektor hat es nicht leicht, überhaupt zu seinen Ermittlungen zu kommen, sondern muss vielmehr stets mit dem Schlimmsten rechnen: »Wenn Ihnen schlecht wird bei den Fragen, lassen Sie es mich wissen.«

C In den kurzen Momenten, in denen Phyllis Brandt einmal nicht ohnmächtig ist, droht sie dem Inspektor: »Dafür verlieren Sie Ihren Job! Nicht einmal Strafmandate werden Sie noch verteilen dürfen, Inspektor Columbus (sic)!«

D Mrs. Columbo zeigt wie viele Frauen ein reges Interesse an den Blättern der Regenbogenpresse.

Mit Columbo zusammen arbeitet Sgt. Miller. Er reiht sich ein in die Schar der völlig unselbständigen Beamten, die ohne die Erlaubnis des Inspektors noch nicht einmal einen Lichtschalter betätigen: »Nicht, solange nicht der Inspektor die Weisung gibt!« So kommt es, dass die Kollegen der Spurensicherung am Tatort zunächst im Dunkeln arbeiten und gehorsam auf das Eintreffen Columbos warten. Ansonsten ist Miller lediglich dazu gut, seinem Vorgesetzten Geld zu leihen.

E In »Wenn der Schein trügt« war es noch ein Witz, nun wird es grausame Wirklichkeit: Columbo lässt sich tatsächlich frisieren und sogar maniküren. »Das ist eine Herausforderung!«, frohlockt der offensichtlich homosexuelle Frisör und berechnet dafür 25 Dollar. Die Bezahlung muss der Sergeant übernehmen. Columbo empfiehlt jedoch 50 Cent Trinkgeld. »Pro Person?« – »Das überlasse ich Ihrem Feingefühl, Sergeant.« Gelohnt hat sich die Investition nicht, denn Columbo sieht schlimmer aus als in ungekämmtem Zustand.

F Zum zweiten Mal verursacht Columbo einen Auffahrunfall. Diesmal trifft es einen Streifenwagen. Die Kollegen nehmen es jedoch gelassen hin: »*Sie* haben die Beule, Inspektor!«

G Columbo hat einen allergischen Schnupfen, der höchstwahrscheinlich durch Pollen ausgelöst wurde. Ruth Lytton empfiehlt ihm Kamillentee.

H Personen mit langen Gewändern bereiten dem Inspektor bereits seit »Mord in der Botschaft« Probleme. Diesmal tritt er auf das Kleid von Phyllis Brandt und damit in einen weiteren Fettnapf. Auch brüstet er sich damit, dass er eine Armbanduhr trägt, die gerade einmal 30 Dollar gekostet hat.

J Der Doppelmord war geschickt eingefädelt: Milton Schaeffer sollte nach dem angeblichen Einbruch das Land verlassen, zuvor aber seinen Tod vortäuschen. So ruft er vor der Tat seinen Bruder an, spricht auf den Anrufbeantworter von einer Bedrohung und feuert selbst einen Schuss ab. Später wird er im Museum vor einem Telefon liegend tot aufgefunden. Weil jedoch beim Eintreffen der Polizei kein Licht im Raum brannte, können sich Milton und Edward kaum gegenseitig getötet haben. Der wirkliche Mörder hat das Licht gelöscht. Mit Hilfe von Miltons

Uhr kann Columbo auch die wahre Tatzeit benennen. Ruths verdächtigte und bereits inhaftierte Nichte Janie kann er auf raffinierte Weise entlasten: Er bietet ihr die von ihr angeblich bei dem Raub gestohlene antike Gürtelschnalle als Aschenbecher an, die sie in naiver Unkenntnis prompt als solchen benutzt. Als schließlich noch ans Licht kommt, dass Ruth vor Jahren auch ihren treulosen Verlobten umbrachte, ist sie zum Geständnis bereit. Sie will die Familie mit der Offenbarung jenes ersten Mordes nicht noch mehr belasten.

★★ Unbestritten gehört diese Episode zu den schwächeren. Übertrieben scheint es hingegen, an ihr gar kein gutes Haar zu lassen[85]. In der Tat erscheint die Figur der emotionsgeladenen Phyllis (Alt-Star Celeste Holm) arg überzeichnet. Unverständlich bleibt auch, warum Ruth ihre geliebte Nichte (»das Kind, das ich vielleicht gehabt hätte«) dem schwerwiegenden Mordverdacht aussetzt. Die Idee, eine moderne Version von Shakespeares »Richard III.« zu schaffen, stammt von Peter S. Fischer. Autor Feibleman hätte seine ganze Sorgfalt darauf verwenden sollen, mehr daraus zu machen, anstatt die Rolle des Milton einzustudieren.

Neben diesen offenkundigen Unzulänglichkeiten bietet das Drehbuch aber auch gute und schlüssige Momente: die Vortäuschung eines Mordes in der Telefonzelle, die Schlussfolgerungen aus der auf den nächsten Tag vorgestellten Uhr und nicht zuletzt die Zweckentfremdung einer antiken Kostbarkeit als Aschenbecher. Es ist aber vor allem der Verdienst Joyce Van Pattens, dass dieser Fall trotz seiner Mängel in Erinnerung bleibt. Glaubwürdig verkörpert sie die tragische Figur einer zwar äußerlich gefassten, innerlich jedoch längst zerbrochenen Frau. Ihr hat man stets alles genommen. Nun will man ihr mit dem Museum auch noch das Letzte nehmen. Sie bildet den Gegenpol zu ihrer verwöhnten Schwester, die stets damit prahlt, sie gehe »aus einem Raum nur am Arm eines Mannes«. Ruth hingegen ist einsam und unbeachtet geblieben. Von hohem Symbolwert ist daher ihr Abgang: »Inspektor, darf ich um Ihren Arm bitten?«

40. TODESSYMPHONIE (The Bye-Bye Sky High I. Q. Murder Case)

Erstausstrahlung: 22.05.1977 (USA), 21.04.1992 (D)

Drehbuch: Robert Malcolm Young, Regie: Sam Wanamaker, Produktion: Richard Alan Simmons, Kamera: Ted Voigtlander, Schnitt: Jerry Dronsky, Ton: Edwin J. Somers jr., Musik: Bob Prince, Art director: Howard E. Johnson, Set decorator: Richard B. Goddard, Kostüme: George R. Whittaker, Unit Manager: D. Jack Stubbs, Regieassistenz: Ray Taylor, Soundeffekt-Schnitt: Brian Courcier, Musik-Schnitt: Al Teeter.

Darsteller: Theodore Bikel (Oliver Brandt), Samantha Eggar (Vivian Brandt), Sorrell Booke (Bertie Hastings), Kenneth Mars (Mike Marks), Todd Martin (Sgt. Burke), Basil Hoffman (Mr. Danziger), Howard McGillin (George Camponella), George Sperdakos (Mr. Wagner), Dorrie Thomson (Miss Elsenback), Carol Jones (Caroline Treynor), Jamie Lee Curtis (Kellnerin), Carlene Watkins (Amy), Fay Dewitt (Angela), Kathleen King (Suzy), Mitzi Rogers (Vorzimmerdame).

Oliver Brandt und Bertie Hastings besitzen zusammen eine exklusive Beraterfirma. Hastings ist allerdings hinter die Betrügereien seines Partners gekommen und muss deshalb sterben. Die beiden Männer sind Mitglieder im »Sigma-Club«, einer Vereinigung von hochintelligenten Genies. Während einer ihrer Zusammenkünfte erschießt Brandt sein Opfer im Obergeschoß des Hauses und lässt anschließend mittels einiger technischer Spielereien ein Einbruchs-Szenario ablaufen: Knallkörper täuschen Schüsse vor, ein herunterfallendes Lexikon den Aufprall des Körpers des Toten, eine zuschlagende Tür die Flucht des angeblichen Täters. Nur gut, dass Columbo keinen zu großen Respekt vor hohem IQ hat!

B Diesmal hat es der Inspektor mit den »oberen zwei Prozent der Intelligenz der Welt« zu tun; von ihm schlicht »Intelligenzbestien« genannt. Der Mörder gehört zu dieser Klientel. Mit technischen Raffinessen[86] hat er seine Tat verschleiert. Auf der anderen Seite ist dieser kluge Mann sehr von seiner Frau abhängig, die weniger geistig beweglich erscheint. Nur für sie und ihre Kaufsucht hat er Gelder veruntreut.

Umso mehr ist Brandt vom Scharfsinn des Inspektors fasziniert. Er stellt ihn mit komplizierten Denkaufgaben auf die Probe, die Columbo glänzend löst. Am Ende muss Brandt feststellen: »Ihr IQ muss sehr hoch sein. Haben Sie mal eine andere Arbeit in Erwägung gezogen?« Abwehrend hebt Columbo die Hände: »Nein, niemals! Ich habe ja nichts anderes gelernt.«

D Da Mrs. Columbo Rätsel über alles mag, löst sie auch eine ihrem Mann zugedachte Denkaufgabe. Die Lösung präsentiert Columbo seinem Widersacher allerdings auf recht zweideutige Weise: »Ich weiß genau, was Sie getan haben und wie Sie es getan haben – die Sache mit den Goldsäcken. Meine Frau hat es herausbekommen.«

Ein Neffe Columbos möchte unbedingt Revisor werden. Um sich über den Weg dorthin zu informieren, nimmt der Inspektor Brandts Beratertätigkeit in Anspruch.

E Eine besondere Ironie: Erstmals nach vierzig Episoden regnet es im sonst sonnigen Kalifornien in Strömen. Ausgerechnet diesmal hat der Inspektor seinen Mantel nicht dabei. Mrs. Columbo probiert gerade ein neues Fleckenmittel an dem guten Stück aus. Dieser Gag ist eine alte Idee von Richard Levinson und war für einen eventuellen letzten Abgang Columbos gedacht. Er wurde in dieser Folge verwendet, da nicht sicher war, ob es noch eine weitere Serienstaffel geben würde.

Auch in anderer Hinsicht fällt Columbos äußere Erscheinung auf. Eine junge Frau, offensichtlich etwas alkoholisiert oder aus anderen Gründen nicht ganz bei sich, macht die schwer nachvollziehbare Bemerkung: »Ich mag es, wie Sie Ihr Haar tragen, Inspektor.«

G Wieder einmal kauft sich Columbo ein Eis, muss es diesmal aber nicht mit »Hund« teilen. In einem Restaurant zieht er die Missbilligung der jungen Kellnerin auf sich, als er einen mitgebrachten Donut verzehrt. In dieser Szene verdiente sich Jamie Lee Curtis für ein geringes Entgelt ihre ersten Sporen, bevor die Tochter von Tony Curtis und Janet Leigh mit »Halloween« zu Ruhm gelangte.

J Mit gewohntem Eifer (»ich weiß nicht, wann ich mal nicht im Dienst bin«) macht sich Columbo an die Arbeit. Nach gründlicher Untersuchung des Tatorts hat er keinen Zweifel mehr am Hergang des Geschehens und der Identität des Mörders. Er bestellt Brandt in das fragliche Zimmer, um mit ihm ein Spiel »Mann A will Mann B töten« zu spielen. Dabei rekonstruiert er die Tat bis auf ein nicht stimmiges Detail genau und führt sein Wissen auf eine Theorie von Mr. Danziger zurück, einem weiteren Mitglied des »Sigma-Clubs«. Diesen Mann preist er überschwänglich als Genie. Damit verletzt er Brandts Eitelkeit derart, dass dieser nicht mehr an sich halten kann: »Danziger, dieser Nichtswisser! Der Mann, der alles plante, steht ja plötzlich wie ein Stümper da!« Aufgebracht demonstriert er dem Inspektor das fehlende Detail zu seinem Plan und überführt sich durch diesen Moment der Unbeherrschtheit selbst.

★ Diese Episode hat mehr Schwächen als Stärken. Die Zeichnung aller Charaktere bleibt entweder undeutlich oder wird ins Groteske überzeichnet. Die Clubmitglieder erscheinen durchweg als äußerst verschroben, wenn sie Columbo verschiedenste Mordtheorien aufdrängen. Völlig unglaubwürdig ist die Hauptfigur, die in keiner Weise souverän wirkt, wie man es von einem derart intelligenten Menschen erwarten dürfte. Von ersten Augenblick an scheint er vor Columbo auf der Flucht zu sein. Er ist damit kein ernstzunehmender Gegner. Mit Theodore Bikel ist diese Rolle fehlbesetzt. Der in Wien geborene und nach Israel emigrierte Schauspieler, Sänger und Gitarrist war als Charakterdarsteller hochgeschätzt (u. a. oscar-nominiert für »The Defiant Ones« [Flucht in Ketten] 1958), eignete sich jedoch vornehmlich für vierschrötige Typen aller Nationalitäten. Ein Riese ja – als Geistesriese kann er nicht überzeugen.

Unter den Hochintelligenten ist schließlich doch der Proleten-Bulle der klügste Kopf. Und nicht nur das: Er stellt auch Einfühlungsvermögen unter Beweis. Caroline, einem 14 Jahre jungen Genie[87], macht er ein besonders schönes Kompliment, indem er eine häufig benutzte, klischeehafte Phrase einfach umkehrt: »Du hast nicht nur einen bemerkenswerten Verstand, sondern bist außerdem noch ein besonders hübsches Mädchen.«

41. ALTER SCHÜTZT VOR MORDEN NICHT (Try And Catch Me / dt. Alternativtitel: Rache ist bitter)

Erstausstrahlung: 21.11.1977 (USA), 27.12.1980 (D)

Drehbuch: Gene Thompson, Paul Tuckahoe (nach einer Erzählung von Gene Thompson), Regie: James Frawley, Produktion: Richard Alan Simmons, Kamera: Ted Voigtlander, Schnitt: Howard S. Deane, Ton: Harold Lewis, Musik: Patrick Williams, Art director: Howard E. Johnson, Set decorator: Richard B. Goddard, Kostüme: George R. Whittaker, Unit Manager: D. Jack Stubbs, Regieassistenz: Dodie Foster, Soundeffekt-Schnitt: William Wistrom, Musik-Schnitt: James D. Young.

Darsteller: Ruth Gordon (Abigail Mitchell), Mariette Hartley (Veronica), G.D. Spradlin (Martin Hammond), Charles Frank (Edmund Galvin), Mary Jackson (Annie), Jerome Guardino (Sgt. Burke), Marie Silva-Alexander (Tanzlehrerin).

Das Leben könnte so schön sein für Abigail Mitchell, die weltweit erfolgreiche Kriminalautorin. Doch sie findet keine Ruhe. Seit ihre Nichte Phyllis bei einem Segelunfall ertrank, verdächtigt sie deren Ehemann Edmund Galvin des Mordes. Da die Leiche aber nie gefunden wurde, kann ihm nichts nachgewiesen werden. So meint die alte Dame das Gesetz selbst in die Hand nehmen zu müssen. Sie lockt den ahnungslosen Edmund in ihren schallisolierten Tresorraum und schließt ihn dort ein. Erst am nächsten Tag wird er dort vom Personal tot aufgefunden.

B Abigail Mitchell ist eine ganz außergewöhnliche Dame. Als eine »Queen of crime« in der Nachfolge Agatha Christies (die sie auch in einem Vortrag erwähnt) ist sie berühmt und beliebt. Columbo hat ehrlichen Respekt vor der kleinen, aber umso dynamischeren Person, die ihn »junger Mann« tituliert. Er sucht stets das Gespräch mit ihr, da er sie für eine besondere Expertin auf dem sie beide betreffenden Gebiet hält. »Ich kann mir gar nicht vorstellen, dass Sie verwirrt sind«, hält er ihr einmal entgegen, »so wie Sie Morde planen, Ma'am!«

Selten auch hatte Columbo soviel Verständnis für die Beweggründe, die zu einem Mord führten. »Wenn man jemanden so früh verliert, fühlt man sich betrogen«, meint er einfühlsam. Die Autorin, die sehr unter dem Verlust der geliebten Nichte leidet, fühlt sich von Columbo verstanden: »Ich habe Sie schon sehr ins Herz geschlossen, Inspektor. Sie sind ein sehr lieber Mensch.« Doch er muss sie bremsen: »Rechnen Sie nicht damit, Miss Mitchell. Tun Sie das nicht!« Als Columbo die alte Lady schließlich überführt hat, stellt sie anerkennend fest: »Wenn Sie beim Tod meiner Nichte ermittelt hätten, hätte dies nicht passieren müssen.«

C Trotzdem werden die Nachforschungen des Inspektors der resoluten Dame zuviel, als Columbo sie hindern will, eine geplante Kreuzfahrt anzutreten. Sie schaltet ihren Anwalt Martin Hammond ein, der den Cop nachdrücklich auf den Einfluss Abigails hinweist, die u. a. Eisenhower, Truman, Kennedy und sogar Gandhi persönlich kannte. An Bord des Schiffes bedankt sich die Autorin: »Ich danke Ihnen, Martin, dass Sie mich aus den Klauen des Inspektors befreit haben.« In diesem Moment steht der Störenfried auch schon wieder vor ihr, um sie zurückzuholen.

D Fast unnötig zu erwähnen, dass Mrs. Columbo eine der größten Verehrerinnen von Abigail Mitchell ist und deren Romane mit Leidenschaft liest. Ihr Mann ist so aufmerksam, ihr sogar eine Blume aus dem Garten der Autorin mitzubringen.

Mit »Hund« geht Columbo am Strand spazieren, wo er – welch Zufall – auf Abigail trifft. »Hund« liebe den Ozean, erklärt das Herrchen und fügt stolz hinzu: »Er ist dressiert!« Der Zuschauer merkt spätestens hier, dass man wirklich nicht jede Äußerung des Inspektors für bare Münze nehmen darf.

F Columbo möchte Abigail in seinem Wagen mitnehmen. »Er steht da drüben. Es ist ein französischer, sehr selten!« – »Oh, ich sehe auch, warum«, antwortet die alte Dame und schmunzelt.

G Im Hause Mitchell wird dem Inspektor Tee angeboten. »Ein Stück Zucker oder zwei?«, wird er gefragt. »Drei!«

H Selbst mit Sitzmöbeln bekommt Columbo mittlerweile schon Probleme. Stocksteif sitzt er auf einem 400 Jahre alten Stuhl, der unter seinem Gewicht bedrohlich ächzt und knarrt. Sein angespanntes Gesicht spricht Bände.

I Während die Kollegen von der Spurensicherung einen Fußabdruck vor dem Haus mit einem Schuh des Ermordeten vergleichen, kommen

Columbo ganz andere Gedanken: »Das ist doch ein sehr schöner Schuh. Ich mag diese abgerundeten Spitzen. Das ist französischer Stil.« Doch was er lesen muss, erstaunt ihn: »Oh – Made in Italy! Na, wenn schon, sie gefallen mir.« Als ihm Abigail die Schuhe schenken will, lehnt er jedoch dankend ab, um dann endlich wieder zum eigentlichen Thema zurückzukehren: »Ist nicht meine Größe – aber dafür passen sie genau in die Abdrücke.«

J »Von welchem Unfall sprechen Sie?«, fragt Columbo gleich zu Beginn. Er hat eben nur Mord im Kopf. Grund dafür sind zunächst die fehlenden Autoschlüssel des Toten. Abigail fand sie erst nach der Tat und musste sie verschwinden lassen. Außerdem macht sich Columbo über die Titelseite eines Manuskripts Sorgen, die Edmund in seiner Todesfalle zerrissen hat. Es fehlt ein Stück des Blattes. Schließlich findet er den Papierfetzen in einer Lampenfassung. Es ist der Titel des Buches »Ich wurde zweimal ermordet.« Der Sterbende hat mit einem abgebrannten Streichholz ein Wort ausgestrichen. Nun ist zu lesen: »Ich wurde ermordet – von Abigail Mitchell«.[88]

★★★★ Mit diesem Höhepunkt hat die Serie endgültig die Krise der sechsten Staffel überwunden. Von einem ausgezeichneten Drehbuch bis hin zu der passenden Musik von Patrick Williams, die sich deutlich von dem sonstigen Einerlei abhebt, stimmt hier alles. Da lässt sich auch die Unlogik verschmerzen, mit der das Opfer sich völlig unbegründet zu einer Rückkehr in Abigails Haus überreden lässt, um die Tresorkombination zu erfahren, die sie ihm auch direkt hätte mitteilen können.

Die größte Stärke liegt jedoch in der überragenden Darstellungskunst von Ruth Gordon. Die große kleine Schauspielerin wird häufig nur auf ihre Altersrollen, vor allem in dem Kultfilm »Harold and Maude« (Harold und Maude) reduziert. Dabei war sie bereits seit 1915 im Filmgeschäft und bestach dort nicht nur als Darstellerin, sondern ebenso als Drehbuchautorin, meist zusammen mit ihrem zweiten Ehemann Garson Kanin (Oscar-Nominierungen u. a. für die Tracy-Hepburn-Filme »Adams Rib« [Ehekrieg] und »Pat and Mike« [Pat und Mike]). Es ist faszinierend anzuschauen, wie die damals 81-Jährige als wieselflinkes Energiebündel die Szene beherrscht oder am Schluss Columbos Ausführungen mit bissig-bösen Kommentaren versieht.

Zu den Höhepunkten zählt ebenso eine Stehgreifrede Columbos, in der er vor Publikum fast philosophische Gedanken über seine Arbeit äußert. Die Freuden seines Dienstes werden aber auch direkt vor Augen geführt, als sich der Inspektor plötzlich inmitten einer Bauchtanzgruppe wiederfindet.

42. MORD Á LA CARTE (Murder Under Glass / dt. Alternativtitel: Lauter Feinschmecker)

Erstausstrahlung: 30.01.1978 (USA), 01.01.1983 (D)

Drehbuch: Robert Van Scoyk, Regie: Jonathan Demme, Produktion: Richard Alan Simmons, Associate producer: Anthony Kiser, Kamera: Duke Callaghan, Schnitt: Gene Ranney, Ton: James Pilcher, Musik: Jonathan Tunick, Art director: Howard E. Johnson, Set decorator: Richard B. Goddard, Kostüme: George R. Whittaker, Unit Manager: Jack P. Cunningham, Regieassistenz: David O. Sosna, Soundeffekt-Schnitt: William Wistrom, Musik-Schnitt: James D. Young, Technischer Berater: Jean Brady, Connie Burdick.

Darsteller: Louis Jourdan (Paul Gérard), Shera Danese (Eve Plummer), Richard Dysart (Max Duvall) Mako (Mr. Ozu), France Nuyen (Mary Choy), Michael V. Gazzo (Vittorio Rossi), Larry D. Mann (Albert), Antony Alda (Mario DeLuca), Todd Martin (Sgt. Burke), Fred Holliday (Crawford) Alberto Morin (Küchenchef Louis), Jim Murphy (Charlie), Carolyn Martin (Kassiererin), Miyako Kurata (1. Geisha), Mieko Kobavashi (2. Geisha).

Der bekannte Gastronomie-Kritiker Paul Gérard besitzt erhebliche Macht: Er kann in seiner TV-Sendung und seinen Kolumnen bestimmte Restaurants anpreisen oder verdammen und damit in den Ruin treiben. Sein Wohlwollen lässt er sich von den Besitzern einiger renommierter Lokale finanziell honorieren. Vittorio Rossi, einer von ihnen, verweigert weitere Zahlungen und droht, Gérard anzuzeigen. Dieser ermordet ihn durch das tödliche Gift des japanischen Kugelfischs, das er Rossis Wein beimischt.

B Gérard ist ein aalglatter Widerling. Columbo findet an dem Kritiker nichts, was ihm gefallen könnte. Dies beruht auf Gegenseitigkeit. Trotzdem macht der Inspektor zunächst die üblichen Verbeugungen: »Ich lese alles, was Sie schreiben.« Auch sonst geht es zwischen den Kontrahenten immer betont höflich zu, vor allem in dem beeindruckenden Schlussdialog während ihres gemeinsamen Essens: »Sie sind ein sehr fähiger Mann, Inspektor«, muss Gérard zugeben. »Ich respektiere das. Aber Sie sind mir irgendwie nicht sympathisch.« – »Wissen Sie, ich habe schon dasselbe über Sie gedacht«, gibt Columbo zurück und schließt sofort an: »Die Soße ist vollkommen.« Dem muss auch Gérard in doppeldeutigen Worten beipflichten: »Inspektor, ich wünschte, Sie wären Koch geworden.«

Nicht jedem ist eine so klare Erkenntnis gegeben. Der Japaner Mr. Ozu jedenfalls hält Columbo für einen Beamten der Zollbehörde.

D »Mrs. Columbo ist eine bemerkenswerte Frau«, meint ihr Mann. »Sie hat so viele Interessen, nur Kochen gehört nicht dazu. Dafür ermutigt sie mich immer sehr.« Das trifft sich gut, hat doch der Inspektor seine Kindheit größtenteils in der Küche verbracht, wo sein Vater immer kochte, wenn die Mutter ein Kind gebar. »Das kam eine Zeit lang jedes Jahr einmal vor.« Columbo ist auch auf einem Gemüsemarkt zu sehen, da ihn seine Frau mit dem Einkauf beauftragt hat.

Zum Dinner der Restaurant-Kritiker ist Mrs. Columbo zwar mit eingeladen, kann jedoch nicht teilnehmen, weil sie just zu dieser Zeit in der Abendschule die Abschlussprüfung in Buchführung ablegt.

E Wieder einmal ist Columbo im Smoking zu erleben. Doch eine Dauereinrichtung wird das nicht werden.

G Ein Mord im Gastronomie-Milieu legt es nahe, dass dem Bereich »Ernährung« in besonderer Weise Raum gegeben wird. Bereits bei seinem Eintreffen am Tatort hat Columbo nur das Essen im Kopf. Doch er kann sich freuen: »Solange Sie an diesem Fall arbeiten, werden Sie nie Hunger leiden«, verspricht ihm der Koch Albert. So geschieht es dann auch. Verschiedene Köche servieren dem Inspektor immer wieder erlesene Köstlichkeiten, verbunden mit der Bemerkung: »Vittorio war ein Freund. Ich wünsche Ihnen Glück bei den Ermittlungen.« Der ansonsten bekennende Chili-Fan schwelgt in Entenaspik mit Schinken, Trüffeln und Pistazien, Krebsfleisch mit gefüllten Champignons in Bechamel-Soße, Kaviar, geräuchertem Lachs, gedünsteten Muscheln, japanischem Sashimi und Kuchen. Meint man gerade, Columbo müsse platzen, so langt er schon wieder zu: »Vielleicht einen kleinen Bissen.«

H Beerdigungen missbraucht Columbo bekanntlich häufig für alle möglichen Spielchen. Diesmal gibt er während der Traueransprache einen der Schecks herum, mit denen die Zahlungen an Gérard geleistet wurden. Dabei verfolgt er das Minenspiel der Anwesenden, um zu erfahren, wer außer Rossi noch zum Kreis der Erpressten gehört. Entschuldbar ist das trotzdem nicht.

I Inmitten aller offenen Fragen um diesen hinterhältigen Mord ermittelt Columbo immer wieder auch in Sachen eines Rezeptes für eine Zwiebelsoße. Als es im Autoradio durchgegeben wurde, hatte er es verpasst, da er gerade durch einen Tunnel fuhr. »Damit lasse ich Sie nicht wegkommen«, wendet er sich energisch an den erschrockenen Gérard – und bittet ihn, ihm dieses Rezept zu besorgen.

J Der Mörder machte einen Fehler. Er »erfuhr« vom Gifttod Vittorios nach einem gemeinsam eingenommenen Essen und fuhr daraufhin sofort zum Tatort; nicht aber, wie man vermuten sollte, aus Angst um das eigene Wohlbefinden ins nächste Krankenhaus, um sich den Magen auspumpen zu lassen.

Wie aber kam das Gift in den Wein? Columbo schreibt sich diese Frage auf eine Karte und befestigt sie zuhause an seinem Rasierspiegel. Schließlich findet er heraus, dass der Flaschenöffner mit dem Gift präpariert war. Nun geht er zum Angriff über. Er verkündet öffentlich die bevorstehende Verhaftung des Täters und lädt gleichzeitig Gérard zum gemeinsamen Kochen ein. Seine Ausführungen zum Fall unterbricht er immer wieder mit Bemerkungen zur augenblicklichen Speisenzubereitung. Gérard, der bei dieser Taktik zunehmend ungeduldig wird, muss beruhigt werden: »Eins nach dem anderen.«

Zudem wird hier ein gänzlich neues Motiv eingeführt, das fortan noch mehrfach Verwendung finden wird: der Anschlag auf Columbos Leben. Auf dieselbe Weise wie bei Rossi hat Gérard den Wein vergiftet, da ihm der Inspektor auf die Spur gekommen ist. Scheinbar ahnungslos trinkt Columbo davon. Als aber sein Widersacher das Weinglas ansetzt, warnt der Inspektor: »Trinken Sie nicht! Sie haben die Öffner vertauscht – und ich habe die Gläser vertauscht.« Mit dem vergifteten Wein hält er nun den Beweis für Gérards Schuld in Händen.

★★★★ Zwei winzige Schönheitsfehler können den überaus positiven Gesamteindruck nicht trüben: Der Zuschauer erfährt zunächst nicht, auf welche Weise Gérard das Gift in den Wein brachte. Außerdem konnte sich der Täter keinesfalls sicher sein, dass sein Opfer von dem Wein trinken würde, da Gérard zuvor bereits das Restaurant verließ.

Dafür ist der erbitterte und trotzdem stets in ausgesuchter Höflichkeit geführte Zweikampf beeindruckend. Mit Louis Jourdan ist ein idealer Darsteller der Hauptrolle gefunden worden, der einem Robert Culp oder Jack Cassidy in nichts nachsteht. Der jahrzehntelang meist als »french lover« verschlissene Schauspieler bewährt sich hier im Charakterfach. Auch die weiteren Rollen sind durchweg prominent besetzt: mit Mako (oscar-nominiert für »The Sand Pebbles« [Das Kanonenboot am Yangtse-Kiang]), France Nuyen (»St. Elsewhere«), Michael V. Gazzo (oscar-nominiert für »The Godfather, Part II« [Der Pate II]), Richard Dysart (»L. A. Law«), schließlich Falk-Ehefrau Shera Danese und nicht zuletzt Larry D. Mann als Koch Albert, der ständig trübsinnig herumsitzt und über seinen Seelenzustand Auskunft gibt: »Es ist alles so deprimierend.« Auch als Regisseur wurde nicht irgendwer verpflichtet: Jonathan Demme konnte hier schon einmal üben, wie man den perfekten Thriller (»The Silence Of The Lambs« [Das Schweigen der Lämmer]) inszeniert.

43. MORD IN EIGENER REGIE (Make Me A Perfect Murder)

Erstausstrahlung: 28.02.1978 (USA), 21.10.1984 (D)

Drehbuch: Robert Blees, Regie: James Frawley, Produktion: Richard Alan Simmons, Associate producer: Anthony Kiser, Kamera: Duke Callaghan, Schnitt: Howard S. Deane, Ton: Leroy Joseph, Musik: Patrick Williams, Art director: Howard E. Johnson, Set decorator: Richard B. Goddard, Kostüme: George R. Whittaker, Unit Manager: Jack P. Cunningham, Regieassistenz: Mark Sandrich, Soundeffekt-Schnitt: William Wistrom, Musik-Schnitt: James D. Young.

Darsteller: Trish Van Devere (Katherine »Kay« Freestone), Laurence Luckinbill (Mark McAndrews), Patrick O'Neal (Frank Flanagan), Lainie Kazan (Valerie Kirk), James McEachin (Walter Mearhead, Vorführer), Ron Rifkin (Luther), Bruce Kirby (Fernsehmonteur), Kenneth Gilman (Jonathan), Milt Kogan (Chef der Synchronisation), Dee Timberlake (Madge), Don Eitner (Pete Cockrum), Morgan Opton (Henry Ames), Joe Warfield (Al Staley), George Skaff (Produzent), Jerome Guardino (Sgt. Burke), Susan Krebs (Sekretärin Wendy), Susan Bredhoff (Angela), H. B. Haggerty (Masseur Sam) Buck Young (Wachmann), James Frawley (Roark), Socorro Swan (Nancy).

Der Fernsehproduzent Mark McAndrews hat ein glänzendes Angebot nach New York erhalten. Seine Assistentin und Geliebte Kay Freestone will er jedoch weder mitnehmen noch sie zu seiner Nachfolgerin in Los Angeles machen. Vielmehr nutzt er die Gelegenheit, um das Verhältnis mit ihr zu beenden. Kay nimmt dies nicht hin. Sie erschießt ihn nach einem minutiös ausgeführten Plan, während sie angeblich in einem Vorführraum des Studios die Filmrollen wechselt.

B Kay wird als besonders intelligente Frau eingestuft. Sie ist Preisträgerin für die »beste Dokumentarfilmproduktion« und in ihrem Beruf sehr ehrgeizig. »Sie akzeptieren die Dinge so, wie sie sind, Inspektor«, gibt sie Columbo zu verstehen. »Ich versuche sie zu ändern.« Mit derselben Zielstrebigkeit tötet sie auch. Selbst nachdem sie überführt ist, gibt sie sich nicht auf: »Ich werde kämpfen. Ich werde überleben. Vielleicht werde ich sogar gewinnen.«

Wiederholt gibt Kay dem Inspektor zu verstehen, er sei ein attraktiver Mann. Columbo lässt sich jedoch davon nicht ablenken. Auch er ist zielstrebig.

D Man erfährt, dass Columbo fünf Brüder und eine Schwester hat. Sein Vater war Brillenträger. Mrs. Columbo ist ein Fan des Musical-Stars Valerie Kirk. Doch sieht sie in der Regel nicht häufig fern, sondern liest mehr und besucht ihre Abendschulkurse. Ab und zu geht sie mit ihrem Mann ins Kino. Da auch Columbo nicht viel Zeit zum Fernsehen bleibt, heißt der einzig wirkliche TV-Junkie der Familie »Hund«.

Ein Schwager des Inspektors leidet unter einem Rückenproblem und muss sich damit stationär behandeln lassen. Die verordnete Therapie mutet jedoch merkwürdig an: »Die Nerven in der Nase muss man töten, sagen die.« Columbos 15-jähriger Neffe verkaufte gerade seine Stereoanlage, um fortan Super-8-Filme zu drehen. Der Cineast hat Poster von Francis Ford Coppola an der Wand.

Die Figur des »Sgt. Burke« macht wieder einmal eine Metamorphose durch: Diesmal ist Jerome Guardino dran, während Todd Martin pausiert. Burkes Aufgabe besteht darin, Interesse zu heucheln, als Columbo ihn über die gesundheitlichen Probleme des Schwagers ins Bild setzt.

F Zum wiederholten Mal kommt Columbo sofort zu Beginn ins Bild. Noch sitzt er recht vergnügt in seinem Wagen und singt aus voller Brust Klassiker wie »Swing low, sweet Chariot«, »Yankee Doodle Dandy« und »My Darling Clementine«. Doch plötzlich sieht er sich in einen Polizeieinsatz mehrerer Streifenwagen verwickelt. Als er sich auch noch um seinen losen Rückspiegel kümmern muss, kommt der Wagen ins Schlingern. Über Funk hört er Kommentare und Warnungen der Polizisten vor einem gefährlichen »Sonntagsfahrer«. Während er höchstwahrscheinlich noch darüber nachdenkt, wer damit wohl gemeint sein könnte, löst sich die Situation – wie schon gewohnt – in einem Auffahrunfall auf.

G Seitdem trägt Columbo eine breite Manschette um den Hals und muss die Dienste eines Masseurs in Anspruch nehmen, der nicht zimperlich ist. Sogar von Kay Freestone lässt er sich den Nacken massieren. Die

Ärzte diagnostizieren ein Schleudertrauma. Mrs. Columbo vermutet eher Rückenprobleme und hält den Luftzug im heimischen Schlafzimmer für schädlich. Vielleicht hat alles auch nur eine psychische Ursache: »Ich bekomme immer einen Krampf im Nacken, wenn ich Fragen stelle.« So ist Columbo vorrangig mit sich selbst beschäftigt und bezieht viele zum Mordfall gemachten Äußerungen der Beteiligten auf sein augenblickliches Leiden.

H Von einem Filmvorführer lässt sich der Inspektor den Wechsel einer Rolle zeigen, während der Film läuft. Dann versucht er sich selbst daran und verpatzt erwartungsgemäß alles. Das Publikum ist empört.

J Bald ist klar, dass das Opfer seinen Mörder gekannt haben muss. Columbo hört dabei auf eine »kleine Flüsterstimme im Ohr«. Im Vorführraum findet er Handschuhe, wie sie sonst nur Cutter benutzen. Sie haben Pulverspuren an sich. Als er auf dem Dach eines Fahrstuhls die Tatwaffe entdeckt, ist sein weiteres Vorgehen klar. Er bringt Kay dazu, die Pistole von dort zu holen und macht davon Videoaufnahmen.

★★ Für eine Langfolge ist das gesamte Tempo etwas schleppend. Auch Trish Van Devere bleibt in ihrer Darstellung blass und leidenschaftslos, so dass sich die Frage stellt, welche Gefühlsregungen sie eigentlich zu der Tat veranlassten. Die Figur der Kay Freestone ist augenscheinlich inspiriert von Faye Dunaways Charakter in Sidney Lumets »Network«, der zwei Jahre zuvor ein großer Erfolg war.

Alte Bekannte sind wiederzusehen: Patrick O'Neal (»Ein Denkmal für die Ewigkeit«) spielt einen Studioboss. Bruce Kirby, sonst als Sgt. Kramer stets im Windschatten des Trenchcoats unterwegs, muss sich diesmal als Techniker mit Columbos Fernseher herumschlagen. Er empfiehlt ihm gleich ein neues Gerät. Der sparsame Inspektor hält jedoch eine neue Stoßstange oder ein paar Schuhe für dringlicher. Schließlich lässt sich sogar Regisseur James Frawley in einem winzigen Part sehen.

Amüsanterweise endet der Film mit einem Überblendzeichen, das im Verlauf der Handlung eine nicht unwesentliche Rolle spielte.

44. MORD PER TELEFON (How To Dial A Murder)

Erstausstrahlung: 15.04.1978 (USA), 10.06.1984 (D)

Drehbuch: Tom Lazarus (nach einer Erzählung von Anthony Lawrence), Regie: James Frawley, Produktion: Richard Alan Simmons, Associate producer: Anthony Kiser, Kamera: Isidore Mankofsky, Schnitt: Robert Watts, Ton: James Pilcher, Musik: Patrick Williams, Art director: Howard E. Johnson, Set decorator: Richard B. Goddard, Kostüme: George R. Whittaker, Unit Manager: Jack P. Cunningham, Regieassistenz: David O. Sosna, Soundeffekt-Schnitt: William Wistrom, Musik-Schnitt: James D. Young.

Darsteller: Nicol Williamson (Dr. Eric Mason), Tricia O'Neil (Miss Cochrane), Kim Catrall (Joanne Nichols), Joel Fabiani (Dr. Charles Hunter), Frank Aletter (Dr. Garrison), Ed Begley jr. (Officer Stein), Fred J. Gordon (Techniker).

Der Psychologe Dr. Eric Mason sinnt auf Rache. Seine Frau hat ihn mit seinem Kollegen Dr. Charles Hunter betrogen. Die treulose Lauren starb daher schon vor geraumer Zeit durch einen »Verkehrsunfall«. Nun geht es Hunter ans Leben. Mason besitzt zwei Dobermänner, die er heimlich darauf abgerichtet hat, auf ein Kommandowort hin einen Menschen zu zerfleischen. Hunter wird von Mason während dessen Abwesenheit in sein Haus gelockt, wo er von ihm angerufen wird. Hunter selbst ist es, der während dieses Telefonats ahnungslos das verhängnisvolle Wort ausspricht, auf welches hin ihn die Hunde angreifen und töten.

A Bei seiner Ankunft hat der ausgewiesene Hundefreund Columbo nichts Besseres zu tun, als mit eben jenen Dobermännern, die gerade einen Menschen zerfleischt haben, ein »Hol-Stöckchen«-Spiel zu veranstalten. Gegenseitige Liebkosungen sind inbegriffen.

B Masons Philosophie besteht in dem Ziel, die eigene Person im Griff zu haben. Bei sich selbst hat er dies in hohem Maße verwirklicht. Er leitet das erfolgreiche »Institut für Lebensbewältigung«. Dort predigt er als Psycho-Guru in Seminaren Selbstoptimierung und empfiehlt den Teilnehmern, sich selbst durch ein persönliches Leitwort zu konditionieren.

Als Psychologe kommt er natürlich nicht umhin, auch das Phänomen »Columbo« analysieren zu wollen. Das gelingt ihm durchaus. »Sie geben sich als Hündchen im Regenmantel, das ganz unbeschwert im Hof herumläuft und überall im Garten Löcher gräbt. In Wirklichkeit legen Sie ein Minenfeld und wackeln mit dem Schwanz.« – »Das scheint Ihnen nur so«, wehrt der Inspektor ab. Er ist jedoch eitel genug, sich als Objekt psychologischer Begutachtung zu gefallen: »Ich kann stundenlang dasitzen und zuhören, wenn jemand über mich redet.« Auch die Assoziationsspielchen des Psychologen bereiten ihm Freude und fordern ihn heraus. »Haben Sie auch ein einzelnes Wort, das Ihr Leben beherrscht?«, will Mason wissen. Columbo muss nicht lange überlegen. »Mord«, gibt er verschmitzt zurück. Die abschließende Diagnose durch den Psychologen kann daher auch nur lauten: »Sie sind ein Perfektionist.«

C Weil Mason die beiden Hunde als unliebsame »Mitwisser« gern ein für allemal beseitigt wissen möchte, schaltet er den ihm bekannten Richter Metzler ein, um sie einschläfern zu lassen. Dieser trifft auch eine entsprechende Anordnung, lässt sich dann aber von Columbo offensichtlich umstimmen.

D Mrs. Columbo – schulungs- und kurserfahren – möchte demnächst gern das 48-Stunden-Seminar in Masons Institut besuchen, »um Kontrolle über sich zu bekommen«. Dem großen Meister dürfte sie dann allerdings nicht mehr dort begegnen. Schuld daran ist die erfolgreiche Arbeit ihres Mannes.

In einer Episode, in der sich vieles um Orson Welles' Meisterwerk »Citizen Kane« dreht, verwundert es niemanden mehr, dass es sich hierbei um den Lieblingsfilm[89] der vielseitig interessierten Gattin handelt.

Columbo hat vor, seine Frau mit der Expertenmeinung Masons über seine Persönlichkeit zu beglücken: »Ich werde Mrs. Columbo sagen, dass die Arbeit bei mir dominiert.« – »Das hat sie sicher schon gemerkt.«

In der Hundeschar darf natürlich der familieneigene Vertreter nicht fehlen. Columbo stellt das träge Tier einer Hundetrainerin vor. Er hat die Vorstellung, »Hund« könne von ihr zum Wachhund ausgebildet werden, da Mrs. Columbo abends oft allein sei. »Dieser Hund könnte eine tödliche Waffe sein«, meint er. Die Expertin jedoch hat einen untrüglichen Blick und empfiehlt: »Bringen Sie Ihrer Frau lieber Karate bei!«

J Columbo ist schon bald davon überzeugt, dass die an sich friedlichen Dobermänner vorsätzlich dazu gebracht wurden, ihr Opfer anzufallen. Während sich die beiden animalischen Killer mittlerweile in Polizeigewahrsam befinden, konsultiert der Inspektor die Hundetrainerin Miss Cochrane. Von ihr erfährt er, dass diese Tiere durch Kommandoworte abgerichtet werden. Was liegt also näher, als Mason zu verdächtigen, einen Experten derartiger Konditionierung? Zum Beweis benötigt er aber das Stichwort. Er zeichnet Gespräche mit Mason auf Band auf und spielt sie den Hunden vor. Dabei geht es vor allem um die zahlreichen Filmreliquien, die der Cineast Mason sammelt. Darunter befindet sich auch der legendäre Schlitten aus »Citizen Kane«, der die Aufschrift trägt, die gleichzeitig das letzte Wort der sterbenden Hauptfigur war: »Rosebud«. Die Hunde reagieren darauf äußerst heftig.

Mit den Hunden sucht Columbo den Mörder auf und sagt ihm die Tat auf den Kopf zu. Er provoziert geradezu den Mann, der soviel auf seine Intelligenz gibt: »Sie haben mich enttäuscht mit Ihrer Unfähigkeit. Sie haben Spuren hinterlassen wie eine Horde Elefanten.« Mason weiß sich nicht mehr anders zu helfen, als die Hunde mit dem Kommando »Rosebud« auf den Inspektor zu hetzen. Die Dobermänner setzen zum Sprung an – jedoch nur, um das Knautschgesicht liebevoll abzulecken (→ Abb. 11). Die Lösung: In wochenlanger Arbeit sind die Hunde so umerzogen worden, dass sie auf den ehemals todbringenden Befehl nun mit Zärtlichkeiten reagieren. Mason zeigt sich fassungslos: »Sie kannten das Kommando!« – »Das Wichtigste ist«, belehrt ihn Columbo, »*Sie* kannten das Kommando!«

★★★★ Den Autoren Lawrence und Lazarus ist es doch wahrhaftig gelungen, nach mehr als vierzig Episoden noch eine völlig neue und originelle Art des Mordens zu entwickeln. Somit wirkt der ganze Plot frisch und unverbraucht. Ein grandioses Finale sorgt für den Höhepunkt: Wie ein Magier aus dem Hut zaubert Columbo einen Beweis nach dem anderen aus den Löchern eines Billardtisches hervor. Zum zweiten Mal nach »Mord á la carte« soll er wieder ermordet werden, weil er zuviel weiß. Diesmal geschieht es aber ungleich dramatischer, da Mason bereits mehrfach erkennen ließ, dass ihm Skrupel fremd sind. So ist er jeweils nur durch das Erscheinen des Inspektors daran gehindert worden, sowohl die Hunde zu vergiften, als auch seine Untermieterin – eine Psychologiestudentin mit einem Teddybären namens Sigmund (!) – zu erwürgen. Daher dürfte der Zuschauer den Atem anhalten, als die zähnefletschenden Tiere auf den geliebten Cop gehetzt werden.[90] Masons anschließender fassungsloser Blick deutet darauf hin, dass er in diesem Moment die Genialität des Inspektors in ihrem vollen Ausmaß begreift: Dieser hat ihn nicht nur von vornherein verdächtigt, fand nicht nur das Kommando heraus, sondern hat zuletzt sogar vorausgesehen, dass der Mörder seine tierischen Waffen auch gegen ihn richten würde. Mit Hilfe von Miss Cochrane brachte er das Kunststück fertig, die Hunde umzuprogrammieren. Vollständiger als in dieser Episode kann Columbos Triumph nicht sein.

Das Geheimnis dieses Erfolges wird gleich mitgeliefert: »Sie beherrschen jede Situation zu jeder Zeit«, gibt Mason erschüttert zu, »als hätten Sie mein Seminar besucht.« – »Oh nein, Sir,« wehrt Columbo ab. »Ich habe einfach nur meinen Spaß an diesem Spiel.«

Mit Nicol Williamson wurde wieder einmal ein Charakterdarsteller von Format engagiert. An die Dreharbeiten vermochte er sich Jahre später jedoch kaum mehr zu erinnern. Er bekannte, die Rolle lediglich als einen Job gesehen zu haben, zumal er damals aufgrund der Scheidung von seiner Kollegin Jill Townsend gerade Geld brauchte. Mit Peter Falk spielte er im selben Jahr nochmals in der Komödie »The Cheap Detective« (Der Schmalspurschnüffler) zusammen.

Die Episode, deren ursprünglich geplanter Titel treffend »The Laurel And Hardy W. C. Fields Citizen Kane Murder Case« lautete, ist zusätzlich eine Hommage an die Filmkunst, die sich durch viel Liebe zum Detail auszeichnet. Das Haus, das Mason bewohnt, gehörte einst dem Stummfilmstar Theda Bara. Seine Hunde hören auf die alles andere als furchteinflößenden Namen »Laurel« und »Hardy«. Sein Billardtisch nebst krummgebogenem Queue stammt aus dem Besitz von W. C. Fields. Schließlich weist von dem Kommandowort[91] über den Schlitten bis hin zum nicht minder berühmten Eingangstor vieles immer wieder auf »Citizen Kane« hin. Nun hätte nur noch Meister Welles selbst verpflichtet werden müssen. Er hätte sicher mit Columbo zusammen über Zigarren fachsimpeln können.

45. WAFFEN DES BÖSEN (The Conspirators)

Erstausstrahlung: 13.05.1978 (USA), 03.03.1992 (D)

Drehbuch: Howard Berk (nach einer Idee von Pat Robison), Regie: Leo Penn, Produktion: Richard Alan Simmons, Associate producer: Anthony Kiser, Kamera: Isidore Mankofsky, Schnitt: Howard S. Deane, Ton: James Pilcher, Musik: Patrick Williams, Art director: Howard E. Johnson, Set decorator: Richard B. Goddard, Kostüme: George R. Whittaker, Unit Manager: Jack P. Cunningham, Regieassistenz: Phil Ball, Soundeffekt-Schnitt: William Wistrom, Musik-Schnitt: James D. Young, Casting: Bill Kenney.

Darsteller: Clive Revill (Joe Devlin), Jeanette Nolan (Kate O'Connell), Bernard Behrens (George O'Connell), Michael Horton (Kerry Malone), Albert Paulsen (Vincent Pauley), L.Q. Jones (Chuck Jensen), Deborah White (Angela), Sean McClory (Captain), Michael Prince (Michael Moore), Donn Whyte (Leach), Johnny Silver (Fahrer des Abschleppwagens), Carole Hemmingway (Carole Hemmingway), Tony Giorgio (Harry), John McCann (Brandon), Doreen Murphy (Bardame), Kedric Wolfe (Zollbeamter).

Der irische Dichter Joe Devlin mimt äußerlich den Biedermann, ist in Wirklichkeit aber ein Brandstifter. Öffentlich setzt er sich für den Frieden in seiner Heimat ein und sammelt auf Benefiz-Veranstaltungen Geld für die Opfer des Terrorismus in Nordirland. Tatsächlich aber kauft er davon Waffen für die IRA. Als der Waffenhändler Vincent Pauley seine Preise erhöht und den Schriftsteller unter Druck setzt, legt Devlin dies als Verrat aus und exekutiert ihn.

A Columbos Auftritt wird originell vorbereitet: In seinem Haus versucht Devlin seine Mitverschwörer, die Industriellenfamilie O'Connell, zu beruhigen. Es gäbe nicht die geringste Verbindung zwischen ihm und dem Opfer. Niemand sah sie je zusammen. Keine Spur könnte von Pauley zu Devlin führen. Genau in diesem Moment wird ein Inspektor Columbo gemeldet. Das Mordopfer hatte sich vor einiger Zeit in einer

Buchhandlung ein Exemplar von Devlins neuestem Werk signieren lassen.

B Devlin ist ein skrupelloser Kerl, der ständig intellektuell-philosophische Reden schwingt, aber das ihm von anderen zur Förderung von Friedensbemühungen in gutem Glauben anvertraute Geld bedenkenlos für den Krieg ausgibt. Auch gegenüber Columbo sprüht er vor Charme und spielt mit ihm Dart in irischen Pubs. Gemeinsam trinken sie eine ganze Menge Whisky. Angetrunken stützen sie sich gegenseitig und rezitieren Limericks. Doch das kumpelhafte Getue kann den Inspektor nicht darüber hinwegtäuschen, wen er in Wahrheit vor sich hat: einen politischen Fanatiker, der vor nichts zurückschreckt, wenn es nur seiner Sache dient.

D Columbo war schon einmal in Devlins berühmtem Ein-Mann-Programm – weil es seine Frau so wollte. Wonach ihr allerdings weniger der Sinn steht, sind Flipperautomaten in der Wohnung. Das muss nicht sein. Wie ihr Verhältnis zum Sex ist, bleibt hingegen offen. Columbo jedenfalls ist skeptisch, ob ihr der Erotik-Bildband gefallen könnte, auf den er in einer Buchhandlung aufmerksam wird. »Vielleicht überrascht Sie Ihre Frau«, ermutigt ihn die geschäftstüchtige Verkäuferin. »Das tut sie für gewöhnlich«, gibt er zu. »Aber das ist keine 55 Dollar wert.«

Mittlerweile weiß man, dass Mrs. Columbo viel liest; in der Zeitung sogar die Schiffsnachrichten. Damit gibt sie ihrem Mann einen entscheidenden Hinweis zu dem Fall. Er würdigt sie dafür als »Prachtstück«.

Einer der zahlreichen Neffen des Inspektors betreibt gleich zwei Hobbys, wie sie unterschiedlicher nicht sein können: Er ist Gewichtheber, nimmt aber auch an Stickwettbewerben teil. In beiden Disziplinen hat er schon Preise gewonnen.

F Das Auto hat eine Reifenpanne und muss abgeschleppt werden. Ein Novum: Columbo ist selbst schuldlos daran. Offensichtlich aber hat er den Zweck eines Ersatzreifens noch nicht erkannt; ansonsten würde er ihn nicht zuhause lagern.

G Columbo trinkt diesmal eine ganze Menge Alkohol, bleibt aber trotzdem Herr der Lage.

H Ein Bildband mit dem Titel »The History Of Erotic Art« scheint es Columbo angetan zu haben. In der Buchhandlung blättert er interessiert darin und hält ihn zur besseren Ansicht in die Höhe. Von einer

Kundin wird er dabei mit missbilligendem Blick gestraft. Kaufen will er das Buch trotzdem nicht. »55 Dollar? Da könnte ich ja mein Auto reparieren!« Tja, *könnte*!

I Als der Inspektor den O'Connells gegenüber von dem Mord an Pauley spricht, hat er ihre ganze Aufmerksamkeit. Dabei ist er selbst schon ganz woanders, als er die Stickarbeit von Mrs. O'Connell sieht: »Oh, ist das ein Kontinentalstich?«, fragt er fachmännisch. »Ist Sticken ihr Hobby?«, fragt die ältere Dame erstaunt zurück. Joe Devlin allerdings drängt es zum Thema zurück: »Sie erwähnten Mr. Pauley....«

J Probleme bereitet Columbo eine leere Whiskyflasche, die zweifellos bewusst neben dem Opfer platziert wurde. Er findet heraus, dass es sich bei »Full Irish Dew« um Devlins Hausmarke handelt. Die Spirituosenfirma wirbt auf dem Etikett mit dem Spruch: »Lass jeden Mann bekommen, was ihm zusteht!« Auch dieses Wort führt der Poet ständig im Munde. Im Zusammenhang mit der Flasche ist es ein Hinweis auf eine Hinrichtung. Überführt aber wird Devlin durch seine dumme Angewohnheit, mit seinem Diamantring Kratzer auf den Flaschen zu hinterlassen, mit denen er sein Limit beim Trinken festsetzt. Auch die von Devlin verschiffte Waffenladung kann der Inspektor in letzter Minute entdecken. Sie befindet sich nicht auf dem bereits durch den Zoll kontrollierten Schiff nach England, sondern auf dem Schlepper, der es aus dem Hafen geleitet. Die Fahne des Schleppers trägt das Wappen von »O'Connell Industries«, deren Besitzer als Devlins Mitverschwörer entlarvt werden.

★★ Mit dem politischen Extremismus wurde ein neues Thema bei »Columbo« angegangen. Ob allerdings Clive Revill, dessen hauptsächliche Domäne komische Rollen sind (sichtbar wird dieses Talent bei Devlins Anekdoten vor Publikum), dafür die richtige Person ist, bleibt zweifelhaft. Mit Jeanette Nolan, L. Q. Jones und Albert Paulsen sind weitere routinierte Film- und Fernsehakteure mit von der Partie. Regie führte Leo Penn (der Bruder von Arthur und Vater von Sean und Christopher), mit dem 1989 auch die neuen Abenteuer des Inspektors beginnen sollten. Bis dahin aber gönnte sich Columbo eine Ruhepause: Elf Jahre Zeit, um sich mehr seiner Frau zu widmen, mit ihr zum Bowling zu gehen oder vielleicht auch den einen oder anderen Abendschulkurs zusammen zu besuchen.

46. TÖDLICHE TRICKS (Columbo Goes To The Guillotine)

Erstausstrahlung: 06.02.1989 (USA), 30.04.1991 (D)

Drehbuch: William Read Woodfield, Regie: Leo Penn, Produktion: Stanley Kallis, Executive producer: Richard Alan Simmons, Associate producer: John A. Martinelli, Koproduzent: Peter V. Ware, Co-executive producer: Peter Falk, Coordinating praducer: Abby Singer, Supervising producer: Philip Saltzmann, Supervising executive producer: William Link, Kamera: Robert Seaman, Schnitt: John A. Martinelli, Musik: John Cacavas, Art director: Cameron Birnie, Set decorator: Richard B. Goddard, Kostüme: Brienne Glyttov, Costume supervisor: Michael J. Long, Make-up: Greg LaCava, Frisuren: Carolyn Elias, Unit production manager: Abby Singer, Production designer: Archie J. Bacon, Executive story editor: Jackson Gillis, 1. Regieassistent: Richard A. Wells, 2. Regieassistent: Brenda Kalosh, Sound mixer: Jim Alexander, Sound-Schnitt: Deni King, Supervising music editor: Laurie L. Higgins, Special consultant: R. J. Visciglia jr., Technischer Berater bei den Zaubertricks: Bruce Sinclair, Casting: Darlene Kaplan.

Darsteller: Anthony Andrews (Elliott Blake), Karen Austin (Dr. Paula Hall), Anthony Zerbe (Max »The Magnificent« Dyson), James Greene (Bert, Besitzer des Geschäftes für Zauberbedarf), Alan Fudge (Col. Harrow), Dana Andersen (Dori), Robert Constanzo (Sgt. Russo), Michael Bacall (Tommy), Charles Howerton (Col. Eckherdt), Milt Kogan (Gerichtsmediziner), Tony Amendola (Pfarrer), Rob Garrison (Junger Mann), Frank Simons (Mann am Polygraphen), Lennie Hicks (Eddie), Ben Yudell (Kevin), Nick DeMauro (Schlosser), Peter Noel Duhamel (Detective), Steve Zettler (Fahrer »Bravo«), Andrew Philpot (Fahrer »Alpha«), Charles Champion (Fahrer »Charlie«), Christopher Hart (1. Zauberer auf dem Friedhof), Dan Birch (2. Zauberer auf dem Friedhof).

Nach vielen Jahren trifft der angebliche Hellseher Elliott Blake seinen alten Zauberer-Kollegen und Lehrmeister Max Dyson wieder. Beide saßen einst in Uganda im Gefängnis. Dyson konnte entkommen, indem er Blake ans Messer lieferte. Aus Rache enthauptet Blake den früheren Freund stilecht mittels der Guillotine aus Dysons eigenem Magier-Fundus.

A Elf Jahre haben die Zuschauer auf die Wiederkehr des Inspektors gewartet. Nun kommt es auf ein paar Minuten auch nicht mehr an, dachte sich wohl Autor Woodfield, der das fiebernde Publikum fast dreißig Minuten auf dessen Ankunft warten lässt. Dann geschieht alles recht unspektakulär, aber doch symbolträchtig. Im Stil des »film noir« zeichnen sich schemenhaft im Dunkel die Konturen eines gewissen wohlbekannten Wagens ab, bevor die Flamme eines Streichholzes hinter dem Lenkrad die vertrauten Gesichtszüge erhellt. Zumindest dies scheint Columbo in den Jahren gelernt zu haben: eigenes Feuer mitzuführen. Er selbst ist der Alte geblieben, nur die Zeit ist fortgeschritten. Ein paar Falten mehr, die Haare sind grauer geworden. Manchmal muss er eine Brille aufsetzen.

Immer noch steht ein Streifenpolizist vor der Tür und schirmt den Tatort ab. Aber er verwehrt dem Inspektor nicht mehr aus Unkenntnis den Zutritt. Zu bekannt ist diese lebende Legende mittlerweile. Vielmehr ist es gerade andersherum: Columbo, der Nestor der Polizei von Los Angeles, spricht den jungen Kollegen an und erkundigt sich nach dessen Familienzuwachs. Der Beamte hat einen Sohn bekommen. »Harry – das ist ein schöner Name«, urteilt Columbo und ist sofort wieder im Geschäft – als sei er niemals weggewesen.

B Elliott Blake ist ein Mann, der hoch hinaus will. Dazu hat er sich auf ein gefährliches Spiel mit den Mächtigen im Pentagon eingelassen. Ihnen gaukelt er parapsychologische Fähigkeiten vor. Für das Militär und die Spionageabwehr würden sich durch einen solchen Mann ungeahnte Möglichkeiten ergeben. Blake wird einer Reihe von Tests unterzogen, in denen er seine Fähigkeiten unter Beweis stellen soll.

Eine solche Konstellation ist für die Gefechte Columbos mit seinem Verdächtigen natürlich ergiebig. »Wenn ich Ihre Begabung hätte«, schmeichelt er dem Hellseher, »dann würde ich einen prima Detektiv abgeben.« Er durchschaut die billigen Tricks des Taschenspielers schnell und versucht sich mit Erfolg selbst an einigen. Ganz offensichtlich macht er sich über Blake lustig und führt ihn vor, ohne dass dieser es merkt; so als er ihn zum Tatort bestellt mit der Bitte, dort »Schwingungen« aufzunehmen und ihm anschließend seine übersinnlichen Wahrnehmungen zum Hergang des Geschehens mitzuteilen: »Ich werde mich jetzt hier hinsetzen und Sie legen einfach los.« Blake, der dies sehr ernst nimmt und mit theatralischer Mimik umherwandelt, schwimmt jedoch in einem »Nebel von Gefühlen«. Seine Theorien – erst »Suizid«, dann »Unfall« – zerreißt der Inspektor mit harten Fakten in der Luft.

D In den letzten Ferien hat Columbo mit seiner Frau zusammen die Vorstellung eines Zauberers besucht. Er führt ihr aber auch selbst Tricks vor, die er aus Dysons Buch gelernt hat. Sie hingegen verordnet ihm Artikel aus Supermarktmagazinen als Lektüre.

F Der alte Peugeot hat entgegen aller Prognosen überlebt. Der Tonmeister hat aber dem hohen Alter des Wagens Rechnung getragen, denn die Autotüren geben nunmehr ein früher unbekanntes, verdächtig quietschendes Geräusch von sich.

H Im streng geheimen Institut für parapsychologische Forschungen wird Columbo gebeten, zu warten, bis Blake käme. Auf leisen Sohlen schleicht er sich jedoch in eine Besuchergruppe ein, in der er den interessierten Experten mimt. Dabei tut eine Pflanze das, was man bisher nur von Menschen kannte: Sie zeigt eine allergische Reaktion auf den Inspektor.

J »Ich habe noch nie soviel gelernt bei einem Fall.« Wie es seine Art ist, möchte Columbo möglichst viel von dem Umfeld kennenlernen, in dem sich sein Widersacher bewegt. Wie er 1978 in der letzten Episode mit der Lektüre von Joe Devlins Buch »Up From Ignorance« aufhörte, beginnt er nun auch wieder mit Fachliteratur: »Max Dyson über Hellseherei«. Dadurch lernt er nicht nur so manchen Zaubertrick, sondern erfährt auch von der gemeinsamen Vergangenheit der beiden Berufskollegen. Vom Pentagon lässt er sich nicht beirren. Als Blake an einen geheimen Ort ausgeflogen werden soll, wo er mit einer neuen Identität dem Gesetz für immer entkommen würde, steigt Columbo überraschend aus dem Flugzeug, das Blake gerade betreten wollte. Er holt ihn in dieses Leben zurück und behaftet ihn bei seiner Tat. Mit Blake zusammen rekonstruiert er am Tatort das Geschehen und legt sich sogar selbst unter die Guillotine (→ Abb. 12). Da lässt der Mörder noch einmal das todbringende Messer herunterfallen. Jedoch ohne Erfolg: Columbo hatte zuvor die Warnhinweise »Vorsicht!« und »Sicher« vertauscht. Doch der Täter hat sich zu erkennen gegeben.

★★★ Wer unter den vielen Fans der Serie die Befürchtung hegte, eine Neuauflage könne nur im Fiasko enden, durfte erleichtert aufatmen. Der Inspektor nimmt seine Arbeit dort auf, wo er sie unterbrochen hatte. Und er versteht seinen Job noch immer.

Der Reiz dieser ersten Episode liegt weniger in der Krimihandlung, sondern mehr in dem Milieu von Parapsychologie und Politik, von billigen Taschenspielertricks und ausgeklügelten magischen Kunststücken, von denen sich selbst das Militär täuschen lässt. Es ist eine Freude zu sehen, wie erst der minderbemittelt wirkende Polizist den großen Schwindel aufdecken muss. Der Trick mit den drei Männern, die an verschiedenen Orten der Stadt ein Foto machen, dessen Motiv der abgeschirmt sitzende »Hellseher« auf ein Blatt Papier zeichnet, zeugt von einem hohen Maß an Raffinesse.

Indem der Inspektor den Originaltitel der Episode wörtlich nimmt, betreibt er aber ein Vabanquespiel, das die Grenzen der Glaubwürdigkeit zu sprengen droht. Was wäre, wenn Blake nicht vorgehabt hätte, ihn zu töten? Hätte das Messer aufgrund der vertauschten Schilder dann wirklich ganze Arbeit geleistet? Oder war das Mordinstrument vollständig entschärft worden? Mit Recht nennt Columbo seine extreme Vorgehensweise selbst »zynisch«. Man muss ihm zugute halten, dass er in vielen Dienstjahren wohl doch mehr über das Böse im Menschen gelernt hat, als es die Schulbuchweisheit träumen lässt.

Bei dieser Szene zeigt sich allerdings auch der Schwachpunkt der Story: Columbo hat keine Zeugen für diesen Anschlag auf sein Leben.

Der Brite Anthony Andrews spielt seinen Part gewohnt routiniert. Er steht allerdings im Schatten des großen Charakterdarstellers Anthony Zerbe, den man gern in einem größeren Part gesehen hätte. Doch es hilft nichts – einer muss die Leiche sein!

47. DIE VERGESSENE TOTE (Murder, Smoke And Shadows)

Erstausstrahlung: 27.02.1989 (USA), 09.04.1991 (D)

Drehbuch: Richard Alan Simmons, Regie: James Frawley, Produktion: Stanley Kallis, Executive producer: Richard Alan Simmons, Associate producer: John A. Martinelli, Koproduzent: Peter V. Ware, Co-executive producer: Peter Falk, Coordinating producer: Abby Singer, Supervising producer: Philip Saltzmann, Supervising executive producer: William Link, Kamera: Robert Seaman, Schnitt: John A. Martinelli, Jay Scherberth, Musik: Patrick Williams, Art director: Cameron Birnie, Set decorator: Richard B. Goddard, Kostüme: Brienne Glyttov, Costume supervisor: Michael J. Long, Make-up: Greg LaCava, Frisuren: Carolyn Elias, Unit production manager: Abby Singer, Production designer: Archie J. Bacon, 1. Regieassistent: Daniel Dugan, 2. Regieassistent: Brenda Kalosh, Sound mixer: Jim Alexander, Sound-Schnitt: Paul B. Clay, Supervising music editor: Laurie L. Higgins, Special Consultant: R.J. Visciglia jr., Casting: Darlene Kaplan.

Darsteller: Fisher Stevens (Alex Bradey), Molly Hagan (Ruth Journegan), Nan Martin (Rose Walker, Sekretärin), Jeff Perry (Leonard Fisher), Steven Hill (Mr. Morasco), Jerome Guardino (Sgt. Burke), Elizabeth Ruscio (Fran), Al Pugliese (Phil Crosette), Time Winters (Stanley), Gayle Harbor (Lisa), Stewart J. Zully (Detective Sewell), Avner Garbi (Abner Kardarsian), Meg James (Führerin der Studiotour), Lisa Barnes (Sgt. Benning alias »die Kellnerin«), Robert Madrid (Sgt. Luis Rodriguez alias »der Kellner«), William »Scotty« McGlynn (Torwächter).

Vor zehn Jahren starb die junge Jenny Fisher nach einem Motorradunfall, weil der Notarzt nicht rechtzeitig vor Ort war. Aufgrund von Amateurfilm-Aufnahmen hat ihr Bruder Leonard nun erst herausgefunden, dass sich sein früherer Freund Alex Bradey damals der unterlassenen Hilfeleistung schuldig machte. Leonard droht Bradey, sein Wissen in die Öffentlichkeit zu bringen. Bradey ist inzwischen ein erfolgreicher Filmregisseur geworden, ebenso ein Meister der Filmtechnik und der

Spezialeffekte. Er tötet Leonard durch einen perfekt geplanten Stromschlag.

B Wieder einmal bewegt sich Columbo in prominenten Kreisen. Bradey ist zwar noch jung an Jahren, gleichwohl aber bereits mehrfach mit dem Oscar dekoriert worden. Er empfängt den Inspektor zwar sehr wohlwollend (»die netteste Begrüßung, die ich je bekommen habe«), redet im übrigen aber viel hochgestochenen Unsinn. Lange jedoch kann er seine Maskerade nicht aufrechterhalten. Bald beschimpft er in seiner Arroganz Columbo als »unterbezahlten Polizeibeamten». Sein Ehrgeiz hat menschliche Regungen in ihm in einem Maße absterben lassen, dass der Inspektor am Ende keine Mühe hat, Menschen zu finden, die bereit sind, bei der Überführung des Täters mitzuhelfen.

Von der Sekretärin Rose (»Sie sind Klasse, Ma'am!«) wird Columbo zunächst sogar für einen FBI-Mann gehalten. Ganz anders bei einigen Statistinnen auf dem Gelände des Filmstudios, auf die er selbst mit seiner Polizeimarke nicht überzeugend wirkt: »Jetzt werden wir schon von arbeitslosen Schauspielern angequatscht!«

D Mrs. Columbo will ihren Mann vom Kauf eines Wasserbetts überzeugen. Damit stößt sie aber bei ihm auf Granit, da er bekanntlich ohnehin schnell seekrank zu werden droht.

Alle Freunde des geliebten Vierbeiners können froh sein: Auch »Hund« hat die elfjährige Pause überstanden. Zwar ist der Darsteller ein neuer, die Figur aber ist dieselbe geblieben: Er tut nicht mehr als nötig und lässt sich ansonsten mit Hundekuchen füttern.

Ebenso taucht der gealterte Sgt. Burke in Gestalt von Jerome Guardino wieder auf. Darüber hinaus beschäftigt Columbo noch einige weitere Beamte, die zum Teil auch »undercover« arbeiten.

E Columbo interessiert sich sehr für den Wetterbericht, da er wissen möchte, ob er seinen Regenmantel benötigt. Sollte er aus »Todessymphonie« gelernt haben?

F Der Mantel kann aber auch zu anderem gut sein. Als Columbo seinen schrottreifen Wagen hinter Bradeys Nobelkarosse parkt, stutzt er kurz über den blitzblanken Wagen. Durch den Vergleich offensichtlich peinlich berührt, fährt er kurz mit dem Ärmel des Mantels über die eigene verdreckte Motorhaube. So schnell ist die Welt für ihn wieder in Ordnung gebracht.

G »Ich bin schwindelfrei!«, behauptet der Inspektor vollmundig. Jeder Zuschauer weiß, dass er zumindest nicht vom Schwindeln frei ist. Er muss es selbst sofort erkennen, als er zusammen mit Bradey auf einem großen Schwenkarm für den Regisseur herumgewirbelt wird. Das alles ist unterlegt mit einer ebenso schwungvollen Walzermelodie.

Doch selbst dieses Erlebnis kann ihn kurz darauf nicht von einer Mahlzeit im Bistro abhalten, bei der sein Augenmerk vor allem den scharfen Soßen, dem Senf und dem Ketchup gilt.

H Die für den Täter meist nervenaufreibende Marotte des Inspektors, wiederzukommen, nachdem er bereits gegangen ist, wird diesmal besonders exzessiv betrieben. Bei einer Gelegenheit erscheint er sogar zweimal wieder. Auch wenn junge Leute gerade intim werden wollen, darf man gewiss sein, dass Columbo in diesem Moment vor der Tür steht. Er tut dies mit einer wahren Begeisterung, bringt er doch stets »phantastische« oder »sehr aufschlussreiche Neuigkeiten«.

In Bradeys Domizil bemüht sich Columbo redlich, dessen hypermoderne Sitz- und Liegemöbel zweckentsprechend zu benutzen. Er scheitert jedoch daran. Hätte man ihm doch einfach nur einen ganz normalen Stuhl angeboten!

J Zunächst einmal muss eine unbekannte Leiche identifiziert werden. Nur der Umstand, dass der Ermordete ein Buch mit dem Titel »The Films Of Alex Bradey« bei sich hatte, lenkt zunächst die Aufmerksamkeit Columbos auf den Regisseur. Bradey gibt zwar zu, Fisher gekannt zu haben, leugnet aber, ihm in letzter Zeit begegnet zu sein. Nachdem ihm jedoch die Aktivitäten des Inspektors zunehmend gefährlich werden, engagiert Bradey einige Statisten, um Columbo durch ein inszeniertes Gespräch in einem Bistro auf eine falsche Fährte zu führen. Der aber lässt sich nicht irreführen, sondern dreht den Spieß einfach um und macht diese Episode zu einem klassischen Beispiel für die Methode, den Täter mit dessen eigenen Waffen zu schlagen. Denn eine Theateraufführung kann auch er bewerkstelligen. Hauptdarstellerin ist Bradeys Sekretärin Rose, die ihren Chef in einem Cafe mit ihrem vorgeblichen Wissen um den Mord erpresst. Einige als Kellner agierende Polizeibeamte werden Zeugen des Gesprächs. Mit dieser Falle, dazu einem bei Bradey gefundenen Studiotour-Ticket des Opfers sowie dem gefundenen Amateurfilm von Jennys Tod ist der renommierte Regisseur endgültig überführt. Statt Filme kann Bradey nun für lange Zeit in der Zelle Däumchen drehen.

★★ Der langjährige und verdienstvolle Produzent der Serie, Richard Alan Simmons, hatte sich nun auch einmal mit einem Drehbuch hervorgetan, das in einem ihm bekannten Milieu angesiedelt ist. Heimliches Thema ist das Verhältnis von Schein und Wirklichkeit, das in vielfachen Variationen immer wiederkehrt und in einer surrealistisch anmutenden Schlusssequenz mündet.

Einiges hat man in anderen Folgen schon gesehen: Die deutliche Anspielung auf Steven Spielberg gab es bereits in »Teuflische Intelligenz«. Eine zunächst unbekannte Leiche, die am Strand gefunden wird, erinnert an »Tod am Strand«. Ein Buch im Besitz des Toten führte auch in »Waffen des Bösen« zum Täter. Unwahrscheinlich mutet allerdings an, dass Bradey, der seinem Opfer sonst alles abnahm, ausgerechnet dieses Buch übersehen haben sollte.

In der Wahl des blassen Hauptdarstellers Fisher Stevens, der Columbo zu keiner Zeit das Wasser reichen kann, zeigt sich nun aber deutlich der Unterschied zu den durchweg profilierten Schauspielern der alten Serie. Im Film erklärt die langjährige Studiosekretärin Rose den Generationenwechsel so: »Als ich jung war und hier begann, erschienen mir alle Regisseure alt. Nun bin ich alt und die Regisseure schrecklich jung.«

Mit einer Nebenrolle verdiente sich Steven Hill ein Zubrot, einst als Dan Briggs der Vorgänger von Jim Phelps in »Mission Impossible« (Kobra, übernehmen Sie!). Sein damaliges Team ist zwar nicht mit von der Partie, dafür aber stellen Columbo, Sgt. Benning und Sgt. Rodriguez dem Täter eine Falle in bester IMF-Manier.

48. BLACK LADY (Sex And The Married Detective)

Erstausstrahlung: 03.04.1989 (USA), 07.05.1991 (D)

Drehbuch: Jerry Ludwig, Regie: James Frawley, Produktion: Stanley Kallis, Executive producer: Richard Alan Simmons, Associate producer: John A. Martinelü , Koproduzent: Peter V. Ware, Co-executive producer: Peter Falk, Coordinating producer: Abby Singer, Supervising producer: Philip Saltzmann, Supervising executive producer: William Link, Co-supervising producer: Steve Brown, Kamera: Robert Seaman, Schnitt: Jay Scherberth, Musik: Patrick Williams, Art director: Archie J. Bacon, Hugo Santiago, Set decorator: Mary Ann Good, Kostüme: Brienne Glyttov, Costume supervisor: Michael J. Long, Make-up: Greg LaCava, Frisuren: Carolyn Elias, Unit production manager: Abby Singer, Production designer: Bill Ross, Executive story consultant: Jackson Gillis, 1. Regieassistent: Richard A. Wells, 2. Regieassistent: Brenda Kalosh, Sound mixer: Dean S. Vernon, Sound-Schnitt: Paul Clay, Supervising music editor: Laurie L. Higgins, Special Consultant: R. J. Visciglia jr., Casting: Darlene Caplan.

Darsteller: Lindsay Crouse (Dr. Joan Allenby), Stephen Macht (David Kincaid), Julia Montgomery (Cindy), Peter Jurasik (Dr. Simon Ward), Ken Lerner (Dr. Walter Neff), Marge Redmond (Miss Hendrix), Dave Florek (Norm), Harry Johnson (Charlie), Pierrino Mascarino (Tubabläser), Stewart J. Zully (Sgt. Burke), Leeza Vinnichenko (Putzfrau), Susan Gibney (Madge), Peter Wise (Ozzie, Portier), Michele Lamar Richards (Flughafenangestellte), Doug Machough (1. Barkeeper), Janet Julian (Jill), Gary Berner (Mann in der Bar), Heather James (Frau in der Bar), Locky Lambert (Frau in der Bar), Peter J. Saputo (Mann in der Bar).

Die Sexualtherapeutin Dr. Joan Allenby ist Zeugin, als ihr langjähriger Liebhaber David Kincaid mit ihrer Sekretärin schläft und dabei abfällige Bemerkungen über sie macht. Dafür muss er sterben. Kincaid wird erschossen, nachdem er kurz zuvor mit einer ganz in Schwarz gekleideten Prostituierten gesehen wurde. Columbo muss sich auf die Suche nach einem Phantom begeben.

A Nachdem Joan die Nachricht vom Tod Kincaids erhalten hat, fährt sie sofort zum Tatort in ihre Klinik. Mit ihr in den Aufzug drängelt sich ein schlechtangezogener Kerl mit einem Kaffeebecher in der Hand, der sie nicht nur unverhohlen mustert, sondern den Fahrstuhl auch mit dem Qualm seiner Zigarre verpestet. Peinlich berührt durch das Rauchverbotsschild und die strafenden Blicke der Klinikleiterin löscht Columbo die Zigarre im Kaffeebecher.

B Dr. Allenby leitet eine therapeutische Klinik für Sex-Störungen und ist Autorin des Bestsellers »The Courtesan Complex« (Der Kurtisanen-Komplex). Auch bestreitet sie eine eigene Radiosendung und sollte – wäre es nicht anders gekommen – demnächst mit ihren Lebensweisheiten auch die TV-Nation beglücken. Die erfolgreiche Frau ist durch ihren Liebhaber tief verletzt worden. Dem Inspektor entgeht dies nicht. Er beendet das letzte Gespräch mit ihr mit den Worten: »Ich kann Sie gut verstehen.« Auch Joan muss die Leistung Columbos anerkennen: »Sie gäben einen blendenden Therapeuten ab.«

Andernorts hingegen wird Columbo wieder einmal verkannt. Als er einen Barkeeper vernehmen will, trifft er diesen als Lehrmeister einer Gruppe grüngekleideter, zukünftiger Cocktail-Schwenker an. Diese versuchen angestrengt Anweisungen wie »immer schön mixen« auszuführen. Columbo soll sofort hinter die Bar gehen. »Ich bin aber gar kein Barkeeper«, wehrt er sich. »Wenn Sie weiterhin zu spät kommen, werden Sie auch keiner werden. Sie sollten doch eine grüne Weste anziehen!«

D Als Therapieobjekt macht sich Columbo schlecht, da er Joan gegenüber mit Auskünften über sein eheliches Sexualleben nicht herausrücken will. Allerdings hat Mrs. Columbo inzwischen den Ratgeber der Sexualtherapeutin gelesen und empfiehlt ihn ihrem Mann ausdrücklich, »vor allem den Teil über die sexuellen Phantasien«.

H Columbos bekannte Schamhaftigkeit sorgt für manche unangenehme Situation. »Wie ist es um Ihre Sexualität bestellt?«, fragt die Sexpertin ihn ohne Scheu. »Ich bin ein verheirateter Mann«, druckst er herum und sucht schnell das Weite. Seine Zurückhaltung hindert ihn jedoch nicht daran, eine öffentliche Damentoilette gründlich zu inspizieren. Dafür lädt er den geballten Zorn einer Ansammlung von dringend bedürftigen Frauen auf sein Haupt.

I Gerade beginnt Columbo ein auch für Joan interessantes Gespräch über den Toten, als er schon wieder einmal abgelenkt wird: »Was haben Sie für Ihre Handtasche bezahlt? Ich habe noch kein Geburtstagsgeschenk für Mrs. Columbo.« – »Etwa 500 Dollar. Was sagten Sie gerade über Mr. Kincaid?« – »Über Mr. Kincaid ... Sie wissen nicht zufällig, wo ich solch eine Tasche für 200 Dollar bekomme? Haben Sie damals die Aktentasche im gleichen Geschäft gekauft wie die Handtasche?«

J Columbo hat Zweifel an der Identität der ominösen Prostituierten »Lisa« (»›Bordsteinschwalbe‹ sagen die Jungs von der Sitte«). Sie muss einen Schlüssel zu den Klinikräumen gehabt haben, in denen der Mord verübt wurde. Wieder geht der Inspektor kleinsten Nebensächlichkeiten nach. So wiegt er die Asche einer Zigarette ab, um zu erkennen, dass diese gar nicht geraucht wurde. Er kann schließlich auch feststellen, dass die schwarze Kleidung der Mörderin von Joan gekauft wurde. Nun bestellt er sie abends in ihre Klinik mit der Mitteilung, die »Frau in Schwarz« sei gefunden. Tatsächlich sieht Joan dort für einen Moment eine solche Person, behält dieses Wissen aber dummerweise für sich. Columbo verrät ihr, dass es sich um eine Polizistin handelte. Angesichts der Beweislast gegen sie kann Joan nicht länger leugnen.

★★ Man weiß kaum, wie man diese Episode einordnen soll. Zunächst hat sie eine Reihe guter Anteile. Lindsay Crouse überzeugt in der Rolle einer selbstbewussten, aber ebenso verletzlichen Frau von Format. Die mit ihrer Verwandlung in eine Prostituierte einhergehende Persönlichkeitsspaltung gerät ansatzweise sogar zu einer psychologischen Studie: »In die Haut eines anderen Menschen zu schlüpfen machte mir Angst«, bekennt sie. »Lisa gefiel mir besser als ich selbst.«

Damit aber ist das Positive bereits genannt. Der sonst der Serie eigene hintergründige und feinsinnige Humor gerät durch eine Ansammlung überzogener Skurrilitäten zum Klamauk. Ein die Tuba blasender Inspektor ist vielleicht noch zu verkraften. Weniger schon die Dame, die Joan zum Verlust des Geliebten kondolieren will, sie aber nicht umarmen kann, weil eben ein solches ausladendes Instrument um ihren nicht minder ausladenden Leib gehängt ist. Die Mitarbeiter der Klinik bedienen das Klischee des abgedrehten und weltfremden Psychiaters, der selbst sein bester Kunde ist. Völlig überzogen ist jene Szene, in der Columbo von solchen Leuten[92] um persönliche Ratschläge gebeten wird. Dabei gibt er Weisheiten wie »Wenn ich Sie wäre, würde ich das Angemessene tun« von sich. Dem Charakter des Inspektors völlig zuwiderlaufend ist die Szene, in der er, von einer russischen Putzfrau verfolgt, ein Beweisstück im Müll sucht. Er reagiert im Höchstmaß cholerisch, rennt und schreit herum wie Louis de Funés in seinen besten Zeiten. Weniger wäre hier mehr gewesen. Dafür hätte Autor Jerry Ludwig aus dem im amerikanischen Originaltitel angekündigten Thema noch mehr herausholen können.

49. TÖDLICHE KRIEGSSPIELE (Grand Deceptions / dt. Alternativtitel: Täuschungsmanöver)

Erstausstrahlung: 01.05.1989 (USA), 02.04.1991 (D)

Drehbuch: Sy Salkowitz, Regie: Sam Wanamaker, Produktion: Stanley Kallis, Executive producer: Richard Alan Simmons, Associate producer: Todd London, Koproduzent: Peter V. Ware, Co-executive producer: Peter Falk, Supervising producer: Philip Saltzmann, Supervising executive producer: William Link, Co-supervising producer: Steve Brown, Kamera: Robert Seaman, Schnitt: Ellen Ring Jacobson, Jay Scherberth, Leslie Dennis Bracken, Musik: John Cacavas, Art director: Hugo Santiago, Set decorator: Mary Ann Good, Unit production manager: Ted Schilz, Production designer: Bill Ross, Executive story consultant: Jackson Gillis, 1. Regieassistent: Daniel Dugan, 2. Regieassistent: Brenda Kalosh, Sound mixer: Dean S. Vernon.

Darsteller: Robert Foxworth (Col. Frank Brailie), Andy Romano (Sgt. Major Lester Keegan), Janet Eilber (Jenny Padget), Stephen Elliott (Gen. Jack Padget), Lynn Clark (Sekretärin Marcia), Michael McManus (Sgt. Morty Tanzer), James Lashley (Sidney Winnik), Bennett Liss (Corporal), Milt Kogan (Gerichtsmediziner), Rick Marzan (Polizist), John William Gibson

(2. Soldat), Christopher Titus (1. Soldat), Stephen Quadros (4. Soldat), Lee Arenberg (3. Soldat), George J. Peters (Mr. Martinson), Carolyn Carradine (Frau des Majors), Norma Macmillan (Mrs. Martinson), Charles Gideon Davis (Schüler), Randy Lee Troyer (Söldner).

Colonel Frank Brailie leitet nicht nur ein Söldnercamp, sondern verwaltet zudem auch den Spezialprojekte-Fonds einer Stiftung. Sein Mitarbeiter Major Keegan hat herausgefunden, daß Brailie mit den ihm anvertrauten Geldern sowohl dubiose Militäraktionen in der Dritten Welt als auch sich selbst kräftig finanziert. Zudem hat er ein Verhältnis mit der Frau des Ehrenvorsitzenden der Stiftung. Brailie tötet den unliebsamen Mitwisser und legt die Leiche während eines Nachtmanövers auf eine Tellermine. Wie so häufig deutet alles auf einen tragischen Unglücksfall hin.

B Brailie will angeblich jederzeit und überall die Werte des »American way of life« verteidigen, kennt aber in Wirklichkeit keine Moral. Selbst sein Verhältnis zu Jenny nutzt er für seine Zwecke aus. Er ist überheblich und brüstet sich seiner strategischen Fähigkeiten: »Die richtig guten Pläne gehen nicht schief.« Allerdings muss er nach der Begegnung mit Columbo herunter von seinem hohen Ross: »Ich habe mich falsch eingeschätzt und Sie auch.« Ein solcher Widerling ist nichts für Columbo, der zuletzt bekennt: »Wir mögen uns nicht.«

An einer anderen Stelle definiert der Inspektor einen weiteren Unterschied zu Brailie: »Ich habe nur einen einzigen Mann zu führen, und der bin ich selbst.« Das ist nur gut so!

D Am Tatort hat der Inspektor »sieben verschiedene Arten von Matsch« gefunden, von denen Mrs. Columbo aber auch nicht eine einzige in ihrem Haus haben möchte. Verständlicherweise.

Einer der Neffen Columbos verbringt seine Freizeit damit, die Schlachten des Bürgerkrieges mit Zinnfiguren nachzustellen.

Auf eine zu Herzen gehende Art erklärt Columbo seinem vierbeinigen Freund seine große Sympathie. Als er ihn allein im Wagen zurücklässt, meint er: »Wenn ich wiederkomme und das Auto ist noch da, gebe ich dir einen Hundekuchen. Ist das Auto weg, bekommst du auch einen. Weil ich dich liebe!« Das ist pädagogisch äußerst unklug, aber rührend.

F »Ist das Ihr Auto?«, fragt Jenny Padget ungläubig. »Ja, es müsste mal gewaschen werden«, antwortet der Besitzer und stellt zugleich den angeblich hohen Sammlerwert der Rostlaube heraus.

H Am Tatort robbt Columbo durch das Gelände direkt bis vor die Füße des erstaunten Brailie. Bei der Verhaftung des Mörders sucht er in seinen Manteltaschen vergeblich nach der Notizkarte, um ihm seine Rechte vorlesen zu können.

J Der Inspektor hat Brailie im Verdacht, seit er diesen im Quartier des Ermordeten dabei beobachtete, wie er Schmutz aufwischte. Columbo begründet seinen Argwohn mit deutlichen Worten: »Für jemanden, der so arrogant ist wie Sie, kam mir das höchst ungewöhnlich vor.« Doch zunächst wendet er seine Methode der vorgeblichen Desinteressiertheit an. Er schimpft über »Papierkram« und schiebt seine Vorgesetzten vor: »Was soll ich nur in meinen Bericht schreiben?« Brailies Sekretärin entwendet er sogar einen Bericht über die Aktivitäten der Stiftung, aus dem er von den Betrügereien des Colonels erfährt.

Aber der Militärstratege hat sich ein scheinbar perfektes Alibi verschafft, das nur mit der Columbo eigenen Akribie widerlegt werden kann. Brailie gibt vor, zur Tatzeit mit 600 Zinnsoldaten die Schlacht bei Gettysburg nachgestellt zu haben. Die Figuren waren angeblich erst kurz zuvor mit der Post geliefert worden. Columbo aber weist durch komplizierte Berechnungen des Volumens verschiedener Kartons und Kisten nach, dass die Lieferung schon am Morgen eintraf. Brailie hatte die Zinnfiguren danach sofort aufgebaut.

★★★ Dies ist eine geradlinig und schnörkellos erzählte Geschichte, die manche Anklänge an »Des Teufels Korporal« aufweist. Die Darsteller unterstützen das Anliegen. Robert Foxworth stellt nicht den prinzipientreuen Patrioten dar, den Patrick McGoohan einst verkörperte. Brailie ist nichts anderes als ein charakterloser Egoist. Stephen Elliott ist nach »Der Schlaf, der nie endet« erneut der gehörnte Ehegatte.

Sehenswert sind die Szenen mit der konfusen Sekretärin, die mit der Zuordnung ihrer Unterlagen in grüne und rote Mappen nicht zurechtkommt; ebenso auch das komische Hin und Her von Columbo und Sgt. Tanzer zwischen den Bankreihen während der Beerdigung. Hier überreicht der Inspektor völlig untypisch eine Visitenkarte. Ob wohl ein Vorname darauf stand?

Der Abspann gibt den Blick frei auf das nachgebaute Kriegsgeschehen von Gettysburg. In vorderster Front steht da eine verschmitzt dreinschauende Zinnfigur im Regenmantel – Columbo, der einmal mehr siegreich aus der Schlacht hervorgeht.

50. SELBSTBILDNIS EINES MÖRDERS (Murder, A Self Portrait)

Erstausstrahlung: 25.11.1989 (USA), 04.06.1991 (D)

Drehbuch: Robert Sherman, Regie: James Frawley, Produktion: Stanley Kallis, Executive producer: Richard Alan Simmons, Associate producer: Todd London, Koproduzent: Peter V. Ware, Co-executive producer: Peter Falk, Supervising producer: Philip Saltzmann, Supervising executive producer: William Link, Kamera: Robert Seaman, Schnitt: Jay Scherberth, Musik: Patrick Williams, Art director: Hugo Santiago, Set Decorator: Mary Ann Good, Production designer: Bill Ross.

Darsteller: Patrick Bauchau (Max Barsini), Fionnula Flanagan (Louise), Shera Danese (Vanessa), Isabel Lorca (Julie), Vito Scotti (Vito), George Coe (Dr. Sidney Hammer), David Byrd (Ralph), Don Bovingloh (Kunde), Lenny Hicks (Pathologe), Danny Hassel (Rettungsschwimmer), Roger Etienne (Nächtlicher Besucher), Frank L. Wiltse (Officer), Harold Harris (Harry Chudrow), Don Schneider (Zuschauer am Strand).

Louise, die Exfrau des berühmten Malers Max Barsini, will endlich einen Neuanfang wagen. Bisher lebt sie noch immer mit ihrem Verflossenen, dessen zweiter Frau Vanessa und dem Model Julie zusammen. Nun will sie ihren früheren Psychiater Dr. Hammer heiraten. Barsini, von Machtansprüchen gegenüber allen drei Frauen getrieben, will sie nicht freigeben. Zudem ist Louise Mitwisserin eines Mordes, den Barsini vor vielen Jahren beging. Der Maler betäubt Louise und wirft sie ins Meer, wo sie ertrinkt.

B Barsini ist ein affektierter und eingebildeter Gockel. Als erstes meint er Columbo zurechtweisen zu müssen. Dieser bringt dem Meister seine Huldigung dar: »Es ist mir eine Ehre, einen so berühmten Maler kennenzulernen.« Barsini ist gekränkt: »Maler streichen Wände an, Inspektor!« Der penetrante Macho und Egomane lässt sich gleich von drei Frauen hegen (»Weiber, die mir die Lebenskraft rauben«) und findet dies nur gerechtfertigt: »Bedenken Sie, wie ungerecht es ist, von einem Mann zu verlangen, dass er nur mit einer Frau zusammenlebt!« Überhaupt gibt Barsini kein einziges vernünftiges Wort von sich, sondern ergeht sich pausenlos in pseudophilosophischem Geschwafel in hochgestochen-gestelzter Ausdrucksweise: »Da ist eine Frau, die meine Andacht fordert.«

Columbo kann mit einem solchen Menschen nichts anfangen. Auch zeigt er sich über die »unkonventionelle Lebensweise« des Quartetts verwundert. Er ist aber gleichfalls erfreut, dass seine Gesichtszüge nach dem Urteil des Meisters »Charakter« zeigen und er ihm Modell sitzen soll. Barsini beschreibt die Gemeinsamkeiten der beiden Männer so: »Wir bedienen uns derselben Talente – wir erkennen die Welt.«

D Zum Auftakt sind Columbo und sein bester Freund bei einem Hundewettbewerb zu sehen, bei dem sich ausschließlich Bassets einer kritischen Jury präsentieren. Herrchen schreitet in besonders stolzer Pose mit seinem Schützling einher. Ein anderer Hundebesitzer, dessen »King Archibald« bereits über dreißig Preise gewann, fragt Columbo nach einer entsprechenden Bilanz von »Hund«. Hier muss der Inspektor nicht lange überlegen: »Wenn man alle Preise zusammenzählt, kommt man auf *einen* Preis.« Als er sich zudem noch über die Liebenswürdigkeit seines Hundes auslässt, knurrt dieser plötzlich und beißt zu. Vom Psychiater lässt sich Columbo später das Motiv für das ungewohnte Verhalten erklären: Es war die Eifersucht auf so viele andere Bassets.

In das noble Barsini-Anwesen darf der Vierbeiner jedoch nicht hinein: »Hunde male ich grundsätzlich nicht!«

Columbo hatte einen Onkel, der Allgemeinmediziner war.

H Ohne jegliche Scheu macht sich Columbo im Leichenschauhaus über die Wasserleiche her, um sie genau zu untersuchen. Das verwundert selbst den abgebrühten Pathologen, der fragt: »Gefällt Ihnen Ihr Job?« –

»Eine nette, saubere Arbeit«, erwidert der Inspektor. »Denken Sie nur mal ans Raubdezernat. Da werden Safes gesprengt und so was ....«

Dass der Beruf aber auch noch andere angenehme Seiten hat, zeigt die Szene, in der Columbo einen Kunstbildband mit dem vielsagenden Titel »Barsini Nude« studiert – selbstverständlich aus rein ermittlungstechnischen Gründen.

J Barsini hat sich auf ähnliche Weise wie sein Serien-Vorgänger Colonel Brailie ein Alibi verschafft. In »Vitos Bar« malt er angeblich ein Bild für den Besitzer, das in Wirklichkeit längst fertig ist. Stattdessen nutzt er die Zeit, um sich unbemerkt aus dem Haus zu entfernen und nach der Mordtat ebenso unerkannt zurückzukehren.

Merkwürdig an der Toten ist, dass sie eine ihrer Kontaktlinsen am Strand herausnahm, die andere aber im Auge saß – als ob sie gestört worden wäre. Sie besaß zudem sogar eine Rettungsschwimmerlizenz. Bei Dr. Hammer hat Louise Tonbänder hinterlassen, auf denen sie ihre wiederkehrenden Alpträume schildert. Die Metaphern dieser Träume bringen Columbo auf die Spur jenes vor Jahren begangenen Mordes. Schließlich findet er an der Leiche auch noch Farbspuren, die zweifelsfrei von Barsini stammen müssen.

★ Diese Episode verbreitet nichts als Langeweile. In der Hauptsache wird der Zuschauer Zeuge der zwar obskuren, im Grunde aber belanglosen Familienverhältnisse der Barsinis. Das vermag nicht zu fesseln. Barsini, routiniert gespielt von dem Belgier Patrick Bauchau, ist ein Kerl ohne Format und in seiner ganzen Erscheinung nur unsinnig. An den Haaren herbeigezogen sind auch die Vermutungen und Assoziation, die Columbo aufgrund der Tonbandaufzeichnungen kommen.

Ein Wiedersehen gibt es mit Vito Scotti, der sich erschrocken zeigt über die Eröffnung Columbos, Barsini wolle den Inspektor malen: »Nackt?« Zu den wenigen Lichtblicken zählt neben dem Hundewettbewerb auch das Gespräch Columbos mit dem Psychiater, in dem die Rollen vertauscht sind: Der Arzt liegt auf seiner Couch und erzählt, der Inspektor sitzt daneben und macht sich Notizen.

Taugt das ganze Skript auch nichts, so zeigt die Machart der Episode dafür mehr als üblich künstlerische Ambitionen. So erinnern die Traumsequenzen stark an den deutschen Filmexpressionismus. Auch die Schnitttechnik wird in den sich ständig abwechselnden Dialogszenen Columbos mit Vanessa und Julie virtuos gehandhabt. Doch diese guten Anteile können nicht über die offenkundigen Mängel hinwegtäuschen. Mit Wehmut erinnert man sich der Zeiten, in denen Mörder noch Carsini statt Barsini hießen.

51. WER ZULETZT LACHT ... (Columbo Cries Wolf)

Erstausstrahlung: 20.01.1990 (USA), 16.04.1991 (D)

Drehbuch: William Read Woodfield, Regie: Daryl Duke, Produktion: Penny Adams, Executive producer: Jon Epstein, Associate producer: Todd London, Koproduzent: Peter V. Ware, Co-executive producer: Peter Falk, Supervising executive producer: William Link, Kamera: Robert Seaman, Schnitt: Jay Scherberth, Musik: Dennis Dreith, Art director: Hugo Santiago, Set decorator: Mary Ann Good, Kostüme: Michael J. Long, Make-up: Delaine Manges, Frisuren: Janie Brandow, Production designer: Bill Ross, Creative Consultant: William Driskill, Executive story editor: Jackson Gillis, Executive story consultant: William Read Woodfield, 1. Regieassistent: Bill Lukather, 2. Regieassistent: Patrick McKee.

Darsteller: Ian Buchanan (Sean Brantley), Deidre Hall (Diane Hunter), Rebecca Staab (Tina), Alan Scarfe (Sir Harry Matthews), Mark Margolis (Cosner, Fahrer), John Finnegan (Police Commissioner), David Huddelston (Bürgermeister), Jeanne Wolf (Jeanne Wolf), Gigi Rice (Helen Robinson, Dianes Sekretärin), Ralph Wilcox (Küchenchef), Peter Zapp (Assistent des Bürgermeisters), Morgan Jones (Wilson, Mitarbeiter der Spurensicherung), Darrell Kunitomi (Faktotum), Daphne Cheung (Nächste »Nymphe des Monats«), Kendra Booth (»Nymphe des Südens«), Paula Trickey (Nymphe am Pool), Rainelle Saunders (Art Director), Matt Flynn (Gast), Tom Moses (Chef der Detectives), Mike Masters (Wachmann), James Willett (Sicherheitsbeamter), Gil Newsome (Reporterin),

Beebe Smith (Reporterin), Jimmy Ortega (Reporter), Primo Lopez (Reporter), Sandra Wild (Nymphe), Alicia Gilbert (Nymphe), Cameron (Nymphe), Craig Hosking (Hubschrauberpilot), Farrell Mayer (Polizeisprecher), Laurance Grant (Reporter), Bill Edward Rogers (Polizist), Luis Delgado (Angestellter der Stadt), George Chavez (Fliesenleger), Bruce Kirby (Polizeibeamter, ungenannt).

Weil er sie laufend mit zahlreichen Models betrügt, will die Verlegerin Diane Hunter ihrem Lieb- und Teilhaber Sean Brantley nicht nur den Laufpass geben, sondern auch ihre Aktienmehrheit an dem gemeinsamen Männermagazin »Bachelor's World« verkaufen. Auf einer Reise nach London verschwindet Diane spurlos. Columbo hat schon einen Verdächtigen, bevor er überhaupt eine Leiche vorweisen kann. Das bringt ihm zunächst eine große Blamage ein, für die er sich am Ende jedoch auf seine Art revanchiert.

B Es dürfte bei seinem Lebensstil nicht verwundern, dass Brantley ein recht arroganter Yuppie ist. Er umgibt sich mit hübschen Mädchen und genießt das Leben. Gleichzeitig ist er aber so intelligent, zu wissen, dass Columbo nicht der »naive, tapsige Detektiv« ist. Er beteuert ihm gegenüber immer wieder, seine Partnerin sei nicht tot, sondern hätte sich nur für eine gewisse Zeit abgesetzt. Gerade darin zeigt sich seine Raffinesse. Er bestärkt den Inspektor damit nur in seinem Misstrauen, was durchaus beabsichtigt ist.

D Mrs. Columbo lässt wie in der vorhergehenden Episode nichts von sich verlauten. Dafür aber wird der gesamte Polizeiapparat diesmal von Columbo für seine Ermittlungen eingespannt. Das Gelände des Chateaus der beiden Verleger wird systematisch durchkämmt, um die Leiche zu finden. Columbos Vorgesetzter versichert dem Bürgermeister persönlich, sein »bester Mann« sei mit der Aufklärung betraut. Diesmal aber ist dieser Bonus schnell verbraucht, da Columbo auf spektakuläre Weise Schiffbruch erleidet: Die Totgeglaubte taucht nämlich plötzlich sehr lebendig wieder auf. Brantley hatte also von Anfang an recht gehabt. So schnell Diane gekommen war, verschwindet sie aber auch wieder. Nun hat der Commissioner jedoch kalte Füße bekommen: »Ich mache mich nicht wieder lächerlich. Für Columbo ist das Chateau tabu!« Der aber hat sich bereits viel zu sehr in diesen merkwürdigen Fall verbissen und rast in seinem alten Blechsarg durch die Absperrung zu dem Landsitz.

Unter den Polizisten sind die allseits bekannten John Finnegan und Bruce Kirby, wobei Letzterer in den »credits« merkwürdigerweise nicht genannt wird. Erwähnung findet zudem Chief Superintendent Durk von Scotland Yard, mit dem Columbo in »Alter schützt vor Torheit nicht« zusammenarbeitete.

G Nun ist es endlich heraus: »Zigarrenraucher sind die brillantesten Denker.« Das meint der englische Verleger Sir Henry Matthews (→ Abb. 8). Er versorgt den Inspektor mit mehreren besonders teuren Exemplaren, in der Überzeugung: »Je besser die Zigarre, umso besser das Denkvermögen.« Erfahrene Zuschauer wissen, dass es bei Columbo offensichtlich gerade umgekehrt ist. Wenn er aber gerade einmal nicht raucht, isst der Inspektor Gummidrops. Beim Joggen mit Tina muss er nach wenigen Metern schon aufgeben.

H Wieder einmal platzt der Inspektor in einen Fototermin und wendet sich verschämt von dem Anblick nackter Models ab. Eines der Mädchen ruft erschrocken: »Wer ist der Mann im Trenchcoat?«

Ein Misserfolg scheint noch nicht zu genügen. Columbo gibt auch zu, dass er keine Krimis liest. Er käme nie auf den Täter und sei deshalb schnell frustriert.

I Während Columbo Brantley gegenüber seine Theorien entfaltet, springt er plötzlich auf ein anderes Thema über. Er sah im Garten ein Lama grasen. Seine obligatorische Frage lautet natürlich: »Was kostet so was?« Ob demnächst ein Neffe oder eine Nichte Geburtstag hat, erfährt man nicht.

J Obwohl ohne corpus delicti, stößt Columbo rasch auf Spuren, die auf einen Mord an Diane deuten. Der Verdacht liegt nahe, dass es sich bei der Frau, die am Flughafen eincheckte, um nach London zu fliegen, nicht um die Verlegerin handelte. Die Indizien häufen sich in einem nie gekannten Maße: eine Tonbandaufzeichnung, Haare, eine Patronenhülse. Der Fall scheint schon vollständig aufgeklärt. Für den Inspektor wie für den Zuschauer gleichermaßen schockierend taucht da Diane aus dem Nichts wieder auf. Ihr Verschwinden war eine perfekte Inszenierung von ihr und Brantley, um durch den entstandenen Presserummel die Auflage ihres Magazins zu steigern – alles auf Kosten des der Lächerlichkeit preisgegebenen Columbo.

Diane weiß allerdings nicht, dass die Pläne ihres Partners noch weitergehen. Brantley macht nun wahr, was zuvor nur inszeniert wurde. Er tut es in der Hoffnung, dass nach der einmaligen Blamage keine neuerliche Suche nach der Vermissten stattfinden wird. Doch da hat er Columbo falsch eingeschätzt. Der löst den Fall so einfach wie genial. Er weiß, dass Diane einen Pieper am Arm trug, der telefonisch anwählbar ist. In Anwesenheit von Brantley ruft er in Dianes Büro deren Nummer an. Daraufhin meldet sich der Pieper. Columbo findet die Leiche hinter einer Wandverschalung.

★★★ Diese Episode tanzt völlig aus der Reihe, ohne dabei zu fallen. Der beschlagene Zuschauer dürfte ahnen, dass hier etwas nicht stimmt, da wie in »Der alte Mann und der Tod« der Mord selbst nicht gezeigt wird. Doch Columbo wird auf raffiniert geplante Weise tatsächlich zum Narren gehalten. Brantley mutet wie ein ausgezeichneter Kenner der bisherigen 50 Folgen an, der um die Qualitäten des Inspektors weiß, aber den Ehrgeiz hat, ihn auf eine gänzlich neue Weise zu besiegen. Spielt sich der Mord im Normalfall stets während der ersten zwanzig Minuten ab, so passiert er hier erst in den letzten zwanzig. Das brillante Finale muss den Vergleich mit den besten seiner Art nicht scheuen. »Es ist kein Ferngespräch, keine Sorge«, meint Columbo mit einem Blitzen in seinen Augen, als er die in unmittelbarer Nähe versteckte Leiche anruft.

Ein Wermutstropfen ist einmal mehr Columbos Widersacher. Ian Buchanan (»General Hospital«; »Twin Peaks«) gehört zu jener austauschbaren Sorte von Darstellern, denen jeglicher Sinn und Talent für Charakterrollen abgeht. Sein Repertoire beschränkt sich auf ein besonders dummes Grinsen, das im Film selbst Diane Hunter auf die Nerven geht.

52. MORD NACH TERMIN (Agenda For Murder)

Erstausstrahlung: 10.02.1990 (USA), 14.05.1991 (D)

Drehbuch: Jeffrey Bloom, Regie: Patrick McGoohan, Produktion: Penny Adams, Executive producer: Jon Epstein, Associate producer: Todd London, Koproduzent: Peter V. Ware, Co-executive producer: Peter Falk, Supervising executive producer: William Link, Kamera: Robert Seaman, Jack Priestley, Schnitt: Richard Bracken, Musik: David Michael Frank, Art director: Hugo Santiago, Set decorator: Mary Ann Good, Kostüme: Jaqueline Saint Anne, Kostüme Männer: Steve Ellsworth, Kostüme Frauen: Karen Bellamy, costume supervisor: Michael J. Long, Make-up: Dee Manges, Frisuren: Danne D. Long, Unit production manager: Henry Kline, Production designer: Bill Ross, Creative consultant: William Driskill, Executive story editor: Jackson Gillis, Executive story consultant: William Read Woodfield, 1. Regieassistent: Janet Davidson, 2. Regieassistent: Patrick McKee, Sound mixer: Thomas E. Allen sr., Supervising sound editor: Paul Clay, Supervising music editor: Laurie Higgins Tobias, Casting: Darlene Kaplan.

Darsteller: Patrick McGoohan (Oscar Finch), Denis Arndt (Paul Mackey), Louis Zorich (Frank Staplin), Penny Fuller (Mrs. Finch), Bruce Kirby (Sgt. George Kramer), Rita Taggart (Mrs. Staplin), Arthur Hill (Gouverneur Jim Montgomery), Anne Haney (Sekretärin Louise), Stanley Kamel (Tim Haines), Steven Ford (Toby Ritt), Michael Goldfinger (Fahrer der Wäscherei), Shaun Toub (Mr. Amir), Annie Stewart (Rebecca Christy), Carol Barbee (Diane), Peter Allas (1. Sicherheitsbeamter), Kirk Thornton (Polizeitechniker), Doug Franklin (Gerichtsmediziner), Rande Leaman (Mitarbeiter), Bryan Montgomery (2. Sicherheitsbeamter), Eva Charney (Mädchen), Jake Jacobs (Staatsanwalt), Huey Redwine (1. Mann), Jim Carson (Radiosprecher).

Der Staranwalt Oscar Finch sieht sich unter Druck gesetzt: Der Kriminelle Frank Staplin verlangt, Finch solle seine Verteidigung übernehmen und dazu noch unlautere Methoden anwenden. Staplin ist bekannt, dass

Finch vor vielen Jahren einmal Beweismittel in einem Prozess unterschlug. Der Anwalt aber steht gerade vor einem neuerlichen Karriereschub und kann sich Staplins Wissen nicht leisten. Er erschießt ihn und tarnt die Tat als Selbstmord.

B Die Schriftstellerin Harper Lee beschrieb einst in ihrem berühmten Roman »To Kill A Mockingbird« (Wer die Nachtigall stört) einen integren Anwalt namens Atticus Finch. Dessen Namensvetter und Berufskollege Oscar Finch stellt geradezu das Gegenteil dar. Er ist skrupellos, verschlagen und einzig auf seine Karriere bedacht. Der Inspektor, auf den er herabsieht, wird ihm mehr und mehr zur Plage. Columbo hängt auch wirklich wie eine Klette an ihm und sucht den Verdächtigen an allen möglichen Orten heim: »In welches Restaurant gehen Sie? Ich kann ja draußen warten.« Auch quält er Finch mit einem Witz, der diesem gar nicht gefällt. Trotzdem versucht Finch bis zuletzt die deutlichen Gegensätze zwischen den Kontrahenten nicht zu offen zu zeigen: »Ich dachte, wir stünden in guter Beziehung zueinander.« Der Inspektor ist da anderer Meinung: »Nichts ist vollkommen.«

D Für seine Frau lässt sich Columbo ein Autogramm des Abgeordneten Mackey geben. Der soll ihm zusätzlich sogar noch eines vom Gouverneur besorgen. Mackey möchte eine Widmung für die Dame hinzufügen: »Wie ist ihr Name?« – »Mrs. Columbo.«

Letztere ist seit kurzem auch Besitzerin eines Computers. Ob sie ihn für ihre Arbeiten im Rahmen der Abendschule benötigt?

Ein ausgesprochen freundliches Verhältnis hat Columbo zu Finchs Sekretärin Louise. Sie schenkt ihm ein Raumspray für Mrs. Columbo und erhält von ihr im Gegenzug ein kleines Präsent als Dankeschön.

Sgt. Kramer ist wieder im Einsatz. Er wird von Columbo genötigt, ein Stück von einem Käse zu essen, der offensichtlich nicht nach seinem Geschmack ist.

F »Wer hat mit seiner Rostlaube auf meinem Parkplatz geparkt?«, ruft Finch erbost, als er sein Büro betritt. Als sich Columbo als Besitzer zu erkennen gibt, ist der Anwalt konsterniert: »Das oxydierte Relikt gehört Ihnen?«

G Wie schon sein Vater, so zeigt sich auch Columbo als ein Freund italienischen Käses. Dafür aber muss er in Finchs Büro den Zigarrenkonsum unterlassen. Der Wille der Sekretärin ist Gesetz.

H »Komplizierte Erfindungen machen mich nervös«, räumt Columbo ein, der sich diesmal in die Geheimnisse eines Fax-Gerätes und eines modernen Telefons einführen lassen muss. Sein Rückstand in technischen Dingen reicht weit: »Wir waren die Letzten in der Straße, die eine elektronische Garagenöffnung bekamen.« Aber auch ein harmloser Kugelschreiber, den er sich leiht, kann ihn vor Probleme stellen: »Sie müssen ihn drehen, Inspektor!«

Als sich der Inspektor auf einen teuren, antiquierten Stuhl setzt, kommen ihm ungute Erinnerungen. Er berichtet, er hätte zuletzt bei einer alten Dame auf einem solchen Stück gesessen, das unter ihm zusammengebrochen sei. Dabei handelt es sich um eine Reminiszenz an »Alter schützt vor Morden nicht«. Dass der wacklige Stuhl aber tatsächlich zu Bruch gegangen sein soll, müssen Kameramann oder Cutter dem Zuschauer damals verschwiegen haben.

I Am Tatort interessieren Columbo die Ausführungen Sgt. Kramers herzlich wenig. Seine Aufmerksamkeit gilt allein dem italienischen Käse, den er entdeckt hat. Er gibt Anweisungen, die »Jungs« mögen ihn nach der Sicherung der Spuren verwahren. Diesmal ist es aber so, dass sich der zunächst unter »Banalitäten« verbuchte Käse bald als wichtigstes Beweismittel herausstellt.

J Columbo ist wie immer der Selbstmordttheorie gegenüber misstrauisch. Staplin hatte zuvor einen Brief an seine Frau gefaxt – allerdings nicht vollständig, da er durch Finchs Besuch unterbrochen wurde. Untersuchungen über die Geschwindigkeit, mit der Blut trocknet, führen weiter. Überführt wird der Täter schließlich durch seinen Zahnabdruck, den er an einem Stück Käse am Tatort hinterließ.

★★ Patrick McGoohan tritt wiederum in Personalunion als Regisseur und Mörder an. Obwohl auch diesmal mit einem Emmy belohnt, wirkt der nunmehr graubärtige und bebrillte Star längst nicht mehr so kraftvoll und gefährlich wie einst, als er noch sein scharfgeschnittenes Gesicht glattrasiert präsentierte. Auch seine Überführung als Täter durch den Biss in den Käse ist eine eher dürftige Idee.

53. RUHE SANFT, MRS. COLUMBO! (Rest In Peace, Mrs. Columbo!)

Erstausstrahlung: 31.03.1990 (USA), 27.06.1991 (D)

Drehbuch: Peter S. Fischer, Regie: Vincent McEveety, Executive producer: Peter S. Fischer, Associate producer: Todd London, Co-executive producer: Peter Falk, Supervising producer: Robert F. O'Neill, Supervising executive producer: William Link, Kamera: Jack Priestley, Schnitt: Edward M. Abroms, Musik: Richard Markowitz, Art director: Hugo Santiago, Set decorator: Mary Ann Good, Kostüme: Jaqueline Saint Anne, Kostüme Männer: Steve Ellsworth, Kostüme Frauen: Karen Bellamy, Costume supervisor: Michael J. Long, Make-up: Dee Manges, Frisuren: Danne D. Long, Unit production manager: Christopher Seiter, Production designer: Bill Ross, Creative Consultant: William Driskill, Executive story editor: Jackson Gillis, Executive story consultant: William Read Woodfield, 1. Regieassistent: Daniel Dugan, 2. Regieassistent: Katy Garretson, Sound mixer: Thomas E. Allen sr., Supervising sound editor: Paul Clay, Supervising music editor: Laurie Higgins Tobias, Casting: Darlene Kaplan.

Darsteller: Helen Shaver (Vivian Dimitri alias Annette Garibaldi), Ian McShane (Leland St. John), Ed Winter (Charlton »Charlie« Chambers), Tom Isbell (Sgt. Brady), Theresa Ganzel (DeDe Perkins), Roscoe Lee Browne (Dr. Steadman), Michael Alldredge (Mitchell Cannelly), Hugh Gillin (Pfarrer bei der Trauerfeier), Rosanna Huffman (Mrs. Thornwood), George Buck (George Thornwood), Don Calfa (Rudy), Peggy Walton Walker (Liz Cooper), Joe Bellan (Joe), Robert Balderson (Jerry), Julius Branca (Abe Lasko), Roger Hampton (Theo Kellerman, Mitarbeiter der Spurensicherung), Robin Bach (Kellner), Jean-Paul Vignon (Restaurantleiter), Ed McCready (Beamter in Zivil), LaRue Stanley (Gracie, Restaurantbedienung), Michael Bandoni (Hauskäufer), Rob Narita (1. uniformierter Polizist), Ken Bryan (Ambulanzhelfer), Dafidd McCracken (Bernie, Mitarbeiter der Spurensicherung), Susan Bachli (Clio, Prostituierte), Bill Edward Rogers (2. uniformierter Polizist).

Pete Garibaldi, der Ehemann der Immobilienmaklerin Vivian Dimitri, ist während der Verbüßung einer langjährigen Haftstrafe an einem Herzinfarkt gestorben. Die Witwe ist nun von Rachegefühlen denen gegenüber erfüllt, die Pete einst ins Gefängnis brachten. Sie erschießt zunächst Charlie Chambers, den damaligen Geschäftspartner ihres Mannes. Er war es, der Garibaldis kriminelle Finanzspekulationen aufdeckte. Doch damit hat Vivian noch nicht genug. Ebenso will sie sich an dem Polizeibeamten rächen, der Pete eines Mordes überführte. Sein Name: Columbo.

B Vivian Dimitri unterscheidet sich grundlegend von allen Tätern, mit denen es Columbo bisher zu tun hatte. Ihr geht es nicht darum, den Mord an Chambers sonderlich zu verschleiern. Sie möchte vielmehr, dass der Inspektor zu gegebener Zeit erfährt, was sie getan hat. Über dem Tod ihres Mannes ist sie psychisch krank geworden und somit in ihrem Handeln unberechenbar. Die typischen Fragen nach Motiv oder Logik der Tat helfen hier nur bedingt weiter. Schließlich war der Mord an Chambers nur ein Vorgefecht. In dieser Episode wird das Motiv der persönlichen Gefährdung Columbos durch den Täter auf die Spitze getrieben: Nun soll seine Frau getötet werden! »Du nimmst mir meinen Mann – ich nehme dir deine Frau.« So nüchtern erklärt Vivians Psychiater die einfache Rechnung des blonden Todesengels.

D Wie der Titel schon verrät, ist Mrs. Columbo diesmal eine Hauptperson. Dementsprechend viel Neues ist über sie zu erfahren. »Wann lerne ich Ihre Frau kennen?« Vivian Dimitri spricht den Wunsch aus, der die Zuschauer seit vielen Jahren bewegt. »Ich arbeite daran«, verspricht Columbo. Der Terminkalender seiner Frau ist viel zu voll. Sie engagiert sich sehr in ihrer Kirchengemeinde. Mehrere Stunden pro Woche ist sie in der Krankenpflege tätig. Häufig hütet sie auch die Kinder ihrer Schwester Ruth. Hinzu kommt, dass sie fünfmal täglich mit »Hund« Gassi gehen muss. Wenn dann noch Zeit bleibt, bewirtschaftet sie ein eigenes Blumenbeet. Dabei zeigt sie jedoch ein »totes Händchen«: Alles, was sie pflanzt, geht ein. Nicht viel besser ist es um ihre Fähigkeiten beim Klavierspielen bestellt, bei dem sie eine Vorliebe für Chopin hat. »Aber das habe ich ihr nie gesagt.«

Woher eine derart vielbeschäftigte Frau auch noch die Zeit nimmt, die täglichen Folgen einer »soap opera« im Fernsehen zu verfolgen, bleibt ihr Geheimnis.

Fast dreißig Jahre ist das Ehepaar bereits glücklich verheiratet. »Ich wüsste nicht, was ich ohne sie täte«, bekennt Columbo bedeutungsschwer. Dabei stellt Autor Peter S. Fischer, wohl der genaueste Kenner der Kunstfigur des Inspektors, endlich ein Missverständnis klar, das schon seit »Wenn der Eismann kommt« die Fangemeinde irritierte: »Leider waren uns keine Kinder beschieden. Aber wir haben uns, und das macht mich zu einem sehr glücklichen Menschen.« Belassen wir es daher bei der großen Anzahl von Nichten und Neffen.

Mrs. Columbos Mutter ist bereits 82 Jahre alt, ihre Großmutter starb mit 90. Möge auch ihr selbst ein langes Leben beschieden sein!

Diesmal steht dem Inspektor der junge Sgt. Brady zur Seite. Er muss sich – nur vorgetäuscht – von seinem Chef sogar anbrüllen lassen. Außerdem stellt er auch seine Privatwohnung in den Dienst der guten Sache.

E Zur Beerdigung sieht man Columbo selbstverständlich im schwarzen Anzug. Es geht in diesem Fall auch nicht um irgendeinen Toten.

In einem Wettbüro trifft er überraschend auf einen Mann, der den gleichen alten Mantel trägt wie er. Sollte das möglich sein? Sein eigener Mantel findet praktische Verwendung: Columbo deckt mit ihm Chambers' Leiche ab. Sein Schuhwerk wird auf einem Golfplatz bemängelt: »Mit solchen Schuhen dürften Sie gar nicht auf dem Rasen sein!«

F Der Peugeot spielt zwar keine Rolle, doch gibt Columbo wieder einmal seine wichtigste Erfahrung bezüglich Autos weiter, diesmal an Sgt. Brady: »Seien Sie gut zu Ihrem Auto und es lässt Sie nie im Stich!«

G Columbo schmeckt das Chili nicht. Es wäre verständlich, wenn ihm seine existentielle Betroffenheit in diesem Fall den Appetit verdorben hätte. Doch der Grund ist ein anderer: Ein neuer Koch ist in seinem Stammlokal eingestellt worden. Mit einem neuen Rezept hat er nach Meinung des Chili-Experten das Essen verdorben. Um den schlechten Geschmack loszuwerden, isst Columbo ein Orangeneis. Daraufhin machen sich seine Zähne unangenehm bemerkbar, die dringend einen Besuch beim Zahnarzt fordern. Doch der muss bis zur nächsten Episode aufgeschoben werden.

In einem Nobelrestaurant bestellt er neben einem Milchshake unbesehen »etwas auf weißem Toast«, das er sich dann auch noch einpacken lassen will. Man sieht: Verhungern muss der Inspektor nicht. Zu allem

Überfluss wartet zuhause auch noch ein Glas besonderer Lemon-Marmelade auf ihn ....

H Dass der Inspektor Grace Kelly nicht von Kim Novak unterscheiden kann, sei ihm verziehen. Darüber hinaus kann er sich diesmal keine Peinlichkeiten leisten, da für ihn selbst zuviel auf dem Spiel steht.

J Bald hat Columbo herausgefunden, dass Vivian ihren Partner Chambers ermordet haben muss; selbst wenn sie einiges unternahm, um eine spätere Tatzeit vorzutäuschen. Ganz offensichtlich ist sie auch bestrebt, einen früheren Kunden des Opfers, den cholerischen Mitchell Connelly, zu belasten. Allein die Beweise gegen Vivian fehlen. So hat Columbo keine andere Wahl, als sich auf ein Spiel nach den gefährlichen Regeln der Mörderin einzulassen. Diese interessiert sich auffällig für seine Familie und sein privates Umfeld. »Sie glauben nicht, wie viele Verrückte herumlaufen«, begründet Columbo den Umstand, dass private Telefonnummern von Polizeibeamten nicht im Telefonbuch stehen. Daraufhin schenkt Vivian dem Inspektor ein vergiftetes Glas Marmelade für seine Frau. »Vielen Dank«, freut sich Columbo. »Die Marmelade wird sie umhauen.«

So geschieht es auch: Vivian hört kurz darauf befriedigt von Mrs. Columbos plötzlichem Ableben. Nach ihrer Beerdigung begleitet sie Columbo in dessen Wohnung (!) und sieht sich Fotos (!!) der Verstorbenen an. Der Inspektor ist inzwischen damit beschäftigt, einen Marmeladentoast (!!!) zu essen.

In der Erwartung des augenblicklichen Hinscheidens ihres verhassten Widersachers sieht Vivian nun den Höhepunkt ihrer Rache gekommen. Sie eröffnet dem Inspektor, dass sie sowohl Chambers als auch Mrs. Columbo auf dem Gewissen habe. »Und auch Sie sind gleich tot, ausgestreckt auf Ihrem Küchenfußboden!« – »Das glaube ich nicht, Ma'am«, antwortet Columbo ungerührt. »Sehen Sie, das ist *nicht mein* Küchenfußboden. Das ist gar *nicht mein* Haus. Es gehört meinem Freund Sgt. Brady. Ich wollte das in meinem Haus machen, aber *meine Frau ist furchtbar erkältet*. Ich wollte ihr das nicht zumuten.«

Alles war nur eine – zugegeben makabre – Farce: die Nachricht vom Tod der geliebten Ehefrau, die Beerdigung unter Anteilnahme unzähliger Polizeibeamter, die Wohnung. Selbst das Familienfoto war nicht echt.

»Es tut mir leid, dass Ihr Mann tot ist«, schließt Columbo das unangenehme Kapitel ab. »Im übrigen wollten Sie meine Frau vergiften und auch mich – und das nehme ich sehr persönlich.« Als letzte Antwort Vivians erhält er daraufhin eine schallende Ohrfeige.

★★★★ Lange hat man darauf gewartet, dass sich Peter S. Fischer mit einem Skript zurückmelden würde. Hier ist er nun, der Geniestreich des Autors, der wie kein zweiter zum weltweiten Erfolg der Serie beigetragen hat. Mit dieser Episode übertrifft er sich selbst. Dazu standen ihm als Berater zusätzlich die allseits bewährten Columbo-Experten Driskill, Gillis, Woodfield sowie der Cutter Ed Abroms zur Seite. Auch Helen Shaver in der Hauptrolle überzeugt durch eindrucksvolle, zornige Präsenz. Prominente Darsteller wie Roscoe Lee Browne und Ian McShane runden das Ensemble wirkungsvoll ab.

Das Ergebnis ist eine Meisterleistung, obwohl die Episode stark von dem bewährten Format abweicht. Dramaturgisch ist die Handlung ungewöhnlich eindrucksvoll aufgebaut. Schon der Beginn mit der für jeden Betrachter schockierenden Szene von Mrs. Columbos Beerdigung gleicht einem Paukenschlag. Von hier aus wird in kunstvoll geschnittenen Rückblenden das Geschehen aufgerollt. Dieser Rahmen ist eine deutliche Hommage an den Klassiker »The Barefoot Contessa« (Die barfüßige Gräfin)[93] von Joseph L Mankiewicz aus dem Jahr 1954: In mehreren Akten, die ihren Ausgang immer wieder bei der im strömenden Regen versammelten Trauergemeinde nehmen, wird jeweils eine neue Figur eingeführt, die das Vergangene aus ihrer subjektiven Sicht schildert.

»Glaub' mir, ich weiß, wie Autoren solche Serien schreiben«, versichert Columbo seiner Frau am Telefon. Fischer weiß in der Tat, welche Zutaten eine reizvolle Columbo-Episode ausmachen. Virtuos handhabt er den Mythos um Mrs. Columbo. Nicht nur die Mörderin, sondern vielmehr noch der arg gebeutelte Zuschauer wird immer wieder an der Nase herumgeführt. Nichts ist so, wie es scheint. Dass Mrs. Columbo tatsächlich tot sein soll, kann der Betrachter zwar nur schwer glauben. Aber es warten noch andere Fallen auf ihn. So meint man, nach 53 Episoden endlich einmal einen Blick in Columbos private vier Wände werfen zu können. Ein Fehlschluss! Bebenden Herzens entdeckt man dann zwei Fotorahmen auf dem Klavier – zweifelsohne Columbo mit seiner Frau (→ Abb. 4)! Doch selbst diese Illusion wird dem Zuschauer in einem genial konzipierten Finale noch genommen. Als die Mörderin bereits abgeführt ist, nimmt Columbo das Foto vom Klavier und ruft seine Frau an, die mit ihrer Erkältung im Bett liegt: »Sag' deiner Schwester, ich hätte mir *ihr Bild* kurz ausleihen müssen. Wenn es dir wieder besser geht, gehen wir endlich mal zum Fotografen.« Einen Einwand ihrerseits lässt Columbo nicht gelten: »Woher weißt du, dass du auf Fotos blöd aussiehst? *Es gibt ja keine von dir!*«

54. SCHLEICHENDES GIFT (Uneasy Lies The Crown)

Erstausstrahlung: 28.04.1990 (USA), 28.05.1991 (D)

Drehbuch: Steven Bochco, Regie: Alan J. Levi, Produktion: Penny Adams, Executive producer: Jon Epstein, Associate producer: Todd London, Co-executive producer: Peter Falk, Supervising executive producer: William Link, Kamera: Jack Priestley, Schnitt: Richard Bracken, Musik: James Di Pasquale, Art director: Hugo Santiago, Set decorator: Mary Ann Good, Kostüme: Jaqueline Saint Anne, Kostüme Männer: Steve Ellsworth, Kostüme Frauen: Karen Bellamy, Costume supervisor: Michael J. Long, Make-up: Dee Manges, Frisuren: Danne D. Long, Production manager: Henry Kline, Production designer: Bill Ross, Production advisor: William Driskill, Creative advisor: William Read Woodfield, Executive story consultant: Jackson Gillis, 1. Regieassistent: Katy Garretson, 2. Regieassistent: Patrick McKee, Sound mixer: Thomas E. Allen sr., Supervising sound editor: Paul Clay, Supervising music editor: Laurie Higgins Tobias, Casting: Darlene Kaplan.

Darsteller: James Read (Dr. Wesley Corman), Jo Anderson (Lydia Corman), Marshall Teague (Adam Evans), Mark Arnott (David Sherwin), Paul Burke (Dr. Horace Sherwin), Nancy Walker (Nancy Walker), Dick Sargent (Dick Sargent), Ron Cey (Ron Cey), James A. Watson jr. (Sgt. McCulley),

Steven Gilborn (Dr. Johnson), Raymond Singer (Dr. Rosetti), Victor Bevine (John Valentine), John Roarke (Ted Slade), Lynne Marta (Frances, Arzthelferin), Morgan Jones (Labortechniker), Mimi Cozzens (Frau auf der Rennbahn), John Bowman (1. Mann), Khin-Kyaw Maung (Restaurantangestellter), Eugene Davis (2. Mann), Daniel Bryan Cartmell (Rhett, Barkeeper auf der Rennbahn), John Idakitis (Barkeeper im Restaurant), Randall James Jeffries (Wesleys Freund), Melissa Young (Blondine), Steve Kelso (Polizist), Henry A. Crowell jr. (Zuschauer), James Landi (Police Officer), Edward Talbot »Chip« Matthews (Sanitäter).

Für den Zahnarzt Dr. Wesley Corman sieht die Zukunft alles andere als rosig aus. Seine Frau Lydia hat ein Verhältnis mit dem bekannten Schauspieler Adam Evans und will sich scheiden lassen. Ihr Vater, Dr. Horace Sherwin, unterstützt sie dabei. Er machte einst seinen Schwiegersohn zum Teilhaber seiner Zahnarztpraxis. Nun aber hat er in Corman einen Spieler und Fehlspekulanten entdeckt und setzt ihn mit Schuldscheinen über 220.000 Dollar unter Druck. Corman tötet auf eine raffinierte Weise den Nebenbuhler Evans. Während er den Mordverdacht auf seine psychisch labile Frau lenkt, spielt er nach außen hin den sich aufopfernden Gatten. Die Familie ist von dieser ungewohnten Seite Cormans beeindruckt. Columbo hingegen weniger.

A Der Inspektor hat es schwer, zum Tatort vorzudringen, da er mit seinem Wagen im Stau steckt. Da erinnert er sich daran, dass irgendwo im Auto eine verstaubte Polizeisirene liegt. Hier zeigt sich ein deutlicher Unterschied zu seinem New Yorker Kollegen Kojak: Während der lolly-lutschende Kahlkopf es bereits im Vorspann versteht, die Sirene in voller Fahrt auf dem Dach seines Wagen zu platzieren, steht Columbo hilflos damit herum und versucht die Gebrauchsanleitung zu verstehen. In 22 Dienstjahren hat er die Sirene noch nie benötigt. »Das darf nur die Polizei«, belehrt ihn der Fahrer des nachfolgenden Wagens. »Ich bin von der Polizei«, versucht sich Columbo zu rechtfertigen. »Ja«, gibt der Mann lachend zurück, »ich bin Arnold Schwarzenegger.«

B Mit Zahnärzten hat Columbo wenig am Hut. »Muss es auch geben«, meint er, als sich Corman vorstellt. Beide Kontrahenten belauern sich: Während der Zahnarzt beobachtet, dass Columbo immer nur auf einer Seite kaut, erweist sich der Inspektor durch seine aufdringliche Art als der wahre Nervtöter. »Er ist viel cleverer, als man auf den ersten Blick annimmt«, warnt denn auch Corman seinen Schwager David. Dafür wird Columbo von den Mitgliedern einer Pokerrunde zunächst für einen Vertreter gehalten, der an der Haustür Geschäfte machen will.

D Mit Mrs. Columbo zusammen hat der Inspektor noch wenige Tage zuvor einen Adam-Evans-Film gesehen.

Zwei Cousins kommen zu zweifelhaften Ehren: Der Vetter von Mrs. Columbo ist ein hoffnungsloser Spieler und fristet sein Dasein als Parkplatzwächter. Sein eigener Cousin, der nie geraucht oder getrunken hat und viel Sport trieb, starb eines Tages ganz plötzlich auf der Straße. »Ein Herzschlag?«, fragt Corman. »Nein, er wurde von einem Bäckerwagen überfahren.«

Von einem seiner Neffen hat sich Columbo einen Chemiebaukasten geliehen, mit dem er reichlich obskure Experimente durchführt.

E Im Hause Corman bittet der Inspektor dringend um Einlass. Er bemängelt, dass sein Mantel kein Futter besitzt. Ansonsten sieht man Columbo nur noch in Blau: Seit er zuletzt seine Wäsche in der Maschine hatte, ist sie völlig verfärbt. Wäscheblau auf dem Taschentuch, auf der Unterwäsche und nicht zuletzt auf dem weißen Oberhemd (das er angeblich täglich wechselt). Das ist ärgerlich. Doch er macht aus der Not eine Tugend und benutzt die blaue Farbe später zur Überführung des Täters.

G Columbo trinkt diesmal seinen Kaffee mit »etwas« Milch, was völlig gegen seine sonstigen Gewohnheiten verstößt. Als er dazu noch einige Brötchen verspeist, merkt er, dass es an der Zeit ist, den in der vorhergehenden Episode gefassten Entschluss wahr zu machen und zum Zahnarzt zu gehen.

Es ist weise von ihm, nicht zu Corman zu gehen, obwohl dieser es ihm anbot. Dafür gerät er an einen Dentisten, der unter einem berufsbedingten Minderwertigkeitskomplex leidet. Columbo jammert vor Schmerz. Der Arzt jammert aus der Einsicht heraus: »Niemand mag Zahnärzte.« Deshalb ist es auch falsch von Columbo, ihn um fachlichen Rat in dem vorliegenden Mordfall zu bitten. Damit gießt er nur Öl ins Feuer: »Es ist wohl noch nicht schlimm genug, dass wir Zahnärzte sind. Jetzt sollen wir auch noch Mörder sein!«

H Hatte Columbo in der vorherigen Folge noch behauptet, er halte nichts von Wetten, so setzt er nunmehr sein Glück auf Pferde. Auf der Rennbahn nervt er ihm wildfremde Leute mit seinem aufdringlichen Gerede. Dafür spricht er betont leise, als er in Cormans Praxis auftaucht. »Warum flüstern Sie so?«, fragt die Arzthelferin. »Weil ich von der Polizei bin. Ich will die Leute nicht erschrecken. Ich glaube, die haben Angst genug.«

Neben der Polizeisirene bereitet Columbo auch der Kaffeeautomat auf dem Revier Probleme. Er streikt zunächst. Als sich der Inspektor nach einigen Klopfversuchen unverrichteterdinge abwendet, gibt der Automat schließlich doch noch etwas von sich – nun allerdings ohne aufzuhören. Anstatt den Schaden zu melden, zieht es Columbo vor, sich heimlich davonzustehlen, wobei er mit Unschuldsmiene »This Old Man« pfeift.

J Ein komplizierter Fall: Corman hat in Evans' Zahnkrone ein hochwirksames Herzmedikament eingeführt. Das löst sich in dem Moment auf, als der Schauspieler am Abend mit Lydia im Bett ist. Corman kommt dazu und schafft zusammen mit seinem Schwager die Leiche fort. Sie sind in Sorge, dass Lydia des Mordes verdächtigt werden könnte.

Die Bedenken sind nicht unbegründet. Alles deutet auf sie hin. Ihr erster Mann starb vor Jahren unter ähnlichen Umständen. Außerdem finden sich in dem Drink, den Lydia dem Opfer mixte, Spuren des tödlichen Digitalis. Doch Columbo scheint diese Lösung einmal mehr zu einfach. Ein Parkschein und eine frische Wunde an der Wangeninnenseite des Opfers deuten darauf hin, dass Evans vor seinem Tod noch von Corman behandelt wurde. Dieser streitet es aber ab.

Da es keinen echten Beweis gibt, muss Columbo wieder einmal eine seiner berühmten Fallen stellen. Er bittet Corman in die Gerichtsmedizin, wo er Evans' Leiche noch einmal untersuchen will. Er erklärt dem Zahnarzt – nach dessen Aussage Chemie nie zu seinen Stärken gehörte –, dass Digitalis in Verbindung mit Porzellan eine Blaufärbung verursache. Mit dem Chemiebaukasten des Neffen demonstriert er dies. Wenn Evans' Zahnkrone blau sei, wäre Corman überführt. Als er sich nun daran machen will, Evans' Gebiss zu untersuchen, gibt sich Corman geschlagen und gesteht.

»Da biegen sich ja die Balken«, meint der Gerichtsmediziner Dr. Johnson, nachdem Corman bereits abgeführt ist. »Digitalis auf Porzellan – da passiert doch überhaupt nichts. Höchstens so ein simples Zeug wie Wäscheblau könnte das Ding blau färben. Genau das Zeug, das Sie auf dem

Hemd haben.« So hat Columbo einmal mehr den Täter an der Nase herumgeführt.

★★★ Dem Drehbuch ist anzumerken, dass mit Steven Bochco ein Pionier der Serie am Werk war. Endlich wird wieder einmal nach Streichhölzern gefragt. Endlich gibt es auch wieder eine klassische Auftrittsszene, in der Columbo völlig verkannt wird. Bochco knüpfte hier noch einmal an beste Zeiten an, bevor er einige Jahre später vom L. A. P. D. zum »N. Y. P. D. Blue« wechselte.

James Read ist einer jener Darsteller, von dessen kurzzeitiger Prominenz (»North And South« [Fackeln im Sturm]) man offensichtlich zu profitieren hoffte. Auch der durch viele Serien erfahrene Paul Burke ist dabei; ebenso eine illustre Pokerrunde mit Stars, die sich selbst spielen: die Komödianten Nancy Walker (»McMillan & Wife«; »The Nancy Walker Show«), Dick Sargent (»Bewitched« [Verliebt in eine Hexe]) und der in den USA gefeierte Baseball-Star Ron Cey.

55. NIEMAND STIRBT ZWEIMAL (Murder In Malibu)

Erstausstrahlung: 14.09.1990 (USA), 28.04.1992 (D)

Drehbuch: Jackson Gillis, Regie: Walter Grauman, Produktion: Penny Adams, Executive producer: Jon Epstein, Associate producer: Todd London, Co-executive producer: Peter Falk, Supervising executive producer: William Link, Kamera: Jack Priestley, Schnitt: Bill Parker, Musik: Patrick Williams, Art director: Hugo Santiago, Set decorator: Mary Ann Good, Kostüme: Jaqueline Saint Anne, Kostüme Männer: Steve Ellsworth, Kostüme Frauen: Karen Bellamy, costume supervisor: Michael J. Long, Make-up: Dee Manges, Frisuren: Sharleen Rassi, Unit production manager: Christopher Seiter, Production designer: Bill Ross, Creative consultant: William Driskill, Executive story editor: Jackson Gillis, Executive story consultant: William Read Woodfield, 1. Regieassistent: Daniel Dugan, 2. Regieassistent: Katy Garretson, Sound mixer: Thomas E. Allen sr., Supervising sound editor: Paul Clay, Supervising music editor: Laurie Higgins Tobias, Casting: Ron Stephenson.

Darsteller: Andrew Stevens (Wayne Jennings), Brenda Vaccaro (Jess McCurdy), Floyd Levine (Lt. Schultz), Laurie Walters (Helen Ashcroft), Sondra Currie (Mrs. Rocca), Janet Margolin (Theresa Goren), Tom Dreesen (TV-Moderator), Charles Walker (Fahrer der Telefongesellschaft), Ben Slack (Gerichtsmediziner), Yolanda Lloyd (Rosa), Efrain Figueroa (McGee, Mitarbeiter der Telefongesellschaft), Mary Margaret Lewis (Mavis Thompson), Robin Gordon (Shorts), Bill Zuckert (Vater), Judy Jean Berns (Altjüngferliche Nachbarin), Connie Danese (Vickie), Michael G. Hawkins (1. Beamter in Zivil), John Petlock (2. Beamter in Zivil), Louise Fitch (Mrs. Gompertz), Peter Jolly (Charlie Fisher), Jill Beber (Kellnerin), Marr Nealon (Krankenschwester), Janna Brown (TV-Interviewerin), Liddy Roley (Polizistin), Maggie Mellin (1. Frau im TV-Studio), Linda Burroughs (2. Frau), Annie Waterman (3. Frau), Virginia Bingham (4. Frau), Michele Bernath (5. Frau), Sandra Giles (6. Frau), Larry Grant (Polizeifotograf), Kathy Lukather (Verkäuferin), Joe Staton (3. Beamter in Zivil).

Wayne Jennings, ein Tennisprofi und Möchtegern-Schauspieler, ist zuhause in allen Betten. Doch mit der Romanautorin Theresa Goren gibt es Schwierigkeiten. Sie, die eben noch vor laufenden Fernsehkameras von der bevorstehenden Hochzeit mit Jennings träumte, hat durch ihre Schwester von den zahlreichen Affären des Playboys erfahren. Nun droht sie ihm mit öffentlicher Bloßstellung. Jennings fährt zu Theresas Strandhaus und erschießt sie.

B Jennings ist ein völlig konturenloser Typ, der ausschließlich Frauen und den durch sie erhofften eigenen Vorteil im Kopf hat. Das Skript weist so gut wie keine weibliche Person auf, mit der er es nicht schon getrieben hat. Auch sein Jähzorn hebt ihn negativ von den üblichen, überlegt handelnden Tätern ab. Ernsthafte Dialoge mit dem ihm stets überlegenen Columbo gibt es kaum.

Jess McCurdy, die Schwester der Ermordeten und resolute Geschäftsfrau, ist da schon von anderer Art. Sie mustert den Mann im Trenchcoat kritisch. »Er leitet die Untersuchungen«, teilt ihr ein Polizeibeamter mit. »Was Sie nicht sagen!«

D Diesmal erfährt der wissensdurstige Zuschauer sogar etwas über die Unterwäsche, die Mrs. Columbo trägt. Dass sie ein großer Fan von Theresa Goren ist und alle ihre Bücher kennt, versteht sich von selbst. Ihr Mann befürchtet, ausgesperrt zu werden, falls es ihm nicht gelingen sollte, den Mörder zu ermitteln. Überhaupt ist Columbo zuhause sehr zurückhaltend. Wenn seine Frau einmal »Dampf ablässt«, schweigt er dazu, bis sie sich wieder beruhigt hat.

Ein Neffe Columbos ist bei den Pfadfindern und kann gut mit dem Messer umgehen. Zwei Brüder des Inspektors finden ebenso Erwähnung: Einer ist älter als er und ein Frauentyp, ein anderer 19 Monate jünger.

Lt. Schultz aus Malibu ist nicht sonderlich begeistert, dass Columbo die Ermittlungen leiten soll. Doch der Captain, zu dessen Bekannten das Opfer gehörte, hat ihn beauftragt. Schultz, der von einem Raubmord ausgeht, muss sich Columbos Weisheiten anhören: »Wenn du einen Schneeball rollen siehst – hilf nach!« Außerdem bekommt er ein gekochtes Ei geschenkt. Wenn das nichts ist!

F Als er Jennings' teuren Jaguar sieht, verkündet Columbo stolz: »Ich habe auch so einen Klassiker!« Die Freude könnte ein jähes Ende finden, sofern er weiterhin – wie hier gesehen – als Linksabbieger dem Gegenverkehr die Vorfahrt nimmt. Man sollte auch am Steuer nicht frühstücken!

G Vor Jahren zog sich Columbo einen Bruch zu und musste im Krankenhaus operiert werden.

Das bekannte Frühstücksei kommt wieder einmal zum Einsatz. Columbo schlägt es an der Haube eines Polizeiwagens auf.

H Nervend sind allerdings seine stets vergeblichen Versuche, die Eierschalen zu entsorgen. Mehreren Leuten geht er damit auf den Geist. In der Gerichtsmedizin wird ihm übel beim Anblick eines Mannes, der »versucht hat, zwei Flintenläufe gleichzeitig in den Mund zu bekommen«. Auffälliges Interesse zeigt er an weiblichen Dessous. Damit löst er nicht nur den Fall, sondern zieht auch missbilligende Blicke der Frauen in einem Damenmodegeschäft auf sich.

Eine Hebebühne trägt Columbo in luftige Höhen. Statt einen Helm, den er ablehnt, muss er nun die Folgen tragen: Ein aufgescheuchter Krähenschwarm lässt manches Unschöne auf sein lockiges Haupt fallen.

J »Ich habe noch nie einen Fall so schnell gelöst wie diesen«, meint Columbo. Zu diesem Zeitpunkt ist der Film aber erst zur Hälfte gelaufen. Doch schon haben sich erdrückende Beweise gegen Jennings angesammelt. Dieser, in die Enge getrieben, gesteht, am Morgen in Theresas Haus gewesen zu sein. Dort habe er in rasender Wut auf sie geschossen, die gerade vor ihrem geöffneten Tresor hockte.

Als Columbo damit den Fall abschließen will, kommt ein Bericht der wohlbekannten »Jungs« von der Ballistik. Als Jennings schoss, war Theresa bereits Stunden tot. Erschossen wurde sie mit einer anderen Waffe. Jennings ist aus dem Schneider. »Kein Gesetz verbietet es, auf eine Tote zu schießen.«

Doch wer außer Jennings war zuvor im Haus? In Blickweite des Anwesens waren seit dem Morgengrauen die Mitarbeiter einer Telefongesellschaft mit Kabelarbeiten beschäftigt. Das bemerkte auch Jennings, der Theresa viel früher als angegeben erschoss, das Haus aber nicht ungesehen verlassen konnte. So wartete er, zog die Leiche an und brachte sie in Position, um dann erneut auf sie zu schießen. Den zweiten Schuss meinte er, wenn nötig, problemlos zugeben zu können. Beim Anziehen der Leiche leistete er sich jedoch einen Fehler, der ihm den Hals bricht: Das »Höschen« ist falsch herum angezogen!

★ Wie schon in seiner verunglückten Story »Der alte Mann und der Tod« verändert Jackson Gillis auch hier wieder die Formel und will das Publikum im Ungewissen lassen. Das Ergebnis ist eine recht verworrene und vor allem unglaubwürdige Story. Warum wird Jennings nicht wenigstens wegen versuchten Mordes angeklagt? Er kann sich aufführen, als sei er die Unschuld selbst. Auch das Ausmaß seiner sexuellen Aktivitäten erscheint recht übertrieben.

Andrew Stevens, der nicht die schauspielerischen Qualitäten seiner ungleich begabteren Mutter Stella Stevens besitzt, wurde später erfolgreicher als Produzent. Eine wuchtige Präsenz hingegen verleiht die 1975 oscar-nominierte Brenda Vaccaro ihrer Rolle der Jess McCurdy. Als Opfer erscheint Janet Margolin, die ihren Filmtod nur um drei Jahre überlebte und im Alter von 50 Jahren an Krebs starb.

56. LUZIFERS SCHÜLER (Columbo Goes To The College)

Erstausstrahlung: 09.12.1990 (USA), 28.04.1992 (D)

Drehbuch: Jeffrey Bloom (nach einer Erzählung von Jeffrey Bloom und Frederick King Keller), Regie: E. W. Swackhamer, Executive producer: Jon Epstein, Koproduzent: Todd London, Co-executive producer: Peter Falk, Supervising producer: Alan J. Levi, Kamera: George Koblasa, Schnitt: Bill Parker, Musik: James Di Pasquale, Art director: Cosmas Demetriou, Set decorator: Mary Ann Good, Kostüme: Jaqueline Saint Anne, Kostüme Männer: Steve Ellsworth, Kostüme Frauen: Karen Bellamy, Costume supervisor: Michael J. Long, Make-up: Dee Manges, Frisuren: Danne D. Long, Unit production manager: Norman Henry, Production designer: Bill Ross, Executive story consultant: William Read Woodfield, 1. Regieassistent: Mary Ellen Canniff, 2. Regieassistent: Barbara Bruno, Sound mixer: Thomas E. Allen sr., Supervising sound editor: Paul Clay, Supervising music editor: Laurie Higgins Tobias, Casting: Donna Dockstader.

Darsteller: Stephen Caffrey (Justin Rowe), Gary Hershberger (Cooper Redman), James Sutorius (Prof. D.E. Rusk), William Lucking (Dominic Doyle), Robert Culp (Jordan Rowe), Katherine Cannon (June Clark), Alan Fudge (Mr. Redman), Maree Cheatham (Mrs. Rowe), Bridget Hanley (Mrs. Rusk), Jim Antonio (Joe Doyle), Steven Gilborn (Gerichtsmediziner George), Guy Stockwell (Clubbesitzer), Les Lannom (Det. Malloy), Elizabeth Swackhamer (Sarah), Karl Wiedergott (Ollie Sachs), James Ingersoll (John), Dick Balduzzi (Hausmeister), Robin Bach (Oberkellner), Gregg Rogen (Todd), Morgan Jones (Gerichtsmediziner), Jane Alden (Phyllis Diessendorffer, TV-Produzentin), Noel Conlon (Detective), Frank Farmer (1. Professor), Laurence Haddon (Dekan Howard Gillespie), Larry McCormick (Nachrichtensprecher), George C. Simms (Officer), Aaron Seville (Polizist), Alfred Powers (2. Professor), Shauna Steiner (Nachrichtensprecherin), Jeremy McCollum (Toby), Troy Shire (Cary), David Cowgill (TV-Mitarbeiter), Robert R. Ross jr. (Norm), Tony Beninati (Charles), Mary Angela Shea (1. Reporterin), Darren Scott (Diener), Casey Van Patten (2. Reporterin), Mary Maldonado (Latino-Mädchen).

Der Kriminologieprofessor Rusk droht den beiden Studenten Cooper Redman und Justin Rowe mit ihrer Exmatrikulation. Er hat herausgefunden, dass sie Prüfungsunterlagen gestohlen haben. Die jungen Männer, die beide von ihren übermächtigen Vätern unter Erfolgsdruck gesetzt werden, sehen keine andere Möglichkeit, als Rusk zu ermorden, ehe dieser ihr Vergehen öffentlich machen kann. Mit Hilfe modernster Technik gelingt es ihnen, in der Tiefgarage des Colleges einen tödlichen Schuss auf den Professor abzugeben, während sie selbst in einer Vorlesung sitzen. Ein perfekter Plan, der nur durch einen unberechenbares Detail zerstört wird: Jene von ihnen besuchte Vorlesung hält zufällig – wie schon der Originaltitel verrät – ein nicht alltäglicher Gastdozent!

B Stellte Abigail Mitchell in »Alter schützt vor Morden nicht« die älteste Mörderin der Serie dar, so haben wir es bei den beiden 22-jährigen College-Boys mit den jüngsten Tätern zu tun. Der Generationenwechsel ist unübersehbar. Das wird schon dadurch deutlich, dass der Vater des einen Mörders von Robert Culp dargestellt wird, der wie kaum ein Zweiter als Synonym für frühere Kontrahenten des Inspektors steht. Während seine Generation sich noch Macht und Reichtum erkämpfen und dabei mitunter über – meist eine – Leiche gehen musste, sind die Sprösslinge bereits reich geboren. Sie leben von dem, was sie selbst nicht erarbeitet haben. Die Yuppies besuchen das beste College und fahren moderne Autos mit allen erdenklichen elektronischen Extras. Aufgrund der Macht ihrer Eltern benutzen sie sogar einen bevorzugten Parkplatz, der ihnen von dem sozial unterprivilegierten Wachmann reserviert wird.

Sie müssen aber auch einen hohen Preis zahlen: Liebe haben sie inmitten dieses Reichtums nie erfahren. Sie hassen ihre autoritären Väter. Auch ethische Maßstäbe wurden ihnen von den Eltern nicht vermittelt. Auf Columbos Frage nach dem Motiv für ihre Tat antworten sie nur: »Weil wir wussten, wie es zu tun ist«. Es ist dieselbe fragwürdige Ethik, die bereits bei dem Studenten Raskolnikow in Dostojewskis »Schuld und Sühne« hervortritt, der das Töten mit einer vorgeblichen geistigen Überlegenheit über seine Opfer legitimiert.

Aufgrund dieser Charakterisierung ist es nicht verwunderlich, dass die beiden Studenten auch in Columbo nur einen weit unter ihnen stehenden »underdog« sehen. Der Inspektor, der sich wahrlich schon manches gefallen lassen musste, ist noch in keiner Episode derart massiv verhöhnt, ausgelacht und für komplett unfähig erklärt worden. Er gilt als »der absolute Heuler«. Sein Gang und seine Gestik wird von den jungen Männern nachgeäfft. Sein Auto und sein Anzug werden permanent zur Zielscheibe ihres Spotts. Ihr Urteil über Columbos Intellekt gipfelt in der Frage: »Glaubst du, dass seine Eltern verwandt waren?«

Selbst den hartgesottenen Inspektor kann dieser massive Spott nicht unberührt lassen. »Sehr komisch«, quittiert er das Imitieren seiner Person, das er im Verborgenen beobachtet. Er wäre jedoch nicht Columbo, wenn er sich des Hochmuts seiner Gegner nicht bedienen würde. Er benutzt die beiden, so dass er mit Fug und Recht zu der doppelbödigen Aussage gelangen kann: »Manchmal frage ich mich wirklich, was ich ohne euch machen würde.«

Das über Columbo ausgesprochene Verdikt der totalen Unfähigkeit wird weiter kolportiert und hat sich bald herumgesprochen. Mrs. Rowe, die ihm noch nie begegnet ist, nennt ihn ein »Trampeltier« und ermutigt ihren Sohn: »Wenn dieser Inspektor auch nur annähernd so unfähig ist, wie du sagst, wird er offensichtlich Hilfe brauchen.« Davon sind bald alle Beteiligten überzeugt.

C Selbstverständlich darf bei dieser Konstellation auch das Motiv der Intervention eines einflussreichen Mannes nicht fehlen. Wer wäre, sofern er selbst als Mörder ausscheidet, für diesen Part so prädestiniert wie Robert Culp? Er ist nicht nur Justin Rowes Vater, sondern als renommierter Strafverteidiger gleichzeitig Rechtsberater und Mäzen des Colleges. In dieser Position ist er um den Ruf der Universität besorgt und daher an der schnellstmöglichen Aufklärung des Verbrechens interessiert. In maßloser Überheblichkeit tritt er Columbo entgegen: »Mir wird langsam klar, dass Sie nicht die leiseste Ahnung haben, woher der Wind weht!« Ständig gibt er ihm Ratschläge, die eher als nachdrückliche Anweisungen zu verstehen sind. Mrs. Rowe fragt ihren Mann nur fassungslos: »Warum hat man ihm den Fall überhaupt übertragen?«

D Mrs. Columbo hat eine Nichte namens Janet, die im zarten Alter von 14 Jahren ist.

E Kleidung und Haltung des Inspektors ziehen natürlich in erster Linie den Spott der beiden College-Boys auf sich. »Sein Schneider gehört verbrannt«, ist ihr erster Eindruck von dem Gastdozenten. »Wie gebückt er geht!«, amüsieren sie sich. Über den Anzug heißt es: »So was stiften wir nicht einmal dem Obdachlosenasyl.« All dies geschieht nicht nur hinter vorgehaltener Hand. Auch sehr direkt wird Columbo verhöhnt: »Für Ihren Anzug kriegen Sie wohl eine Menge Angebote?« – »Ihr nehmt mich auf den Arm. Meine Frau hat gesagt, sie würde ihn zur Reinigung bringen und dann verbrennen.«

Aufgrund seiner äußerlichen Erscheinung versuchen auch mehrere Restaurantleiter, Columbo abzuwimmeln.

F Mit großem Getöse und übermäßig quietschenden Bremsen fährt Columbo am College vor. Im Parkhaus kommt er nicht ohne Aufprall zum Stehen. »Heißer Schlitten«, spotten Cooper und Justin über das Gefährt. Nach dem Verlassen des Hauses Rowe zeigt sich der Inspektor erstaunt, als ihm ein Bediensteter seinen Wagen vorfährt: »Woher wussten Sie, dass das meiner ist?«, fragt er naiv. »Gut geraten«, gibt der Angestellte mit einem Grinsen zurück.

Nun ist er endlich für alle sichtbar, die lange darauf gewartet haben: Auch der Wagen von Mrs. Columbo scheint sich nicht in wesentlich besserem Zustand zu befinden als der Peugeot. Es handelt sich um einen zweitürigen grünen Ford Baujahr 1976!

H In einem Fernsehstudio lässt sich Columbo die Funktionsweise kleinster Kameras verdeutlichen. Ein Techniker erklärt ihm: »Im Krankenhaus haben sie so kleine, damit kann man …« – »Ja, danke, ich weiß Bescheid«, unterbricht ihn der Inspektor, dem sogleich übel wird.

J »Ich folge meiner Nase, und wenn ich Witterung aufnehme, gibt es wenig, was ich nicht tun würde, um den Fall zu lösen.« So bekennt sich Columbo vor Studenten in seiner Vorlesung. Er erzählt ihnen von seinen Ermittlungen, wobei der Kenner die Fälle »Waffen des Bösen« und »Mord nach Termin« ausmachen kann. Im aktuellen Fall richtet sich sein Verdacht schnell auf die beiden Studenten, die ihm ein perfides Theater vorspielen: Justin mimt den Vorlauten, der gezielte Verdächtigungen ausstreut, die Cooper stets zu entkräften versucht. Mit dieser Strategie meinen sie den Inspektor verwirren und auf bestimmte Fährten lenken zu können. Doch auch der hat seine Tricks. So fragt er alle Verdächtigen nach Flugtickets des Opfers aus, die überhaupt nicht existieren. Dabei wird Cooper und Justin ihre Fabulierfreude zum Verhängnis. Gezielt lenken sie den Verdacht auf den 23 Mal (!) vorbestraften Dominic Doyle. Da jedoch als Beweis noch die Mordwaffe fehlt, greift Columbo zu einer seiner genialsten Fallen zurück, mit der er schon in »Meine Tote – Deine Tote« Erfolg erzielte. Im Beisein der Täter führt er eines seiner bekannten Telefongespräche, bei dem sie den Autotyp und das Kennzeichen von Doyles Wagen erfahren. Sie haben nun nichts Eiligeres zu tun, als den Revolver in dem besagten Wagen zu deponieren, wo ihn die Polizei auch findet.

In seiner nächsten Vorlesung lüftet Columbo vor allen Studenten das Geheimnis um die Ermordung ihres Professors. Von ihm der Tat bezichtigt, verweisen Cooper und Justin auf die Tatsache, dass der schlagende Beweis für Doyles Schuld in dessen Wagen gefunden wurde. Daraufhin lässt Columbo das Auto vorfahren. »Es ist die Tatwaffe. Aber es ist nicht Dominic Doyles Wagen. Er gehört *meiner Frau.*« Als Beleg präsentiert er Fotos von der Nichte und von »Hund«. »Niemand außer euch wusste von dem Wagen. Niemand außer euch konnte die Waffe hineinlegen.«

★★★★ Diese hervorragende Episode lebt vor allem davon, dass hier das Motiv der Geringschätzung des Inspektors exzessiv bis zur blanken Verhöhnung ausgespielt wird. Dadurch gestaltet sich das übliche Katz-und-Maus-Spiel noch faszinierender; umso wirkungsvoller gerät auch das begeisternde Finale, in dem der eklatante Hochmut einen tiefen Fall erlebt und der Zuschauer ungeahnte Schadenfreude empfindet.

Neben den jungen Hauptdarstellern Stephen Caffrey und Gary Hershberger, die eine gute Figur machen, besteht das Ensemble durchweg aus routinierten Schauspielern wie Guy Stockwell (»The War Lord« [Die Normannen kommen]), William Lucking (»The A-Team« [Das A-Team]), Alan Fudge (»The Man From Atlantis« [Der Mann aus Atlantis]), James Sutorius (»Dynasty« [Der Denver-Clan]) und Jim Antonio (»Sweet Justice«). Eine Hommage an vergangene Zeiten ist Robert Culps Gastauftritt, dem die Rolle des Jordan Rowe auf den Leib geschrieben ist.

Unverkennbar sind die Bezüge zum sog. »Leopold-Loeb-Fall« aus dem Jahr 1924. Damals töteten in Chicago die Studenten Nathan Leopold jr. und Richard Loeb einen 14-jährigen Nachbarsjungen, weil sie dadurch ihren überlegenen Intellekt unter Beweis stellen wollten. Das nach diesem authentischen Fall entstandene Stück »Rope« von Patrick Hamilton diente Alfred Hitchcock 1948 als Vorlage zu seinem Film »Rope« (Cocktail für eine Leiche).[94]

57. DER ERSTE UND DER LETZTE MORD (Caution: Murder Can Be Hazardous Your Health)

Erstausstrahlung: 20.02.1991 (USA), 05.05.1992 (D)

Drehbuch: Sonia Wolf, Patricia Ford, April Raynell, Regie: Daryl Duke, Executive producer: Jon Epstein, Koproduzent: Todd London, Co-executive producer: Peter Falk, Supervising producer: Alan J. Levi, Kamera: George Koblasa, Schnitt: Richard Bracken, Musik: John Cacavas, Art director: Cosmas Demetriou, Kostüme: Jaqueline Saint Anne, Kostüme Männer: Steve Ellsworth, Kostüme Frauen: Karen Bellamy, Costume supervisor: Michael J. Long, Make-up: Dorinda Carey, Frisuren: Danne D. Lang, Unit production manager: Henry Kline, Production designer: Bill Ross, Executive story consultant: William Read Woodfield, 1. Regieassistent: Patrick McKee, 2. Regieassistent: Barbara Bruno, Sound mixer: Thomas E. Allen sr., Supervising sound editor: Paul Clay, Supervising music editor: Laurie Higgins Tobias.

Darsteller: George Hamilton (Wade Anders), Peter Haskell (Budd Clarke), Penny Johnson (Maxine Jarrett), Robert Donner (Arnie, Videothekbesitzer), Steven Gilborn (Gerichtsmediziner George), Rick Najera (Henry Santos), Marie Chambers (Lisa), Dennis Bailey (Sgt. Lewis), Patricia Allison (Melanie), Jack Tate (John, Hundefrisör), Paul Ganus (Jack), Linda Dona (»Barbara Baylor« im TV), Michael Russo (»Duke Dimarco« im TV), Louis Herthum (Techniker), Emily Kuroda (Linda, Reporterin), Guerin Barry (Coiffeur), Barry O'Neill (Randy), Seth Foster (Al Morrow), Jim Jarrett (Produktionsassistent), Mary Ingersoll (Sgt. Fitzwater), Lisa Marie Russell (Judy, Hundefrisörin), Mimi Monaco (Wanda), Marabina Jaimes (Tisha), Mark Daneri (Kunde), Brenda Isaacs (Rothaarige), Lawrence Scott Maki (Officer), Gary Kernick (SWAT-Officer), Aristides Priakos (Junger Wade Anders), Nicole Grey (Porno-Darstellerin), Leesa Bryte (Telefonistin), Joanne DiVito (Choreographin), Jan Haag (Frau), Raymond Lynch (Det. Frank), Timothy Moran (Duke Dimarco), Tricia Lang (Barbara Baylor), John Paul Ahearn (Männliche Stimme), Jennifer Asch (1. weibliche Stimme), Barbara D'Altair (2. weibliche Stimme).

Wade Anders moderiert die erfolgreiche Fernsehserie »Crime Alert«, ein Pendant zu »Aktenzeichen XY… ungelöst«. Mit unlauteren Mitteln hat er dabei den früheren Redakteur Budd Clarke aus der Sendung gedrängt. Clarke ist dem Konkurrenten verständlicherweise nicht wohlgesinnt und erpresst ihn mit einem Pornovideo, in dem der mittlerweile seriöse Moderator als Hauptdarsteller agiert. Anders präpariert daraufhin für den Kettenraucher Clarke Zigaretten mit Nikotinsulfat. Die Diagnose der Gerichtsmedizin lautet daher: Herzinfarkt.

B Der TV-Star ist ein typischer Columbo-Mörder: maßlos eitel und karrieregeil. Er hält den Inspektor zunächst für einen aufdringlichen Besucher, der ihm eine Story für seine Sendung anbieten will.

D Selbstverständlich ist auch Mrs. Columbo ein großer Fan der Fahndungssendung. Zu gern möchte sie auch einmal durch einen Hinweis zur Aufklärung eines Verbrechens beitragen können. Daher beargwöhnt sie ihre Umgebung. »Sie wies mich darauf hin«, teilt Columbo Anders mit, »dass unser Schornsteinfeger aussieht wie ein gesuchter Verbrecher.« Natürlich erhält der Inspektor ein Autogrammfoto des Moderators für die mittlerweile sicher schon beachtliche Sammlung seiner Frau. Auf dem Polizeiball soll sie sogar mit Anders bekanntgemacht werden. Es versteht sich von selbst, dass dieses Treffen nicht zustande kommt: »Wahrscheinlich ist sie auf dem Klo.«

Mrs. Columbo hat das Sonderangebot des Hundefrisörs aufgegriffen und lässt dem geliebten Hausgenossen eine Kräutertinkturmaske nebst Pediküre angedeihen.[95] »Hund« selbst scheint davon wenig begeistert zu sein. Durch seine nunmehr gestutzten Krallen erinnert sich Columbo aber an die Hündin des Mordopfers, die den letzten Beweis für Anders' Schuld liefert.

E Zum zweiten Mal im Verlauf der Serie, diesmal in einer Porno-Videothek, trifft Columbo auf einen Mann, der einen gleichen Regenmantel trägt. Hat sich der Inspektor inzwischen zum Trendsetter entwickelt? Der Mann grinst ihn zweideutig an und meint: »Hoffentlich hast du heute auch noch deinen Spaß!«

Beim Polizeiball ist Columbo im Smoking zu bewundern, unter dem allerdings die Hosenträger zu sehen sind. Von Anders' Coiffeur lässt er sich beraten, wie seine Haarpracht distinguierter wirken könnte. Von ihm lernt er auch, was den entscheidenden Unterschied zwischen einem Frisör und einem Coiffeur ausmacht: »Etwa fünfzig Dollar.«

F »Mein kostbares Auto hast du verkratzt«, mahnt Columbo den Hund von Budd Clarke, nachdem dieser freudig an der Peugeot-Tür hochsprang. Doch böse kann er ihm nicht sein. Als Columbo in seinem Vehikel und Anders in seinem blitzenden Mercedes gleichzeitig von verschiedenen Seiten in eine Einfahrt steuern, kommt es zu einem kuriosen Vor- und Zurücksetzen beider Wagen und schließlich zum Zusammenstoß. Columbo macht das nichts aus. Er kann auch keinen Schaden an Anders' Mercedes feststellen. Der TV-Star sieht das ganz anders. Der Wagen müsse ausgebeult und neu lackiert werden. »Das kostet ca. 2.000 Dollar! Es wird nicht einfach sein, die Farbe zu treffen.« – »Das ist doch ein ganz übliches Grau«, meint Columbo unbedarft. Anders muss ihn belehren: »Gedämpftes Silber, Spezialton.« Nun betrachten beide das Auto des Inspektors. »Das ist aber nicht alles heute passiert?«, ruft Anders bestürzt aus. Wie recht er doch hat!

Nebenbei bedauert Columbo, dass sein Auto noch kein Kassettenteil besitzt.

G Ein Toter durch Nikotinvergiftung – kann Columbo daraus lernen? »Offensichtlich ein starker Raucher«, beurteilt der Gerichtsmediziner das Opfer. Dabei sieht er den Inspektor vorwurfsvoll an.

H »Der Teppich ist nicht gerade vom Trödel«, lautet Columbos plumpe Bemerkung, als er Anders' Büro betritt.

I Auf dem Ball bewundert Columbo das Oberhemd von Wade Anders. »Was haben Sie dafür bezahlt?« – »200 Dollar«, antwortet der Gefragte. »Es ist aus Italien.« Da glaubt der Inspektor mithalten zu können: »Wissen Sie, das Hemd, das ich anhabe, ist auch ganz schön weit gereist«, bemerkt er nicht ohne Stolz. »Trotzdem kostet es nur 19,95 Dollar. Ist aus Korea!«

J Die gefundenen Zigarettenkippen, die keine Nikotinflecken am Filter aufweisen, sowie ein Blatt Papier, auf dem sich nur einseitig Fingerabdrücke befinden, zeigen Columbo, dass hier manipuliert wurde. Als er dann noch auf das schlüpfrige Video stößt, ist ihm klar, wer der Täter ist. Doch Anders präsentiert ein Alibi. Das Überwachungsband in seinem Büro zeigt, dass er den fraglichen Tag über dort war. Wie so häufig sieht sich Columbo auch diesmal das Band stundenlang immer wieder an, bis er den Beweis hat. Die Hecke vor dem Büro ist bei Anders' Ankunft frisch geschnitten, beim Verlassen des Büros aber nicht. Anders hat die

Aufnahme zusammengeschnitten. Kratzspuren an seinem Auto beweisen dann auch, dass er im Haus von Clarke war.

★★★ Ein Autorinnen-Trio hat hier eine originelle Episode geschaffen, deren Originaltitel angelehnt ist an die bekannte Warnung auf Zigarettenpackungen, die das US-Gesundheitsministerium aufdrucken lässt. George Hamilton, als Protagonist einer der besten Folgen überhaupt (»Der Schlaf, der nie endet«) noch gut in Erinnerung, kann wieder richtig böse dreinblicken. Unverständlich bleibt nur, warum Anders zum Tatort eigene Zigarettenkippen mitbringt, die auch prompt als ungeraucht von Columbo erkannt werden.

Einem Mitarbeiter des Fernsehstudios, der Columbos Anwesenheit meldet, gelingt es, in einem Satz eine umfassende Beschreibung seiner Person zu liefern: »Da ist ein Inspektor Columbo, der erzählt was von der Mordkommission, und dass er 'ne Frau hat … .«

58. TÖDLICHE LIEBE (Columbo And The Murder Of A Rock Star)

Erstausstrahlung: 29.04.1991 (USA), 12.05.1992 (D)

Drehbuch: William Read Woodfield, Regie: Alan J. Levi, Executive producer: Jon Epstein, Koproduzent: Todd London, Co-executive producer: Peter Falk, Supervising producer: Alan J. Levi, Kamera: George Koblasa, Schnitt: Richard Bracken, Musik: Steve Dorff, Art director: Cosmas Demetriou, Set decorator: Mary Ann Good, Unit production manager: Norman Henry, Production designer: Bill Ross, Executive story consultant: William Read Woodfield, 1. Regieassistent: Mary Ellen Canniff, 2. Regieassistent: Barbara Bruno, Sound mixer: Patrick Mitchell, Supervising sound editor: Paul Clay, Supervising music editor: Laurie Higgins Tobias, Casting: Ron Stephenson.

Darsteller: Dabney Coleman (Hugh Creighton), Shera Danese (Trish Fairbanks), Cheryl Paris (Marcy Edwards), Julian Stone (Neddy Malcolm), Sondra Currie (Sgt. Hubach), Little Richard (Little Richard), John Martin (Sam Marlowe), Steven Gilborn (Gerichtsmediziner George), John Finnegan (Polizeichef Quentin Corbett), Grant Heslov (Fototechniker), Deborah Rose (Haushälterin), Tad Horino (Ando Miaki, Gärtner), Joseph Chapman (Staatsanwalt Everett), Ann Weldon (Richterin June Campbell), B.J. Turner (Vito, Dekorateur), Steve Tschudy (Angeklagter), Susie Singer (Darlene Glinski), Terrence Beasor (Lieferant), Terry G. Warren (Polizist), Chad A. Bell (Kind), Mark Voland (Sergeant), Carolyn Carradine (Empfangsdame), Dorothy Constantine (Judy, Chefsekretärin), Robert Terry Lee (Jerry, Fotograf), Robert Trumbull (Staatsanwalt), Bruce Marchiano (2. Techniker), Michael Leopard (Barkeeper), Lauren Blackwell (Kellner), Joe Faust (Anwalt mit Hut), Regina Leeds (Reporterin), Curt Booker (Reporter), William Chalmers (Billy, Klient).

Nachdem der Staranwalt Hugh Creighton von einem Verhältnis seiner Geliebten Marcy Edwards erfahren hat, will er sich von ihr trennen. Doch die ehemalige Rocksängerin will sich zuvor mit 5 Millionen Dollar sanieren. Sie erpresst Creighton mit ihrem Wissen um seine unlauteren juristischen Machenschaften. Vor einem Treffen Marcys mit ihrem Liebhaber Neddy Malcolm versetzt Creighton den Champagner mit einem Schlafmittel. Neddy wacht nach Stunden wieder auf, Marcy hingegen nie wieder. Sie wurde von Creighton getötet.

B Creighton hat noch nie einen Mordprozess verloren und gilt als *der* Strafverteidiger schlechthin. Er stellt seine Überlegenheit gegenüber dem Inspektor heraus, ohne jedoch übermäßig arrogant zu erscheinen. Erst nachdem er in die Enge getrieben wird, beschimpft er Columbo als »Verrückten«, der das Geld der Steuerzahler hinauswerfe. Columbo hat von seinem Spesenkonto Champagner im Wert von 175 Dollar gekauft.

C Der Anwalt ist von Beginn an bemüht, die Ermittlungen zu beeinflussen. Er fordert Columbo auf, ihm Einsicht in den Autopsiebericht zu gewähren. Der Inspektor lehnt ab. »Sie wissen, wer ich bin«, ereifert sich Creighton, »und weigern sich dennoch?« Auch Columbos Chef – ein alter Freund des Anwalts – drängt darauf, mit Creighton zu kooperieren. Schließlich führt der einflussreiche Jurist sogar beim Staatsanwalt Beschwerde gegen Columbo, weil dieser sich die Frechheit herausnehme, ihn zu verdächtigen.

D Ein Neffe von Mrs. Columbo war ein großer Fan der dahingeschiedenen Sängerin. Durch ihn kennt Columbo auch deren Erfolgssong »Closer your lips to mine, make love to me one more time«, von dem aber sonst keiner seiner achselzuckenden Kollegen je gehört hat.

Diesmal bedient sich Columbo der Mithilfe eines weiblichen Sergeants. Als beide den Verdächtigen Neddy Malcolm in dessen Appartement stellen, wird Columbos Andersartigkeit zu allen Kollegen überdeutlich: Die Beamtin tritt die Tür ein, stürmt mit vorgehaltener Waffe die Wohnung und verfolgt den Flüchtenden. Columbo steht betreten dabei und vermittelt den Eindruck, als fühle er sich im falschen Film.

Als Polizeichef ist noch einmal John Finnegan zu sehen. Neben dienstlichen Anweisungen gibt er Columbo auch Tipps, wo man gute Steaks essen kann. Demnächst sollte Finnegan in der Lage sein, diese selbst zu servieren – als Inhaber von »Barney's Beanery«.

E Einmal erscheint Columbo ohne ersichtlichen Grund mit einer dunklen Baseball-Kappe (Aufschrift: »NFI«). Im Ensemble mit seinem ohnehin erbarmungswürdigen Mantel wirkt diese Kopfbedeckung besonders albern. Später hat er eine Schiebermütze auf, wie sie auch von Creighton getragen wird.

F »Es ist nach so vielen Jahren, in denen ich den Wagen habe, das erste Mal, dass ich das Dach öffne«, erklärt Columbo dem Angestellten, der mit ihm ein Foto mit einer Verkehrskamera macht. Diese Aussage stimmt definitiv nicht.

G Von Creighton wird Columbo in ein Restaurant eingeladen. Der Anwalt bestellt lediglich eine Hühnerbouillon. »Ich bin auch nicht besonders hungrig«, stellt der Inspektor fest und bestellt fast beiläufig ein großes »New Yorker Steak« medium, Spargel mit Sauce Hollandaise, Bratkartoffeln, süßen Mais und als Vorspeisen einen Shrimps-Cocktail und Salat. Das reicht zunächst, hält ihn jedoch nicht davon ab, sich bald darauf auf dem Revier ein Sandwich zuzubereiten.

H Die kompakte Haushälterin der Creightons ist ein wahrer Putzteufel. Bei ihr muss der Inspektor zwangsläufig anecken. Sie drückt ihm beim Betreten des Hauses zuerst einen Aschenbecher in die Hand. Dann verfolgt sie ihn auf Schritt und Tritt und stöhnt dabei: »Bin ich froh, dass ich nicht mit Ihnen verheiratet bin!«

Creighton hat eine besondere Sorge: »Wenn Sie den Täter verhaften«, rät er Columbo, »tun Sie alles genau nach Vorschrift! Es wäre schlimm, wenn er wegen eines Formfehlers freikäme.« Da ist er natürlich an den Falschen geraten. Als Columbo nämlich Creighton selbst verhaftet, muss er erst einen Zettel hervorkramen, von dem er umständlich vorliest: »Sie haben das Recht ... was soll das heißen?«

I Neben dem Mörder sucht Columbo auch etwas ganz anderes. »Was kostet das Ding?«, ruft er schon bei seiner Ankunft am Tatort aus dem Wagen heraus. Die Frage gilt einem langhaarigen Schaulustigen, der einen großen Radiorecorder an sein Ohr presst. »200 nach Liste«, antwortet dieser und verweist Columbo an einen Discount-Laden. »Der Neffe meiner Frau hat sich so ein Ding zum Geburtstag gewünscht«, erklärt der Inspektor einem Polizisten. Im Haus selbst interessiert ihn mehr als die Leiche ein weiterer Recorder, den er dort entdeckt. Nach dem Preis fragend, erhält er zur Antwort: »400–500 Dollar«. – »Da habe ich eine bessere Adresse«, gibt er fachmännisch zurück. Nach dem Verlassen von Creightons Büro und seiner obligatorischen Rückkehr steckt er den Kopf durch die Tür, um den verdutzten Anwalt zu fragen: »Im Strandhaus haben Sie so einen tollen Radiorecorder. Würden Sie den vielleicht an jemanden verkaufen?«

Diese Episode kann daher noch nicht beendet sein, nachdem der Mörder verhaftet ist. Das Finale ereignet sich im Abspann, als Columbo im offenen Peugeot laut zur Musik von Marcy Edwards singt, die aus einem offensichtlich neu erworbenen Recorder dröhnt.

J Columbo bemerkt schnell, dass der Liebhaber der Ermordeten ihm nur als Täter untergeschoben werden soll. Vieles spricht dafür, dass Creighton der Mörder ist. Er hatte durch einen Privatdetektiv (der sich ausgerechnet »Sam Marlowe« nennt) von Marcys Verhältnis erfahren. Der Champagner mit dem Schlafmittel stammte aus seinem Bestand. Doch der findige Anwalt hat ein Alibi: Er wurde zur Mordzeit in Pasadena bei einer Geschwindigkeitsüberschreitung geblitzt. Dieser »Zufall« lässt Columbo natürlich keine Ruhe. Schließlich findet er heraus, dass es Trish Fairbanks, die Geschäftspartnerin des Anwalts, war, die als »Creighton« an jenem Tag fotografiert wurde.

★★★ Diese Episode bietet zwar keine besonderen Höhepunkte, ist dafür aber durchgehend kurzweilig und temporeich. Der versierte Dabney Coleman bietet eine passable Leistung, und sogar Rock'n'Roll-Legende Little Richard wurde verpflichtet. Die mittlerweile schon zum Stammpersonal gehörende Shera Danese trägt mit ihrer Rolle als Trish wiederum etwas zum Familieneinkommen der Falks bei.

59. TÖDLICHER JACKPOT (Death Hits The Jackpot)

Erstausstrahlung: 15.12.1991 (USA), 26.10.1992 (D)

Drehbuch: Jeffrey Bloom, Regie: Vincent McEveety, Produktion: Christopher N. Seiter, Executive producer: Peter Falk, Koproduzent: Todd London, Kamera: George Koblasa, Schnitt: Michael J. Lynch, Musik: Steve Dorff, Art director: Cosmas Demetriou, Set decorator: Mary Ann Good, Kostüme: Jaqueline Saint Anne, Costume supervisor: Robert Bush, Jill Sheridan, Make-up: Lisa Pharren, Frisuren: Paula Griffin, Unit production manager: Christopher N. Seiter, Production designer: Bill Ross, Executive story consultant: William Read Woodfield, 1. Regieassistent: Joseph A. Ingraffia, 2. Regieassistent: David D'Ovidio, Sound mixer: Thomas E. Allen sr., Supervising sound editor: Paul Clay, Supervising music editor: Laurie Higgins Tobias.

Darsteller: Rip Torn (Leon Lamarr), Jamie Rose (Nancy Ellen Brower), Gary Kroeger (Freddy Brower), Betsy Palmer (Martha Lamarr), Warren Berlinger (Det. Jack Stroller), Antony Ponzini (Italienischer Nachbar), Penny Santon (Italienische Nachbarin), Marilyn Tokuda (Leons Sekretärin), Britt Lind (Trish), Robert Alan Browne (Det. Lancer), Daniel Trent (Det. Braverman), Donald Craig (Auktionator), Peter Schreiner (Otto), Shane McCabe (Meyer McGinty), Elizabeth Lambert (Leda), Victoria Boa (Shari), Michael Prince (Mr. Weatherford, Kunde), Anita Dangler

(Mrs. Weatherford, Kundin), Dick Patterson (Zeremonienmeister), Ed McCready (Wachmann), Dianne Turley Travis (Greta), Robert Rothwell (Pfarrer), Margaret Howell (Verkäuferin im Juweliergeschäft), Kathryn White (1. Frau), Marjorie Stapp (2. Frau), Charner Wallis (3. Frau), Larry Randolph (John), Webster Williams (Autoverkäufer), Michael Halpin (Mitarbeiter), Gerry Okuneff (Streifenpolizist), Marte Boyle Slout (Frau auf der Auktion), Allen Rice (Mann auf der Auktion), Dona Speir (2. Model).

Freddy Brower hat das große Los gezogen: Er hat im Lotto den Jackpot geknackt. Nun warten 30 Millionen Dollar auf ihn. Der Gewinner hat nur ein Problem: Da er sich gerade in Scheidung von seiner Frau Nancy befindet, will er verhindern, dass sie ihn um die Hälfte der Summe erleichtert. Freddys Onkel Leon Lamarr hat die zündende Idee, sich selbst als den Gewinner auszugeben. Er verspricht Freddy, ihm das Geld nach vollzogener Scheidung auszuzahlen. Der gutgläubige Freddy rechnet nicht damit, dass angesichts einer derartigen Summe bei seinem Onkel jegliches familiäre Gefühl erstirbt. Lamarr ertränkt seinen Neffen in der Badewanne – ein Ausrutscher?

B Lamarr besitzt ein großes und renommiertes Juweliergeschäft. Bis zu dem Tage, als er plötzlich als Lotteriegewinner im Rampenlicht steht, war er ein äußerlich unauffälliger Biedermann, freundlicher Ehemann und angenehmer Chef. Dass dies nicht seine ganze Persönlichkeit ist, zeigt sich daran, dass er ein Verhältnis mit Freddys Frau hat, die ihm als Helfershelferin des Mordes dient. In ihm schlummerte ein echter Widerling, zu dem Columbo überhaupt keinen Zugang findet.

D Mr. und Mrs. Columbo feiern in Kürze Silberhochzeit. Columbo macht sich daher nicht nur um den Mordfall Gedanken, sondern auch um ein passendes Geschenk für seine Frau. Er schwankt zwischen einem Pyjama für 425 Dollar, Schmuck aus dem Hause Lamarr oder einer Urlaubsreise. »Eine Kreuzfahrt«, empfiehlt ihm sein Mitarbeiter Detective Stroller. »Ich dachte eher an einen spannenden Campingurlaub draußen in den Wäldern«, meint Columbo, »mit Angeln und Würstchen am Lagerfeuer. Oder sollte ich eher das alte Auto lackieren lassen?«

E Erstmals erhält der Inspektor beifälliges Lob für seine sonst nur verpönte Kleidung. Lamarr hat für eine Kostümparty das Motto ausgegeben: »Jeder erscheine als der Millionär, der er gern einmal sein würde.« Columbos Outfit wird von den Teilnehmern als Modell »exzentrischer Millionär« gedeutet und mit Kommentaren wie »einfallsreich«, »außergewöhnlich« und »ein gelungener Auftritt« gewürdigt.

F Als Columbo mit seinem Wagen bei dem Autohändler einer Luxusmarke vorfährt, bekommt er nur mit Mühe seine Fahrertür auf. Der Verkäufer ahnt Böses und ruft bereits von weitem: »Tut mir leid, wir nehmen nichts in Zahlung.«

G Der Inspektor schätzt den Wert eines belebenden Wannenbades zur Steigerung des allgemeinen Wohlbefindens. Besonders nachdrücklich empfiehlt er die Benutzung einer Rückenbürste.

H Bekanntlich fällt Columbo immer negativ auf, sofern nur irgendwo eine Beerdigung stattfindet. Zur Trauerfeier für Freddy Brower kommt er zu spät. Während Lamarrs Gedenkrede spricht er ungeniert alle möglichen Gäste an. Damit zieht er sich den Zorn einer älteren italienischen Dame zu. Die Frau wird später jedoch versöhnt, als sie erfährt, dass es sich bei dem Kerl ohne Manieren um einen *italienischen* Polizisten handelt. Gern möchte sie dem Inspektor ihre 58-jährige Nichte vorstellen. Sie hofft dabei auf eine eheliche Verbindung beider!

Auch während einer Schmuckauktion bringt Columbo alles durcheinander. Er wedelt mit seinem Katalog herum, was der Auktionator als Gebot missversteht.

I Kurz nach Freddys Tod sucht Columbo dessen Witwe auf, die in einem Dessousgeschäft arbeitet. Eigentlich will er sie vernehmen. Doch schnell ist sein Interesse abgelenkt: »Könnten Sie mir sagen, was dieser Schlafanzug bei Ihnen kostet?« Damit beginnt er über seine 25 Ehejahre zu erzählen. Nebenher sammelt er Informationen über »Bettjäckchen«. Schuldbewusst sagt er schließlich: »Tut mir leid, dass ich vom Thema abgekommen bin.«

J Warum hatte das Opfer, ein mittelloser Fotograf, teuren Champagner in Mengen zuhause? Wovon wollte er einen gerade bestellten Sportwagen für 175.000 Dollar bezahlen? Warum trug er seine nicht wasserdichte Uhr in der Badewanne? Wo ist das Kostüm, das er angeblich zur Party seines Onkels tragen wollte? Ist es Zufall, dass sich die Gewinnzahlen des Super-Loses auf Freddys Kamera wiederfinden? Fragen über Fragen, auf die der Schimpanse Joe eine Antwort weiß. Von Freddy aushilfsweise versorgt, wurde er Zeuge des Mordes. Joe interessiert sich für alle glänzenden Gegenstände. »Wir haben einen Fingerabdruck gefunden von der Mordnacht«, verkündet Columbo, nachdem er eine Medaille untersuchen ließ, die Lamarr an jenem Abend zu seinem Kostüm trug. Lamarr bestreitet, in der Wohnung seines Neffen gewesen zu sein: »Der Fingerabdruck kann von irgendeinem Besuch stammen.« – »Es ist nicht Ihr Abdruck«, klärt Columbo auf. »Er ist von dem Affen!« So überführt, belastet Lamarr auch seine Geliebte, nachdem der Inspektor ihm suggeriert hat, Nancy hätte den Mörder verraten, um anschließend allein die Millionen zu kassieren.

★★ Schon in »Mord in Pastell« suchte Columbo nach fremden Fingerabdrücken. Damals erwies er sich selbst als Grabscher, diesmal ist es ein Affe. Der Schimpanse ist fotogenen, dafür aber leidet die Episode an dem manierierten Spiel von Rip Torn[96], der als Charakterdarsteller schon wahrlich mehr Format bewiesen hat. An seiner Seite steht Jamie Rose, die sonst auch schon als »Lady Blue« (Die Lady mit dem Colt) im Einsatz war. Als Detective tritt Warren Berlinger auf, der zur selben Zeit in der Serie »Shades Of L. A.« ebenfalls als Cop zu sehen war.

60. BLUTHOCHZEIT (No Time To Die)

Erstausstrahlung: 15.03.1992 (USA), 01.03.1993 (D)

Drehbuch: Robert van Scoyk (nach einem Roman von Ed McBain), Regie: Alan J. Levi, Produktion: Christopher N. Seiter, Executive producer: Peter Falk, Koproduzent: Todd London, Co-executive producer: Alan J. Levi, Kamera: George Koblasa, Kameraassistent: Dan Kneece, Schnitt: Richard Bracken, Musik: Patrick Williams, Art director: Peg McClellan, Set decorator: Mary Ann Good, Kostüme: Jaqueline Saint Anne, Costume supervisor: Jill Sheridan, Alice Daniels, Make-up: James Scribner,

Frisuren: Paula Griffin, Unit production manager: Christopher N. Seiter, Production designer: Bill Ross, 1. Regieassistent: Joseph A. Ingraffia, 2. Regieassistent: Bradley Michaelson, Sound mixer: Mark Hopkins McNabb, Supervising sound editor: Paul Clay, Supervising music editor: Laurie Higgins Tobias, Casting: Ron Stephenson.

Darsteller: Joanna Going (Melissa Parma), Thomas Calabro (Andy Parma), Dan Butler (Rudy Strassa), Doug Savant (Dennis Mulrooney), Daniel McDonald (Sgt. Robert Goodman), Daniel Davis (Alex Varrick), Lance LeGault (Captain), Juliet Mills (Eileen Hacker), David Byrd (Bill Bailey), Don Swayze (Albert Wagner), Donald Moffat (Sheldon Hays), Patricia Huston (Louise Hays), Cliff Emmich (Tubby Comfort), Beth Chamberlain (Cindy), Siobhan McCafferty (Samantha), Stack Pierce (Präsident Loren Jefferson), Yvonne Farrow (Janet), Richard Assad (Abdul), Tom Marvich (1. Techniker), Gary Hollis (2. Techniker), Jose Rey (Barkeeper), Darnell Harrison (3. Techniker), Mark Alan Kaufman (Sandy, Fotolaborant).

Der Polizist Andy Parma hat seine Melissa geheiratet. Die Freude über dieses Ereignis, das gerade noch fröhlich gefeiert wurde, schlägt jedoch schnell in Entsetzen um. Die frischgebackene Ehefrau wird noch in der Hochzeitsnacht aus ihrem Hotelzimmer entführt. Ist das Motiv Erpressung oder ein Racheakt an dem Cop? Niemand weiß es, zumal der Entführer sich nicht meldet. Wie gut, dass sich unter den Hochzeitsgästen auch der Onkel des Bräutigams befindet: Inspektor Columbo.

B Bei dem Entführer handelt es sich um Rudy Strassa, einen verhinderten Mediziner, der als Ambulanzwagenfahrer arbeitet. Er ist ein Psychopath, der sich in Melissa verliebt zu haben glaubt. Wie so viele Geisteskranke trägt Strassa schwer an seiner Kindheit: Seine Mutter wurde vom Vater mit dem Skalpell getötet, bevor sich dieser selbst umbrachte. Strassa hat es sich in den Kopf gesetzt, mit Melissa eine Hochzeitszeremonie inklusive Beischlaf durchzuspielen und sie danach ebenfalls zu töten. Zu diesem Zweck führt er stets ein lächerlich winziges Skalpell mit sich. Er wirkt im Ganzen nicht sonderlich ernstzunehmend. Ein Zimmer seines Hauses hat er als pseudoreligiösen Kultraum eingerichtet, in dem ständig Dias von Melissa an die Wand geworfen werden. Im übrigen hat er einen merkwürdigen Musikgeschmack: Am liebsten hört er volkstümliche Blasmusik nach Art des »Musikantenstadls«.

D Mrs. Columbo ist eine leidenschaftliche Tänzerin und hat ihrem Mann schon manchen Schritt beigebracht. So erinnert sich Columbo gern an seine eigene Hochzeit, bei der er mit seiner Frau in einem italienischen Restaurant die Nacht durchtanzte.

Wie vorauszusehen war, kann Mrs. Columbo leider nicht an der Hochzeit ihres Neffen Andy teilnehmen. Sie weilt derzeit bei ihrer Mutter in Chicago. Die gute Frau hat sich bei Versuchen, das Skateboardfahren zu lernen, die Hüfte gebrochen und bedarf deshalb der Pflege durch ihre Tochter.

Andy Parma, der unglückliche Bräutigam, ist der Sohn von Columbos Schwester Mary und deren Mann Dan. Beide sind allerdings bereits verstorben.

G Auf der Hochzeitsfeier erweist sich der Inspektor als ausgezeichneter Tänzer. Dies sei aber – so versichert er – der einzige Sport, den er betreibe.

J Columbo und die ihn unterstützenden Beamten der Entführungsabteilung verfolgen zwei Spuren parallel. Ein Zeuge sah zur Tatzeit einen weißen Kleinbus vor dem Hotel, der sich als Ambulanzwagen erweist. Gleichzeitig überprüfen die Ermittler anhand vieler Fotos alle Hochzeitsgäste. Nach dem Ausschlussverfahren bleibt nur ein Mann übrig, den niemand kennt. Er wird durch einen Ring, den er trägt, als Absolvent des »Ramsey-Colleges« erkannt und bei der Durchsicht früherer Jahrbücher der Schule identifiziert. Die Polizei dringt in Strassas Haus ein und tötet den Kidnapper bei einem Schusswechsel.

★ Dieses unsägliche Machwerk sollte man sofort aus dem Gedächtnis streichen. Jeden Fan muss es schmerzen, mitanzusehen, in welch banaler Story der Inspektor hier verschlissen wird. Das Grundübel liegt in der absurden Idee, Columbo in einer Erzählung von Ed McBain alias Evan Hunter auftreten zu lassen (»So Long As You Both Shall Live« [Solange ihr zwei noch lebt]). Das ist etwa so abwegig, als würde Miss Marple in der Welt von Dashiell Hammett oder Raymond Chandler ermitteln. Es ist der komplette Stilbruch.

Schon der Originaltitel deutet auf ein Defizit hin: Niemand wird ermordet, dementsprechend existiert auch kein Mörder. Das wesentliche Element, der nervenaufreibende Dialog zwischen Inspektor und Täter, entfällt. Als Columbo Strassa erstmalig begegnet, ist der gerade dahingeschieden. Unverzichtbar für einen »Columbo« ist aber eine interessante Täterpersönlichkeit mit Ideenreichtum und einem plausiblen Motiv. Stattdessen wird hier ein Amok laufender Psychopath präsentiert. Bis auf einige Kleinigkeiten um Mrs. Columbo meint man hier auch auf sämtliche Kultmotive verzichten zu können.

Dies ist also definitiv kein »Columbo«! Wie viele andere Erzählungen von Ed McBain zeigt auch diese Vorlage einen realitätsnahen Polizeialltag, wie er sich auf dem von ihm beschriebenen »87. Polizeirevier« abspielen könnte. Gezeigt wird glaubhaft die kriminalistische Kleinarbeit sowie die betriebsame Hektik, mit der eine Polizeiaktion abläuft. Filmisch wird dies verdeutlicht durch die dokumentarisch wirkenden Einblendungen von Datum und Uhrzeit, den Schnitt von sehr kurzen Szenen oder die Actionsequenzen. All das ist jedoch einer Columbo-Episode wesensfremd. Columbo hat sich in ein falsches Revier verirrt. Die Schlussszene spricht in dieser Hinsicht Bände: Die Kollegen haben das Haus gestürmt und den Täter erschossen – alles innerhalb der Zeit, die Columbo brauchte, um einmal seine Dienstwaffe zu ziehen. Nun steht er im Türrahmen und macht ein Gesicht, als begreife er erst jetzt, dass er sich im falschen Film befindet. Da ist es jedoch längst zu spät.

61. EIN SPATZ IN DER HAND (A Bird in The Hand)

Erstausstrahlung: 22.11.1992 (USA), 17.09.1993 (D)

Drehbuch: Jackson Gillis, Regie: Vincent McEveety, Produktion: Christopher N. Seiter, Executive producer: Peter Falk, Associate producer: Jack Horger, Co-associate producer: Lisa Tygett, Kamera: George Koblasa, Schnitt: Bill Parker, Musik: Dick De Benedictis, Art director: Hugo Santiago, Set decorator: Mary Ann Good, Kostüme: Jaqueline Saint Anne, Costume supervisor: Jill Sheridan, Make-up: Rita Sabatini, Frisuren: Paula Griffin, Unit production manager: Christopher N. Seiter, Production designer: Bill Ross, 1. Regieassistent: Joseph A. Ingraffia, 2. Regieassistent: Bradley Michaelson, Sound mixer: Thomas E. Allen sr., Supervising sound editor: Paul Clay, Supervising music editor: Laurie Higgins Tobias, Casting: Ron Stephenson.

Darsteller: Tyne Daly (Dolores McCain), Greg Evigan (Harold McCain), Steve Forrest («Big« Fred McCain), Frank McRae (Lt. John Ferguson), Don S. Davis (Bertie), Leon Singer (Fernando, Gärtner), Michael Gregory (Mr. Hacker), Stephen Liska (Casino-Manager), G. F. Smith (Verkäufer), Carol Swarbuck (Rhea, Casino-Kellnerin), Ed McCready (Ed), John Petlock (Gerichtsmediziner), Joel Beeson (Clyde Windowsky, Footballspieler), Kay Perry (Honey), Joanna Sanchez (Sgt. Nancy Duran), Bebe Louie (Polizistin in Harolds Haus), Lenny Citrano (Frisör), Elven Harvard (Militärangehöriger), Gerry Okuneff (Händler), Dick Baker (Detective in Harolds Haus), Cody Glenn (1. Polizist), Vincent McEveety (2. Polizist), Robert Deery (Polizist im Stadion), Ron Tron (Verkehrspolizist), David Alan Graf (Zuschauer am Unfallort), Geoff Koch (Singender Footballspieler bei der Trauerfeier), Jeff Hochendoner (Footballspieler bei der Trauerfeier), Lonnie Johnson (Footballspieler im Stadion), Rodha Lawrence (Gast der Trauerfeier), Buck Young (Gast der Trauerfeier), Kyle Fredericks (Mädchen bei der Trauerfeier), Buddy Joe Hooker (Polizist mit Megaphon).

Harold McCain ist ein notorischer Spieler mit hohen Schulden. Seine Gläubiger setzen ihm hart zu. Doch sein reicher Onkel Fred will ihm nicht helfen. Er ist auf den Taugenichts nicht gut zu sprechen. Dazu hat er allen Grund, denn Harold hat ein Verhältnis mit Freds Frau Dolores. Von ihr verspricht sich der Neffe ein größeres finanzielles Entgegenkommen als von seinem Onkel. Deshalb deponiert er unter dessen Rolls Royce eine Bombe. Prompt erreicht ihn auch die Nachricht vom Ableben »Big Freds«. Doch irgendjemand ist ihm zuvorgekommen und hat ihn überfahren. Ehe Harold seine Bombe wieder entschärfen kann, fliegt der Gärtner Fernando mit ihr in die Luft.

B Harold ist kein sympathischer Charakter. Ihn hat Columbo bald in Verdacht. Eine undurchsichtige Figur ist aber auch die Witwe Dolores, die von Columbo ermuntert wird: »Sie können mich ruhig ›Inspektor‹ nennen.« Sie trinkt mehr, als ihr bekommt, und ist nach dem Tod ihres Mannes ganz versessen darauf, dessen Geschäfte zu übernehmen.

D Mrs. Columbo gab ihrem Mann ein Kreuzworträtsel. Das hätte sie nicht tun sollen. Columbo war so vertieft darin, dass er verspätet am Tatort erscheint. Wahrscheinlich haben ihn die vielen »winzigen Kleinigkeiten« fasziniert, die es in einem Kreuzworträtsel aufzuklären gilt.

F Als Columbo den Rolls Royce erblickt, kann er wie gewohnt nicht an sich halten: »Ich fahre auch einen ausländischen Wagen!«, verkündet er stolz.

G Das fehlte bisher noch in der langen Liste der Gebrechen Columbos: Er leidet unter Schweißfüßen.

H Wieder einmal betritt Columbo einen Verkaufssalon für Nobelkarossen. Dies verheißt nichts Gutes. Er lässt sich von dem gutgekleideten Angestellten das Innere des Motorraums eines Rolls Royce zeigen. »Es geht mir nur um den Verteiler und den Anlasser.« – »Es ist beides vorhanden«, bemerkt der Verkäufer spitz. Columbo ist interessiert zu erfahren, wo und wie eine Bombe an einem solchen Wagen befestigt gewesen sein könnte. Er leiht sich eine Zange und kriecht unter dem Wagen herum, während der Verkäufer zunehmend nervös wird. »Jetzt haben Sie mit Ihren Absätzen den ganzen Boden ruiniert!«, ruft er schließlich fassungslos, während vor dem Schaufenster eine Menschentraube belustigt das Geschehen verfolgt.

Auch die Tatsache, dass Columbo stets feuchte, nach Schweiß stinkende Socken mit sich führt, dürfte ihm nicht gerade Freunde machen. Die Kollegen hingegen wundern sich, dass der Inspektor keinen Pieper bei sich trägt. Darüber kann man nicht erstaunt sein, wenn man um Columbos Begeisterung für Technik weiß, die sich bekanntlich in engen Grenzen hält.

J Die Autobombe ist vermutlich von einem Linkshänder angebracht worden, der Cowboystiefel trug. Beides trifft auf Harold McCain zu. Ehe Columbo jedoch etwas gegen ihn unternehmen kann, ist der Verdächtige selbst das dritte Todesopfer geworden. Er wird von Dolores am Morgen in seinem Haus gefunden. Als Columbo bei ihr einige Kleidungsstücke

Harolds abholt, befindet sich darunter auch ein Hut, den er angeblich schon vor einiger Zeit dort liegen ließ. Der Inspektor findet jedoch heraus, dass das Opfer diesen Hut kurz vor seinem Tod noch getragen hat. An ihm finden sich Haare, die von einem Frisörbesuch in der letzten Nacht herrühren. Dolores hat gelogen. Sie tötete erst ihren Mann und dann auch Harold, der sie erpresste.

★ Diese Episode steht ihrem unsäglichen Vorgänger nur wenig nach. Wie schon mit »Der alte Mann und der Tod« und »Niemand stirbt zweimal« hat Jackson Gillis auch mit dieser konfusen Story der Serie einen schlechten Dienst erwiesen. Wiederum meint er mit allen Regeln brechen zu können. Der erste Mord wird nicht gezeigt. Trotzdem kann man sich den Hergang denken, da der Plot durchschaubar und dementsprechend langweilig ist. Eine Stringenz der Handlung ist nicht gegeben. Auch die hohe Anzahl an Leichen passt nicht ins Columbo-Konzept.

Tyne Daly hat seit ihren besten Tagen von »Cagney & Lacey« (Emmy-Preisträgerin 1985 und 1988) zwar an Gewicht, jedoch nicht unbedingt an Präsenz gewonnen. Greg Evigan (»Melrose Place«, »Tek War«) fehlt einfach das Format für einen Columbo-Mörder. Es ist nur konsequent, dass sein Anschlag erfolglos blieb. Auch Hollywood-Veteran Steve Forrest ist nur noch ein Schatten seiner selbst. Ihm ist es aber zumindest vergönnt, nach wenigen Minuten ins Gras zu beißen, um nicht bis zum Ende durchhalten zu müssen.

62. EIN TOTER IN DER HEIZDECKE (It's All In The Game/dt. Alternativtitel: Der Tote in der Heizdecke)

Erstausstrahlung: 31.10.1993 (USA), 12.04.1994 (D)

Drehbuch: Peter Falk, Regie: Vincent McEveety, Produktion: Christopher N. Seiter, Executive producer: Peter Falk, Associate producer: Jack Horger, Co-associate producer: Lisa Tygett, Kamera: George Koblasa, Schnitt: Dayle Mustain, Bill Parker, Musik: Dick De Benedictis, Set decorator: Mary Ann Good, Kostüme: Jaqueline Saint Anne, Costume supervisor: Jill Sheridan, Brenda Cooper, Make-up: Lori Benson, Deborah Huss, Frisuren: Carolyn Elias, Unit production manager: Ron Grow, Production designer: Bill Ross, 1. Regieassistent: Joseph A. Ingraffia, 2. Regieassistent: Bradley Michaelson, Sound mixer: Thomas E. Allen sr., Supervising sound editor: Paul Clay, Supervising music editor: Laurie Higgins Tobias, Casting: Ron Stephenson.

Darsteller: Faye Dunaway (Lauren Staton), Claudia Christian (Lisa Martin), Armando Pucci (Nick Franco), Bill Macey (Mr. Rydek, Hausmeister), John Finnegan (Barney), Douglas Sheehan (Det. Riley), Shelley Morrison (Nicks Dienstmädchen), Tom Henschel (Beamter der Spurensicherung), Jack Shearer (1. Ermittler), Shashawnee Hall (2. Ermittler), Stewart J. Zully (3. Ermittler), Bruce E. Morrow (Gerichtsmediziner), Heath Kizzier (Angestellter des Fotogeschäfts), Daniel T. Trent (1. Detective), Ed McCready (2. Detective), Talya Ferro (Angestellte der Telefongesellschaft), Johnny Gardella (Polizist Eddie), Michele Bernath (Kassiererin), Art Kassul (1. Betrunkener), Lorna Scott (Enge Freundin), Catherine Battistone (2. weiblicher Gast), Sammy Goldstein (Pianist), Ann Whitney (Sängerin), Frank Di Elsi (Polizist), Douglas Fisher (Butler John), John Petlock (Männlicher Gast), Ron Olsen (Fernsehsprecher), Gerry Okuneff (Zivilfahnder), Jeff McCrail (1. Polizist), Joe Banks (2. Polizist), Jeff Bollow (Kind), Vincent McEveety (Polizist), Al Brenner (2. Betrunkener), June Saruwatari (Dienstmädchen), Maura Spencer-Reed (Weiblicher Gast), Jessica Devlin (2. Frau).

Nick Franco ist ein »latin lover«, wie er im Buche steht. Er hat gleichzeitig ein Verhältnis sowohl mit der reifen Lauren Staton als auch mit deren Tochter Lisa Martin. Nachdem die beiden Frauen den schamlosen Betrug erkennen, erschießt Lauren den Liebhaber in dessen Appartement. Um den Todeszeitpunkt zu verschleiern, wickelt sie den Leichnam in eine Heizdecke. Stunden später verschafft sich Lauren mit Hilfe des Hausmeisters Zugang zu der Wohnung. In diesem Moment gibt Lisa drinnen einen Schuss ab. Alles deutet auf einen Einbrecher hin. Vor allem hat Lauren ein perfektes Alibi.

A Endlich ist der wahre Columbo wieder da! Verschlafen erscheint er nachts am Tatort. Unter dem Mantel trägt er nichts weiter als seinen Pyjama. In der Hand das hartgekochte Ei, ruft er nach Kaffee und sucht im Kühlschrank nach Orangensaft. So kennen und lieben wir ihn!

B Lauren Staton ist eine außergewöhnliche Frau. Ein Mitarbeiter des Inspektors nennt sie einen »echten Knaller«. Das erkennt auch Columbo sofort. Peinlich berührt knöpft er den Mantel über der Pyjamajacke bis zum Hals zu, bevor er der Dame gegenübertritt.

Zwischen beiden entwickelt sich mit der Zeit eine so intensive Beziehung, wie sie niemals zuvor in einer Episode zwischen Inspektor und Täter bestand. Lauren ist von Columbos rücksichtsvoller Art angetan und hat nicht einmal etwas gegen seinen Zigarrenqualm. »Ich habe das Gefühl, er mag mich«, sagt sie zu ihrer Tochter. Lauren ist hin- und hergerissen zwischen echten Gefühlen und kühler Berechnung: »Es macht Spaß, in seiner Nähe zu sein. Ich mag ihn. Es kommt der Augenblick, an dem er mehr an mir als an seinen Nachforschungen interessiert sein wird.«

Von da an dauert es nicht mehr lange, bis sie den Inspektor küsst und er sie mit Blumen überrascht. Lauren bekennt: »Ich habe mich in Sie verliebt, in diesen wilden Haarschopf.« Gleichzeitig aber bleibt ihr nicht verborgen, dass Columbo hartnäckiger ist als angenommen. Etwas ernüchtert muss sie feststellen: »Sie sind hier, um zu sagen: ›Da ist noch eine Kleinigkeit‹.«

Diese für Columbo ungewöhnlich intime Beziehung findet durchaus ihre Grenze – dort, wo Lauren es wagt, die alles entscheidende Frage zu stellen: »Wie lautet Ihr Vorname?« – »Inspektor«, bekommt sie zur Antwort. Es gibt eben doch Dinge, die allein Mrs. Columbo vorbehalten bleiben.

D Die Letztgenannte leidet unter einem schwachen Kreislauf und friert ständig. Jeden Donnerstag geht sie mit ihrem Mann zum Bowling.

Neben seinen leiblichen Geschwistern soll Columbo angeblich auch noch einen Stiefbruder haben.

Für »Hund« führt Herrchen im Auto einen Blechnapf mit, den er bei Bedarf mit Wasser füllt. Lauren schenkt dem freundlichen Basset einen großen Hundekorb.

E Auch der Inspektor geht nicht leer aus: Er bekommt von Lauren eine Krawatte geschenkt. Seine derzeitige sei etwas für »alte Männer«. Naturgemäß kann sich Columbo jedoch selten mit Kleidungsstücken anfreunden, die er nicht selbst ausgesucht hat. Nachdem der Fall abgeschlossen ist, schenkt er Laurens Krawatte dem Wirt Barney. Der will sie seinem Neffen überreichen, der demnächst seinen Collegeabschluss macht.

G Weil Columbo schnell schwitzt und dann transpiriert, zieht er die Kühle vor. Er ist im Gegenteil zu seiner Frau ein »Warmblüter«. Hin und wieder benötigt er ein Aspirin. Neben dem unvermeidlichen Ei isst er auch einen dreilagigen Toast in einer ungewöhnlichen Zusammenstellung: erst Marmelade, darauf Erdnussbutter, oben Rosinen. Trotz dieser Mischung kann er durchaus auch noch Barneys Steak verkraften.

J »Eine Million Fragen« hat Columbo. Es sind wieder die berühmten Kleinigkeiten, auf die angeblich nur sein Chef (»ein pingeliger Kerl«) eine Antwort erwartet. Wer hat Stunden vor der Tat die Heizung in Francos Appartement angestellt, wenn angeblich niemand dort war? Warum war zeitweilig der Kühlschrank abgeschaltet?

Über ein Verzeichnis der Telefongespräche des Opfers kommt er auf Lisas Spur. Bald schon ist ihm auch klar, dass Lauren und Lisa sich kennen. Er lässt Lisa verhören, während Lauren im Nebenraum die Prozedur mit ansehen muss. Da kann das Mutterherz nicht mehr schweigen. »Wenn Sie den Fall lösen könnten» fühlt sie Columbo auf den Zahn, »würden Sie mir wehtun?» Columbo verneint. »Lassen Sie die Kleine gehen!», bittet Lauren. Als Gegenleistung erzählt sie dem Inspektor die Wahrheit. Franco habe Lisa gedroht, sie umzubringen, sollte sie sich ihrer Mutter offenbaren. Ihm ging es immer nur um Laurens Geld.

Im Bewusstsein dessen, was er tut, lässt Columbo die Mittäterin laufen, während die Mutter ein Geständnis unterschreibt. Bezüglich des

Komplizen, der den gehörten Schuss abgab, einigen sich die beiden Verschwörer Columbo und Lauren auf einen »unbekannten Mann«, dessen Identität Lauren nicht preiszugeben gedenkt.

★★★★ War Peter Falk vielleicht selbst so erschrocken über die vorhergehenden Episoden, dass er ein eigenes Skript hervorsuchte? Dieses lagerte jedenfalls schon viele Jahre in seinem Schreibtisch. Die Grundidee des Mordes ist daher auch bereits seit »Mord in Pastell« bekannt.

Falks Drehbuch verrät, dass er nach 25 Jahren die Figur des Inspektors besser kennt als jeder andere. Viele der liebenswerten Details sind bei ihm versammelt. Doch zusätzlich bringt er eine weitere, völlig neue Themenstellung ein: den Konflikt zwischen beruflichen Interessen und persönlichen Gefühlen. Es besteht kein Zweifel daran, dass er sich von Lauren angezogen fühlt. Die Frage ist: Wie weit lassen ihn diese Gefühle gehen? Bleibt er noch Herr der Situation? Oder ist sein Verhalten der attraktiven Frau gegenüber doch einzig nur Berechnung? Schließlich auch: Wie passt die ganze Affäre in das Bild von Columbos harmonischer Ehe?

Um diese Fragen zu erhellen, führt Falk den Kneipenwirt Barney ein, gespielt von seinem Intimus John Finnegan. Barney, der mit dem Inspektor offenbar eng vertraut ist, obliegt die Aufgabe, im Dialog mit ihm das Verwirrspiel der Gefühle zu klären und zu deuten. Das hört sich dann so an: »Sie spielt mir was vor«, meint Columbo. Er zweifelt an Laurens Aufrichtigkeit. »Offen gesagt, du siehst nicht gerade aus wie Robert Redford«, bestätigt Barney. Columbo zeigt sich zwiegespalten: »Wenn es ein Engel war, brauchst du Handschellen für die Hände und ein Seil für die Flügel.« Erst Barney muss darauf verweisen, dass es für Columbo stets nur ein Interesse gibt, das über alle anderen Gefühle siegt: »Du spielst dieses Spiel nur mit einem einzigen Ziel: Du willst diesen Fall knacken. Du bist nur deshalb verärgert, weil du sie magst. Und je mehr du ihr das zeigst, je mehr denkt sie, du würdest ihr eine kleine Pause gönnen. Aber das tust du nicht. Du zeigst ihr den Hoffnungsschimmer, und das gefällt dir nicht.«

Trotz dieser sicher zutreffenden Analyse ist Barney dann schließlich doch überrascht, dass Columbo Lauren verhaftet hat: »Wie kannst du eine Frau einsperren, die dir soviel bedeutet hat?« – »Wer hat gesagt, dass sie mir viel bedeutet hat?«, versucht Columbo abzuwiegeln. – »Du!« –

»Wenn du alles glaubst, was dir ein Cop erzählt, bist du ein verdammter Idiot.« Barney kann nicht wissen, dass Columbos Gefühle sehr wohl den Ausgang dieses Falles beeinflusst haben. Dies muss das Geheimnis des Inspektors bleiben.

Schließlich stellt Columbo selbst unmissverständlich klar, wohin er gehört. Mit einem Satz bringt er seine Welt und die des verwirrten Zuschauers wieder in Ordnung: »Wo gehst du hin?«, fragt Barney. »Es ist Donnerstagabend. Ich gehe mit meiner Frau zum Bowling.«

Die Glaubwürdigkeit dieser Romanze steht und fällt mit der Verkörperung der weiblichen Hauptrolle. Mit Faye Dunaway ist nach langer Zeit endlich wieder ein wirklicher Weltstar engagiert worden, die zudem wie wenige andere eine Dame verkörpern kann. Falk selbst bat sie, die Rolle zu übernehmen. An seiner Seite hatte die junge Schauspielerin 1965 ihre erste TV-Rolle gespielt: in »The Ten Foot, Six Inch Pole«, einer Episode der Serie »The Trials Of O'Brien«. Faye Dunaway *ist* Lauren Staton, diese attraktive und ebenso kraftvolle wie tiefverletzte Frau. Nicht von ungefähr wurden beide Protagonisten für diese Episode mit dem »Emmy« ausgezeichnet.

63. TODESSCHÜSSE AUF DEM ANRUFBEANTWORTER (Butterfly In The Shades Of Grey)

Erstausstrahlung: 10.01.1994 (USA), 05.04.1994 (D)

Drehbuch: Peter S. Fischer, Regie: Dennis Dugan, Produktion: Christopher N. Seiter, Executive producer: Peter Falk, Associate producer: Jack Horger, Co-associate producer: Lisa Tygett, Kamera: George Koblasa, Schnitt: Bill Parker, Musik: Dick De Benedictis, Set decorator: Mary Ann Good, Kostüme: Jaqueline Saint Anne, Costume supervisor: Jill Sheridan, Glenn Bradley, Make-up: Rita Sabatini, Lori Benson, Frisuren: Paula Griffin, Unit production manager: Jimmy Simons, Production designer:

Bill Ross, 1. Regieassistent: Joseph A. Ingraffia, 2. Regieassistent: Bradley Michaelson, Sound mixer: Thomas E. Allen sr., Supervising sound editor: Paul Clay, Supervising music editor: Laurie Higgins Tobias, Casting: Ron Stephenson.

Darsteller: William Shatner (Fielding Chase), Molly Hagan (Victoria Chase), Jack Laufer (Gerald »Jerry« Winters), Richard Kline (Lou Cayton), Yorgo Constantine (Regieassistent Preston), Mark Lonow (Theodore »Ted« Malloy), Beverly Leech (Deirdre »Dee Dee« Ross), Brian Markinson (Howard, Deirdres Agent), Robin Clarke (Senator Gordon Madison), Christopher Templeton (Marian Burke), John C. Anders (Officer Davis), Denice Kumagai (Martha, Hausangestellte), Deryl Caitlin (Radfahrer), Glenn Taranto (Techniker), Wayne C. Dvorak (Oberkellner), Douglas Stark (Vorstandsvorsitzender), Francesca Cappucci (Allison Montgomery), Ann Noel (Mitarbeiterin des Senators), Carolyn Carridine (Radfahrerin), Eric Poppick (Regisseur der Seifenoper).

Der Radiomoderator Fielding Chase wacht eifersüchtig über seine Adoptivtochter Victoria. Sein von ihm wenig geschätzter Mitarbeiter Jerry Winters hilft der jungen Frau bei dem Versuch, sich aus der Abhängigkeit zu lösen. Deshalb entwickelt Chase einen raffinierten Plan, um Winters zu ermorden. Er bittet Winters, ihn zu einem bestimmten Zeitpunkt zuhause anzurufen. Als das Telefon klingelt, springt der Anrufbeantworter an. Chase aber ist inzwischen unbemerkt in Winters Wohnung gelangt, wo er sich von einem Nebenapparat in das Gespräch einschaltet. Gleichzeitig nähert er sich seinem Opfer und erschießt es.

B Chase ist ein von Machtgelüsten besessener Mann. Seine Radio-Talkshow wird in den USA von 468 Sendern ausgestrahlt und hat 10–12 Millionen Zuhörer. Darin erweist sich Chase als quotenträchtiger Widerling, der selbstgefällig und arrogant mit den Anrufern umspringt (»Leute mit Artikulationsschwierigkeiten sollten erst gar nicht anrufen.«). Seinen meinungsbildenden Einfluss nutzt er auch, um Politiker zu kompromittieren, die ihm nicht passen. Privat thront er auf einem protzigen Landsitz, der nur über eine Seilbahn zu erreichen. Ebenso betrachtet er Victoria als seinen Besitz, den er mit allen Mitteln zu verteidigen sucht. So macht er seinen Einfluss geltend, um die Veröffentlichung eines von ihr geschriebenen Romans zu verhindern: »Ich will nicht, dass meine Tochter in die Fußstapfen irgendeiner weltverbesserischen Gertrude Stein tritt.«

Für so einen Menschen kann Columbo nicht viel übrig haben, zumal er nur sehr selten Radio hört. Er mag die Musik nicht mehr: »Perry Como und Louis Armstrong habe ich noch verstanden, aber diese Rapper verursachen mir Ohrenschmerzen.« Unwissend hält er Chase zunächst für »eine Art Discjockey«. Dafür tituliert Chase den Inspektor als »lustigen kleinen Mann von der Polizei«. Doch das lustige Element ist bald verschwunden, nachdem sich Columbo gewohnt hartnäckig an die Arbeit macht. »Sie kommen immer zum Schluss noch mit etwas heraus«, stellt Chase entnervt fest. »Haben Sie Probleme mit Ihrem Gedächtnis?«

Am Ende muss auch dieser Täter einsehen, dass er sich in Columbo getäuscht hat: »Wissen Sie, Columbo, ich habe Sie wahrscheinlich falsch eingeschätzt.« Dem kann der Angesprochene nicht widersprechen: »Gut möglich.«

C Ein derart einflussreicher Mann wie Chase ist besonders prädestiniert dafür, auf den einfachen Beamten Druck auszuüben. »Sie könnten ein ziemlich unglücklicher Polizist werden«, warnt er ihn unmissverständlich. Längst ist seine Geduld durch den nervigen Inspektor überstrapaziert: »Verzeihen Sie, wenn ich Ihnen keinen ›Schönen Tag‹ wünsche.« Über Columbos Verdächtigungen beschwert er sich beim Bürgermeister persönlich. Der Bürgermeister ruft daraufhin den Commissioner an, der Commissioner den Captain. Der Captain diskutiert mit Columbo eine Stunde lang den Fall. Gewinnen kann dabei allein die Telefongesellschaft, da letztlich doch alle wissen, was sie an ihrem Inspektor haben. Chase hingegen spricht weiterhin von »Polizeiterror« und droht »die ganze Polizei fertigzumachen«.

D Mrs. Columbo ist stets um die Gesundheit ihres Mannes besorgt und spielt zu gern die Krankenschwester. Columbo lässt sie nachsichtig gewähren: »Wenn sie glücklich ist, bin ich es auch.« Allerdings schickt sie ihn gelegentlich auch zum Rauchen hinaus auf die Terrasse. Ebenso wird wieder einmal ihr Faible für Seifenopern hervorgehoben.

Zu den regelmäßigen Hörern von Fielding Chase gehört auch Columbos Cousin Dominic. Für ihn bittet er den Moderator um ein Autogramm, denn »er hat nicht viel vom Leben«. Dafür aber besitzt er ein

Handy (damals noch eine Besonderheit), mit dem er ständig seinen Börsenmakler anruft.

E Das bekannte Outfit sorgt diesmal für eine herrliche Verwechselung. Columbo ermittelt in einem Fernsehstudio, in dem gerade an einer Seifenoper gedreht wird. »Ich brauche noch mehr Obdachlose«, ruft der Regieassistent Preston und gruppiert einige dementsprechend aussehende Statisten für die nächste Szene. »Sie sind spät dran«, wird Columbo begrüßt. »Schicke Schuhe«, meint Preston und weist dem Inspektor barsch seinen Platz an. Wie gewohnt lässt Columbo die Aufnahme platzen und legitimiert sich. »Ich brauche 'nen anderen Penner!«, ruft der Regisseur entnervt.

F Merkwürdige und unüberhörbare Geräusche des Peugeots lassen Schlimmes vermuten. Chase ist überdies besorgt, als Columbo auf seinem Hof vorfährt: »Verlieren Sie Öl? Ich hätte ungern einen Ölfleck in meiner Einfahrt.« Der Fahrzeughalter gibt sich gelassen und wiegelt ab. Der Wagen sei vor einer Woche in der Werkstatt gewesen. »Um mein Baby brauchen Sie sich keine Gedanken zu machen.«

G Vermutlich ist bei Columbo eine Erkältung im Anzug. Er verspürt bereits ein Kratzen im Hals und bestellt sich daher einen Tee mit Honig (»Riecht gesund!«). Tee trinkt er allerdings nur sehr heiß: »Lauwarmen Tee kann ich nicht ausstehen.«

Die Zigarre kommt trotzdem nicht zu kurz und sorgt für Missstimmung. »Verbrennen Sie hier alte Lumpen oder ist jemand gestorben?«, fragt Chase in seiner spitzzüngigen Art.

H Eben diese Zigarre verursacht beinahe einen Zimmerbrand. In Winters' Büro fängt der Stummel im Papierkorb an zu qualmen. Columbo löscht den Brandherd umständlich mit Kaffee.

In aller Öffentlichkeit säubert sich Columbo die Fingernägel. Unorthodox ist auch sein Geschrei, mit dem er früh am Morgen am Tor zur Residenz von Chase Einlass begehrt.

I Columbo überlegt, ob er sich ein Handy anschaffen soll. Seine bevorzugte Gesprächspartnerin wäre natürlich Mrs. Columbo, die er raten ließe, wo er sich gerade befindet. Als er mit dem Handy-Besitzer Chase im Restaurant sitzt, gibt er zwar vor, dienstliche Fragen ansprechen zu wollen, schweift aber sofort ab: »Wie gefällt Ihnen das Ding? Ich habe auch vor, mir so eines zu kaufen.« Chase versucht mehrfach vergeblich,

Columbo auf den »Punkt« zurückzubringen. Einmal stellt er fest: »Sie verschwenden zuviel Zeit mit Nebensächlichkeiten.« Dabei ist dem Inspektor doch nur daran gelegen, zu erfahren, ob man vom Handybetrieb und den Strahlen Krebs bekommen könne.

J Spuren am Tatort weisen auf den verflossenen Freund des homosexuellen Opfers als Mörder hin. Columbo ist davon nicht überzeugt. Einiges spricht dafür, dass sich jemand mit Victorias Schlüssel Zugang zu Winters' Haus verschaffte. Chase behauptet, er hätte vom Autotelefon aus die Polizei verständigt, nachdem er während des Gesprächs mit Winters die Schüsse gehört hätte. Das ist allerdings nicht möglich, da das Gebiet um seinen Wohnsitz von Bergen umgeben ist, die den Betrieb eines Mobiltelefons unmöglich machen. Chase muss sich bereits in der Nähe des Tatorts befunden haben. Columbo weist ihm diesen Umstand nach, indem er an der von Chase angegebenen Stelle dessen Wagen lahmlegen lässt. Ein Pannendienst kann von dort aus telefonisch nicht verständigt werden.

Das Finale gehört in die Kategorie »Anschlag auf den Inspektor«. Nachdem er überführt ist, will Chase ein Gewehr aus seinem Kofferraum nehmen. »Sie tragen keine Waffe«, gibt er zu bedenken. Doch auf ein Hupsignal Columbos ist sofort das halbe Departement zur Stelle, um Chase in Empfang zu nehmen. Der Mörder kann ab sofort die Durchsagen im Gefängnis moderieren.

★★★ Peter S. Fischer ist auch diesmal der Garant für eine gute Story, wenn sie auch nicht die Höhen seiner früheren genialen Würfe erreicht. Die Episode geht von einer raffinierten Grundidee aus und spielt mit einer Vielzahl der bekannten Kultmotive. William Shatner schießt als ein verbales Maschinengewehr eine zynische Salve nach der anderen ab und bietet eine weitaus bessere Leistung als in »Mord im Bistro«. Seine manierierte Spielweise passt zu dem affektierten Charakter des Moderators wie auch sein Oberlippenbart, der aus unerfindlichen Gründen einmal heller, einmal dunkler erscheint.

64. ZWEI LEICHEN UND COLUMBO IN DER LEDERJACKE (Undercover)

Erstausstrahlung: 02.05.1994 (USA), 17.01.1995 (D)

Drehbuch: Gerry Day (nach einem Roman von Ed McBain), Regie: Vincent McEveety, Produktion: Christopher N. Seiter, Vincent McEveety, Executive producer: Peter Falk, Associate producer: Lisa Tygett, Koproduzent: Jack Horger, Kamera: George Koblasa, Schnitt: Bill Parker, Musik: Dick De Benedictis, Art director: Peg McClellan, Set decorator: Mary Ann Good, Kostüme: Jaqueline Saint Anne, Costume supervisor: Alice Daniels, Bob Iannaccone, Make-up: Lori Benson, Frisuren: Paula Griffin, Unit production manager: Christopher N. Seiter, Production designer: Bill Ross, 1. Regieassistent: Joseph A. Ingraffia, 2. Regieassistent: Bradley Michaelson, Sound mixer: Thomas E. Allen sr., Supervising sound editor: Paul Clay, Supervising music editor: Laurie Higgins Tobias, Casting: Ron Stephenson.

Darsteller: Ed Begley jr. (Irving Krutch), Burt Young (Moe Weinberg), Tyne Daly (Dorothea McNally), Harrison Page (Sgt. Arthur Brown), Shera Danese (Geraldine Ferguson), Edward Hibbert (Bramley Kahn), Kristin Bauer (Suzie Endicott), Albie Selznick (Det. McKittrick), Joe Chrest (Mercer), Robert Donner (Zeeke Rivers), Hank Garrett (Capt. Landau), Penny Santon (Lucia Lombarda), Marla Adams (Sheila Byrnes, Hausverwalterin), Marianne Muellerleile (Schwester Hilda), Ora Forosh (Frau im Untergeschoß), Jeff Michalski (Gerichtsmediziner), Alexander Folk (Mitpatient im Krankenhaus), John William Young (Mann im Pyjama), Kay Yamamoto (Schwester am Empfang), John Dunbar (Fotograf), Jon Beshara (J. J. Dillinger).

In einem düsteren, heruntergekommenen Appartement treffen die Gangster Ehrbuck und Dillinger aufeinander und erschießen sich gegenseitig. Am Tatort findet Columbo ein Teil eines Fotos. Kurz darauf lernt er den Versicherungsfahnder Irving Krutch kennen. Dieser erzählt ihm von einem sechs Jahre zurückliegenden Bankraub, bei dem die Täter zwar getötet, die Beute jedoch nie gefunden wurde. Das vollständige Foto soll den Ort zeigen, an dem die vier Millionen Dollar versteckt sind. Krutch bittet die Polizei um Mithilfe bei der Suche nach den fehlenden Puzzle-Teilen. Columbo weiß noch nicht, dass Krutch bei seiner Jagd über Leichen geht.

B Irving Krutch ist ein Besessener. Der Princeton-Absolvent ermittelte vor Jahren im Fall des besagten Bankraubes. Da er erfolglos blieb, musste die Versicherung zahlen. Seither ist Krutch in seiner Ehre gekränkt. Ihm wurden nur noch kleine Fälle übertragen. Es ist sein Ehrgeiz, die Beute von damals doch noch aufzuspüren. Allerdings arbeitet er nun auf eigene Rechnung. Er verschweigt, dass er selbst bereits einen Teil des gesuchten Fotos besitzt. Die Polizei dient ihm nur als Mittel zum Zweck.

D Ungeduldig wartet »Hund« auf dem Beifahrersitz des Autos auf sein Herrchen. Columbo hat ihm versprochen, mit dem Vierbeiner im Park Gassi zu gehen.

E Als Columbo mit einer verdeckten Ermittlung beauftragt wird, witzelt sein Mitarbeiter Sgt. Brown: »Er muss noch nicht mal die Kleidung wechseln.« Doch bald sitzt der Inspektor mit Jacke und Hut in einer Kneipe und trifft dort auf den Verdächtigen Moe Weinberg. »Siehst aus wie 'n Cop«, meint dieser sofort. Columbo kontert: »Du auch.« Auch im feinen Zwirn ist der Inspektor zu erleben. Eher unfreiwillig läuft Columbo in gestreifter Pyjamahose in der Öffentlichkeit herum, nachdem er als Patient aus einem Krankenhaus geflüchtet ist.

Das einzig Originelle an dieser Episode ist, dass ein Hauptmotiv der Serie umgekehrt wird. Columbo, der »undercover« ermitteln soll, wird überall, wo er in Verkleidung auftritt, als Polizist erkannt. Keine noch so gute Tarnung kann leisten, wozu sonst sein Mantel und der schlecht sitzende Anzug ausreichten. Folgerichtig sind die Verdächtigen erst skeptisch, als Columbo auf das gewohnte Outfit zurückgreift. »Ich bin 'n Cop«, versucht er die dralle Dorothea zu überzeugen. »Und ich bin Marilyn Monroe«, gibt sie zurück.

G Diesmal geht es wirklich an die Gesundheit: Columbo wird zusammengeschlagen! Im Krankenhaus muss er das Bett hüten, worüber eine gestrenge Schwester wacht. Er entpuppt sich als recht unduldsamer Patient.

H Als Undercover-Agent muss Columbo häufig die Kleidung wechseln. Einmal zieht er sich in einem Auto um und hält dabei Vorträge an seine Mitarbeiter. Seitens einer Passantin zieht er dabei empörte Blicke auf sich.

Einen Krankenhauspatienten verwirrt Columbo, als er am Telefon mit Sgt. Brown über einen Toten redet. Der erschrockene Mann muss sich sofort davon überzeugen, dass sein Zimmernachbar noch lebt.

J Turbulent statt gewohnt-bedächtig geht es diesmal bei Columbos Ermittlungen zu. Als er von seinem Captain dazu verdonnert wird, als verdeckter Ermittler zu arbeiten, soll er zuhause ausziehen und muss sogar eine Waffe tragen. Von einem Maskierten wird er überfallen und krankenhausreif geschlagen. Nur mühsam gerät mit der Zeit ein Puzzleteil nach dem anderen in seinen Besitz. Zwei weitere Menschen werden ermordet. Der Verdacht fällt auf Krutch. Doch der bestreitet, am Tatort gewesen zu sein. Da kommt Columbo auf eine ausgefallene Idee: Er lässt die vor dem Haus befindlichen Parkuhren von der Spurensicherung überprüfen. Die »Jungs« finden ein Geldstück mit Krutchs Fingerabdrücken. Wie gut, dass der Mörder bei seiner Tat wenigstens die Parkgebühr ordnungsgemäß bezahlte!

★ Über die Fragwürdigkeit einer Mitwirkung Columbos in einer Ed-McBain-Verfilmung ist zur Episode »Bluthochzeit« bereits genug gesagt worden. Das neuerliche Machwerk ist ebenso schlimm. Höchst irritierend ist das gesamte, für Columbo völlig untypische Milieu: keine weitläufigen Landsitze, sondern schäbige Absteigen in heruntergekommenen Vierteln sind die Schauplätze. Fehlte in »Bluthochzeit« die Mordtat völlig, so wirken die nunmehr insgesamt vier Leichen – der deutsche Titel untertreibt – für einen »Columbo« maßlos überzogen. Das Auftreten des Inspektors befremdet nicht nur aufgrund seiner Kleidung. Auch der energische Tonfall und der Einsatz der Waffe sind unpassend und würden für unfreiwillige Komik sorgen, wäre die ganze Angelegenheit nicht so traurig. Gequält möchte man den Blick abwenden, als Columbo mit gezogenem Revolver die Wohnung Moe Weinbergs stürmt.

Ed Begley jr. hat sich inzwischen von der Kleinstrolle (»Mord per Telefon«) zum Hauptdarsteller hochgearbeitet, ohne diesen Aufstieg zu rechtfertigen. Einzig Burt Young lässt erkennen, dass er ein Schauspieler ist. Daneben drücken sich weitere bekannte Gesichter in dieser Episode herum: Tyne Daly (die schon wieder trinkt), Shera Danese und Robert Donner. Zum wiederholten Mal wird Columbo nach seinem Vornamen gefragt, worauf er nicht anders antwortet als in »Ein Toter in der Heizdecke«. Doch während dort die Frage organisch in das erotische Spannungsgeflecht zwischen Columbo und der Mörderin eingebettet war, erscheint sie hier nur noch als abgestandener Gag. Dabei wird einmal mehr deutlich, dass es sich bei dieser Episode um eine lieblos zusammengewürfelte Mischung von einigen wenigen Columbo-Versatzstücken in einem völlig unpassenden Kontext handelt.

65. SELTSAME BETTGENOSSEN (Strange Bedfellows / dt. Alternativtitel: Mord unter Brüdern)

Erstausstrahlung: 08.05.1995 (USA), 08.09.1995 (D)

Drehbuch: Lawrence Vail, Regie: Vincent McEveety, Produktion: Christopher N. Seiter, Vincent McEveety, Executive producer: Peter Falk, Associate producer: Lisa Tygett, Koproduzent: Jack Horger, Kamera: George Koblasa, Schnitt: Bill Parker, Musik: Dick De Benedictis, Art director: Lauren Cory, Set decorator: Mary Ann Good, Kostüme: Jaqueline Saint Anne, Costume supervisor: Alice Daniels, Bob Iannaccone, Make-up: Kevin Westmore, Frisuren: Paula Griffin, Unit production manager: Christopher N. Seiter, Production designer: Bill Ross, 1. Regieassistent: Joseph A. Ingraffia, 2. Regieassistent: Bradley Michaelson, Sound mixer: Thomas E. Allen sr., Supervising sound editor: Paul Clay, Supervising music editor: Laurie Higgins Tobias, Casting: Ron Stephenson.

Darsteller: George Wendt (Graham McVeigh), Jeff Yagher (Teddy McVeigh), Rod Steiger (Vincenzo Fortelli), Jay Acovone (Bruno Romano), Linda Gehringer (Lorraine Buchinsky), Bruce Kirby (Sgt. Phil Brindle), Don Calfa (Rudy, Barkeeper in »Bruno's Ristorante«), William Bogert

(Randall Thurston), Shani Wallis (Gwen Thurston), John Finnegan (Barney), Gerry Gibson (Pat O'Connor), Justin Lord (Lt. Albert Schiffer), Alex Henteloff (Mr. Steedler, Pfandleiher), Karen Mayo-Chandler (Tiffany Keene), Richard Epcar (Fortellis Schläger), Kate Benton (Empfangsdame im »Bayleaf«), Frantz Turner (Mitarbeiter der Spurensicherung), Ed McCready (Mann in der Bar), David Sobel (Kellner), Mark Helm (Kellner im »Bayleaf«), Jim Bockelman (Officer Kelleher), Marshall J. Nord (Deputy), Nancy Ragan (Ruth, Thurstons Sekretärin), Gerry Okuneff (Walter Sterling), Johnny Carbajal (Emilio).

Die Brüder McVeigh haben von ihren Eltern die Farm »Timber Ridge« geerbt. Der ehrgeizige Graham will dort eine gewinnbringende Pferdezucht betreiben. Teddy, ein geborener Verlierer, steht diesem Plan mit seinen hohen Spielschulden im Weg. Zu Teddys Gläubigern gehört auch der Mafioso Bruno Romano, der ihn unter Druck setzt. Graham McVeigh erschießt zunächst seinen Bruder in einem Waldstück. Später lockt er Romano in sein Haus und erschießt auch ihn, angeblich aus Notwehr. Den Revolver, durch den Teddy starb, schiebt er dem Toten unter. Doch in diesem Fall wird Columbo nicht der einzige sein, der dem Anschein misstraut.

A Als Columbo in seinem Wagen mit dem üblichen Getöse am Tatort ankommt, findet sich doch tatsächlich noch ein junger Polizist, der ihn nicht kennt: »Tut mir leid, Sir, keine Durchfahrt!« Wortlos zeigt der Inspektor seine Marke. Er sieht nicht gut aus. Auch auf die besorgte Frage nach seinem Befinden gibt er keine Antwort. »Ist irgendwas?«, fragt nun auch der ermittelnde Beamte Sgt. Brindle. Columbo lässt ein einziges Wort fallen: »Muscheln!«

B Graham McVeigh gehört wahrlich nicht zu den feinsinnigen Naturen. Keinen Augenblick schreckt er vor dem Brudermord zurück. Den Inspektor will er sofort von seinem Grundbesitz vertreiben: »Wir stellen niemanden ein!« Plump fällt er auf Columbos Masche herein, der Fragen stellt, um sie von dem Mörder beantworten zu lassen: »Dafür kann es 'ne Menge Erklärungen geben«, meint er zu Columbos »Kleinigkeiten«. – »Ich bin ganz Ohr.«

Von ganz anderem Format ist dagegen der Mafiaboss Fortelli, mit dem es Columbo auch bald zu tun bekommt. Er ist kultiviert und ein

Feinschmecker. Außerdem erkennt er die Professionalität Columbos und weiß sie zu schätzen. »Ihre Anwesenheit ist eine Ehre für mein Haus«, begrüßt er den Inspektor. »Ihnen geht der Ruf voraus, dass Sie intelligent und äußerst beharrlich sind.« – »Ihnen geht auch ein Ruf voraus«, revanchiert sich Columbo, »Prostitution, Glücksspiel…«. Die beiden sehr ungleichen Männer werden Partner bei der Suche nach dem Mörder, an dem auch Fortelli ein Interesse hat. Trotzdem zieht Columbo klar die Grenze dieser Beziehung. »Ich bin mehr für die weichen Sachen«, lehnt er eine Einladung auf einen Drink ab, »und das sind *Sie* nicht!«

D Columbos wohnen in einem Reihenhaus (»ein Haus reiht sich an das andere«). Mrs. Columbo vertritt die Meinung, dass sich die Nikotinsucht vererbt. Ihr Mann jedenfalls gibt an, durch seinen Bruder Sal dazu verführt worden zu sein.

Irritierend für jeden Kenner ist der Umstand, dass der langjährige Mitarbeiter Sgt. Kramer (alias Bruce Kirby) hier plötzlich »Sgt. Phil Brindle« heißt. Beteiligt ist außerdem ein Lt. Schiffer, der – typisch für Columbos Kollegen – auf den äußeren Anschein hereinfällt und den Inspektor in McVeighs Haus selbstsicher begrüßt: »Wir haben den Fall gerade für Sie gelöst.«

E Wohl unter dem Einfluss einer ihm schwer zusetzenden Magenverstimmung ist Columbo nicht einmal dazu gekommen, sich halbwegs ordentlich anzuziehen. Sein Oberhemd steht offen, die Krawatte hängt ihm ungebunden um den Hals.

G An einem Muschelgericht hat sich Columbo den Magen verdorben. Nun läuft er mit einer Trinkflasche herum, die irgendeine flüssige Medizin enthält. Seine Frau kuriert ihn mit einer merkwürdigen Methode: Sie serviert ihm ausgerechnet eine »fette Hühnersuppe mit Linsen drin«. Der bekanntlich robuste Magen leidet aber nicht lange unter der Krise. Als Columbo bei Fortelli zu einem Drei-Gang-Menü eingeladen ist, hat sich der Appetit schon wieder eingestellt. Fortelli erwähnt erst nach dem Essen, dass die Suppe mit Muscheln zubereitet wurde. Dafür aber schmeckt Columbo das gewohnte Chili von Barney diesmal nicht.

Kurzzeitig steigt der Inspektor auf Zigaretten um, allerdings nur im dienstlichen Interesse. Er will wissen, welche Marke McVeigh raucht.

H Absurd mutet es an, wenn Columbo in Mülltonnen nach toten Mäusen sucht und sie dann akribisch ausmisst. Die Ergebnisse seiner

Forschungen demonstriert er McVeigh an einer Maus aus Gummi: »Sie lag im Müll. Mausetot.«

J Columbo schöpft Verdacht, nachdem er bemerkt, dass Graham McVeigh Zigaretten einer Marke raucht, von der sich Spuren am Tatort fanden. Sie müssen aus der Mordnacht stammen. Ehe er jedoch weiteres unternehmen kann, tritt Fortelli an ihn heran. Der Pate, ein Freund des zweiten Opfers Romano, ist ebenfalls von McVeighs Schuld überzeugt. Columbo und Fortelli stellen dem Mörder eine Falle. Der Mafia-Boss bemächtigt sich McVeighs und legt dem anwesenden Columbo nahe, sich zurückzuziehen, da er den Mörder zu töten gedenke. McVeigh fleht in seiner Todesangst den Inspektor an, ihn zu schützen. Dafür ist er zu einem Geständnis bereit.

★ Diese Episode besitzt zwar durchaus ihre guten Passagen, doch überwiegen die Mängel. Warum muss Columbo ausgerechnet im Mafia-Milieu ermitteln und wird dabei sogar noch gekidnappt? Gibt es sie denn überhaupt nicht mehr, die kultivierten, intelligenten, manchmal auch charmanten Mörder mit der gewissen Noblesse, wie sie die Folgen früherer Jahre auszeichneten? Der Komödiant George Wendt jedenfalls wirkt wie ein tumber Tor, der Präsenz nur durch Leibesfülle zu vermitteln versucht. Hätte man die Hauptrolle doch dem genialen Rod Steiger übertragen, dem einzigen Lichtblick dieser Folge! Als Fortelli vermittelt er gekonnt unterschwellige Furcht, wenn er sich sehr sachlich an McVeigh wendet: »Ich lasse Sie umbringen. Ist nichts Persönliches. Rein geschäftlich.»

Zahlreiche Ungereimtheiten lassen darauf schließen, dass auch diese Episode eher lieblos und ohne Detailkenntnis heruntergekurbelt wurde. Warum versteht Columbo nichts, als ihn Fortelli auf italienisch anredet? Warum ist Sgt. Kramer umgetauft worden? Warum ist das Interieur von »Barney's« ein völlig anderes als in »Ein Toter in der Heizdecke«? Die aufwendig inszenierte Falle – mit Verfolgungsjagden und der Scheinwelt im Restaurant »Bayleaf« – passt im übrigen eher zum »Mission-Impossible«-Team als zu Columbo, der doch durch sehr viel schlichtere Methoden zu überzeugen weiß.

66. KEINE SPUR IST SICHER (A Trace Of Murder)

Erstausstrahlung: 15.05.1997 (USA), 15.09.1997 (D)

Drehbuch: Charles Kipps, Regie: Vincent McEveety, Produktion: Christopher N. Seiter, Vincent McEveety, Executive producer: Peter Falk, Koproduzent: Jack Horger, Kamera: Fred V. Murphy, Schnitt: Bill Parker, Musik: Dick De Benedictis, Art director: Mary Dodson, Set decorator: Bill Gregory, Kostüme: Jaqueline Saint Anne, Costume supervisor: Tom Cummins, Alice Daniels, Make-up: Lori Benson, Frisuren: Paula Griffin, Unit production manager: Christopher Seiter, Production designer: Hub Braden, 1. Regieassistent: Kevin Corcoran, 2. Regieassistent: Marty Mericka, Sound mixer: Thomas E. Allen sr., Supervising sound editor: Paul Clay, Supervising music editor: Laurie Higgins Tobias, Location-Manager: Jim McClafferty, Post-production coordinator: Rod Ripley, Casting: Ruben Cannon, Eddie Dunlop.

Darsteller: David Rasche (Patrick Kinsley), Shera Danese (Kathleen Calvert), Barry Corbin (Clifford Calvert), Raye Birk (Howard Seltzer), Will Nye (Officer Will), John Finnegan (Barney), John F. O'Donohue (Det. John Rogan), Dyana Ortelli (Bobbi Colaneri, Angestellte des Wachdienstes), Kymberly Newberry (Staatsanwältin), Maury Sterling (Angestellter des Drogeriemarktes), Vincent McEveety jr. (Johnny), Jeffrey King (Mr. Kurtz, Mitarbeiter der Spurensicherung), Richard Saxton (Malcolm Dunn, Nachrichtensprecher), Cady Huffman (Empfangsdame), Roma Alvarez (Calverts Hausmädchen), James Almanzar (Barkeeper), Donna Bullock (Tracy Rose, Anwältin), Franklin Cover (Harry Jenkins), Alice Backes (Harriet Jenkins), Dion Anderson (Stuart March, Anwalt).

Kathleen Calvert und ihr Liebhaber Patrick Kinsley wollen um jeden Preis Kathleens Ehemann Clifford loswerden. Kinsley tötet aus diesem Grunde Cliffords ärgsten geschäftlichen Widersacher Howard Seltzer und hinterlässt dabei genügend Spuren, die auf Kathleens cholerischen Gatten als Täter hindeuten. Darin ist Kinsley Experte; schließlich arbeitet er bei der Spurensicherung des L. A. P. D.! Nichts liegt also näher, als dass Inspektor Columbo den Kollegen zu seinen Ermittlungen hinzuzieht.

B Kinsley hat fünfzehn Jahre Erfahrung mit Mordfällen. Er studierte Gerichtspsychologie und lehrte zuletzt als Dozent an der Polizeiakademie. Im Departement ist er relativ neu. So wird erklärt, warum der legendäre Ruf des Inspektors noch nicht bis zu ihm gedrungen ist. Krasse Fehleinschätzungen sind die Folge. »Der Kerl hat irgendwie nicht alle Tassen im Schrank«, berichtet er seiner Geliebten. Ein anderes Mal heißt es: »Der Junge ist nicht ganz bei Trost.«

Columbo arbeitet zunächst ohne Argwohn mit Kinsley zusammen und würdigt dessen Kompetenz: »Sie sind der Boss!« Aber schon von Anbeginn animiert er den Kollegen auch, sich zu dem Fall zu äußern: »Ich komme nicht vom Fleck. Sagen Sie was!«

D Auch in einer persönlichen Angelegenheit holt sich Columbo Rat bei Kinsley. Mrs. Columbo hat in ihrer Wohnung einen Ohrring verloren. Ihr Mann suchte bereits den gesamten Teppich ab, ohne aber fündig zu werden. Kinsley empfiehlt, den Teppich zu saugen und den Inhalt des Staubbeutels zu untersuchen. Columbo tut dies, findet jedoch nicht mehr als ein 10-Cent-Stück.

E Noch immer versteht es Columbo nicht, seine Krawatte ordentlich zu binden. Das schmale Ende ist wieder einmal länger als das breite.

G Erstmals überhaupt wird auf die zwar unübersehbare, gleichwohl aber bisher nie verbalisierte körperliche Behinderung des Inspektors angespielt: das Glasauge. Columbo möchte Kinsley zu einem Treffen mit Kathleen hinzuziehen. Er begründet dies so: »Drei Augen sehen mehr als eines.«

Außergewöhnlich: Columbo lebt in dieser Episode gesund und ernährt sich hauptsächlich von Obst. Auch die Mitarbeiter werden von ihm mit Vitaminen versorgt. Am Tatort verteilt er Bananen, deren Vorzüge er rühmt: »Der gesamte Bereich oberhalb der Lunge (?) wird geschützt.« Von einem Ehepaar bekommt er später einen Korb voller Äpfel geschenkt: »Wir wissen schließlich alle, wie wenig Polizisten verdienen.« Er rät Kinsley davon ab, seinen Apfel zu schälen, weil die Vitamine besonders in der Schale seien: »Ich esse vom Apfel alles, inklusive der Kerne.«

Auch sonst achtet Columbo plötzlich auf gesunde Produkte. In einem Drogeriemarkt führt er einen Disput mit einem Angestellten: »Auf diesem Schokoriegel steht, da sind Vitamine drin?« – »Das ist kein Schokoriegel. Das ist ein Proteinriegel.« – »Sieht aber aus wie ein Schokoriegel. Schmeckt der auch wie ein Schokoriegel?« – »Ja, der schmeckt gut.« Der Preis hingegen will Columbo nicht schmecken: »1,29 Dollar für einen Schokoriegel?« – »Das ist kein Schokoriegel«, wiederholt der Verkäufer. »Das ist ein Proteinriegel!« – »Ist der Geschäftsführer da?« – »Und wenn Sie sich beim Präsidenten selbst beschweren, er kostet immer noch 1,29 Dollar!« – »Ich bin von der Polizei«, weist sich Columbo aus, der das Geschäft eigentlich aus dienstlichem Grunde aufgesucht hat. »Das ist natürlich was anderes« missdeutet der Verkäufer diese Offenbarung. »Ich gebe Ihnen diesen Proteinriegel für 99 Cent. Was sagen Sie jetzt?« – »Ich nehme ein Dutzend.«

Trotz aller gesunden Ernährung wird es ihm einmal flau im Magen, so dass er seinen Freund Barney um Hilfe bitten muss. Diese Beschwerden rühren aber nicht etwa von dessen Chili her, sondern dürften eine psychosomatische Ursache haben. Columbo hat gerade die ebenso überraschende wie schockierende Entdeckung gemacht, dass sein Polizeikollege und die Frau des Hauptverdächtigen sich persönlich gut kennen.

Wieder einmal bekommt der Inspektor eine gute kubanische Zigarre geschenkt. Clifford Calvert kann sie sich leisten, während Columbo auf eine sehr offensichtliche Weise darum bemüht ist, eine zu schnorren.

H Im Hause Calvert lässt Columbo in einem unbemerkten Augenblick eine nicht unerhebliche Menge von Konfektstücken in seinen unergründlichen Manteltaschen verschwinden.

Peinlich, aber doch symptomatisch: Ausgerechnet von Clifford Calvert, einem unsensiblen, flegelhaften Kerl ohne jegliche Manieren, muss sich Columbo den Vorwurf der Unkultur gefallen lassen. Auf das Angebot eines Zigarrenabschneiders antwortet der Inspektor: »So was benutze ich nie. Einfach das Ende abbeißen.« – »Das ist ja widerlich!«, empört sich Calvert. »Das grenzt an Barbarei! Sie knabbern die Zigarre an wie ein Biber. Sie sollten wenigstens ein kleines bisschen Kultur zeigen!« In der Schlussszene kann man erleben, dass Columbo in dieser Hinsicht nichts dazugelernt hat.

Ziemlich daneben liegt er auch, als er zu dem Glatzkopf Calvert meint: »Ich krümme Ihnen kein Haar.«

J Das Mörderduo hat genügend Spuren ausgelegt, die Clifford Calvert belasten: Zigarrenstummel am Tatort, Teppichfasern und Katzenhaare an Cliffords Anzug. Sein Revolver, dessen Kaliber dem der Mordwaffe entspricht, ist verschwunden. An zwei der mit Scharfsinn beobachteten »winzigen Kleinigkeiten« merkt Columbo aber, dass Kinsley und Mrs. Calvert sich kennen und ihm ein Theater vorspielen. Er benutzt dieses Wissen, um beiden eine Falle zu stellen und gegeneinander auszuspielen. Kathleen lässt er glauben, Kinsley bezichtige sie des Mordes. An sich harmlose Gegenstände rufen dabei eine besondere Wirkung als »Beweis« hervor, sobald sie nur von Columbo in einer Plastikfolie der Spurensicherung präsentiert werden. Kathleen, die sich von ihrem Liebhaber getäuscht glaubt, gesteht und drängt darauf, umgehend der Staatsanwaltschaft vorgeführt zu werden.

★★★ Das Kräftemessen Columbos mit einem Mörder aus den eigenen Reihen hat seinen besonderen Reiz, wie man seit »Meine Tote – deine Tote« weiß. Diese Konstellation wirkt sich auch hier positiv aus. David Rasche (»Sledge Hammer«) und Shera Danese wissen als Liebespärchen der besonderen Art zu überzeugen. Etwas übertrieben gezeichnet wirkt die Figur des Ekelpakets Clifford, der auf die Nachricht von der Ermordung des von ihm ungeliebten Seltzer ausruft: »Das Beste, was ich seit langem gehört habe!« Es dürfte kein Zufall sein, dass dem Inspektor dieser schwierige Mensch sympathisch zu sein scheint. Es handelt sich bei ihnen um Gesinnungsgenossen in der Hinsicht, dass beide keinen Fettnapf auslassen.

67. DAS ASCHENPUZZLE (Ashes To Ashes)

Erstausstrahlung: 08.10.1998 (USA), 02.09.1999 (D)

Drehbuch: Jeffrey Hatcher, Regie: Patrick McGoohan, Produktion: Christopher N. Seiter, Executive producer: Peter Falk, Associate producer: Bruce E. Gorman, Koproduzent: Jack Horger, Co-executive producer: Patrick McGoohan, Kamera: Fred V. Murphy, Schnitt: Bill Parker, Musik: Dick De Benedictis, Art director: Mary Dodson, Set decorator: Don Remacle, Kostüme: Jaqueline Saint Anne, Costume supervisor: Nancy Renard, Unit production manager: Christopher N. Seiter, Make-up: Kandace Westmore, Frisuren: Paula Griffin, Production designer: Hub Braden, 1. Regieassistent: Nick Smirnoff, 2. Regieassistent: Bruce A. Simon, Sound mixer: Thomas E. Allen sr., Supervising sound editor: Kevin Spears, Supervising music editor: Laurie Higgins Tobias, Location-Manager: Deborah Laub, Casting: Ruben Cannon, Eddie Dunlop.

Darsteller: Patrick McGoohan (Eric Prince), Rue McClanahan (Verity Chandler), Sally Kellerman (Liz Houston), Richard Riehle (Sgt. Degarmo), Spencer Garrett (Rodger Gambles, Sekretär), Aubrey Morris (Fred, Pfarrer), Edie McClurg (Mrs. Lerby), Richard Libertini (Scheich Yarami), Ron Masak (Eddie Fenelle, Taxifahrer), Catherine McGoohan (Rita), Scott N. Stevens (Gerald, Mitarbeiter von Prince), Conrad Bachman (Henry Chalfont, Anwalt), Ken Weiler (Sänger), Ralph Monaco (Fahrdienstleiter des Taxiunternehmens), Sid Burston (Schwarzer Taxifahrer), Arthur Duncan (Tänzer), Roberta Hamlen (Barfrau), Roy Kerry (1. Bodyguard), Marco Khanlian (2. Bodyguard), David Doty (Älterer Mitarbeiter von Prince), Ted Rooney (2. Bestatter), Charlie Dell (1. Bestatter) Karissa Corday (Moderatorin).

Der Bestattungsunternehmer Eric Prince bringt alles unter die Erde, was in Hollywood Rang und Namen hat. Durch seine Vertrauensstellung erfährt er viele intime Details vom Leben und Ableben der Stars. Bisher verkaufte er sein Wissen stets an die Klatschreporterin Verity Chandler. Nun aber hat er das Verhältnis zu ihr, das weit über das »Geschäftliche«

hinausging, beendet. Verity aber droht nun, die unlauteren Methoden des Promi-Bestatters in ihrer Fernsehsendung öffentlich zu machen. Prince sieht sich gezwungen, die gefährlich werdende Klatschbase zu erschlagen.

B Bei Prince handelt sich um den führenden Vertreter der »schwarzen Zunft«. Der ehemals namenlose englische Möchtegern-Schauspieler besitzt mittlerweile 24 Beerdigungsinstitute und wurde zum »Bestatter des Jahres« gewählt. Columbo gegenüber zeigt er zunächst die übliche Verwunderung. »Ist das ein Witz?«, fragt er, als sich der Inspektor ausweist. Bald aber merkt er, dass ihm dieser Mann keinen Anlass zum Lachen bietet: »Wirklich faszinierend, wie Sie die Dinge angehen! Ich bin beeindruckt.« Trotzdem wähnt er sich stets als Herr der Lage und behandelt Columbo mit Herablassung: »Wirklich schade! Für einen Moment dachte ich, Sie seien wirklich etwas auf der Spur.«

Auch Liz Houston, die frischgebackene Witwe eines Hollywoodstars und heimliche Geliebte von Prince, weiß den Inspektor nicht recht einzuordnen. Sie kommt nicht einmal mit seinem Namen zurecht: »Lt. Combo?« Rodger Gambles hingegen, ein Mitarbeiter der Ermordeten, zweifelt erheblich an Columbos Geistesverfassung: »Sie sind Detective?« – »Ich denke schon, ich bin's.« – »Können Sie zuhören?« – »Oh, ja.« Die Zweifel sind berechtigt, da der Inspektor gerade nicht zuhört, sondern ständig mit anderen Dingen beschäftigt ist.

D Mrs. Columbo ist eine leidenschaftliche Teetrinkerin. An ihr unvermeidliches Ende hat sie bisher aber noch keinen Gedanken verschwendet. »Ich kriege einfach meine Frau nicht dazu, über das hier zu reden«, äußert Columbo im Bestattungsinstitut. Er selbst ist vor allem an den pragmatischen Aspekten interessiert: »Würden auch zwei Leute in den Sarg gehen? Meine Frau und ich tun alles zusammen.« Die Hitze in einem Verbrennungsofen hält er für schädlich: »Tausend Grad! Dabei verträgt meine Frau noch nicht einmal einen Sonnenbrand!« Trotz aller Unentschlossenheit Columbos wäre Prince bereit, ihn als Kunden zu betreuen: »Natürlich erst, wenn die Zeit reif ist.« Im Zuge der Ermittlungen wird er sich wünschen, diese Zeit wäre längst gekommen.

Columbo spricht von einem Schwager, der viel fotografiert. Es könnte der gute »George« sein, dessen Leidenschaft, die Familie mit Urlaubsdias zu traktieren, schon bekannt ist. Ein problematischer Fall ist zweifellos ein Cousin väterlicherseits, der als Taxifahrer arbeitet. Er gewann auch schon einen Preis im Bowling. Columbo äußert gegenüber Prince, dieser Cousin habe ihm dabei geholfen, eine rätselhafte Abkürzung in Verity Chandlers Terminkalender zu entschlüsseln. Das kann so nicht stimmen, da der Zuschauer zuvor Zeuge wurde, wie Columbo durch einen ihm wildfremden Taxifahrer auf diese Spur gebracht wurde.

Nach Columbos Angaben war »Hund« eine Woche lang sehr lethargisch (nur eine Woche?). Der Inspektor erwog ernsthaft die Konsultation des Tierarztes. Doch der Basset ist wie verwandelt, seit er die junge Hundedame »Louella« traf. Diese Begegnung gibt Columbo Gelegenheit, sich zum Anwalt aller vernachlässigten Vierbeiner aufzuschwingen. Er gerät außer sich, als er den Welpen ohne Nahrung in einem Zimmer eingeschlossen findet: »Schweinerei! Nicht mal Wasser! Wo ist das Fressi für das Baby?«

F Mit seinem unmöglichen Fahrstil veranlasst Columbo ein Hupkonzert der nachfolgenden Wagen, als er im fließenden Verkehr unvermittelt auf die Bremse steigt.

G Die Zigarre sorgt wieder einmal für Missstimmung. In der Trauerhalle bemerkt Prince, wie aus einem geöffneten Sarg dicke Rauchschwaden hervortreten. Dabei handelt es sich nicht um den Geist eines Verblichenen. Auch der Taxifahrer Eddie Fenelle ist nicht beglückt darüber, mit welchem Gestank der Inspektor ihm seinen Wagen einnebelt.

H Bereits zu Beginn erscheint Columbo recht konfus. Den Sekretär Gambles nennt er »Gambler«. Er hat auch nicht die geringste Ahnung, von wem bei der vermissten Person die Rede ist. Stattdessen prahlt er vor Prince mit Sprachkenntnissen dürftigster Art: »Die creme de lá creme – das ist französisch!« Ebenso peinlich sind seine Kommentare gegenüber einem Mitarbeiter des Beerdigungsinstitutes, der ihn über die Möglichkeiten der eigenen Bestattung informiert. »Das ist unser Geschenkpaket«, wird dem Inspektor offeriert. »Es kostet 47.000 Dollar.« Von solchen Kosten will Columbo nichts wissen: »Da gerate ich lieber in Vergessenheit.« Für eine Feuerbestattung kann er sich nur schwer erwärmen: »Einäscherung wäre die beste Lösung. Keine Würmer. Aber es wird ein bisschen heiß, oder?«

H Der Mörder Prince hat gute Karten. Als Bestatter war es ihm möglich, die Leiche der toten Verity sofort im eigenen Krematorium zu entsorgen. Nur ein Häufchen Asche bleibt zurück. So kann er Columbo gegenüber auftrumpfen: »Keine Leichen, kein Fall!«

Doch Columbo, diesmal voller »brennender Fragen«, kann die dürftige Ausgangsposition nicht entmutigen. Im Rückblick auf jahrzehntelange Erfolge meint er: »Ich verliere ungern.« Also rückt er wie gewohnt mit kleinen Problemen heraus (»reine Routine, so könnte man es nennen«). Der kleine Hund der Ermordeten bekam sein »Abendfresschen« nicht, obwohl sich Verity Chandler angeblich noch zuhause aufhielt. Der Lippenstift, den sie tagsüber trug, ist ein anderer als der auf einem am Abend benutzten Glas. Columbo kommt dem Todesfall der Schauspielerin Dorothea Page auf die Spur, bei deren Überführung in das Bestattungsinstitut einst ein wertvolles Halsband abhanden kam. Doch Beweise gegen Prince gibt es nicht. Es bleibt Columbo nichts anderes übrig, als in der Asche fremder Leute herumzustochern. Er benutzt dazu eine Würfelzuckerzange, die ihm Prince schenkte. In einer Urne findet sich ein Schrapnellsplitter, der dort nicht hingehört. Nun ist klar, dass Prince Leichen austauschte bzw. eine zuviel in seinem Ofen hatte. Der überführte Täter überlegt zuletzt nur noch, ob er zusammen mit dem Inspektor zum Revier fahren soll oder nicht. Dieser stellt ihm die Entscheidung frei: »Ganz wie Sie wünschen, Sir. Es ist Ihre Beerdigung.«

★★ Gelungenes und Mangelhaftes hält sich hier die Waage. Wie immer stellt Patrick McGoohan einen Aktivposten dar. Die Zeiten sind auch für ihn rauer und gewalttätiger geworden. Vor Jahren hätte ein Schlag gegen sein Opfer völlig ausgereicht. Heute muss er noch einmal nachschlagen.

Das Bestattermilieu bietet gute Möglichkeiten für originelle Einlagen, so die Sangeshymnen auf Prince bei der Verleihung des Titels »Bestatter des Jahres«. Leider wurde die Gelegenheit versäumt, Columbo an einer Trauerfeier teilnehmen zu lassen, was bekanntlich immer für Zündstoff sorgt. Dafür gibt es köstliche Dialoge: »Mr. Prince stand mir in meiner Trauer bei«, gibt Liz Houston zu Protokoll, als es um das Alibi des Bestatters geht. Columbo daraufhin zu Prince: »Und Sie standen Mrs. Houston quasi durchgehend bis zum Morgen bei?« Originell ist auch die Aussage des Taxifahrers Eddie, der sich auf keinen Fall selbst belasten will und daher nur in Konjunktiven redet. Als Columbo in diesem

Gespräch den entscheidenden Punkt benennt, bestätigt Eddie: »Bingo! Das war kein offizielles Bingo, Sie verstehen schon.«

Edie McClurg gibt als resolute Mrs. Lerby eine erinnerungswürdige Nebenfigur ab: eine Witwe, die noch die letzten Überreste ihres ungeliebten Ehemannes möglichst rasch und billig loswerden will. Sie favorisiert daher die Variante »Pappsarg«.

Als eine Hommage an einen der ganz großen Autoren der Serie gestaltet sich Columbos Suche nach der Bedeutung des ominösen Kürzels »S. B.«. Er vermutet dahinter eine Person, und befragt Prince nach Gästen mit diesen Initialen, die an der Trauerfeier für den Hollywoodstar Chuck Houston teilnahmen. Prince bestätigt, dass solche Prominente anwesend waren: »Sonny Bono, Sandra Bullock, Steven Bochco.« Bochco (1943–2018), Schöpfer einer ganzen Reihe amerikanischer Erfolgsserien, sind so klassische Episoden wie »Tödliche Trennung«, »Etüde in Schwarz« u. a. m. zu verdanken.

Kritisch muss die zunehmende Tendenz vermerkt werden, immer häufiger in pure Albernheiten abzugleiten. Streckenweise wirkt der Inspektor nicht mehr skurril, sondern nur noch senil. Horst Sachtlebens Stimme, die sich ständig überschlägt, fördert in der deutschen Synchronisation diesen Eindruck noch. Manchmal wünscht man sich die nüchterne und zurückhaltende Art eines Klaus Schwarzkopf zurück. Albern wirkt auch der Abtransport des Inspektors durch zwei arabische Bodyguards. Ebenso gerät deren Chef, Scheich Yamiri, zu einer Karikatur, selbst wenn er schließlich noch einen der besten Gags dieser Episode beisteuert: Er verehrt Filmstars, sieht aber mit Verachtung auf das Fernsehen herab. »Das Fernsehen ist eine vom Teufel erfundene Strafe« meint er im Gespräch mit einer der größten Legenden amerikanischer TV-Geschichte.

68. MORD NACH TAKTEN (Murder With Too Many Notes)

Erstausstrahlung: 12.03.01 (USA), 01.06.04 (D)

Drehbuch: Jeffrey Cava, Patrick McGoohan (nach einer Erzählung von Jeffrey Cava), Regie: Patrick McGoohan, Produktion: Christopher N. Seiter, Executive producer: Peter Falk, Associate producer: Bruce E. Gorman, Koproduzent: Jack Horger, Co-executive producer: Patrick McGoohan, Kamera: Jiggs Garcia, Schnitt: Bill Parker, Musik: Dick De Benedictis, Art director: Mary Dodson, Set decorator: Don Remacle, Kostüme: Faye Sloan, Costume supervisor: Kathleen Brodbeck, Make-up: Kandace Westmore, Frisuren: Paula Griffin, Unit production manager: Christopher Seiter, Production designer: Hub Braden, 1. Regieassistent: Bruce A. Simon, 2. Regieassistent: Robert Papazian jr., Sound mixer: Thomas E. Allen sr., Supervising sound editor: Kevin Spears, Supervising music editor: Laurie Higgins Tobias, Casting: Ruben Cannon, Eddie Dunlop.

Darsteller: Billy Connolly (Findlay Crawford), Richard Riehle (Sgt. Degarmo), Charles Cioffi (Sidney Ritter, Regisseur), Hillary Danner (Rebecca), Chad Willett (Gabriel McEnery), Scott Atkinson (Tony, Zeuge), Obi Ndefo (Nathaniel Murphy, Tonmeister), Randy Oglesby (Joshua Vinten), Luis Avalos (Antonio, Mitarbeiter des Kostümverleihs)), Harry Danner (Fitch, Wächter), Anne McGoohan (Marcia, Zeugin), Herschel Sparber (Priestly), Steve O'Connor (Throve), Larry Gilman (Tomblin), Michael P. Byrne (Schwartz), Van Epperson (Fotograf), Joanne Lara (Angela), Rob Elk (Verfolger im Film), Susan Edwards (Weibliches Opfer im Film), Douglas Callan (Junger Schauspieler im Film), Jennifer Fabos (Junge Schauspielerin im Film), Miguel Pérez (Wachmann).

Der bekannte Filmkomponist Findlay Crawford wurde für seine letzte Arbeit mit dem Oscar geehrt. Das Problem ist, dass der erfolgreiche Score in Wirklichkeit aus der Feder des talentierten jungen Komponisten Gabriel McEnery stammt, der für den prominenten Kollegen als Ghostwriter arbeitet. Er möchte endlich aus dem Schatten seines Mentors treten und droht, die Wahrheit an die Öffentlichkeit zu bringen, falls sich

Crawford nicht mehr als bisher für ihn verwende. Das ist für Crawford Grund genug, den gefährlichen Konkurrenten für immer aus dem Weg zu räumen. McEnery hat die Angewohnheit, auf einem Dach des Filmstudios zu Musik aus einem Recorder zu dirigieren. Crawford reaktiviert einen alten Lastenaufzug, der auf dem Dach eine Klappe öffnet, auf der der zuvor betäubte Nachwuchskomponist liegt. McEnery stürzt in die Tiefe und stirbt.

B Crawford ist ein unsympathischer Kerl. Zwar singt er zusammen mit Columbo »My Darling Clementine« und gibt ihm einen Schnellkurs in Filmmusik (mit Beispielen von Bernard Herrmann und John Williams), aber er amüsiert sich auch über Columbos Musikgeschmack: »Mit etwas anspruchsvollerer Musik sind Sie ja nicht vertraut.« Ansonsten bleibt er farblos und erscheint nicht sonderlich clever. Eine leichte Beute für den Inspektor.

Die Meinung Crawfords über Columbos Musikkenntnisse wird offensichtlich auch von Mitgliedern seines Orchesters geteilt. »Es wäre seltsam, wenn Sie jemals von Tschaikowski gehört hätten«, meint einer der Musiker.

D Den Film »The Killer« des Regisseurs Sidney Ritter hat Mrs. Columbo bereits zweimal gesehen; erst allein, dann zusammen mit ihrem Mann. Hin und wieder besucht sie auch Museen. Beim Hausputz summt sie häufig ein kleines Lied. Gern würde sich Columbo deshalb einmal ein Keyboard leihen, um ihr einfache Melodien vorzuspielen.

Nach »Das Aschenpuzzle« ist wiederum Sgt. Degarmo mit von der Partie. Er sorgt sich, Columbo könne vom Dach fallen. Die Tricks seines Chefs durchschaut er kaum, aber er weiß, dass er sich auf ihn verlassen kann: »Es wäre nicht das erste Mal, dass Sie mich verblüffen.«

F Da Crawford angetrunken ist, aber nicht auf den eigenen Wagen verzichten will, schlägt Columbo vor, ihn nach Hause zu begleiten, indem er selbst voran fährt. Auf dieser nächtlichen Fahrt mit Hindernissen gibt der Peugeot die ihm eigenen, furchterregenden Motorgeräusche von sich.

H Diese Fahrt hat es in sich: Zwischendurch hält Columbo mehrfach an, läuft um den Wagen herum und strapaziert Crawfords Nerven. Er täuscht einen leeren Tank vor und fährt dann schließlich die Nobelkarosse des Komponisten.

Zwangsläufig muss er natürlich dort mit einer Papiertüte knistern, wo gerade Musikaufnahmen gemacht werden.

J »Ich liebe Indizien!«, schwärmt der Krimiregisseur Ritter. »Die liebe ich auch«, gibt Columbo zurück. In diesem Fall muss er eine ganze Reihe von Indizien sammeln, um dem Mörder auf die Spur zu kommen: Ein merkwürdiges Geräusch während einer Tonaufnahme, ein Taktstock, der in einen Schacht fällt, ein paar Turnschuhe, ein Champagnerglas sowie eine kleine Schnittwunde an der Hand des Toten – dies sind nur einige. Columbo fragt sich: Warum fiel McEnery ohne jeden Laut vom Dach? Warum hatte er den nahenden Aufzug nicht gehört? Warum trug der Ermordete Schuhe in einer falschen Größe? Nachdem deutlich wird, dass der seit Jahren stillgelegte Aufzug kürzlich benutzt wurde, wird dem Inspektor der Hergang der Tat klar. Der überraschte Mörder, der ohnehin mehrere Fehler beging, kann nicht länger leugnen. Sein Betreben ist es nun, eine Haftanstalt »mit ordentlichem Musikprogramm« zu finden.

★ Der schottische Schauspieler und Sänger Billy Connolly (2003 zum »Sir« erhoben) mag ein renommierter Komiker sein – das aber ist gerade sein Problem. Er schafft es hier nicht, eine ernsthafte Charakterrolle zu gestalten, sondern verliert sich in Albernheiten, bei denen er nur noch von Peter Falk übertroffen wird. Dieser führt Selbstgespräche, singt überdreht und wirkt streckenweise wiederum fast senil. Auch für Horst Sachtlebens Synchronisation gilt, was bereits zur vorhergehenden Episode gesagt wurde. Man wird wehmütig, wenn Rebecca, die Freundin des Ermordeten, zum Schluss die ersten Töne von »This old Man« auf einem Keyboard anschlägt und damit an bessere Zeiten erinnert.

Noch einmal führte Patrick McGoohan Regie und schrieb am Drehbuch mit. Genutzt hat es nichts. Mit Anne McGoohan wirkt nach Catherine (in »Das Aschenpuzzle«) die zweite seiner Töchter in einer Columbo-Episode mit.

69. DIE LETZTE PARTY (Columbo Likes The Nightlife)

Erstausstrahlung: 30.01.03 (USA), 14.09.04 (D)

Drehbuch: Michael Alaimo, Regie: Jeffrey Reiner, Produktion: John Whitman, Executive producer: Peter Falk, Koproduzent: Jack Horger, Kamera: Feliks Parnell, Schnitt: Carter De Haven IV., Musik: Ken Jordan, Jim Latham, Art director: Michael Clauson, Set decorator: Donald Elmblad, Kostüme: Kristen Anacker, Costume supervisor: George W. Ward, Make-up: Kandace Westmore, Frisuren: Joy Zapata, Unit production manager: John Whitman, Post-procuction supervisor: Lisa Tygett, Production designer: Pam Warner, 1. Regieassistent: Liz Ryan, 2. Regieassistent: Rick Clark, Sound mixer: Ray Cymoszinski, Supervising sound editor: Jason George, Supervising music editor: Adam Kay, Location manager: Lisa Blok-Linson,Casting: Meg Liberman, Camille H. Patton.

Darsteller: Matthew Rhys (Justin Price), Jennifer Sky (Vanessa Farrow), Douglas Roberts (Linwood Coben), Carmine Giovinazzo (Tony Galper alias Giannelli), Julius Carry (Officer Hawkins), Steven R. Schirripa (Freddie, Mafioso), John Finnegan (Sean Jarvis), Valerie Landsburg (Anwältin), Jorge Garcia (Julius, Türsteher), Patrick Cupo (Officer Rogers), Eve Kagan (Mädchen mit Feder-Boa), Jamison Yang (Mann von der Spurensicherung), Karen Maruyama (Miki, Zimmermädchen), Ariel Llinas (Sanitäter), Iris Bahr (Polizistin in Cobens Wohnung), Audrey Wasilewski (Angestellte der Mietwagenfirma), Katie O'Rourke (Hotelangestellte), Brian Patrick Farrell (Paketbote).

Der Geschäftsmann Justin Price steht kurz davor, eine exklusive Diskothek zu eröffnen. Sein Geschäftsfreund Tony Galper hat ihm beträchtliche Hilfe bei der Finanzierung zugesichert. Bei einem Streit mit seiner geschiedenen Frau Vanessa stürzt Galper jedoch unglücklich und stirbt. Price, der Liebhaber Vanessas, entwickelt einen Plan, den Tod seines Partners 36 Stunden lang geheim zu halten. Zu diesem Zeitpunkt werde Galpers Anteil an ihrem Geschäftsunternehmen überwiesen. Allerdings bahnt sich ein weiteres Problem an: Der Unglücksfall wurde von dem

Skandalreporter Linwood Coben beobachtet, der das Paar nun erpresst. Price sucht Coben in dessen Wohnung auf, wo er ihn aus dem Fenster stürzt.

B) Price ist der Typ »dynamischer Jungunternehmer« und will sich auf seinem Weg nach oben nicht aufhalten lassen. Allerdings hat er keinen Mord geplant, handelt daher auch nicht überlegt, sondern reagiert stets nur: *Nach* dem Unfall lässt er Galpers Leiche verschwinden, *nach* dem Erpressungsversuch sieht er sich gezwungen, Coben zu beseitigen. Dementsprechend wenig Souveränität strahlt er aus, da ihm die Umstände sein Handeln diktieren. Obwohl er sich grundsätzlich in Sicherheit wiegt, lässt er sich trotzdem bald von Columbo aus der Fassung bringen.

Noch verängstigter ist seine Freundin Vanessa Farrow. Die Klischee-Blondine würde am liebsten sofort gestehen, wenn Columbo auch nur vor der Tür steht.

D Der Inspektor bewundert seine Frau: »Mrs. Columbo weiß, wer wer ist und wer mit wem.« Sie kennt sich in den einschlägigen Postillen der »Yellow Press« bestens aus.

Ein Neffe ist in San Diego im Zoo beschäftigt; dort »wo man die großen Wale sehen kann«. Durch ihn erfährt Columbo, dass es Normen für die Größe von Fischbecken gibt – was ihn der Lösung des Falles näher bringt.

E »Ich bin nicht gerade das, was man heute ›modisch up to date‹ nennt«, räumt Columbo in einem Modegeschäft selbstkritisch ein. »Meine Frau sagt, ich sollte mal was Fröhlicheres tragen.«

G »Ist von Ihrem Kaffee noch was da?« So lautet die erste Frage an die Polizisten, als Columbo am Tatort eintrifft. Er nimmt dazu zwei Stücke Zucker.

Ein bekanntes Problem kommt erneut zur Sprache: »Ich war noch nie ein Freund großer Höhen«, bekennt der Inspektor, als er auf einen Baum klettern muss.

H Unangenehm fallen die Untersuchungen an Cobens Leiche auf. Columbo kniet sich nieder, um den Atem des Toten zu riechen und seine Zehen zu inspizieren. In Cobens Wohnung greift er ins Toilettenbecken, um Zehennägel zutage zu fördern. Triumphierend ruft er aus: »Sehen Sie das? Ein Zehennagel! Hier sind noch neun andere!«

Bei einer späteren Gelegenheit nimmt Columbo dort ein Bild von der Wand, hat aber große Mühe, es wieder aufzuhängen. Außerdem wird nach längerer Pause wieder einmal die Suche nach einem Notizblock aufgenommen.

J Einmal mehr geht es dem Inspektor um die kleinen Dinge: »Die kleinste Kleinigkeit reicht, und ich kann nicht schlafen.« Ein verschwundenes Kalenderblatt führt ihn von dem Ermordeten Coben zu Justin Price. Ein Termineintrag hatte auf dem nachfolgenden Blatt einen Eindruck hinterlassen. Dem Diskothekenbesitzer eröffnet Columbo, dass Cobens Tod kein Unfall war. Danach macht er eine seiner bekannten Kunstpausen. »Sie meinen, dass ich jetzt verdächtig wäre?«, platzt Price nun selbst heraus. Columbo wiegelt ab. Er komme nur, um seinen Chef zufriedenzustellen.

Über eine Nachricht auf Cobens Anrufbeantworter lernt der Inspektor den alten Sean Jarvis kennen, von dessen Grundstück aus der Reporter Fotos von Vanessa Farrow machte, die gegenüber wohnt. Dazu erfährt er, dass der Ex-Mann der Schauspielerin vermisst wird. Da Galper den Nachtclub von Price mitfinanzierte, treten plötzlich die Verbindungen zwischen Vanessa, Tony und Justin offen zutage. Selbst die Mafia interessiert sich nun dafür, da Tony Galper der Sohn eines Paten war. Bald hat Columbo auch herausgefunden, dass eines der im neuen Rave-Club in den Boden eingelassenen Aquarien kleiner ist als die anderen. Hier liegt mit der Leiche des Verschwundenen auch des Rätsels Lösung begraben.

★ »Schön dichtmachen, da kommen Fische rein!«, ruft Tony Galper in der Anfangsszene und deutet auf jenes Aquarium; nicht ahnend, dass er selbst es sein wird, der hier bald – stumm wie ein Fisch – zur Ruhe gebettet wird. Dem Zuschauer erschließt sich dieser Umstand allerdings erst zum Schluss, was für einen »Columbo« untypisch und stets auch schädlich ist. Niemand weiß zunächst, was aus der ersten Leiche wurde.

Das ist nicht der einzige Minuspunkt. Einmal mehr wirken die jungen Hauptdarsteller farblos und zeichnen sich durch Inkompetenz und Planlosigkeit[97] aus. Von der Ideenarmut des Drehbuchs zeugt die Szene, in der Columbo erstmals auf den Mörder trifft. Dieser sieht den Ankömmling in seinem Club durch einen Spiegel. Erhielt Columbo an dieser Stelle früher einen herrlich unfreundlichen Empfang mit einer Bemerkung wie »Wir kaufen nichts« o. ä., so wird er nun von Price herzlich empfangen, da er sich zuvor telefonisch angemeldet hat. Wie langweilig!

»Alles Gute, Inspektor!« So wird Columbo in der letzten Einstellung verabschiedet (→ Abb. 20). Es sollte auch für den Inspektor die »letzte Party« werden.

X. JUST ONE MORE THING – EIN SCHLUSSWORT WIDER DIE ENTMYTHOLOGISIERUNG

> *»Es gibt Dinge und Begebenheiten,*
> *Personen und Ereignisse, die um so*
> *geheimnisvoller werden, je besser*
> *man sie versteht. Rätsel kann man lösen.*
> *Geheimnisse bleiben auch dann,*
> *wenn man sie kennt, geheimnisvoll.«*
>
> EBERHARD JÜNGEL

Die vorliegende Untersuchung ging von der These aus, das Geheimnis des Erfolges von »Columbo« liege primär im Geheimnis um die Person des Inspektors begründet. Dieser merkwürdige Mensch gibt Rätsel auf, die weitaus interessanter erscheinen als die bloße Frage nach irgendwelchen Tatverdächtigen.

Es wurde daher in der Darstellung der Versuch unternommen, etwas Licht in die Mysterien zu bringen, mit denen sich Columbo selbst umgibt. Wesentliche Anhaltspunkte boten dabei seine zahlreichen Selbstaussagen, die es zu sichten, zu vergleichen und zu bewerten galt. Ist aber damit alles geklärt? Ist Columbo der Nimbus des geheimnisvollen Unbekannten genommen? Haben wir ihn nun im Griff?

Das ist mitnichten so. Wer sich intensiver mit dem Inspektor beschäftigt, dem wird bewusst, dass alles Wissen um ihn Stückwerk bleibt. Verschiedene Fragestellungen bleiben trotz intensiver – und von manchen Experten krampfhafter – Suche nach Antworten weiterhin offen. Das ist gut so. Was hilft es, mittels noch so scharfer Vergrößerungen von Filmmaterial irgendeinen Vornamen auf Columbos Dienstmarke erkennen zu wollen? War nicht auch die fleischgewordene Mrs. Columbo in der Ablegerserie von 1979 ein barbarischer Akt einer Entmythologisierung, gegen den sich das Publikum mit Recht vehement wehrte? Kann ein auf dem Bildschirm leibhaftig präsentiertes Wesen jemals das verkörpern, was diese Frau in den Erzählungen ihres Mannes und in der durch sie angeregten Phantasie des Zuschauers darstellt? Letztlich ohne abschließendes Urteil muss auch die Frage bleiben, welche der von Columbo zur Schau getragenen Wesensarten ihm nun tatsächlich eigen sind, und welche er nur aus Kalkül benutzt, um seine Gegner zu verwirren und zu schwächen. Würden wir hier eindeutig entscheiden wollen, ginge wiederum ein erhebliches Stück der Faszination, die die Serie und ihren Protagonisten ausmacht, verloren. Der Autor hält es hier mit dem bekannten Wort des Antoine dé Saint-Exupery: »Man sieht nur mit dem Herzen gut. Das Wesentliche ist für die Augen unsichtbar.«

Columbo widersetzt sich den gewünschten Festlegungen. Er ist ein Relikt einer vergangenen Zeit der Freiheit, in der man weder Überwachungskameras oder Strichcodes noch den durch Digitalisierung gläsern gewordenen Menschen kannte. Er verweigert sich dem Bestreben, ihn unter dem Mikroskop sezieren zu wollen, um seine Seele zu extrahieren. Stattdessen strahlt er auf unbekümmert-naive Art eine Individualität und Originalität aus, die sich weder verrechnen noch katalogisieren lässt.

Dem modernen Menschen geht eine derartige Lebensweise gegen den Strich. Ihm ist der Drang eigen, alles wissen und ergründen zu wollen. Es ist – im positiven Sinne – jenes Streben nach Erkenntnis des Unbekannten, das einst Seefahrer auf der Suche nach fremden Kontinenten hinaus auf das unsichere Meer trieb. Ihm verdanken wir all jene Entdeckungen und Erfindungen, die den technischen Fortschritt ausmachen, von dem wir heute leben.

Doch der Mensch der Postmoderne ist längst an die Grenzen des Machbaren gestoßen. In einem entmythologisierten Zeitalter hat er alle seinen Selbstverwirklichungsdrang störenden Kategorien wie Gott, den Schöpfer, die Mystik oder Wunder abgeschafft oder hat sich selbst an die Stelle Gottes gesetzt. Der Mensch versucht so der letzten Geheimnisse der Welt Herr zu werden, doch machen ihn die Antworten nicht zwangsläufig reicher und glücklicher. Sie führen vielmehr zunehmend zu einer geistigen Armut, in der eine virtuell geprägte Generation jeglichen Sinn für Phantasie zu verlieren droht und nur noch für wahr hält, was ihr optisch aufbereitet per Smartphone präsentiert wird.

Aber schon ist eine Gegenbewegung in Sicht. Je weiter ein purer Rationalismus voranschreitet, umso mehr Menschen wenden sich frustriert von ihm ab und übersinnlichen, esoterischen oder okkulten Phänomenen zu. Diese versprechen ihnen größere Erfüllung als das alleinige Vertrauen auf das menschlich Machbare. Schon seit längerem existiert ein breiter Markt, der auf die Sehnsüchte nach spiritueller oder übersinnlicher Erfahrung reagiert und sie zu befriedigen sucht.

Selbst im Bereich der Produktion von Fernsehserien ist dieser Trend nicht unbemerkt geblieben. Mit purem Realismus lässt sich heute kein Geld mehr verdienen. Der Erfolg einer ganzen Flut von »Mystery«-Serien ab den 90er Jahren, die sich in einer bisher ungekannten inhaltlichen Bandbreite sämtlicher übersinnlicher Phänomene und geheimnisvoller Verschwörungstheorien annimmt, liegt deutlich in dieser gesellschaftlichen Entwicklung begründet. Der bedeutendste Vertreter dieser Gattung, »The X-Files« (Akte X), lebt geradezu davon, dass hier Rätsel immer wieder aufgegriffen, bearbeitet, aber letztlich vielfach ungelöst bleiben. Die »X-Akten« sind somit von einer Dramaturgie gekennzeichnet, wie sie in den früheren Jahrzehnten des Fortschrittsoptimismus mit aller Wahrscheinlichkeit vom breiten Publikum nie akzeptiert worden wäre. Es sind heute nicht mehr die glatten, aufgehenden Lösungen, die in den Bann schlagen, sondern vielmehr das Interesse an den offenen Fragen, die wieder Platz lassen für die lange Zeit unterentwickelte Phantasie der Menschen.

In diesem Sinne erweist sich Inspektor Columbo als ein Vorläufer einer solchen Entwicklung. Er umgab sich mit Geheimnissen bereits zu einer Zeit, in der alle offenen Fragen mit der letzten Einstellung jeder Folge einer TV-Standardserie noch eindeutig geklärt wurden. Dem Inspektor, obwohl selbst ein Suchender, wohnt ein solcher aufklärerischer Geist nicht inne. Eine Welt, in der alle Rätsel gelöst sind, muss ihm als sein größter Alptraum erscheinen. Der Sinn seines Lebens wäre ihm damit genommen.

Es bleibt daher nur zu wünschen, dass Columbo sein Publikum auch in nachfolgenden Generationen noch findet, wie ihn die Väter und Mütter millionenfach kennen und lieben: ein Individuum mitsamt seinen schwer zu durchschauenden Marotten, den vagen Selbstäußerungen sowie seiner herrlichen Unvollkommenheit. Columbo weist uns darauf hin, dass jeder Mensch ein Geheimnis in sich birgt, das es zu wahren gilt.

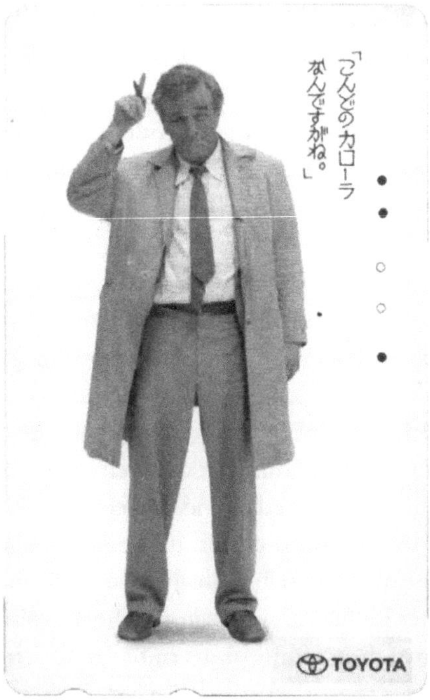

Abbildung 21: Peter Falk in seiner Rolle als »Columbo« auf einer japanischen Telefonkarte

ANMERKUNGEN

1 M. Compart, Von Alf bis U. N. C. L. E., S.9.

2 Echter Kult entsteht aus Versehen. In: Rheinische Post v. 11.9.1998, S.6.

3 Z. B.: J. Javna, Cult TV (1985); J. E. Lewis / P. Stempel, Cult TV (1993). In Deutschland: Ch. Haderer / W. Bachschwöll, Kultserien im Fernsehen (1996); H. Keller, Kultserien und ihre Stars (3 Bd., 1996–98); M. Compart, Von Alf bis U. N. C. L. E. (1997).

4 Vgl.: The Columbo Phile, S.309f.

5 Vgl.: Film verstehen, S.277.

6 J. Skambraks: Die Columbo-Strategie. Was Verkäufer erfolgreich macht (2001).

7 R. Zerhusen, Detective Columbo As Theologian.

8 H. Keller, Kultserien und ihre Stars 2, S.80.

9 Von Alf bis U. N. C. L. E., S.16.

10 The Columbo Phile, S.28.

11 Raskolnikow, S.128.

12 »Honeymoon With A Stranger« (1969) von John Peyser (mit Rossano Brazzi und Janet Leigh), sowie »One Of Our Wives Is Missing« (1976) von Glenn Jordan (mit Jack Klugman und Elizabeth Ashley).

13 M. Dawidziak, The Columbo Phile, S.20.

14 In seiner Autobiographie »The Name Above The Title« findet Capra viel Lob für Mitchell. Im Abschnitt über seinen letzten Film »A Pocketful Of Miracles« (Die unteren Zehntausend, 1961) stellt er zudem die Leistung eines hoffnungsvollen Nachwuchsschauspielers heraus, der an Mitchells Seite agierte und prompt für den Nebenrollen-Oscar nominiert wurde. Sein Name: Peter Falk. Bereits ein Jahr zuvor waren beide Darsteller gemeinsam in der Episode »The Underworld Bank« der Serie »Chicago 1930 – Die Unbestechlichen« aufgetreten.

15 Irving hat später noch einen weiteren Pilotfilm einer anschließenden Erfolgsserie gedreht: 1973 verhalf er mit »Cyborg« Lee Majors zu einem Dauerengagement als »The Six Million Dollar Man« (Der Sechs-Millionen-Dollar-Mann).

16 Bixbee über sich selbst: »Ich bin ein komischer Kauz, aber ich liebe meinen Beruf.« Auch seine Einstellung zu Kriminellen ist dem späteren Inspektor schon sehr verwandt: »Es ist eine komische Sache mit Verbrechern. Es ist oft der Unschuldige, der am Anfang den größten Verdacht erweckt. Weil er nichts zu befürchten hat, braucht er auch vor uns nichts geheim zu halten. Aber die Schuldigen sind wachsam, auf

der Hut. Sie grübeln und beobachten sich immerzu. Und fragen sich: Wie wirkt das, wie klingt das? Und sind so gerissen, dass sie am Ende über eine Dummheit stolpern.«

17 In der Verfilmung des Stoffes 1975 (»Das Nervenbündel«) durch Melvin Frank spielte Jack Lemmon erfolgreich die Hauptrolle.

18 Einen Engel spielte Falk nochmals 2003 in der TV-Produktion »Finding John Christmas« (Wer ist John Christmas?).

19 »The Sunshine Boys« (Die Sunny-Boys) von Herbert Ross. Die Hauptrollen spielten damals Walter Matthau und George Burns.

20 Auch in »Der Himmel über Berlin« kann man ihn dabei bewundern. In »In weiter Ferne, so nah« werden seine Werke sogar in einer Ausstellung präsentiert. Ein Besucher fragt: »Wo sind die Farben?« Peter Falk antwortet: »Wissen Sie, was Michelangelo zum Papst sagte, als dieser ihn für die Sixtinische Kapelle lobte? ›Das Wichtigste sind die Zeichnungen. Die Farben sind nur draufgepisst.‹«

21 M. Dawidziak meint, die siebte Episode sei von NBC angefordert worden (The Columbo Phile, S.46). Richtig ist wohl eher o. g. Version, die auch A. Block/S. Fuchs vertreten (Columbo, S.52).

22 Die Angaben beziehen sich auf die Gesamtdauer inklusive der Werbeblöcke. Die Netto-Dauer bei »90 Minuten« beträgt etwa 70 – 72 min, bei »120 Minuten« zwischen 88 und 92 min.

23 Mittlerweile existieren solche Parodien auch über Columbos Zusammentreffen mit Bill Clinton. Daran erkennt man, wie die Zeit vergeht: Präsidenten kamen und gingen – der Inspektor blieb.

24 The Columbo Phile, S.193.

25 Ebd.

26 D. Prokop, Medien-Macht und Massen-Wirkung, S.290.

27 The Columbo Phile, S.314.

28 Vergleichbar wohl nur noch mit der unsäglichen Demontage von Jim Phelps in »Mission Impossible« (1996) durch Brian De Palma.

29 The Columbo Phile, S.316.

30 Kultserien im Fernsehen, S.96f.

31 M. Durzak, Kojak, Columbo und deutsche Kollegen, S.81.

32 Auch der Ursprung des Nachnamens bleibt dunkel. Levinson und Link konnten sich selbst nicht mehr darauf besinnen und gaben im Laufe der Jahre immer wieder neue Erklärungen: 1. Der Name sei ihnen einfach so eingefallen. 2. Er solle an Columbus und dessen Entdeckerfreude erinnern. 3. Er sei von dem Nobelrestaurant »Palumbo's« in Philadelphia abgeleitet. 4. Namensgeber sei Allie Colombo, Trainer des Boxers Rocky Marciano in den 40er Jahren.

33 H. Keller, Kultserien und ihre Stars 1, S.40. Diese Auffassung geht evt. auf eine Angabe von J. D. Bounds zurück (Done To Death, S.126).

34 The Columbo Phile, S.324f.

35 F. M. Dostojewskij, Raskolnikow, S.145.

36 Diese unangenehme Wesensart hatte in Peter Falks Leben eine Parallele. Nach eigenen Angaben verlegte er ständig seine Autoschlüssel. Mrs. Falk-Danese musste ihm immer suchen helfen.

37 Ch. Haderer/W. Bachschwöll, Kultserien im Fernsehen, S.94.

38 F. M. Dostojewskij, Raskolnikow, S.206.

39 Ebd., S.138.

40 Ausnahmen bestätigen auch diese Regel: »Wein ist dicker als Blut«; »Traumschiff des Todes«; »Mord in der Botschaft«; »Selbstbildnis eines Mörders«; »Bluthochzeit«; »Luzifers Schüler« – im letzten Fall geschieht der Mord sogar regelrecht unter den Augen des Inspektors. Einen Sonderfall stellt »Ruhe sanft, Mrs. Columbo!« dar: Hier ist Columbo schon zu Beginn zu sehen, weil die Handlung in Rückblenden erzählt wird.

41 Auch hier findet sich eine auffällige Ähnlichkeit in den bereits erwähnten Streifen »Penelope«: Lt. Bixbee tritt erstmals auf und sagt etwas Unschönes zu dem überfallenen Bankdirektor (Ian Bannen). Dieser darauf: »Schmeißen Sie diesen Idioten raus!« Die Antwort eines Polizisten: »Das ist kein Idiot, das ist ein Polizeileutnant.« Der Direktor gibt zurück: »Er sieht nicht nach einem *klugen* Polizeileutnant aus.«

42 M. Dawidziak, The Columbo Phile, S.156.

43 Ebd., S.67.

44 So kommen z. B. im bevölkerungsreichsten Bundesland Nordrhein-Westfalen auf eine wegen krimineller Delikte verurteilte Frau etwa fünf Männer (vgl.: Straße: Tatort Nummer 1. In: Westdeutsche Zeitung v. 23.8.1997).

45 Es fällt auf, dass gerade diese zwei Episoden die einzigen sind, die unter der Regie von Ted Post entstanden.

46 Auch A. Block/S. Fuchs schließen sich unkritisch diesem Urteil an und unterstellen den Schöpfern eine bewusste politische Schwarz-Weiß-Malerei (Columbo, S.133).

47 M. Dawidziak, The Columbo Phile, S.138.

48 So äußerte sich neben den im folgenden Genannten aus den 70er Jahren später auch der in Frankreich lebende spanische Medienwissenschaftler I. Ramonet.

49 A. a. O., S.140.

50 Ebd.

51 Ebd., S.141.

52 Ebd., S.143.

53 Ebd., S.142.

54 Ebd., S.145.

55 D. Prokop, Faszination und Langeweile, S.154.

56 G. Seeßlen, Derrick und die Dorfmusikanten, S.151.

57 Ebd.

58 So die Argumentation von T. Mavridis, CFC-Magazin Nr.3, S.18.

59 Dishy trat sogar einmal in der Serie »Mrs. Columbo« als »Sgt. Norris« auf.

60 Zum Vergleich: Von der 403er Serie wurden insgesamt 1.214.130 Stück produziert.

61 »Hoplophobie« wird die pathologische Angst vor Schusswaffen genannt. Allerdings ist fraglich, ob es sich dabei wirklich um einen medizinischen Fachbegriff handelt oder um Satire.

62 F. M. Dostojewskij, Raskolnikow, S.207–209.

63 Ebd., S.206.

64 Vgl.: F. Schulz von Thun, Miteinander reden.

65 F. M. Dostojewskij, Raskolnikow, S.142f.

66 M. Dawidziak, The Columbo Phile, S.323.

67 Wem daran gelegen ist, der sei auf das Buch von A. Block / S. Fuchs verwiesen.

68 Kultserien und ihre Stars 1, S.40.

69 Tatsächlich verliert Mrs. Columbo in »Keine Spur ist sicher« einen Ohrring in den unergründlichen Tiefen ihres Teppichs.

70 Diese Idee wurde erst 1992 wieder aufgegriffen: in »Beethoven« (Ein Hund namens Beethoven) von Brian Levant.

71 Einen ersten Cameo-Auftritt als »herself« hatte Edith Head bereits 1955 in »Lucy Gallant« (Ich will, daß du mich liebst) von Robert Parrish.

72 Diese Episode erinnert an eine andere TV-Arbeit Harveys: In »Arthur« (Ein Fressen für die Hühner), einer Folge von »Alfred Hitchcock Presents« spielt er einen Mörder, der sein Opfer ebenfalls durch einen Zerkleinerer jagt und zu Hühnerfutter verarbeitet.

73 Dasselbe gilt in jenen Fällen, in denen bekannte Anwälte Columbos Kontrahenten sind (»Lösegeld für einen Toten«, »Mord nach Termin«, »Tödliche Liebe«). Sie müssen doch in ihrem Berufsleben schon einmal auf ihn gestoßen sein. In »Keine Spur ist sicher«, wo ebenfalls ein Mitarbeiter Columbos der Täter ist, wird diese Unkenntnis insofern plausibel gemacht, als daß der Betreffende erst kürzlich aus einer anderen Stadt nach Los Angeles versetzt wurde.

74 Vgl.: M. Dawidziak, The Columbo Phile, S.200; A. Block / S. Fuchs, Columbo, S.111.

75 In »Schreib oder stirb« war es ein Cousin von Mrs. Columbo.

76 Offensichtlich verwechselt die deutsche Synchronisation Kapitän und Zahlmeister.

77 Bei dem gezeigten Film handelt es sich natürlich um einen Streifen mit Janet Leigh: »Walking My Baby Back Home« von Lloyd Bacon von 1953. Die Originallänge dieses Films beträgt allerdings nur 95 Minuten.

78 Vgl.: M. Dawidziak, The Columbo Phile, S.236; A. Block / S. Fuchs, Columbo, S.130f.

79 »Rosy« hieß Janet Leigh noch in weiteren Filmen: in ihrem Debüt »The Romance Of Rosy Ridge« (1947, mit Thomas Mitchell) von Roy Rowland, und in »Bye, bye Birdie« (1963, mit Dick Van Dyke) von George Sidney.

80 1948 von William A. Seiter mit Ava Gardner verfilmt (dt. Titel: »Venus macht Seitensprünge«).

81 Im amerikanischen Original: »Suria«.

82 Dass diese Folge damals von pro-arabischen Organisationen heftig angegriffen wurde, zeugt nicht nur von Humorlosigkeit, sondern basiert vor allem auf einem

antidemokratischen Verständnis von Meinungs- und künstlerischer Freiheit. Der Streit darum hat inzwischen an Schärfe um ein vielfaches zugenommen (man denke nur an die Reaktionen auf die dänischen Mohammed-Karikaturen). Kritiker, die noch vor Jahren bemängelten, dass in dieser Episode der islamistische Fundamentalist einseitig als der Böse, der aufgeklärte und demokratischen Ideen aufgeschlossene Monarch dagegen als der Gute erscheinen (vgl.: M. Dawidziak, The Columbo Phile, S.240; A. Block/S. Fuchs, Columbo, S.133), sollten inzwischen eigentlich eines Besseren belehrt worden sein. Im übrigen hat sich niemand je beschwert, dass in anderen Folgen pausenlos gutbürgerliche weiße Amerikaner zum Sündenbock gemacht würden (wie z. B. der patriotischen Werten verpflichtete Col. Rumford in »Des Teufels Korporal«). Ebensowenig hat man je von Protesten der mexikanischen Regierung gehört, durch die Darstellung des Luis Montoya in »Blutroter Staub« würde das Volk dieses Landes verunglimpft.

83 In der ersten deutschen Synchronfassung der ARD wurde aus dem SS-Mann Müller ein in England gesuchter Bankräuber und Polizistenmörder namens »Stanley Matthews« gemacht. Erst die RTL-Fassung 1992 machte diese inhaltliche Verfälschung rückgängig.

84 Den Autoren sind ihre Figuren anscheinend selbst nicht immer vertraut. Hieß Wilson in »Blumen des Bösen« noch »Frederic«, so nun ausdrücklich »John J.«.

85 So A. Block/S. Fuchs, Columbo, S.148. Wer beispielsweise bei jeder kuriosen Begebenheit um den Inspektor nach einem »dramaturgischen Sinn« sucht, muss sich fragen lassen, ob er das Grundkonzept dieser Serie wirklich verstanden hat.

86 Seine Entwicklung einer Apparatur, mit der sich der Tonarm eines Plattenspielers per Knopfdruck an einer bestimmten Stelle absenkt, wirkt heute nur noch amüsant.

87 Vergleichbar dem jungen Steve in »Teuflische Intelligenz«, einer Episode mit ähnlichem Hintergrund, aber gelungenerer Umsetzung.

88 Im Original: »The Night I Was Murdered«, davon »The Night« ausgestrichen.

89 Mit dieser Meinung steht sie nicht allein – ist doch dieser Streifen von der internationalen Filmkritik immer wieder zum »besten Film aller Zeiten« gewählt worden (so z. B. unter der Schirmherrschaft von »Sight and Sound« in den Jahren 1962 und 1972). Francois Truffaut sagte einmal, er halte »Citizen Kane« für den Film, der wahrscheinlich die meisten Regisseure zu ihrem Beruf inspiriert habe.

90 Der Zuschauer, der alles ganz genau nimmt, wird sich mit Recht fragen, wie Mason die Hunde mit dem Kommando auf einen anderen hetzen will, da doch bisher immer die Person angefallen wurde, die es selbst aussprach.

91 Kim Catrall, die als Joanne in Erscheinung tritt, spielte eine ihrer ersten Rollen in dem Otto-Preminger-Film »Rosebud« (Unternehmen Rosebud), in dem eine Luxusyacht den bedeutungsschweren Namen trägt.

92 Warum eine dieser traurigen Gestalten, Dr. Walter Neff, ausgerechnet den Namen einer der berühmtesten Gestalten der »schwarzen Serie« trägt – des Versicherungsvertreters in Billy Wilders »Double Indemnity« (Frau ohne Gewissen, 1944), verkörpert von Fred MacMurray – das bleibt wohl ewiges Autorengeheimnis.

93 Diesen Hinweis verdankt der Autor einem anderen Columbo-Liebhaber, Prof. Dr. Tonio Klein aus Hannover.

94 Hitchcocks Film blieb nicht die einzige Beschäftigung mit diesem Thema. 1959 drehte Richard Fleischer den nicht minder erfolgreichen Streifen »Compulsion« (Der Zwang zum Bösen) nach einem Roman von Meyer Levin. Bei Fleischer wird die Überheblichkeit der beiden Täter besonders deutlich, die auch Redman und Rowe eigen ist. 1992 griff Tom Kalin mit »Swoon« noch einmal den Fall auf, wobei hier auch das homosexuelle Verhältnis der Täter thematisiert wird.

95 Aus der Tatsache, daß »Hund« zur Kosmetik geht, ziehen A. Block/S. Fuchs fälschlicherweise den Schluss, es handle sich bei ihm um eine Hündin (Columbo, S. 206). Vielleicht resultiert das Missverständnis auch daher, daß im Film eine Hündin vorkommt. »Hund« bleibt selbstverständlich ein Hund. So meint Columbo nach dem Besuch beim Hundefrisör: »Es gibt wohl keine Hündin, die an dir vorbei kann.« Einen ersten Hinweis gab es bereits in »Momentaufnahme für die Ewigkeit«: Dort verliebte sich der Basset in eine Cockerspanieldame.

96 So auch: A. Block/S. Fuchs, Columbo, S.211. Torn selbst geriet viele Jahre später selbst in kriminelles Fahrwasser: 2010 wurde er im Alter von 78 Jahren bei dem Versuch eines Banküberfalls verhaftet.

97 Deutlich wird dies z. B. in der Szene der Ermordung Cobens, der einfach nicht totzukriegen ist. Dass es in der Tat sehr langwierig sein kann, einen Menschen ganz ohne Waffen zu töten, hat Alfred Hitchcock 1966 in der berühmten Szene in »Torn Curtain« (Der zerrissene Vorhang) eindrucksvoll verdeutlicht, in der Wolfgang Kieling mittels Gasherd sterben musste.

LITERATURVERZEICHNIS

Altendorf, Jörg /**Manthey**, Dirk (Hrg.): Die besten TV-Serien, Hamburg 1992.

Asmus, Hans-Werner: Das große cinema-Starlexikon. 1000 Stars von A-Z, Hamburg 1990.

Block, Armin /**Fuchs**, Stefan: Columbo. Das große Buch für Fans, Berlin 1998.

Block, Armin /**Fuchs**, Stefan: Columbo: »Oh, Moment, da ist noch eine Kleinigkeit ...«, Berlin 2011.

Bock, Hans-Michael (Hrg.): Lexikon Filmschauspieler International, Berlin 1995.

Bounds, J. Dennis: Done To Death? Formula And Variation In Perry Mason. In: Jerome H. Deiameter/Ruth Prigozy (Hrg.): The Detective In American Fiction, Film And Television, Hofstra 1998, S.123–129.

Brandt, Ulrich: Der Freitagabendkrimi der ARD. In: Christian W. Thomsen/Werner Faulstich (Hrg.): Seller, Stars und Serien. Medien im Produktverbund, Heidelberg 1989, S.116–130.

Brooks, Tim /**Marsh**, Earle: The Complete Directory To Prime Time Network TV Shows 1946 – Present, New York 1992[5].

Compart, Martin: Von Alf bis U. N. C. L. E. Anglo-amerikanisches Kult-TV, Essen 1997.

Dawidziak, Mark: The Columbo Phile: A Casebook, New York /London /Tokio 1988.

Dostojewski, Fjodor M.: Raskolnikow (Schuld und Sühne), Berlin 1938.

Durzak, Manfred: Kojak, Columbo und deutsche Kollegen. Überlegungen zum Fernseh-Serial. In: Helmut Kreuzer/Karl Prümm (Hrg.): Fernsehsendungen und ihre Formen. Typologie, Geschichte und Kritik des Programms in der Bundesrepublik Deutschland, Stuttgart 1979, S.71–93.

Falk, Peter: Just One More Thing. Stories From My Life, New York 2006.

Haderer, Christian /**Bachschwöll**, Wolfgang: Kultserien im Fernsehen (= Heyne Filmbibliothek 233), München 1996[2].

Häusermann, Jürg: Die Serienwerkstatt. Woraus ein Serienfilm besteht. In: Und dabei liebe ich euch beide .... Unterhaltung durch Schlager und Fernsehserien, Wiesbaden 1978, S#–99.

Ders.: Ein Happy End wird gebastelt. In: Ebd., S.108–115.

Ders.: Der Fernsehkrimi und was man daraus machen kann. In: Dieter Prokop (Hrg.): Medienforschung Bd.3: Analysen, Kritiken, Ästhetik, Frankfurt/M. 1986, S. 397–423.

Katz, Ephraim: The Macmillan International Film Encyclopedia. New Edition, New York 1996.

Keller, Harald: Kultserien und ihre Stars (= Edition Splitscreen 4), Berlin 1996.

Ders.: Kultserien und ihre Stars. Fortsetzung folgt… (= Edition Splitscreen 5), Berlin 1997.

Killing, Uwe: Peter Falk oder Die Kunst, Columbo zu sein, Hamburg 2016.

Krings, Dorothee: Columbo-Star Peter Falk ist tot. In: Rheinische Post v. 26.6.2011.

Levinson, Richard/**Link**, William: Stay Tuned: An Inside Look At The Making Of Prime-Time Television, New York 1981.

Dies.: Off Camera. Conversations With The Makers Of Prime-Time Television, New York 1986.

Lewis, Jon E./**Stempel**, Penny: Cult TV. The Essential Critical Guide, London 1996.

Link, Heiner: Aprikosenshampoo. Ein Columbo, der nie gedreht wurde. In: Klaus Dimmler (Hrg.): Holmes, Marlowe & Co. Die besten Detektive der Welt, Leipzig 1999, S.136–142.

Maltin, Leonard (Hrg.): Movie And Video Guide 1995, New York 1994.

Martin, Mick/**Porter**, Marsha: Video Movie Guide 1998, New York 1997.

Martindale, David: Television Detective Shows Of The 70's. Credits, Storylines And Episode Guides For 109 Series, London 1991.

Monaco, James: Film verstehen. Kunst, Technik, Sprache, Geschichte und Theorie des Films, Reinbek 1980.

Nagel, Bernd: Anmerkungen über Fernsehserien am Beispiel von »Columbo«. In: Dieter Prokop (Hrg.): Massenkommunikationsforschung Bd.3: Produktanalysen, Frankfurt/M. 1977, S.139–146.

N. N.: Straße: Tatort Nummer eins. In: Westdeutsche Zeitung v. 23.8.1997.

N. N.: Er gilt als höchstbezahlter Trenchcoat. In: Die WELT v. 16.9.1997.

N. N.: »Ich hätte da noch eine Frage…«. In: Westdeutsche Zeitung v. 16.9.1997.

N. N.: Echter Kult entsteht aus Versehen. In: Rheinische Post v. 11.9.1998, S.6.

Prokop, Dieter: Faszination und Langeweile. Die populären Medien, Stuttgart 1979.

Ders.: Medien-Macht und Massen-Wirkung. Ein geschichtlicher Überblick, Freiburg/Br. 1995.

Ramonet, Ignacio: Kojak und Columbo – Wächter von Recht und Ordnung. In: Liebesgrüsse aus Hollywood. Die versteckten Botschaften der bewegten Bilder, Zürich 2002, S.121–142.

Robertson, Patrick: Das neue Guinness Buch Film. Studios, Stars und Sensationen – Stories aus der Welt des Films, Frankfurt/M./Berlin 1993.

Schindler, Christian: Theaterforum: Inspektor Columbo und die Bühnentheorie. In: Berliner Morgenpost v. 2.11.1997.

Schneider, Irmela/**Thomsen**, Christian W./**Nowak**, Andreas: Lexikon der britischen und amerikanischen Serien, Fernsehfilme und Mehrteiler in den Fernsehprogrammen der Bundesrepublik Deutschland 1953–1985, Berlin 1991.

Schneider, Irmela: Serien-Welten, Opladen 1995.

Schulz von Thun, Friedemann: Miteinander reden: 1. Störungen und Klärungen, Hamburg 1990.

Schulz-Keil, Wieland: Kojak, Columbo und andere. In: Michael Wolf Thomas (Hrg.): Ein anderer Rundfunk – eine andere Republik oder die Enteignung des Bürgers, Berlin/Bonn 1980, S.63–70.

Seeßlen, Georg: Derrick und die Dorfmusikanten. In: Derrick und die Dorfmusikanten. Miniaturen zur deutschen Unterhaltungskultur (= Konkret Texte 14), Hamburg 1997, S.147–157.

Sicker, Birgit: Wie gehabt: Keine Chance, wenn Columbo kommt. In: Rheinische Post v. 2.9.1999.

Silverstone, Lou/**Torres**, Angelo: Columbo. In: MAD Nr. 75 (Juli 1975), S. 4–10.

Skambraks, Joachim: Die Columbo-Strategie. Was Verkäufer erfolgreich macht, Frankfurt/M. 2001.

Tibballs, Geoff: The Boxtree Encyclopedia Of TV Detectives, London 1992.

Vorderer, Peter (Hrg.): Fernsehen als »Beziehungskiste«, Opladen 1996.

Walker, John (Hrg.): Halliwell's Filmgoer's Companion (begründet v. Leslie Halliwell), New York 1997[12].

Weiner, Ursula: Wenn es ihn nicht gäbe.... In: HÖRZU 25/1994, S.10.

Weitere Quellen

Catz, Sheldon P.: A Little Background, http://users.libero.it/ugo.bais/news292.htm, letzter Zugriff: 5.8.2019.

Dawidziak, Mark: Prescription: Mitchell.

Delcroix, Olivier: Happy Birthday, Lieutenant! In: Le Figaro v. 7.2.1998.

Eichenlaub, Hans M. /**Künzel**, Uwe: Ein Gespräch mit Wim Wenders, Zürich 1987.

Falk, Peter: The Case Of The Missing Peugeot. In: TV Guide v. 4.2.1989.

Falk, Peter /**Kays**, Jeff: Rumpled And Ready Columbo Returns! What You Can Expect From Him Now! In: TV Guide v. 4.2.1989.

Feddersen, Jan: »Eine Frage hätte ich da noch ...«. Zum Tod von Peter Falk, Spiegel Online v. 25.6.2011, https://www.spiegel.de/kultur/kino/zum-tod-von-peter-falk-eine-frage-haette-ich-da-noch-a-770519.html, letzter Zugriff: 6.8.2019.

Gladnick, P. J.: Columbo. Case Of The Foster »Suicide« (Columbo-Clinton-Parodie aus »Saturday Night Live«).

Glover, Kevin Patrick: Chapter One (Parodie).

Iwanow, Thomas: Magazine des »Columbo-Fanclubs« (CFC).

Keßler, Christian: Mein Schwager in Brooklyn ... Ode an einen Inspektor, http://www.christiankessler.de/columbo.html, letzter Zugriff: 21.4.2006.

Marx, Arthur: Talk With Falk. In: Cigar Aficionado, Dezember 1997.

N. N.: Faye Dunaway Recalls Acting With Peter Falk, http://www.columbo-site.freeuk.com/recalls.htm, letzter Zugriff: 5.8.2019.

N. N.: Interview With Peter Falk. In: Tele Star, Februar 1998.

N. N.: Talk With Link And Levinson, http://www.columbo-site.freeuk.com/levinson.htm, letzter Zugriff: 5.8.2019.

N. N.: William Link & Richard Levinson, http://www.columbo-site.freeuk.com/link.htm, letzter Zugriff: 5.8.2019.

Ragaine, Franck: Interview With Shera Danese – Peter Falk's Wife, http://www.columbo-site.freeuk.com.

Royer, Gaelle/**Cuissot**, Pascal: Peter Falk versus Columbo, Filmdokumentation, Frankreich 2015.

Steiner, Bettina/**Kugler**, Martin: Nachruf: »Da wäre noch eine Kleinigkeit«. In: Presse v. 25.06.2011, https://diepresse.com/home/kultur/film/672826/Nachruf_Da-waere-noch-eine-Kleinigkeit, letzter Zugriff: 6.8.2019.

Vensky, Hellmuth: Der Mann im Trenchcoat. In: Zeit Online v. 25.6.2011, https://www.zeit.de/kultur/film/2011-06/nachruf-peter-falk, letzter Zugriff: 6.8.2019.

Zarley, Vic: Columbo: The Puzzle (Parodie).

Zerhusen, Robert: Detective Columbo As Theologian, http://www.alliancenet.org/detective-columbo-as-theologian, letzter Zugriff: 5.8.2019.

Auskünfte der Verlage Bastei-Lübbe (Bergisch Gladbach), Heyne (München), RTL Television (Köln) sowie der PEUGEOT Deutschland GmbH (Saarbrücken).

»Columbo«-Fansites

- https://columbophile.com/
- http://www.columbo-site.freeuk.com/
- http://www.icolumbo.de/
- http://www.columbo-homepage.de/

EINE SUBJEKTIVE HITLISTE

Die Plätze 1–69 (in Klammern die Episodennummern)

1) Ruhe sanft, Mrs. Columbo! (53)
2) Der Schlaf, der nie endet (31)
3) Mord per Telefon (44)
4) Wein ist dicker als Blut (19)
5) Alter schützt vor Morden nicht (41)
6) Luzifers Schüler (56)
7) Momentaufnahme für die Ewigkeit (27)
8) Meine Tote – Deine Tote (25)
9) Etüde in Schwarz (10)
10) Stirb für mich (20)
11) Mord á la carte (42)
12) Wenn der Schein trügt (36)
13) Ein Toter in der Heizdecke (62)
14) Schach dem Mörder (16)
15) Zigarren für den Chef (8)
16) Mord mit der linken Hand (4)
17) Ein gründlich motivierter Tod (21)
18) Des Teufels Korporal (28)
19) Blumen des Bösen (11)
20) Lösegeld für einen Toten (2)
21) Tödliche Tricks (46)
22) Zwei Leben an einem Faden (15)
23) Klatsch kann tödlich sein (14)
24) Alter schützt vor Torheit nicht (13)
25) Tödliche Trennung (3)
26) Doppelter Schlag (17)

27) Mord in der Botschaft (33)
28) Teuflische Intelligenz (23)
29) Traumschiff des Todes (29)
30) Mord nach Rezept (1)
31) Schwanengesang (24)
32) Todesschüsse auf dem Anrufbeantworter (63)
33) Tödliches Comeback (32)
34) Wer zuletzt lacht … (51)
35) Geld, Macht und Muskeln (26)
36) Tödliche Liebe (58)
37) Der erste und der letzte Mord (57)
38) Tödliche Kriegsspiele (49)
39) Schleichendes Gift (54)
40) Keine Spur ist sicher (66)
41) Playback (30)
42) Wenn der Eismann kommt (12)
43) Ein Denkmal für die Ewigkeit (9)
44) Blutroter Staub (35)
45) Schreib oder stirb (22)
46) Schritte aus dem Schatten (7)
47) Tödlicher Jackpot (59)
48) Tod am Strand (34)
49) Bei Einbruch Mord (39)
50) Black Lady (48)
51) Waffen des Bösen (45)
52) Mord in eigener Regie (43)
53) Das Aschenpuzzle (67)
54) Die vergessene Tote (47)
55) Mord nach Termin (52)
56) Mord in Pastell (6)
57) Ein Hauch von Mord (18)
58) Mord unter sechs Augen (5)
59) Mord im Bistro (38)
60) Todessymphonie (40)
61) Seltsame Bettgenossen (65)
62) Niemand stirbt zweimal (55)

63) Der alte Mann und der Tod (37)
64) Selbstbildnis eines Mörders (50)
65) Mord nach Takten (68)
66) Ein Spatz in der Hand (61)
67) Die letzte Party (69)
68) Zwei Leichen und Columbo in der Lederjacke (64)
69) Bluthochzeit (60)

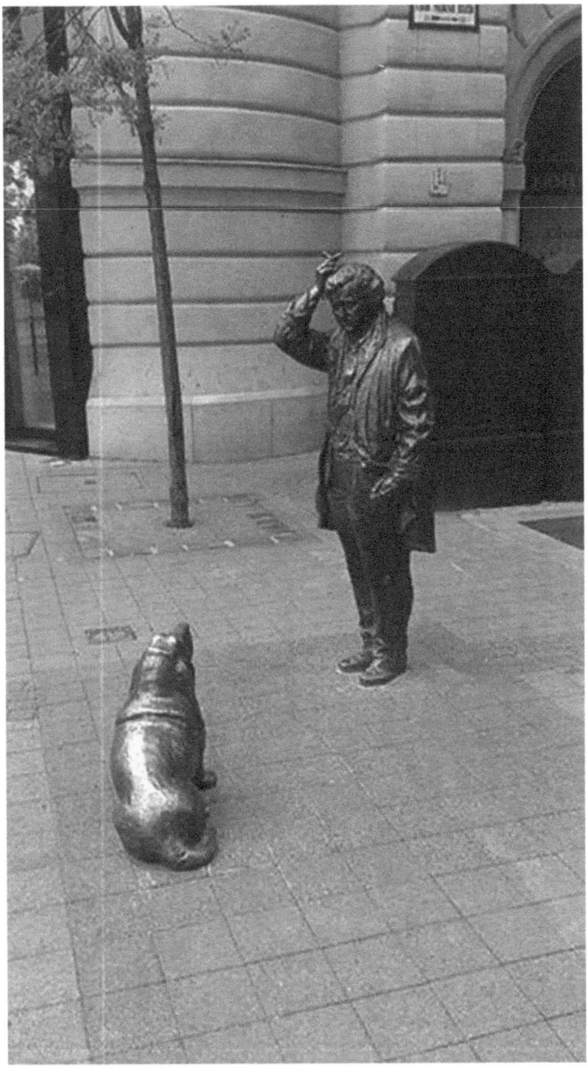

Abbildung 22: »Ein Denkmal für die Ewigkeit«: Columbo und »Hund« in Budapest

PERSONENREGISTER

D

H

L

N

O

S

T

FILMREGISTER

E

F

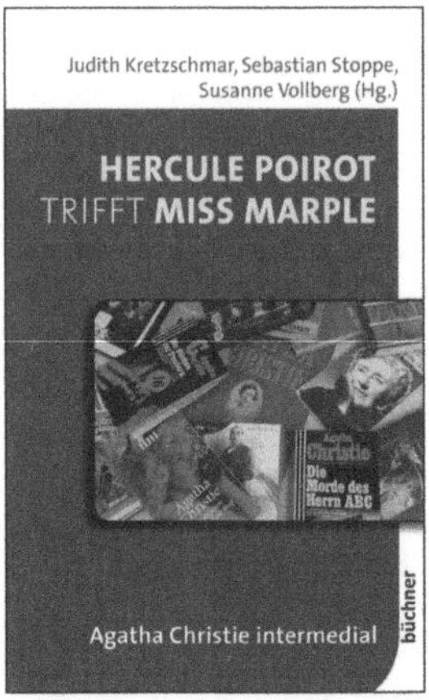

216 Seiten • Paperback
13,3 x 20,5 cm • 34,90 € (D/A)
ISBN 978-3-941310-48-3
Auch als E-Book erhältlich

Judith Kretzschmar, Sebastian Stoppe, Susanne Vollberg (Hg.)

HERCULE POIROT TRIFFT MISS MARPLE

Agatha Christie intermedial

Wie kaum eine andere Autorin des 20. Jahrhunderts hat Agatha Christie das Genre des Kriminalromans geprägt. Bis heute ist sie eine der meistgelesenen Schriftstellerinnen der Welt. So ist es auch nicht verwunderlich, dass Christies Werk vielfältig für Film, Fernsehen und Theater adaptiert wurde. Diese Intermedialität ist der Ausgangspunkt des vorliegenden Bandes. In welchem Verhältnis stehen literarische Vorlage und mediale Transformation? Warum bleiben manche Adaptionen sehr werkgetreu, während andere stark vom Original abweichen? Welche Rolle spielen exotische Orte, wiederkehrende Motive und Figurenkonstellationen? Wo sind Wechselbeziehungen zwischen den verschiedenen Medientypen auszumachen?

Dr. phil. Judith Kretzschmar ist Medienforscherin, Dozentin und wissenschaftliche Mitarbeiterin am »Zentrum Journalismus und Demokratie« (ZJD) der Universität Leipzig. Dr. Sebastian Stoppe ist wissenschaftlicher Mitarbeiter an der Universitätsbibliothek Leipzig und koordiniert dort den Fachinformationsdienst für Kommunikations-, Medien- und Filmwissenschaft »adlr.link«. PD Dr. Susanne Vollberg arbeitet als Vertretungsprofessorin am Department für Medien- und Kommunikationswissenshaft an der Martin-Luther-Universität Halle-Wittenberg.

BÜCHNER